Lehrbuch

der

Rechtsphilosophie

von

Rudolf Stammler

Dritte, vermehrte Auflage

Berlin und Leipzig 1928

Walter de Gruyter & Co.

vormals G. J. Göschen'sche Verlagshandlung — J. Guttentag, Verlagsbuchhandlung — Georg Reimer — Karl J. Trübner — Veit & Comp.

Unveränderter photomechanischer Nachdruck, Berlin 1970

Archiv-Nr. 23 18 70 1

DER TREUEN GEFÄHRTIN
MEINES LEBENS

Vorwort

Das Studium der Rechtsphilosophie hat in den letzten Jahrzehnten einen starken Aufschwung genommen. Das Interesse an den allgemeinen Fragen des Rechtes, des Staates, des sozialen Lebens hat sich weithin verbreitet und vertieft; und es liegt eine Fülle bemerkenswerter Ausführungen über diesen Gegenstand vor. Es fehlte aber bis jetzt an einer Zusammenfassung und übersichtlichen Darstellung für den, der sich über das Ganze der rechtsphilosophischen Lehre unterrichten möchte.

Die damit gestellte Aufgabe stimmt in ihrer Art durchaus mit dem Plan überein, den zahlreiche ausgezeichnete Lehrbücher auf allen anderen Gebieten der Rechtswissenschaft verfolgen. Im besonderen kann hier immer vorbildlich die Weise bleiben, in der seiner Zeit Windscheid sein unübertroffenes Lehrbuch des Pandektenrechtes bearbeitet hat. In gleichem Sinne will auch das folgende Lehrbuch zuvörderst jedem dienen, der mit der Rechtsphilosophie noch nicht vertraut ist und sich ihr nun überhaupt erst nähern will; aber doch auch demjenigen genauere Hilfe bieten, der eine eindringliche Untersuchung eines Problems wünscht.

Die hierzu erforderlichen literarischen Angaben bereiten manche Schwierigkeit. Das rechtsphilosophische Schrifttum ist sehr verstreut. Manches wird dem Verfasser entgangen sein; und über die von ihm getroffene Auswahl wird nach Anführung und Berücksichtigung zuweilen Verschiedenheit der Ansichten herrschen können. Selbstredend aber war es angezeigt, tunlichst solche Bücher und Schriften anzugeben, aus denen der Leser weitere Nachweisungen erhält.

Es könnte scheinen, als wenn rechtsphilosophische Erörterungen ohne unmittelbare praktische Bedeutung seien. Wer aber den Ausführungen unseres Lehrbuches folgt, wird bald gewahren, daß dem in Wahrheit nicht so ist. Eine folgerichtig durchdachte Lehre ist allenthalben nütze: bei Gericht, im Staatsleben, in all unserem gesellschaftlichen Dasein. Und manche trübe Erfahrung in öffentlichen Schicksalen hätte gespart werden können, wenn eine kritisch begründete Rechtsphilosophie, statt irreleitender Maximen, unterstützend und richtend eingegriffen hätte.

Freilich steht es nicht so, daß Würde und Wert der Lehre von dem Begriffe und der Idee des Rechtes aus einzelnen Erfolgen her behauptet werden sollte. Ist es doch gerade umgekehrt: Die innere Berechtigung eines begrenzten Strebens und Tuns leitet sich ja von der einheitlichen Auffassung ab, von der es in seiner Besonderheit geführt wird. So kommt es für jeden nachdenkenden Menschen darauf an, sich vor sich selbst über die grundsätzlich bestimmende Art und Weise klar zu werden, der er überall folgt, mag er es zunächst auch noch nicht überschauen.

Wer aber entschlossen ist, seinem Leben den festen Halt zu geben, den nur jene kritische Aufklärung zu verleihen vermag, der kann an der Frage nach dem Rechte und dem gemeinschaftlichen Wollen nicht achtlos vorbeigehen. Es gilt, diese Frage in das Ganze einer unbedingt gültigen Grundlehre harmonisch einzufügen. Also zur Erlangung geistiger Freiheit beizutragen, ist das oberste Ziel, das dieses Buch hier entscheidend im Auge hat.

Berlin, den 23. Mai 1921.

Rudolf Stammler.

Vorwort zur zweiten Auflage

Die zweite Auflage dieses Buches folgt auf die erste in so kurzer Zeit, daß für wesentliche Änderungen kein Anlaß vorlag. Es wurde nur ein ausführlicher literarischer Nachtrag zugefügt. Bei seiner Feststellung hat Herr Dr. John Wu aus China wertvolle Beihilfe geleistet, für die ich ihm zu Dank verpflichtet bin.

Berlin, den 24. Dezember 1922.

Rudolf Stammler.

Vorwort zur dritten Auflage

In der jetzigen dritten Auflage ist der Text an einzelnen Stellen noch etwas ausgeführt worden. Die Anmerkungen erscheinen vermehrt und geben im Schrifttum den jetzigen Stand der Lehre wieder. Die Anlage des Buches ist in der Sache unverändert; es wäre aber wünschenswert, wenn in weiteren Erörterungen unserer Probleme nicht immer bloß frühere Formulierungen, sondern auch ihre späteren Erläuterungen und Klarstellungen berücksichtigt würden.

Wernigerode, den 19. Februar 1928.

Rudolf Stammler.

Inhaltsverzeichnis

Einleitung

II. Kritik des Rechtsbegriffes

Zweiter Abschnitt

Das Wollen

I. Das Reich der Zwecke

II. Die Zweckwissenschaft

Dritter Abschnitt

Das Verbinden

I. Das getrennte Wollen

II. Das verbindende Wollen

Vierter Abschnitt

Die Selbstherrlichkeit

I. Die Konventionalregel

II. Das selbstherrlich verbindende Wollen

Fünfter Abschnitt

Die Unverletzbarkeit

I. Die Willkür

II. Das unverletzbar verbindende Wollen

Zweites Buch

Das Werden des Rechtes

Erster Abschnitt

Das positive Recht

I. Die positiven Besonderheiten eines Rechtes

II. Schöpfer des positiven Rechtsstoffes

Zweiter Abschnitt

Wirtschaft und Recht

I. Die soziale Wirtschaft

II. Die wirtschaftlichen Erscheinungen

Dritter Abschnitt

Die Entstehung des Rechtes

I. Die Gründe rechtlicher Änderungen

II. Die Rechtsquellen

Vierter Abschnitt

Das Gelten des Rechtes

I. Das Problem des rechtlichen Geltens

II. Recht und Macht

Fünfter Abschnitt

Psychologie des Rechtes

I. Die Aufgabe der Rechtspsychologie

II. Die Durchführung der Rechtspsychologie

Drittes Buch

Die Idee des Rechtes

Erster Abschnitt

Das Grundgesetz des Wollens

I. Richtiges Wollen

II. Reines Wollen

Zweiter Abschnitt

Die innere Lauterkeit

I. Tugendlehre

II. Richtige Moral

Dritter Abschnitt

Die Gerechtigkeit

I. Das soziale Ideal

II. Richtiges Recht

Vierter Abschnitt

Der Einzelne und die Gemeinschaft

I. Der Einzelne.

II. Die Gemeinschaft

Fünfter Abschnitt

Das Recht des Rechtes

I. Die Anzweiflung des Rechtszwanges

II. Die Notwendigkeit der rechtlichen Gemeinschaft

Viertes Buch

Die Behandlung des Rechtes

Erster Abschnitt

Die Kategorien des Rechtes

I. Die einfachen Grundbegriffe des Rechtes

II. Die abgeleiteten Grundbegriffe des Rechtes

Zweiter Abschnitt

Das juristische Denken

I. Die juristische Begriffsbildung

II. Die juristische Konstruktion

Dritter Abschnitt

Die Rechtssätze

I. Der Bau der Rechtssätze

II. Die Ausführung der Rechtssätze

Vierter Abschnitt

Der rechtliche Ausdruck

I. Die juristische Technik

II. Die Ergänzung des geformten Rechtes

Fünfter Abschnitt

Das Einteilen des Rechtes

I. Die juristische Systematik

II. Der Staat

Fünftes Buch

Die Bewährung des Rechtes

Erster Abschnitt

Praktische Rechtswissenschaft

I. Das juristische Schließen

II. Das anzuwendende Recht

Zweiter Abschnitt

Grundsätzlich erwägende Praxis

I. Das Auswählen des richtigen Obersatzes

II. Der Beruf der juristischen Praxis

Dritter Abschnitt

Praxis des richtigen Rechtes

I. Rechtsausführung durch rechtshohe Gewalten

II. Urteilen nach billigem Ermessen

III. Grundsätzlich richtige Rechte und Pflichten

IV. Die Grenzen der Vertragsfreiheit

V. Richtiges Ausführen von Rechtsverhältnissen

VI. Begründetes Ende von Rechtsverhältnissen

Vierter Abschnitt

Politik

I. Die Richtlinien der Politik

II. Praktische Politik

Fünfter Abschnitt

Der geschichtliche Fortschritt

I. Die Geschichte

II. Der Fortschritt

Abkürzungen

Folgende Werke sind nur mit dem Namen ihrer Verfasser angeführt:

AHRENS Naturrecht oder Philosophie des Rechtes und des Staates. 6. Aufl. 1870.

BINDER Die Philosophie des Rechts. 1925.

BLUNTSCHLI Geschichte der neueren Staatswissenschaft. 3. Aufl. 1881.

BRUNNER Grundzüge der deutschen Rechtsgeschichte. 7. Aufl. von HEYMANN. 1919.

GEYER Geschichte und System der Rechtsphilosophie in Grundzügen. 1863.

HILDENBRAND Geschichte und System der Rechts- und Staatsphilosophie. I. Bd. Das klassische Altertum. 1860.

HINRICHS Geschichte der Rechts- und Staatsprinzipien seit der Reformation. 3 Bände. 1848—52.

HUGO Lehrbuch des Naturrechts als einer Philosophie des positiven Rechts. 4. Aufl. 1819.

LASSON System der Rechtsphilosophie. 1882.

MOHL Die Geschichte und Literatur der Staatswissenschaften. 3 Bände. 1855 f.

ROSSBACH Die Perioden der Rechtsphilosophie. 1842.

SCHMAUSS Neues System des Rechts der Natur 1754.

SCHRÖDER Lehrbuch der deutschen Rechtsgeschichte. 5. Aufl. 1907; 6. Aufl. von KÜNSSBERG, 1922.

STAHL Die Philosophie des Rechts. 3 Bände. 3. Aufl. 1854.

STINTZING Geschichte der deutschen Rechtswissenschaft. 4 Bände. 1880 ff., vom zweiten Bande an von LANDSBERG.

ÜBERWEG Grundriß der Geschichte der Philosophie. Erster Teil. 12. Aufl. von PRAECHTER 1926; zweiter Teil 10. Aufl. von BAUMGARTNER 1915; dritter Teil 12. Aufl. von FRISCHEISEN-KÖHLER und MOOG 1924; vierter Teil 12. Aufl. von ÖSTERREICH 1923.

VORLÄNDER Karl, Geschichte der Philosophie. 3 Bände. 7. Aufl. 1927.

VORLÄNDER Franz, Geschichte der philosophischen Moral, Rechts- und Staatslehre der Engländer und Franzosen 1855.

WARNKÖNIG Rechtsphilosophie als Naturlehre des Rechts 1839.

WINDSCHEID Lehrbuch des Pandektenrechts. 3 Bände. 9. Aufl. v. KIPP 1906.

ZOEPFL Grundriß zu Vorlesungen über Rechtsphilosophie 1878.

Von den Schriften des Verfassers dieses Lehrbuches sind nachstehende mit diesen Abkürzungen zitiert:

DRL.	= Deutsches Rechtsleben in alter und neuer Zeit. Lehrreiche Rechtsfälle gesammelt und bearbeitet. Erster Band: Im alten Reich 1928.
RphAbh.	= Rechtsphilosophische Abhandlungen und Vorträge. Zwei Bände 1925.
RR.	= Die Lehre von dem richtigen Rechte. 1902, neubearbeitete Auflage 1926.
RSt.	= Rechts- und Staatstheorien der Neuzeit. 1917, (2) 1925.
TR.	= Theorie der Rechtswissenschaft. 1911, (2) 1923.
WR.	= Wirtschaft und Recht nach der materialistischen Geschichtsauffassung. 5. Aufl. 1925.
StFestg.	= Festgabe f. R. Stammler z. 70. Geburtstage am 19. Febr. 1926, hrsg. v. TATARIN-TARNHEYDEN.

Im übrigen sind regelmäßig die Vorschläge des deutschen Juristentags für die Art der Anführung von Rechtsquellen, Entscheidungen und wissenschaftlichen Werken, 2. Ausg. 1910, befolgt.

Einleitung

I. Die Aufgabe der Rechtsphilosophie

§ 1

Von dem Begriffe des Rechtes

Unter Rechtsphilosophie verstehen wir die Lehre von dem, was sich in rechtlichen Erörterungen mit unbedingter Allgemeingültigkeit aufstellen läßt[1].

Alle Rechtsfragen treten in begrenzten Erlebnissen auf. Sie erscheinen als besondere Bestrebungen im Fordern oder im Verweigern, angelehnt an bestimmte Sätze und Einrichtungen. Und was immer an rechtlichem Begehren und Anordnen erscheint, ist geschichtlich bedingt. Es entsteht aus beschränkt gegebener Lage, ist dem Wandel und Wechsel unterworfen und nach abgelaufener Frist dem Untergange geweiht[2].

Aber allen so eingeführten Betrachtungen ist der Begriff des Rechtes gemeinsam. Er verleiht ihnen ihre gleichmäßige Eigenart und

---

[1] Der Ausdruck *Rechtsphilosophie* scheint auf HUGO zurückzugehen; s. seinen zivilistischen Kursus, bes. Bd. 2 *Lehrbuch des Naturrechts als einer Philosophie des positiven Rechts* 1797. Vorher nahm man die sachliche Richtung eines Buches in seinen Titel auf oder nannte als Thema nur *das natürliche Recht*. CONRING sprach von *civilis philosophia* (vgl. HUGO Lehrbuch des römischen Rechts seit Justiniam (3) 1830 S. 382; STINTZING II S. 177). KANT (§ 15 N. 11) verwandte *Metaphysik der Sitten: I. Teil. Rechtslehre.* SCHMALZ gab der 4. Auflage seines *Reinen Naturrechts* 1807 den Titel *Handbuch der Rechtsphilosophie*, nachdem schon FRIES 1803 eine *philosophische Rechtslehre*, WEISS 1804 ein *Lehrbuch der Philosophie des Rechts* verfaßt hatten. S. auch WARNKÖNIG § 2 S. 4. — Vgl. TR. I 8. § 1.

[2] Die Darlegung der Besonderheiten in den geschichtlich gegebenen Rechtsordnungen ist Sache der technischen Jurisprudenz. Ihr liegt ob die übersichtliche und genaue Reproduktion eines gegebenen Rechtsinhaltes. Sie hat das vordem rechtlich Gewollte aus den Quellen wiederherzustellen. TR. IV 19; STAMMLER Begriff und Bedeutung der Rechtsphilosophie, ZRPhilos. 1, 1 ff. — Jede juristische Arbeit sollte darum sich selbst die Vorfrage vorlegen: Sind deine Ausführungen als Wiedergabe der Besonderheiten eines begrenzten, geschichtlichen Rechtes gemeint, oder können sie unabhängig davon allgemein gelten? — Beachtenswert ist zu diesem Thema noch immer FEUERBACH Über Philosophie und Empirie in ihrem Verhältnisse zur positiven Rechtswissenschaft 1804. — BELING Rechtswissenschaft und Rechtsphilosophie 1923.

fügt sie zu einer Einheit zusammen. Durch ihn grenzt sich das rechtliche Wollen von anderen typischen Möglichkeiten ab, von dem Naturgeschehen so gut, wie von Moral und Sitte oder von willkürlicher Gewalt.

Sonach ist der Begriff des Rechtes ein Gedanke von unbedingter Allgemeingültigkeit[3]. Er bedeutet die sich gleich bleibende Art eines Teiles menschlicher Bestrebungen. Er begleitet sie in ihrem jeweiligen Auftreten; aber er besagt nicht wieder eine sich mit ihnen ändernde Einzelheit, sondern ist im Gegenteil die einheitliche Bedingung ihres gleichmäßigen Erfassens[4].

Damit ist die eine Aufgabe der Rechtsphilosophie zum Ausdrucke gebracht. Sie hat den Begriff des Rechtes zu entwickeln und sein Auftreten in dem Leben der Menschen darzulegen.

§ 2

Von der Idee des Rechtes

Die zweite Aufgabe der Rechtsphilosophie bildet die Lehre von der Gerechtigkeit[1].

Der Begriff *des Rechtes* ist eine Teilvorstellung. Er bezeichnet die eine Art von menschlichem Wollen gegenüber anderen Klassen des letzteren: dem moralischen, dem konventionalen, dem gewalttätigen Wollen. Diese verschiedenen Begriffe sind zuvörderst nach logischen Artmerkmalen festzustellen und gegeneinander abzugrenzen.

---

[3] Die Allgemeingültigkeit besagt eine Eigenart bestimmter Gedanken. Diese richten sich entweder auf begrenzte und vorübergehende Erlebnisse, oder sie wollen unabhängig von allen beschränkten Besonderheiten sein. Wenn sie diese letzte Eigenschaft besitzen, so sind sie allgemeingültig. Dagegen kann diese durchgreifende Unterscheidung von bedingt und unbedingt bedeutsamen Gedanken nicht in der Zahl der Personen liegen, die jene Gedanken hegen und billigen. Vgl. § 90 N. 2. Wenn z. B. SIMMEL Philosophie des Geldes (2) 1907 S. 379 sagt: *Was wir die objektive Bedeutung der Dinge nennen, das ist in praktischer Hinsicht ihre Gültigkeit für einen größeren Kreis von Subjekten*, so wird das der hier eingesetzten grundlegenden Unterscheidung nicht gerecht. Sie wird dabei mittelbar verneint und doch wieder verwendet, denn der angeführte Satz soll doch wohl allgemeingültig sein? — S. auch §§ 79—81; 101.

[4] Der Begriff des Rechtes ergibt sich, sobald man die Einheit des Bewußtseins erwägt und die Möglichkeit des gleichmäßigen Ordnens von Geschehnissen — in ihrer bloßen Möglichkeit als solcher (vgl. § 21 N. 5) — klarstellt. In diesem Sinne gehört er zu den allgemeingültigen Gedankengängen, unter deren Bedingung die mannigfaltigen Einzelheiten einheitlich bestimmt werden können (§ 8). Über die zu seiner Erkundung nötige Methode der Untersuchung s. §§ 5; 22.

§ 2. [1] *Cuius merito quis nos sacerdotes appellet: iustitiam namque colimus et boni et aequi notitiam profitemur, aequum ab iniquo separantes, licitum ab illicito discernentes, bonos non solum metu poenarum, verum etiam praemiorum quoque exhortatione efficere cupientes, veram nisi fallor philosophiam, non simulatam affectantes.* ULPIANUS *libro primo institutionum*, D. I 1. 1 § 1. S. § 11 zu N. 5.

Hinter und über dieser Aufgabe erhebt sich dann die weitere Frage: ob ein so beobachtetes und eingeteiltes Wollen in seinem Inhalte auch grundsätzlich berechtigt ist. Diese Frage fällt mit der vorhin genannten Zerlegung der Willensinhalte in verschiedene, begrifflich bestimmte Klassen keineswegs zusammen. Man kann beispielsweise den Unterschied der rechtlichen Satzungen und der Gebote der Höflichkeit und äußeren Bräuche nicht so wiedergeben, daß das eine sachlich begründet, das andere unrichtig sei; und ebensowenig geht dies etwa bei der Gegenüberstellung von Recht und Sittlichkeit an, oder auch bei der von rechtlichen und von gewalttätigen Anordnungen [2].

Es können vielmehr alle Arten des Wollens in ihrem besonderen Auftreten sowohl innerlich gerechtfertigt, als auch verwerflich sein [3]. Der Gedanke der Richtigkeit und seines Gegenteils durchschneidet den mannigfachen Inhalt von menschlichem Wollen in anderer Weise, als die begriffliche Zerlegung, von der bis jetzt die Rede war. Er gründet sich auf die Möglichkeit, alle jemals denkbaren Bestrebungen in unbedingter Harmonie miteinander vorzustellen.

Dies ist nur eine Idee, das heißt: die Vorstellung des Ganzen aller je möglichen Erlebnisse. Das Ganze ist aber nicht selbst wieder ein begrenzt vorzustellender Gegenstand. Mit ihm wird eine Aufgabe gesetzt, ein jedes besondere Streben nach dem Zusammenstimmen mit der Allheit der denkbaren Einzelheiten zu beurteilen. So bildet die Idee den Leitstern der bedingten Erfahrung, ohne selbst in der empfindbaren Wirklichkeit jemals restlos vorzukommen [4].

---

[2] Damit widerlegt sich die Behauptung von R. LOENING Über Wurzel und Wesen des Rechtes 1907 S. 21: daß die Begriffe *Recht* und *richtig* ein und dasselbe wären. Denn es ist in dieser Behauptung übersehen, daß die Feststellung des Rechtsbegriffes seine Abgrenzung von den anderen Arten des Wollens bedeutet, daß man aber nicht wohl sagen kann, daß *das Recht* das richtige Wollen umfasse, und die anderen (im Texte vorläufig angeführten) Klassen des Wollens in ihrem Inhalte unrichtig seien. Vgl. RSt. § 8 IV.

[3] Selbst bei willkürlicher Gewalt kann im besonderen Fall das Bestreben auf ein richtiges Ergebnis gerichtet sein, das bei strenger Wahrung des gerade geltenden Rechtes in dieser bedingten Sachlage fraglich oder sogar sicher ausgeschlossen erscheint. Man denke an die Bitte, die Bassanio im *Kaufmann von Venedig* dem Richter vorträgt: *Die Bosheit drückt die Redlichkeit. Ich bitt' euch, Beugt Einmal das Gesetz nach eurem Ansehn: Tut kleines Unrecht um ein großes Recht.* § 106 N. 1. — TR. VI 13; vgl. 16.

[4] Die verschiedenen Bestrebungen, die begrifflich als rechtliches Wollen zu bestimmen sind, würden in ihrem Inhalt zerstreut und zufällig sein, wenn sie nicht unter dem Blickpunkte eines unbedingt leitenden, einheitlichen Gedankens zusammengefaßt würden. Die verschiedenen Klassen des menschlichen Wollens, so auch dessen rechtliche Art, sind nun in das Ganze des Reiches der Zwecke wieder einzusetzen und nach seinem Grundgesetz zu richten (§§ 79 ff.). — Umgekehrt setzt jede Erörterung der Gerechtigkeit selbstredend den Begriff des Rechtes voraus. Wenn STAHL I S. 1 definiert: *Rechtsphilosophie ist die Wissenschaft des Gerechten*, so ist das in der Fassung zu eng. In der Ausführung seiner Rechts- und Staatslehre

Es tritt hier also eine weitere wissenschaftliche Erwägung auf, die über die Klarlegung des Begriffes von dem Rechte hinausführt [5]. Es handelt sich nun um den idealen Endzweck, nach dem jedes rechtliche Begehren in seiner besonderen Lage zu richten und zu leiten ist, wenn anders es grundsätzlich richtig dastehen soll [6].

Man kann diese andere rechtsphilosophische Aufgabe auch in die Frage kleiden: Worin besteht begründetermaßen die Idee des Rechtes? Wie ist sie praktisch zu bewähren, und welches ist ihre Bedeutung für die Geschichte der Menschheit?

II. Der Gegenstand der Rechtsphilosophie

§ 3

Die reinen Formen der Rechtsgedanken

Der Gegenstand der rechtsphilosophischen Untersuchung kann hiernach näher angegeben werden als das System der reinen Formen, in denen wir rechtlich denken [1].

Sobald man ein gewisses Streben als ein rechtliches Wollen auffaßt, oder dieses als gerecht behauptet oder bestreitet, so ist ein bedingter Stoff des Sehnens und Drängens in einer unbedingt gleichmäßigen Art bedacht. Denn die Gedanken von Recht und Gerechtigkeit sind einheitliche Weisen, irgend ein Begehren zu bestimmen und zu richten. Sie kehren in diesem ihrem ordnenden Tun übereinstimmend immer wieder [2].

---

geht denn auch Stahl II S. 191 ff. in grundlegender Absicht auf den Begriff *des Rechtes* und sein Verhältnis zur *Moral* in kategorialer und nicht in idealer Hinsicht ein.

5 S. noch über Begriff und Idee § 82.

6 Martens Der Dialog mit dem Anarchisten 1912, bes. S. 145 ff. Das Bemühen des Verfassers, zu einem festen Halt zu gelangen, ist für die hier eingeführte Fragestellung interessant.

§ 3. 1 Der Inhalt eines Gedanken ist die ihm eigene Besonderheit. Es ist die Eigenart, durch die er sich von einem anderen unterscheidet. Eine solche Eigenart besitzt jeder Gedanke: *Inhaltleere* Gedanken gibt es überhaupt nicht. Vgl. §§ 25 N. 1; 92 N. 8.

In dem Inhalte lassen sich Form und Stoff unterscheiden: die bedingende Art und Weise und das durch sie Bestimmte z. B. der allgemeingültige Begriff des Rechtes und eine einzelne Rechtseinrichtung, wie die des Mietvertrages, des Vermächtnisses, des Staatsamtes.

Es ist also nicht genau, *Form* und *Inhalt* in erschöpfenden Gegensatz zu bringen. Jene ist ein Teil des Inhaltes, gegenüber dessen stofflich bedingten Bestandteilen. Es gibt aber auch Bewußtseinsinhalte, deren Eigenart darin besteht, daß sie nichts als methodische Ordnungsweisen (= *reine Formen*) sind.

2 Die Unterscheidung von Form und Stoff ist für die klare Erfassung unseres geistigen Besitzes von entscheidender Bedeutung. Man halte immer fest, daß es sich um die logisch bedingenden Elemente eines Gedankens gegenüber den dadurch

Dieses einheitliche Ordnen vollzieht jeder denkende Mensch, gleichviel, ob er sich dessen bewußt ist oder nicht [3]. Es vollendet sich in einer Reihe reiner Begriffe und Grundsätze, die als Ausstrahlungen des Rechtsgedankens auftreten und als notwendige Bedingungen des juristischen Denkens — im Begreifen, Urteilen, Schließen — sich herausschälen lassen [4].

Dabei sind diese reinen Formen der Rechtsgedanken nicht etwa *angeboren* [5]. Sie führen überhaupt keine abgetrennte Existenz für sich. Sie kommen nur innerhalb des geschichtlich bedingten Rechtsinhaltes vor und entstehen für jeden Einzelnen in seinen besonderen rechtlichen Erlebnissen [6].

---

logisch bestimmten Bestandteilen gerade dieses zusammengesetzten Gedankens handelt. Vgl. hierzu WR. § 22. Natorp Platos Ideenlehre. Eine Einführung in den Idealismus, 1903, (2) 1921, bes. S. 5 ff.; 26 ff. — Danach ist das Wort *formal* in unserer Sprache mit *bedingend* wiederzugeben. Das Einsetzen dieses deutschen Ausdruckes, an Stelle des oft unerwogen gebrauchten *formal*, ist zur Förderung begrifflicher Klarheit geeignet.

[3] Es verhält sich nach altem Vergleich hier ähnlich wie mit der Grammatik der Muttersprache.

[4] Die bedingenden (formalen) Elemente besonderer Gedanken können für sich allein wissenschaftlich behandelt werden; die dadurch bestimmten (materialen) Bestandteile lassen sich selbstredend nur unter der Rücksichtnahme auf jene Bedingungen betrachten. So ist Physik als Wissenschaft nur in mathematischer Form möglich, Mathematik aber mag für sich gesondert betrieben werden (§ 5 N. 1). Nur insofern läßt sich die Rechtsphilosophie mit der Stellung der Mathematik vergleichen. Die Parallele schwindet bei der Einzeldurchführung, da es jene nicht, wie diese, mit den Formen der Anschauung in Raum und Zeit zu tun hat. Statt dessen bietet sich die Gleichheit der Aufgabe in der reinen Naturwissenschaft (Kausalitätsgesetz, Beharrung der Substanz usf.); wobei wiederum mit der Feststellung des gleichen Suchens nach reinen Begriffen und Grundsätzen das Zusammengehen mit der Rechtsphilosophie beendet ist. — Vgl. § 56 N. 6; auch § 35 N. 8.

[5] Der alte Streit über das Bestehen *angeborener* Vorstellungen kann seit Kant im allgemeinen als erledigt gelten. S. dazu Cohen Kants Theorie der Erfahrung 1871 S. 1, (2) 1885, bes. S. 30; 41. In der sozialwissenschaftlichen Literatur finden sich aber noch immer Anklänge an die frühere Bejahung jener Frage. Arnold Kultur und Rechtsleben 1865 S. 90 ff. unterscheidet die drei Gebiete der Wirtschaft, des Rechtes und des Staates und lehrt, daß jedes Gebiet *zunächst auf einem besonderen uns angeborenen Triebe ruht, daneben aber zugleich auf denjenigen, die je die zwei anderen zunächst beherrschen und bestimmen*: *das wirtschaftliche auf der Selbstliebe, das rechtliche auf dem Rechtssinn, das politische auf dem Gemeinsinn.* Diese Triebe oder Anlagen seien etwas allgemein Menschliches, aber doch national verschieden. — Pözl Über den Rechtssinn, Münch. Rekt. Rede 1868, versteht unter diesem Worte *die Achtung vor dem Gesetze, als der Triebfeder des Handelns*, läßt deren Herkunft aber als offene Frage stehen. — S. auch § 75 N. 2; § 76 a. E. und § 146.

[6] Nur die Anlage zum Erwerbe einheitlich bestimmter Vorstellungen kann man *angeboren* nennen, der Vorstellungsinhalt ist immer erst bedingt erworben. In ihm kann dann durch kritische Analyse die ordnende Form (= bedingende Methode) von dem geordneten Stoff (= bestimmter Besonderheit) unterschieden werden. S. § 5.

Ihre Kennzeichnung als *reine* Gedanken bezieht sich also nicht auf ihre Herkunft, sondern auf ihren Geltungswert [7]. Sie sind nicht nur zum klärenden Bearbeiten gewisser begrenzter Sonderfragen berufen, sondern zählen zu den ordnenden Weisen jedes jemals möglichen Bewußtseinsinhaltes [8].

Das bewußte Betätigen dieser Ordnungsprinzipien bei der Behandlung des Rechtes erhebt die Jurisprudenz zur Wissenschaft [9].

---

7 Die erste und vornehmste Frage für die Übersicht und Beherrschung unserer Gedankenwelt ist die erkenntniskritische Erwägung und nicht die psychologische Betrachtung. Jene geht auf das Sein, die zweite auf das Werden. Die eine stellt die bedingenden Gedankengänge fest, unter denen die einheitliche Erfassung des Geschehens verständlich ist, die andere sucht die Verknüpfung solcher begrifflich bestimmten Inhalte mit gewissen Menschen deutlich zu machen. Die letztere Tätigkeit setzt das Vorliegen der zuerst genannten voraus und ergänzt sie. Wir haben es damit im II. Buche zu tun. Vgl. zu dem genannten Unterschied §§ 22; 28 N. 4; 80 und 83; zu der psychologischen Frage im besonderen §§ 73 ff. — In der Geschichte der Philosophie tritt der genannte Unterschied als τί ἐστιν und τί γίγνεται vor allem bei PLATON und ARISTOTELES hervor; eine Gegenüberstellung, von der GOETHE einmal sagt, daß jeder Mensch eine gewisse Vorliebe gerade für die eine dieser möglichen Erörterungen, gegenüber der anderen, hege. S. § 10.

8 Es gibt reine und bedingte Formen. Jene sind Gedanken, die von keinen anderen logisch abhängen, sondern die letzten Bedingungen für das Ordnen unseres Bewußtseins sind. Sie nehmen nicht an, daß schon gewisse Eindrücke und Begehrungen geordnet sind, setzen vielmehr nichts voraus, als die Möglichkeit des einheitlichen Ordnens unseres Geisteslebens überhaupt. Der Gegensatz der bedingten Formen ergibt sich darnach von selbst. So ist der Begriff des *Erben* eine bedingte Art des Ordnens, der des *Rechtssubjektes* eine reine Form (vgl. § 21 N. 5): Nur von den reinen Formen unseres Denkens vermag es ein abgeschlossenes System zu geben. Denn das System ist eine erschöpfend gegliederte Einheit (§ 133). Die dazu nötige Vollständigkeit kann dem unabgeschlossenen Stoff der Eindrücke und Strebungen als solchem niemals zukommen (§ 28 N. 1). TR. I 3—5. Vgl. § 115, bes. N. 2 und 3.

9 Der juristischen Betätigung ist manchmal der Charakter möglicher Wissenschaftlichkeit bestritten worden. Besonders eindringlich von KIRCHMANN Die Wertlosigkeit der Jurisprudenz als Wissenschaft 1848, neu hrsg. v. SCHRÖDER 1919. Er erhebt drei Einwürfe: Der Stoff des Rechtes sei immer veränderlich; es sei nicht bloß im Wissen, sondern auch im Fühlen; es beruhe auf einem positiven Setzen. — Diese Polemik ist ungenügend. Sie übersieht, daß die Art der Wissenschaft gerade nicht von dem Stoff abhängt, den sie bearbeitet, sondern von der Form, mit der sie jenen beherrscht. Wissenschaft besagt das Ordnen unserer Gedankenwelt nach unbedingt einheitlichem Plan. Man kann also berechtigtermaßen nur fragen, ob solches für die rechtlichen Vorstellungen möglich ist. Die rechtsphilosophische Darlegung gibt eine kritisch begründete Bejahung dieser Frage. — Über KIRCHMANN s. STAHL Rechtswissenschaft oder Volksbewußtsein? 1848. SCHÖNSTEDT Die Bedeutung der Jurisprudenz als Wissenschaft 1848. STERNBERG I. H. v. Kirchmann und seine Kritik der Rechtswissenschaft 1908. S. auch § 49 N. 2. — Weitere Literatur: WINDSCHEID Recht und Rechtswissenschaft, Greifswald 1854; DERS. Rede an die Studierenden, München, 1867; DERS. Die Aufgaben der Rechtswissenschaft, Leipzig 1884. EXNER Die praktische Aufgabe der romanistischen Wissenschaft (§ 11 N. 7). C. ERDMANN Über die Stellung der Rechtswissenschaft vor dem Richterstuhl der Laien und der Schwesterwissenschaften. Dorpat 1875. LORENZ

§ 4
Unzulässigkeit eines Idealrechtes

Es ist wohl versucht worden, gegenüber dem geschichtlich gewordenen Recht, das sich mangelhaft und wandelbar erwies, ein vollkommenes Gesetzbuch mit Gültigkeit für alle Völker und Zeiten auszuführen. Das ist unmöglich. Denn der Inhalt eines solchen Idealrechtes müßte die Regelung von menschlichem Begehren enthalten. Der Stoff dieses Begehrens bezieht sich aber auf begrenzte Bedürfnisse und auf die Art ihrer Befriedigung. Dadurch ist er unvermeidlich bedingt und endlich und steter Veränderung unterworfen [1]. Die besondere Ordnung des Zusammenwirkens, das auf jene Bedürfnisbefriedigung gerichtet ist, kann darum auch nur wechselnd und bloß von relativer Allgemeinheit sein [2]. Es

---

v. STEIN Gegenwart und Zukunft der Rechts- und Staatswissenschaft Deutschlands 1876, bes. S. 104 ff. (s. auch § 35 N. 1). BRINZ Rechtswissenschaft und Rechtsgesetzgebung, München 1877, abgedruckt in Allg. Ztg. 1877 Nr. 210 Beil., 211; (§ 123 N. 3). OFNER Studien sozialer Jurisprudenz 1894, I. Die Jurisprudenz als soziale Technik S. 1 ff. L. SAVIGNY Die Stellung der Rechtswissenschaft zur Universität, Freiburg-Schweiz, 1895. H. O. LEHMANN Die Systematik der Wissenschaften und die Stellung der Jurisprudenz 1897. SCHWANN DJZ. 7, 513 ff. HABRUCKER (§ 115 N. 3). KUHLENBECK Die Rechtswissenschaft in ihren Beziehungen zu anderen Wissenschaften 1905. LEONHARD Stimmen des Auslands über die Zukunft der Rechtswissenschaft 1906. RUMPF Volk und Recht 1910 S. 86 ff. Ist Jurisprudenz eine Wissenschaft? NUSSBAUM Über Aufgaben und Wesen der Jurisprudenz, ZSozialW. 9,1 ff. GAREIS Moderne Bewegungen in der Wissenschaft des deutschen Privatrechts, München 1912. STAMMLER Die Zukunftsaufgaben des Rechtes und der Rechtswissenschaft, in Kultur der Gegenwart: Systematische Rechtswissenschaft (2) 1913 S. 551 ff. KRETSCHMAR Über die Methode der Privatrechtswissenschaft 1914; DERS. Grundfragen der Privatrechtsmethodik, in JheringsJ. 67, 233 ff. JOERGES Rechtsunterricht und Rechtsstudium (§ 74 N. 1), bes. S. 140 ff.; 159 ff. HUCH Der Begriff Wissenschaft im Kantischen Sinne 1917. BOZI Im Kampf um ein erfahrungswissenschaftliches Recht 1917; darüber BOVENSIEPEN in SchmollersJ. 41, 1601 ff., DRichtZ. 1918, S. 88. MARX Der Wissenschaftscharakter der Jurisprudenz 1918. SALOMON Grundlegung zur Rechtsphilosophie 1919 S. 13 ff. BINDER Der Wissenschaftscharakter der Rechtswissenschaft, Kant-Studien 25, 321 ff.

[1] S. hierzu WR. § 32: Unmöglichkeit eines absolut gültigen Rechtsinhaltes. — § 4. Unten §§ 14; 15.

[2] Freilich wird es vorkommen, daß gewisse Lehren der Weltweisheit einen Einfluß auf rechtliche Einrichtungen und juristische Erörterungen gewinnen. Und eine kritisch begründete Lehre von der Idee des Rechtes soll das ja auch tun. Dann kann eine spätere Prüfung das auflösen und die Quelle einzelner Satzungen und Doktrinen eines bestimmten Rechtes klarlegen. So die Erörterungen von GÖPPERT Über einheitliche, zusammengesetzte und Gesamtsachen nach röm. R. 1871 und SOKOLOWSKI Die Philosophie im Privatrecht. Sachbegriff und Körper in der klassischen Jurisprudenz und der modernen Gesetzgebung 1902, dazu RABEL in VJSchr. f. wiss. Philosophie und Soziologie 1904 S. 108 ff., über den Einfluß der stoischen und anderer griechischen Philosophie auf die Lehre von der rechtlichen Behandlung der Sachen im römischen Recht. Aber das zieht sich im ganzen auf eine Betrachtung von begrenzten Einzelfragen zurück, die den Kern der rechtsphilosophischen Aufgabe unberührt läßt.

ist kein einziger Rechtssatz möglich, der in der Besonderheit seines Inhaltes unbedingt richtig feststände[3].

Es gibt hiernach immer nur geschichtlich bedingtes Recht. Auch eine frei erdichtete Utopie knüpft an die seitherige Erfahrung an und ist aus dieser hervorgegangen (§ 53). Soweit sie stofflich bedingte Rechtssätze und Einrichtungen vorbringt, besitzt sie keine unbedingte Allgemeingültigkeit[4]. Eine solche kann nur den formalen Richtlinien des rechtlichen Begreifens und Urteilens zukommen[5].

III. Die Methode der Rechtsphilosophie

§ 5

Die kritische Methode

Die rechtlichen Vorstellungen sind zusammengesetzte Gedanken. Sie lassen sich in Bestandteile auflösen. Diese zerfallen in zwei Klassen: 1. Die Besonderheiten, die gerade diesem rechtlichen Wollen zu eigen sind, im Unterschied von anderen rechtlichen Begehrungen. 2. Die übereinstimmenden Elemente, die in ihnen gleichmäßig enthalten sind. Mit den letzteren hat es die Rechtsphilosophie zu tun.

Die allgemeinen und die besonderen Elemente einer rechtlichen

---

3 Vgl. hierzu die Ausführungen in § 81: Absolute und objektive Richtigkeit.

4 Die Utopien sind Dichtwerke, die einen Musterstaat schildern; sie geben Entwürfe für eigentümliche Rechtseinrichtungen an und schildern deren Folgen. Zuerst: Thomas Morus *De optimo rei publicae statu deque nova insula Utopia* (1516). Er lehnte sich an Platons unvollendeten Dialog an: Kritias oder Athen und Atlantis 9000 Jahre vor Solon. (Aber nicht an Platons Staat, s. § 10 N. 11). Seitdem ist das oft wiederholt worden, besonders in der Neuzeit. RSt. § 3. Von einem gewöhnlichen Reformvorschlag der praktischen Politik unterscheidet sich die Utopie nur dadurch, daß sie bestimmte Eigenschaften der von ihr geschilderten Menschen ersinnt und gewisse technologische Möglichkeiten der Lebensführung frei erdichtet. Wegen dieser willkürlichen Erfindung eines gar nicht vorliegenden Stoffes geht ihr der wissenschaftliche Wert ab. — Bloch Der Geist der Utopie 1918. — S. § 53 zu N. 3; ferner § 172, auch §§ 17 und 57 N. 6.

5 Hiergegen hat sich Cathrein Recht, Naturrecht, positives Recht (2) 1909 S. 164 ff. erklärt. Er führt als Beispiele besonderer Rechtssätze von absoluter Geltung an: *Du sollst jedem das Seine geben* oder *Man soll kein Unrecht tun.* Aber das sind gar keine Rechtssätze im Sinne bedingter Paragraphen. Solche *praktischen Urteile,* wie jener Schriftsteller sie nennt, wiederholen nur das Problem: daß jedes besondere rechtliche Wollen *im Sinne grundsätzlicher Richtigkeit* geleitet werden soll. Sie drücken den Wunsch und die Frage nach einer einheitlichen Gesetzmäßigkeit aus, die als die Idee des Rechtes dann näher zu bestimmen sein wird. Nimmt man dagegen als Unterlage für *das Seine* eine besondere Eigentumsordnung oder für *das Unrecht* eine bestimmte Gesetzgebung, so hat man geschichtliche Rechtseinrichtungen, die wandelbar sind und in ihrem positiven Inhalt keineswegs *a priori* feststehen. Sie bilden den bedingten Stoff, der nach formalen Richtlinien der Gedanken von unbedingter Gültigkeit zu richten und zu leiten ist. Diesem Grundgedanken stimmt L. Savigny Das Naturrechtsproblem und die Methode seiner Lösung in Schmollers J. 25, 407 ff. zu.

Vorstellung liegen aber nicht, sozusagen, äußerlich und mechanisch nebeneinander, sondern sind unter sich im Verhältnisse der Bedingung und des dadurch Bestimmten verschmolzen [1].

Die so bedingenden (formalen) Bestandteile führen in unserer Aufgabe auf den Rechtsgedanken zurück. Sie sind einheitliche Weisen des Ordnens von mannigfaltigem Streben. Also werden wir sie dadurch erhalten, daß wir uns die Möglichkeit der einheitlichen Erfassung von beliebigem Rechtsstoff klar machen. Die Methode der Untersuchung ist hier die kritische Selbstbesinnung. Wir fragen nach den Begriffen und Grundsätzen, die unerläßlich sind, um Einheit und Ordnung in allen jemals denkbaren Rechtsfragen zu haben [2].

Bei dem Aufsuchen und Darstellen der notwendigen Bedingungen eines einheitlichen Bestimmens und Richtens ist alles zu vermeiden, was

---

[1] Die Abhängigkeit der einzelnen Bestandteile eines Gedanken untereinander § 5.
ist die einer logischen Bedingtheit. Dagegen treten sie nicht etwa in einer zeitlichen Reihenfolge auf, oder gar in einer kausalen Verknüpfung. Der zusammengesetzte Gedankeninhalt kommt in seinen Teilen gleichzeitig zur Welt. *Wir können,* sagt Kant Kritik der reinen Vernunft II 1, 2, 2 § 15, *uns nichts als im Objekte verbunden vorstellen, ohne es vorher selbst verbunden zu haben*; jede Analysis setzt eine vorliegende Synthesis voraus. — Wenn wir aber dann eine kritische Auflösung vornehmen, so läßt sich, wie oben § 3 N. 4 hervorgehoben, von der Form, den logisch bedingenden Bestandteilen, eine eigene Lehre für sich geben, während der Stoff, das formal Bestimmte, nur in seiner besonderen Bestimmtheit vorgestellt werden kann und bei dem Wegdenken jeder Form nur als eine wirre, chaotische Masse angenommen werden könnte, von der auch als solcher gar keine deutliche Vorstellung bestände, ohne eine formale Bestimmung des Gedankens vorzunehmen. S. die wichtige Anwendung hiervon bei dem Begriffe *sozial* in § 35; ferner für die Möglichkeit des richtigen Wählens in § 145 zu N. 3.

[2] Die Möglichkeit des einheitlichen Ordnens ist freilich als logischer Anfang jeder kritischen Erwägung vorausgesetzt. Sie gibt die letzte Formel für die Aufklärung unseres Erkennens ab. Wollte man sie wieder an anderen Gedanken messen und davon abhängen lassen, so würde man auch diese wieder einheitlich zu ordnen haben. Dem widerspricht es nicht, daß wir die genannte Möglichkeit in ihrer Eigenart uns durch kritische Selbstbesinnung deutlich machen können. Diese Besinnung ist unerläßlich. Ein wildes Spekulieren ohne methodische Selbstzucht (wie es sich wohl als sogenannte *Philosophie* zuweilen zeigt) ist ohne rechtfertigenden Grund. Es handelt sich nun um den bedingenden Gedanken von der allgemeingültigen Möglichkeit eines richtigen Bewußtseins. Er ist überall vorausgesetzt, da überhaupt irgendein Satz als gültig aufgestellt wird. Dabei kommt es nicht auf die Frage nach dem besonderen Träger dieses Gedankens an. Denn indem man ein sinnlich wahrnehmbares Individuum einführt, so steht es ja, als Objekt der wissenschaftlichen Betrachtung, wieder unter dem besprochenen Gedanken als solchen. Mit diesem Gedanken, als bedingender Möglichkeit des einheitlichen Ordnens, braucht die Vorstellung dieses oder jenes einzelnen Menschen überhaupt nicht verbunden zu werden. Vielmehr kann die wesentliche Beschaffenheit des eben wiederholten formalen Gedankens ohne Bezugnahme auf ein den Gedanken hegendes Subjekt deutlich gemacht werden. Binder (S. 232 f.) steckt noch in dem Suchen nach einer bestimmenden Person. Er entwickelt eine Lehre, die er *Transpersonalismus* nennt. Danach *erscheint der Einzelne als eingebettet in die Vernunftgemeinschaft, als getragen von einem die ganze Welt durchflutenden Strom von Geist, der die Welt über-*

von nur bedingter Bedeutung ist [3]. Wir gehen also zwar von der Tatsache des geschichtlich gegebenen Rechtes aus, aber nicht von diesen oder jenen rechtlichen Besonderheiten. Die Methode der rechtsphilosophischen Untersuchung richten wir auf das Zergliedern möglicher Rechtsfragen überhaupt. Es ist darum der ordnende Grundriß für unser Geistesleben soweit aufzunehmen, daß darin die Vorstellung des Rechtes, und danach der rechtlichen Einzelfragen als solcher, einen verständlichen Sinn erhält [4].

Wir nennen die Rechtsphilosophie, die in der hier dargelegten Weise auf ihre Aufgabe, ihren Gegenstand und ihre Methode sich besinnt, die kritische Rechtstheorie [5].

§ 6

Rechtsphilosophie und allgemeine Rechtslehre

Die Rechtsphilosophie ist verschieden von der allgemeinen Rechtslehre [1].

---

haupt gestaltet, der in den Völkern und Staaten erscheint, der in dem Einzelnen zum Selbstbewußtsein kommt, der in ihm denkt, spricht und handelt. Wir können nicht finden, daß mit dieser Formel von einem *flutenden Strom von Geist,* welcher Strom angeblich die Einzelnen trägt, eine feste und dauerhafte Grundlage für die wissenschaftliche Arbeit geliefert sei; wir geben der Einsicht der alten Griechen den Vorzug, wonach die Idee der Gesetzmäßigkeit, im Erkennen, wie im Wollen, der Gedanke einer unbedingt möglichen Harmonie der Einzelheiten, im Wahrnehmen, wie im Streben, ist. — Danach erhält auch erst der Gedanke einer *Notwendigkeit* seinen festen Sinn. Notwendigkeit ist die Übereinstimmung einer Einzelheit mit einem grundlegend einheitlichen Verfahren des Ordnens. TR. E 5. S. § 34 zu N. 3. Gerhard Stammler Notwendigkeit in Natur- und Kulturwissenschaft 1926.

[3] Vgl. noch Schein Unsere Rechtsphilosophie und Jurisprudenz 1889. Wallaschek Studien zur Rechtsphilosophie 1889. Del Vecchio I presupposti filosofici della nozione del diritto, Bologna 1905; darüber Reichel, KrVJSchr. 3 F. 11, 209 ff.

[4] Es ist selbstverständlich, daß die einheitlich bedingenden Methoden des rechtlichen Denkens — also die reinen Grundbegriffe und Grundsätze des Rechtes — nur innerhalb des geschichtlichen Erlebens auftreten und nur in ihm entdeckt werden können. Das Bedenken, daß man etwas außerhalb der überhaupt denkbaren Erfahrung nicht ableiten könne, ist in sich unklar. In diesem Sinne gibt es eine *ungeschichtliche* Forschung überhaupt nicht. Von einem Erkennen *aus reiner Vernunft* her ist also bei der hier befolgten Methode keine Rede. Es handelt sich vielmehr um die kritische Analyse der geschichtlichen Erfahrung. Die Eigenschaft der Reinheit gewisser Gedankeninhalte betrifft nicht ihre Herkunft, sondern ihren Geltungswert (§ 3). S. auch § 21 N. 5; § 24 N. 3; § 110 bes. N. 3 f.; § 115 N. 4.

[5] Zur Methode der kritischen Rechtstheorie: TR. E 8. Leonhard DLitZ. 33, 1221. Natorp Kant-Studien 18, 1 ff. Tesar ZStW. 34, 256 ff. Wieland Die historische und die kritische Methode in der Rechtswissenschaft 1910. Schepper Nieuwkantiaansche Rechtsbeschouwing, Haarlem 1917. Dohna (§ 16, 3). Die drei Merkmale der erkenntniskritischen Fragestellung in § 22 N. 7. — Von den Schriften des Verfassers dieses Buches s. außer den oben hinter dem Inhaltsverzeichnis unter *Abkürzungen* genannten Werken noch die Nachweise in §§ 15 N. 13; 18 N. 3 und 14; 37 N. 3; 103 N. 2; 141 N. 2; 143 N. 1. Vgl. § 94 N. 1, auch § 115 N. 3.

§ 6. [1] Kornfeld Allgemeine Rechtslehre und Jurisprudenz 1920. E. Huber Recht

Mit dem letzten Ausdruck bezeichnet man die Darstellung rechtlicher Einrichtungen, die sich nicht bloß an einem einzigen Punkt der Geschichte gezeigt haben, sondern mehreren Rechtsordnungen in relativer Allgemeinheit zu eigen sind, z. B. gewisse Arten staatlicher Verfassungen [2]. Es werden dabei einzelne regelmäßig wiederkehrende Fragen aufgeworfen, und die dafür von bestimmten Rechten erteilten Antworten miteinander verglichen [3].

Jene Fragen können allgemeingültig bestehen, z. B. die nach dem Eigentum, als dem letzten Wort bei Verfügungen über eine Sache; oder die nach Ehe und Familie, als der Frage nach dem Verhältnisse der Geschlechter zueinander und zu der Nachkommenschaft [4]. Es kann aber auch sein, daß sie erst unter der Voraussetzung anderer besonderer Rechtseinrichtungen auftreten, die in den fraglichen Rechtsordnungen gerade übereinstimmen, z. B. das Hypothekenwesen in den Ländern, die Geldwirtschaft und Grundbücher haben [4]. Auch in dem ersten Falle sind jedoch nur die Fragen von allgemeiner Bedeutung: die darauf erteilten Antworten sind überall verschieden und wandelbar (§ 114).

Darum handelt es sich bei solcher Rechtsvergleichung, mag sie übereinstimmende oder verschiedenartige Einrichtungen nebeneinander halten, unter allen Umständen lediglich um die Bearbeitung von stofflich bedingtem Rechtsinhalt. Es ist möglich, durch vergleichende Rechtswissenschaft die miteinander verglichenen Rechte in ihrem Sinne und ihrer Bedeutung besser kennen zu lernen, als wenn man auf die Betrachtung des einen von ihnen sich zurückzieht [5]. Es kann durch

---

und Rechtsverwirklichung. Probleme der Gesetzgebung und der Rechtsphilosophie 1921, S. 10 ff. Carlo Teoria generale e filosofia del diritto. Rede. Messina 1927. — Über Ad. Merkel s. § 18 N. 2 ff.

[2] Eine *Allgemeine Staatslehre* ist veröffentlicht worden von Henschel 1890, Bornhak 1894, Rehm 1899 (Ders. in Sammlung Göschen 1907), Jellinek 1900, (3) 1914, (4) 1922. Rich. Schmidt 1901—03. S. auch Edg. Loening in HandW. d. StaatsW. (3) VII S. 726. Piloty in Stengels StaatsWörterb. (2) III 1914 S. 464. Kelsen Allgemeine Staatslehre 1925. Waldecker Allgemeine Staatslehre 1927.

[3] Der am größten angelegte Versuch dieser Art ist Montesquieu De l'esprit des lois (1748). S. dazu Bluntschli S. 298 ff. Ferner die Materialien bei Meitzel, in HandW. d. StaatsW. (3) VI S. 775.

[4] Dabei ist auch auf eine gewisse Gleichheit der verglichenen Rechtsordnungen nach ihren geschichtlichen Bedingungen und Schicksalen Gewicht zu legen. Etwas weiter geht Fehr Hammurapi und das salische Recht 1910. Vgl. Koschaker Rechtsvergleichende Studien zur Gesetzgebung Hammurapis 1917. — S. ferner: Crome Les similitudes du code civil allemand et du code civil français (Extrait du livre du centenaire du code civil 1904). Rabel Die Verfügungsbeschränkungen des Verpfänders besonders in den Papyri 1909, S. 1 ff.

[5] E. M. Arndt Versuch in vergleichender Völkergeschichte (2) 1844. Bernhöft in ZVerglR. I (1878) 1 ff. Post Bausteine für eine allgemeine Rechtswissenschaft auf vergleichender ethnographischer Basis, 2 Bde. 1880 f. Ders. Über die Aufgaben einer allgemeinen Rechtswissenschaft 1891. Achelis Natur und Kultur, in Grenzboten 43, 375 ff. (1884). Seydel Vergleichende Rechtswissenschaft, in Münch.

sie ein Hilfsmittel bei gesetzlichen Reformabsichten gewonnen werden. Auch wird manchmal daraus geradezu die Anregung zur Aufstellung einer neuen Rechtsordnung fließen, sei es, daß diese an die Stelle der seither geltenden gesetzt werden soll, sei es, daß sie über den verglichenen Rechten für den internationalen Verkehr zu treten hat, wie das *ius gentium* der Römer [6].

Niemals aber gelangt man auf dem Wege der Vergleichung und der Verallgemeinerung von bedingtem Rechtsinhalt zu der Einsicht der unbedingt gültigen Gedankenrichtungen, unter deren Wahrung die wissenschaftliche Rechtsbetrachtung überhaupt erst möglich ist [7].

IV. Die Bedeutung der Rechtsphilosophie

§ 7

Grundsätzliche Entscheidung von Einzelfragen.

Die rechtsphilosophische Arbeit macht eine Wissenschaft von dem Recht möglich (§ 3). Das gibt nicht nur für die lehrende Darstellung den Ausschlag, sondern erweist sich auch bedeutsam für die Praxis des Rechtes.

Bei jeder praktischen Rechtsfrage stellen sich zwei Richtungen der Gedanken ein.

1. Man erkundet sich zunächst nach positiven Satzungen, die auf den zur Entscheidung stehenden Fall anzuwenden seien. Das sind die Paragraphen der Gesetzbücher und der verschiedenen Verordnungen, die Verfassungsartikel, auch wohl verhärtete Normen des Gewohnheitsrechtes.

NN. 1889 Nr. 93. Hentig Rechtsvergleichung und Politik, in BlVerglR. III (1907) 19 ff. Del Vecchio Sull' idea di una scienza del diritto universale comparato 1909; darüber Holldack in KrVJSchr. 3. F. XVII 440 ff. Holldack Vom Wesen und von den Grenzen der Rechtsvergleichung 1912. Del Vecchio Die Idee einer vergleichenden universalen Rechtswissenschaft 1914.

[6] Eine ähnliche Aufgabe hatten die neuzeitlichen Kodifikationen in Ländern mit partikular zersplittertem Recht zu leisten. S. als anschauliches Beispiel Mot. z. BGB. IV. 133 ff. über eheliches Güterrecht. Allgemein: Erläuterungen zum Vorentw. des Schweiz. ZGB. (von Huber — 2. Ausg. Bern 1914). — Cf. § 11 N. 11.

[7] Bei jeder Betrachtung eines Rechtes, das mit anderen verglichen und verallgemeinert wird, sind die notwendigen Bedingungen (= reine Formen) seiner wissenschaftlichen Erfassung selbstverständlich schon vorausgesetzt. Es sind eben zwei verschiedene Aufgaben: Die kritische Klärung der Möglichkeit einer Rechtswissenschaft überhaupt und die allgemeine Beschreibung gesellschaftlicher Zustände und der sie bedingenden Rechtseinrichtungen. Für das letztere s. in ausgezeichneter Weise: W. H. Riehl (1823—1897) Die Naturgeschichte des Volkes als Grundlage einer deutschen Sozialpolitik. 4 Bde., seit 1853: I. Land und Leute (11) 1908. II. Die bürgerliche Gesellschaft (10) 1907. III. Die Familie (12) 1904. IV. Wanderbuch (4) 1903. Gustav Freytag (1816—1895) Bilder aus der deutschen Vergangenheit. 5 Bde., seit 1859.

Hier hat die Rechtsphilosophie die Technik des Ausdrucks zu erörtern, die Abhilfe gegen mögliche Mängel und Lücken zu zeigen, die Kunst der Rechtssetzung vorzustellen; dann aber auch eine Lehre von dem juristischen Schließen, also dem Einfügen eines Tatbestandes unter eine Regel, zu geben. Denn alles dieses sind Fragen, die aus der bloßen Wiedergabe von geschichtlichem Rechtsinhalt nicht erledigt werden können, sondern allgemeingültig für alle Rechtsbetrachtung aufzunehmen und zu beantworten sind.

2. Nun ist aber jeder Paragraph nur ein Versuch, im voraus anzugeben, was einen späteren Streit richtig entscheiden würde. Da kann immer das Bedenken auftreten, ob ihm seine Absicht gelungen sei. Er unterliegt einem Zweifel in dieser Hinsicht vielleicht in seiner ganzen Aufstellung, oder doch bei seinem Ergreifen des gerade fraglichen Falles. Er wird gemessen an einem *x*, das sich über den technisch geformten Rechtssätzen erhebt.

Nicht selten geht darum die Rechtsordnung so vor, daß sie für gewisse Fragen auf genau gefaßte Paragraphen verzichtet und die Parteien, die Berater, die Urteiler anweist, in einem kommenden Streitfalle selbst zu suchen und zu finden, wie in der dann gegebenen Lage richtig zu entscheiden sei (§ 127). Man hat für dieses Vorgehen in unserer Gesetzgebung viele Ausdrücke: *Treu und Glauben, Billigkeit, sittliche Pflicht, Vermeiden des Mißbrauchs, gute Sitten, wichtiger Grund* u. a. m.[1]. Alle haben aber einen und denselben Sinn: es soll der Rechtssatz ausgewählt werden, der alsdann die grundsätzlich gerechtfertigte Entscheidung liefert[2].

Welches ist nun jenes *x*, das den Maßstab für die prinzipielle Berechtigung eines vorbestimmten oder auszuwählenden Rechtssatzes abgibt?

[1] Entsprechende zahlreiche Ausdrücke finden sich bei den römischen Juristen: *bonum et aequum, bona fides, aequitas, ius naturale s. naturalis ratio, boni mores s. mos. benevolentia, humanitas, pudor, pietas s. officium pietatis, iusta causa, arbitrium boni viri, iustitia, etc.* — Über neuere Partikulargesetzgebungen s. RR. S. 47 (2) S. 65 f. — Es sind Bedenken geäußert worden, ob das *ius bonum et aequum* und der Gebrauch von *Treu und Glauben* etc. der neueren Zeit einander gleich zu setzen seien, da doch die Aufgaben der Gesetzgebung und der Rechtsprechung stofflich so sehr gewechselt haben. Bei solchem Zweifel ist offenbar zweierlei verwechselt: die Feststellung eines besonderen Rechtes, das als *richtig* behauptet werden kann, und der Gedanke der Richtigkeit überhaupt. Das richtige Recht ist nach unserer Lehre ein stofflich bedingtes Recht, unvollkommen, veränderlich und in seinem Inhalte nur objektiv richtig (§ 94). Aber die verschiedenen wechselnden Anwendungen der Vorstellung von der Richtigkeit eines Rechtes wären gar nicht verständlich, wenn nicht die absolut gültige Idee des Rechtes alle geschichtlich bedingten Einzelheiten als ein steter Blickpunkt einheitlich zu leiten vermöchte. Soweit die hier genannten Ausdrücke der römischen, wie der späteren und heutigen Gesetze die Richtung auf diese ideale Einheit besagen, geben sie mithin dem gleichen Gedanken Ausdruck. § 7.

[2] Ganz zutreffend sagt Papinianus: *Generaliter observari convenit bonae fidei iudicium non recipere praestationem, quae contra bonos mores desideretur* (D. XXII 1,5).

Die Antwort kann nur von der Rechtsphilosophie erteilt werden. Sie soll nach dieser Seite der Erwägung eine Methode lehren und üben, nach der sich beweisen läßt: daß einem bestimmten Rechtssatze in einer aufgegebenen Einzelfrage die Eigenschaft der grundsätzlichen Richtigkeit zukommt [3].

§ 8

Das Recht in dem Ganzen des Geisteslebens

Da die Rechtsphilosophie das Recht in seiner Einheit geschlossen aufnimmt, so gelangt sie folgerichtig zu der weiteren Erwägung, wie sich das Recht nun in das Ganze des Menschendaseins einfügt [1]. Hier richtet sich der Blick auf die unendliche Menge von Erlebnissen, in denen die Geschicke der Menschen in unübersehbarer Reihe sich abrollen. Dies führt zu der Frage nach dem Begriff *der Geschichte*. Es ist der Grundgedanke festzustellen, nach dem sich das historische Geschehen in seiner Mannigfaltigkeit einheitlich erfassen läßt. Damit verbindet sich das Bedenken, ob die geschichtliche Entwicklung in gesicherter Weise als ein Fortschritt zum Besseren angesprochen werden darf [2].

Im notwendigen Weitergehen aber leitet diese Überlegung, die von der Rechtsphilosophie ihren Ausgang nimmt, zu dem Suchen nach dem vollkommenen Abschlusse. Es bringt uns zu der Einsicht und Hingebung an das, was mit Grund ein Weltbild heißen mag, zu dem Besitze einer durchgreifenden Lebensauffassung [3].

---

3 Über die Berufung auf das *Anstandsgefühl*, auf die *billig und gerecht* Denkenden, oder auf das *natürliche Rechtsgefühl* s. § 146. Die bloße Verweisung auf *den Takt* oder *das freie Ermessen* des Richters befriedigt nicht: jenes könnte höchstens die persönliche Gabe in dem Finden *des Richtigen* besagen, nicht aber das bedingende Merkmal des letzteren angeben; und das zweite würde übersehen, daß der Richter keineswegs *frei* nach subjektivem Belieben entscheiden, vielmehr sein Urteil objektiv begründen soll (§ 143). So darf von dem Fortschritt der rechtsphilosophischen Ausbildung in der genannten Hinsicht noch manches erwartet werden.

§ 8. 1 Von umgekehrter Seite her kommt FECHNER Die praktische Philosophie und ihre Bedeutung für die Rechtsstudien 1888. — Über die Zusammenhänge der verschiedenen Betrachtungsweisen menschlichen Geisteslebens handelt EMGE in ArchRPhilos. 17, 524 ff.

2 S. unten §§ 178 ff.

3 Nach Erledigung der einleitenden Erörterungen wird unserer Darstellung der Rechtsphilosophie folgende Anordnung zugrunde gelegt:

I. Der Begriff des Rechtes.
II. Das Werden des Rechtes.
III. Die Idee des Rechtes.
IV. Die Behandlung des Rechtes.
V. Die Bewährung des Rechtes.

Zu I. In Aufnahme der oben (§ 1) gestellten Aufgabe ist die Eigenart des Rechtsgedankens aufzuweisen und seine Abgrenzung gegenüber dem Naturerkennen, der Moral, Sitte und willkürlichen Gewalt vorzunehmen.

V. Die Geschichte der Rechtsphilosophie

§ 9

Die rechtsphilosophische Frage

Die rechtsphilosophische Frage ist die Frage nach dem Begriffe und nach der Idee des Rechtes. Sie forscht nach dem Wesen von Recht und Gerechtigkeit, nach ihrem Auftreten in der Geschichte, nach ihrer Behandlung und Bewährung [1]. Diese Frage ist immer und überall eine und dieselbe. Sie war allezeit da und wird in ihrer einheitlichen Art sich stets einfinden, wo Menschen leben und über ihr Dasein nachdenken [2].

Andere Aufgaben, als diese fünf Ausstrahlungen der rechtsphilosophischen Frage gibt es in unbedingt allgemeingültiger Art in rechtlichen Dingen nicht. Denn wenn eine Lehre die Eigenschaft abso-

---

Zu II. Dem fällt das Auftreten des Rechtsbegriffes bei der Ordnung menschlicher Bestrebungen zu. Es ist das Gelten und das Entstehen des Rechtes zu betrachten und die Psychologie des Rechtes zu entwerfen. Dazu kommt die Erwägung des Verhältnisses von der Sozialwirtschaft zu dem Rechte.

Zu III. Hier ist die Lehre von der Gerechtigkeit auszuführen und die Möglichkeit eines begründeten Urteils über objektive Richtigkeit einer rechtlichen Bestrebung darzulegen.

Zu IV. Auf dem Grunde alles dessen kann sich eine juristische Methodenlehre erheben. Sie geht aus von den Grundbegriffen des Rechtes und von der Möglichkeit einer juristischen Konstruktion. Daran schließt sich die Lehre von dem Rechtssatze, sodann die von seiner Technik, als dem rechtlichen Ausdruck und der Kunst und den Mängeln bei dem Formen des Rechtes; endlich die Erörterung des rechtlichen Systematisierens.

Zu V. Den Beschluß macht die Theorie der juristischen Praxis. Sie hat die Eigenart des juristischen Schließens darzulegen und die Weise einer grundsätzlich erwägenden Praxis zu erörtern. Es ist zu zeigen, wie in Streitfällen der richtige Rechtssatz unter den verschiedenen Möglichkeiten ausgewählt werden kann, und wie eine wissenschaftlich geleitete Politik möglich ist. Daran fügt sich die Einstellung des Rechtes in das Ganze der Geschichte der Menschheit.

[1] S. die Anordnung der Darstellung dieses Werkes in § 8 N. 3. § 9.

[2] A. M. ist SPIEGEL in Schmollers J. 43, 64 ff. Er weist darauf hin, daß eine *überwältigende Fülle* von Forschungen in der Geschichte der Rechts- und Staatsphilosophie vorliege; und daß man sich zum Zwecke ihrer Darstellung *in fremde Subjektivitäten* versenken und einfühlen müsse. Aber er spricht doch auch davon, daß es sich überall darum handele, *die juristischen und politischen Grundfragen* zu beantworten. In der Tat wäre es gar nicht möglich, die Verschiedenheit der einzelnen Auffassungen miteinander zu vergleichen, wenn nicht eine gemeinsame Aufgabe einheitlich zugrunde läge. Sämtlich suchen sie nach Recht und Gerechtigkeit. Daß sie das jeweils in eigenartiger Weise tun und von ihrer Zeit und den sie begleitenden Umständen abhängig sind, ist selbstverständlich. Das sieht schließlich jedermann, und solche geringe Erkenntnis stark zu betonen, ist nicht sehr nötig. Wohl aber besteht für die wissenschaftliche Erwägung ein dringender Anlaß, in all der Mannigfaltigkeit der Betrachtungen den Einheitsgedanken sich klar vor Augen zu halten, ohne den man nichts als einen Wirrwarr von Einzelheiten haben würde.

luter Allgemeinheit besitzen soll, so muß es eine einheitlich bedingende Methode sein; nur einer solchen kann jene allgemeingültige Beschaffenheit zukommen. Somit erschöpft sich die Möglichkeit rechtlicher Einsicht von absoluter Bedeutung in den reinen Formen des Begreifens und des Beurteilens von rechtlichem Wollen, in der bedingenden Weise seines Entstehens und Geltens, in der methodischen Art seiner wissenschaftlichen Erkenntnis und seiner praktischen Betätigung (§ 81).

Auf die also feststehende rechtsphilosophische Frage sind nun aber im Laufe der Zeiten mannigfache Antworten erteilt worden. Die Abweichung der so entstandenen Lehren voneinander zeigt sich in zweifacher Weise.

Manchmal besteht eine Unsicherheit über die Fragestellung, die hier notwendig ist. Die rechtsphilosophische Frage, die oben zusammengefaßt wurde, liegt freilich jedem Nachdenken, das sich hier versucht, unvermeidlich in eherner Weise zugrunde. Aber nicht immer kommt sie in ihrer wesentlichen Eigenart dem Suchenden zum Bewußtsein; leicht wird nur die eine Seite ihres Forschens betont oder gar ausschließlich hervorgehoben, möglicherweise ihre Abgrenzung von der Untersuchung der Einzelheiten geschichtlich bedingten Stoffes nicht ausreichend getroffen.

Es kann jedoch auch sein, daß die rechtsphilosophische Frage im wesentlichen richtig erkannt ist, ihre Verfolgung aber zu verschiedenen Ergebnissen geführt hat. Dann besteht eine Getrenntheit der Meinungen über die zur Lösung einzusetzende Methode des Bestimmens und Richtens rechtlicher Gedanken.

Die Geschichte der Rechtsphilosophie[3] hat auf beide Möglichkeiten des Schwankens — sei es in der Fragestellung oder in der Methode — acht zu haben. Es hat seinen eigenen Wert, dem zu folgen. Das Beobachten der Betrachtungen, die führende Geister vordem gepflogen haben, wird sich als gutes Mittel zur Klärung der eigenen Gedankenwelt bewähren.

Hiernach ist die Aufgabe dieses Abschnittes darin erschöpft, jeweils die allgemeine Richtung darzulegen, in der sich die Gedanken über den Begriff und die Idee des Rechtes innerhalb eines größeren Zeitraums bewegt haben. Es sind die grundlegenden Merkmale herauszuarbeiten,

---

[3] Die älteren Bücher über Geschichte der Rechtsphilosophie sind bei Gros Lehrbuch der philosophischen Rechtswissenschaft oder des Naturrechts (6) 1841 S. 20 aufgeführt (vgl. Mohl 1, 217 ff.). Die wichtigsten neueren s. unter *Abkürzungen* hinter dem Inhaltsverzeichnis. Dazu noch Lerminier Philosophie du droit II (2) Paris 1835. Geyer in Holtzendorffs Enzyklopädie der Rechtswissenschaft (5) 1890 S. 47 ff. Rivalta Diritto naturale e positivo. Saggio storico, Bologna 1899. Stammler Rechts- und Staatstheorien der Neuzeit 1917, (2) 1925. Wundt Völkerpsychologie, 9. Bd. Das Recht 1918, S. 52—218 (§§ 26 N. 4; 31 N. 4; 39 N. 3; 75 N. 3). Sternberg Die politischen Theorien in ihrer geschichtlichen Entwicklung vom Altertum bis zur Gegenwart 1922. Melczer Entwicklungsgeschichte der Rechtsphilosophie 1922. Caspary Geschichte der Staatstheorien im Grundriß 1924.

nach denen sich die Eigenart der verschiedenen Antworten auf die einheitliche Frage der Rechtsphilosophie bestimmend kennzeichnet. Das kann sich an den Verlauf der Geistesgeschichte im ganzen anschließen, mag immer die eine oder andere Antwort im Gange der Entwicklung gleichmäßig oder etwas verändert wiederkehren.

§ 10

Die griechische Theorie des Rechtes

Die systematische Betrachtung des rechtlichen Lebens im Staate, im Sinne einer allgemeingültigen Theorie, beginnt im Altertume mit der griechischen Philosophie [1]. In dieser gelang die Entdeckung des Begriffes der Wissenschaft. Es geschah nach manchen unzulänglichen Versuchen [2] in der Lehre des SOKRATES (470—399) [3]. Er überwand die Zweifel der Sophisten [4] und den bloßen Subjektivismus, der nichts als ein unzu-

[1] In unwillkürlicher Weise zeigt sich die rechtsphilosophische Frage (§ 9) § 10.
ihrem sachlichen Gehalte nach selbstverständlich überall. AHRENS I § 5. Aber eine wissenschaftliche Besinnung auf sie fehlt in allen uns bekannt gewordenen Auslassungen des Altertums außerhalb der griechischen Philosophie. ÜBERWEG § 6. VORLÄNDER I Einl. Nr. 3. — Mit besonderer Stärke betont das Alte Testament den Wert und die Würde des Rechtes (Ps. 94, 15). Es stellt seine Eigenart, ohne ihr kritisch nachzugehen, willkürlicher Gewalt gegenüber und preist die treue Bewährung des Rechtes in erhebenden Worten. Vornehmlich in den Schriften der Propheten, und hier namentlich bei Jesaias; s. bes. Kap. 9 und 32. GUTHE Das Zukunftsbild des Jesaja 1907. Ob die Idee der Richtigkeit eines Rechtes darin enthalten ist, bleibt zweifelhaft. Vgl. dazu BREUER Die rechtsphilosophischen Grundlagen des jüdischen und des modernen Rechts, Jahrb. d. jüd.-lit. Ges. 8, 1 ff. Auch STRACK Einl. in d. Talmud (2) 1894. WEISMANN Talion und öffentliche Strafe im mosaischen Rechte, in Festschr. f. Wach 1913. — ALFARABI Die Staatsleitung. Deutsche Bearbeitung mit einer Einleitung »Über das Wesen der arabischen Philosophie«. Aus dem Nachlasse des J. DITERICI hrsg. v. BRÖMMLE, Leiden 1904. — S. fernerhin ZENKER Soziale Moral in China und Japan 1915. EUCKEN und CHANG Das Lebensproblem in China und in Europa 1922. WU Readings from Ancient Chinese Codes and Other sources of Chinese Law and Legal Ideas, Michigan Law Review 19, 502 ff. Interessant ist auch HEARN Lafcadio, Kyūshū, Träume und Studien aus dem neuen Japan 1908.

[2] SCHMAUSS S. 10; HUGO § 9; GEYER S. 8; HILDENBRAND S. 41 ff.; AHRENS I S. 36. — FLÜGEL Die Idee des Rechts und der Gerechtigkeit bei Homer und Hesiod 1909. HERODOT III 38; VII 104. Vgl. auch RR. (2) 157 ff. — HIRZEL Νόμος ἄγραφος, Sächs. Ges. d. Wiss. Hist.-phil. Kl. 20. Bd., 1900. DERS. Themis, Dike und Verwandtes. Ein Beitrag zu der Geschichte der Rechtsidee bei den Griechen. 1907. EHRENBERG Anfänge des griechischen Naturrechts, Arch. f. Gesch. d. Philos. 35, 119 ff. — ÜBERWEG I § 28. MENZEL Protagoras, der älteste Theoretiker der Demokratie, ZPolit. 3, 205 (vgl. § 170 N. 6).

[3] SCHMAUSS § 4; HUGO § 10; GEYER S. 9 f. HILDENBRAND S. 81 ff. — H. MAIER Sokrates. Sein Werk und seine geschichtliche Stellung 1913. BUSSE Sokrates 1914. ÜBERWEG I § 33. ED. MEYER Geschichte des Altertums 4, 435 ff.; 5, 125 ff. MENZEL Untersuchungen zum Sokrates-Prozesse 1902.

[4] HILDENBRAND S. 66 ff.; SALOMON Der Begriff des Naturrechts bei den

sammenhängendes Erleben von lauter Einzelheiten zuließ, in wirrer Masse und unselbständig getrieben von Fall zu Fall [5]. Die Durchführung des Gedankens dagegen von der Möglichkeit eines Ordnens der einzelnen Vorkommnisse nach unbedingt einheitlicher Methode mußte auch zu der rechtsphilosophischen Frage führen.

Dabei trat bei den Griechen die Frage nach dem Begriffe und dem Gelten des Rechtes zurück. Sie vertieften sich in die Politik und in die Führung des Staates [6]. Das vollendete sich in glänzender Weise bei PLATON (427—347) [7], vor allem in seinem Dialog von dem Staate [8]. PLATON war durch das niederdrückende Geschick seiner Vaterstadt Athen zu einem überzeugten Gegner der Massenherrschaft geworden [9]. In tiefem Nachdenken gelangte er zu dem Gegensatze, der in der Idee des Guten einerseits und in dem bloßen Zusammenzählen bedingter Interessen andererseits gelegen ist. Gegenüber der verderbten Wirklichkeit der athenischen Demokratie, die nur durch radikale Umänderung der maßgeblichen Grundsätze überwunden werden konnte, schuf er das Bild des idealen Staates durch Aufzeigen der formalen Richtlinien, denen das Gemeinwesen folgen müsse, um in seinen dann bedingt einsetzenden Ordnungen grundsätzlich richtig zu sein.

In diesem Sinne unterschied er im Staate die Herrscher, die Krieger, die Geschäftsleute. Nur die beiden ersten Gruppen sollten es, jede in ihrer Aufgabe, mit dem öffentlichen Leben zu tun haben, die große übrige Menge damit gar nicht, sondern nur mit ihren privaten Angelegenheiten beschäftigt sein. Dafür sollen jene allen bedingten Interessen ferne stehen und weder Familie noch Vermögen haben. Besondere Beachtung erfährt dabei die erste Gruppe der Herrscher, die man sich im Sinne PLATONS wohl in sehr kleiner Anzahl zu denken hat. Sie wird aus besonders dazu Erzogenen in ihren reiferen Jahren durch das Los gebildet.

Der platonische Idealstaat ist nicht ein bloßer persönlicher Einfall [10]; er ist keine *Utopie*, denn es fehlt das besondere Merkmal eines solchen

---

Sophisten, ZRG (R) 32, 129 ff. — PLATONS Dialog *Sophistes*, übers. u. erl. von APELT in Philos. Bibl. 1914.

5 Vgl. hierüber unten § 97.

6 S. auch TEŠAR Staatsidee und Strafrecht. I. Teil: Das griechische Recht und die griechische Lehre bis Aristoteles 1914.

7 SCHMAUSS § 5; HUGO § 11 f.; GEYER § 4; HILDENBRAND S. 98 ff.; ROSSBACH §§ 4—7; STAHL I S. 8 ff.; AHRENS I S. 37 ff.; LASSON S. 50 ff.

8 Textausgabe von HERMANN bei Teubner. Die Dialoge des Platon sind mehrfach in das Deutsche übertragen, so bestens von FRIEDR. LEOP. GRAF ZU STOLBERG, SCHLEIERMACHER und neuestens von APELT. — MOHL I 220. — NATORP Platos Ideenlehre. Eine Einführung in den Idealismus 1903.

9 S. bes. *Politikos* c. 36, auch c. 41. — SCHWARCZ Die Demokratie von Athen (2) 1901.

10 BURCKHARDT Individuum und Allgemeinheit in Platons Politeia 1913. FRISCH Platons Idealstaat im Lichte der Gegenwart. Rede. 1913. M. WUNDT Plato und sein Werk 1914. ANDERHUB Platons Politeia und die kritische Rechts-

Phantasiestückes: daß es die bedingten Möglichkeiten, die nach Recht und Gerechtigkeit zu ordnen sind, frei erfindet[11].

Noch weniger will der Entwurf des PLATON etwa eine vernunftrechtliche Verfassung darstellen, die für alle Zeiten und Völker in dem Sinne Geltung hätte, daß sie als eine Summe begrenzter Paragraphen beliebig überall eingeführt werden könnte. PLATONS Staatsgebilde ist ein System formaler Gedanken. Seine ganze Schilderung liefert nur bedingende Richtlinien, als Angabe der notwendig führenden Gedanken, wenn in einer besonderen Aufgabe, die ganz dahingestellt bleibt, ein gerechtfertigtes Ergebnis erzielt werden soll.

Die formalen Richtlinien entstammen aber der Idee des Guten, wie PLATON sie auffaßte. Sie gliedern sich nach den drei Tugenden, die jenem Urbilde entstrahlen: der Weisheit, die das grundsätzlich richtige Wollen im gegebenen Falle herausfindet; der Tapferkeit, die in der Bewährung des für recht Erkannten besteht; endlich der Selbstbeherrschung, die das eigene Begehren dem gesetzmäßig haltbaren Wollen unterordnet. Und da der Staat in seinem Aufbau den Anforderungen an den einzelnen Menschen entsprechen soll[12], so ergeben sich danach die drei Stände, die oben beschrieben wurden, von denen jeder gerade die ihm zufallende Tugend besonders zu pflegen hätte. Zusammengeschlossen aber wird dieses durch die höchste Tugend der Gerechtigkeit, welche die drei anderen Tugenden zusammenfasse, jeder aus ihrer Stellung her das rechte Verhältnis zu den andern anweise und so eine vollendete Harmonie des Geistes erstrebe[13].

---

philosophie, ZRPhilos. 3, 89 ff. WILAMOWITZ-MÖLLENDORF Der griechische und der platonische Staatsgedanke 1919. STERNBERG, Moderne Gedanken über Staat und Erziehung bei Platon 1920 (2) 1924. JUNKER Die Weltanschauung des Marxismus und Platons Staatsidee 1925 S. 63 ff. ECKSTEIN Das antike Naturrecht in sozialphilosophischer Beleuchtung 1926. WEISS Platons Rechtsphilosophie in ihren Beziehungen zur Gegenwart, ArchRPhilos. 20. Bd. 3. H. 1927. — NATORP Platos Staat und die Idee der Sozialpädagogik 1895 (s. § 132). DERS. Platon, in Große Denker, 1, 93 ff. ÜBERWEG I §§ 39 ff., bes. § 44. SALIN Platon und die griechische Utopie 1921. — WINDELBAND Platon, Handw. d. Staatsw. (3) VI 1043 ff.

[11] S. hierzu §§ 4 N. 4; 53; auch 172; und 92.

[12] Es dürfen nicht die Sonderinteressen und subjektiven Begehrungen herrschen, auch nicht nach ihrer quantitativen Mehrheit (§ 170), sondern der unbedingt leitende Gedanke der Gerechtigkeit. Kein begrenztes Ziel kann ihn, wie das I. Buch vom Staate zeigt, vollkommen ausfüllen. S. auch Rep. IV 427 C ff. — Die Idee des Guten wird nur durch die Philosophie erkannt. Daher der berühmte Ausspruch: Wenn nicht entweder die Philosophen Könige werden in den Staaten oder die Gewalthaber wahrhaft und gründlich philosophieren, eher gibt es keine Erholung von dem Übel für die Staaten und auch nicht für das menschliche Geschlecht. Rep. V 473 D. — Über den Reformversuch des PLATON bei Dionysius II. von Syrakus s. die überaus anziehende Schilderung bei ED. MEYER (N. 3) 5, 500 ff.

[13] Dazu bes. Rep. IV 433. HILDENBRAND S. 127.

Von großem Interesse ist die Fortsetzung, welche jener mächtige Gedankenbau des PLATON [14] durch die allezeit erstaunliche Arbeit des ARISTOTELES (384—322) gefunden hat [15]. Sein Werk ist als Ganzes nicht in gleicher Weise, wie das seines Lehrers, einheitlich abgeschlossen [16]. Er streitet, wie bekannt, gegen die Herrschaft der platonischen Idee. In dem groß angelegten Werke der *Politik* geht er davon aus, daß der Staat ein Naturprodukt sei, früher als der Einzelne und die Familien, die seine Teile sind [17]. Danach gibt er eine allgemeine Staatslehre [18], mit eindringenden Beobachtungen über die die Arten der Staaten, über deren Umwälzungen, aber auch schon über die Frage nach der besten Staatsverfassung; sodann eine Fülle von Klugheitsregeln für die Politik und das Erziehungswesen. Immer aber wird auch ARISTOTELES auf die Notwendigkeit eines einheitlich bedingenden Zweckes für das rechtliche Wollen hingeführt. Und wie der Mensch von Natur ein geselliges Wesen sei, so bedeute die Gerechtigkeit eine Aufgabe, die mit dem Staate gesetzt ist [19].

ARISTOTELES teilt die Gerechtigkeit in die austeilende, die zur Sache des Gesetzgebers gehört, und die ausgleichende, die vom Richter gehandhabt wird. Nach jener sind die Anteile der Einzelnen an den äußeren Gütern und den politischen Rechten zu bemessen. Das hat nach geometrischer Proportion zu geschehen: wie sich der eine Bürger zum andern verhalte, so sei jener Anteil fetszustellen. Das Verhältnis aber des einen Bürgers zu dem andern ist der Wert des Bürgers, der sich, in den einzelnen Staaten verschieden, nach dem Vermögen, nach Geburt und Familie, nach der Tüchtigkeit bestimme.

---

[14] Über die Dialoge von den *Gesetzen* s. HUGO § 13; HILDENBRAND S. 175 ff.; GEYER S. 15 f. RITTER Darstellung des Inhaltes mit Anmerkungen 1896. PÖHLMANN Geschichte des antiken Kommunismus und Sozialismus S. 477 ff. BISINGER Der Agrarstaat in Platons Gesetzen 1925. — Über *Kriton* s. unten § 144 Nr. 3; über den *Staatsmann* § 143 N. 1 und § 170 N. 6.

[15] SCHMAUSS § 7; HUGO § 14; ROSSBACH §§ 8 ff.; HILDENBRAND S. 250 ff.; STAHL I S. 21 ff.; AHRENS I S. 40 ff.; LASSON S. 55 ff. ÜBERWEG I §§ 46 ff., bes. § 52. — LUTOSLAWSKI Erhaltung und Untergang der Staatsverfassungen nach Plato, Aristoteles und Machiavelli 1888. R. LOENING Die Zurechnungslehre des Aristoteles 1903. SZANTO Aristoteles, Handw. d. Staatsw. (3) I 1224 ff.

[16] Hierher gehört vor allem die *Politik* in 8 Büchern, Ausg. mit Übersetzung von STAHR, 1839; übers. in Philos. Bibl. von ROLFES 1912. Ferner die *Nikomachische Ethik*, Textausg. b. Teubner, von SUSEMIHL und APELT; übers. in Philos. Bibliothek von KIRCHMANN 1876 und ROLFES 1911. — MOHL I 220. — ESPOSITO Il valore dello Stato in Aristotele, Riv. intern. di fil. d. dir. 7, 3 ff. (1927).

[17] Pol. I 1, 6 ff. Genau anschließend der Begründer der neuzeitlichen Staatsrechtslehre BODIN Six livres de la république 1577, Bd. I c. 1. SAVIGNY System des heutigen römischen Rechts 1840, I S. 343 f.: *In den Familien nun sind die Keime des Staats enthalten, und der ausgebildete Staat hat die Familien, nicht die Individuen unmittelbar zu Bestandteilen.*

[18] S. oben § 6.

[19] Pol. I 1, 12.

Für die Praxis des Rechtes führte ARISTOTELES die Unterscheidung von gerechten Satzungen und billigem Ermessen ein [20]. Das erste sind die Paragraphen, die der Gesetzgeber nach bester Erfahrung in dem Wunsche, richtiges Recht zu geben, in technischer Fassung aufstellt; das zweite ist das Urteilen unter Berücksichtigung der besonderen Umstände des dortigen Falles, geleitet natürlich von dem gleichen idealen Bestreben, wie jenes.

Die Bemühungen um die Klärung der Idee des Rechtes setzten demnächst die Stoiker (seit etwa 314 v. Chr.) in allgemeiner Weise entscheidend fort [21]. Sie betonen besonders stark die grundlegende Gegenstellung des nach der Natur und nach der Satzung Gerechten. Sie suchten nach dem einen obersten Gesetze, dem mit allem übrigen auch die Ordnung von Staat und Recht zu unterstehen habe, und nannten es: die Natur. Es gelte, der *Natur* gemäß zu leben [22]. In ihrer Anleitung für den einzelnen Menschen für sich hatten sie praktisch großen Erfolg. Sie lehrten die Apathie, die Freiheit von Leidenschaften, die Gleichgültigkeit gegenüber der Einzelheit und Äußerlichkeit. Dagegen wissen wir bei ihnen nichts von einer theoretischen Begründung. Es blieb zweifelhaft, was *die Natur* eigentlich sei. Für die Rechtsphilosophie war damit der Grund für die spätere Scheidung des Naturrechtes (§ 14) von dem Vernunftrechte (§ 15) gegeben, je nachdem man auf *die Natur* des Menschen oder des Rechtes zurückging.

Mit dem allgemeinen Niedergang der griechischen Philosophie sank auch die dortige Theorie des Rechtes. Die Lustlehre des EPIKUR (341 bis 270) führte zu dem vergeblichen Versuche, Sinn und Bedeutung des Rechtes auf den Nutzen zu gründen [23].

In der Schule der Skeptiker (bes. seit etwa 200 v. Chr.) [24] aber schwand jeder Glaube an die Möglichkeit von Wahrheit und Gerechtigkeit überhaupt dahin [25].

---

[20] Eth. Nic. V. Buch mit der Unterscheidung der δικαιοσύνη und der ἐπιείκεια. — S. unt. §§ 127 u. 143.

[21] SCHMAUSS § 9; HILDENBRAND S. 505 ff.; GEYER § 6; LASSON S. 67; ÜBERWEG I § 58.

[22] Entsprechend die Kyniker. HILDENBRAND S. 499 ff. ÜBERWEG I 59.

[23] SCHMAUSS § 11; GEYER § 6 II; HILDENBRAND S. 514 ff.; LASSON S. 617 ff. ÜBERWEG I §§ 60 ff. bes. § 63. — S. unten § 93 Nr. 1.

[24] Besonders bei KARNEADES (213—129). Er führte in Rom an einem Abend in einer Rede das Lob der Gerechtigkeit aus und suchte am nächsten Abend entsprechend darzulegen, daß es überhaupt keine Gerechtigkeit gebe. LACTANTIUS Div. instit. (ed. BRANDT im Corp. script. eccles. latin. XIX S. 444 ff.) V 14, 3 ff. 16, 1 ff. 17, 9; 14. Vgl. SCHMAUSS § 12. — ZELLER Philosophie der Griechen 1844, (4) 1892, III 1, 518 ff.; 530 f.; CHRIST. SCHMID Geschichte der griechischen Literatur, (4) II 1, 43. HILDENBRAND § 121. ÜBERWEG I § 65, S. 493 f.

[25] HILDENBRAND S. 518 ff.; LASSON S. 70. — Die Neuplatoniker sind für die rechtsphilosophische Frage ohne besondere Bedeutung. S. über sie unten § 11 N. 15.

§ 11
Die Jurisprudenz der Römer

In dem römischen Reiche gelangte das Recht zu der ihm zukommenden eigenartigen Stellung. Es erscheint nun als eine genau abgegrenzte Art und Weise des menschlichen Wollens mit einer besonders hervorgehobenen Aufgabe. In glänzender Eingebung handhabten die Römer solches in der Staatskunst und im Privatleben. Selbst in den späteren Zeiten ihrer sinkenden Größe wurde der formale Gegensatz von Recht und von Willkür von ihnen empfunden und als solcher zum Ausdrucke gebracht [1]; und bei den Römern war es, daß deutlich festgehalten wurde: daß die Berufung auf *boni mores*, auf *aequitas*, auf *bona fides* und andere Wendungen eine Berufung auf Rechtssätze ist. Nur sind es Rechtssätze mit der besonderen Beschaffenheit, daß sie die grundsätzliche Aufgabe des Rechtes gerade in ihrem Inhalt wesentlich übernehmen und nach dieser ihrer Eigentümlichkeit im besonderen Streitfalle ausgesucht werden [2].

Eine Zergliederung des Rechtsbegriffes nach seinen logisch bedingenden Merkmalen und in seinem Gegensatze zu den anderen Arten der Willensinhalte findet sich bei den römischen Juristen nicht [3]. Und ihre Bemerkungen über Gesetz und Gewohnheitsrecht und über die Notwendigkeit der rechtlichen Ordnung sind dürftig und nicht ausreichend [4].

Eine hohe Meinung haben sie von dem Berufe dessen, der dem Rechte, seiner Lehre und seiner Bewährung, sich widmet. Das Recht ist nach ihnen die Kunst des Guten und des Gerechten, die von den ihm ergebenen Männern wie von Priestern zu pflegen und zu üben ist [5]; und großartig ist ihre Fähigkeit, vor allem in der hierfür klassischen Zeit des zweiten Jahrhunderts unserer Zeitrechnung, in den rechtlichen Streitigkeiten der Bürger das grundsätzlich Richtige zu treffen. So viel sie auch in kommentierender Bearbeitung der Gesetze ausgeführt haben, so liegt doch der Grundzug ihres Wesens nicht in der Wahrung der Paragraphen als solcher. Wohl sind sie zuweilen von prozessualen Formeln abhängig, aber sie gehen im Ganzen ihres Wirkens in solchen Einzelfragen keineswegs auf [6]. Und niemals würden sie eine unweigerlich bleibende Bedeutung in der Geistesgeschichte erlangt und bewahrt haben, wenn wirklich nur ihre wissenschaftliche Begabung in der tech-

---

§ 11. [1] Besonders scharf und deutlich C. I 14, 4. Vgl. WR. S. 501.

[2] Cf. Papinianus, D. XXII 1, 5. — S. § 7 N. 1; § 94 N. 4.

[3] J. I 1 und D. I 1: De iustitia et iure.

[4] D. I 3, 32 § 1; cf. J. I 2: De iure naturali et gentium et civili.

[5] D. I 1 pr. u. § 1 (ob. § 2 N. 1). — § 91 N. 8.

[6] Über *ius* und *aequitas* s. Krüger Geschichte der Quellen und Literatur des römischen Rechts (2) 1912 § 17. Kipp Geschichte der Quellen des römischen Rechts (4) 1919 § 2. — Bekker Über römische und moderne aequitas, JVRW. 1. Bd. 1896. — S. ob. § 7 N. 1.

nischen Jurisprudenz hervorzuheben wäre. Gewiß sind sie Meister in dem Herausarbeiten der einzelnen Rechtsbegriffe und von schöpferischer Kraft im systematischen Ordnen der schier unübersehbaren rechtlichen Erscheinungen. Aber ihre schönste und größte Leistung entsprang doch der Gabe, in zweifelhaften Fragen das alsdann richtige Recht zu erwählen [7].

Dagegen gibt es eine ausgeführte Überlegung und Erörterung der Idee des Rechtes im Römertum fast gar nicht [8].

Cicero (106—43) bietet hierüber noch die größte geschlossene Darlegung [9]. Er geht mit der Lehre der Stoa von der Natur im Sinne des Gesetzes aus und unterscheidet von dem *ius civile* das *ius naturale*, nach dem jede Beschädigung anderer zu unterlassen und jedem das Seinige zu geben sei. Indem er dann mit Aristoteles die Entstehung des Staates als einen natürlichen Vorgang von der Familie her beschreibt, nimmt er offenbar eine eigene rechtliche Anlage in der Menschennatur an. Zur vollen Klarheit gelangt das um so weniger, als er, wie ihm mit Grund öfter vorgeworfen wurde, in seine Beweisführung Ansichten anderer griechischer Philosophen eklektisch einmengt.

---

7 Über Wert und Bedeutung des römischen Rechts über die Zeit seiner praktischen Geltung hinaus sind zahlreiche Erörterungen vorgebracht worden. Gegenüber sehr absprechenden Äußerungen von Schriftstellern des 18. Jahrhunderts, wie Beccaria der von Überresten der Gesetze eines Erobervolkes sprach, trat im 19. Jahrhundert eine gerechtere Würdigung ein. Doch gehen die Ansichten im einzelnen auseinander. Glück Pandekten I 79 ff. Windscheid § 6. Jhering Geist des röm. R. (2) 1866, I § 1. Stahl II 509 ff. — O. Müller Die Stellung der Wissenschaft des röm. R. an den deutschen Hochschulen der Gegenwart, 1852. Exner Die praktische Aufgabe der romanistischen Wissenschaft in Staaten mit kodifiziertem Privatrecht 1869. Franken Romanisten und Germanisten 1882. Frese Das volkserziehliche Grundprinzip der römischen Rechtsbildung und die Bedeutung desselben für den Begriff und Zweck des Rechts 1901. Leonhard Stimmen des Auslands über die Zukunft der Rechtswissenschaft 1906. Scholten De waarde van het romeinsche recht, Zwolle 1907. Seckel Das römische Recht und seine Wissenschaft im Wandel der Jahrhunderte. Berl. Rede 1921. — TR. VIII 5. — Lehrreiches Einzelbeispiel heutiger Stellungnahme zu der römischen Jurisprudenz: Kübler Das Utilitätsprinzip als Grund der Abstufung bei der Vertragshaftung im klassischen römischen Recht, S.-A. aus Festg. für Gierke, 1910. Ders. in ZRG (R) 38, 73 ff.

8 Die Römer der Republik wehrten sich gegen das Eindringen der griechischen Philosophie. Unter dem Einflusse des älteren Cato wurden mehrere Senatsbeschlüsse erlassen, die den griechischen Rhetoren den Aufenthalt in Rom verboten. Es war vergebens und erfolglos. Bedeutsam wurde die Gesandtschaft, die Athen 155 v. Chr. in seinem Streite mit der böotischen Stadt Oropos nach Rom abordnete. Es waren der Peripatetiker Kritolaos, der Stoiker Diogenes und der Akademiker Karneades (§ 10 N. 24). Von da ab ließ sich der Siegeszug der griechischen Denker im Römerreiche nicht mehr aufhalten. — Plutarch Cato c. 22 f. — Schanz Geschichte der römischen Literatur, I 1 1909, S. 242 f. Cichorius Untersuchungen zu Lucilius 1908, S. 46 ff.

9 Schmauss § 10; Rossbach §§ 17 f.; 37 f.; Hildenbrand S. 537 ff.; Geyer § 7 I.; Ahrens I S. 46; Lasson S. 71 f.; Überweg I S. 496 ff. — Mohl 1, 221 u. 223.

Die Juristen der Kaiserzeit kennen gleichfalls das *ius naturale* [10] und meinen damit die rechtlichen Einrichtungen, die sich bei allen Völkern gleichmäßig finden [11] und darum auf einen Grundzug der Natur bei allen Menschen zurückzuführen seien [12]. Das wurde von ihnen jedoch weder theoretisch vertieft noch auch innerhalb der praktischen Anwendung des Rechtes erheblich verwertet [13].

Das Ende der antiken Philosophie auf dem Boden des Römerreiches war für die rechtsphilosophische Frage ohne Bedeutung [14]. Die Neuplatoniker befaßten sich mit ihr nicht [15].

§ 12

Die Staatslehre des Mittelalters

Es ist nicht zweifelhaft, daß in dem weiten Zeitraume, den wir mit *Mittelalter* zu bezeichnen pflegen, unsere Vorfahren ein vielgestaltiges und reiches geistiges Leben geführt haben [1]. Aber es bleibt richtig, daß alles Mannigfaltige des damaligen Seins und Tuns, die bunte Art und Menge des äußeren Treibens, wie die verschiedene Weise des Herrschens und des Strebens nach Gewalt, daß all das Kämpfen und Raufen mit seiner wilden Unruhe in letzter Linie von dem einen einigen Gedanken

---

[10] Zitate bei KIPP (N. 6) S. 6 und 7.

[11] Sie nennen es auch *ius gentium*, als Inbegriff des Rechtes, *quod peraeque apud omnes gentes custoditur*. Doch bedeutet jener Ausdruck auch das Recht, das im Mischverkehr der *cives* und *peregrini*, welche letzteren nach ihrem eigenen Zivilrecht lebten, zur Anwendung kam und im wesentlichen der edizierenden Amtstätigkeit des *praetor peregrinus* seine Entstehung verdankte. Und dann flossen aus diesem eigenen Rechte manche Institute und Sätze in das spezifisch römische Recht über. J. I 2: de iure naturali et gentium et civili.

[12] Eine Sonderansicht bei ULPIANUS in D. I 1, 1 § 3.

[13] SCHMAUSS § 9, S. 39 ff.; HUGO §§ 15; 16; HILDENBRAND S. 593 ff.; GEYER § 7 II; ZÖPFL S. 13 ff.; AHRENS I S. 73 ff.; STAHL I S. 47 ff. — Die römischen Juristen berufen sich selbst auf die Stoa in D. I 3, 2; auf PLATO in D. L 11, 1. — REITZENSTEIN Werden und Wesen der Humanität im Altertum 1907.

[14] JUSTINIAN verbot 529, daß in Athen von irgend jemandem Philosophie gelehrt werde; HILDENBRAND § 156. ÜBERWEG I S. 659. KRÜGER (N. 6) § 47 N. 8. — In J. I 2 § 11 erklärte er das natürliche Recht in seiner Übereinstimmung bei allen Völkern aus der *divina quadam providentia* her. Vgl. auch GÖSCHEL Hand- und Hilfsakten eines Juristen II, 1835. S. 16; 477.

[15] HILDENBRAND S. 634 ff. VORLÄNDER I §§ 47 ff. ÜBERWEG I §§ 78 ff.

§ 12. [1] STÖCKL Geschichte der Philosophie des Mittelalters, 3 Bde. 1864 ff.; ENDRES Geschichte der mittelalterlichen Philosophie im christlichen Abendlande; DERS. Honorius Augustodunensis, Beitrag zur Geschichte des geistigen Lebens im 12. Jahrhundert, 1906. DE WULF Geschichte der mittelalterlichen Philosophie, übersetzt von EISLER 1913. VERWEYEN Die Philosophie des Mittelalters 1921. DEMPE Die Hauptform mittelalterlicher Weltanschauung 1925. GRABMANN Mittelalterliches Geistesleben 1926. — SCHILLING Naturrecht und Staat nach der Lehre der alten Kirche 1914. — MOHL 1, 224 ff.

bestimmt war: der Verwirklichung des göttlichen Willens im Sinne des Christentums zu dienen [2].

Dieser höchsten Einheit war selbstredend nun auch Recht und Staat zu unterstellen. Ein selbständiges Erwägen der Idee der Gerechtigkeit gab es nicht. Sie fiel zusammen mit der göttlichen Satzung, wie sie in ihrem Inhalte aus der Bibel und aus den weiteren Quellen der kirchlichen Lehre zu entnehmen war. Hiernach aber ward systematisch und eindringlich geforscht, und verschiedene Lehrmeinungen traten in bedeutsamer Weise hervor [3].

Augustinus (354—430) führte das dahin aus, daß der Gottesstaat, *civitas dei*, die ausgebildete katholische Kirche dem Staate, der *civitas terrena*, schlechthin übergeordnet sei [4]. Damit führte er einen vollendeten Dualismus in dem Inhalte des mannigfaltigen menschlichen Wollens und aller seiner Pflichten ein [5]. Die niederen Aufgaben, die ausschließlich dem irdischen Dasein entspringen, hat der weltliche Staat zu besorgen, — alles, was sich auf das Seelenheil der Christen bezieht, untersteht dem Gesetze der Kirche. Und da jenes erste als Ganzes sich von selbst dem zweiten unterordnet, so kommt dem weltlichen Staate vor allem die Bestimmung zu, die äußere Verteidigung der Kirche zu übernehmen und ihre Anordnungen zu vollstrecken [6].

Nach manchen Ausführungen anderer [7] vollendet sich das System auch der Staatslehre des Mittelalters bei dem großen Scholastiker Thomas von Aquino († 1274) [8]. Er unterscheidet das positive und das

---

[2] Eicken Geschichte und System der mittelalterlichen Weltanschauung (3) 1917. Natorp Die Weltalter des Geistes 1918, bes. S. 109 ff. — Bernheim Mittelalterliche Zeitanschauungen in ihrem Einflusse auf Politik und Geschichtsschreibung. Scholz Die Publizistik zur Zeit Philipps des Schönen. Ein Beitrag zur Geschichte der politischen Anschauungen des Mittelalters, 1903. — Grabmann Der Gegenwartswert der geschichtlichen Erforschung der mittelalterlichen Philosophie 1913. Auch F. J. Schmidt in Neue Zeit 38, 1, 553.

[3] Lactantius Inst. div. s. Schmauss S. 73 ff.; Rossbach § 58. Über Ambrosius De officiis: Schmauss, S. 79 ff.; Rossbach, § 59. Ahrens I S. 60 ff. J. Huber Die Philosophie der Kirchenväter 1859 S. 304 ff.

[4] Augustini de civitate Dei libri XXII, übers. von Schröder 1914, 3 Bde. — Überweg II S. 149 ff. Schilling Die Staats- und Soziallehre des heiligen Augustinus 1910. Ders. Die Rechtsphilosophie bei den Kirchenvätern, ArchRPhilos. 16, 1 ff. Verweyen (N. 1) S. 22 ff. Hermelink Die civitas terrena bei Augustin, in Festg. f. Harnack, 1921. Müller, Franz, Rechtsphilosophisches bei Aurelius Augustinus, und in »Soziale Kultur« 1924 S. 107 ff.

[5] Stange Luther und das sittliche Ideal 1919, 2. Kap.: Der Dualismus der mittelalterlichen Weltanschauung.

[6] Schmauss S. 88 ff.; Rossbach §§ 48, 62 ff.; Stahl I S. 50 ff.; Geyer S. 25; Ahrens I S. 64 f. — Natorp (N. 2), S. 18 ff.

[7] Petrus Lombardus († 1164) Sententiarum libri IV. Daraus Schmauss S. 98.

[8] Schmauss S. 100—147; Rossbach §§ 48; 68 ff.; Stahl I S. 56 ff.; Geyer S. 25 f.; Lasson S. 79 ff. Überweg II § 39. Vorländer I § 65. — Baumann Die Staatslehre des h. Thomas von Aquino 1873. Nachtrag dazu 1909. Kolb Kurzer

natürliche Recht. Jenes entspringt der menschlichen Satzung, verschieden bei den einzelnen Völkern. Das natürliche Recht kann nur ein Ausfluß des allgemeinen natürlichen Gesetzes sein; und dieses wiederum ist des ewigen, göttlichen Gesetzes Äußerung im Menschen. Das ewige Gesetz aber ist der Wille Gottes in seiner Vollkommenheit. An ihm nimmt der Mensch teil, zufolge der Begabung mit der Vernunft durch Gott. Allein die Bedingtheit des menschlichen Daseins bewirkt es, daß der göttliche Funke vernunftgemäßen Wollens nur beschränkt zum Ausdrucke kommen kann. Immer aber bleibt die so auf Gott zurückführende vernünftige Erwägung der Maßstab für das grundsätzlich gerechtfertigte Wollen und Tun, auch in dem Rechte und Staate. Daraus ergeben sich eine Reihe grundlegender Einrichtungen, die nach der Lehre des THOMAS den Inhalt des Naturrechtes bilden und als solche ewige und unveränderliche Bedeutung besitzen [9].

Neben diesen Untersuchungen erfuhr das Mittelalter eine rechtsphilosophische Betrachtung noch nach einer anderen Seite hin [10]. Es betraf die Begründung des dort geltenden Rechtes durch das Lehnswesen [11].

Nach ihm sandte Gott neben dem geistlichen auch das weltliche

---

Abriß der Tugendlehre nach THOMAS von Aquino 1918. — BONUCCI La derogabilità del diritto naturale nella scolastica. Perugia 1906. VERWEYEN Das Problem der Willensfreiheit in der Scholastik 1909. DERS. (N. 1) S. 237 ff.; 263 ff. KUHLMANN Der Gesetzesbegriff bei dem Heil. Thomas von Aquino im Lichte des Rechtsstudiums seiner Zeit 1912. SCHILLING Der vermittelnde Charakter der thomistischen Staatslehre, in Festg. f. Knöpfler 1917, S. 290 ff. BRANDS Die Bedeutung der Scholastik für die Rechtsphilosophie der Gegenwart mit besonderer Beziehung auf Thomas von Aquino, ArchRPhilos. 8, 82 ff. CATHREIN Der Volksstaat im Sinne des heiligen Thomas von Aquin, ArchRPhilos. 12, 104 ff GRABMANN Das Naturrecht der Scholastik von Gratian bis Thomas von Aquin, ArchRPhilos. 16, 12 ff. DERS. Thomas von Aquin Eine Einführung in seine Persönlichkeit und Gedankenwelt (5) 1926. DERS. Die Kulturphilosophie des heiligen Thomas von Aquino 1925. — BRANDT Über die Strafrechtsphilosophie des Thomas von Aquino, ZVerglR. 18. 76 ff.

9 Über die Rechtslehre gleichzeitiger Scholastiker, bes. BONAVENTURA († 1274) und DUNS SCOTUS († 1308) s. SCHMAUSS S. 147 ff. Über spätere Anhänger dieser Richtung SCHMAUSS § 29; ROSSBACH §§ 72 ff.; GEYER S. 27 f. SCHREIBER Die volkswirtschaftlichen Anschauungen der Scholastik seit Thomas von Aquino 1913; darüber AUBIN ZRPhilos. 2, 270 ff. STUMPF Die politischen Ideen des Nicolaus von Cues 1865. — AMBERG Die Steuer in der Rechtsphilosophie der Scholastiker 1909.

10 Eine eigene Stellung nimmt in rechtsphilosophischer Hinsicht DANTE (1265—1321) ein. S. die Schrift: Über die Monarchie, übers. von HUBATSCH. Hierüber STAHL I S. 62 ff.; CASSIRER Erich, Natur- und Völkerrecht im Lichte der Geschichte und der systematischen Philosophie 1919, S. 61 ff. VERWEYEN (N. 1), S. 271. — KOSTANECKI Dantes Philosophie des Eigentums, ArchRPhilos. 4, 35 ff.; 243 ff.; 422 ff. KERN Dantes Gesellschaftslehre, VJSozWirtschaftsgesch. 11, 289 ff.

11 Über das Lehnrecht s. die Nachweise bei GERBER Deutsches Privatrecht, §§ 103 ff.; SCHRÖDER bes. §§ 24; 40; 57; HÜBNER Grundzüge des deutschen Privatrechts (2) 1913, S. 297 ff.; SCHWERIN Deutsche Rechtsgeschichte (2) 1915, S. 90 ff.; BRUNNER §§ 20; 25; 34; 36; 39.

Schwert auf die Erde *zu beschirmen die Christenheit.* Er verlieh dieses dem Kaiser, nach den Einen unmittelbar, nach anderer Auffassung durch den Papst, als Stellvertreter Gottes auf dem Stuhle Petri [12]. Der Kaiser belehnte weiter die Großen des Reiches, diese dann ihre Vasallen, die es an ihre Lehnsträger weiter gaben, und sofort. Zusammengehalten aber wurde dieses alles — Lehnsherr, Vasallen, Lehnsgut — durch das Band der Treue [13]. Es bildete den Grundgedanken des mittelalterlichen Staatswesens und überdauerte dieses, im Ganzen an tausend Jahre geltend, dem Sinne nach bis zu dem Ende des alten deutschen Reiches [14].

Es lohnt die Frage: wie sich diese beiden Gedankengänge — der des Gottesstaates und der des Lehnswesens — zueinander verhalten.

Ihre Untersuchung lehrt, daß ein grundsätzlicher Widerstreit in der Sache zwischen ihnen nicht vorlag. Auch das Lehnswesen ward auf göttliche Satzung zurückgeführt. Es beanspruchte, in seiner Weise dem *ius naturale* zu entsprechen, und wollte keineswegs eine bloße menschliche Einrichtung sein. In der Tat baute es sich auf den Instituten auf, die auch die Vertreter der kirchlichen Lehre als natürliches Recht aufstellten, vor allem auf Eigentum und Vertragstreue. Sein Grundgedanke der treuen Hingebung bis zum Letzten widersprach keineswegs den ethischen Pflichten der christlichen Lebensauffassung [15].

So konnten die beiden an sich gut nebeneinander bestehen und harmonisch zusammenstimmen. Sie gingen von der gleichen Grundlage aus und erfüllten nur verschiedene Aufgaben bei deren Ausbau. Der Gedanke des Lehnswesens ging auf die Frage des Geltens eines bestimmten Rechtes, dessen begriffliche Möglichkeit dabei vorausgesetzt war, und auf die Ausgestaltung der besonderen Pflichten und Rechte, die auch eine Begründung nach dem natürlichen Rechte der kirchlichen Lehre besaßen. Dagegen lieferte die Kirche ihrerseits die genauere Erwägung von dem Endzwecke alles Rechtes und die Einordnung des danach gerichteten rechtlichen Wollens in das Gesamtgefüge einer allgemeingültigen Weltauffassung [16].

---

[12] Ssp. I, 1; III, 63, § 1. — Bluntschli S. 9 ff.

[13] Wolfgang Stammler Geschichte der niederdeutschen Literatur 1920, S. 9 f. — Eicken (N. 2), bes. S. 223 ff. Freytag Bilder aus der deutschen Vergangenheit, 2. Bd. Gg. Müller Das Recht in Goethes Faust 1912, S. 100; 110 ff.; 199. Vedel Ritterromantik, 1911; Heil Die deutschen Städte und Bürger im Mittelalter, 1906; Gerdes Geschichte des deutschen Bauernstandes 1910. — Über Lehnsfelonie in einem heutigen Rechtsfalle s. DJZ. 22, 743.

[14] Schlosser Briefe über die Gesetzgebung 1789, S. 14 ff. Tocqueville L'ancien régime et la révolution (2) 1856 (deutsch von Oelkesr 1867) bes. I. 5 und II, 1. — Sander Feudalstaat und bürgerliche Verfassung 1906.

[15] S. auch Fehr Die Staatsauffassung Eikes von Reggau 1916, S.-A. aus ZRG (G) 37, 1 ff., bes. S. 67; 79; 91 ff.; 108 ff.

[16] Das ganze Gebiet der in diesem Paragraphen besprochenen Lehre bietet

§ 13
Die Rechtsbetrachtung der Übergangszeit

In dem Zeitalter der Reformation bereitete sich die Auffassung vor, welche das Recht als eine eigene Art des menschlichen Wollens nimmt, dem eine göttlich gesetzte Aufgabe vorsteht [1]. Theologen [2] und Juristen [3] betonen zwar in alter Weise das *ius naturale* als das Gesetz, das Gott dem Menschen in das Herz geschrieben, und sie handeln die ihm entsprechenden Pflichten nach der Ordnung und Art der zehn Gebote ab. Aber sie werden doch dazu geführt, dem rechtlichen Wollen in seiner Wegeleitung nach jenem Grundgedanken eine selbständige Bedeutung zuzugestehen, die folgerichtiger Weise eine Klärung dieser seiner eigenartigen Beschaffenheit nach Begriff und Idee fordert [4]. In der nun immer stärker werdenden Beschäftigung mit dem römischen und dem kanonischen Rechte, und teilweise im Kampfe mit ihnen, besonders dem letztgenannten [5], setzte sich diese Selbständigkeit des Rechtsgedankens mehr unwillkürlich und nicht klar bewußt, doch tatkräftig durch. Die Unterstellung der von unten her, durch menschliche Tat aufzubauenden

---

einen Gegenstand überaus lohnender Forschung dar. Im besonderen ist das kanonische Recht in seiner Bedeutung für die Rechtsphilosophie bis jetzt fast ganz unberücksichtigt geblieben. Schmauss § 17. Wenig bietet Thikötter Die metaphysische Grundlage des hierarchisch-jesuitischen . . Systems 1891. — Troeltsch Die Sozialphilosophie des Christentums, Jahrb. des Freien deutschen Hochstifts, 1911, S. 31 ff. Eine gute Einführung in das neue Gesetzbuch der katholischen Kirche bietet Stutz Der Geist des Codex iuris canonici 1918. Müller, Georg Das neue Rechtsbuch der Katholischen Kirche 1928. — Hugelmann Die deutsche Königswahl im Corpus iuris canonici, in Gierkes Untersuchungen, 98. Heft, 1909. P. Hohenlohe O. S. B. Beiträge zum Einfluß des kanonischen Rechts auf Strafrecht und Prozeßrecht 1919. — Vgl. § 52 N. 1.

§ 13. 1 Stahl I S. 74 ff.; Ahrens I § 13 f.; Überweg III § 8. — Schrenck Gottesbereich und Bund im älteren Protestantismus, vornehmlich bei Johannes Coccejus 1922, bes. S. 152 ff.; 243 ff.

2 Über Melanchthon s. Schmauss S. 173 ff.; Hinrichs I 11 ff.; Stahl I S. 75; Bluntschli S. 72; Stintzing I S. 99 ff.; 283 ff. Haenel Melanchthon der Jurist, Zeitschr. f. RGesch. 8, 249 ff. (1869). Hartfelder Philipp Melanchthon als Praeceptor Germaniae (Mon. Germ. paed. Bd. VII 1889). Heinrich Maier An der Grenze der Philosophie 1909. — Über Zwingli s. Bluntschli S. 73 f. Kreutzer Zwinglis Lehre von der Obrigkeit 1909. Dreske Zwingli und das Naturrecht, Hall. Diss. 1911. Meyer Zwinglis Soziallehren, Zürich. Diss. 1921. — Über Calvin s. Bluntschli S. 75; Anema Calvinisme en rechtswetenschap, Amsterdam 1897.

3 Oldendorp (1480—1561), Hemming (1513—1600), Winkler (1579—1648): Schmaus S. 178 ff.; Warnkönig S. 34; Rossbach §§ 81 ff.; Hinrichs I 19 ff.; Stahl I S. 76; Geyer S. 29 f.; Stintzing I 311 ff.

4 Von der Bleek Die protestantische Staatsidee 1919. — Kaftan Das Verhältnis der lutherischen Kirche zur sozialen Frage 1899. Troeltsch Die Bedeutung des Protestantismus für die Entstehung der modernen Welt, Vortrag, 1906.

5 Stintzing I 273 ff. — Fries Die Lehre vom Staat bei den protestantischen Rechtsgelehrten Deutschlands und der Niederlande in der zweiten Hälfte des 17. Jahrhunderts 1912.

rechtlichen Ordnung unter das göttliche Walten, als alles vereinigenden und beherrschenden Abschlusses, blieb unbezweifelt angenommen [6].

Eine ausreichende kritische Analyse der begrifflichen Vorstellung von dem Rechte, gegenüber den anderen Arten des menschlichen Wollens, zeigt sich jetzt freilich noch nicht; sein Gegensatz zu der willkürlichen Gewalt hebt sich noch am stärksten in praktischen politischen Erwägungen hervor [7], sein Unterschied von der Moral oder gar von der äußeren Sitte bleibt unausgetragen.

Eindringlicher beschäftigte man sich mit der Frage nach der Notwendigkeit der rechtlichen Ordnung. Sie wird in bewußter Art bejaht [8]. Der Einfluß des Römerbriefes (13. Kap.) ist unverkennbar. Aber der neu gewonnene Standpunkt von der damit dem Rechte gesetzten eigenen Aufgabe drückt dieses selbst zunächst etwas herunter. LUTHER legt an mehreren Stellen das Hauptgewicht darauf, daß ohne das Recht die schlechten Menschen den guten Übles antun würden [9].

In treffenden Ausführungen wird die Bewährung einer grundsätzlichen Richtigkeit innerhalb des Rechtes von LUTHER bei verschiedenen Anlässen vorgenommen [10]. Und noch in seinen letzten Tagen hatte er Gelegenheit, von der Notwendigkeit einer gefesteten Methode, nach der man schwebende Streitigkeiten nach billigem Ermessen entscheiden könne, sich zu überzeugen. Zu einer von ihm selbst gewünschten zusammenfassenden Bearbeitung ist es dann nicht gekommen [11].

§ 14
Das Naturrecht

Seit dem Beginn des 17. Jahrhunderts tritt die rechtsphilosophische Frage mit der ihr genau gestellten Aufgabe (§ 9) immer deut-

---

6 S. auch IHRINGER Der Schuldbegriff bei den Mystikern der Reformationszeit, Bern 1912. — WOLFGANG STAMMLER Von der Mystik zum Barock (1400—1600) 1927.

7 So in den Schriften LUTHERS aus Anlaß des Bauernkrieges, über den Wucher, über den gemeinen Kasten. S. auch HOLL Luther und das landesherrliche Kirchenregiment 1911; DERS. Luther und die mittelalterliche Zunftverfassung, Mitt. d. Luther-Ges. 1919, S. 22.

8 LUTHER Von weltlicher Obrigkeit, wie weit man ihr Gehorsam schuldig sei, 1523. Ob Kriegsleute auch in seligem Stande sein können, 1526.

9 Besonders in den Tischreden. Vgl. RR. S. 222, (2) 158. — S. auch § 102 N. 2 und § 108 N. 5, sowie § 180 N. 3.

10 WARD Darstellung und Würdigung der Ansichten Luthers von dem Staate und seinen wirtschaftlichen Aufgaben 1898. — HOLL Luther als Erneuerer des christlichen Gemeinschaftsgedankens, Deutsch-Evangelisch, Monatsbl., 8, 241 ff. HOLL Gesammelte Aufsätze zur Kirchengeschichte I Bd.. Luther (2/3) 1923. — STANGE Die ältesten ethischen Disputationen Luthers 1904 (s. oben § 12 N. 5). — HINRICHS I 6 ff.; STAHL I 79; BLUNTSCHLI S. 57 ff.

11 STAMMLER Luther im Schiedsgericht der Grafen von Mansfeld, in DRL. S. 105 ff. — RR. S. 103; 307 f.; (2) S. 87; 204 f.

licher hervor [1]. Der große Krieg und die schweren Erlebnisse der damaligen Zeit ließen eine Fülle praktischer Zweifel und Bedenken aufkommen, die durch bloße Anlehnung an begrenzte positive Satzungen nicht zu lösen waren [2]; das Erstarken der Staatsgewalt, das in jenen Tagen überwältigend einem jeden fühlbar wurde, regte zu grundsätzlichem Besinnen eindringlich an. Es fand sich in den drei Hauptfragen zusammen: Wie es mit dem Gedanken des Rechtes gegenüber der Gewalt, aber auch gegenüber der Moral stehe; in welcher Weise seine verpflichtende Art allgemein zu begründen sei; nach welchem Richtmaße man den Inhalt eines Rechtsgebotes prinzipiell richten und rechtfertigen könne? Und nun suchte man nach einer Größe, aus deren Eingreifen her sich alle drei Fragen in einer einzigen Formel beantworten ließen [3].

Dieser letztgenannte Versuch ist dann auch aller anderen Rechtsphilosophie bisher eigentümlich geblieben. In dem hier eingeführten Zeitalter ging man dabei auf die Natur des Menschen zurück. Es wurde der Ausdruck der *Natur* nicht mehr für den Gedanken des Gesetzes selbst gebraucht, sondern unmittelbar für eine Beschaffenheit des Sehnens und Strebens verwendet, die allen Menschen zu eigen wäre. Was mit ihr übereinstimme, sei Rechtens und in diesem seinem Auftreten sachlich begründet [4].

Etwa hundert Jahre lang wandte man die größte Aufmerksamkeit der Frage zu: Welches denn die allgemein menschliche Natur eigentlich sei?

Der berühmte Niederländer HUGO GROTIUS (1583—1645) behauptete für den Menschen — allgemein, aber auch alleinig unter allen Geschöpfen — den *appetitus societatis*. Er verstand darunter den Trieb nach einem ruhigen und einsichtig geordneten Zusammenleben mit seinesgleichen [5]. Dem widersprach der Engländer HOBBES (1588—1679), der

---

§ 14. [1] Über Vorläufer dieser Zeit: WARNKÖNIG § 17; KALTENBORN Die Vorläufer des Hugo Grotius 1848; F. VORLÄNDER S. 83 ff.; STAHL I 82 ff.; AHRENS I § 15; LASSON S. 84 ff.; BLUNTSCHLI S. 76 ff.; FRANCK Réformateurs et publicistes de l'Europe XVII siècle, Paris 1881, S. 13 ff.; GIERKE, Althusius (§ 107 N. 1). CASSIRER (§ 12 N. 10) S. 69 ff. VORLÄNDER I Übergangsperiode § 6. — Verh. des ersten Soziologentages 1910, S. 166 ff.: TROELTSCH Das stoisch-christliche Naturrecht und das moderne profane Naturrecht. PILLET Les fondateurs du droit international, Paris 1904.

[2] S. hierzu auch unten § 50. — GIERKE Naturrecht und deutsches Recht 1883. FRANK Naturrecht, geschichtliches Recht und soziales Recht 1891. BRYCE Studies in History and Jurisprudence, New York 1901. S. 556 ff. The Law of Nature.

[3] Es fehlte also die Einsicht von dem Gegensatze des Begriffes und der Idee (§ 82), sowie von dem Verhältnis der zweiten Frage als Vorbedingung zur praktischen Ausführung der dritten (§ 107). RR. S. 111 ff. (2) 91 ff.

[4] Einzelfrage: STERNBERG Die Begnadigung bei den Naturrechtslehrern, Berl. Diss. 1899. Vgl. § 153.

[5] SCHMAUSS §§ 21, 22. WARNKÖNIG § 28. ROSSBACH S. 120 ff. HINRICHS I 60 ff. STAHL I S. 163 ff. GEYER S. 30 ff. AHRENS I S. 93 ff. ZÖPFL S. 19 f. STINTZING

als Grundzug der menschlichen Natur die Furcht des einen vor dem andern erklärte; so daß bei dem Wegdenken der rechtlich geordneten Gesellschaft ein Krieg aller gegen alle als notwendiger Zustand angenommen werden müsse [6].

Auch bei den deutschen Naturrechtslehrern jener Zeit, auf welche die Führung dieser Rechtsphilosophie dann überging, fand sich eine Verschiedenheit der Ansichten. PUFENDORF (1632—1694) stellte als den natürlichen Zustand des Menschen die Schwäche und Hilflosigkeit (*imbecilitas*) hin, aus der das oberste Gesetz durch vernünftige Betrachtung der menschlichen Natur zu folgern sei [7]. Dagegen lehrte THOMASIUS (1655—1728), daß das natürliche Streben jedes Menschen darauf gerichtet sei, möglichst lange und glücklich zu leben. Bei der Begünstigung dieses Strebens würden sich drei Arten von Vernunftgeboten ergeben: a) *honestum*, das Ehrbare, andern zu tun, was sie sich antun sollen; b) *decorum*, das Wohlanständige, andern zu tun, was man von ihnen wünscht; c) *iustum*, das Gerechte, andern nicht zuzufügen, was sie einem nicht zufügen sollen. THOMASIUS nannte das erste die Ethik, die auf das Innere wirke und das höchste Gut erschaffe; das zweite die Politik, als mittleres Gut, das Freunde verschaffe, aber für die Gesinnung gleichgültig sei; das dritte das Naturrecht, das geringste Gut, das aber das größte Übel abhalte, weil es die Feindschaft hindere. Damit war das Bemühen, den Rechtsbegriff deutlich zu erkennen und im besondern von der Moral abzuscheiden, bemerkenswert vorgerückt [8]. Aber zur vollen Lösung fand THOMASIUS vorerst

---

III S. 1 ff. LASSON S. 87 f. BLUNTSCHLI S. 89 ff. FRANCK (N. 1) S. 253 ff. CASSIRER (§ 12 N. 10) S. 96 ff. — CATHREIN Ist Grotius der Begründer des Naturrechts?, ArchRPhilos. 4, 387 ff. LYSEN Hugo Grotius. Opinions sur la vie et ses oeuvres, recueillies à l'occasion du tricentenaire du »De iure belli ac pacis« (1625—1925). BALOGK Tradicinis elementas Grotians tantq teisés koncepcijog, Logos 1926 S. 215 ff. WOLF Grotius, Pufendorf, Thomasius. Drei Kapitel zur Gestaltungsgeschichte der Rechtswissenschaft 1927.

[6] SCHMAUSS S. 226 ff. WARNKÖNIG S. 45 ff. ROSSBACH § 118. HINRICHS I S. 140 ff. STAHL I S. 175 ff. F. VORLÄNDER S. 352 ff. GEYER S. 33 f. AHRENS S. 98 ff. ZÖPFL S. 17 ff. STINTZING III S. 9. LASSON S. 88 f. BLUNTSCHLI S. 119 fff. FRANCK (N. 1) S. 367 ff. ÜBERWEG III § 14. VORLÄNDER II §§ 5 ff. VAL. MEYER Thomas Hobbes. Darstellung und Kritik seiner philosophischen, staatsrechtlichen und kirchenpolitischen Lehren, 1884. TÖNNIES Hobbes, der Mann und der Denker (3) 1925. DERS. Hobbes' Naturrecht, ArchRPhilos. 4, 395 ff. CASSIRER (§ 12, N. 10), S. 138 ff. — LOUIS Über den Indvidualismus bei Hobbes, Hall. Diss. 1891. — FEUERBACH Anti-Hobbes, 1798 (s. § 48 N. 6 u. § 144).

[7] SCHMAUSS S. 256 ff. WARNKÖNIG S. 50 ff. GROS (§ 9 N. 3) § 68. ROSSBACH §§ 120 ff. HINRICHS II S. 1 ff. STAHL I S. 182 f. GEYER S. 34 ff. AHRENS I S. 101 ff. STINTZING III S. 11 ff., 333 ff. FRANCK N. 1, S. 333 ff. BLUNTSCHLI S. 136 ff. LASSON S. 91 ff. CASSIRER (§ 12 N. 10) S. 154 ff. MACDONELL and MANSON Great iurists of the world, Boston 1914 S. 305 ff.

[8] SCHMAUSS S. 273 ff. WARNKÖNIG S. 54 ff. ROSSBACH §§ 127 ff. HINRICHS III S. 122 ff. STAHL I S. 183 f. GEYER S. 37 f. ZÖPFL S. 22. STINTZING III S. 71 ff.

keinen Nachfolger [9]. Andererseits drängte der fehlende Erfolg, die *menschliche Natur* als allgemeine Größe zu bestimmen, die darauf verwandten Bestrebungen etwas zurück [10], ließ sie freilich bis heute niemals ganz untergehen [11].

In der Tat ist das Suchen nach einer allgemeingültigen *menschlichen Natur*, als einer das Grundgesetz des menschlichen Wollens bestimmenden Größe, unvermeidlich zum Mißerfolge verurteilt [12]. Wenn man diesen Gang der Gedanken einschlägt, so bleibt gegenüber der Mannigfaltigkeit in den Eigenschaften und Trieben, wodurch sich die Menschen in der Erfahrung zweifellos unterscheiden, als Einheit nur der Mensch als Naturwesen übrig. Als solches kommt er zur Welt. Bei dem Beharren in dieser Betrachtung gelangt man daher immer nur zu einer Gleichmäßigkeit in körperlichen Funktionen, aber nie zu einem Richtmaße für die rechte Art der Zwecksetzung.

Der einheitliche Blickpunkt für prinzipiell begründetes Wollen kann dem natürlichen Triebleben nicht entnommen werden. Denn nun handelt es sich um das Ordnen des Inhaltes natürlich entstehender Begehrungen. Das wüchse an sich wild und wirr durcheinander. Eine gewisse Allgemeinheit, die man dann vergleichsweise in dem wirklichen Vorkommen des menschlichen Strebens beobachten mag, wird immer mit Ausnahmen behaftet sein und so viele Möglichkeiten anderer gelegentlich übereinstimmender Züge neben sich belassen, daß es nicht angeht, jene als unbedingt höchstes Gesetz zu erklären. Auch die *Eigenliebe* tritt ja überall in verschiedener Weise und Stärke auf.

Die einheitliche Art, menschliches Streben in seinem unendlich verschiedenem Inhalte übereinstimmend zu richten und danach die grundsätzliche Berechtigung eines besonderen Wollens darzutun, liegt eben gar nicht in seinem wirklichen einzelnen Auftreten, auch wenn solches in bestimmter Lage bei bestimmten Menschen sich einmal in verhältnismäßiger Gleichheit wiederholen sollte. Diese ein-

---

Franck (N. 1) S. 344 ff. Bluntschli S. 215 ff. Ahrens I S. 94. — Nicoladoni Chr. Thomasius. Ein Beitrag zur Geschichte der Aufklärung, 1888. Landsberg Zur Biographie von Chr. Thomasius, Bonner Festschr. 1894. Krahmer Ein Colleg bei Chr. Thomasius 1905.

9 Über das Naturrecht nach Pufendorf und Thomasius: Schmauss S. 296 ff. Warnkönig S. 59—62. Rossbach §§ 131 f. Hinrichs III S. 305—356. Auch Stintzing III S. 112 ff.

10 Eigenartig ist der Versuch des Charles Fourier, auf einer Analyse der psychologischen Triebe des Menschen eine sozialistische Utopie zu gründen. Nachweise in Handw. d. Staatsw. s. v. *Fourier* (3) IV S. 441. Hervorzuheben Lor. Stein Der Sozialismus und Kommunismus des heutigen Frankreich (2) 1848, S. 299 ff.

11 So Schäfer Die Unvereinbarkeit des sozialistischen Zukunftstaates mit der menschlichen Natur (2), 1890. Vgl. WR. § 32 Anm. 117 ff.

12 Über Gegner des Naturrechts überhaupt s. Haymann Rousseaus Sozialphilosophie 1898, S. 343 ff., 351, 384 ff. — Stahl I S. 111 ff.

heitliche Art des Richtens kann nur als ein Sollen, im Sinne einer idealen Gesetzmäßigkeit, aufgestellt werden [13].

§ 15

Das Vernunftrecht

Es war ein Fortschritt für die rechtsphilosophisch zu lösende Aufgabe, daß seit dem Zeitalter der Aufklärung nach einem Naturrechte gesucht wurde, das nicht sowohl aus der *Natur* des Menschen, als vielmehr aus der *Natur* des Rechtes zu begründen war. Denn nun wurde nach dem Sinne und der Bedeutung des Rechtes selbst gefragt, dessen Bestimmung und Endziel in das Auge gefaßt [1]. Der Begriff, wie die Idee des Rechtes erschien jetzt als Gebot der Vernunft und hatte in seiner positiven Ausgestaltung dieser zu folgen [2].

Die ersten Ansätze dazu standen unter dem Banne des philosophischen Dogmatismus jener Zeit [3]. Christian Wolf (1679—1754) gab seine persönlichen Einfälle als *vernünftige Gedanken* heraus. Er ging davon aus, daß jeder so handeln solle, daß die *Vollkommenheit* des Menschen und seines Zustandes befördert werde; das sei in natürlichen Pflichten gegen sich selbst, gegen den Nächsten und gegen Gott zu üben [4]. Die

---

[13] S. § 80 bes. N. 8. — Del Vecchio Il concetto della natura e il principio del diritto, Turin 1908, (2) Bologna 1922. Der Verf. nimmt an, daß allerdings aus der empirischen Natur des Menschen kein Naturrecht gefolgert werden könne, wohl aber aus der intelligibeln Natur des Menschen (§ 50 N. 2). Manigk Die Idee des Naturrechts, in StFestg. S. 1 ff. Griess Naturrechtliche Strömungen der Gegenwart in Deutschland. Freib. Diss. 1926. Vierkandt Der geistig-sittliche Gehalt des neuen Naturrechtes 1927. Tatarin-Tarnheyden Rechtspositivismus und modernes Naturrecht in ihrer methodologischen Berechtigung, ZeitschrÖffR. 7, 22 ff. (1927). — S. auch Natorp Herbart, Pestalozzi und die heutigen Aufgaben der Erziehungslehre 1906, S. 138 (auch in seinen Ges. Abhdlgen I (1907) S. 330).

[1] Lotmar Vom Rechte, das mit uns geboren ist, Vortrag, 1893. Darüber § 15. Stammler ArchSozGesG. 6, 615 ff., RphAbh. 1, 119 ff. Hertz Vom Rechte, das mit uns geboren ist, ZRPhilos. 1, 95 ff. — RR. III 1 S. 93 ff., (2) S. 82 ff.

[2] Friedrichs Klassische Philosophie und Wirtschaftswissenschaft. Untersuchungen zur Geschichte des deutschen Geisteslebens im 19. Jahrh. 1913. Lewkowitz Die klassische Rechts- und Staatsphilosophie von Montesquieu bis Hegel 1914. Sydow Der Gedanke des Idealreiches in der idealistischen Philosophie von Kant bis Hegel 1914. Harper Natural Law in American Constitutional Theory, Michig. Law Review 26, 62 ff. (1927). — S. auch § 50.

[3] Über Leibniz' Rechtsphilosophie s. Warnkönig S. 62 ff. Rossbach § 133. Hinrichs III S. 1 ff. Ahrens I S. 109 ff. Stintzing III S. 23 ff. Franck (§ 14 N. 1) S. 485 ff. Bluntschli S. 165 ff. Überweg III § 18. Vorländer II §§ 12 ff., bes. § 14, Nr. 4. Great iurists (§ 14 N. 7) S. 283 ff. Cassirer (§ 12 N. 10) S. 200 ff. — Mollat Rechtsphilosophisches aus Leibnizens ungedruckten Schriften, 1885. Hartmann Leibniz als Jurist und Rechtsphilosoph 1892. Ruck Die Leibnizsche Staatsidee 1909. Moeller Über Leibniz' Jugendschrift: De vaticinio sapientium, Histor. Zeitschr. 135, 1 ff.

[4] Schmauss § 35. Warnkönig S. 65 ff. Rossbach §§ 134 ff. Hinrichs II

Möglichkeit dieses Gedankens nach seinen notwendigen Bedingungen wurde von ihm kritisch nicht erwogen; und die Klärung des Rechtsbegriffes, im besonderen gegenüber der Moral, erfuhr dadurch keine Förderung.

Die englische und französische Rechtstheorie jener Zeit nahm als angeblichen Grundgedanken des Rechtes das Glück der Rechtsangehörigen auf[5]. BENTHAM (1748—1832) meint, daß der Begriff *gut* dann erfüllt sei, wenn eine Handlung zur persönlichen Glückseligkeit führe; danach müßte das Endziel des Rechtes der Nutzen aller oder doch wenigstens das größte Glück der größten Zahl sein. Schärfer durchdacht war die Lehre des ROUSSEAU (1712—1778). Nach ihm ist die rechtliche Ordnung im Sinne eines *contrat social*, das ist eines Gesellschaftsvertrages unter gleichberechtigten Teilhabern aufzufassen; und der Zweck dieser Gesellschaft sei die *volonté générale*, das ist ein Wille, der auf das Glück aller Menschen gerichtet sei[6].

Die kritische Philosophie KANTS (1724—1804) räumte mit dem Dogmatismus auf[7]. Die *Kritik der reinen Vernunft* (1781) erneuerte

---

S. 357 ff. STAHL I S. 186 ff. AHRENS I S. 114 ff. STINTZING III S. 198 ff. BLUNTSCHLI S. 248 ff. LASSON S. 94 f. ÜBERWEG III § 30. RSt. § 7. — FRANK Die Wolffsche Strafrechtsphilosophie und ihr Verhältnis zur kriminalpolitischen Aufklärung im 18. Jahrh. 1887. FISCHL Der Einfluß der Aufklärungsphilosophie auf die Entwicklung des Strafrechts 1913. FRAUENDIENST Christian Wolf als Staatsdenker (Hist. Stud. H. 171) 1927. — PIUR Studien zur sprachl. Würdigung Chr. Wolfs, Hall. Diss. 1903.

5 WARNKÖNIG §§ 39 ff. MOHL 3, 593 ff. FRANZ VORLÄNDER bes. S. 522 ff. AHRENS I S. 133 ff. — RSt. § 9. — HENTIG Fouché. Ein Beitrag zur Technik der politischen Polizei in nachrevolutionären Perioden 1919, S. 11 ff.

6 WARNKÖNIG §§ 41 ff. STAHL I S. 299 ff. GEYER S. 47 ff. F. VORLÄNDER S. 645 ff. AHRENS I S. 124 ff. BLUNTSCHLI S. 334 ff. LASSON S. 90 ff. CASSIRER (§ 12 N. 10) S. 225 ff. ÜBERWEG III § 29. — HAYMANN (§ 14 N. 12). LIEPMANN Die Rechtsphilosophie des Rousseau 1898. Über diese beiden JUNG, Zeitschr. f. franz. Sprache 21, 198 ff. DEL VECCHIO Su la teoria del contratto sociale, Bologna 1906. Darüber REICHEL, Kant-Studien 15, 296. STAMMLER Notion et portée de la *volonté générale* chez Rousseau, Revue de métaphysique et de morale 1912 S. 383 ff. RphAbh. 1, 375 ff. DEL VECCHIO Über einige Grundgedanken der Politik Rousseaus 1912. Darüber HAYMANN, ZRPhilos. 3, 85 ff. SAKMANN J. J. Rousseau, 1913. PERETIATKOWICZ Rechtsphilosophie des Rousseau 1916. NATORP Rousseaus Sozialphilosophie, ZRPhilos. 2, 1 ff. RSt. § 8. SAKMANN Rousseau (2) 1923. GURWITSCH Kant und Fichte als Rousseau-Interpreten, Kant-Studien 27, 138 ff. HAYMANN Weltbürgertum und Vaterlandsliebe in der Staatslehre Rousseaus und Fichtes 1924. — S. auch §§ 94 N. 2; 171 f.

7 Interessant ist die Beobachtung der Rechtsphilosophie unter dem Einflusse Kants, aber vor dessen eigener Rechtslehre. HUGO § 26. WARNKÖNIG § 48. GEYER § 7. STINTZING III S. 511 ff. — Dazu bes. ABICHT Kritische Briefe über die Möglichkeit einer wahren wissenschaftlichen Moral, Theologie, Rechtslehre 1793. FEUERBACH Kritik des natürlichen Rechts 1796. (S. § 1 N. 2. FLEISCHMANN A. v. Feuerbach, Der Jurist als Philosoph. DÖRING Feuerbachs Straftheorien und ihr Verhältnis zur Kantischen Philosophie, Erg.-Heft d. Kantst. Nr. 3, 1907. VOCKE

die Methode des SOKRATES (§ 10). Sie bestand auf der grundlegenden Aufgabe, daß man vor dem Aufstellen allgemeiner Lehrsätze deren sachliche Möglichkeit erst darlegen müßte, und daß es darum vor allem nötig sei, die notwendigen Bedingungen des wissenschaftlichen Erkennens klar einzusehen, denen, als formalen Richtlinien des einheitlichen Ordnens, allein eine allgemeingültige Bedeutung und ein absoluter Geltungswert zukommen könne [8]. Die *Kritik der praktischen Vernunft* (1788) vernichtete die Lehre des Eudämonismus, die den fatalen Widerspruch enthält, daß ein nur subjektiv gültiges Lustbegehren objektiv richtig sei [9]. Aber KANT hat in seiner Rechtslehre die kritische Methode selbst nicht voll durchgeführt. Er blieb bei dem Fehler aller Anhänger des natürlichen Rechtes stehen, daß der Begriff und die Idee des Rechtes zusammengelegt wurden. Der Rechtsbegriff aber bedeutet eine bestimmte Art des menschlichen Wollens, die sich von anderen Arten des Wollens nach festen Merkmalen unterscheidet, so daß diese kategoriale Einteilung jedesmal, so oft ein *rechtliches* Wollen auftritt, restlos erfüllt ist. Dagegen besagt die Rechtsidee die Aufgabe, in der Allheit der also begrifflich bestimmten Willensinhalte nach unbedingter Harmonie zu streben: ein idealer Gedanke, der sich niemals vollendet verwirklichen läßt [10].

Durch die Vermengung der beiden Fragen, deren Trennung gerade durch das Befolgen der kritischen Methode geboten war, kam keine

---

Anselm Feuerbach als Denker, Gesetzgeber und Richter, ZStW. 47, 1 ff. GRÜNHUT Anselm von Feuerbach und das Problem der strafrechtlichen Zurechnung 1922.) MELLIN Grundlegung zur Metaphysik der Rechte 1796. FICHTE (N. 13) Grundlage des Naturrechts nach Prinzipien der Wissenschaftslehre 1796. STEPHANI Anmerkungen zu Kants Rechtslehre 1797.

[8] Die Grundgedanken des kritischen Idealismus sind in den drei Hauptwerken KANTS niedergelegt: Kritik der reinen Vernunft 1781, (2) 1787. Kritik der praktischen Vernunft 1788. Kritik der Urteilskraft 1790. Zur Einführung in die Philosophie Kants ist immer ein Studium seiner Prolegomena zu einer jeden künftigen Metaphysik, die als Wissenschaft wird auftreten können (1783), anzuempfehlen; bes. zu beachten dort §§ 36—38 (s. auch § 98 N. 1). HUGO schrieb in seinem zivilistischen Kursus als 5. Bd. eine philosophische Enzyklopädie für Juristen, die eine vortreffliche Darstellung der Kantischen Lehre gab. Heute kann der Anfänger namentlich hingewiesen werden auf STANGE Der Gedankengang der Kritik der reinen Vernunft. Ein Leitfaden für die Lektüre, (3) 1907 und weiterhin mehrfach aufgelegt. STADLER Kants Teleologie 1874 S. 1—20; DERS. Die Grundsätze der reinen Erkenntnistheorie in der Kantischen Philosophie 1876. Jubiläumsheft der Kant-Studien zu Kants 200. Geburtstag, Kant-Stud. 30. Bd. 1./2. Heft. Kant-Festschrift zu Kants 200. Geburtstag, hrsg. v. d. intern. Ver. f. RWPhilos. 1924. HERRMANN Einführung in die neukantische Philosophie 1927. — Für die Rechtsphilosophie kommt unmittelbar in Betracht: KANT Metaphysik der Sitten. Erster Teil. Metaphysische Anfangsgründe der Rechtslehre 1797, (2) 1798 (N. 11).

[9] S. hierüber § 93 Nr. 1; auch §§ 96; 149; 171.

[10] S. § 82: Begriff und Idee.

von ihnen zu ihrem Rechte. Und es führte das zu dem weiteren unhaltbaren Unternehmen, ein angeblich vernunftgemäßes Rechtsbuch mit festgefügten Institutionen und Paragraphen zu entwerfen und den unmöglichen Versuch stets auf das Neue zu wiederholen: ein *Idealrecht* auszuarbeiten, dessen bedingte Satzungen von unbedingter Gültigkeit sein sollten (§ 4)[11].

Die rechtsphilosophischen Nachfolger KANTS gingen gleichfalls nach den beiden, eben gekennzeichneten Richtungen weiter vor[12]. Zu bemerken ist FICHTE (1762—1814) mit seinem utopischen Entwurfe vom *geschlossenen Handelsstaat* (1800)[13].

---

[11] KANT schrieb 1785 eine *Grundlegung zur Metaphysik der Sitten*, worin der so berühmt gewordene Ausdruck vom *kategorischen Imperativ* auftritt. Die Rechtslehre behandelte er systematisch aber erst in dem Buche *Metaphysik der Sitten*. Erster Teil, 1797, (2) 1798 (N. 8). Kleinere Schriften KANTS, die für die Rechtsphilosophie von Interesse sind, werden in der Darstellung dieses Lehrbuches geeigneten Ortes bemerkt werden. Die Literatur über die Kantische Rechtslehre läßt noch manches offen. HUGO § 27. WARNKÖNIG S. 127 ff. ROSSBACH S. 157 ff. STAHL I S. 193 ff. GEYER S. 49 ff. AHRENS S. 136 ff. ZÖPEL S. 22 ff. STINTZING III S. 503 ff. BLUNTSCHLI S. 372 ff. LASSON S. 97 ff. CASSIRER (§ 12 N. 10) S. 264 ff. ÜBERWEG III § 39. RSt. § 10. — ELEUTHEROPULOS Kritik der reinen rechtlich-gesetzgebenden Vernunft oder Kants Rechtsphilosophie 1896. BARGMANN Der Formalismus in Kants Rechtsphilosophie, Leipz. Diss. 1902. WILBRANDT Kant und der Zweck des Staates, SchmollersJ. 28, 903 ff. KALISCHER Kants Staatsphilosophie 1904. METZGER Untersuchungen zur Sitten- und Rechtslehre Kants und Fichtes 1912. BAUCH Das Rechtsproblem in der Kantischen Philosophie, ZRPhilos. 3, 1 ff. DREECKEN Staatslehren bei Kant, ZStaatsW. 76, 338 ff. (1922). LISSER Der Begriff des Rechtes bei Kant, Erg.Heft d. Kant-Stud. Nr. 58, 1922. KRAFT Die Methode der Rechtstheorie in der Schule von Kant und Fries 1924. BAUCH Recht und Staat bei Kant, Mitt. d. Jen. Inst. f. Wirtschaftsw. 1924 Nr. 7 S. 1—4. RODRIGUEZ La filosofia del derecho de Kant, Revista Juridica de Ciencias Soziales Año 41, Buenos Aires 1924, KAUFMANN, FELIX Kant und die reine Rechtslehre, Kant-Stud. 29, 233 ff. MARTINEZ PAZ Influencia de Kant sobre la filosofia iuridica contemporanea, Cordoba (R. A.) 1925. SWOBODA Das ABGB. im Lichte der Lehren Kants 1926 bes. S. 30 ff. DÜNNHAUPT Sittlichkeit, Staat und Recht bei Kant 1927. — SEEGER Die Strafrechtstheorie Kants und seiner Nachfolger im Verhältnis zu den allgemeinen Grundsätzen der kritischen Philosophie, in Festg. f. Berner 1892.

[12] WARNKÖNIG S. 134, 137 ff. ROSSBACH S. 184 ff. GEYER S. 60 ff. AGUILÉRA L'idée du droit en Allemagne depuis Kant jusqu'à nos jours, Paris 1893. Dazu FRANK in ZStW. 20, 362 ff.

[13] HUGO § 28. WARNKÖNIG S. 135 ff. ROSSBACH S. 172—184. STAHL I S. 220 ff. GEYER S. 55 ff. AHRENS I S. 150 ff. BLUNTSCHLI S. 395 ff. LASSON S. 100 ff. ÜBERWEG IV § 3. — SCHNEIDER Fichte als Sozialpolitiker, Hall. Diss., 1894. MESSER Fichte und Machiavelli, Kant-Stud. 24, 116 ff. PETRONE Lo stato mercantile chiuso di Fichte, Neapel 1904; dazu DEL VECCHIO, Rivista Ital. di sociol. Roma 1905. STAMMLER Sozialismus und Christentum 1920, S. 47 ff. WINDELBAND Fichtes Idee des deutschen Staates, Rede von 1890, wieder abgedruckt 1921. BINDER Fichte und die Nation, Logos 10, 275 ff. DERS. Fichtes Bedeutung für die Gegenwart, Logos 12, 201 ff. GURWITSCH Die Einheit der Fichteschen Philosophie 1922. WALLNER Fichte als politischer Denker 1926.

Des weiteren sind hervorzuheben SCHELLING (1775—1854)[14], FRIES (1773—1843)[15], KRAUSE (1781—1832)[16], SCHLEIERMACHER (1768 bis 1834)[17], HERBART (1776—1841)[18], SCHOPENHAUER (1788—1860)[19]. Von besonderem Einflusse war HEGEL (1770—1831), der in seiner Rechtsphilosophie ebenfalls ein Lehrbuch fester rechtlicher Einrichtungen als unbedingt anzunehmenden Entwurf darbot: über Eigentum, Vertrag, Unrecht; einen Abschnitt über *Moralität*, der vor allem die Schuldlehre aufnahm; eine Erörterung über Familie, Gesellschaft, Staat[20].

---

14 WARNKÖNIG S. 148 f. ROSSBACH S. 227. STAHL I S. 377 ff. GEYER S. 66 ff. AHRENS I S. 180 ff. BLUNTSCHLI S. 597 ff. ÜBERWEG IV, § 4. Vgl. LOENING (§ 16, N. 3 a. E.). — An Schelling schloß sich BAADER an. Darüber REICHEL Die Sozietätsphilosophie Baaders, ZStaatsW. 57, 193 ff.

15 Über FRIES s. unten § 20 N. 1. — ÜBERWEG IV § 12. VORLÄNDER II § 45 Nr. 5, S. 267 ff.

16 GEYER S. 80 ff. ÜBERWEG IV § 8. VORLÄNDER II § 52, Nr. 8. GINER Y CALDERÓN Resumen de filosofia del derecho, Madrid 1898; DIES. Zur Vorschule des Rechts. Kurz gefaßte Grundsätze des Naturrechts, übers. v. Röder, hrsg. v. Hohlfeld und Wünsche 1907. — KRAUSE Grundlagen des Naturrechts, 2. Abt. Aus d. handschr. Nachlaß d. Verf. hrsg. v. Mollat 1890.

17 STAHL I S. 521 ff. GEYER S. 85 ff. VORLÄNDER II § 56.

18 GEYER S. 109 ff., der die Lehre Herbarts geradezu als *das* System der Rechtsphilosophie vorträgt. ÜBERWEG IV §§ 13, 20. VORLÄNDER II § 58. FLÜGEL Das Ich und die sittlichen Ideen im Leben der Völker (3) 1896; DERS. Die Probleme der Philosophie (2) 1888. — ZILLER Allgemeine philosophische Ethik 1880. — Vgl. NATORP (§ 14 N. 13). — Über BENEKE s. ÜBERWEG IV § 15. VORLÄNDER II § 59. — Über Pestalozzi s. SCHWARZ, HERM. Pestalozzis Grundanschauung von Staat und Gesellschaft, Blätter f. deutsche Philos. I. Bd. 3. H. 1927.

19 ÜBERWEG IV, § 11. VORLÄNDER II, § 61. DAMM Schopenhauers Rechts- und Staatsphilosophie, Hall. Diss. 1900, BOVENSIEPEN Die Rechts- und Staatsphilosophie Schopenhauers, ZStaatsW. 71, 185 ff. v. D. PFORDTEN Staat und Recht bei Schopenhauer 1916. — HOLSTEIN Die Staatsphilosophie Richard Wagners, ArchRPhilos. 9, 398 ff.

20 WARNKÖNIG S. 150 ff. ROSSBACH S. 232 ff. STAHL I S. 414 ff. GEYER S. 70 ff. AHRENS I S. 183 ff. ZÖPFL S. 25 f. LASSON S. 103 ff. ÜBERWEG IV § 7. VORLÄNDER II § 55. GIELLE La dottrina dello stato di Hegel, Pavia 1880. MAYER-MOREAU Hegels Sozialphilosophie 1910. ROSENZWEIG Hegel und der Staat 1920. BÜLOW Die Entwicklung der Hegelschen Sozialphilosophie 1920. RSt. § 15 II. — SYDOW, Die Bedeutung des *Volkes* im System Hegels, ZRPhilos. 1, 188 ff. — EBBINGHAUS, Relativer und absoluter Idealismus. Historisch-systematische Untersuchung über den Weg von Kant zu Hegel, 1910. DERS. Benedetto Croces Hegel, Kant-Studien 16, 54 ff. ROSENZWEIG Hegel und der Staat 1920. BÜLOW Die Entwicklung der Hegelschen Sozialphilosophie 1920. HELLER Hegel und der nationale Machtstaatsgedanke in Deutschland 1921. HAMMACHER Die Bedeutung der Philosophie Hegels für die Gegenwart 1911. SCHOLZ Die Bedeutung der Hegelschen Philosophie für das philosophische Denken der Gegenwart, Philos. Vortr. d. Kant-Ges. Nr. 26, 1921. MARCK Hegelianismus und Marxismus, Vortr. d. Kant-Ges. Nr. 27, 1922. EMGE Vernunft und Wirklichkeit bei Hegel 1925. VOGEL Hegels Gesellschaftsbegriff und seine geschichtliche Fortbildung durch Lor. Stein, Marx, Engels und Lassalle, Erg.H. d. Kant-Stud. Nr. 59, 1925. GIESE Hegels Staatsidee und der Begriff der Staatserziehung 1926. BINDER Kantianismus und

Noch ist in diesem Zusammenhange zu erwähnen, daß von katholischer Seite im 19. Jahrhundert die Rechtsphilosophie bemerkenswert gepflegt wurde. Sie ging zumeist von der Grundlage der Scholastik aus (§ 12), versäumte aber nicht, die Betrachtungen des Naturrechtes (§ 14) und des Vernunftrechtes (§ 15) systematisch einzuarbeiten [21] [22].

§ 16

Die historische Rechtsschule

Die allgemeine Richtung der Romantik, die sich vor mehr als hundert Jahren, namentlich in Deutschland, verbreitete, ergriff auch die Betrachtung rechtlicher Fragen. Ihr Kennzeichen lag hierbei in der Annahme des *Volkes* als eines beseelten Naturdinges. Der Volksgeist, der durch alle Generationen hindurchgehe und sie zu einer Einheit verbinde, sei ein zwar bedingter, aber unveränderlicher Gegenstand. Er errege in den einzelnen Gliedern einer Gemeinschaft gewisse gemeinsame Über-

---

Hegelianismus in der Rechtsphilosophie, ArchRPhilos. 20. Bd. 2. H. 1927. LARENZ Hegels Zurechnungslehre und der Begriff der objektiven Zurechnung 1927. LÖWENSTEIN Hegels Staatsidee 1927. — In den Formen der Hegelschen Philosophie geht vor ZENTHÖFER Das subjektive Recht nach allgemeinen Grundsätzen unter Berücksichtigung der bestehenden Gesetze und des Entwurfes eines BGB. 1891. Hierher gehört auch WUNDT, MAX Staatsphilosophie 1923.

[21] DE MAISTRE Du pape, 3 Bde., 1817. TROXLER, Rechtslehre der Natur und des Gesetzes mit Rücksicht auf die Irrlehren der Liberalität und Legitimität 1820. ROSSBACH S. 300 ff. TH. MEYER Die Grundsätze der Sittlichkeit und des Rechts. Nach Maßgabe der im Syllabus § VII verzeichneten Irrtümer 1868. HERTLING Zur Beantwortung der Göttinger Jubil.-Rede 1887. DERS. Naturrecht und Sozialpolitik 1893. DERS. Über Ziel und Methode der Rechtsphilosophie, Philos.-Jahrb. 1895, S. 117 ff. PESCH Liberalismus, Sozialismus und christliche Gesellschaftsordnung, 3 Bde., 1898 ff. HARING Der Rechts- und Gesetzesbegriff in der katholischen Kirche 1899. SCHERER Sittlichkeit und Recht, Naturrecht und richtiges Recht, Philos. Jahrb. 1905 S. 1 ff. AUG. MÜLLER Die staatlichen Gesetze in ihrer Beziehung zur sittlichen Weltordnung. Aus d. Festschr. zum Bischofsjubiläum, 1906. HERTLING Recht, Staat und Gesellschaft, 1906. CATHREIN Moralphilosophie. Eine wissenschaftliche Darlegung der sittlichen, einschließlich der rechtlichen Ordnung (5), 1911. DERS. Recht, Naturrecht und positives Recht (§ 4 N. 5). MAUSBACH Die katholische Moral und ihre Gegner (4) 1918. DERS. Naturrecht und Völkerrecht 1918. HOHENLOHE, OSB., Die natürlichen Rechtsgrundsätze im Lichte der christlichen Wahrheiten, Vortrag, ArchRPhilos. 11, 312 ff.; 12, 37 ff. HARING Recht und Gesetz nach katholischer Auffassung, ArchRPhilos. 16, 67 ff. VALENSIN Traité de droit naturel T. 1, 2. Paris 1922, 1925. TISCHLEDER Die Staatslehre Leo's XIII. 1925. SCHILLING Christliche Gesellschaftslehre 1926. ROMMEN Die Staatslehre des Franz Suarez S. J. 1927. — L. SAVIGNY Das Naturrechtsproblem (§ 4 N. 5).

[22] Über den Codex iuris canonici s. STUTZ Der Geist des Codex iuris canonici 1918. SINGER Das Naturrecht im Codex iuris canonici, ArchRPhilos. 16, 206 ff. MÜLLER, GG. Das neue Rechtsbuch der Katholischen Kirche 1928.

zeugungen, und wenn sich eine solche auf *rechtliche* Fragen beziehe, so sei sie, die gemeinsame Überzeugung, eben das Recht[1].

Die historische Rechtsschule trat zuerst 1814 genauer hervor, als SAVIGNY (1779—1861), ihr anerkannter Führer, seine viel beachtete Schrift *Vom Beruf unserer Zeit für Gesetzgebung und Rechtswissenschaft* veröffentlichte[2]. Für die Rechtsbildung wurde dabei die Folgerung gezogen, daß das Gewohnheitsrecht der Gesetzgebung vorzuziehen sei, weil jenes die Meinung des Volksgeistes sicherer wiedergebe. Für die Erforschung des Rechtsinhaltes käme es namentlich auf die geschichtliche Betrachtung an, da nur aus ihr das Walten jener Größe sich genau erkennen lasse. Vor allem aber folgte daraus, daß die rechtsphilosophische Frage in dem hier verfolgten Sinne (§ 9) mindestens in ihrem zweiten Teile — der Frage nach der Idee des Rechtes — überhaupt abzulehnen sei. Es könnte danach nur geschehen, daß der Gesetzgeber das Diktat des Volksgeistes vielleicht falsch verstanden oder ungenau aufgezeichnet habe; aber eine selbständige Erwägung aus einer idealen Aufgabe her, die dem rechtlichen Wollen der Menschen gesetzt wäre, vermag im Sinne jener Lehre überhaupt nicht zu bestehen[3].

---

[1] WARNKÖNIG S. 160 f. STAHL I S. 570 ff. GEYER S. 99. AHRENS I S. 166 ff. STINTZING III S. 496 ff. BLUNTSCHLI S. 622 ff. LASSON S. 18 f.; 313. WINDSCHEID §§ 9 f. RSt. § 11. — Vgl. unten N. 5. § 16.

[2] Die Schrift SAVIGNY's ist noch 1840 in dritter Auflage erschienen. Eine neue Ausgabe hat 1914 STERN veranstaltet, zusammen mit der Abhandlung von THIBAUT, die jene Schrift veranlaßt hatte. Außerdem kommt namentlich in Betracht SAVIGNY, Z. f. gesch. RW. (1815) 1, 1 ff. BRINZ Festrede zu Savignys 100 jährigem Geburtstage, München 1879. FITTING Festrede zu Savignys 100-jährigem Geburtstage, Halle 1879. ENNECCERUS F. C. Savigny und die Richtung der neueren Rechtswissenschaft. 1879. MANIGK Savigny und der Modernismus im Recht 1914. ANASTASIADOY Savigny Jhering Bergson, Athen 1916. STOLL F. K. Savigny, Briefwechsel 1925. DERS. Der junge Savigny. Zugleich ein Beitrag zur Geschichte der Romantik 1927.

[3] Aus den kritischen Erörterungen zu der Theorie der historischen Rechtsschule sind hervorzuheben: LENZ Über die geschichtliche Entstehung des Rechts 1854. MEJER Die Romantiker und das Recht, Vortrag, 1869. BEKKER Über den Streit der historischen und der philosophischen Rechtsschule, Heidelberger Rede 1886. OFNER Rechtstheorie und historische Schule 1888. STAMMLER Über die Methode der geschichtlichen Rechtstheorie 1888, RphAbh. 1, 1 ff. FRANK (§ 14 N. 2) 1891. BERGBOHM Jurisprudenz und Rechtsphilosophie 1892. SEITZ Die praktische Rechtsschule im Entwicklungskampfe mit den bisherigen doktrinären, historischen und Natur-Rechtsschulen (2) 1895. SALEILLES École historique et droit naturel d'après quelques ouvrages récents, Revue trimestrielle de droit civil 1902, S. 1 ff. DOHNA Die Problemstellung der kritischen Rechtstheorie in ihrem Gegensatz zum Naturrecht und zur historischen Rechtsschule, Internat. Wochschr. 1, 1199 ff. (1907). ATARD La escuela historica del derecho, Madrid 1908. BRIE Der Volksgeist bei Hegel und in der historischen Rechtsschule 1909. EDG. LOENING Die philosophischen Ausgangspunkte der rechtshistorischen Schule, Internat. Wochschr. 4, 65 ff. (1910). WIELAND (§ 5 N. 5), LOEWE Friedrich Thiersch 1925, X II 5: Das Ringen der historischen Rechtsschule mit dem Rationalismus. CARL SCHMITT Politische Romantik (2) 1925. — § 30 N. 4.

Diese rechtsphilosophische Doktrin, in ihrer konsequenten Ausgestaltung, steht und fällt mit ihrer romantischen Grundlage. Die aber ist vag und mystisch und trägt einen Widerspruch in sich. Denn wenn der Volksgeist als eine eigenartige und selbständig existierende Erscheinung die Ursache für andere bedingte Erscheinungen, so auch für gemeinsame Überzeugungen in den Gliedern eines Volkes, sein soll, so muß er doch auch dem Kausalitätsgesetz dahin unterliegen, daß er selbst wieder die Wirkung von anderen vorausgegangenen Ursachen ist. In solcher Weise sind denn auch die nationalen Eigentümlichkeiten eines Volkes grundsätzlich wohl verständlich, als verhältnismäßig übereinstimmende Eigenschaften, die im Laufe der Zeiten bedingt entstehen, aber auch sich wandeln und verändern [4].

Die historische Rechtsschule hat ihre Herrschaft in der deutschen Juristenwelt bis zur Mitte des 19. Jahrhunderts behauptet und ist dann allmählich zurückgetreten [5].

§ 17

Die materialistische Geschichtsauffassung

Das Streben, für die rechtliche Ordnung des sozialen Lebens eine feste und allgemeine Grundlage zu gewinnen, führte auch zu dem Versuche, die Methode des Materialismus hilfreich heranzuziehen [1]. So entstand in den vierziger Jahren des letzten Jahrhunderts eine später sehr einflußreiche Lehre, die sich selbst mit dem in der Überschrift genannten Ausdrucke bezeichnet [2].

Nach ihr ist die Produktion und nächst ihr der Umsatz ihrer Produkte die Grundlage aller Gesellschaftsordnung. Was dem Materialisten in der herkömmlichen Bedeutung die *Materie* in der Natur und die *Bewegung* jener Materie ist, das soll dem sozialen Materialisten die gesellschaft-

---

[4] Kant Anthropologie 1798, Zweiter Teil C: Der Charakter des Volkes. — S. auch §§ 54; 100; 138.

[5] Vgl. Überweg IV § 10: Die romantische Schule. In Vorländers Geschichte der Philosophie ist die historische Rechtsschule gar nicht erwähnt. — Rothacker Einleitung in die Geisteswissenschaften. — In England ist die historische Rechtsschule noch von Einfluß. Vgl. Maine Ancient Law, New Edition with Introduction and Notes by Sir Frederick Pollock 1906. Pollock and Maitland History of English Law, Cambridge 1898. Vinogrodoff Historical Jurisprudence Vol. I, London 1920; darüber Drake in Mich. Law Review, June 1921.

§ 17. [1] Friedr. Alb. Lange (1828—1875) Geschichte des Materialismus und Kritik seiner Bedeutung für die Gegenwart (3) 1876, bei Reclam 1905, herausgeg. von Ellissem. — Unten §§ 35 N. 5; N. 2; 180 N. 5.

[2] Marx Zur Kritik der politischen Ökonomie 1859. Marx und Engels Das kommunistische Manifest 1848. Engels Herrn Eugen Dührings Umwälzung der Wissenschaft 1878; hieraus drei Kapitel in Sonderausgabe unter dem Titel: Die Entwicklung des Sozialismus von der Utopie zur Wissenschaft. Engels Ludwig Feuerbach und der Ausgang der klassischen deutschen Philosophie 1888.

liche Wirtschaft sein. Durch das Aufkommen besonderer ökonomischer Phänomene und durch die Tendenz ihrer Entwicklung werde das Schicksal einer jeden Gesellschaft bestimmt.

Über der sozialen Wirtschaft eines Gemeinwesens erhebe sich ein rechtlicher und politischer *Überbau*. Er sei natürlich abhängig von seiner Unterlage. Wenn diese sich wandle, so müsse das der *Überbau* auch tun.

Es sei also die soziale Geschichte im letzten Grunde als eine *Bewegung* der sozialen Wirtschaft aufzufassen. Sie vollziehe sich mit Naturnotwendigkeit. Die *Ideen* seien nur Spiegelbilder der sich in solchem naturnotwendigen Prozesse entwickelnden wirtschaftlichen Erscheinungen. Für die Politik komme es also nicht darauf an, eine gerechte Ordnung des Zusammenwirkens zu erstreben, sondern den naturgesetzlichen Gang der sozialen Wirtschaft zu beobachten und *zu begünstigen*. Daraus ergebe sich ein *Hineinwachsen* in die kommenden gesellschaftlichen Verhältnisse.

Die Lehre der materialistischen Geschichtsauffassung ist unfertig und nicht ausgedacht[3].

Die durch die rechtsphilosophische Frage geforderte Klarstellung des Begriffes von dem Rechte wird von jener Lehre noch nicht einmal in Angriff genommen. Im besonderen bleibt ganz unausgetragen, durch welches bestimmende Merkmal sich die rechtliche Satzung von einer willkürlichen Gewalttat unterscheidet. Das Verhältnis aber von Wirtschaft und Recht wird in der genannten Theorie geradezu auf den

---

[3] WR. 1896, (5) 1924. (S. auch Handw. d. Staatsw. *Materialistische Geschichtsauffassung* VI S. 522 ff.) Der in jenem Buche ausgiebig zitierten Literatur kann noch zugefügt werden Hollitscher Das historische Gesetz. Zur Kritik der materialist. Geschichtsauffassung 1901. Brandenburg Die materialistische Geschichtsauffassung 1902. Riekes Die philosophische Wurzel des Marxismus, ZStaatsW. 1906, S. 407. Erdmann Die philosophischen Voraussetzungen der materialistischen Geschichtsauffassung, Schmollers J. 31, 919 ff. Hammacher Das philosophisch-ökonomische System des Marxismus 1909. Plenge, Marx und Hegel 1911. Adler Der soziologische Sinn der Lehre von Marx 1914. Bückling Die Elemente der Hegelschen Geschichts- und Rechtsphilosophie im Marxismus, Schmollers J. 43, 983 ff. Degenfeld Die Motive des wirtschaftlichen Handelns und der deutsche Marxismus 1920. Stammler Sozialismus und Christentum 1920, S. 58 ff. Ders. Die materialistische Geschichtsauffassung, Studien des apolog. Sem. in Wernigerode, 4. Heft (2) 1927; RphAbh. 2, 275 ff. Heichen Neumarxismus, Neue Zeit 39, 2, 201 ff. Kelsen Sozialismus und Staat. Eine Untersuchung der politischen Theorie des Marxismus 1920. Lenz Staat und Marxismus. Grundlegung und Kritik der marxistischen Gesellschaftslehre 1921. Cunow Die Marxistische Geschichts-, Gesellschafts- und Staatstheorie 1921; darüber Bortkiewicz in Arch. f. Gesch. d. Soz. 10, 416 ff. Marck (§ 15 N. 20). Junker (§ 10 N. 10). Oppenheimer Grundgesetz der Marxistischen Gesellschaftslehre 1903, (2) 1926. Hendrik de Man Zur Psychologie des Sozialismus 1926. Rappoport Die Marxistische Rechtsbetrachtung, Riga 1927 (stellt S. 11 zwei gesetzmäßig verschiedene Arten von Kausalität auf: die naturwissenschaftliche und die soziologische). Brunstäd Deutschland und der Sozialismus 1924, (2) 1927. — S. auch §§ 55 ff., bes. § 57 N. 7; ferner § 63 N. 5; § 173 N. 9.

Kopf gestellt. In Wahrheit gibt es keine einzige *wirtschaftliche* Beobachtung, die nicht durch das Bestehen einer rechtlichen Einrichtung logisch bedingt ist (§ 56). Dieser Fehler der materialistischen Geschichtsauffassung erklärt sich durch den Mangel der kritischen Einsicht, daß es sich bei dem sozialen Leben überall um menschliche Bestrebungen handelt, und daß deshalb die letzte Weise der für es möglichen wissenschaftlichen Erkenntnis nicht im Sinne einer Betrachtung natürlicher Vorgänge, sondern als Erwägung des Inhaltes von Zwecken einzusetzen ist.

Was aber das Problem der Idee des Rechtes angeht, so verwechselt die besprochene Geschichtsauffassung die Betrachtung der Besonderheiten, die jemand als *gerecht* behauptet oder verneint, mit dem bedingenden Gedanken der Gerechtigkeit selbst. Die auf besondere Fragen gerichteten Urteile können im Laufe der Geschichte wechseln und sind in der Tat bei den verschiedenen Menschen und Ständen und Völkern untereinander und zu verschiedenen Zeiten selbst verschieden und im Wandel und in der Veränderung begriffen; aber alle werden sie doch nach der einen einheitlichen Methode geordnet, daß sie eine feste Eigenschaft — eben die der Gerechtigkeit, das ist der grundsätzlichen Richtigkeit — zuerkannt oder abgesprochen erhalten. Wenn sie nicht diese unbedingt gleichmäßige Frage in ihrer Verschiedenheit gemeinsam hätten, würde man sie gar nicht in der genannten Hinsicht miteinander vergleichen können [4].

Auch der soziale oder geschichtliche Materialismus kann selbstverständlich dem nicht ausweichen, daß er besondere geschichtliche Vorkommnisse von materialer Verschiedenheit in einer unbedingt einheitlichen Weise als *gerecht* kennzeichnet. Aber er begnügt sich, darauf hinzuweisen, daß diese gleichmäßige Kennzeichnung einem verschiedenartigen Inhalte menschlicher Bestrebungen tatsächlich zuteil wird. Und er richtet sein ganzes Augenmerk darauf, wie die Verschiedenheiten, die von ihm gleichmäßig gekennzeichnet werden, im Laufe der Geschichte entstehen, — verwechselt also die genetische Frage nach der Herkunft eines Erlebnisses mit der systematischen Frage nach

---

[4] Cunow Die Notwendigkeit des Umlernens, Neue Zeit 38, 2, 289 ff. sagt: *Vernünftig ist nur das, was sich im Entwicklungsgang der Menschheit aus den gesellschaftlichen Verhältnissen heraus mit innerer Notwendigkeit vollzieht.* (Vgl. auch das. 363.) Aber er sagt nicht, woran man eigentlich erkennen könne, ob eine innere Notwendigkeit vorliege. Was heißt überhaupt *innere* Notwendigkeit? Nun macht er doch einen Unterschied zwischen Ansichten und Bestrebungen, die *vernünftig* sind, oder denen diese Beschaffenheit fehlt. Und er sucht nach einer allgemeingültigen Weise der Kennzeichnung für die (selbstverständlich! — s. auch daselbst S. 411) dem Stoffe nach immer veränderlichen Meinungen und Begehrungen. So bleibt bei dem bloßen und beschränkten Haften an der Betonung der Veränderlichkeit material begrenzter Anschauungen der Vorwurf, daß er nicht ausgedacht sei, gegen den sozialen Materialismus immer bestehen. — S. auch § 81 N. 5.

der sachlichen Berechtigung, die einer Bestrebung in ihrer gegebenen Lage zukommt. Darum handelt es sich nun vor allem um die kritische Untersuchung der Art und Möglichkeit jener gleichmäßigen Kennzeichnung selbst, die soeben als notwendig betont wurde. Diese Aufgabe, wie sie oben (§ 2) einleitend eingeführt wurde, bleibt nach der materialistischen Geschichtsauffassung offen [5].

§ 18

Der juristische Empirismus

Die empiristische Art meint, bei der wissenschaftlichen Bearbeitung des Rechtes damit auskommen zu können, daß man die stofflich bedingten Bestandteile von bestimmtem rechtlichen Wollen untersucht und auf diese Untersuchung sich beschränkt. Diese Richtung hat wohl zu keiner Zeit ganz gefehlt [1]. Sie ist aber als geschlossene Ansicht gerade in der neueren Zeit nicht selten wahrzunehmen. Es lassen sich dabei verschiedene Schattierungen beobachten.

Manchmal findet sich geradezu eine gewisse Scheu vor der rechtsphilosophischen Frage überhaupt. Die letztere wird dann aus dem Arbeitsplan, den man sich macht, ausdrücklich ausgeschieden. Aber das bleibt ja lediglich eine persönliche Maxime ohne weitere sachliche Bedeutung.

Anders steht es mit dem ernsten Versuche, den in dieser Hinsicht namentlich Adolf Merkel (1836—1896) unternommen hat [2]. Hiernach sollen die Fragen nach dem Begriffe und nach der Idee des Rechtes

---

[5] Es ist freilich nicht nach stofflich bedingten Normen zu suchen, die ein für allemal und in absoluter Art *gerecht* wären. Das Sehnen nach einem inhaltlich ausgeführten *Idealrechte* ist notwendig allezeit verfehlt (§ 4). Die kritische Frage lautet vielmehr: Was heißt es überhaupt, wenn man irgendeine der stets veränderlichen und bedingten Bestrebungen als *gerecht* behauptet oder verneint. Diese einheitlich bedingende Weise des Ordnens der unabgeschlossenen und immer wechselnden Bestrebungen muß klargestellt werden, wenn man nicht bloß ein Chaos ungeordneter Einzelheiten haben will. Und ihre Einsicht ist dann von maßgeblicher Bedeutung für das wissenschaftlich richtende Urteil über die in natürlichem Werdegange auftretende Materie des sozialen Lebens, — nicht umgekehrt, wie der Materialismus es wähnt (§§ 79 ff. Auch oben N. 1).

[1] RSt. § 17. Pound The Spirit of Common Law, Boston 1921, S. 166 ff. über Judicial Empirism. — Unt. §§ 80; 94; 97. — Der letzte philosophische Vertreter des Empirismus von Bedeutung war Laas Idealismus und Positivismus, 1879 ff. Ders. Vergeltung und Zurechnung, ZWissPhilos. 5. Bd. in einer Reihe von Artikeln. S. auch unt. § 49 N. 3. § 18.

[2] GrünhutsZ. 1, 1 ff.; 202 ff.; in Holtzendorffs Enc. d. Rwiss. (5) S. 89 ff.; Die deutschen Universitäten, hrsg. v. Lexis, 1893, I S. 406. Gesammelte Abhandlungen aus dem Gebiete der allgemeinen Rechtslehre und des Strafrechts 1899. Der Fehler lag darin, daß er die allgemeine Rechtslehre nicht zur Seite, sondern an die Stelle der Rechtsphilosophie setzen wollte. S. § 6.

nicht abgelehnt, aber ausschließlich mit einer Bezugnahme auf besondere *rechtliche* Vorstellungen und bloß durch Beachtung von bedingten Erlebnissen der Rechtsgeschichte beantwortet werden. — Allein dann bleibt es ungelöst, wie denn eine formale Methode des Ordnens, wie sie in der rechtsphilosophischen Frage aufgegeben ist, gerade aus der begrenzten Eigentümlichkeit von methodisch geordneten Besonderheiten eingesehen werden könnte, ohne sich über jene bedingende Weise des Begreifens und Urteilens als solche Gedanken zu machen. Mit Grund sind darum gegen jene Aufstellung von juristischer [3], wie von philosophischer Seite [4] durchschlagende Einwendungen erhoben worden.

Andererseits verdankt die rechtsphilosophische Lehre eine starke Anregung den ausgezeichneten Leistungen, welche die spezifisch juristische Erörterung in der Neuzeit aufzuweisen hat. Bei der Untersuchung einzelner Rechtsprobleme wird die wissenschaftliche Erwägung notwendig zu immer allgemeineren Betrachtungen getrieben; sie ruhen aber unvermeidlich auf gefesteten allgemeingültigen Methoden, denen die Eigenschaft reiner Formen (§ 3) zukommt. Je eindringlicher jene Untersuchungen unternommen werden, um so stärker wird der Blick auf den Einheitsgedanken gelenkt, der das Merkmal aller Wissenschaft ist, und damit auf das System reiner Ordnungsarten, unter denen sich auch der Begriff und die Idee des Rechtes finden. Von solchen rechtswissenschaftlichen Ausführungen bleibenden Wertes sind für die hier betonte Aufgabe besonders Thöl (1807—1884) und Binding (1841—1920) hervorzuheben [5]. Auch fehlte es niemals an allgemeinen Betrachtungen, die namentlich in Gestalt besonders veranlaßter Reden und Aufsätze auftraten [6].

Den Übergang zur neueren Rechtsphilosophie bildet Jhering (1818—1892). Er hat das Verdienst, gegen die theoretische Auffassung der historischen Schule (§ 16) von der Entstehung des Rechtes aufgetreten

---

3 Stammler Über die Methode der geschichtlichen Rechtstheorie 1888 S. 20 ff., RphAbh. 1, 14 ff. Liepmann Die Bedeutung Ad. Merkels für Strafrecht und Rechtsphilosophie, ZStR. 17, 638 ff.

4 Bes. Schuppe, der mit Merkel einige polemische Abhandlungen gewechselt hat. Über ihn s. Pagel Beiträge zur philosophischen Rechtslehre, zugleich eine kritische Würdigung der rechtsphilosophischen Bedeutung W. Schuppes, 1914. — Hertling Über Ziel und Methode der Rechtsphilosophie (§ 15 N. 21).

5 Des Näheren gehört hierher von Thöl: Einleitung in das deutsche Privatrecht 1851 (Stintzing III 625 ff.); von Binding sein Hauptwerk: Die Normen und ihre Übertretung, 4 Bde., seit 1872 (die beiden ersten in 2. Aufl.). Einzelne Abhandlungen Bindings werden in diesem Buche an geeigneter Stelle Berücksichtigung finden.

6 S. die in § 3 N. 9 angeführte Literatur. Außerdem Kuntze Der Wendepunkt der Rechtswissenschaft; ein Beitrag zur Orientierung über den gegenwärtigen Stand und Zielpunkt derselben 1856. Stintzing Wendungen und Wandlungen der deutschen Rechtswissenschaft 1879. L. Savigny Die Stellung der Rechtswissenschaft zur Universität 1895.

zu sein [7] und zugleich das bloße Haften an Einzelfragen in ihrer Begrenztheit verworfen zu haben. Er begann, die allgemeinen Züge des römischen Rechtes als dessen *Geist* auf den verschiedenen Stufen seiner Entwicklung darzulegen (seit 1852), blieb aber darin stecken, als er erkannte, daß jede geschichtliche Erörterung einer gefesteten systematischen Grundlage bedürfe. Der Wunsch, sie zu erhalten, förderte das Werk *Der Zweck im Rechte* (1877 [6/8], 1923) zutage, das nach dem Einfügen des Rechtes in das Reich der Zwecksetzung suchte. JHERING ist mit keiner seiner Bestrebungen zu Ende gekommen [8]. Seine Forschung und Darstellung ist deskriptiv [9]. Er gibt in geistreicher Weise verallgemeinernde Beschreibungen. Die kritische Methode ist ihm fremd. Eine Zerlegung des Gedankeninhaltes nach seinen einheitlich bedingenden Elementen und den jeweils dadurch bestimmten Bestandteilen nimmt er nicht vor. Darum gelangte er nicht zu Erkenntnissen von unbedingter Gültigkeit, und er scheiterte in der rechtsphilosophischen Frage durch das Fehlen der Unterscheidung von reinen und bedingten Rechtsbegriffen [10].

---

[7] Besonders in der Schrift: Der Kampf ums Recht 1872, (19) 1919. — S. dazu § 102.

[8] Über seine Stellung zum römischen Recht und seiner Wissenschaft hat sich JHERING am Schlusse seines Lebens selbst ausgesprochen in Scherz und Ernst in der Jurisprudenz 1885, bes. S. 359 ff.

[9] DAHN Die Vernunft im Recht. Grundlagen der Rechtsphilosophie, 1879. KRAUS Rechtsphilosophie und Jurisprudenz, ZStW. 23, 763 ff. BAHNSEN Der Widerspruch im Wissen und Wesen der Welt, 2 Bde., 1882. SPINDLER, Jherings Theorie des Sittlichen, VJSchr. d. jur. Ver. in Prag, 25, 121 ff. SOMMER ebenda S. 153 ff. BON Grundzüge der wissenschaftlichen und technischen Ethik 1896 (stimmt Jherings geschichtlich-gesellschaftlicher Theorie zu). HURWICZ Jhering und die deutsche Rechtswissenschaft 1911. STINTZING III 788 ff. Von den Nachrufen auf Jhering sind hervorzuheben der von ECK Zur Feier des Gedächtnisses von Windscheid und Jhering 1893; LEONHARD Ein Nachruf für Jhering und Windscheid 1893. IRMINGER Die Gerechtigkeit und ihr Verhältnis zum Recht bei Jhering, Bern. Diss. 1920. RÜMELIN Rudolf von Jhering, Rede 1922. LANGE, HENRY Die Wandlungen Jherings in seiner Auffassung vom Recht. Mit einem Geleitwort von REICHEL. Hamb. Diss. 1927. — § 6 N. 7.

[10] Die Bedenken gegen Jherings Grundauffassung lassen sich dahin zusammenfassen: 1. Der Zweck ist nicht *der Schöpfer* des Rechtes, sondern *das Recht* ist eine besonders geartete Zwecksetzung (§ 30). 2. Der Zweck ist nicht eine *psychologische Kausalität*, sondern als eine eigene Weise des Ordnens vom Bewußtseinsinhalt zu nehmen (§§ 26; 30 N. 1). 3. Der Begriff des Rechtes darf nicht auf das Geratewohl aus einzelnen Annahmen, daß *Recht* vorliege, eingesetzt werden, sondern verlangt seine Klärung in kritischer Analyse als eine eigene bedingende Weise für die Einheit des Bewußtseins (§§ 5; 22). 4. Das Recht ist seiner Idee nach nicht die *Politik der Gewalt* (§ 91 N. 4). Die Rechtsidee ist nicht nach dem *Nutzen* zu bestimmen (§§ 97 und 93 Nr. 1), sondern im Sinne des reinen Wollens, als richtender Gedanke reiner Gemeinschaft (§ 92). 5. Die juristische Begriffsbildung und Konstruktion kann nicht mit naturwissenschaftlichen Bildern, im Sinne chemischer Scheidekunst, beschrieben werden, sondern will nach kritischer Methode mit der Unterscheidung reiner und bedingter Formen erledigt werden (§ 115 N. 6). — MEZGER Sein und Sollen im Recht (§ 28 N. 2) S. 93.

Inzwischen hatte die Bearbeitung der in rechtsphilosophischer Fragestellung und Methode zu lösenden Aufgabe erneut eingesetzt [11]. Es entwickelte sich eine an Zahl und Bedeutung wachsende Literatur hierüber. Sie ging in verschiedener Weise vor: bald als Kritik der Meinungen anderer Autoren [12], bald als ausgeführte Darstellung der eigenen rechtsphilosophischen Ansicht [13]. Manchmal wird nur Begriff und Bedeutung der Rechts-

---

[11] PACHMANN Die gegenwärtige Bewegung in der Rechtswissenschaft, 1882. PETRONE La fase recentissima della filosofia del diritto in Germania, Pisa 1895; darüber STAMMLER, KrVJSchr. 3. F. 5, 347 ff. RphAbh. 1, 127 ff. LAVIOSA La filosofia scientifica del diritto in Inghilterra. FRANK ZStwW. 20, 362 ff. LASK Rechtsphilosophie, S.-A. aus Festschr. f. K. Fischer: Die Philosophie im Beginn des 20. Jahrh. 1905. MÜNCH Die wissenschaftliche Rechtsphilosophie der Gegenwart in Deutschland, Zeitschr. der deutsch. philos. Ges. I. Bd., 1918. WENZEL, MAX Juristische Grundprobleme I 1920. BERNHEIMER Probleme der Rechtsphilosophie, ArchRPhilos. Beiheft 21, Geleitwort von KELSEN, 1927. SCHWIND Grundlagen und Grundfragen des Rechtes 1928. — Vgl. oben § 5 N. 5.

[12] BLUNTSCHLI Die neueren Rechtsschulen der deutschen Juristen 1862. KÜHNAST, Kritik moderner Rechtsphilosophie 1887; darüber STAMMLER Philos. Monatsh. 25, 498 f. LABRIOLA Revisione critica delle più recenti teorie su le origini del diritto, Rom 1901. FOUILLÉE L'idée moderne du droit, Hachette 1878 (6) 1909. CHARMONT La renaissance du droit naturel, Paris 1910. CARLO Saggi critici di filosofia del diritto, Palermo 1913. DERS. Ardigo und Stammler, ArchRPhilos. 3, 210 ff. (§ 49 N. 3. Auch in weiteren Abhandlungen über italienische Rechtsphilosophen). BÄUMER Die soziale Idee in der Weltanschauung des 19. Jahrh. 1910. BINDER Rechtsbegriff und Rechtsidee. Bemerkungen zur Rechtsphilosophie Rudolf Stammlers, 1915. Dazu EMGE in Kant-Studien 21, 448 ff. (§ 110 N. 3). SCHEPPER (§ 5 N. 5). Über WIELIKOWSKI s. § 25 N. 8. FLEINER Entstehung und Wandlung moderner Staatstheorien in der Schweiz 1916. BINDER Über kritische und metaphysische Rechtsphilosophie, ArchRPhilos. 9, 18 ff.; 142 ff.; 267 ff. KAUFMANN Kritik der neukantischen Rechtsphilosophie 1921 (s. BELING KrVJSch. 3. F. 21, 92 ff. — unt. § 115 N. 4). STAMMLER Die grundsätzlichen Richtungen der neueren Jurisprudenz, 1923, RphAbh. 2, 333 ff. SAUER Übersicht über die gegenwärtigen Richtungen in der deutschen Rechtsphilosophie 1924. LÖBL Zum Problem der reinen Rechtslehre, ZÖR. 3, 402 ff. EGGER Zum gegenwärtigen Stand der deutschen Rechtsphilosophie, Schweiz. JurZ. 19, 293 ff. SAUER Neukantianismus und Rechtswissenschaft in Herbststimmung. Eine Antikritik, Logos 10, 162 ff. GURWITSCH Gierke als Rechtsphilosoph. Logos 11, 86 ff. PLANCK K. Chr. Planck, sein Rechtsbegriff und dessen Bedeutung für die Gegenwart (3) 1923. RÜMELIN Eugen Huber 1923. RODRIGUEZ Por una filosofia del derecho, Buenos Aires 1924. CATHREIN Naturrechtliche Strömungen in der Rechtsphilosophie der Gegenwart, ArchRPhilos. 16, 54 ff. RODRIGUEZ De Kant a Stammler, La Plata 1925. — Weiteres über Besprechungen der kritischen Rechtstheorie unt. § 94 N. 1.

[13] KNAPP System der Rechtsphilosophie 1857. BIERLING Zur Kritik der juristischen Grundbegriffe, 2 Bde., 1877. BAUMANN Handbuch der Moral nebst Abriß der Rechtsphilosophie 1879. SCHUPPE Grundzüge der Ethik und Rechtsphilosophie 1881 (s. oben N. 4). LASSON System der Rechtsphilosophie in seinen Grundzügen beurteilt. Philos. Vorträge hrsg. von der philos. Ges. zu Berlin. Neue Folge, 5. Heft, 1883. BYK Rechtsphilosophie 1882. MIRAGLIA Filosofia del diritto, Neapel 1885. BEAUSIRE Les principes du droit, Paris 1888. HARMS Begriff, Formen und Grundlegung der Rechtsphilosophie 1889. BIERLING Juristische Prinzipienlehre, 5 Bde. 1894 ff. BEROLZHEIMER System der Rechts- und Wirtschaftsphilosophie, 5 Bde. 1904 ff. STURM Die psychologische Grundlage des Rechts 1910. DERS. Die Form

philosophie erwogen [14]; häufig finden sich einzelne Probleme monographisch bearbeitet [15]. Das Kennzeichen dieser neu erblühten Forschung ist das Suchen nach allgemeingültiger Einsicht [16] in rechtlichen und sozialen

---

des Rechts 1911. DERS. Die Materie des Rechts 1911. Weitere Veröffentlichungen in seiner § 70 N. 1 angeführten Schrift S. 49 f. (§ 75 N. 2). NICOL-SPEYER Der allgemeinen Rechtslehre erster (morphologischer) Teil 1911. KELSEN (§ 27 N. 5; vgl. § 118 N. 1). JUNG Das Problem des natürlichen Rechts 1912. RIVERA PASTOR Logica de la Libertad. Principios de la doctrina del derecho, Madrid 1913 (§ 115 N. 3). RADBRUCH Grundzüge der Rechtsphilosophie 1914. STAMMLER Wesen des Rechtes und der Rechtswissenschaft (§ 141 N. 2). KOHLER Lehrb. der Rechtsphilosophie (3) 1923. SOMLO Juristische Grundlehre 1917; dazu FRIEDRICH, ZRPhilos. 3, 70 ff. SOMLO (2) 1927 mit Vorw. v. MOÓR. (Dazu BELING KrVJSchr. 3. F. 21, 50 ff.) WUNDT Das Recht (§ 9 N. 3). SALOMON Grundlegung zur Rechtsphilosophie 1919, (2) 1925. HANKO Dissoziativismus. Eine genealogische Erkenntnistheorie, intellektualistische Ethik, individualistische Rechts- und Staatsphilosophie etc. 1920. POUND An introduction to the philosophy of law, New Haven 1922. (Dazu WU The Juristic Philosophy of R. Pound, Illinois Law Review 18, 285 ff., 1924.) MAYER Rechtsphilosophie 1922. Nur symptomatisch ist von Interesse, LEVY Introduction au droit naturel, Éditions de la Siréne, Paris 1922 (21 p.). DEL VECCHIO Grundprinzipien des Rechts 1923. ROGUIN La science juridique pure, Lausanne 1923. SAUER Grundlagen der Gesellschaft. Eine Rechts-, Staats- und Sozialphilosophie 1924. BINDER 1925, s. *Abkürzungen*. (Dazu: REICHEL Lit. Wochenschr. 26, 24[1]; HORVATH ZöffR. 6, 107 ff.) ARAMBURO Filosofia del Derecho, New York 1924. EMGE Vorschule der Rechtsphilosophie 1925. SAUER Philosophie der Zukunft (2) 1926. WEIGELIN Einführung in die Moral- und Rechtsphilosophie 1927. BURCKHARDT, WALTHER Die Organisation der Rechtsgemeinschaft. Untersuchungen über die Eigenart des Privatrechts, des Staatsrechts und des Völkerrechts, Basel 1927.

[14] S. §§ 3 N. 9; 5 N. 3 und 5. Dazu noch FRAGAPANE I criteri d'una limitazione positiva della filosofia del diritto, Roma 1897. J. STERN Rechtsphilosophie und Rechtswissenschaft 1904; darüber DOHNA Deutsche LtZ. 1905 S. 748 ff. (s. auch DOHNA § 16 N. 3). FRANCO Provas de direito, Bello Horizonte, 1907. RAVÀ I cómpiti della filosofia di fronte al diritto, Roma 1907. STAMMLER Begriff und Bedeutung der Rechtsphilosophie, ZRPhilos. 1, 1 ff. RphAbh. 2, 1 ff. MÜNCH Kultur und Recht, ZRPhilos. 1, 345 ff. SOMLO (N. 13) S. 13 ff. SALOMON (N. 13) S. 101 ff. EMGE in Philos. u. Recht 1920 S. 1 ff. HUBER (§ 6 N. 1) S. 25 ff.

[15] Sammelwerke: Archiv für Rechts- und Wirtschaftsphilosophie, seit 1908, begr. v. Kohler u. Berolzheimer; darüber Radbruch, ZStA. 30, 685. Zeitschrift für Rechtsphilosophie in Lehre u. Praxis, seit 1914, hrsg. von Holldack, Joerges u. Stammler. Philosophie u. Recht, seit 1920/21, hrsg. von Emge. Rivista internazionale di filosofia del diritto, dir. da DEL VECCHIO, SFORZA, PAGANO, VACCA, Genova seit 1921.

[16] Eine besondere Erörterung hat der sog. Relativismus hervorgerufen. ÜBERWEG IV § 42: LIPSCHITZ Zur Kritik des Relativismus, Arch. f. syst. Phil. 14, 353 ff. HILLER Der Relativismus in der Rechtsphilosophie und seine Überwindung durch die Restitution des Willens, Wochenschr. D. Sturm, 1911, Nr. 59 f. MÜLLER-ERZBACH Die Relativität und ihre Begrenzung durch den Zweck des Gesetzes 1913; darüber JOERGES, ZR.-Philos. 1, 225 ff. BENDIX Das Problem der Rechtssicherheit. Zur Einführung des Relativismus in die Rechtsanwendungslehre 1914. RADBRUCH (N. 13); dazu GRÜNHOLZ Lit. Beil. z. Köln. VZtg. 20. 1. 16. EMGE Über das Grunddogma des rechtsphilosophischen Relativismus 1916. SALOMON (N. 13) S. 67 ff. DERS., Kant-Studien 23, 365. HAYMANN (§ 15 N. 6) S. 83 N. 2. Vgl. auch § 97.

Dingen [17]. Das führt von selbst und unausweichlich zu der rechtsphilosophischen Frage, wie sie auch in dieser Einleitung näher aufgeworfen ist (§ 9). Gegenstand und Ziel der Arbeit werden dadurch gemeinsam, auch wenn die Antworten auf die einheitlich gestellte Frage allgemein oder in besonderen Lösungen verschieden ausfallen; und es ermöglicht sich so eine übereinstimmende Unterlage, auf der sich das geschlossene System rechtsphilosophischer Betrachtung, mit voller Zusammengehörigkeit der zu erledigenden Lehren, ausführen läßt.

---

17 Über die freirechtliche Richtung s. § 143. Über soziologische Jurisprudenz § 147.

Erstes Buch

Der Begriff des Rechtes

Erster Abschnitt

Das Feststellen des Rechtsbegriffes

I. Nicht-kritische Versuche

§ 19

Äußere Beschreibung des Rechtes

Zu der Feststellung des Begriffes *Recht* genügt es nicht, eine gewisse äußere Beschreibung von Regeln zu versuchen, die im großen und ganzen als *rechtliche* Sätze bezeichnet werden [1]. Hier müßte sonst zuvor eine Art von Verabredung darüber statthaben, was nun als *rechtliches* Wollen beschreibend zu schildern sei [2]. Da es aber gerade zweifelhaft sein kann, ob ein besonderes Begehren dem Rechte oder einer anderen Klasse des Wollens zuzuteilen sei, so wird auf dem Wege einer ungefähren Deskription eine begründete und vollständige Abgrenzung des Rechtsgedankens nicht erreicht [3].

---

[1] Über das Wort *Recht* s. den Artikel im deutschen Wörterbuch von GRIMM 8. Bd. 1886 v. HEYNE. — WUNDT (§ 9 N. 3), S. 24 ff. § 19.

[2] Vgl. § 49 bes. N. 4. Es ist also immer zu unterscheiden zwischen *Recht* als Methode des Ordnens der Gedanken und zwischen *Recht* als angewandter Methode, angewandt auf besonderes, sinnlich empfindbares Begehren. Das erste ist die Voraussetzung für jeden Fall der zweiten Art. Die Klarstellung der einheitlichen Methode als solcher kann niemals durch beschreibende Beobachtung ihrer Anwendung erreicht werden. Alle derartigen beschreibenden Versuche wissen nichts davon, daß bei jeder Begriffsbildung zerteilt werden muß. Um das zu können, ist von einem einheitlichen übergeordneten Gedanken auszugehen. — Vgl. auch § 109.

[3] Juristische Handbücher und Kommentare versuchen es häufig mit einer vorangestellten Definition des Rechtes, von der nicht deutlich erscheint, in welcher Methode sie sich als zutreffend begründen will. Das führt auf althergebrachte Gepflogenheit zurück (cf. D. I 1, 1 pr.), hängt aber für die heutige Zeit sicherlich mit der Richtung des Empirismus überhaupt zusammen. S. § 18. Sie äußert sich darum auch in rechtswissenschaftlichen Ausführungen, die ihrem Auftreten nach gerade auf die Klarlegung des Rechtsbegriffes als solchen abgestellt sind. Übersicht der Literatur bei GLÜCK Erläuterung der Pandekten (2) 1797 I 2 ff. WINDSCHEID § 37. GAREIS Rechtsenzyklopädie (5) 1921 § 5. — Als charakteristisch für die jetzt hier

§ 20

Unmittelbares Erfassen des Rechtsgedankens

Man darf nicht hoffen, die Vorstellung des Rechtes einer *unmittelbaren Erkenntnis* zu verdanken, etwa deshalb, weil wir dabei einer zwingenden geistigen Anlage unserer Natur folgten. Die Möglichkeit von Unklarheit und irriger Zusammenfassung unserer Vorstellungen wird durch eine solche Hypothese nicht ausgeschlossen [1].

---

besprochene Richtung sind hervorzuheben: WELCKER Die letzten Gründe von Recht, Staat und Strafe 1813. KIERULFF Theorie des gemeinen Zivilrechts 1839, S. 1—6. WÄCHTER Württemb. PrivR., 1842 II 1 ff.; DERS. Pandekten 1880 I 1—8. LOR. STEIN (§ 3 N. 9). S. 88—104. THON Rechtsnorm und subjektives Recht 1878. BURCKHARD Das Recht 1883. HAGENS Staat, Recht und Völkerrecht 1890. KLOEPPEL Gesetz und Obrigkeit 1891. FRENZEL Recht und Rechtssätze 1892. HÖLDER Über objektives und subjektives Recht 1893; DERS. Über die Natur des Rechtes, Erl. Rede 1891. BRODMANN Vom Stoffe des Rechts und seiner Struktur 1897. HOLD v. FERNECK Die Rechtswidrigkeit, 1903, S. 11—208; dazu DOHNA in ZStW. 24, 53. GUTHERZ in SchweizZSt. 20, 348 (1907). H. A. FISCHER Die Rechtswidrigkeit 1911. BINDER Rechtsnorm und Rechtspflicht 1912. SULMOND Jurisprudence (4), London 1913. GIESKER-ZELLER Die Rechtsanwendbarkeitsnormen 1914, S. 61 ff. SOHM Weltliches und geistliches Recht 1914, S. 5 ff. HOLMES Collected Legal Papers, New York 1920, S. 167 ff. über The Path of Law. R. SCHMIDT Einführung in die Rechtswissenschaft 1921. LASERSON Recht, Rechtsseitigkeit und Geradheit. Versuche einer rechtsphilosophisch-linguistischen Klärung des Rechtsbegriffes 1921. RECASENS SICHES Concepto logico-genérico del Derecho, Madrid 1924. STOOP Analyse de la notion du droit, Haarlem 1927.

§ 20. [1] Hierzu ist auf die Lehre von FRIES (1773—1843) hinzuweisen (s. § 15 N. 15). Er meint, die kritische Erwägung der Methode für das unbedingt einheitliche Ordnen des Bewußtseins ersetzen zu können durch *unmittelbare Erkenntnisse der Vernunft*. Die höchsten Kriterien der Erkenntnis müßten ihren Grund in Erkenntnissen haben, die selbst nicht mehr erkennbar sind. Wenn KANT warnend geschrieben hatte: *Die erste Regel ist also diese: keine transzendentalen Beweise zu versuchen, ohne zuvor überlegt und sich desfalls gerechtfertigt zu haben, woher man die Grundsätze nehmen wolle, auf welche man sie zu errichten gedenkt, und mit welchem Rechte man von ihnen den guten Erfolg der Schlüsse erwarten könne* (Krit. d. r. V. 2 A. S. 814), — so stellte FRIES auf: *Die Entscheidung über Recht und Unrecht muß also zuletzt einzig von unserer eigenen freien Selbsttätigkeit im Nachdenken abhängen* (Philosophische Rechtslehre 1803, Neudruck 1914 p. VI). Dabei will er die Grundlagen seiner politischen Lehre *den allgemeinsten Gesetzen der psychischen Anthropologie* entnehmen. Politik oder wissenschaftliche Staatslehre, hrsg. v. APELT 1848, S. 36; s. dann bes. S. 217 ff. Aber damit durchquert er die hier notwendige objektiv-logische Klarstellung möglicher Einheit der Gedanken mit subjektiv-psychologischen Sätzen und vermengt die systematische Frage mit der genetischen. Die psychologischen Grundlagen von FRIES setzen aber auch die Möglichkeit eines wissenschaftlichen Erkennens überhaupt voraus; sie können diese Möglichkeit nicht von sich aus geben, das geht nur durch kritische Selbstbesinnung, die auf die notwendigen Bedingungen unbedingter Vereinheitlichung gerichtet ist. FRIES kommt denn auch in seiner Rechtslehre nur zu *der Aufstellung der Idee der Rechtsgesetzgebung* (a. a. O. p. XV). Den Begriff des verbindenden Wollens und danach den Begriff des Rechtes (unten §§ 31; 36) kennt er nicht; und seine Ausführungen über die Gerechtigkeit bleiben in Ansätzen stecken, ohne sich zu einer abgeschlossenen Theorie der Rechtswissenschaft auszubauen und zur Anwendung geschickt durchzuführen. —

Dazu ist hervorzuheben, daß der Gedanke eines rechtlichen Wollens, das von anderem Wollen unterschieden ist, kein *Phänomen* ist, das in seinem Wesen durch *unmittelbare Erschauung* erkannt werden könnte [2].

In der neueren Zeit hat er erneut Anhänger gefunden. *Abhandlungen der Friesschen Schule* erscheinen seit 1904. Daraus hier zu betonen Kastil Fries' Lehre von der unmittelbaren Erkenntnis (1912; — will jene Lehre von dem Standpunkt der modernen Urteilspsychologie aus prüfen). Vgl. Kant-Studien 17, 391; 18, 366. Dagegen: Marcus Die Beweisführung in der Kritik der reinen Vernunft. Mit Berücksichtigung des Fries-Nelsonschen Systems. 1914. (Er weist das Ungenügende und Widerspruchsvolle der Friesschen philosophischen Grundlegung nach und widerlegt dessen Anthropologie.) Elsenhans Fries und Kant 1906. Für die Friessche Rechtslehre ist eingetreten Fraenkel, Die kritische Rechtsphilosophie bei Fries und bei Stammler 1912. Dazu: Tesar in ZStW. 34, 274. WR. Anm. 247. — Von Interesse ist hier auch Nelson Die Rechtswissenschaft ohne Recht. Kritische Betrachtungen über die Grundlagen des Staats- und Völkerrechts, insbes. über die Lehre von der Souveränität 1917. Ders. System der philosophischen Rechtslehre 1920. — Zu dem Ganzen der dabei bedeutsamen Fragen: Gaede Über den Anteil der Logik, Methodologie und Erkenntnistheorie an den theoretischen Wissenschaften, Hall. Diss. 1912.

[2] Als Vertreter einer entgegengesetzten Ansicht kann Reinach Die apriorischen Grundlagen des bürgerlichen Rechtes 1913 angeführt werden. Er geht von der Methode aus, die Husserl Ideen zu einer reinen Phänomenologie und phänomenologischen Philosophie (1913) entwickelt hat. S. hierüber Überweg IV § 46. Ewald in Kant-Studien 20, 38 ff.; und die Auseinandersetzung von Elsenhans und Linke ebenda 20, 224; 21, 163; 22, 243. Auch Linke Grundfragen der Wahrnehmungslehre 1918 — hier im bes. S. 64 N. 2. Reimer, Kant-Studien 23, 269 ff. Die Möglichkeit rechtlicher Erörterungen ist bei Husserl nicht erwähnt (s. aber Kant-Studien 23, 149). Reinach sagt dazu, daß *die rechtlichen Gebilde* z. B. Ansprüche und Verbindlichkeiten, *ein Sein besitzen, so gut wie Zahlen, Bäume oder Häuser; daß dieses Sein unabhängig davon ist, ob es Menschen erfassen oder nicht, daß es insbesondere unabhängig ist von allem positiven Rechte.... Indem wir uns in das Wesen dieser Gebilde vertiefen, erschauen wir, was streng gesetzlich von ihnen gilt.* — Es ist merkwürdig, daß Reinach glaubt, apriorische Sätze von rechtlichen Gebilden aufstellen zu können, ohne auf den Begriff *des Rechtes* im geringsten einzugehen. Daß z. B. ein Anspruch durch einen Akt des Verzichtes erlösche, gründe im Wesen des Anspruches. Der Satz ist jedoch in dieser Allgemeinheit nicht zuzugeben. Es kommt auf die Handlungsfähigkeit des Verzichtenden, auf gesetzliche Formalitäten, auf etwaige Zustimmung anderer usw. an. In jedem Falle aber ist der Satz ein rechtlicher Satz. In einer bloßen konventionalen Gemeinschaft (§ 38) würde er nicht gelten: folglich ist die Bedingung auch für jene *rechtliche* Aufstellung der Begriff *des Rechtes*. Erst von ihm lassen sich Grundbegriffe — als bedingende Methoden des Ordnens — ableiten, die nicht bloß Reproduktion besonderer Satzungen sind, sondern unabhängig von ihnen gelten (§§ 109; 115). Und alles das hat durch erkenntniskritische Analyse, und nicht durch *vertiefendes Erschauen* zu geschehen. S. unten § 22. — Über Reinach s. Salomon (§ 18 N. 13), S. 59 ff.; S. 81 N. 2. Runkel, ZRPhilos. 2, 384 ff. Kraft Die wissenschaftliche Bedeutung der phänomenologischen Rechtsphilosophie, Kant-Studien 31, 286 ff. Dobretsberger Die Begriffsbestimmung des Rechtes in der phänomenologischen Rechtsphilosophie, ZÖffR. 6. Bd. 2. H. 1927. Kaufmann, Felix Die Kriterien des Rechts. Eine Untersuchung über die Prinzipien der juristischen Methodenlehre 1924.

§ 21

Induktives Suchen des Rechtsbegriffes

Es ist ungeeignet, den Begriff *des Rechtes* aus einer Anzahl *rechtlicher* Erscheinungen herausziehen zu wollen. Dann schwebt vor, daß man viele Rechtserfahrungen aus dem Leben verschiedener Völker und Zeiten nebeneinander stellt und nun den darin gemeinsam enthaltenen Rechtsbegriff bestimmt. In der Tat ist aber eine jede von ihnen bereits durch ihre Kennzeichnung als *rechtliche* Tatsache dem gesuchten Begriffe unterstellt [1]. Sie setzt ihn daher logisch voraus [2].

Das gleiche gilt, wenn jemand versuchen wollte, den Begriff *des Rechts* durch eine Darlegung von Ereignissen zu bestimmen, die *Recht* verursacht haben. Auch hier ist in jedem Falle, da man die Entstehung von *Recht* in ihrem ursächlichen Zusammenhang erkennt, der Begriff *Recht* für jene gehäufte Zusammenstellung vorweggenommen und in ihr bereits bedingend verwendet [3].

Statt dessen ist es nötig, das Ganze der sozialen — nicht: der *rechtlichen* — Erfahrung zu untersuchen, in dem der Rechtsgedanke auftritt [4]. Dort sind die Bedingungen festzustellen, unter denen die Abteilung des Rechtes von anderen Arten des menschlichen Wollens einen verständlichen Sinn gewinnt [5].

---

§ 21. [1] Diesem notwendigen Schlusse entgeht man nicht etwa durch ein Zurückverlegen der Betrachtung rechtlicher Zustände in kulturell unentwickelte Zeiten. Sofern man dort *rechtliche* Normen und Einrichtungen beobachtet, vielleicht gegenüber *willkürlichen* Zwangsbefehlen, so ist bei aller Eigentümlichkeit ihres Inhaltes der Begriff *des Rechtes* ebenso gut vorweggenommen, wie es in verfeinerten *rechtlichen* Ordnungen besteht. Immer bleibt die Frage: Woran erkennt man überhaupt, ob ein besonderes Wollen *Recht* ist? S. oben § 19 N. 2. Vgl. WR. §§ 2; 87.

[2] Es ist das logische Prius von dem kausalen Prius zu unterscheiden. Die einzelne rechtliche Erscheinung tritt als ein Ganzes gleichzeitig in das Leben. Aber in ihr vermag die kritische Analyse den formalen Bestandteil des *rechtlichen* Bestimmens von der materialen Besonderheit gerade dieser Erscheinung zu sondern (§ 5 N. 1). Jener kehrt als einheitlich bedingende Methode des logischen Bestimmens überall wieder: dadurch werden die stofflich verschiedenen Strebungen gleichmäßig geordnet. Aber er verursacht dieses stofflich bedingte Begehren nicht. Das geschieht auf ganz andere Weise, die psychologisch darzulegen ist (§ 77).

[3] Das trifft auf alle Möglichkeiten zu, da man die Entstehung von *Recht* untersucht: auf die Abänderung einer bestimmten Rechtsordnung nach deren Verfassung, oder auf allgemeinere Lehren über mögliche Veränderungen irgendeines Rechtes, oder auch bei der Annahme einer vollständigen Neuentstehung von Recht gegenüber einem Zustande ohne alles Recht.

[4] Bierling (§ 18 N. 13) Kritik I S. 153 ff.; Prinzipienlehre I S. 19 ff. — A. Levi Per un programma di filosofia del diritto, Turin 1905.

[5] Das methodische Verfahren der Induktion betrifft immer nur die verhältnismäßige Verallgemeinerung einzelner Vorgänge. Es setzt, sozusagen, in der Mitte der rechtswissenschaftlichen Erwägung ein. Seine Arbeit begreift die Besonderheiten, hier: des bedingten Stoffes von geschichtlichem Rechtsinhalt. An ein Ende gelangt die juristische Induktion aber nie. Die allge-

II. Kritik des Rechtsbegriffes

§ 22

Das Wesen des Rechtes

Das Wesen eines Gegenstandes ist die Einheit seiner Bedingungen[1]. Sonach kommt es für das Wesen des Rechtes darauf an: Wodurch kennzeichnet sich die einheitliche Art des Vorstellens, die als *Recht* bestehen kann? Das ist nach der in der Einleitung (§ 5) genannten Methode zu lösen.

Das Recht bedeutet eine eigene Art, menschliches Zusammenleben zu führen[2]. Sein Wesen ist daher durch eine Kennzeichnung der bedingenden Gedankengänge klarzulegen, in deren Einheit die eigenartige Beschaffenheit gerade des rechtlichen Wollens besteht. Sonach haben

---

meingültigen Ordnungsprinzipien, die für alles jemals denkbare Recht bedingend eingreifen, werden von ihr vorausgesetzt; sie vermag vor allem den überall untergelegten Rechtsgedanken selbst von sich aus nicht klarzustellen. — Andererseits ist der Unterschied zwischen dem Verfahren der kritischen Fragestellung und Methode und zwischen dem der induktiven Weise des Forschens in sich klar. Die kritische Fragestellung und Methode setzt nicht zur Aufgabe die Erkenntnis besonderer und bedingter Gegenstände, sondern die Einsicht in das einheitliche Ordnen des Bewußtseins überhaupt. Sie will die Möglichkeit dieses einheitlichen Ordnens in seinem sich stets gleichbleibenden Verfahren darlegen und besinnt sich darum auf das System reiner Formen (§ 3), in denen das vor sich gehen kann und allein verständlich ist. Dahin gehört auch die Frage nach dem Begriffe des rechtlichen Wollens und der Kategorien, die schlechterdings bei jedem denkbaren Rechte unerläßlich sind, um es in unbedingt einheitlicher Weise zu ordnen. Die induktive Weise des Forschens nimmt als Aufgabe die Erkenntnis stofflich bedingter Gegenstände, also von Eindrücken und Strebungen als empfindbaren Erlebnissen. Sie richtet ihre Aufmerksamkeit auf solche Gegenstände in ihrer stofflichen Bedingtheit, z. B. allgemeine Vorschriften bestimmter Zivil- und Strafgesetze. — In jeder der beiden Richtungen der Untersuchung bleibt es jedermann allezeit offen, durch genauere und mehr überzeugende Weise des Nachsinnens und Erkennens eine bessere Einsicht als bisher zu erzielen (vgl. § 81 N. 8). Daß aber die Unterscheidung der so bestimmten und geübten kritischen und der induktiven Methode als Unterscheidung an und für sich unlösbare Schwierigkeiten biete, wie Binder (§ 18 N. 12) S. 15 anzunehmen scheint, das ist nicht nötig. S. auch § 30 N. 1; 94 N. 3; § 110 N. 3; 115 N. 4. — Über juristische Induktion im allgemeinen s. unten § 130. — Bozi Untersuchungen über die Prinzipien des Rechts, Ann. d. Naturphilos. 5, 220.

[1] Über die Möglichkeit des einheitlichen Ordnens des Bewußtseins als notwendigen logischen Anfang alles Erkennens s. § 5 N. 2. § 22.

[2] Lasson Über die Natur des Rechtes, Philos. Monatsh. 6, 1 ff. (1870). Wallaschek (§ 5 N. 3) S. 64 ff. Affolter Untersuchungen über das Wesen des Rechts, Solothurn 1889 (s. § 146). Amira Vom Wesen des Rechts, Beil. z. Allg. Z. 1906, Nr. 284. Nicol-Speyer Allgemeine Rechtslehre (§ 18 N. 13). Breuer Der Rechtsbegriff auf Grund der Stammlerschen Sozialphilosophie, ErgH. d. Kant-Studien Nr. 27, 1912; dazu WR. Anm. 61; Haymann, ZRPhilos. 3, 298 ff. Van der Vlugt Vragen van Methoden bij Volkenrechtsbeoefening, Rechtsgel. Mag. 1914, S. 130 ff.; 333 ff. Somlo (§ 18 N. 13) S. 128 ff. Huber (§ 6 N. 1) S. 27 ff.; 49 ff.

wir uns auf die Möglichkeit gerade dieser Vereinheitlichung kritisch zu besinnen, wenn der begriffliche Unterschied des Rechtes gegenüber anderen Weisen des sozialen Lebens festgestellt werden soll [3].

Dagegen ist es abzulehnen, das Wesen des Rechtsgedankens damit klarlegen zu wollen, daß man auf sein Werden acht hat. Man hat in diesem Sinne nach der *Quelle* oder der *Wurzel*, nach dem geschichtlichen Ursprung und dem Entstehen des Rechtes gefragt [4]. Hier liegt eine Verwechselung der systematischen und der genetischen Frage vor. Wenn die letztere das Entstehen und die Veränderung eines Gegenstandes erörtern will, so muß sie den Begriff dieses Gegenstandes voraussetzen. So ist z. B. eine Geschichte des Eigentums nur unter der Voraussetzung möglich, daß ein bleibender Begriff des Eigentums besteht, dessen Wandlungen nun verfolgt werden. Die genetische Betrachtung bezieht sich also auf den Wechsel von Besonderheiten, die sich an einen einheitlich bestimmten Gegenstand anschließen. Sie beschäftigt sich mit seinen unwesentlichen Schicksalen, denn sein Wesen besteht ja gerade darin, daß es fest und unverständlich ist; würde der fragliche Gegenstand in seinem Wesen geändert werden, so wäre eben er, als solcher, nicht mehr da, sondern ein anderer an seiner Stelle [5].

Schließlich geht es auch nicht an, das Wesen des Rechtes etwa dadurch sich deutlich zu machen, daß man alle unwesentlichen Zutaten wegläßt, die sich bei seinem Auftreten in besonderen geschichtlichen Erlebnissen zeigen. Denn hier würde jede Gewähr fehlen, daß man alles Veränderliche hervorgehoben und gesammelt hat [6].

Es kann somit der allgemeingültige Rechtsbegriff seinem Wesen nach nur durch kritische Besinnung auf die mögliche Vereinheitlichung unserer Gedankenwelt festgestellt werden [7].

§ 23

Der Rechtsgedanke in dem Grundriß möglicher Wissenschaft

Die wissenschaftliche Art des geistigen Lebens besteht darin, daß alle Erlebnisse nach einer unbedingt einheitlichen Weise

---

3 Über das Verhältnis des Rechtsbegriffes zu dem positiven Rechte s. § 19 N. 1 und § 49, zu dem Gelten eines Rechtes § 68.

4 Mit verschiedenen Auskünften über die dann maßgeblichen Faktoren: Frei waltender Gesetzgeber, Volksgeist, Macht und Gewalt, Rechtsgefühl der Unterstellten u. a. m. S. §§ 52 ff., auch oben §§ 16; 17.

5 Vgl. hierzu des weiteren § 177, sowie unten N. 7 Nr. 3.

6 Vielleicht wechselt außer dem seither als wandelbar Beobachteten noch ein Weiteres. Aus der unabgegrenzten und insofern zufälligen Erfahrung läßt sich das nicht bestimmen.

7 Die erkenntniskritische Methode, der wir folgen, kennzeichnet sich durch dreifache Richtung. Sie unterscheidet grundlegend: 1. Form und Stoff (§§ 3; 5). 2. Begriff und Idee (§§ 1; 2; 82). 3. Systematische und genetische Er-

geordnet werden [1]. Um das tun zu können, ist eine absolut gültige Methode des Ordnens erforderlich [2]. Sie läßt sich als ein feststehender Grundriß beschreiben, über dem das Gebäude der Wissenschaft aufgeführt wird [3].

Nun zeigt sich bei dem Durchgehen dieses Grundrisses, daß sich in ihm als ein notwendiges Glied auch der Rechtsgedanke findet. Die hier folgende Lehre hat das zu bewahrheiten und die ihm zukommende Stelle im genannten Grundriß möglicher Wissenschaft genau aufzuzeigen.

Dabei ist es nötig, die Übersicht über den gesamten Grundriß in seiner allgemeinen Anlage zu geben, wenngleich nicht überall im einzelnen zu verfolgen. Die Seiten von ihm, die den Gegensatz zu der rechtlichen Betrachtung bilden, haben wir nur in diesem ihrem Gegensatze aufzuweisen. Dadurch hebt sich erst der gesuchte Begriff, hier der des Rechtes, in seiner Eigenart deutlich heraus [4].

§ 24

Die unbedingte Gültigkeit des Rechtsbegriffes

Der Gedanke *rechtlich* bedeutet eine bedingende Art und Weise, gewisses Begehren grundlegend zu bestimmen. In seiner Vorstellung findet sich nichts von einem begrenzt abgeschlossenen Einzelziele mit sinnlich empfindbarem Stoffe und keine Abhängigkeit von bedingten Begriffen, mit deren Wegfall er selbst bedeutungslos würde. Der Rechtsbegriff bedeutet nichts als ein Verfahren des geistigen Ordnens [1]. In diesem Sinne ist er von unbedingter Gültigkeit [2].

---

wägung (davon ist hier § 22 die Rede; s. noch §§ 28 N. 4; 55 N. 3; 80; 83. WR. Anm. 213. Vgl. auch Münch, ZRPhilos. 1, 120; 123 f.). Auch §§ 110 N. 3; 175 N. 4.

[1] Vgl. § 3 N. 9; § 57 i. A.; § 180 Nr. 2. § 23.

[2] Vgl. § 5 auch § 22 i. A. u. N. 7.

[3] Dahin gehört die bedingende Art des Zählens und Messens, die Stärke des Grades einer Empfindung, das Bestimmen wahrgenommener Veränderungen nach Ursachen und Wirkungen (Kausalitätsgesetz) u. s. f.; aber auch das Einsetzen von Zwecken und Mitteln. Es handelt sich hier überall um das, was wir oben (§ 3) als *reine Formen* des Ordnens kennengelernt haben, deren ausgeführtes System, in seiner erkenntniskritischen Bestimmtheit, hier nun zur Erörterung steht.

[4] Kein Begriff kann für sich allein bestimmt werden. Er bedarf zu seinem Verständnis der gegensätzlichen Art des Verknüpfens, mit der er zum Teil in der gleichen Richtung des Gedankens zusammengeht, um sich dann von ihm zu trennen und mit ihm verglichen und abgeschieden zu werden.

[1] Man kann die Bedeutung des Rechtsbegriffes dahin zusammenfassen: Er be- § 24.
findet sich unter den reinen Formen (§ 3 bes. N. 4 u. 7), nach denen der bedingte Stoff eines wandelbaren Strebens geordnet und bestimmt wird, während er selbst in seiner formalen (= bedingenden) Eigenart von keiner sinnlich empfindbaren und darum wandelbaren Besonderheit beherrscht wird. — Es ist hiernach in sich verfehlt, wenn gelegentlich nach einem verschiedenen Rechtsbegriff etwa nach griechischer oder nach germanischer Art gesucht worden ist. Der Rechtsbegriff ist immer ein und derselbe, es gibt nur eine größere odere geringere Klarheit über den Be-

Wenngleich jedoch an sich der Rechtsbegriff eine reine Denkform ist, so ist für ihn, als Methode, doch stets die Möglichkeit seiner Anwendung im Auge zu behalten. Darum hat die Feststellung des Rechtsbegriffes nicht *aprioristisch* zu geschehen [3]. Wir nehmen vielmehr allgemein erfahrene Möglichkeiten des Menschenlebens vor und fragen nach den bleibenden Bedingungen, unter denen sich jene Möglichkeiten unterscheiden und jeweils einheitlich bestimmen lassen [4].

Zweiter Abschnitt

Das Wollen

I. Das Reich der Zwecke

§ 25

Ursachen und Zwecke

Das Ordnen des Bewußtseinsinhaltes geschieht in der Richtung des Wahrnehmens und in der des Wollens [1]. Jenes nimmt die Eindrücke

---

wußtseinsinhalt, den jemand mit sich trägt, und in dem sich der Rechtsbegriff als reines Ordnungsprinzip findet. — Vgl. §§ 30 N. 1; 115 N. 4.

[2] Die Vorstellung *unbedingt* oder *absolut* darf nicht als ein riesenhaftes Unding oder ein mystisches Etwas einer Weltseele oder eines Volksgeistes, überhaupt nicht als eine Größe dieses begrenzten Lebens genommen werden, die sich von anderen Größen durch eine weite, nebelhafte Ausdehnung unterschiede. Jene Vorstellung besagt einen Bewußtseinsinhalt, der die Eigenschaft des Bestimmens für andere, dadurch bestimmbare Vorstellungen ist, ohne selbst in gleicher Weise von bedingten Eindrücken und Strebungen abhängig zu sein. S. hierzu Huber Das Absolute im Recht, Bern 1922. — Vgl. § 81 N. 6 ff.

[3] Unter einem *aprioristischen* Suchen und Finden haben manche ein solches gemeint, das *außerhalb jeder Erfahrung* geschehe. Das wurde dann als unzulässig verworfen. Zweifellos ! Nur ist dabei festzustellen, daß kein Mensch jemals *außerhalb jeder Erfahrung* gelebt hat, so daß er gerade dort etwas hätte suchen und von dort her es hätte mitbringen können. Der genannte Ausdruck bezeichnet in ungeklärter Weise das Fehlen aller Erkenntnis überhaupt. Von einem Gegensatz zweier positiv auftretenden Möglichkeiten ist bei seinem Gebrauche gar keine Rede. S. auch § 5, N. 4; § 110 bes. N. 3 f.; § 115 N. 4.

[4] In der neueren Literatur macht man einen Unterschied zwischen Psychokritizismus und Historiokritizismus. Es käme darauf an, ob man die allgemeingültig bedingenden Einsichten einer Zergliederung der Psyche oder einer solchen der Geschichte zu entnehmen habe. Windelband Präludien II 125 ff.; vgl. 107 ff.; Münch, ZRPhilos. 1, 123; Goepel Über Stammlers Rechtsphilosophie und das Problem der Aufopferung, Jen. Diss. 1915, S. 24 f. Würde das erste so gemeint sein, daß man in den ordnenden Grundbegriffen und Grundsätzen psychologische Organisationen oder seelische Eigenschaften sehen wollte, so wäre das durchaus abzulehnen. Da es sich vielmehr um Denkelemente als bedingende Bestandteile von Bewußtseinsinhalten handelt, so müssen die letzteren in der geschichtlichen Erfahrung aufgetreten sein und können aldsann kritisch analysiert werden.

§ 25. [1] Der oberste Gedanke für alle Wissenschaft bleibt also das, was Kant *die*

auf, um sie gegenständlich zu verarbeiten, — dieses bedeutet das Setzen eines Gegenstandes, der zu bewirken ist. Ein solcher zu bewirkender Gegenstand heißt ein Zweck [2].

Der Zusammenhang der beiden Richtungen des Bewußtseins liegt in der Art, Beziehungen unter Gegenständen vorzustellen [3]. Die notwendige Bedingung hierfür ist ihre Bestimmung in der Zeit. Das kann dreifach sein: Feststellung des Wechselnden gegenüber einem Beharrlichen, Darlegung des Zugleichseins und Erwägung ihres Bestimmtseins in der Folge der Zeit [4]. Das Problem des Bewirkens von Gegenständen gehört zu der an dritter Stelle genannten reinen Art des Ordnens.

Es wird nämlich entweder das Gegenwärtige als notwendige Wirkung einer vorausgegangenen Ursache erkannt, oder es ist als Mittel für ein zukünftiges Ziel zu nehmen [5]. Das erste ordnet Wahrnehmungen in kausaler (dynamischer) Weise, das andere bestimmt den Inhalt des Bewußtseins in finaler (teleologischer) Absicht [6]. Ein drittes [7], das neben

---

transzendentale Einheit des Selbstbewußtseins nannte (Krit. d. rein. Vern. [2] 1787, S. 132), und was wir in unserer Sprechweise mit *Möglichkeit des einheitlichen Ordnens überhaupt* wiedergeben. Sie bringt die Notwendigkeit alsbaldiger Zerteilung der dabei eingreifenden Ordnungsprinzipien mit sich. Jene oberste *Einheit* darf ja nicht als ein stofflich bedingter Gegenstand aufgefaßt werden, der wieder nur nach einheitlicher Art abgegrenzt wäre. Sie besagt die allgemeingültige Möglichkeit, die wir eben nannten (§ 5 N. 2); und diese kann nur dadurch gewahrt und ausgeführt werden, daß man die Fälle der Erlebnisse grundlegend einteilt und dadurch ordnet und beherrscht. — Kübler Freiheit und Recht, Erl. Rede, 1916, S. 16 f. meint, daß der Gedanke des bedingenden Ordnens *inhaltleer* oder *inhaltlos* sei, gibt aber nicht an, was er unter dem *Inhalte* eines Gedankens verstehe. S. §§ 3 N. 1; 92 N. 8.

[2] Trendelenburg Logische Untersuchungen (3) 1870, II S. 1 ff. Hartmann Allgemeine Form des Zweckgedankens, Freib. Rede 1877. Lasson S. 143 ff. Ernst Der Zweckbegriff bei Kant und sein Verhältnis zu den Kategorien, Erg. H. d. Kant-Studien, Nr. 14, 1909. Eisler Der Zweck, seine Bedeutung für Natur und Geist 1914.

[3] Die Begriffe Mittel und Zweck sind reine Formen des Ordnens von Bewußtseinsinhalt. Es sind ursprüngliche (im logischen Sinne!) Denkformen (vgl. § 30 N. 1). Sie stehen gleichberechtigt neben den Begriffen Ursache und Wirkung, die ja auch weiter nichts sind, als ordnende Weisen körperlicher Wahrnehmungen. Kant (§ 15 N. 8) Prolegomena §§ 36—38. Keines verdrängt das andere vollständig. Im besonderen bleibt die Bearbeitung der Zweckinhalte als selbständige Aufgabe überall da bestehen, wo eine abschließende Erkenntnis wahrgenommener Veränderungen in der Körperwelt nicht besteht. — Menzer Lebensworte 1919 S. 19.

[4] Kant Kritik der reinen Vernunft (2) S. 219.

[5] Dabei ist es natürlich gleichgültig, von wessen besonderer Lage aus die beiden Möglichkeiten betrachtet werden. Wir können von dem Zwecke eines Gesetzes sprechen, das in seinem Auftreten einer längst vergangenen Zeit angehört hat, und vermögen Ursachen zu ergründen, die von uns aus gesehen einer fernen Zukunft zufallen würden. TR. I, 4.

[6] Sehr hübsch novellistisch dargestellt von Lasswitz Aspira, der Roman einer Wolke 1905. — Wyneken Das Ding an sich und das Naturgesetz der Seele 1901 S. 335 ff. Ders. Wie ist die fortgehende Demokratisierung der Gesellschaft vom

der Bestimmung der Gegenwart entweder durch die Vergangenheit oder durch die Zukunft stände, gibt es nicht [8].

§ 26

Die Eigenart des Wollens

Wenn der Gedanke des Wollens als eine eigene grundlegende Weise von dem Wahrnehmen unterschieden werden soll, so darf das Wollen nicht als eine *Kraft* genommen werden. Denn dieser Begriff bezeichnet das Verhältnis einer verursachenden Substanz zu einer besonderen Wirkung [1]. Es handelt sich dabei um eine Anwendung einmal des Substanzbegriffes, zweitens des Ursachenbegriffes innerhalb räumlich wahrgenommener Erscheinungen. In solcher Weise erscheint eine bestimmte Handlung als Veränderung in der Körperwelt [2].

---

christlichen Standpunkte zu beurteilen? 1904, S. 19. KESSELER Die Lösung der Widersprüche des Daseins durch Kant und Eucken in ihrer religiösen Bedeutung 1909. — S. auch § 84.

7 Der gemeine Sprachgebrauch pflegt die beiden einander entgegengesetzten Möglichkeiten zu vermengen und das *Warum* zweideutig einzusetzen, nämlich einmal für *wodurch* und zweitens für *wozu*. Schon in alter Zeit in Scherzfragen verwertet; z. B. SIMROCK Das deutsche Rätselbuch I, 163; 270; 272; III, 396; 426. — Das ALR. (1794) II 8, 669 sprach noch von *Ursachen zur Ehescheidung*, wofür wir heute den neutralen Ausdruck der *Gründe* gebrauchen. Bei der Gründung eines Vereins würde es sogar seltsam klingen, wenn die Satzung von der *Ursache* des Vereins reden wollte. Sonst aber verwendet man das Wort *Ursache* in wilder Weise, wo nur Zwecke und Mittel gemeint sind; z. B. *Ursachen* eines Krieges u. dergl. S. auch § 97 Nr. 2b. Das hat dann die üble Folge, daß eine Betrachtung, die ihrem sachlichen Sinn nach notwendig teleologisch ist, in angeblicher Anlehnung an die naturwissenschaftliche Forschungsmethode vorgenommen wird. — Für die allgemeingültige Möglichkeit, kommende Ereignisse nach den Methoden von Zweck und Mittel zu ordnen, ist es natürlich gleichgültig, ob es in einem besonderen Falle gerade von dem Standpunkte eines bestimmten Subjektes aus angesehen wird, oder ob die fragliche Erwägung von einem anderen, beliebigen Zeitpunkt der Weltgeschichte geschieht. Es lassen sich ebensogut die Zwecke des Kaisers Augustus verfolgen und die Mittel, die er ergriff, nach unserer Methode betrachten, wie Geschehnisse der Gegenwart oder vorgestellte Ziele und Möglichkeiten im Jahre 3000 unserer Zeitrechnung. Denn alles betrifft nur die zufällige Anwendung der bleibenden finalen Methode.

8 WIELIKOWSKI Die Neukantianer in der Rechtsphilosophie 1914, S. 64 f. behauptet vier Grundarten im Ordnen unseres Geisteslebens: Wahrnehmen, Wollen, *Sollen, Werten*. Weshalb es gerade vier sein sollen, sagt er nicht. In Wahrheit besagt *Sollen* nur ein richtiges *Wollen* (§ 80 N. 7); und *Werten* heißt das Überlegen der Tauglichkeit eines gewissen *Mittels* für einen bestimmten *Zweck* (§ 97 N. 6). STAMMLER ZRPhilos. 2, 157, RphAbh. 2, 83 ff.

§ 26. 1 KANT Kritik der reinen Vernunft (2) S. 245 ff.; 676 ff. DERS. in der Streitschrift gegen Eberhard 1790, Ausg. v. Hartenstein III 362.

2 Das Wollen ist von den eingreifenden Handlungen, als dem Vollbringen, seinem Wesen nach zu unterscheiden. Röm. 7, 18 ff. — S. auch § 25 N. 7; ferner § 29 N. 5; 76 N. 1. — BINDING (§ 18 N. 5) Normen 2. Bd. § 71, S. 200 ff.; 5. Bd., § 295, S. 530 ff. — Über den Begriff des Wunsches s. § 32 zu N. 3. — Das Recht als Art des Wollens: § 30 bes. N. 1. — S. auch § 180 N. 7.

Das Wollen aber besagt in seinem eigenartigen Sinn nicht eine physische Ursache, sondern eine Richtung des Bewußtseins, nämlich das Auswählen von Mitteln zur Verfolgung von Zwecken [3].

Dagegen kennzeichnen andere versuchte Ausdrücke — z. B. *psychische Energie* oder gar *psychologische Kausalität* — die Eigenart des Wollens, gegenüber dem eindeutigen Bestimmtsein, nicht gut. Sie würden es nur als eine einzelne Erscheinung in der Erkenntnis des Werdens von Gegenständen stehen lassen, es aber nicht dem letzteren grundlegend gegenüberstellen und es nicht als eine selbständige Methode des Ordnens unseres Erlebens herausheben [4].

§ 27
Der Gedanke der Wahl

Das bedingende Merkmal, durch das sich das Gebiet des Wollens von dem der Wahrnehmungen entscheidend trennt, ist der Gedanke der Wahl. Wir begreifen unter Zweck einen zu bewirkenden Gegenstand (§ 25), unter einem Mittel eine auswählende Ursache [1].

Das Wählen kommt in der geordneten Betrachtung wahrgenommener Erscheinungen nicht vor. Wir haben aber die Vorstellung der Wahl und kennen die Möglichkeit des Wählens [2]. Sie rechtfertigt sich durch das Unzureichende einer bloßen Ursachenbetrachtung. Diese ist nicht imstande, schlechterdings alle Bewußtseinsinhalte, die wir besitzen, methodisch zur Einheit zu bringen [3].

---

[3] Die literarischen Ausführungen über das Wollen, als das Ergreifen von Mitteln zur Verfolgung von Zwecken lassen sich in zwei Klassen teilen: 1. Psychologische Auffassung. Hierüber s. N. 4. 2. Erkenntniskritische Erwägung. a) Sie nimmt entweder das Wollen alsbald im Sinne einer Idee auf, läßt also seine Eigenart mit der des *freien* (guten) Wollens zusammenfallen. b) Oder es werden zunächst die bedingten Bestrebungen begrifflich durchgegangen, um darauf die ideale Gesetzmäßigkeit des Wollens aufzubauen. Der letztere Standpunkt ist in diesem Buche eingenommen. S. § 27; und § 29 bes. N. 4.

[4] Der Hauptvertreter der Meinung, daß ein Zweck eine *psychologische Kausalität* sei, ist Jhering (§ 18 N. 10). S. dazu WR. § 63 S. 633 ff. Psychologisch orientiert sind auch Zitelmann Irrtum und Rechtsgeschäft 1879 S. 34 ff.; 134 ff. Wundt (§ 9 N. 3); hierzu Biermann Wundt und die Logik der Sozialwissenschaft, Conrads J. 3. F. 25, 50 ff. (s. auch § 29 N. 1); vgl. §§ 31; 73. — Somlo (§ 18 N. 13) S. 219 ff.

[1] Ein *Motiv* ist ein Zweck. Der Ausdruck bedeutet, genau erwogen, nicht einen physiologischen Vorgang, der naturwissenschaftlich aufzuhellen wäre. Es ist ein Ziel, zu dessen Erreichung Mittel ausgewählt werden. — Kraus Das Motiv. Zur psychologisch-ethischen Grundlegung des Strafrechts, ZStW. 17, 467 ff. Finger Lehrb. d. Strafrechts 1912 § 124 N. 136. Stampe Grundriß der Wertbewegungslehre 1912 S. 33 ff.; 60 ff.; 125 ff. Landsberg Zur Erforschung der Verbrechensmotive, BayerZ. 8. 1 ff. § 27.

[2] *Und die Tugend sie ist doch kein leerer Schall, Der Mensch kann sie üben im Leben,* Schiller Die Worte des Glaubens.

[3] Es ist also kein Widerspruch, neben der Betrachtung des ursächlichen Werdens eine weitere Art des einheitlichen Ordnens anzunehmen. Kausalität und Einheit

Wenn eine Vereinigung zum Zweck der Linderung von Kriegsschäden Mittel an Geld oder anderen Rechtsobjekten aufbringen will, Sammlungen veranstaltet und die Verteilung organisiert, so kann man Einheit und Ordnung hierbei nicht einfach durch Verweisung auf das Kausalitätsgesetz erlangen. Soll das einheitliche Ordnen dieser wichtigen Absichten und Verständigungen vor sich gehen, so haben wir den Gedanken des Wollens aufzunehmen und seine Möglichkeiten in grundlegenden Methoden nach Zwecken und Mitteln auszubauen. Das Zurückgehen auf kausal zu erklärende physiologische Vorgänge hilft zur Lösung jener eigenen wissenschaftlichen Aufgabe gar nicht [4].

Dabei ist zu beachten, daß jeder besondere Zweck, den man verfolgt und erreicht, auch wieder ein Mittel ist zur Bewirkung anderer bedingter Ziele. Er steht für die Aufgabe wissenschaftlicher Beherrschung auch nicht eindeutig bestimmt da, als eine Tatsache der äußeren Wahrnehmung, sondern bot sich mit anderen Mitteln zu ferneren Zielen zur Wahl. Der Mensch wählt sonach, genau genommen, niemals unter bestimmten Zwecken, sondern immer nur unter verschiedenen Mitteln [5].

---

des Bewußtseins ist nicht ein und dasselbe. Jene erfüllt gar nicht das Ganze unseres geistigen Besitzes; z. B. das Rechnen, das Urteil über das Schöne, vor allem die Richtigkeit einer Wahl. Die kausale Betrachtung bezieht sich nur auf das Ordnen bedingter Wahrnehmungen. Sie ist nicht ein mystisches Unding, noch ein von selbst rollendes Wesen, sondern eine Methode des Ordnens, die vom Bewußtsein gehandhabt wird und außerhalb dieser Funktion überhaupt keinen Sinn hat. Und sie kann niemals den Anspruch erheben, alle Fragen, die einem gestellt werden, allein zu beantworten; denn um die Methode des kausalen Betrachtens einzusetzen, braucht man einen bedingten Stoff. Es hilft also nichts, wenn man sich vorstellt, daß alle Bestimmtheit, unter der die Veränderungen im Laufe der Zeit stehen, als eine einzige gedacht werden kann, denn diese einzige Art der Bestimmtheit werden wir nie vollendet sehen. Nicht nur aus menschlicher Schwäche, sondern weil es widerspruchsvoll wäre, das Ordnen der einzelnen bedingten Erscheinungen jemals unbedingt abgeschlossen zu haben. — Sonach bleibt allezeit die Möglichkeit des Gedankens von Zielen und Mitteln. Es bedeutet aber, wie im Texte gesagt, die Eigenart der Wahl. Und es bleibt damit die Aufgabe, richtig zu wählen. Sie zeigt sich wiederum sowohl für die Zukunft, als auch für die Vergangenheit, wie in dem Gedanken der Reue klar ist. Daß unrichtig gewählt war, bleibt bestehen; und es steht als selbständige Erwägung neben der Frage des ursächlichen Gewordenseins. Wenn jemand einen Rechenfehler gemacht hat, so wird das arithmetische Ergebnis nicht dadurch richtig, daß man etwa den kausalen Werdegang bei dem Irrenden erkennt. S. des weiteren § 84. — Wie aber vereinigen sich die zwei verschiedenen Arten der Betrachtung wieder? Hierüber s. § 180: Das Suchen nach dem vollkommenen Abschluß.

[4] Binding Grundriß des deutschen Strafrechts, Allg. Teil (7) 1907 p. XI: *Wir nehmen guten Rat von jedermann, natürlich auch von seiten der Naturwissenschaften. Wir vergelten . . . mit dem guten: sich freizuhalten von dem Dünkel, als könnten die Naturwissenschaften je die Schlüssel zum Verständnis des menschlichen Seelenlebens geben . . .* — S. auch Hebbel Julia III 2: *O, unergründlich sind die Verschlingungen des Lebens! Die Bahnen der Menschen sind nicht die der Sterne.* — Jentsch Sozialauslese 1898.

[5] Nicht hierher zu stellen sind die Lehren der Technologie. Sie geben nur

Das Zweifeln und Fragen und Streiten, das unter den Beteiligten alsdann möglich ist, kann also nicht nach kausaler Erörterung erledigt werden, die den Gedanken der Wahl ausschlösse. Es hat die Betrachtung der menschlichen Bestrebungen nach der Methode finaler Erwägung, das ist: nach einer im einzelnen durchgeführten Ordnung des Reiches der Mittel und Zwecke, einzusetzen. So zeigte das vorhin angeführte Beispiel, daß wir zu einer klaren Überschau einer öffentlichen Sammlung und der dortigen Spendungen auf die weiten Satzungen des Rechtes zurückgehen müssen als einer Abteilung des menschlichen Wollens.

Es geht aber nicht an, die geistigen Erlebnisse, die es mit der Wahl unter möglichen Mitteln zu tun haben, einem unbeachteten und chaotischen Zustand zu überlassen. Neben den Fragen der ursächlichen Bestimmtheit wahrgenommener Erscheinungen erhebt sich die Aufgabe einer wissenschaftlichen Ordnung für den Inhalt des wollenden Bewußtseins [6].

II. Die Zweckwissenschaft

§ 28

Die wissenschaftliche Behandlung des Wollens

Die Anlässe zu einer auswählenden Entschließung sind unendlich zahlreich, der stofflich bedingte Inhalt des Bewußtseins ist im Quantum

---

die Erkenntnis kausal erwogener Naturvorgänge. Wenn sie in hypothetisch gefaßten Sätzen auftreten, so betrifft das nicht das Wesen ihres Inhaltes. Der Unterschied zwischen ihnen und dem Einsetzen des auswählenden Strebens liegt darin, daß bei ihnen der bestimmende Gegenstand selbst eindeutig bestimmt ist. Es ist in ihnen also garnichts anderes enthalten, als die Aussage über eine Wirkung, die auf eine Ursache erkanntermaßen folgt. — Dagegen bedeutet der Zweck, zu dessen Bewirkung Mittel jetzt ausgewählt werden, selbst wieder ein bedingtes Mittel für andere Ziele. Er ist also durch sein Bestehen keineswegs eindeutig festgelegt, sondern selbst wieder davon abhängig, ob er gerade für einen weiterstehenden Zweck als Mittel auszuwählen sei. Und so weiter im bedingten Fortgang der menschlichen Bestrebungen. — Daraus ergibt sich die Forderung nach einer eigenen und selbständigen wissenschaftlichen Bearbeitung für den Inhalt des jemals möglichen Wollens. Einmal im Sinne der begrifflichen Klärung der je denkbaren Möglichkeiten im Auftreten von Zwecken und Mitteln, und daraufhin einer überall deutlichen Durchleuchtung solcher in ihrem bedingten geschichtlichen Vorkommen. Sodann als Untersuchung ihrer Gesetzmäßigkeit, als dem idealen Blickpunkt einer unbedingten Harmonie unter ihnen (§ 29). A. M. Kelsen Hauptprobleme der Staatsrechtslehre entwickelt aus der Lehre vom Rechtssatze 1911 S. 58 ff. Dazu WR. Anm. 201.

[6] Das gilt ebensowohl von den bedingten Strebungen des Innenlebens, wie von der sozialen Ordnung. Insbesondere bietet die gesamte technische Jurisprudenz ein sprechendes Beispiel für die Notwendigkeit einer Wissenschaft von bedingten Zwecken. Wer den Begriff einer *Hypothek* überlegt, hat es weder mit einer *kausalen* Betrachtung oder irgendeinem Phänomen der *Naturgeschichte* zu tun, noch auch sofort und unvermittelt mit der Idee der Gesetzmäßigkeit des

unabgeschlossen [1]. Aber er läßt sich in allgemeine durchgreifende Klassen einteilen und dadurch methodisch beherrschen. Als eine dieser Klassen ist dann auch das rechtliche Wollen festzustellen [2].

Hiernach kommt es für eine Wissenschaft von den Zwecken und Mitteln in wesentlicher Weise nicht auf die Erkenntnis des natürlichen Werdens der Bestrebungen an [3]. Diese genetische Frage kann zur Er-

---

Wollens. Es gilt, zunächst einmal die sich hier sonst ergebende Lücke mit einer Logik der Zielstrebungen, und mit ergänzender psychologischer Erwägung auszufüllen. § 29 N. 4.

§ 28. [1] Für die Naturwissenschaft gilt der Grundsatz der Beharrlichkeit der Substanz: *Bei allem Wechsel der Erscheinungen beharrt die Substanz, und das Quantum derselben wird in der Natur weder vermehrt noch vermindert.* Kant Kritik der reinen Vernunft (2) S. 224. Dazu Cohen Kants Theorien der Erfahrung 1871 S. 217 ff.; (2) 1885 S. 441 ff.; Stadler Die Grundsätze der reinen Erkenntnistheorie in der Kantischen Philosophie 1876 (§ 15 N. 8) S. 83 ff.; Riehl Der philosophische Kritizismus (2) 1908, S. 547 ff. Es handelt sich hier um Wahrnehmungen veränderlicher Dinge, deren Wechsel nur auf der Grundlage eines Beharrlichen beobachtet und festgestellt werden kann. Für die wissenschaftliche Erwägung von Zweckinhalten haben wir hierfür weder Anlaß noch Berechtigung. Der Stoff des Begehrens kann nur als ein ungeordneter Drang der Menschen vorgestellt werden, für den man in dem unabgeschlossenen Lauf der Menschengeschichte eine quantitative Begrenzung nicht zu behaupten vermag.

[2] Gierke Die soziale Aufgabe des Privatrechtes 1889 S. 3 stellt den Satz auf: *Reiner Wissenschaft ist nur die Frage zugänglich, was ist, nicht die Frage, was sein soll.* Dem gegenüber ist zu betonen, daß das Wort *Sein* mehrfache Bedeutung hat. a) *Sein* = Dasein von Wahrnehmungen. Daß hierfür allein eine wissenschaftliche Bearbeitung, das ist: eine solche nach unbedingt einheitlicher Methode (§ 3 N. 7), möglich sei, kann nicht behauptet werden. Die Vereinheitlichung der äußeren Wahrnehmungen und die Vereinheitlichung unserer Gedankenwelt überhaupt ist nicht ein und dasselbe. Vgl. § 25 N. 1; § 27 N. 3. b) *Sein* = Dasein überhaupt, also sowohl von Wahrnehmungen, als auch von Zweckinhalten. Daß hier Naturwissenschaft und Zweckwissenschaft nebeneinander einzusetzen sind, dürfte nicht bestritten sein. Es ist der Kern der hier vorgetragenen Lehre. Auch kann nicht zugegeben werden, daß die Wissenschaft von den Wahrnehmungen einen Vorzug vor der Wissenschaft von dem Wollen besitze, etwa weil jene sich mit der *Wirklichkeit* befasse. S. § 98. Aber den Rang der Wissenschaft, worauf der Vorzug eines bestimmten Gedankens beruht, macht die einheitliche Ordnung als solche aus, und nicht der danach bestimmte Stoff. TR. I 6; VI 18; 21. c) *Sein* = Gesetzmäßigkeit. Es gibt ein *Sein* des Wahrnehmens und ein *Sein* des Wollens. Das gesetzmäßig gerichtete Wollen heißt ein Sollen (§ 80 N. 7). Dies ist also das gerade Gegenteil etwa von einem subjektiven Phantasieren oder von einem dunklen Empfinden ohne objektiven Sinn. Daß von diesem Sollen (= *Sein* des Wollens) eine wissenschaftliche Einsicht nicht möglich sei, ist nicht haltbar und *a priori* nicht zu beweisen. Vielmehr wird sich das Gegenteil sowohl für den Grundgedanken der Gesetzmäßigkeit eines Wollens, als auch für seine Anwendung in Einzelfällen dartun lassen. S. § 80. — Mezger Sein und Sollen im Recht 1920. Auch dieser Schrift fehlt die klare kritische Besinnung auf die Grundbegriffe, die sie in ihrem Titel nennt.

[3] Man mag versuchen, eine einzelne Willensäußerung auf Grund physiologischer Betrachtung in ihrem kausalen Werden zu erkennen. Aber das ist

gänzung herangezogen werden [4]. Diese grundlegende Erwägung ist jedoch auf die systematische Erkenntnis der Möglichkeit zu richten, durch deren bedingende Eigenart sich jeder Willensinhalt in kritisch gesicherter Weise bestimmen und richten läßt [5].

§ 29
Der Aufbau der Zweckwissenschaft

Der Begriff des Wollens wird durch die Gedankenrichtungen von Zweck und Mittel bestimmt. Seine wissenschaftliche Behandlung hat darum in erster Linie zu untersuchen, wie sich diese beiden Denkformen logischerweise überhaupt zueinander verhalten können. In was für verschiedener Art können Mittel und Zwecke bloß als solche in Beziehung gesetzt werden [1]?

---

etwas anderes, als die Erwägung der Tauglichkeit eines Mittels und als die einheitliche Ordnung der Zweckinhalte überhaupt. Nur in diesem Sinn steht eine Wahl zwischen den wissenschaftlichen Aufgaben offen, die den Gedanken des Wählens an sich betreffen. — S. auch Sombart Einleitende Bemerkungen zu einer Theorie des modernen Kapitalismus 1902, S. 26 f; RR. S. 611 f.; Adler Sombarts historische Sozialtheorie, Neue Zeit 21, 1, 487 ff.

[4] Über systematische und genetische Erwägung siehe § 22. — Die Zweckwissenschaft in dem hier angegebenen Sinn hat es also nicht etwa mit *wirkenden Ideen* zu tun. Sie ist nicht eine *Ideologie* und bleibt gänzlich außerhalb des gewohnten Gegensatzes, den man in der Betrachtung von *Ursachen* machen zu können glaubte: Verursachung durch materielle oder durch *ideelle* Faktoren. Im Sinne kritisch begründeter Wissenschaft gibt es *Ursachen* und *Wirkungen* nur unter räumlichen Erscheinungen (§ 25). Die Zweckwissenschaft hat es mit der Ordnung von Willensinhalten zu tun, zunächst mit deren Bestimmen nach festen Begriffen, nach denen sie sich allgemeingültig einteilen lassen, sodann mit deren Richten nach der Idee des reinen Wollens. — §§ 80 bes. N. 5; 83 N. 2.

[5] Die dabei einzusetzende Methode der Zweckwissenschaft ist von der der Naturwissenschaft deutlich zu trennen. Auch wo sie sich der gleichen Hilfsmittel bedienen, sind sie in ihrem Wesen verschieden. Z. B. hat es die Versicherungsmathematik stofflich mit sozialen Fragen zu tun, die Justizstatistik mit Rechtsverhältnissen. S. ferner TR. IV 8. — Der als Forscher und Lehrer angesehene Julius Kühn (1825—1911) versuchte eine Landwirtschaftswissenschaft in sachlicher Verschmelzung von angewandter Naturforschung und von Erzielung einer Rente auszubauen. Aber er fügte damit immer nur zwei souveräne Reiche in äußerer Personalunion zusammen, ohne eine einheitliche Zentralgewalt über ihnen zu begründen. Vgl. noch G. Müller Die Untersuchungen Julius Fröbels über die Methoden und die Systematik der Erdkunde und ihre Stellung im Entwicklungsgange der Geographie als Wissenschaft, Hall. Diss. 1908.

[1] Anstatt Zweckwissenschaft sagen viele *Geisteswissenschaft*. Aber auch die Naturwissenschaft ist ein Ergebnis des menschlichen Geistes, und die weiteren wissenschaftlichen Erwägungen haben nicht *den Geist* als solchen zum Gegenstand. Andere haben den Ausdruck *Kulturwissenschaft* gewählt. Doch heißt *Kultur* nichts anderes, denn Streben nach dem Richtigen, umfaßt also auch die Naturwissenschaft (§ 93 Nr. 4). Rickert Kulturwissenschaft und Naturwissenschaft (§ 97 N. 7). Biermann Das Telos in der Sozialwissenschaft, Beil. z. AllgZ. 1903, Nr. 56; Ders. Zur Methodenlehre der historischen und sozialen Wissenschaften, ebenda § 29.

Bei Prüfung dieser Möglichkeiten erhalten wir die Klassen des getrennten und des verbindenden Wollens. In ihnen stellen sich die Begriffe dar, von denen wir in der Gegenüberstellung der sittlichen und der sozialen Frage ausgehen (§ 31). Des weiteren ergeben sich die systematisch zerlegten Abteilungen des verbindenden Wollens, deren eine das rechtliche Wollen — im Unterschiede von der konventionalen Regel und von der willkürlichen Gewalt — abgibt [2].

Wenn diese Klassen des Wollens also begreiflich bestimmt sind, so haben wir sie des weiteren in ihrem Inhalte grundsätzlich zu beurteilen. Sie unterstehen der Gesetzmäßigkeit des Wollens überhaupt, die eine unbedingte Harmonie unter allen jemals möglichen Bestrebungen besagt. Danach lassen sich die nach Artmerkmalen eingeteilten Willensinhalte allgemeingültig richten und leiten und jeweils als richtig behaupten oder verneinen [3].

Diese zweite Aufgabe der Zweckwissenschaft bauen wir sonach nicht auf der Erforschung der Natur und im unmittelbaren Gegensatz zu ihr auf, sondern verfolgen sie auf dem Grunde der Betrachtung von Zwecken und Mitteln überhaupt und auf der bedingten Verwertung dieser Ordnungsprinzipien. Wir ergreifen die Tatsache des Wollens in Beziehungen, die nicht in eindeutigem Werden kausal bestimmt sind, und haben zunächst dem Auftreten des Wählens im Leben der Menschen nachzugehen, indem wir die unendlichen Verschlingungen der begrenzten Zielbestrebungen und die unabgeschlossenen Möglichkeiten in der Wahl der Mittel in das Auge fassen. So klassifizieren wir zuvörderst das bunte Getriebe des menschlichen Sehnens und Wollens [4]. Es sind die verschie-

---

Nr. 143 (s. auch oben § 26 N. 4). Müller-Eisert Rechtswissenschaft und Kulturwissenschaft 1917. Görland Neubegründung der Ethik aus ihrem Verhältnis zu den besonderen Gemeinschaftswissenschaften, Vortr. d. Kant-Ges. 1918.

[2] S. §§ 30; 36; 41; 47. — Die oben im Texte (§ 29) gegebene Darstellung bedeutet nur eine vorläufige Übersicht.

[3] Die Einteilung des Gebietes des Wollens in Moral, Konvention, Willkür und Recht durchschneidet es in anderer Richtung, als die Frage nach der grundsätzlichen Richtigkeit seines Inhaltes. S. § 2.

[4] Wenn man fragt, wie sich das dingliche Recht des Nießbrauchs zu dem nur schuldrechtlichen Pachtvertrage verhält, der Erbe zu dem Übernehmer eines Vermögens unter Lebenden, der Diebstahl zu der Unterschlagung, das Gesetz zu der Verordnung usf., so kommt man bei der kritischen Analyse weder auf das Kausalitätsgesetz, noch auch auf den kategorischen Imperativ. Keines dieser beiden grundlegenden Ordnungsprinzipien dient zur Klarstellung jener Begriffe in ihrem Verhältnisse zueinander. S. § 27 N. 6. Es ist aber nötig, hierüber klar zu sein und zunächst einmal diese begrifflichen Vorstellungen in bewußter kritischer Methode zu bestimmen, ehe man an die sachliche Begründung der einen oder der andern, deutlich unterschiedenen Einrichtungen herangeht. Mehr als das. Wenn der Gedanke des Rechtes überhaupt mit Nutzen erörtert werden soll, so ist doch von der elementaren Betrachtung auszugehen, daß das rechtliche Wollen nur ein Teil des menschlichen Wollens überhaupt ist. Wir brauchen also die Erkenntnis des Unterschiedes zu anderen, neben

denen Arten begrifflich klarzustellen; in denen ein bedingtes Wollen jemals auftreten kann, und in denen es sich in jedem Einzelfall jeweils restlos verwirklicht [5]. Unterläßt man das und wendet sich, gegenüber der wahrnehmenden Erfahrung, sofort und unvermittelt der Erörterung einer allgemeingültigen Gesetzmäßigkeit des menschlichen Strebens zu, so verheißt das geringen Erfolg für die praktische Bewährung der idealen Aufgabe dieser grundsätzlichen Einsicht [6].

§ 30

Das Recht: eine Art des Wollens

Der Gedanke des Rechtes bedeutet eine Art des Wollens [1].

Das Recht ist kein Körper. Es besagt auch nicht eine Denkform, um räumliche Erscheinungen wissenschaftlich zu erkennen. Endlich liegt in

---

ihm stehenden Begriffen, z. B. dem der konventionalen Sitte. Auch dieser Unterschied muß kategorial, nach logisch bedingenden Denkformen, festgestellt werden, ist hier aber noch nicht ideal, unter Bezugnahme auf das Grundgesetz des Wollens, zu richten. A. M. Cohen, Ethik des reinen Willens 1904, (2) 1907, — der allerdings selbst niemals eine deutliche Angabe darüber macht, was er nun eigentlich unter *Recht* versteht, und wie es sich von anderen Arten des menschlichen Wollens unterscheidet. Über den Trugschluß Cohens bei der Begründung der Richtigkeit eines gegebenen Rechtsinhaltes gegenüber der inneren Lauterkeit siehe unten § 85 N. 6. — Natorp Recht und Sittlichkeit, Kant-Studien 18, 1 ff.

[5] Wir nehmen also das Wollen nicht als eine Kategorie der Wahrnehmung auf, sondern in Selbständigkeit neben der letzteren. Wohl aber ist es zunächst, ehe man an seine ideale Aufgabe herantreten kann, in kategorialer Weise zu bearbeiten, das heißt: auf seine eigenen Kategorien hin zu untersuchen (§ 26 N. 3). — H. Ehrenberg Kants Kategorientafel und der systematische Begriff der Philosophie, Kant-Studien 14, 392. — S. auch §§ 26 N. 2 u. 4; 76 N. 1.

[6] Die praktische Bewährung dieser idealen Aufgabe ist selbstredend an die typischen Möglichkeiten gebunden, in die das Wollen zerfällt. Das zeigt sich besonders deutlich bei unserer Aufgabe, den Begriff *des Rechtes* gegenüber den anderen Klassen der Zweckverfolgung nach festen Artmerkmalen herauszuarbeiten, sein Auftreten in bedingten Strebungen zu verfolgen und eine methodische Lehre des juristischen Denkens zu geben. Vernachlässigt man diese begriffliche Erkenntnis, als ersten Teil der Zweckwissenschaft, so wird auch die Verfolgung der idealen Aufgabe der Gerechtigkeit in besonders gegebener Lage nimmermehr sich ausreichend und durchgreifend erfüllen lassen. Vgl. damit § 106. — Kant nahm vorübergehend in der *Kritik der praktischen Vernunft* auf *die hypothetischen* Imperative bezug, verließ das Thema aber dann wieder. (S. dazu Stange, Kant-Studien 4, 232.) § 79 N. 6. Er stellte das Problem der *Freiheit* dahin in Frage, daß sie das Merkmal des guten Wollens sei. Aber der kausalen Naturbetrachtung gegenüber ist der Gedanke von dem schlechten Wollen genau ebenso problematisch: es kommt entscheidend darauf an, daß es ein Wollen ist und dem Gedanken der Wahl dient. Vgl. § 31 N. 1. — WR. §§ 63 ff. TR. I 7. — S. auch unten § 80.

[1] Mit dem Satze des Textes ist nicht gesagt, daß das Wollen der stofflich bedingte Bestandteil, das Rechtliche dagegen die Form des Rechtsbegriffes sei. Die es so auffassende Meinung Binders (§ 18 N. 12) S. 26 u. 58 bedeutet einen vollendeten Irrtum. Sie übersieht, daß das Wort *Wollen* in der § 30.

seiner Vorstellung nicht etwa eine Idee, die auf das Ganze der natürlichen Erfahrung ginge und nun eine Anleitung für die Naturforschung geben würde [2].

---

von der kritischen Rechtstheorie gebrauchten Weise nicht eine Empfindung oder eine Kraft bezeichnet (§ 26 zu N. 1 ff.; vgl. § 76 N. 1), sondern ein Ausdruck ist für eine unbedingt einheitliche Art, besondere Vorkommnisse logisch zu ordnen. TR. (2) S. 18 f.; 20; 44; 371. Das Wollen in diesem Sinne ist eine reine Methode des Ordnens, nämlich das logische Verfahren, Veränderungen nach den bedingenden Grundgedanken von Zweck und Mittel zu bestimmen. Der psychologische Untergrund, auf den eine Rückführung des erkenntniskritisch eingesehenen Gedankens vom Wollen ergänzend geschehen kann (§§ 73 ff.), bleibt an dieser jetzigen Stelle der Erörterung außer Betracht. Jetzt handelt es sich bei dem Ausdrucke des Wollens um eine Bezeichnung des Gedankens, der das logische Verfahren des Ordnens von Einzelerlebnissen als solches ist. Daß unter dem Oberbegriff des reinen Ordnungsprinzips, das wir Wollen nennen, nun verschiedene Arten vorkommen, von denen die eine gerade die rechtliche Weise jenes allgemeingültigen logischen Ordnens abgibt, kann keine Schwierigkeit bereiten. Den Stoff eines so bestimmt geordneten Geschehens bildet aber nicht der Umstand, daß dieses Geschehen überhaupt nach Zwecken und Mitteln geordnet wird, einen solchen Stoff bildet vielmehr das jeweilige begrenzte Begehren, das nun in kritischer Erwägung nach jener reinen Art des Ordnens, die wir soeben wiederholt beschrieben und einteilten, formal bestimmt erscheint. Vgl. § 94 N. 3. — Trotz vorstehender Klarstellung wiederholt Binder 1924 S. 123 ff., bes. S. 132: *Das Wollen im Sinne Stammlers ist ein psychologischer Vorgang*, es sei ein *empirischer Allgemeinbegriff*. Aber er führt damit zwei beurteilende Merkmale ein, nämlich *psychologisch* und *empirisch*, die der ausdenkenden Klärung noch bedürfen und ohne das hohle Schlagwörter bleiben. Nun besagt *empirisch* eine sinnlich empfindbare Besonderheit, die bloß als ein bedingtes Erlebnis, in seiner Begrenztheit, besteht. Daß im Gegensatz hierzu die allgemeingültige methodische Möglichkeit des Ordnens der Gedanken entweder nach Ursachen und Wirkungen oder aber nach Zwecken und Mitteln für sich von sinnlich empfindbaren Vorkommnissen gerade nicht abhängig ist, vielmehr sie alle beherrscht, das steht außer Zweifel; und wie Binder das Hervorheben jener zweifachen Möglichkeit als *empirisch*, also als eine sinnlich empfindbare Begrenztheit, bezeichnen kann, ist nicht verständlich (vgl. auch § 115 N. 4). *Psychologisch* aber heißt die Verknüpfung eines Gedankeninhaltes mit einem bestimmten Subjekt (§ 73). Unsere Gegenüberstellung der kausalen und der finalen Methode hat mit einer solchen Verbindung um so weniger zu tun, als wir ja überhaupt für unsere kritische Grundlegung das Suchen nach einem bestimmten Träger des Geisteslebens ablehnen und beiseite lassen (§ 5 N. 2). Daß über den Gebrauch des Wortes *Wollen* terminologisch *sich trefflich streiten läßt*, mag sein; weiter aber nichts. In der Sache kommt es darauf an, daß man sich den Unterschied der erkenntniskritischen Erwägung und der psychologischen Betrachtung klar und deutlich mache und danach einsehe: daß wir uns mit unserem Herausarbeiten des Rechtsbegriffes ausschließlich auf erkenntniskritischem Wege befinden.

[2] Beispiel: Der Inhalt eines Rechtssatzes und derjenige des Fallgesetzes kommen niemals in einer anderen Einheit zusammen, als in dem Schlußgedanken des einheitlichen Ordnens des Bewußtseins überhaupt. Jener erste ist immer und notwendig etwas anderes, als eine Zusammenziehung von Wahrnehmungen nach Ursachen und Wirkungen, er geht unvermeidlich auf ein zu bewirkendes Ziel.

Es befindet sich vielmehr der Begriff der *Rechtlichen* in dem Bereiche der Gedankenwelt, die wir als das Wollen kennen [3].

Man darf nicht sagen, daß das Recht ein *Produkt* des Wollens wäre, oder: daß es, das Recht, durch den Zweck *geschaffen* würde. Es ist an dieser Stelle überhaupt nicht von der Herkunft *des Rechtes* die Rede, denn das setzt ja die einheitliche Vorstellung *Recht* logischerweise bereits voraus. Und wir fragen hier, aus gleichem Grunde, nicht etwa nach einem Wollenden, der *das Recht* nun in die Welt gebracht hätte oder veränderte. — Recht und Wollen sind nicht im Verhältnis des Geschöpfes und des Schöpfers zu nehmen, sondern jenes besagt einen Teil des letzteren [4].

Die damit geforderte Zerlegung darf nun nicht nach einem begrenzten Inhalte des Strebens geschehen. Wenn man nach den einzelnen vom Rechte zu verfolgenden Zwecken fragt, so bleibt das eine zufällige Beschreibung ohne allgemeingültige Bedeutung. Eine solche kommt aber dem Rechtsbegriffe gerade deshalb zu, weil sich zeigen läßt, daß er einer einheitlich bedingenden Art und Weise entspricht, in der Zwecke und Mittel an und für sich, d. h.: ohne alle Rücksicht auf die Besonderheiten ihres Inhaltes, zueinander in Beziehung gesetzt werden können [5].

---

3 Wenn jemand einen *rechtlichen* Anspruch erhebt, so nimmt er nicht etwas wahr, sondern will etwas; wer einen *Rechtssatz* erläßt, der behauptet nicht eine Tatsache der Erfahrung, er verfolgt Zwecke; und falls wir den Inhalt einer *Rechtsordnung* betrachten, so sehen wir dort nicht körperliche Erscheinungen der Natur, sondern einen Inhalt von menschlichem Wollen. TR. S. 69, (2) 42. — Stark Die Analyse des Rechts. Eine Beschreibung der Rechtsdinge auf Grund der Psychophysiologie des Organismus, 1916; darüber sehr treffend Sauer, ZSTW. 38, 700 ff. — Affolter Naturgesetze und Rechtsgesetze 1904. — Über andere Versuche naturwissenschaftlicher Betrachtung des Rechts und des sozialen Lebens s. §§ 35; 118; auch 17; 147; 169.

4 Anhänger der historischen Rechtsschule haben zuweilen eine abweichende Ansicht geäußert. So sagt Puchta Pandekten (11) 1872 § 10: *Das Recht ist eine gemeinsame Überzeugung der in rechtlicher Gemeinschaft Stehenden.* Das hing mit der eigentümlichen Annahme zusammen, daß das Recht nicht ein Werk von Menschen, sondern das einer *Volksseele*, als einer selbständig bestehenden und herrschenden Größe sei (§ 16). Der *Volksgeist* erwecke in den unter ihm stehenden Menschen gewisse gemeinsame Überzeugungen; wenn solche sich auf *das Recht* bezögen, so sei sie, die Überzeugung, eben das Recht. — Es ist klar, daß das ein Zirkelschluß ist. Der zu kennzeichnende Begriff *des Rechtes* ist dabei vorausgesetzt. Der Hinweis auf *eine Überzeugung* läßt das unverbesserlich. Wenn sie *gemeinsam* sein soll, so hilft das auch nicht zur Feststellung des bedingenden Merkmals des gesuchten Begriffes. *Überzeugung* ist die Annahme, daß ein Gedankeninhalt notwendig sei, wenn er in seiner Besonderheit mit einer grundlegenden Einheit zusammenstimmen soll. Das kann sich auf jeden Inhalt des Bewußtseins beziehen. Das bestimmende Kriterium und die methodische Abgrenzung des Gedankens, auf den sich eine *Überzeugung*, vielleicht auch eine *gemeinsame* bezieht, bleibt danach ungelöst. — Bekker Das Recht als Menschenwerk und seine Grundlagen 1912. Über Jhering s. § 18 N. 10.

5 Spinoza (1632—1677) versuchte es in besonders bemerkenswerter Weise

Dritter Abschnitt

Das Verbinden

I. Die sittliche Frage

§ 31
Grundlegende Einteilung des Wollens

Wir unterscheiden die Begriffe *sittlich* und *sozial* und stellen sie einander gegenüber. Beide haben es gemeinsam mit dem menschlichen Wollen zu tun. Folglich bedarf es eines bedingenden Merkmales, durch das sich die zwei genannten Begriffe abteilen lassen [1].

---

das Recht als einen Teil der Natur zu nehmen. In *Tractatus theologico-politicus* c. 16 (auch *Ethica* lib. IV) wollte er seinen Grundgedanken durchführen, wonach alle Dinge nur Arten (*modi*) einer einzigen naturgesetzlichen Einheit — der *Substanz* — seien. Diese sei *id, quod in se est et per se concipitur, hoc est id, cuius conceptus non indiget conceptu alterius rei, a quo formari debet*. Zu jenen *modi* gehören auch die Menschen. Ein Naturrecht sei unter ihnen nur möglich im Sinne des Naturgesetzes; es besteht (nach oft zitiertem Ausspruch) auch für die Fische, mit der Berechtigung der größeren, die kleinen zu fressen. — Danach hätte SPINOZA eine eigene Zweckbetrachtung und eine Zuteilung der rechtlichen Erörterungen zu ihr völlig verneinen müssen. Statt dessen bricht sich die methodische Selbständigkeit des Wollens und Wählens auch bei ihm mit einer gewissen elementaren Stärke Bahn. Er führt aus, daß es für die Menschen *nützlicher* sei, nach den Gesetzen ihrer Vernunft zu leben; — daß man im Staate das kleinere Übel im Vergleiche zur Anarchie zu sehen habe; — daß der Staat ein angemessenes Mittel zur Erreichung der natürlichen Bestimmung des Menschen sei, und daher mit Fug nach dem *optimus rei publicae status* gefragt werde. — Auch wenn die dogmatische Unterlage im System des SPINOZA nicht unbewiesen und unbeweisbar wäre, so würde es in unserer Frage daran scheitern, daß es in seine Grundabsicht einen unlösbaren Widerspruch hineinbringt. RSt. § 5. — SCHMAUSS § 28. WARNKÖNIG S. 49. ROSSBACH S 220 ff. HINRICHS I S. 186 ff. STAHL I S. 105 ff. GEYER S. 42 f. AHRENS I S. 100 f. ZÖPEL S. 19 ff. BLUNTSCHLI S. 129 ff. FRANCK (§ 14 N. 1) S. 410 ff. LASSON S. 89 ff. STINTZING III S. 10 f. — TULLIO Il concetto del diritto nella dottrina di Spinoza, Neapel 1881. KRIEGSMANN Die Rechts- und Staatstheorie des Spinoza 1878. WORM Spinozas Naturrecht, Arch. f. Gesch. der Philos. 17, 500. Dazu WR. Anm. 185. — ÜBERWEG III § 16. VORLÄNDER II § 11. LIEBERT Kritische Philosophie (§ 125 N. 3) S. 198 f.; 214. Spinoza-Heft der Kant-Studien 32. Bd. 1. H. 1927.

§ 31. [1] GENGEL Die Begriffe des Sittlichen und des Rechts 1893. GIERKE Recht und Sittlichkeit, Logos 6, 211 ff. LAUTERBURG Recht und Sittlichkeit, Rede, Bern 1918. HUBER (§ 6 N. 1) S. 61 ff. MAUSBACH Ethik und Recht, ArchRPhilos. 16, 74 ff. BURCKHARDT Über das Verhältnis von Recht und Sittlichkeit, Schweiz. ZStrafr. 35, 1 ff. (1922). POUND Law and Morals, Univ. North Carolina Press 1924. LAUN Recht und Sittlichkeit, Rede, 1925, (2) 1927. S. auch die § 15 N. 21 genannte Literatur. — KANT teilt die *Metaphysik der Sitten* in die zwei Teile: Rechtslehre und Tugendlehre, gelangt aber dabei nicht zu einer begrifflichen Scheidung. Soweit eine solche in dem Hinweise auf die Triebfeder liegen sollte, so daß das Sittliche der Idee der Freiheit zu entnehmen wäre, während das Recht-

Das Merkmal kann nicht etwa in der Güte oder der Schlechtigkeit eines jeweils gesetzten Willensinhaltes liegen. Diese Unterscheidung gilt vielmehr für sie beide gleichmäßig: es gibt auch schlechte *Moral* und gutes *soziales* Wollen und umgekehrt. Im ersten Falle entspricht der gegebene Zustand restlos dem Begriffe *sittlich*, ist aber nicht geleitet von der Idee des guten Wollens überhaupt; im anderen Falle ist ebenso zwischen dem Begriffe *sozial* und zwischen jener richtenden Idee zu scheiden [2].

Die hier gesuchte allgemeine Zerlegung des Wollens läßt sich nur dadurch gewinnen, daß man zum ersten das Wollen eines Menschen betrachtet, den man als Einheit getrennt für sich nimmt, und zum zweiten es erwägt in seinen Beziehungen zum Wollen anderer. Durch das letzte entsteht eine eigene grundlegende Art des Wollens: das verbindende Wollen.

Ein verbindendes Wollen ist also ein solches, das ein mehreres Wollen als Mittel für einander bestimmt. Das, was der eine will, nimmt zu seinem Mittel ein anderes Wollen, und diesem wird wiederum jener erste Willensinhalt als Mittel gestellt [3].

Damit wird eine besondere Beschaffenheit des Setzens von Zwecken entscheidend angegeben, die das damit versehene Wollen formal bestimmt. Das verbindende Wollen ist also etwas anderes, als eine Summe von Zwecksetzungen gleichen Inhaltes [4].

Es scheidet sich deutlich in seinem Auftreten von den Willensinhalten der durch es verbundenen Menschen. Es entstehen dabei mindestens drei Willensinhalte, von denen die verbundenen unter sich der Art nach gleich sind, während das verbindende Wollen als ein solches ge-

---

liche äußerlich bliebe (Einl. III), setzt es zu spät ein. Die Idee der Freiheit kann sich auf alles menschliche Wollen beziehen oder von ihm verfehlt werden; sie gibt den Begriff der Gesetzmäßigkeit und damit die Möglichkeit eines richtigen Wollens überhaupt. Die Einteilung des Wollens in verschiedene Arten wird davon gar nicht berührt. (§ 29 N. 6, auch N. 4.)

[2] Darum ist es auch möglich, zwischen mehreren Moralsystemen einen Vergleich zu ziehen und das eine für besser und vollkommener zu halten, als das andere. Denn dem Begriffe *sittlich* entsprechen sie alle restlos, auch wenn sie in ihrer Besonderheit weniger gut, d. h. nicht ausreichend von der Idee des *Guten* geleitet sind. S. auch § 33.

[3] In diesen Gedanken werden wir uns im Fortgange dieser Studien immer fester und sicherer einleben. Alle rechtliche Erwägung beruht darauf (§ 36). Hier sei ein Beispiel aus der Lehrtätigkeit und Erziehungsfrage beigebracht. Die Zwecke des Lehrers sind Ausbreitung von Kenntnissen und Hebung des geistigen Standes der Menschheit, — die Zwecke des Schülers sind Hebung seiner selbst in geistiger Hinsicht, nach eigenem oder seiner Vertreter Entschluß. Nun werden jedes Zwecke als Mittel für den andern gesetzt.

[4] Eine eigenartige Aufstellung eines *Gesamtwillens* bei Wundt (§ 9 N. 3) S. 302 ff. Dazu Binder, Kant-Studien 23, 456 ff. Unten § 75 N. 3. Vgl. auch Somlo (§ 18 N. 13) S. 232 ff.

dacht wird, das über ihnen bestimmend steht. Wer freilich das Subjekt ist, das ein formal so geartetes Wollen im einzelnen Falle hegt und durchführt, das ist für die Begriffsbestimmung des verbindenden Wollens völlig gleichgültig [5].

Unter allen Umständen aber wird bei dieser grundlegenden Einteilung des Wollens nichts vorausgesetzt, als die Tatsache des Bestehens mehrerer Träger des wollenden Bewußtseins und die Möglichkeit des Ordnens dieses letzteren überhaupt [6].

§ 32
Das Innenleben

Das Innenleben des Menschen umfaßt seine gesamte Gedankenwelt. Es enthält die Betrachtung, die ein jeder der ihn umgebenden Natur widmet und erfüllt sich in einem Gesamtbilde für alle seine Erfahrung. Darum gehört auch vor allem sein religiöses Empfinden und das Verhältnis zu seinem Gott dem Innern eines jeden für sich an [1].

In unserem Zusammenhange haben wir dem Innenleben eine besondere Aufmerksamkeit zu schenken, soweit es die wünschenden Gedanken zum Gegenstande hat. Sie bilden eine eigene Welt. Ihr stetig wandelndes Getriebe stellt dem Menschen die Aufgabe, sie einheitlich zu bestimmen, damit er sie beherrsche und durch ihre Ordnung wiederum seinen eigenen Halt gewinne (§ 86).

Das Innenleben hat zum bedingenden Merkmal die Einheit des einzelnen Menschen, während das gesellschaftliche Dasein seine begriffliche Bestimmung in der Verbindung ihrer Zwecke findet. Es handelt sich somit hier nicht um eine Einteilung stofflich be-

---

[5] S. § 101: Der Träger des gemeinschaftlichen Wollens.

[6] Das Verbundensein der Menschen, das uns in dem Begriffe der Gesellschaft entgegentritt, ist also nicht als eine notwendig verursachte Wirkung, im Sinne naturwissenschaftlicher Kausalerklärung zu denken, sondern als ein Verbinden ihrer Zwecke. WR. bes. §§ 17; 19; vgl. das § 22, bes. Anm. 72 f.; u. 100; TR. I 9. Es ist jedoch auch kein adäquater Ausdruck der im Texte dargelegten Lehre, wenn man sie als eine *Vertragstheorie* (§ 69 N. 1) nehmen will. NATORP (§ 29 N. 4) S. 50. Es handelt sich nicht um die Beschreibung wirklicher Vorgänge, sondern um Herausarbeiten der reinen Formen des Ordnens. Die Zerteilung der Zweckbetrachtung in das getrennte und das verbindende Wollen ist eine Überlegung der Möglichkeiten, in denen die Gedanken von Zwecken und Mitteln überhaupt miteinander stehen können, ohne irgendwie empirisch zu werden, d. h. ohne irgendeinen begrenzten Gegenstand des Begehrens gerade zu bestimmen. In dem Herausheben dieser zwei Möglichkeiten abgezogener Art, dem Beharren der Zwecke in einer und derselben Reihe, wie sie sich in der Einheit des Menschen darstellt (§ 32), und in ihrer Verbindung als Mittel füreinander, liegt das erkenntniskritische Recht, sie als alleinige Möglichkeiten bei dem Erwägen des Systems reiner Formen einzustellen. Vgl. § 115 N. 4.

§ 32. [1] A. M. GÖRLAND Ethik als Kritik der Weltgeschichte 1914 (s. auch § 29 N. 1), der ein Wollen überhaupt nur in der Gemeinschaft anerkennen will.

dingter Gegenstände, sondern um die Verschiedenheit des formalen Merkmales für ein besonderes Begehren.

Jeder Zweck ist zugleich ein Mittel und jedes besondere Mittel hatte auch schon die Eigenart eines Zieles, so daß sie alle in einer geraden, unabgeschlossenen Linie vorgestellt werden können. Es ist aber auch möglich, daß die Zwecke in zwei oder mehr Linien nebeneinander stehen und nun als Mittel füreinander wechselseitig verbunden werden[2].

Mit dieser kritisch begründeten Unterscheidung des getrennten und des verbindenden Wollens deckt sich nun die Gegenüberstellung des Innenlebens und des Zusammenlebens nicht ganz, denn auch im Bereiche der im Innern gebliebenen Wünsche kann die Vorstellung zu einem möglichen Zusammenleben wiedergegeben sein. Es ist möglich, daß sich die Gedanken des *inwendigen* Menschen auf Sinnen und Sehnen getrennt für sich selbst, wie auf das Verhältnis zum Nebenmenschen richten. Jenes erste würde in der strengsten Art logischer Bestimmtheit allein dem getrennten Wollen entsprechen[3]. Aber es sind doch auch im anderen Falle, da sich die inneren Wünsche auf ein bestimmtes Verhältnis zu andern richtet, ohne daß es zur tatkräftigen Weise eines äußeren Vorgehens sich schon entwickelt hat, doch eben die eigenen Gedanken, die der, der sie hegt, mit begreifendem Verschmelzen in die Einheit seines Innenlebens einfügt. So ist es für die praktische Durchführung zweckmäßig, alles dem Einzelnen nur in seinem Innern verbleibenden Begehren einheitlich zusammenzufassen, obgleich wir auch hierbei das getrennte und das verbindende Wollen je nach den Reihen der Zwecksetzung kritisch deutlich unterscheiden mögen[4].

---

[2] Wenn A. das Ziel hat, die Sache X. zu erwerben, so nimmt B., der Besitzer von X., jenes Ziel als Mittel zu seinem Zweck, Geld zu erhalten; und wechselseitig umgekehrt. Hierdurch besteht eine eigenartige Weise des logischen Bestimmens von Begehrungen überhaupt, welche reine Form des Ordnens von Gedanken aber das verbindende Wollen heißt.

[3] Es liegt beispielsweise vor, wenn jemand über sein körperliches Befinden, im Behagen oder im Schmerze, nachdenkt; oder falls er in eifrigem Arbeiten und Forschen für sich befaßt ist und dafür die rechten Mittel und Wege überlegt; es ist aber auch da, sobald das Gewissen ihm schlägt, wenn er über sich und seinen Charakter sich klar wird. Anders, im Falle einer den Plan faßt, den andern verbrecherisch zu überfallen, oder er sich entschließt, am nächsten Tage ein Geschäft abzuschließen. Hier richtet sich Wunsch und Wille des Überlegenden auf ein soziales Vorgehen, während ihre praktische Behandlung, wie im Texte gesagt, besser in der logischen Zerteilung von Innenleben und Zusammenleben durchgeführt wird.

[4] Die besprochene Unterscheidung ist mit stärkster Betonung in der Bergpredigt (Matth. 5, 21 ff.) zur Grundlage der Lehre genommen. Dort sind von den Geboten des Dekaloges, der eine soziale Bedeutung hat, nur zwei behandelt. Die übrigen lassen sich nach diesem Vorbilde in gleicher Weise erörtern. STAUDINGER Die zehn Gebote im Lichte moderner Ethik, Vortrag 1902. S. § 85. Dabei kommt für die begriffliche Unterscheidung, die hier in Frage steht, nichts darauf an, ob es sich um ein soziales Unrecht handelt, daß jetzt nur in Gedanken blieb, oder um ein sozial berechtigtes Tun, das sittlich bedenklich ist, z. B. den Plan, auf

Endlich kommt es für die begriffliche Abgrenzung des Innenlebens nicht darauf an, ob dem Begehrenden Mittel zur Verfügung stehen, um das ersehnte Ziel in der Außenwelt zu erreichen. Wenn solche äußeren Mittel fehlen, so nennen wir das Verlangen nach dem Gegenstande, der als ein zu bewirkender vorgestellt wird, einen Wunsch im engeren Sinne.

Auch er unterliegt der vorhin genannten Aufgabe: Einheit und Ordnung in unserer Gedankenwelt zu erstreben. Denn es ist wohl zu beachten, daß es sich bei dem Wünschen nur um das Fehlen äußerer Mittel handelt, dagegen keineswegs um das Fehlen von Mitteln überhaupt. Solche Mittel stehen vielmehr auch dem nur Wünschenden zur Verfügung, nämlich das Bearbeiten seiner Gedanken in eigenem Entschlusse. Dieses Ziel kann durch die Auswahl der richtigen Wünsche, die jene falschen bekämpfen, verfolgt und erreicht werden [5].

§ 33
Mehrdeutigkeit des Wortes *sittlich*

Der Begriff *sittlich* unterscheidet sich von dem Begriffe *sozial* durch das oben (§ 31) hervorgehobene Merkmal: daß jenes in dem Innenleben des Menschen, also als getrenntes Wollen, besteht, während das andere auf das Zusammenleben mehrerer abzielt, mithin ein verbindendes Wollen ist. Ein anderes bedingendes Kennzeichen ist für den Unterschied der beiden Begriffe weder ersichtlich, noch jemals angegeben worden [1].

Erst innerhalb eines jeden, also begrifflich bestimmten, Gebietes macht sich dann ein weiterer Unterschied geltend, je nachdem der dort gerade auftretende Inhalt nach der Idee des guten Wollens geleitet ist oder nicht. Diese mögliche Verschiedenheit ergreift die beiden, vorhin abgeteilten Klassen des *sittlichen* und des *sozialen* Wollens in gleicher Weise. Sobald man namentlich verschiedene *sittliche* Lehren auf ihre Güte miteinander vergleicht und verschieden beurteilt, so entsprechen sie doch

---

redliche Weise Geld zu verdienen zum höchsten Gesetz seines Strebens machen, oder endlich, ob es den vereinzelten Menschen der Natur gegenüber alle Selbstbeherrschung verlieren läßt. S. auch §§ 85; 99.

[5] Bei dem Wunsche, als dem Wollen ohne äußere Mittel, kann es sein, daß diese entweder überhaupt nicht ersichtlich sind oder, daß sie an sich da wären, aber von dem Wünschenden nicht in Bewegung gesetzt werden. TR. I 10. Binding (§ 18, N. 5) Normen II S. 301 ff.; 815 f.

§ 33. [1] Andererseits ist wohl noch niemals geleugnet worden, daß überhaupt ein begrifflicher Unterschied zwischen *sittlicher* und *sozialer* Betrachtung bestehe. — Sehr unklar ist auch in dieser Hinsicht die Lehre des Materialismus mit ihrer naiven Frage, ob *das Sittliche* ein Erbteil *von unseren Tierahnen* sei oder nicht; Neue Zeit 25, 1, 154; 213. S. unten § 35 N. 5. — Frederichs Über das realistische Prinzip der Autorität als der Grundlage des Rechts und der Moral 1882 (§ 49 N. 2). Rappoport Die soziale Frage und die Ethik (2) 1895. Woltmann System des moralischen Bewußtseins 1898.

alle dem Begriffe *sittlich* und lassen dessen Gegenüberstellung zu einem *sozialen* Wollen ganz unberührt [2].

Wenn hierüber gelegentlich Unsicherheit und Zweifel entstanden sind, so kommt dies daher, daß das Wort *sittlich* außer dem genannten Gegensatze zu *sozial* auch noch die weitere Bedeutung von *richtig* — mit dem Gegensatze zu *verwerflich* — zugewiesen erhalten hat [3].

In dieser anderen Bedeutung des Wortes *sittlich* wird es in vierfach verschiedener Weise verwendet:

a) Für alles begründete Wollen, ohne weitere Unterscheidung, z. B. die *sittlichen* Kräfte in einem Volke [4].

b) Für die Güte des Charakters im Innenleben, z. B. die *Unsittlichkeit* des Neides, des pharisäischen Hochmutes [5].

c) Für ein richtiges soziales Wollen, z. B. Schenkungen, die einer *sittlichen Pflicht* entsprechen [6].

d) Für Korrektheit in geschlechtlichen Dingen z. B. Verbrechen wider *die Sittlichkeit* [7].

Der Sprachgebrauch, der sich hier eingenistet hat, ist sehr ungünstig. Es ist klar, daß es danach ein *unsittliches sittliches* Wollen und ein *sittliches sittliches* Wollen geben kann. Das *sittliche* Wollen, das im Gegensatze zu dem sozialen Wollen steht, kann mehr oder weniger *sittlich* = grundsätzlich richtig sein, braucht sich aber mit diesem letzteren nicht zu decken [8].

---

[2] S. hierzu §§ 31; 85.

[3] REHMKE nimmt eine dreifache Bedeutung des Wortes *sittlich* an: kluges Handeln, Pflichthandeln, selbstloses Handeln. S. seinen Vortrag: Ethik als Wissenschaft 1920.

[4] So ZIEGLER Die soziale Frage eine sittliche Frage (5) 1895; dem allerdings STAUDINGER, Philos. Monatsh. 29, 30 ff. gegenüberstellte: Die sittliche Frage eine soziale Frage.

[5] S. hierzu § 86: Die innere Lauterkeit.

[6] Unten § 158; vgl. § 117. Hier bildet die sittliche Pflicht den Gegensatz zu einer Pflicht nach technisch geformtem Rechte (§ 127) und bezeichnet das grundsätzlich richtige Recht.

[7] So im Sprachgebrauche d. StGB. 171 ff.; GVG. 75: 3; wohl auch GVG. 173 u. G. v. 5. 4. 88.

[8] Daß bei dieser Sachlage die Klarheit von Deduktionen, die mit dem Ausdrucke *sittlich* (*ethisch, moralisch*) operieren, nicht gerade immer gefördert wird, liegt auf der Hand. Die genannte Gefahr ist um so größer, als das Einsetzen von *sittlich* auch in juristischen Darstellungen nur zu häufig als Flickwort geschieht. Man denke an die *unsittlichen* Verträge und Testamente, an das *moralische* Recht jemandes, an die *sittliche* Einrichtung der Ehe usw.; und vergleiche nun diese Sprechweise mit den verschiedenen Bedeutungen von *sittlich*, die unser Text klarstellt. Vgl. §§ 158; 162.

II. Das verbindende Wollen

§ 34
Der Naturzustand

Zur Klärung des gesellschaftlichen Daseins der Menschen hat man, besonders in älteren Zeiten, häufig den Zustand des gänzlich vereinzelt lebenden Menschen herangezogen [1]. Es geschah meistens nicht im Sinne einer behaupteten geschichtlichen Tatsache, sondern nur in der Abstraktion, um das Wesen und die Bedeutung des sozialen Lebens besser zu erschauen[2].

Die Vorstellung eines Naturzustandes des Menschen ist jedoch immer nur eine vorläufige. Sie isoliert den Einzelnen und denkt doch zugleich an sein äußeres Verhältnis zu anderen. Sobald man also folgerichtig ausdenkt, muß man die Bestrebungen eines jeden in Beziehung zu den Bestrebungen der ihm begegnenden Menschen bringen.

Wir nennen einen Gedanken *notwendig*, wenn er eine unentbehrliche Bedingung abgibt, um Einheit und Ordnung in unserem Bewußtsein zu haben. Sonach ist mit dem vorhin dargelegten Beweisgang die Notwendigkeit des sozialen Lebens, das *dem Naturzustande* entgegengesetzt ist, dargetan [3].

Das erleidet keine Widerlegung durch die Beobachtung eines isolierten Daseins, das etwa zeitweilig geführt würde, wie das des Robinson [4].

---

§ 34. [1] Besonders in den Erörterungen des Naturrechts und des Vernunftrechts, s. §§ 14 und 15.

[2] Eine andere Bedeutung hat *der alte Urstand der Natur*, den Schiller im *Wilhelm Tell* dem Stauffacher in den Mund legt. Das ist ein besonders gearteter sozialer Zustand. Es ist die Verneinung eines bestimmten Rechtes mit verwerflichem Inhalte zugunsten eines anderen, grundsätzlich richtigen Rechtes. Und das liegt überall vor, sobald von der vorläufigen Phantasie eines gänzlich vereinzelten Menschen abgesehen und von einem Zustande gesprochen wird, *da Mensch dem Menschen gegenübersteht*. Überall insbesondere, wo von einem Rechte der Selbstverteidigung gegen schlechtes Recht die Rede ist, ist ja ein verbindendes Wollen vorausgesetzt und nicht mehr von mehreren absolut isolierten Willensinhalten die Rede. Dann erhebt sich die Frage eines Zwiespaltes im Rechte, die nie ganz vermieden werden kann. S. § 144. Wie dann ein Beweis für das behauptete richtige Recht zu führen ist, und welche Gedankengänge dabei versteckterмaßen zur Rechtfertigung etwa der Selbstverteidigung in Wahrheit eingeschlagen sind, das wird sich aus der Lehre von der Idee des Rechtes ergeben. S. §§ 91 ff. — Eine hübsche Anwendung aus dem praktischen Leben her bei Walter Scoll Guy Mannering 2. Bd. 1. Kap.

[3] Stammler Das Recht im staatlosen Gebiete, in Festg. f. Binding 1911 I, bes. S. 340 ff., 350 ff. RphilAbh. 1, 349 ff. TR. I 11. WR. § 17 und Anm. 61. Unten § 137. S. auch § 5 N. 2.

[4] Vielleicht auch in freiwilliger Zurückgezogenheit und Einsamkeit, S. § 99 N. 1. — Über die Robinsonaden s. Vilmar Geschichte der Deutschen Nationalliteratur (21) 1883 S. 321. Kippenberg Robinson in Deutschland bis zur Insel Felsenburg 1892. Ullrich Robinson und Robinsonaden I. Teil, Bibliographie (mehr nicht erschienen) 1898. Brüggemann Utopie und Robinsonade 1914.

Denn es wird uns ein solches vorübergehendes Ausscheiden aus der Gesellschaft erst an der Hand der letzteren und in deren Betrachtung deutlich; es ist nur eine begrenzte Episode, die ihr Ende mit der Erreichung eines sozialen Zustandes findet. Vielleicht auch ist es ein Hinausstoßen in die Einsamkeit, wie die Strafe der Friedlosigkeit in den germanischen Rechten; sie geschah ja gerade durch richterlichen Spruch auf der Grundlage eines Rechtsgesetzes und stellt sich sonach in ihrer Eigentümlichkeit als Inhalt eines sozialen Wollens dar [5].

Schließlich ist es nicht begründet, das soziale Wollen, insbesondere das rechtlich verbindende Wollen, etwa als ein minderwertiges Wollen zu bezeichnen. Es ist zuweilen eine dahingehende Neigung hervorgetreten. Dann erschien die von jenem ausgehende Ordnung als ein Notbehelf, der nur der Schlechtigkeit der Menschen sein Bestehen verdankt. Wenn es nicht nötig wäre, meinte man, die Guten vor den Schlechten zu schützen, so brauchte man keine soziale Regelung [6].

Das ist ein Irrtum.

Das verbindende Wollen ist eine Notwendigkeit. Es ist mit dem Bestehen der Menschen unausweichlich gesetzt. Denn es besagt ein Verbinden der Zwecke zu gemeinsamer Arbeit. Ein solches Zusammenfügen zum vereinten Leben und Wirken ist, wie oben dargelegt, bei folgerichtigem Ausdenken nicht aus unseren Gedanken wegzulassen möglich. Und diese Feststellung hat mit einer Unterscheidung von möglichen guten oder schlechten Menschen noch gar nichts zu tun [7].

§ 35
Die Gesellschaft

Das gesellschaftliche Dasein der Menschen bedeutet die Verbindung ihrer Zwecke. Die Menschen vereinigen sich, sagt eine neuzeitliche Wendung, um den Kampf um das Dasein besser führen zu können.

---

[5] Schröder §§ 12; 36; 37. Schwerin Deutsche Rechtsgeschichte (2) 1915 S. 157 f. Brunner §§ 8; 22; 20. Anmutend ausgeführt von Weber Dreizehnlinden X, Auf der Dingstätte. Auch die Frage nach der Freiheit des Meeres ist in gleicher Art zu beantworten § 137.

[6] Dazu neigte auch Luther, s. § 13.

[7] Dem weicht man nicht etwa dadurch aus, daß man sich eine Anzahl vernünftig und gut wollender Menschen denkt, von denen jeder Einzelne nur bestrebt wäre, dem andern zu dienen. So die Ansicht von Tolstoi in seinen verschiedenen Schriften (neuestens sein Tagebuch 1. Bd. 1917). Er übersieht, daß mit dem Gedanken auch des einseitigen Dienens doch unvermeidlich eine eigene Art des Wollens gesetzt ist, die das Streben der Einzelnen miteinander verbindet. Bloß darauf aber kommt es grundlegend an, daß der Begriff des verbindenden Wollens klar eingesehen wird. Geschieht dieses, mit der notwendigen Folgerung, daß er überall besteht, wo überhaupt irgendein Menschenleben betrachtet wird, so fragt es sich nun: welches seine grundsätzlich berechtigte Art und Ausgestaltung; — was zu der Begründung des Rechtszwanges (§ 107) und zu der

Es handelt sich also um Bestrebungen, die im Sinne eines verbindenden Wollens verknüpft sind. Soziales Leben ist ein Zusammenwirken[1].

Man hat versucht, das Wesen der menschlichen Gesellschaft durch eine Bezugnahme auf Tiervereinigungen zu erfassen[2]. Das ist wissenschaftlich ungeeignet. Wir wissen in genauer Erkenntnis nichts davon daß die Tiere in voraussehender Weise den Gedanken von Zwecken und Mitteln hegen, und daß sie davon im Sinne einer Verbindung unter sich Gebrauch machen[3]. Es ist das nach altem, gutem Sprachgebrauch, eine *Meinungssache*[4]. Will aber jemand jene Annahme bejahen, so bliebe die bedingende Art des sozialen Lebens der Menschen — das Verbinden ihrer Bestrebungen — davon unberührt. Es würde der Gegenstand der Betrachtung, nämlich das gesellschaftliche Dasein als solches, nur zahlenmäßig vergrößert, aber nicht der Art nach geändert[5]. Nach dieser letzteren bleibt es, eben als ein Zusammenwirken, notwendig unter der Methode der Zweckwissenschaft.

Die Lehre von der menschlichen Gesellschaft hat sich in neuerer Zeit mehrfach *Soziologie* genannt. Dieses Wort ist jedoch oft in recht verschiedenem Sinne gebraucht worden[6]. Im besonderen bezeichnet es eine

---

Lehre von der Idee des Rechtes (§§ 85; 91) in sicherer Konsequenz führt. — S. auch WR. § 19. STAMMLER Sozialismus und Christentum (§ 15 N. 13) S. 102 f. — Zu TOLSTOI s. noch §§ 92 N. 6; 93 N. 4; 103 N. 2.

§ 35. [1] REINHARD Versuch einer Theorie des gesellschaftlichen Menschen 1797. LOR. STEIN Die Gesellschaftslehre, 2. Bd. seines Systems der Staatswissenschaft, 1856 (§ 3 N. 9). TREITSCHKE Die Gesellschaftswissenschaft 1859, Neudruck 1927. Dazu: GRÜNFELD Die Gesellschaftslehre von Lor. Stein, Hall. Diss. 1908). TÖNNIES Gemeinschaft und Gesellschaft 1887 (6/7 1926); dazu STAMMLER, Philos. Monatsh. 26, 347 ff. RphAbh. 1, 41 ff. VIERKANDT in Kant-Stud. 30, 299 ff. KISTIAKOWSKI Gesellschaft und Einzelwesen 1899; dazu HATSCHEK, ZStW. 22, 158 ff.; WR. Anm. 52. WIESE Zur Grundlegung der Gesellschaftslehre. Eine kritische Untersuchung von Spencers System der synthetischen Philosophie 1906 (§ 178 N. 3). MESZLÉNY Das Privatrecht als Organisationsrecht. Ein privatrechtsphilosophischer Versuch. S.-A. aus ZVerglR. XXX, 1913. SPANN Kurzgefaßtes System der Gesellschaftslehre 1914 (2) 1920. SOMLO (§ 18 N. 13) S. 236 ff. BRINKMANN Versuch einer Gesellschaftswissenschaft 1919. SALOMON Begriff der Gesellschaft in der deutschen Sozialphilosophie. LITT Individuum und Gemeinschaft (3) 1926. SAUER (§ 18, 13), — WR. § 16 u. Anm. 44 ff.; auch ZRPhilos. 2, 116 ff.; 121.

[2] Hierüber eingehend WR, § 18, — Neuestens ALVERDES Tiersoziologie 1925.

[3] Von dieser Feststellung weitergehend, bleibt als zweiter durchgreifender Unterschied von Mensch und Tier der Gedanke der Wissenschaft, deren Möglichkeit nur dem Menschen kritisch bewußt ist; und zum dritten die Idee des Unbedingten für Wahrnehmen und Wollen, die dem Menschen allein zukommt. S. auch §§ 76 a. E.; 82.

[4] KANT Kritik der Urteilskraft 1790 § 91.

[5] Es ist ein merkwürdiger Mißgriff des Materialismus, zu meinen, daß man vom Tiere ausgehen müsse, um zu der Eigenart des Menschen zu gelangen. In Wahrheit nimmt jeder sich selbst zum Mittelpunkt und Ausgang und stellt seine Wesenheit möglichst fest, um davon auf andere Geschöpfe und deren Besonderheit zu schließen. S. über den Materialismus noch §§ 17; 58 N. 2.

[6] AMMON Die Gesellschaftsordnung und ihre natürlichen Grundlagen 1896.

Richtung, die es unternimmt, das soziale Dasein nach naturwissenschaftlicher Methode zu erforschen. Alsdann schwebt die Meinung vor, daß man *Gesetze* des gesellschaftlichen Lebens aufstellen könnte [7], die einen geschichtlich bedingten Inhalt hätten und doch strenge Allgemeingültigkeit besäßen.

Hier liegt ein entscheidender methodischer Fehler zugrunde [8].

Der Gegenstand der körperlichen und der sozialen Betrachtung stehen unter verschiedenen Erkenntnisbedingungen. Die Naturwissenschaft geht, in der hier interessierenden Richtung der Gedanken, auf das Bestimmen der Materie als des Beweglichen im Raume. Die Sozialwissenschaft hat es mit den Bestrebungen zu tun, die auf das zusammenstimmende Arbeiten vereinter Menschen gerichtet sind. Es kommt bei ihr also auf den Inhalt des gemeinsamen Strebens an. Die wissenschaftliche Behandlung dieses verbindenden Willensinhaltes, die ihn in unbedingt einheitlicher Art zu ordnen hat, ist somit

---

Barth Philosophie der Geschichte als Soziologie 1897 (mehrfach aufgelegt: s. auch § 177). Ludw. Stein Die soziale Frage im Lichte der Philosophie 1897 S. 17 ff. Achelis Soziologie 1899. Anema De grondslagen der soziologie, Amsterdam 1900. Ward Soziologie von heute, übers. 1904 (zählt 12 Bedeutungen des Wortes *Soziologie* auf). Eleutheropulos Soziologie 1904. Gumplowicz Grundriß der Soziologie (2) 1905. Wernsdorf Grundriß des Systems der Soziologie 1906. Ratzenhofer Soziologie 1907. Tönnies Das Wesen der Soziologie 1907. Ders. Soziologie und Politik, ZPolit. 1, 219 ff. Ders. Soziologie im System der Wissenschaften, ArchRPhilos. 9, 180 ff. Deploige Le conflit de la morale et de la sociologie, Louvain 1911. Cohn Etik og sociologi, Kopenhagen 1903. Simmel Das Problem der Soziologie 1917, (2) 1922; Ders., SchmollersJ. 18, 1301 ff. Huber (§ 6 N. 1) S. 14 ff. Vierkandt Gesellschaftslehre. Hauptprobleme der philosophischen Soziologie 1922. Sombart Soziologie 1923. Jerusalem Soziologie des Rechts. Bd. I. Gesetzmäßigkeit und Kollektivität 1925. Spann Soziologie, in HandWStaatsw. (4) 7, 650 ff. (1926). Barnes Soziologische Staatstheorie, übers. v. Hilferding 1927. Weber, Adolf Ideen zur Staats- und Kultursoziologie 1927. — Verh. d. 1. Soziol. T. 1910, S. 17 ff. Später bes. 4. Soziol. T. 1924. Jahrb. f. Soziol. seit 1925. — Weitere Literatur bei Eisler Grundlagen der Philosophie des Geisteslebens 1908 S. 302 ff. — S. auch § 58.

7 Das bleibt freilich regelmäßig nur ein Programm. An Beispielen für solche *Gesetze* mangelt es. Vielleicht: Gesetz von Angebot und Nachfrage? Oder: Diebsgut hat keinen Preis?

8 Hierher gehört das Sammelwerk *Natur und Staat*, aus Anlaß der Kruppschen Preisaufgabe (s. auch § 169 N. 6) 1903 ff. Daraus hervorzuheben H. E. Ziegler Einleitung 1903 (Ders., Die Naturwissenschaft und die sozialdemokratische Theorie 1893). Hesse Natur und Gesellschaft 1904. Ders. Der Begriff der Gesellschaft in Spencers Soziologie, Hall. Diss. 1901 (vgl. § 178 N. 3). Dazu Tönnies Zur naturwissenschaftlichen Gesellschaftslehre, SchmollersJ. 29, 1283 ff. Kuhlenbeck Die Rechtswissenschaft in ihren Beziehungen zu anderen Wissenschaften, Antrittsvorlesung 1905. Rehm Deszendenztheorie und Sozialrecht, HirthsAnn. 1906 S. 703 ff. Biermann Natur und Gesellschaft, ConradsJ. 3. F. 27, 681 ff. (vgl. auch § 26 N. 4; 29 N. 1). WR. Anm. 171. — Ostwald Recht und Kulturwissenschaft, Ann. d. Naturphilos. 1, 14 ff. Bozi (§ 21 N. 5). Bovensiepen Naturwissenschaftliche Methode f. d. Rechtswissenschaft, Recht und Wirtsch. 1, 463 ff.

in eigenem methodischen Vorgehen zu vollziehen; sie kann nicht einfach von dem Erkennen körperlicher Veränderungen hergenommen werden.

Zur Kennzeichnung einer selbständigen sozialwissenschaftlichen Methode genügt es auch nicht, als den Gegenstand ihrer Betrachtung die *Wechselwirkung* unter mehreren Individuen anzugeben [9]. Das bleibt in Wahrheit eine Erforschung des einzelnen Menschen, der in seiner Eigenschaft als bloßes Naturwesen im Verhältnis zu anderen erwogen wird. Wir aber wollen das soziale Leben in seiner Eigenart neben den räumlichen Erscheinungen erkennen [10]. Dazu ist nötig, daß wir die Möglichkeit des einheitlichen Gedankens von der menschlichen Gesellschaft kritisch erwägen [11].

---

[9] So SIMMEL Zur Methodik der Sozialwissenschaft, Schmollers J. 20, 575 ff. DERS. Soziologie (N. 6) S. 5 f. Dazu WR. § 21 u. Anm. 65.

[10] Das öfter beliebte Bild vom *Organismus* ist trügerisch und verleitet leicht zur Beruhigung bei einem nicht klar durchdachten Schlagwort. KRIEKEN Die sogenannte organische Staatstheorie 1873. SCHÄFFLE Bau und Leben des sozialen Körpers, 4 Bde. 1875 ff., (2) 1896. TOWNE Die Auffassung der Gesellschaft als Organismus, Hall. Diss. 1903. KAUFMANN Über den Begriff des Organismus, in der Staatslehre des 19. Jahrh. 1908 EDG. LOENING *Staat* in HandW. d. StaatsW. (136 N. 1), bes. unter II, 3 HORVÁTH Staatsorgantheorie. Eine rechtstheoretische Untersuchung, Szeged 1926. WAGNER, AD. Der organische Staat 1927. Während FRANCÉ Ewiger Wald 1922 in hübscher Schilderung im Gegensatz den Wald als *Organismus* angibt, sagt VIRCHOW in seinen Reden 1862 S. 55 f.: *Was ist der Organismus? Eine Gesellschaft lebender Zellen, ein kleiner Staat wohl eingerichtet, mit allem Zubehör von Ober- und Unterbeamten, von Dienern und Herren, großen und kleinen.* — Vgl. N. 11, bes. unter b).

[11] Neuerdings haben STEINER und seine Anhänger *die Dreigliederung des sozialen Organismus* betont. S. bes. STEINER Die Kernpunkte der sozialen Frage in den Lebensnotwendigkeiten der Gegenwart und Zukunft 1919. Es habe, wie bei dem menschlichen Organismus der Kopforganismus, das Zirkulations- oder Brutsystem, das Stoffwechselsystem zu bestehen; jedes *mit einer gewissen Selbständigkeit.* Darum gebe es drei Glieder, nämlich das Wirtschaftsleben, das eigentliche politische Leben, das geistige Leben. Jedes sei nach seinen eigenen Gesetzen und Kräften für sich auszubilden. Diese Darlegung erhebt den Anspruch: die *Urgedanken* festzustellen, die allen sozialen Einrichtungen zugrunde liegen (a. a. O. S. 57). Diese Absicht ist nicht geglückt. a) Es fehlt jede klare Besinnung darüber, was ein *sozialer Organismus* eigentlich sei. Das Streben, *daß das menschliche Denken, das menschliche Empfinden lerne, das Lebensmögliche an der Betrachtung des naturgemäßen Organismus zu empfinden und dann diese Empfindungsweise anwenden könne auf den sozialen Organismus* (S. 29),— löst die eben aufgeworfene Frage nicht. Was man unter einem natürlichen Organismus in begrifflicher Klarheit zu verstehen hat, das läßt sich nicht *empfinden*, sondern will nach ursprünglichen Denkelementen bestimmt sein; — und genau das Gleiche gilt von dem, was man unter der Bezeichnung eines sozialen Organismus in Gedanken hat. — Ein natürlicher Organismus ist ein Gegenstand, dessen einzelne Teile sich wechselseitig hervorbringen (KANT Kritik der Urteilskraft §§ 65 f.). Bei dem Mechanismus, z. B. einer Maschine, fehlt das. Das Merkmal, durch das ein Mannigfaltiges zur Einheit eines natürlichen Organismus verbunden wird, ist also die Kategorie des wechselseitigen Bewirkens und Hervorbringens. Bei der Gesellschaft, als eigenem Gegenstande der Betrachtung, versagt dieses Merkmal. Sie besteht in dem Zusammenwirken, das ist der Verbindung von

Nun ist der Begriff der Gesellschaft eine zusammengesetzte Vorstellung. Wenn wir uns darauf besinnen, was wir in ihm zusammengezogen haben, so zerlegt er sich in zwei Elemente [12]:

1. Die Verbindung als solche. Sie besteht in der bedingenden Art und Weise des Zusammenlebens und prägt sich in einer äußeren Regelung aus, das ist einem Wollen, das eben die Zwecke der dadurch verbundenen Menschen als Mittel füreinander setzt (§ 31).

2. Die zusammenstimmende Tätigkeit der Verbundenen. Sie zielt, wie alles menschliche Tun und Verhalten, auf irgendwelche Bedürfnisbefriedigung, die nun durch das Zusammenwirken erreicht werden soll (§§ 55 ff.).

Diese beiden gedanklichen Elemente, die in dem Begriffe *Gesellschaft* enthalten sind, stehen aber wieder nicht gleichartig nebeneinander. Das erste, das verbindende Wollen, ist die logische Bedingung des verbundenen Lebens und Wirkens. Das zweite dagegen, das zusammenstimmende Verhalten, ist ohne jene Verständigung und gemeinsame Zielsetzung nicht denkbar; es ist mithin der durch die äußere Regelung logisch bestimmte Bestandteil des Begriffes *Gesellschaft*. Das eine ist *die Form* dieses Begriffes, das andere sein *Stoff* (§ 5).

Zu der formalen Art des Gedankens von dem sozialen Leben gehört nun auch der Begriff des Rechtes.

Zielen und Mitteln. In der sozialen Frage kommt es auf die Eigenart in dem Inhalte menschlicher Bestrebungen an, die nach Zweckgedanken miteinander verbunden werden. Das bedingende Element in dem Gedanken des sogenannten *sozialen Organismus* ist das verbindende Wollen. Den Zug nach Einheit haben die beiden besprochenen Anwendungen des Ausdruckes *Organismus* gemeinsam. Weiter reicht die Übereinstimmung nicht. (Vgl. §§ 25 N. 1; 27 N. 3; 30 N. 1). Es wird in beiden etwas ganz anderes und in ganz anderer Weise zusammengefügt, sie sind nach Stoff wie nach Form verschieden. Das, was man im *sozialen Organismus* meint, ist eine in sich geschlossene Rechtsordnung (§ 134). Über die daraus sich ergebenden Folgerungen s. §§ 55 N. 10; 56 N. 12. — Vgl. auch Traub Steiner als Philosoph und Theosoph (2) 1921. Schwarz, Herm. Über neuere Mystik, Stud. d. Apol. Sem. 1921, (2) 1922 S. 51 ff.

[12] Für das richtige Verständnis dieser kritischen Analyse kommt es darauf an, daß man sich darin schule: bei dem Ordnen seiner Gedanken, womit man doch beständig beschäftigt ist, nicht immer bloß das Geordnete (den Stoff eines Gedankens), sondern die logisch bedingende Methode, als einheitliche Art des Ordnens (die Form) für sich besonders einzusehen. Dann wird man vor dem unnötigen Mißverständnisse bewahrt bleiben, als ob die formalen Elemente eines (immer zusammengesetzten) Bewußtseinsinhaltes die materialen Bestandteile kausal hervorbrächten oder auch nur zeitlich ihr empfindbar vorangingen. Denn wenngleich jene formalen Elemente für sich selbständig erwogen werden können, so kommen sie in der empfindbaren Wirklichkeit nicht selbständig und etwa zeitlich früher, oder gar körperlich verursachend gegenüber den von ihnen logisch bestimmten Bestandteilen vor. S. §§ 3 und 56. Vgl. WR. §§ 2; 20; 50; 68; dortselbst Bericht über merkwürdige Beispiele irriger Auffassung s. Anm. 62; 73; 134 u. sonst.

§ 36

Das Recht: ein verbindendes Wollen

Das rechtliche Wollen ist die eine Klasse des verbindenden Wollens. In seiner Vorstellung ruht der Gedanke des Zusammenlebens. Nun verlangt das Ordnen der Bestrebungen, das auf eine Verbindung von Zwecken als Mittel füreinander abzielt, ein Wollen, das über den verschiedenen Bestrebungen steht und von ihnen der Art nach sich scheidet [1].

Daraus folgt, daß der Gedanke des Rechtes etwas anderes ist, als ein bloßes Zusammenzählen von Begehrungen der einzelnen Menschen, die nun gerade rechtlich zu vereinigen sind. Der Rechtsgedanke kann vielmehr in seinem Wesen nur erfaßt und bestimmt werden, wenn er innerhalb derjenigen Art des Wollens gesucht wird, die wir als verbindend oder äußerlich regelnd kennen gelernt haben [2].

Vierter Abschnitt

Die Selbstherrlichkeit

I. Die Konventionalregel

§ 37

Sitte und Recht

Die geschichtliche Erfahrung weist das Bestreben auf, zwei Arten sozialer Regeln zu unterscheiden [1]. Es finden sich außer den Regeln, die sich als Satzungen des rechtlichen Wollens geben, noch andere Bestimmungen für das Zusammenleben der Menschen: Rücksichten der Höflichkeit und des Anstandes, Formen der Begegnung und des Umganges, Regeln des Ausdruckes in der mündlichen oder schriftlichen Sprache, Vorschriften der Etikette, des *Komments*, der ritterlichen Ehre u. a. m.

---

§ 36. [1] Vgl. die § 22 N. 1 zitierte Literatur. Dazu TR. I 12. — ARNOLD Philosophische Betrachtungen eines Juristen 1908.

[2] Das verbindende Wollen darf nicht als ein verpflichtendes genommen werden. Es handelt sich bei ihm um die erkenntniskritische Erwägung, die in objektiv-logischer Zergliederung eines Gedankeninhaltes vor sich geht; nicht aber um die psychologische Frage des Geltens eines bestimmten positiven Rechtes. Diese zweite Erörterung ist ergänzend in selbständiger Betrachtung vorzunehmen und darf mit jener ersten nicht verwechselt, noch auch unzulässig in sie hineingeschoben werden. (WR. Anm. 202, bes. Ziff. 5). Damit erledigen wir die Bedenken, die STURM (§ 18 N. 13) in seinen Schriften gegenüber dem Begriffe des verbindenden Wollens geäußert hat.

§ 37. [1] *Es gibt zwei friedliche Gewalten: das Recht und die Schicklichkeit.* GOETHE Sprüche in Prosa, Maximen und Reflexionen. 1. Abt. (Cotta 3, 167).

Wir fassen alle Sätze, die in solcher Weise neben dem Rechte zu beobachten sind, unter dem Ausdrucke der Konventionalregeln zusammen [2].

Wenn man daneben von sogenannten *Lebensverhältnissen* gesprochen hat, so besagt dieser Ausdruck keinen klaren Gedanken. Er zielt auf eine äußere Beziehung unter Menschen ab [3]. Eine solche ist aber nur logisch denkbar, wenn es sich um irgendwie geregelte Beziehungen handelt. Ungeformte Beziehungen gibt es nicht. Als Form (=einheitlich bedingende Art und Weise) kommt für die äußeren Beziehungen unter Menschen nur das in Frage, was als verbindendes Wollen hier klar gestellt worden ist (§ 31). Ohne Verständigung und Verbindung können jene äußeren Beziehungen gar nicht vorgestellt werden [4].

Was man *tatsächliche Beziehungen* oder *Lebensverhältnisse* genannt hat, sind entweder konventionale Beziehungen im Gegensatze zu rechtlichen Verhältnissen [5]; oder sie bedeuten Rechtsverhältnisse, die noch nicht in technisch geformte Paragraphen eines Gesetzes Aufnahme gefunden haben, sondern bis dahin von den Rechtsunterstellten in frei gestatteten Willenserklärungen geregelt worden sind [6].

Die zwei vorhin genannten Klassen des verbindenden Wollens treten überall im Laufe der Geschichte auf. Daß bei einem Zusammenwirken von Menschen ausschließlich die eine Art davon verwendet worden wäre, ist noch niemals beobachtet worden [7].

Die eine wie die andere Art vermag einen bemerkenswerten Druck

---

[2] Aus der früheren Literatur bes. Arnold (§ 3 N. 5). Jhering Zweck, bes. 2. Bd. (§ 18 N. 7 ff.) — WR. § 23. Niemeyer Recht und Sitte, Rede 1902. Tönnies Die Sitte 1908. Weigelin Sitte, Recht und Moral 1919. Kahn „Conventions" of politieke Stelregels, Amsterdam 1919. — § 42 N. 1.

[3] RR. 234 ff., (2) 165 ff. TR. V 16. — Ahrens I § 36, S. 297 ff. — Es ist nicht bloß ein gemeinsames geistiges Besitztum in Frage. Vgl. Bestmann Geschichte der christlichen Sitte. 2 Teile, 1885/86. Stammler Recht und Kirche 1919 S. 62 ff. RphAbh. 2, 141 S. 166 ff.

[4] Es sind also nicht erst Beziehungen *des Lebens* da, die dann zeitlich hinterher einer Regelung unterstellt würden, sondern es sind alle solche äußeren Beziehungen bloß unter der logischen Bedingung eines verbindenden Wollens möglich. Wobei immer festzuhalten ist, daß der Begriff des verbindenden Wollens nur ein grundlegend eigenartiges Wollen bedeutet. Daß ein solches dann selbstherrlich über den Verbundenen stehen kann, das kommt erst durch eine weitere allgemeingültige Zerteilung des verbindenden Wollens in Betracht (§ 40).

[5] Über Freundschaft s. Kant Metaphysik der Sitten, Tugendlehre I 2, 2 § 46.

[6] Manchmal wird der Ausdruck auch gebraucht, wo es zweifelhaft erscheint, ob ein Rechtsverhältnis, und welches, vorliegt. Über Verlöbnis Wolff Familienrecht (15/17) 1925, § 4 mit Nachweisungen. Zu den Voraussetzungen eines Zurückbehaltungsrechtes (BGB. 273) SeuffA. 65, Nr. 46. Ob über ein *Liebesverhältnis* der Eid zugeschoben werden kann? Ges. u. R. 19, 375.

[7] S. hierzu §§ 103 ff. (Anarchismus).

auszuüben, dessen Stärke verschieden und wechselnd ist [8]. Das ist eine Frage des jeweils geltenden Einflusses, die in psychologischer Betrachtung aufzunehmen sein wird (§§ 67 ff.). Wie aber unterscheiden sich die genannten beiden Arten begrifflich voneinander? Wo läuft allgemein die Grenze zwischen ihnen?

§ 38

Wechsel und Wandel sozialer Regeln

Die Vorschriften über das Verhalten im gesellschaftlichen Leben und Verkehr wechseln beständig [1]. Das gilt für ihren Inhalt, aber auch für die Zugehörigkeit zu den verschiedenen Klassen des sozialen Wollens. Sie gehören bald zu dem Reiche des Rechtes, bald wieder nur zu der Schar konventionaler Regeln; oft finden sich auch für dieselbe Frage beide Arten von Geboten, rechtliche und konventionale, gemischt durcheinander [2].

Die Art des Grüßens, wie das Bieten des Willkomms ist bei den verschiedenen Völkern mannigfach ausgebildet, meist aber nur als Sitte und Brauch gehandhabt. Aber in amtlichen Stellungen, im besonderen bei dem Militär, wird die Grußpflicht zu einer rechtlichen Verbindlichkeit erhoben [3].

Die Sätze der Grammatik sind an sich nur konventionale Regeln. Aber es ist möglich, solche rechtlich mit durchführbaren Folgen festzulegen, ständig zu überwachen und weiter zu entwickeln. Auch ist im amtlichen Verkehr und für andere rechtlich bedeutsame Handlungen die Anwendung einer bestimmten Sprechweise häufig rechtlich vorgeschrieben [4].

---

[8] Hierher zählt namentlich die Duellfrage und die Nötigung zum Zweikampf durch Stand und Umgebung. Sehr wichtig ist in wirtschaftlichen Kämpfen der *Terror*, der ohne oder gegen das Recht ausgeübt wird. — S. auch NOTNAGEL Exekution durch soziale Interessengruppen 1899.

§ 38. [1] HILDEBRAND Recht und Sitte auf den primitiveren wirtschaftlichen Kulturstufen (2) 1907. GRABE Sterbende Sitten. Volksbücherei „Aus Natur und Technik", Zürich 1921.

[2] So in den Lehrbüchern des Moralunterrichtes in Frankreich, unter dem Titel: *Morale et instruction civique*, die alles durcheinandermengen, was jemals dem Menschen als Norm seines Vorgehens entgegentreten mag.

[3] Hier bietet sich dem Beschauer der sog. Kulturgeschichte, der Volksbräuche und der Etikette ein überreiches Material. So TORNIUS Die Dame. Ein kulturgeschichtlicher Zeitspiegel aus dem Leben der Gesellschaft 1920. MARTIN Heimatglück 1917 S. 124: Bauernsitte. NOTKER DER STAMMLER Geschichten von Karl dem Großen, deutsch von BRUGMANN (Inselverlag) II 6 (Todesstrafe auf das Umwenden eines Fisches auf der Schüssel an der königlichen Tafel in Griechenland).

[4] Höflichkeit und Recht, Ges. u. R. 7, 219; s. ebenda 17, 382. Auch 20, 94: Höflichkeit und Rechtsstandpunkt im kaufmännischen Briefwechsel, nach RG. 93, 300. GLEICHEN-RUSSWURM Geschichte der Geselligkeit, 6 Bde, Vgl. auch unten § 117.

Ein Hin und Her aus dem Rechtsgebiet in das der Konvention, und wieder umgekehrt, bieten die Kleider- und Tafelordnungen und die Versuche vieler Zeiten, dem Luxus und den Auswüchsen der Mode zu steuern [5].

Die Bauordnungen sind heute bei uns in städtischen Gemeinden von rechtlicher Art, auf dem Lande vielfach nicht [6]. Dagegen gelten dort rechtliche Bestimmungen, die sich gegen die Verunstaltung landschaftlich schöner Gegenden richten [7]. Und wenn volkstümliche Regeln für das Benehmen in gewissen Lagen verbreitet werden, z. B. gut gemeinte Gebote für Vermieter oder Mieter, Ratschläge für den Verkehr mit der Post, und dergleichen, so werden sich leicht Anweisungen juristischen Wesens mit solchen von konventionaler Eigenart mischen.

Alles dieses ist freilich nur eine ungefähre Beschreibung vorgekommener Erlebnisse. In Wahrheit setzen sie die durchgreifende Scheidung der Gedanken von Recht und Sitte schon voraus. Aber dem ist durch das Eingehen auf stofflich bedingte Besonderheiten in dem Inhalte sozialer Regeln überhaupt nicht abzuhelfen. Die begriffliche Grenze zwischen rechtlichen und konventionalen Sätzen läßt sich nicht nach den begrenzten Gegenständen ziehen, auf die sie abzielen. Dieser Stoff der sozialen Regelung liefert von sich aus kein Merkmal für eine Zerlegung in zwei allgemeingültig unterschiedene Klassen. Eine solche allgemeingültige Einteilung ist nur möglich, wenn man die soziale Regelung als solche in das Auge faßt, gleichviel, welchen Inhalt sie gerade aufnehmen möge (§ 39 a. E.) [8].

§ 39

Versuche einer Begriffsbestimmung der Konventionalregel

Die begriffliche Grenze zwischen rechtlichen und konventionalen Sätzen läßt sich nicht dadurch gewinnen, daß man auf die Her-

---

5 Montesquieu Vom Geist der Gesetze (§ 6 N. 3). 7. Buch. Vellemann Der Luxus in seinen Beziehungen zur Sozial-Ökonomie, Hall. Diss. 1898. Koch Wesen und Wertung des Luxus 1914. Sommerlad *Luxus* in HandW. d. StaatsW. (3) VI 537 ff. — Hervorzuheben die Joachimsche Polizeiordnung von 1515; Aufwandsgesetz von Joh. Georg von Brandenburg von 1580) Vehse Preuß. Hofgeschichten 1913 I S. 31). Die Lübecker VO. über Brautgeschenke, Hochzeitsfeste, Feier von Kindtaufen, Trauerversammlungen, Begräbnisse von 1697, erg. u. erneuert 1767. Dagegen wurden 1916 die Höchstmaße der Konfektion durch Vereinbarung unter Vertragsstrafe festgesetzt. — S. auch Levy Soziologische Studien (§ 74 N. 2), bes. S. 46 N. 2; 48 N. 2; 51.

6 S. auch StGB. 330. Berlowitz Der Verstoß gegen die allgemein anerkannten Regeln der Baukunst 1915. — SeemO. 2. 6. 02 § 64, 3.

7 PreußG. vom 15. 7. 07.

8 Die im Text berichteten Annahmen sind natürlich nur eine Beschreibung der Unsicherheit und des Unbehagens gegenüber der gestellten Aufgabe: die Arten des Wollens in allgemeingültiger Weise einzuteilen. Mehr als eine Beschaffung von Stoff für die Erwägung, wie ihm gegenüber eine methodische Bestimmung als solche nun möglich sei, wird durch das gegebene Referat nicht geliefert.

kunft der zum einen oder anderen Teile gehörigen Sätze zurückgeht. Als Weise ihrer Entstehung kann bei beiden gleichermaßen sowohl eine bewußt formende Satzung, als auch eine gewohnheitsmäßige Übung auftreten. Ob eine dieser Quellen in einem bestimmten Zeitalter und für gewisse Regeln einer der zwei Klassen vorwiegt, ist quantitativ und zufällig [1].

Man hat versucht, sich mit Bildern zu helfen und beispielsweise die Sitte als die *Knorpeln*, das Recht dagegen als die *Knochen* der menschlichen Gesellschaft zu bezeichnen [2]. Das genügt ebensowenig, wie eine ungefähre Beschreibung gewisser charakteristischer Züge, die sich in Vorkommnissen der einen oder andern Art des sozialen Wollens in verhältnismäßiger Allgemeinheit zeigen [3].

Die Angabe, daß bei dem Rechte die Möglichkeit bestehe, ein *Gericht* anzurufen, entscheidet nicht durchgreifend; so wenig, wie die Verweisung auf die dortige äußere Organisation. Denn *organisieren* heißt ja dasselbe, wie *unter Regeln verbinden*, läßt also die allgemeine Eigenart dieser oder jener Klasse des verbindenden Wollens noch offen [4].

Die Frage der begrifflichen Grenzziehung aber ganz auszuschließen und für unlösbar zu erachten, ist in sich unbegründet [5]. Sie läßt sich vielmehr erschöpfend beantworten, wenn man den formalen Sinn in das Auge faßt, in welchem das verbindende Wollen die Verbundenen in ihren Zwecken und Mitteln zusammenschließt. Es wird also ein allgemeingültiger Unterschied zwischen rechtlichen und konventionalem Wollen dann festgestellt sein, wenn dargelegt wird, wie jeder der beiden Begriffe auf einem verschiedenen Verhältnisse reiner Denkformen zueinander beruht.

---

§ 39. [1] Es geht nicht an, das Recht von dem Staate, die Sitte von der *Gesellschaft* abzuleiten. Denn der Begriff des Staates setzt den Gedanken des rechtlichen Wollens logisch voraus (§ 136). Verstecktermaßen liegt der gesuchte Unterschied auch bei der Berufung auf die *Gesellschaft* schon zugrunde. WR. § 23. — Hatschek JÖffR. 3, 1 ff.

[2] Schmoller Über einige Grundfragen des Rechts und der Volkswirtschaft 1875 S. 31 ff. Ders. Grundriß der allg. Volkswirtschaftslehre 1900. S. auch WR. Anm. 131; 201.

[3] Wundt (§ 9 N. 3) S. 370 faßt die Frage so: welche Eigenschaften zu den ursprünglichen Normen der Sitte hinzutreten mußten, um ihnen schon in einem der eigentlichen Rechtsordnung vorangehenden Zustand jenen bevorzugten Charakter zu verleihen, in welchem sich die Rechtsnormen vorbereiten. Die Sitte sei das Ursprünglichere gewesen, aber es habe auch ursprünglich schon unter den Normen der Sitte einzelne mit verpflichtendem Charakter gegeben, der demjenigen der Rechtssatzung *verwandt* sei. — Vgl. Merkel Jurist. Encyclopädie 1885, oft aufgelegt § 78.

[4] So Kelsen (§ 27 N. 5) S. 38. Dagegen WR. Anm. 72.

[5] Niemeyer (§ 37 N. 2) betont stark den Wechsel und Wandel in unserer Frage und meint (S. 13), daß hier ein *Lebensgeheimnis* vorliegt, das *die begriffliche Grenzziehung zwischen Recht und Sitte ausschließt*. Aber solche Negativen lassen sich nie beweisen. Man hat doch den Gegensatz im Besitze — in dem Satze, daß *Sitte* zum *Recht* werde, und umgekehrt, ist er ja begrifflich enthalten; dann muß es auch möglich sein, dem durch genauere methodische Nachforschung auf den Grund zu kommen.

II. Das selbstherrlich verbindende Wollen

§ 40

Der Begriff der Selbstherrlichkeit

Die wesentliche Eigenart des Rechtsgedankens kann gegenüber der einer Konventionalregel nur in der verschiedenen Art und Weise bestehen, in der sich das verbindende Wollen allgemeingültig einteilen läßt. Nun werden in dem letzteren die Willensinhalte verschiedener Menschen wechselseitig als Mittel füreinander gesetzt (§ 31). Das kann in reiner Weise zweifach geschehen: das entscheidende Bestimmen bei dem Verbinden wird entweder den Verbundenen oder dem verbindenden Wollen selbst beigelegt. Jenes ist dann ein Verbinden von Fall zu Fall, dieses kann ein solches von bleibender Bestimmtheit sein [1].

Das erste Mal wird die Herstellung der Kette von Zweck und Mittel bei jeder einzelnen Frage von den zu Verbindenden neu vollzogen; das andere Mal erscheinen die verbundenen Willensinhalte so als Mittel für sich zusammengefügt, daß sie an ihrer Verbindung von sich aus nichts zu ändern vermögen. In diesem letzten Falle mag der Inhalt des verbindenden Wollens ständig wechseln und sich ändern, — die Verbindung als solche bleibt stets. Es wird alsdann nicht in Frage gestellt, daß ein verbindendes Wollen vorliegt [2].

Die genannte erste Möglichkeit besagt somit ihrem Sinne nach nur eine Einladung an die zu Verbindenden, von denen es in jedem Augenblicke auf das Neue abhängen soll, ob sie überhaupt verbunden seien; — das zweite stellt den Gedanken eines selbstherrlich verbindenden Wollens dar: es stellt die Verbindung unabhängig von dem Willen der Verbundenen her. Jenem entspricht die konventionale Regel, unter dem zweiten findet sich das rechtliche Wollen (§ 41) [3].

Die Begründung für das allgemeine Zerteilen der damit festgestellten Begriffe liegt darin, daß sie lediglich die mögliche Eigenart von dem Auswählen und Ergreifen von Mitteln überhaupt betreffen, ohne über bedingte Gegenstände des Begehrens etwas auszusagen. Sie setzen nichts voraus, als die Gedanken von Zwecken und Mitteln. Sie bestimmen deshalb deren mögliches Auftreten in unbedingt allgemeingültiger Weise. Ihre Erwägung baut damit den Grundriß möglicher Zweckwissenschaft in reiner Weise aus.

---

[1] TR. I 13 S. 95 ff., (2) S. 58 ff. § 40.

[2] In anderem Sinne handelt von dem Problem des Rechtszwanges BINDING (§ 18 N. 5) Normen I S. 481 ff. Vgl. auch SIBER Der Rechtszwang im Schuldverhältnis nach deutschem Reichsrecht 1903. — CLAUSIUS Das Merkmal der Macht im Begriff des subjektiven Rechts, Bonner Diss., 1890. — KORNFELD Soziale Machtverhältnisse 1911. — Vgl. § 41, N. 5.

[3] Eigenartig TEN HOMPEL Der Verständigungszweck im Recht 1908.

§ 41

Das Recht: ein selbstherrlich verbindendes Wollen

Das rechtliche Wollen verbindet mehrere zum Zusammenwirken Es tritt dabei als eine Zweckbestimmung auf, die über den Einzelnen sich aufstellt. Sein eigener Inhalt ist von dem der ihm Unterstellten genau zu unterscheiden. Dabei bestimmt es selbst, wer ihm untertan ist, wer nicht [1].

Diese beschreibende Festlegung zweifelloser geschichtlicher Erlebnisse [2] führt zu der kritischen Klärung dessen, was in der Vorstellung gerade des rechtlichen Wollens als bedingendes Denkelement in Wahrheit besteht. Der Rechtsgedanke besagt nicht eine bloße Zusammenzählung von einzelnen Entschlüssen und von Begehrungen der verbundenen Individuen, sondern tritt diesen als ein selbstherrlich verbindendes Wollen gegenüber [3].

Daraus ergibt sich, daß der Begriff des Rechtes mit der unbedingten Freiheit und Selbstbestimmung der Rechtsunterstellten unvereinbar ist. Eine absolute Freiheit wäre nur bei der ausschließlichen Regelung des Zusammenlebens durch Konventionalregeln denkbar. Denn diese setzen überhaupt keine bleibenden Pflichten. Wird jemand in dem Sinne verbunden, daß er gehalten ist, seine Versprechungen zu erfüllen oder die Unversehrtheit des andern zu achten, so wäre ja von einer absoluten Freiheit auf seiner Seite keine Rede mehr [4].

Das Merkmal der Selbstherrlichkeit im Begriffe des Rechtes ist hier im Sinne einer erkenntniskritischen Analyse klar gestellt worden. Darum kommt es bei ihm nicht auf die Frage des Rechtszwanges nach der Seite des Einwirkens und Durchsetzens an. Die Aufgabe der begriff-

§ 41. [1] Zustimmend J. Biermann Bürgerliches Recht 1908 § 1 S. 3f. Pfenninger Übung und Ortsgebrauch in Schweiz. ZGB., Aarau 1911 S. 11 ff. Sohm Weltliches und geistliches Recht, S.-A. a. d. Festg. f. Binding, 1914, S. 10 ff. Dagegen Bierling, ArchRPhilos. 3, 155 ff. (Über die dabei vorliegende Verwechselung von Geltungsanspruch und wirklicher Geltung: WR. Anm. 82). Somlo (§ 18 N. 13) S. 78 ff. Katz, Hanna Lücken im Arbeitsvertrag 1922 S. 113 ff. Rittmeyer Der Irrtum in der Äußerung, Zürch. Diss. 1923 S. 34.

[2] Zum Beispiel ReichsG. v. 1. 6. 70, neue Fassung 22, 7. 13 über die Reichs- und Staatsangehörigkeit.

[3] S. hierzu Stammler Recht und Kirche (§ 37 N. 3) S. 68 ff. RphAbh. 2, 141 S. 168 ff. Etwas anders Kahl Lehrsystem d. Kirchenr. 1. Hälfte 1894.

[4] Von *Konventionalgemeinschaften* kann man also nur in uneigentlichem Sinne reden. Soweit solche dem Auge sich bieten, sind sie in Wahrheit nichts als lose zusammengesetzte Einzelfälle, ohne die geringste bindende Folge. Mit diesem kritisch begründeten Gegensatz von Recht und Konventionalregel muß vollendet Ernst gemacht werden. S. auch § 84; und danach §§ 103 ff. — Ganz anders steht es beispielsweise mit den Landfriedensordnungen des alten Reiches. Sie waren nur für solche verbindlich, die sie ausdrücklich beschworen hatten. Aber es bestand eine Rechtspflicht zur Leistung des Eides bei Strafe und selbstredend volle Rechtsfolge für die in Kraft getretene Ordnung. Schröder § 53. Brunner § 27.

lichen Bestimmung eines Gedankens, in seinem Gegensatze zu anderen Gedanken, ist von der Nachforschung zu trennen: ob bei einem begrifflich also bestimmten Erlebnis dieser oder jener Erfolg nach psychologischer Betrachtung zu erwarten oder beiseite zu lassen ist [5].

Endlich versteht es sich von selbst, daß mit der gegebenen Bestimmung des Rechtsbegriffes noch gar nichts darüber ausgesagt ist, von wem dieses rechtliche Wollen ausgeht. Auch diese letztere Frage hat es nicht mit begrifflicher Klärung zu tun, sondern richtet sich auf die praktische Anwendung des Rechtsgedankens [6]. Sie kann somit nur an der Hand besonderen geschichtlichen Materials aufgenommen und beantwortet werden und geht in ihrer allgemeinen Grundlage wiederum auf die Erwägung des Geltens, als des wirklichen Durchsetzens, von rechtlich geartetem Wollen, zurück [7].

§ 42

Die Herrschaft des Rechtes über die Konventionalregel

Das rechtliche Wollen hat wegen seines selbstherrlichen Charakters ein Übergewicht über die nur einladende konventionale Regel. Die letztere kann nur einen von dem Rechte ihr angewiesenen und belassenen Platz einnehmen. Es wird also das Ganze des sozialen Lebens von der Form des Rechtes umschlungen. Dieses benutzt aber dabei mögliche oder bestehende Sitten und Gebräuche zu dem Endzwecke einer gesetzmäßig ausgestalteten Gemeinschaft [1].

---

[5] Die alte Streitfrage, ob zu dem Begriffe *des Rechtes* der Zwang gehöre, hängt ganz davon ab, was man unter Zwang versteht, also in welchem Sinne nach ihm geforscht wird. Nimmt man ihn erkenntniskritisch im Sinne von selbstherrlichem Verbinden, so ist er als logisch bedingendes Merkmal des Begriffes *Recht* allerdings zu behaupten; — nimmt man ihn psychologisch im Sinne von erfolgreicher Einwirkung, so steht diese jeweilige Betrachtung natürlicher Weise außerhalb der Aufgabe, die bedingende Richtung zu kennzeichnen, die in dem Rechtsgedanken, als einheitlicher eigener Art des Wollens, enthalten ist und ihn von anderen Arten des menschlichen Wollens allgemeingültig unterscheidet. Über die Zwangstheorie Neukamp Das Zwangsmoment im Rechte in entwicklungsgeschichtlicher Beleuchtung, Jahrb. d. Ver. f. vergleich. Rwiss. u. Volkswirtsch. 4, 22 ff. Bierling (§ 18 N. 13) Prinzipienlehre I S. 48 ff. Somlo (§ 18 N. 13) S. 140 ff. Del Vecchio Il concetto del diritto 1906, (2) 1912, S. 111 ff. — Vgl. § 40 N. 2.

[6] Es muß auch hier klar sein, daß man auf die Frage: Was ist das Recht? — nicht mit der Angabe antworten darf: Das *Recht* entsteht in dieser oder jener Weise; oder: das *Recht* wird geäußert von dieser oder jener Größe. S. über systematisch und genetisch § 22 und dortige Angaben.

[7] Nach anderer Richtung der Betrachtung geht Eisele Unverbindlicher Gesetzesinhalt, Freib. Rede, 1885.

[1] So die Verweisungen des BGB. auf *eine auf den Anstand zu nehmende Rücksicht*, s. unten § 159. Vor allem die häufige Heranziehung der *Verkehrssitte*. Bierling Prinzipienlehre (§ 18 N. 13) 2, 291 ff. Pfenninger (§ 41 N. 1). Oertmann Rechtsordnung und Verkehrssitte, insbes. nach bürgerl. Recht 1914; darüber Reichel, § 42.

Dadurch werden die konventionalen Regeln nicht zu rechtlichen Sätzen, denn es fehlt ihnen das Merkmal des selbstherrlich verbindenden Wollens. Sie bleiben als Normen eigener Art bestehen, dienend und beherrscht von den Gedanken, die in der Idee des Rechtes dem sozialen Dasein seinen richtigen Weg weisen [2].

Hiernach ist jedes Recht auch für die konventionalen Regeln in seinem Gebiete verantwortlich. Wenn es in dem Sinne schweigt, daß es die Regelung gewisser Fragen durch konventionale Sätze duldet, so liegt darin gerade eine besondere Art der rechtlichen Regelung. Und wenn dann ein sachlich unguter Brauch und eine nicht zu billigende Gewohnheit sich zeigt, so ist damit zugleich auch festgestellt, daß unrichtiges Recht vorliegt.

Freilich wird sich auch zuweilen zeigen, daß das Recht seine Absicht nicht genügend erreichen kann, weil eine entgegenstehende Konvention sich gebildet hat, deren Druck sich stärker erweist, als der Druck des Rechtes. Dann prallen wohl auch einmal rechtliche Satzung und konventionale Regel im Zusammenstoße kämpfend aufeinander [3].

Fünfter Abschnitt

Die Unverletzbarkeit

I. Die Willkür

§ 43

Gewalttätige Anordnungen

Zu allen Zeiten hat sich in sozialen Zuständen die Besorgnis und der Abscheu vor willkürlicher Gewalt gezeigt. Ihr wird das rechtliche Wollen gegenübergestellt [1].

In der Tat ist das Aufmerken auf die Unterscheidung von Willkür und Recht sehr notwendig, nachdem die kritische Erwägung gezeigt hat, daß beide gleicherweise als selbstherrlich verbindendes Wollen auftreten. Beide stellen ihre Sätze so auf, daß sie nicht bloß eine Einladung an die durch sie zu Verbindenden enthalten, sondern die Verbindung ohne

---

ZRPhilos. 2, 267 ff. TEZNER Konventionalregeln und Systemzwang 1916. Unterschied zwischen Verkehrssitte und allgemeiner Auffassung gewisser Fachkreise: SeuffArch. 74, 160. Vgl. § 116 N. 3; § 150 N. 5.

[2] RR. S. 236 ff. Über die Einheit der sozialen Richtigkeit s. unten § 106; — auch § 132.

[3] Z. B. bei dem Gebote der ritterlichen Ehre und ihrer Wahrung im Zweikampfe. — Über schwaches Recht überhaupt s. § 71.

§ 43. [1] *Laß uns die alten, engen Ordnungen Gering nicht achten! . . . Denn immer war die Willkür fürchterlich.* SCHILLER Die Piccolomini I 4.

Rücksicht auf die jeweilige Zustimmung der Unterstellten meinen. Alsdann ist das Übergreifen von willkürlichen Gewaltbefehlen in Fragen, die rechtlich zu bestimmen sind, in gefährliche Nähe gerückt und in der Geschichte oft erlebt [2].

Nun wird der Hinweis auf das Recht und seine Bewährung, auf die Gerechtigkeit in diesem Sinne des Wortes [3], überall dringend. Der Gegensatz vertieft sich. Die beiden Möglichkeiten von rechtlicher und von willkürlicher Gewalt, zunächst in der Selbstherrlichkeit ihres Erscheinens verwandt, treten sich feindlich gegenüber. Vielleicht ist der Druck von beiden stark, und manchem der Druck des Rechtes besonders empfindlich und in gegebener Lage unerfreulicher, als ein willkürlicher Bruch des Rechtes. Aber doch wird das Recht als solches gepriesen und ersehnt [4]. *Recht muß doch Recht bleiben* [5].

Wie grenzt sich da der Gedanke des Rechtes von dem Begriffe der Willkür ab?

§ 44

Die Legitimität

Es könnte scheinen, als ob das rechtliche Wollen gegenüber einer willkürlichen Gewalt sich dadurch kennzeichne, daß es sich auf das bestehende Recht stützt und auf dieses zurückgeht. Willkür wäre dann das Gegenteil davon, — also eine äußere Regelung, die nicht in Gemäßheit des seither geltenden Rechtes, vielleicht sogar gegen dieses in das Leben getreten ist [1].

Diese Meinung würde jedoch übersehen, daß sehr oft im Laufe der Geschichte neues Recht entstanden ist, welches sich von dem seitherigen Rechte nicht ableitete. Es kam dann auf und erlangte Geltung ohne Beobachtung der Satzungen, die für die Neuschöpfung rechtlicher Vorschriften in der dortigen Verfassung vorgesehen waren [2].

---

[2] Stammler Recht und Willkür, RphAbh. 1, 85 ff. Ders. Die Gerechtigkeit in der Geschichte, Reden in schwerer Zeit 3, 43 ff., 1915, RphAbh. 2, 43 ff. — Ein besonders eindringlicher Zusammenstoß geschah in dem berühmten Prozeß des Müllers Arnold unter Friedrich dem Großen, 1779 f. DRL. 1, 411 ff. Nachweise hierüber § 163 N. 3. Das Seitenstück dazu bildete die Absetzung des Wild- und Rheingrafen Carl Magnus durch Joseph II. 1790; s. die Beschreibung vom Magister Laukhard, neu hrsg. von Petersen 1911, DRL. 1, 345 ff.

[3] Über Recht und Gerechtigkeit und die doppelte Bedeutung dieses letzteren Wortes s. § 91.

[4] *Die Faust des Gesetzes schmerzt weniger, als der kleine Finger der Willkür.* Altes Sprichwort. — S. auch das Theaterstück L'*ami des lois*, das Tezner (§ 42 N. 1) S. 3 N. 5 anführt.

[5] Psalm 94, 15. S. ob. § 10 N. 1.

[1] Rotteck *Legitimität* in dem von ihm und Welcker herausgegebenen Staatslexikon. § 44.

[2] Sehr interessant ist hierüber der Briefwechsel von Bismarck mit dem General Leopold von Gerlach, neu herausgeg. von Köhl 1896. — § 66.

Freilich ist dieses nur eine bedingte Beobachtung

Entscheidend ist die Erwägung, daß in der versuchten Auskunft der Begriff *Recht*, nach dem hier gefragt wird, verstecktermaßen schon vorausgenommen wurde. Er wird in dem früheren *Recht*, auf das sich das neu entstehende stützen soll, schon eingesetzt; dieses müßte sich dann wieder von einem anderen *Recht* ableiten, und so fort. Einmal muß das aber einen logischen Anfang haben, einmal der Begriff *Recht* nach einem bedingenden Merkmal festgestellt sein.

§ 45

Inhaltliche Verschiedenheit des selbstherrlichen Wollens

Der Gegensatz von Willkür und Recht kann nicht nach der Güte des Inhaltes von sozialen Regeln angegeben werden [1]. Denn es handelt sich bei ihm um eine Zerteilung des Wollens in begrifflich bestimmte Teil-

---

§ 45. [1] Dies ist die Auffassung Jherings (§ 18 N. 10). Für ihn ist *Willkür* eine gesetzliche Bestimmung, bei welcher *der Gesetzgeber nach unserem Dafürhalten sich mit den allgemeinen Prinzipien des Rechtes in Widerspruch gesetzt hat*, Zweck im R. I S. 351; auch 336; 346; 349. Das läuft also auf ein besonders geartetes *Recht* hinaus, läßt aber den begrifflichen Unterschied von Recht und Willkür beiseite. S. WR. Anm. 239. ten Hompel (§ 40 N. 3) S. 74 ff. — Es sind also die willkürliche Gewalt und das unrichtige Recht genau und deutlich zu unterscheiden. Jene erste ist die Gewalt des einzelnen Falles; sie steht im Gegensatze zu der begrifflichen Eigenart des Rechtes. Das andere entspricht dem Begriffe des rechtlichen Wollens in dessen formal bleibender Weise, aber es führt die Besonderheit seines Inhaltes nicht in der Richtung, die nach der Idee des Rechtes (§ 91) in der gegebenen Lage angezeigt wäre. Als Napoleon den Buchhändler Palm erschießen ließ, so war das eine willkürliche Gewalttat. Aber die Verfassung des Rheinbundes und die Einrichtung der Fremdherrschaft in Nordwestdeutschland und über Preußen war ein unrichtiges Recht, weil sie zwar ihrem Begriffe nach im Sinne unverletzbarer Ordnung sich gab, in der Sache aber ausschließlich im subjektiven Interesse des französischen Kaisers lag und nur seinem einseitigen Begehren diente. Alle Bemühungen der Eindringlinge, das durch ein Aufpfropfen von Errungenschaften der französischen Revolution zu bemänteln, änderten an dem genannten entscheidenden Grundcharakter nichts. Möglich ist es vor allem auch, daß ein rechtlicher Machthaber (gleichviel ob es ein einzelner, ihrer mehrere oder eine große Anzahl ist) im einzelnen Falle Willkür verübt, z. B. das verfassungsmäßig verbriefte Eigentum einem Reichsangehörigen wegnimmt, einen unabsetzbaren Beamten doch entläßt, u. a. (§ 48 Nr. 6). Unrichtiges Recht lag dagegen nach Platon bei der Athenischen Massenherrschaft vor (§ 10 Abs. 2), weil sie nur ein Zusammenzählen subjektivistischer Begehrungen darstellte und keine Gewähr dafür gab, daß gute Ergebnisse bei den dortigen Abstimmungen verfolgt und erreicht wurden (vgl. § 170). Unrichtig kann das Recht des Eigentums über Menschen sein (§ 81 N. 2), unrichtig die rücksichtslose Ausübung eines wohl begründeten Rechtes, und viele andere Möglichkeiten mehr (§§ 151 ff.). Dem Gesagten stimmt James Goldschmidt Der Prozeß als Rechtslage 1925 S. 157, bes. N. 862, sachlich, soviel ich sehe, zu. Sein Vorschlag, für willkürliche Gewalttat *objektive Willkür*, für unrichtiges Recht aber *subjektive Willkür* zu sagen, dürfte in seiner terminologischen Zweckmäßigkeit Zweifeln begegnen. — Vgl. § 107 N. 4.

vorstellungen. Der Frage: ob der Inhalt eines Strebens sachlich berechtigt ist oder nicht, können aber alle diese Teilvorstellungen des Wollens in gleicher Weise unterworfen werden. Das folgt daraus, daß die Entscheidung über die genannte Frage nach der inhaltlichen Güte auf das oberste Gesetz alles Wollens gerichtet werden muß (§ 106)[2].

Mithin taugt die Erwägung, ob der Inhalt eines Wollens grundsätzlich richtig ist, nicht nur zur Kennzeichnung der bedingenden Merkmale, nach denen das Wollen begrifflich in verschiedene Klassen zerlegt werden kann. Auch ein *willkürliches* Eingreifen kann verwerflich, vielleicht aber auch von guter Absicht geleitet sein und möglicherweise im einzelnen Falle ein besseres Ergebnis zeitigen, als das strenge Festhalten am dortigen Gebote des Rechtes (§ 2).

Jene, soeben abgelehnte, Ansicht müßte sonst dartun, daß eine begriffliche Abgrenzung des Rechtsgedankens, im Sinne einer nach Artmerkmalen fest bestimmten Teilvorstellung des Wollens, unmöglich sei. Dieser Beweis ist nicht geliefert worden und kann, aus obigen Gründen, gar nicht erbracht werden.

Es läßt sich umgekehrt zeigen, daß die begriffliche Abgrenzung von Recht und von Willkür nach sicher bedingenden Kennzeichen allgemeingültig möglich ist; — dergestalt, daß jedes so abgeteilte Wollen jenen Bedingungen erschöpfend entspricht, ohne daß wir nötig haben, auf die grundsätzliche Richtigkeit jenes Wollens einzugehen.

Dies kann geschehen, sobald wir hier gleichfalls auf den logisch bedingenden Sinn acht haben, in dem ein selbstherrlich verbindendes Wollen in verschiedener Art einzusetzen vermag.

II. Das unverletzbar verbindende Wollen

§ 46

Der Begriff der Unverletzbarkeit

Wir erhielten den Begriff der Selbstherrlichkeit dadurch, daß das maßgebliche Bestimmen bei dem Verbinden von Zwecken in das verbindende Wollen selbst gelegt wird, und nicht in die Entschließung der verbundenen Menschen (§ 40). Die letzte logische Zerteilung, die sich daran anschließt, ergibt sich nun daraus, daß jenes Bestimmen des verbindenden Wollens selbst wieder in doppelter Weise formal auftreten kann. Es erscheint entweder als eine Einzelheit, geschieht also von Fall zu Fall, oder es wird in bleibender Art als eine Einheit gedacht.

---

[2] Hierher gehört auch die Frage des Gewissenszwanges. S. § 173. Sie betrifft den abzulehnenden Inhalt eines Rechtes und hat mit der Trennung der Begriffe Recht und Willkür an sich nichts zu tun. Mißverständlich Zenker Der Anarchismus 1895 S. 84. Dazu WR. Anm. 238.

Wenn die erste dieser Möglichkeiten einsetzt, so haben wir nichts, als lauter Sonderfälle von vereinzeltem Belieben vor uns; als ein Ganzes können sie höchstens durch ein äußerliches Zusammenzählen solcher Einzelheiten genommen werden. In dem zweiten angeführten Falle tritt ein neues und eigenartiges Wollen auf, das sich in einheitlicher Weise aus der Vorstellung des selbstherrlichen Begehrens heraushebt [1].

Es ist der zweite Fall, der den abgezogenen Begriff der Unverletzbarkeit eines verbindenden Wollens darstellt. Sein bedingendes Merkmal liegt in dem Gedanken des gleichmäßigen Bleibens für den Bestand eines Verbindens menschlicher Zwecke [2].

§ 47

Das Recht: das unverletzbar selbstherrlich verbindende Wollen

Mit der Feststellung des Gedankens von einem unverletzbaren Verbinden ist das letzte der Merkmale angegeben, in deren Einheit der Begriff *des Rechtes* sich bestimmt. Wir zergliederten die Möglichkeiten, die ein sicheres Festhalten des Rechtsgedankens verständlich machen.

In der zuletzt besprochenen Richtung kann es nicht bezweifelt werden, daß die Vorstellung *des Rechtes* die Eigenschaft der Unverletzbarkeit, in dem oben (§ 46) erörterten Sinne, als bedingende Weise ihres Bestandes in sich trägt [1]. Der willkürliche Gewaltbefehl wird in der Meinung erlassen, daß dem Gebietenden in nichts auferlegt wird, sich selbst daran zu halten. Er stellt von sich aus ein verbindendes Wollen her, das er zur Richtschnur nehmen wird, *si voluerit*. Das rechtliche Wollen besagt das gerade Gegenteil [2]. Es stellt die bleibende Ordnung des Menschengeschlechtes dar. Ihr Bestand soll als solcher fest sein und nicht in

---

§ 46. [1] WR. § 84 bes. S. 483. TR. I 16 f.

[2] Der Begriff der Unverletzbarkeit, der das rechtliche Wollen von dem willkürlichen unterscheidet, besagt das Ausschließen subjektiver Laune von Fall zu Fall. Er steht dem Gedanken einer bleibenden Art des Verbindens gegenüber, wobei der Inhalt des Ordnens in seiner Besonderheit selbstverständlich auch wechseln kann und sich geschichtlich ständig verändert, aber immer in dem formalen Sinne, daß von dem jeweils gesetzten Rechte nicht nach persönlichem Belieben in dem einen oder anderen Einzelfalle abgewichen werden darf. Diesen bedingenden Sinn muß dann natürlich auch eine neue Weise des Bestimmens haben, wenn sie der begrifflichen Eigenart des rechtlichen Wollens entsprechen soll. Unrichtig faßt dies auf Kantorowicz Zur Lehre von dem richtigen Recht, ArchRPhilos. 2, 47. — Über praktische Folgen s. unten § 48 Nr. 6.

§ 47. [1] Fehr Die Rechtsstellung der Frau und der Kinder in den Weistümern 1912 p. VII: Das Weistum trägt gleichsam den Willen ewiger Geltung in sich. Jedenfalls soll es solange gelten, *bis daß wir* (die Schöffen) *mit bessern gewonheiten und rechten unterrichtet werden.*

[2] *Mit einem Herrn steht es gut, der, was er befohlen, selber tut.* Goethe Sprüche in Reimen, Sprichwörtlich (Cotta III 11).

jedem Einzelfall eines Anordnens neu hervortreten, um in sich keinen Halt zu haben und je nach Laune des Gebietenden in das Nichts zurücksinken und abgerissen wieder einem derartigen Zufallsbefehle Platz zu machen [3].

So ist *das Recht*: das unverletzbar selbstherrlich verbindende Wollen.

Der Begriff *des Rechtes* ist damit erschöpfend bestimmt. Es sind keine anderen reinen Formen des Ordnens unserer Gedankenwelt ersichtlich, die als notwendige Bedingungen der *rechtlichen* Vorstellung auftreten könnten. Sobald man den Versuch macht, weiter gehende Fragen in *rechtlichen* Erörterungen aufzuwerfen, so gelangt man zu stofflich bedingtem Begehren, das in seiner Eigenart wechselnd und vergänglich ist [4].

§ 48
Grenzfragen zwischen Recht und Willkür

Die Feststellung des Rechtsbegriffes nach seinen bedingenden Denkrichtungen ermöglicht es, zweifelhafte Fragen, die sich in der Abgrenzung gegen willkürliches Anordnen erheben können, wissenschaftlich gesichert zu entscheiden. Es kommen namentlich folgende in Betracht:

1. Die Despotie bedeutet immer noch einen rechtlichen Zustand. In einfachster Weise ausgedacht, würde sie eine Rechtsordnung abgeben, die aus einem einzigen Paragraphen bestände: Die rechtlichen Beziehungen unter den Unterworfenen bestimmen sich überall nach der besonderen Entscheidung des Herrschers. Ob der letztere ein Einzelner oder eine Gruppe oder eine Masse ist, bliebe sich dafür gleich. In jedem Falle könnten auch bei so unvollkommen ausgebildeter Verfassung doch rechtswidrige Gewalttaten eintreten und willkürliche Akte, Ungehorsam, Bürgerkrieg u. a. auftreten [1].

Aber freilich kommt der Despotismus in so nackter Gestalt, wie er hier hypothetisch eingeführt wurde, nirgends vor. In den geschichtlich bekannten Despotien stehen andere Gewalten neben dem Despoten: Priesterschaften, aristokratische Familien, Diener und Werkzeuge des Herrschenden, die alle einen mittelbaren Einfluß ihrerseits ausüben. Es gibt Eigentum, Handel und Verkehr; oft eigene Verfassung von Stämmen und Dörfern innerhalb des despotisch regierten Gesamtgebietes [2].

---

[3] Decr. Grat. pars I dist IV c 3: Augustinus, de vera religione (ca. 390): *In istis temporalibus legibus, quamquam de his homines iudicent, cum eas instituunt: tamen cum fuerint instituae et firmatae, non licebit iudici de ipsis iudicare, sed secundum ipsas.* (§ 12 N. 4). — S. auch § 11 N. 1.

[4] Vgl. hierzu noch § 115 N. 4.

[1] Jhering Zweck (§ 18 N. 8) S. 338. Arnold (§ 36 N. 1) S. 82 f. WR. § 91 § 48. S. 502 ff.

[2]. Es mag sein, daß man sich eine vollendete Despotie bloß, wenn nicht mit

So stellt eine solche Despotie zwar einen sehr elenden sozialen Zustand dar, bietet aber als Ganzes doch eine rechtliche Ordnung. Das Übel liegt bei ihr gerade darin, daß die Grenze zu möglichen willkürlichen Eingriffen offen und nicht gesichert ist [3].

2. Dagegen kann auch bei der scharf ausgeklügelten Verfassung eines Rechtsstaates sehr wohl ein Akt der Willkür durch die Organe der Gesetzgebung selbst geschehen [4]. Die bloße Form des Gesetzes schützt nicht, wenn in ihr das bestehende Recht mißachtet und gebrochen und ein Sondergesetz für einen Einzelfall gegen die geltende Rechtsverfassung erlassen wird [5].

3. Der Inhaber der Staatsgewalt steht mit seinen Rechten und Pflichten innerhalb des rechtlichen Wollens. Ob es Zwangsmittel gegen ihn gibt, ist hierfür gleichgültig. Wenn sie fehlen, so wird seine Stellung in dem sozial geordneten Gemeinwesen nicht zu einer willkürlich gearteten; sie bleibt rechtlich geordnet, denn sie ist ihm in dem Sinne des unverletzbaren Verbindens eingeräumt [6]. Die Unverantwortlichkeit, die die Verfassungen der Neuzeit dem Monarchen zuschreiben, kann an der eben vorgenommenen Kennzeichnung um so weniger etwas ändern, als sie in gewissem Umfange auch anderen Organen staatlicher Betätigung zugebilligt ist. Auch ist es gleichgültig, ob als Träger der Staatsgewalt ein Einzelner oder ihrer Mehrere oder auch Viele, die nach positiven Rechtsnormen abgegrenzt werden, in dem fraglichen Gemeinwesen bestimmt sind. Das sind schließlich nur relative Unterschiede; denn jede solche Einrichtung ist bloß ein bedingtes Mittel, dessen Berechtigung nach

---

Zauberei, so doch unter stärkstem Aberglauben vorstellen kann. In geschichtlich erlebten Zuständen läßt sich der Sinn des unverletzbar verbindenden Wollens gegenüber dem willkürlichen Gebote stets auseinanderhalten.

[3] Hierher gehört auch *die Diktatur des Proletariates.* DIEHL Die Diktatur des Proletariates und das Rätesystem 1920. — SCHMITT-DOROTIĆ Die Diktatur 1921. GRAU Diktaturgewalt und Reichsverfassung, in Gedächtnisschrift für SECKEL 1927, S. 430 ff. CARL SCHMITT Die Diktatur (2) 1928. — BERNHARD, LUDWIG Das System Mussolini 1924.

[4] Treffend von GOETHE geschildert: *Wo Mißgestalt in Mißgestalten schaltet, das Ungesetz gesetzlich überwaltet, und eine Welt des Irrtums sich entfaltet.* Faust II. Teil 1. Akt (Cotto 12, 110).

[5] Damit hat es die Geschichte von dem Windmüller in Sanssouci zu tun. S. auch HOLTZE Krieg und Enteignung in der Mark vor 300 Jahren, DJZ. 23, 287 ff. Über Mißachtung der Unabsetzbarkeit der Richter im Einzelfalle s. WR. § 91 S. 500. — Es würde ein willkürlicher Akt gewesen sein, wenn 1913 durch ein Sondergesetz ein Privilegium für die vorbehaltene Aufführung des *Parsifal* in Bayreuth erlassen und zugleich das Verbot solcher Privilegien nach § 64 des Urhebergesetzes vom 19. 6. 01 und § 60 des Ges. vom 11. 6. 70 aufrecht erhalten worden wäre. STAMMLER Privilegien und Vorrechte 1903 S. 17 ff. VERDROSS Zum Problem der Rechtsunterworfenheit des Gesetzgebers, S.-A. aus Jur. Bl. 1916. — S. § 152 N. 5.

[6] § 47 N. 2 u. 3. Auch § 91 N. 6. FEUERBACH Anti-Hobbes oder über die Grenzen der höchsten Gewalt und das Zwangsrecht der Bürger gegen den Oberherrn 1798, bes. S. 289 ff. — § 144 N. 4.

dem absoluten Grundgedanken des Rechtes zu beurteilen ist. An dieser Stelle kommt es darauf an, daß es sich bei der besonderen Ordnung der dem Träger der Staatsgewalt verliehenen Stellung um rechtliche Fragen handelt, deren Inhalt nur in besonderer Weise ausgeführt ist.

4. Die Anarchie ist ein verwirrter und in Unordnung geratener Rechtszustand. Das dortige positive Recht hat nicht die Macht, sich durchzusetzen (vgl. § 71). Es werden alsdann viele willkürliche Gewalttaten geschehen, aber das Ganze des dortigen Zusammenlebens war an sich unter einer rechtlichen Ordnung gedacht [7].

Das oft berufene Faustrecht gehört gleichfalls unter diese Betrachtung. Es erscheint als ein Mißbrauch der Selbsthilfe, die als eine rechtliche Einrichtung besonders in dem altdeutschen Fehdewesen in weitem Umfange zugelassen war, heute nur in Ausnahmefällen nach dem Spruche unseres Rechtes zulässig erscheint [8].

5. Der Krieg ist eine Rechtseinrichtung. Er ist ein Mittel, um ein bedrohtes oder ein verletztes Recht zu schützen oder wiederherzustellen. So entspricht er dem gerichtlichen Verfahren und der Zwangsvollstreckung im Innern einer Rechtsordnung. Der Vorschlag, den Krieg durch andere Einrichtungen zu ersetzen, bedeutet sonach die Änderung eines geschichtlich überkommenen Rechtsinhaltes durch einen andern. Es genügt also nicht, zu betonen: daß die bestehende Rechtseinrichtung gewisse Mängel aufweise und mit Nachteilen verbunden sei, es ist vielmehr nötig, zu beweisen: daß unter der vorgeschlagenen anderen Regelung sich bessere und richtige Zustände ergeben werden [9].

6. Aus der in § 47 vorgetragenen Lehre ergibt sich als praktische Folgerung, daß eine Abweichung von einem geltenden Rechte im Einzelfalle nur dann rechtlich möglich ist, wenn zuvor der hindernde Rechtssatz aufgehoben ist. Bleibt er stehen und es wird trotzdem in der besonderen Frage gegen ihn verfahren, so ist dieses willkürliche Gewalt. Es wider-

---

7 Daß der sog. Ausnahmezustand bei erheblicher Störung oder Gefährdung der öffentlichen Sicherheit und Ordnung nur als rechtliche Einrichtung aufzufassen ist, ergibt sich nach der grundlegenden Unterscheidung von selbst. Neue ReichsVerf. v. 11. 8. 19 Art. 48.

8 Koch Sammlung der Reichsabschiede 1747 I, S. 5; 21; 73; 261. CCC art. 129. Schröder §§ 12; 53; 68; 78. Brunner §§ 8; 21; 27; 43. — Über Götz von Berlichingen: DRL. 1, 51 ff.

9 Clausewitz Vom Kriege. Nach dem Tode des Verf. hrsg. 1832; oft aufgelegt, auch mit Einführung von Schlieffen (8) 1914. Kattenbusch Das sittliche Recht des Krieges 1906. Pfersche Recht und Krieg, Rede 1906. Sturm Die Reaktion des Rechtes 1914; Ders. Das Kriegsrecht, das Recht des Krieges und das Recht der Völker auf Frieden 1919. Mendelssohn-Bartholdy Der Kriegsbegriff des englischen Rechts 1915. Jerusalem Der Krieg im Lichte der Gesellschaftslehre 1915. Finger Die Stellung der Person und des Privateigentums im »Kriegsrecht«, Hall. Rede 1916. Moog Fichte über den Krieg 1917. Althaus Zum Problem des Krieges, in der Abh. »Staatsgedanke und Reich Gottes« (3) 1926, S. 58 ff. — S. auch §. 179.

spricht dem bedingenden Elemente des Rechtsbegriffes, das in der Denkrichtung der Unverletzbarkeit besteht [10].

7. Der Begriff *des Rechtes* gibt niemals eine Gewähr dagegen, daß nicht der Inhalt eines Rechtes abgeändert und durch einen entgegenstehenden Rechtsinhalt ersetzt werde [11]. Eine solche Abänderung kann sowohl in Gemäßheit des geltenden Rechtes, als auch unabhängig davon geschehen. Das letztere kann in friedlicher Vereinbarung eintreten, z. B. in Verträgen unabhängiger Staaten, die eine neue Rechtsgewalt über sich einsetzen; es hat sich aber auch oft genug durch gewalttätigen Rechtsbruch vollzogen, z. B. durch Staatsstreich, Revolution u. a. Der Rechtsbruch ist aber Willkür, wenn er nicht zur Änderung des Rechtes führt, sondern das geltende Recht bestehen läßt und nur im einzelnen Falle nach subjektivem Belieben davon abweicht; er kann jedoch zur Begründung von Recht führen, wenn die durch ihn neu eintretende soziale Regel dem Begriffe *des Rechtes* entspricht [12].

---

[10] Die unverletzbare Art des Verbindens als Merkmal eines rechtlichen Wollens gegenüber dem willkürlichen, kann auch innerhalb des rechtsunterstellten Privatrechts, bei der Ordnung der Vereine, beobachtet werden. Auch dort kann in Frage stehen, ob etwa die Gesamtheit der Mitglieder an die durch die Satzung festgelegte Zuständigkeit eines Vereinsorganes gebunden ist oder sie im einzelnen Falle beliebig durchbrechen und doch die damit gebrochene Satzung im allgemeinen weiter bestehen lassen kann. Die Verneinung dieser zweiten Alternative ergibt sich aus den Ausführungen des Textes. S. oben N. 5. — Einzelbestimmungen des BGB. in den §§ 26; 30; 32; — 712; 715.

[11] Der Gedanke der Unverletzbarkeit besteht darin, daß einem verbindenden Wollen der Sinn zukommt, in bleibender Weise zu verbinden, und nicht von Fall zu Fall. Für die praktische Handhabung läßt sich daraus die Folgerung ziehen, daß es im Sinne eines einmal vorhandenen Rechtes liegt, nicht durch Willkür gebrochen, sondern in seinem Inhalte durch den Inhalt eines anderen rechtlichen Wollens abgelöst zu werden. Das logische Merkmal der Denkform eines unverletzbar verbindenden Wollens wird selbstverständlich nicht durch diese letztere praktische Folgerung, sondern durch die vorangestellte Eigenart des bleibenden Verbindens gegeben. Irrigerweise übersehen von Kantorowicz. ArchRPhilos. 2, 47.

[12] Wenn vorhandenes Recht durch eine Gewalt in illegitimer Weise gebrochen wird, so bedeutet das an sich immer ein willkürliches Vorgehen. Es ist nun möglich, daß es in der Folge zunächst dabei bleibt, daß also ein wilder Zustand des dortigen sozialen Lebens eintritt. Es kann aber auch sein, daß durch den Rechtsbruch neues Recht entsteht, indem nämlich das jetzt gesetzte verbindende Wollen seinem eigenen dortigen Sinne nach den bedingenden Merkmalen des Rechtsgedankens entspricht (§ 66). Zwischen diesen Sätzen und der von Kipp zu Windscheid § 15 N. 3 entwickelten Ansicht dürfte danach wohl keine Gegensätzlichkeit bestehen.

Zweites Buch

Das Werden des Rechtes

Erster Abschnitt

Das positive Recht

I. Die positiven Besonderheiten eines Rechtes

§ 49

Rechtsbegriff und positives Recht

Ein positives Recht liegt vor, wenn besondere Bestrebungen rechtlich geordnet sind[1].

In seinem Begriffe sind also zwei Elemente enthalten:

1. Der Begriff des Rechtes, das ist: die formale Art des unverletzbar selbstherrlich verbindenden Wollens (§ 47), die als eine Klassenabteilung des Wollens besteht.

2. Der besondere Gegenstand gerade dieses fraglichen Willensinhaltes, der in rechtlicher Weise bestimmt ist. Wenn z. B. die Einrichtung des Eigentums von dem Gesetze geordnet wird, oder dem letzten Willen eines jetzt Verstorbenen gewisse Folgen zugeteilt sind, oder die einzelnen Leistungen bestimmter Schuldverhältnisse geregelt werden, so steht jedes von ihnen als begrenzte und unterschiedliche Besonderheit jeweils neben der andern, — aber sie alle werden schließlich durch den formalen Gedanken des Rechtes bedingt.

Das Merkmal des *Positiven* besagt sonach den bedingten Bestandteil eines bestimmten rechtlichen Wollens. Alles geschichtliche Recht ist also in seinem besonderen Auftreten ein positives Recht[2].

Man kann es auch dahin wiedergeben: Das positive Recht ist ein bedingtes rechtliches Wollen. Erst die kritische Analyse unter-

---

[1] In TR. II 3 hatte ich vorgeschlagen, das Fremdwort *positiv* mit *gesetzt* zu übersetzen. Da das keinen besonderen Anklang gefunden zu haben scheint, so behalte ich bis auf weiteres jenes Fremdwort gleichfalls bei. § 49.

[2] JUNG *Positives* Recht, Festschrift f. d. Jur. Fak. Gießen, 1907 S. 469 ff. Dazu REICHEL, KrVJSchr. 3. F. 12, 477 ff. DEL VECCHIO Sulla positività come carattere del diritto, Modena 1911. — Nach anderer Richtung geht die Lehre von KIRCHMANN (§ 3 N. 9) Die Grundbegriffe des Rechts und der Moral 1873. Dazu FREDERICHS in der § 33 N. 1 zitierten Schrift.

scheidet die beiden Elemente, die im äußeren Auftreten immer und notwendig miteinander verbunden sind [3].

Wenn man die Paragraphen bestimmter rechtlicher Gesetze betrachtet, so geschieht dieses unvermeidlich in der Denkrichtung, die durch den Rechtsbegriff als solchen gewiesen ist. Ihre Vorstellung müßte ihren wesentlichen Sinn verlieren, wenn man den allgemeinen Gedanken des Rechtes fallen lassen wollte; — und der letztere kann nur dadurch zum fühlbaren Ausdrucke gelangen, daß er auf begrenztes Streben ordnend angewandt wird.

Wenn hiernach das Wort *Recht* sowohl für den bedingenden Begriff des Rechtes, als auch für seine Anwendung auf besondere Bestrebungen eingesetzt wird, so hat das weder etwas Auffallendes noch auch Schwieriges im Gefolge. Es wird hierdurch kein Gegensatz zwischen zwei verschiedenen Vorstellungen geschaffen. Es gibt vielmehr nur einen einzigen Begriff des Rechtes, und dieser ist die logische Bedingung jeder besonderen Satzung, die als *rechtliche* auftritt [4].

§ 50

Positives Recht und richtiges Recht

Man gebraucht den Ausdruck des *Positiven* bei dem Auftreten von bedingten rechtlichen Satzungen noch mit einer eigenartigen Färbung engeren Charakters. Es werden nämlich damit die besonderen Einrich-

---

[3] An diese Unterscheidung knüpft eine neuere philosophische Richtung an, die sich selbst *Positivismus* nennt. Sie ist auch in der sozialen Betrachtung und der Rechtsphilosophie aufgetreten. Ihre Absicht ist, jedem *absoluten Prinzip* zu entsagen und nur *durchgängige Relativität* anzuerkennen. Wie das freilich im Sinne wissenschaftlicher Einsicht möglich sein soll, die doch eine unbedingt einheitliche Zusammenfassung aller *Relativitäten* fordert, bleibt unklar. Der Begründer jener Lehre ist AUGUST COMTE (1798—1857). COMTE Der Positivismus in seinem Wesen und seiner Bedeutung, übersetzt v. RASCHLAU 1894. COMTE Soziologie, 3 Bde., übers. v. DORN, 1907/11. WAENTIG Comte und seine Bedeutung für die Entwicklung der Sozialwissenschaft 1894. Handw. d. Staatsw. s. v. *Comte*. REICHE Comtes Geschichtsphilosophie 1927. Besondere Beachtung und Zustimmung hat diese Meinung in Italien gefunden. VANNI La filosofia del diritto in Germania e la ricerca positiva, Torino 1896; DERS. La teoria della conoscenza e l'esigenza critica del positivismo, Roma 1902. RIGNANO La sociologie dans le cours de philosophie positive d'Auguste Comte, Paris 1902. A. LEVI Per un programma di filosofia del diritto, Torino 1905; dazu REICHEL, KrVJSchr. 3. F. 11, 224 ff. — B. STERN Positivistische Begründung des philosophischen Strafrechts 1905. CARLO II diritto naturale secondo R. Ardigo ed il positivismo italiano, Palermo 1909 (§ 150 N. 6). — Vgl. § 18 N. 1; 16; auch § 97.

[4] Jede Rechtsbetrachtung hat es also mit der eigenen Art zu tun, in der — eben im Sinne des *rechtlichen* Wollens — menschliches Zusammenleben geführt werden kann (§ 22). Richtet man nun die Aufmerksamkeit auf den Begriff *des Rechtes* als solchen, so hat man zum Gegensatz die andern Arten des sozialen Wollens in Konventionalregel und Willkür; lenkt man sie auf die Besonderheiten eines *positiven Rechtes*, so geben den Gegensatz andere rechtliche Besonderheiten

tungen und Sätze eines geschichtlichen Rechtes einfach in ihrem Dasein betont. Darüber steht die Frage: Sind sie auch grundsätzlich berechtigt? Wenn nun gesagt wird, daß etwas *positiv* bestimmt sei, so wird das im Unterschiede zu der genannten zweiten Frage ausgesprochen.

Alsdann ist ein doppeltes möglich. Es wird entweder lediglich abgelehnt, auf diese andere Frage in dem gerade behandelten Falle überhaupt einzugehen; die durch sie geforderte Betrachtung wird beiseite gelassen und bleibt für etwaige weitere Erwägung offen. Oder es will der Redende gleich hervorheben, daß er die innere Begründetheit der fraglichen Satzung nicht anerkennt [1].

Hierdurch kommt man auf das Gebiet der Idee des Rechtes [2]. Dort wird es auch in unserer Darstellung ausgetragen werden (§ 91). Die Lehre von dem Begriffe des Rechtes und seinem Auftreten in der Geschichte kann nur den Gegensatz als solchen hervorheben, aber nicht selbst zur Entscheidung bringen [3].

Endlich ist zu beachten, daß *positiv* in rechtlichen Dingen noch mit einem besonders engen Sinne gelegentlich auftritt, und zwar innerhalb der Sätze und Einrichtungen eines bestimmten geschichtlichen Rechtes selbst. Diese können nämlich in einer relativ allgemeinen Weise aufgestellt sein; und dann kann es geschehen, daß die dortige Rechtsordnung sich veranlaßt sieht, von diesen verhältnismäßig allgemeinen Regeln abweichende Bestimmungen für einzelne Tatbestände zu treffen [4].

---

ab. Jener Begriff kann als Form des Ordnens allein für sich betrachtet werden, der von ihm bestimmte Gedankeninhalt in seinen Besonderheiten selbstredend nicht ohne ihn; s. § 3 N. 4 und bes. § 56 Nr. 6.

[1] Der gewöhnliche Sprachgebrauch gibt das häufig mit der Unterscheidung § 50.
wieder, daß zwar keine juristische, aber eine moralische Pflicht vorliege. Dann wird das letztere Wort im Sinne von grundsätzlich richtig gebraucht. S. §§ 33; 158; — auch unten N. 3.

[2] Jodl Über das Wesen des Naturrechts und seine Bedeutung in der Gegenwart 1893. Oertmann Naturrecht und positives Recht, Beil. z. AllgZ. 1901 Nr. 177 f. Del Vecchio Il concetto della natura e il principio del diritto (§ 14 N. 13). Jung (§ 18 N. 13) Haymann Naturrecht und positives Recht, ZRPhilos. 1, 233 ff. Müller-Eisert Objektives Recht und richtiges Recht, Arch. BürgR. 43, 183 ff. Salomon (§ 18 N. 13) S. 239 ff.: Das Verhältnis der Rechtsphilosophie zum positiven Recht. Duguit L'État: le droit objective et la loi positive, Paris 1901. Barillari Diritto nazionale e diritto positivo come problema filosofico, Neapel 1919. Manigk Die Idee des Naturrechts, in StFestg. S. 1 ff. Ders. Wie stehen wir heute zum Naturrecht, Rede, 1926. Reichel Zu den Einleitungsartikeln des Schweiz. ZGB., im StFestg. S. 231 ff. — Eigenartig: Seitz Biologie des geschichtlich-positiven Rechts der Gegenwart im Kulturleben der Gegenwart, 3 Teile 1906 und 1910.

[3] S. hierzu § 82: Begriff und Idee; auch § 91 N. 4. — Über Gesetz und Evangelium s. § 180.

[4] So sollen die dinglichen Lasten eines Grundstücks nach bürgerlichem Rechte in das Grundbuch eingetragen werden, die Rente wegen Überbaues aber nicht, BGB. 914, 2; s. ferner GBO. 40; 41; u. a. m. Im allgemeinen besteht die Einrichtung

Du sollst nicht töten, — aber den Fall der Notwehr muß das Recht alsbald ausnehmen; diese wiederum entschuldigt nicht, wenn der Täter in ihr weiter geht, als zur Abwendung des rechtswidrigen Angriffes erforderlich ist; und die Überschreitung der Notwehr ist, in Unterausnahme, nicht strafbar, wenn der Täter in Bestürzung, Furcht oder Schrecken über die Grenzen der Verteidigung hinausgegangen ist.

So ist das Vorgehen der Gesetzgebung auf eine fortlaufende Selbstberichtigung von zu allgemein gefaßten Regeln angewiesen. Und diese Ausnahmen heißen dann auch oftmals, jenen allgemeineren Sätzen gegenüber, *positive* Bestimmungen.

§ 51

Vom Werden des Rechtes im allgemeinen

Der Begriff *des Rechtes* hat die Bedeutung einer ordnenden Methode. Er tritt darum in der geschichtlichen Wirklichkeit nur bei Gelegenheit von bedingtem Bestreben auf, das nach ihm logisch bestimmt ist. Die Frage nach dem Werden *des Rechtes* kann also in doppelter Richtung aufgeworfen werden.

Es kann danach gefragt werden, wie sich die Vorstellung der *rechtlichen* Eigenschaft eines Wollens bei jemandem bilde. Auch diese Vorstellung bringt niemand mit auf die Welt. In welchem Prozesse entwickelt sie sich? Wie hat man sich das Aufkommen des Rechtsgedankens in dem geistigen Leben des Menschen näher zu denken?

Davon verschieden ist die Betrachtung, wie ein positiver Inhalt eines Rechtes in der Geschichte entstehe. Man hat versucht, diese Besonderheiten von bestimmtem Rechte von einer außerhalb gestellten Autorität abzuleiten: von göttlicher Eingebung oder von der Seele des Volkes oder von einem frei schaffenden Gesetzgeber. Keines von ihnen kann wissenschaftlich befriedigen (§§ 52—54).

Statt dessen sind die Wandlungen des positiven Rechtes aus Gründen zu begreifen, die in dem seitherigen Rechte und seiner damaligen Ausführung selbst gelegen sind. Die Untersuchung dieser Frage leitet zu der Lehre von dem Verhältnisse der sozialen Wirtschaft zu dem Rechte und von den ökonomischen Phänomenen und ihrer Entwicklung (§§ 55—60).

---

der Zwangsaufrechnung nach BGB. 387, aber sie ist in besonderen Fällen ausgeschlossen nach BGB. 393—395. Übertragung einer Forderung ist regelmäßig zulässig, aber nicht bei der Sachlage nach BGB. 399 und 400. Ein Schuldner muß an sich seine Schuld restlos bezahlen, widrigenfalls sie von ihm eingetrieben wird, aber er hat in manchen Fällen das Recht des Notbedarfs (BGB. 519; 829; 1579; 1603), und es sind in ZPO. 811 ff. Grenzen der Zwangsvollstreckung durch Festsetzung der Unpfändbarkeit gewisser Sachen des Schuldners kasuistisch aufgestellt usf. Näheres § 152.

Hiernach ersehen wir, wie die Bestrebungen auf Abänderung eines Rechtes dem Stoffe nach aus sozialen Erscheinungen, die vorher gelegen sind, ihre Entstehung nehmen. Es stellt sich die Bewegung des sozialen Lebens im Sinne eines sich stetig wiederholenden Kreislaufes dar. Aus der rechtlich geordneten Wirtschaft ergeben sich die eben genannten Bestrebungen auf neues Recht; falls sie sich durchsetzen, bilden sich erneut gleichmäßige Erscheinungen, denen wieder Bestrebungen jener Art entspringen, um nach ihrem Erfolge den gleichen Vorgang, wie vorher, nach sich zu ziehen (§§ 61—63).

Die Art und Weise der Rechtsänderung läßt sich dabei nach ihrer formalen Seite in gewisser allgemeiner Beobachtung darlegen. Man bezeichnet das seit längerem als die Lehre von den Rechtsquellen. Es kann sich dabei der Blick auf die erste Entstehung des Rechtes in der Menschengeschichte überhaupt richten oder auf das Werden rechtlicher Satzungen im Laufe erkennbarer Zeiten. Im letzten Falle tritt neues Recht entweder in Gemäßheit einer bestehenden Rechtsverfassung in das Leben, oder es bildet sich unabhängig von ihr in einer ursprünglichen Weise (§§ 64—66).

Das so beobachtete Werden des Rechtes geht von dem Entstehen des Inhaltes eines rechtlichen Wollens zu seiner wirklichen Durchsetzung hin. Die letztere heißt dann die Geltung eines Rechtes. Dieses kann gerade jetzt in Geltung stehen oder nicht mehr gelten oder noch nicht in Kraft getreten sein. So wird neben der Betrachtung des Rechtsbegriffes und der nach ihm bestimmten Besonderheiten in zusätzlicher Weise eine eigene Lehre von dem Gelten eines rechtlichen Wollens erforderlich (§§ 67—69).

Sie bringt eine Erörterung der nebeneinander stehenden Begriffe von Recht und Macht mit sich. Die beiden stehen nicht, wie wohl gemeint worden ist, in einem Gegensatze zueinander, sondern ergänzen sich. Jedes von ihnen kann auf das andere in verschiedener Weise Bezug nehmen. Es gibt machtvolles Recht und schwaches Recht, und es ist eine berechtigte Macht und eine verwerfliche Macht möglich. Die sich durchdringende Ergänzung dieser beiden Erwägungen ist aber darum unausweichlich gesetzt, weil die Ausführung der Frage des Rechtes in erkenntniskritischer Art zu geschehen hat, dagegen die Betrachtung der Macht eine psychologische Erörterung bedeutet (§§ 70—72).

In diese Aufgabe einer Psychologie des Rechtes mündet danach dieser Abschnitt der Rechtsphilosophie im allgemeinen aus. Es ist der Unterschied der kritischen und der psychologischen Art der Rechtsbetrachtung darzulegen und das Ziel und der Weg einer beschreibenden, wie einer erklärenden Sozialpsychologie anzugeben (§§ 73—75).

Sodann aber weist uns die Durchführung der Rechtspsychologie zuvörderst auf das Problem hin, das oben, im Beginne dieses Paragraphen, als erste Frage gestellt wurde: auf das psychologische Werden des Rechtsgedankens im Bewußtsein des Menschen. An dieses schließt sich endlich die Psychologie des rechtlichen Geltens für ein verbindendes Wollen an und die Beobachtung einer Unsicherheit, die sich über das Gelten eines Rechtes in gegebener geschichtlicher Lage schier unvermeidlich herausstellen mag (§§ 76—78).

II. Schöpfer des positiven Rechtsstoffes

§ 52

Göttlich gesetztes Recht

Der Inhalt bestimmter rechtlicher Anordnungen ist häufig auf eine unmittelbare göttliche Eingebung gestützt worden. Dieses findet sich in verschiedener Weise vielfach in den heidnischen Religionen, ist aber auch dem orientalischen Monotheismus geläufig und kehrt bis in die Neuzeit wieder, teils in theoretischen Auslassungen oder auch in einzelnen rechtlichen Organisationen [1].

Solche Versuche, die positiven Besonderheiten eines Rechtes von einer Autorität abzuleiten, die ihnen einen heiligen und unverbrüchlichen Charakter verleihen soll, gehen fehl. Das Recht entstammt in seinen Einzelheiten dem bedingten Verlaufe des Menschendaseins. Es ist ein eigenartiges Wollen, dessen Inhalt als menschliches Streben erfaßt sein will. Einer geläuterten religiösen Auffassung kann daher nur die Annahme einer göttlich gesetzten Aufgabe entsprechen. Dagegen sind für jede einzelne dieser stofflich bedingten Besonderheiten eines Rechtes keine anderen Ursachen zu suchen, wie natürlich erwachsende Bestrebungen bestimmter Menschen; und diese haben ihr also werdendes rechtliches Streben selbst zu verantworten und im Sinne des guten Wollens zu leiten und zu bewähren.

Der Satz, daß *die Obrigkeit von Gott verordnet* sei [2], widerstreitet dem Gesagten nicht. Er bietet dem Gläubigen den gleichen Gedanken, wie die Überlegung, daß das selbstherrliche Gebot des Rechtes als sol-

§ 52. [1] So im Leviticus und im Deuteronomium, dann mit Vorliebe in den Suren des Koran, übers. v. Grigull (bei Hendel o. J.). Trespioli Saggio per uno Studio sulla conscienza sociale e giuridice nei codici religiosi, Parma 1902 (verfolgt den Einfluß der acht Religionssysteme, die in Asien entstanden sind, auf die rechtliche Auffassung der unter ihnen lebenden Bevölkerung in geschichtlicher Entwicklung). Rapaport Das religiöse Recht und dessen Charakterisierung als Rechtstheologie 1913. Latte Heiliges Recht. Untersuchungen zur Geschichte der sakralen Rechtsformen in Griechenland 1920. — Thilo Die theologisierende Rechts- und Staatslehre 1861. RSt. § 13. — M. Weber Gesammelte Aufsätze zur Religionssoziologie, I. Bd. 1920. Troeltsch Die Soziallehren der christlichen Kirchen und Gruppen. Ges. Schr. I. Bd. 1919. Vgl. § 12 N. 16. — Vgl. auch Karl Schmitt Politische Theologie 1922. — Fehr Gottesurteil und Folter, in StFestg. S. 231 ff.

[2] Röm. 13, 1—7.

ches, das heißt: ohne alle Erwägung der Güte oder der Minderwertigkeit des Inhaltes, bereits unbedingt notwendig sei und so sich dartun lasse (§ 107).

Auch die Formel, daß ein Staatsoberhaupt *von Gottes Gnaden* sein Amt ausübe, ist nicht unvermeidlich auf die Herkunft dieses Amtes in seiner besonderen Ausgestaltung zu beziehen [3]. Es ist ein treffender Ausdruck im systematischen Sinne. Er besagt danach, daß der Träger der Staatsgewalt, der nur nach dem bedingten Inhalt einer gerade in Rede stehenden geschichtlichen Rechtsordnung angegeben werden kann, das letzte Wort der Entscheidung in den dortigen rechtlichen Dingen habe. Es kommt ihm zu über allen Besonderheiten und hinter allen möglichen Beschränkungen. Und er ist bei der Ausübung dieser seiner Obliegenheiten keiner anderen rechtlichen Instanz untertan, mithin nur verantwortlich seinem Gewissen und seinem Gott [4].

Sofern nun das Suchen nach einem vollkommenen Abschlusse unseres geistigen Lebens zu dem Gedanken einer göttlichen Weltordnung notwendig hinführt, ist selbstverständlich auch Recht und Staat in das Ganze dieser geschlossenen Grundauffassung einzufügen (§ 180). Aber das ist etwas anderes, als das Zurückführen einer gewissen Rechtsordnung in ihren besonderen Einrichtungen und Artikeln auf die Sanktion Gottes.

Es ist dem entgegen gelehrt worden, daß der Staat mit der Gründung einer bestimmten Verfassung sich von dem ihn begründenden Menschenwillen ablöse. Solange noch nichts bestehe, hätten allerdings die Menschen Macht und Fug, diese oder jene Verfassung festzusetzen; sobald das aber geschehen sei, und ein Staat nun bestehe, seien sie und ihre Nachkommen an diese alsdann bestimmten Staatsgesetze gebunden, eben weil der Staat göttliche Ordnung sei [5].

---

[3] Es erscheint unsicher, woher die Formel *dei gratia* historisch herstammt. Ihre Herkunft aus dem Persischen über Byzanz ist mehr als zweifelhaft. Justinian kennt sie unter seinen zahlreichen Prädikaten nicht. Vielleicht haben die Bischöfe im fränkischen Reiche diese Formel als Zeichen der Demut geführt, vielleicht Karl der Große sie nach angelsächsischem Vorbilde aufgenommen. Brunner § 16 S. 57. Schmitz Ursprung und Geschichte der Devotionsformeln bis zu ihrer Aufnahme in die fränkische Königsurkunde 1913. Es führten sie später aber auch die Dogen der italienischen Städterepubliken. Manchmal mit der Formel: *Das Volk von ..., durch Gottes Gnade frei und unabhängig*. S. auch die theokratische Rechtsauffassung der Aufrührer im Schweiz. Bauernkrieg von 1653: DRL 1, 442. — Kern Gottesgnadentum und Widerstandsrecht im früheren Mittelalter 1915 (s. auch § 144 N. 4).

[4] Die Literatur ist dürftig. Maasslieb Von Gottes Gnaden: Ein Beitrag zur näheren Bestimmung des Begriffs der Legitimität 1831. Brockhaus Das Ligitimitätsprinzip 1868. Vgl. § 44.

[5] Das ist die Lehre von Friedr. Julius Stahl (1802—1861), die er besonders im 2. und 3. Bande seiner Philosophie des Rechtes entwickelt hat ((s. Abkürz.). Eine Auswahl nach der 5. Aufl. (1870) hrsg. u. eingel. v. H. v. Arnim 1926. Über ihn Geyer S. 99 ff. Bluntschli S. 630 ff. Kaufmann Die Staatslehre des monarchischen Prin-

Eine solche bedingungslose Unabänderlichkeit einer einmal gewordenen geschichtlichen Rechtsverfassung ist jedoch wissenschaftlich unhaltbar. Von unbedingt bleibender Gültigkeit ist für die kritische Erwägung positiver Besonderheiten nur die formale Methode des Richtens, die als die Idee des Rechtes zu begründen und zu bewähren ist. Es ist die Hingebung an diese ideale Aufgabe, die dem Gläubigen ein Gebot des religiösen Empfindens ist, und die ohne das letztere nach folgerichtigem Erwägen niemals beschafft zu werden vermag. Dagegen sind die einzelnen Möglichkeiten des Zusammenwirkens begrenzt und veränderlich. Ihr Wandel und Wechsel kann daher — gerade im bestimmenden Sinne bleibender Methode — auch eine Neugestaltung der positiven Besonderheiten einer historisch bedingten Rechtsordnung notwendig machen.

§ 53
Der willkürlich freie Gesetzgeber

Die einen lehren, daß jedes Zeitalter sein Dasein, seine Welt frei und willkürlich selbst hervorbringe [1]. Dieser Vorwurf zielte auf die Zeit der Aufklärung, in der das natürliche Recht neben dem positiven allgemein vorgetragen wurde. Er mag manchen dieser älteren Schriftsteller in der Sache treffen, wenn auch der eingangs erwähnte Ausspruch wörtlich wohl kaum jemals getan worden war. Für das Recht würde der in ihm bekämpften Ansicht dann die Meinung untergelegt, daß es in jedem Augenblick durch die mit der gesetzgebenden Gewalt versehenen Personen mit Willkür hervorgebracht werde, ganz unabhängig von dem Rechtsinhalte der vorhergehenden Zeit, und nur nach bester Überzeugung, wie sie der gegenwärtige Augenblick gerade mit sich bringe.

Das war nicht schwer zu widerlegen. Niemand ist unabhängig von den Geschicken und Überlieferungen der Vergangenheit. Alle menschlichen Bestrebungen gehen in ihrem stofflich bedingten Inhalte auf frühere Zustände zurück und erwachsen in ihrer begrenzten Eigenart aus der vor ihnen liegenden Zeit in natürlichem Prozesse.

Dieses gilt auch von großen und genialen Menschen, die dann zur geistigen Führung und zu eingreifenden Änderungen in ihren Tagen berufen werden. Auch sie entstammen gegebenen Verhältnissen und haben mit diesen zu rechnen. Sie mögen sie leiten und auf sie bestimmend

---

zips 1906. RSt. § 13 III f. — Meisner Die Lehre vom monarchischen Prinzip im Zeitalter der Restauration und des deutschen Bundes 1914.

§ 53. [1] Savigny, Zeitschr. f. gesch. Rwiss. 1, 3 u. 6. S. auch Bruns in Holtzendorffs Rechtsenzyklopädie (4) 1882 § 2. — Harms Begriff, Formen und Grundlegung der Rechtsphilosophie, aus d. handschr. Nachlaß hrs. v. Wiese, 1889; darüber Stammler, Philos. Monatsh. 27, 371 f.

einwirken, aber ihre Umgebung, der sie den Weg weisen, schöpferisch aus dem Nichts hervorzubringen, das vermögen auch sie nicht [2].

Auch der ersonnene Rechtszustand der Insel Utopien ist in seinem Inhalte keineswegs unabhängig von der geschichtlichen Erfahrung. Freilich sind die Utopien Dichtwerke. Dabei begnügen sie sich nicht mit der Freude an dem künstlerischen Walten schöpferischer Einbildungskraft, sondern wollen in ernster Meinung den seither erlebten sozialen Zuständen andere und bessere gegenüberstellen. Sie geben Entwürfe für neue rechtliche Einrichtungen und malen die hiervon zu erwartenden Folgen aus. Aber dieses letztere geschieht genau ebenso bei jedem Gesetzesvorschlag, der in beliebiger Lage vorgebracht wird. Die Utopie hat ihre wesentliche Eigenart darin, daß sie bestimmte Eigenschaften der von ihr geschilderten Menschen und gewisse technologische Möglichkeiten der Lebensführung erdichtet. Für dieses frei erfundene Dasein entwirft sie dann ihre Rechts- und Staatseinrichtungen [3].

Aber auch ein solches Phantasiegebilde hat als Unterlage, aus der es erwächst, die geschichtliche Erfahrung. Und das Streben, das ihm nachgehen möchte, entsteht nach dem Gesetz notwendig eingreifender Ursachen und danach eingetretener Wirkungen. Dem Stoffe nach erwächst alles menschliche Wollen, also auch jeder rechtliche Willensinhalt in seiner Begrenzung, in einem historisch notwendigen Werdegang, und von einem *schöpferischen* Hervorbringen oder Hervorzaubern ist hier nicht die Rede [4].

So verbleibt es bei der Aufgabe, die Einheit der sozialen Erfahrung zu beobachten. Es sind die bedingenden Gedankengänge klar zu legen, in denen wir zu ihr gelangen können. Dies geschieht durch das Aufzeigen und deutliche Bestimmen der Begriffe und Methoden, in denen der bedingte Stoff positiver Rechtseinrichtungen sich dem bedingenden Rechtsgedanken in der empfindbaren Wirklichkeit verbindet. Denn damit wird der zweite Bestandteil eines *positiven* Rechtes, nämlich jene be-

---

[2] WR. § 60. NEEFF Kausalität und Originalität 1918.

[3] § 4 N. 4. MOHL I, 167 ff. GEHRKE Kommunistische Idealstaaten 1878. KLEINWÄCHTER Die Staatsromane, 1891. STAMMLER Utopien, Deutsche Rundschau 1892 S. 281 ff. ADLER Idealstaaten der Renaissance, Hirths Ann. 1899 Nr. 116. KATSCHER Soziale und andere interessante Gemeinwesen 1906. REINER Berühmte Utopisten und ihr Staatsideal 1906. VOIGT Die sozialen Utopien 1911. PRYSS Der Staatsroman des 16. und 17. Jahrh. und sein Erziehungsideal 1913. KIRCHENHEIM Staatsromane, Wörterb. d. Staats- u. VerwR. (2) 1914. RSt. § 3. SCHRÖDER Moderne Utopien 1920. — BLOCH Geist der Utopie 1918. TUGAN-BARANOWSKI Die kommunistischen Gemeinwesen der Neuzeit, deutsch von HURWICZ 1921. — Eine köstliche Ironisierung des Erdichtens von bedingtem Stoffe gibt HOLBERG Niels Klimm's unterirdische Reisen, übersetzt 1788.

[4] Über die geschichtliche Bedingtheit politischer Maßnahmen s. § 172; über die Bedeutung der Geschichte für die Erkenntnis des Rechtes § 176.

dingten Besonderheiten, in der allgemeinen Möglichkeit ihres Auftretens wissenschaftlich erkannt werden [5].

§ 54

Der Wille des Volkes

Manche Juristen fassen *das Volk* als ein selbständig und unabhängig bestehendes Wesen auf. Es sei von Natur da. Das Volk sei der Urheber aller geistiger Äußerungen der in ihm auftretenden Menschen. Eine besonders starke Ausprägung haben diese Gedanken in der historischen Rechtsschule des 19. Jahrhunderts erfahren [1].

Nach dieser Auffassung müßte *das Volk* als ein beseeltes Naturding eine räumlich getrennte Stellung gegenüber den einzelnen Volksgenossen einnehmen. Es wäre ein eigentümliches Urding, das außerhalb der rechtlichen Ordnungen und unabhängig von ihnen vorläge. Eine derartige Gegenüberstellung von *Volk* und *Mensch*, als zwei körperlich geschiedene Wesen, ist jedoch unhaltbar.

Um hier zur Klarheit zu gelangen, müssen wir die Erkenntnisbedingungen deutlich vorstellen, unter denen der Begriff *Volk* überhaupt verständlich ist. Die hier notwendige Bedingung ist aber das rechtliche Verbundensein bestimmter Menschen. Würde man die dabei erscheinenden Rechtssätze und Rechtseinrichtungen in Gedanken streichen, so bliebe von der Vorstellung *Volk* überhaupt nichts übrig. Folglich haben wir in *dem Volke* nicht eine Größe außerhalb des rechtlichen Daseins, von der die positiven Besonderheiten des dortigen Rechtes in ihrem Inhalte sich herleiteten, sondern alles geschieht innerhalb eines rechtlich geordneten Zusammenlebens, das in geschlossener Einheit zu erfassen ist.

Freilich ist das rechtliche Verbundensein nur eine *condicio sine qua non* für den Begriff *Volk*. Dagegen ist damit der letztere noch keineswegs seinem Stoffe nach erschöpfend angegeben. Geht man auf diese Frage ein, so ist auf den Sprachgebrauch acht zu haben, denn es kommt alsdann auf eine Abgrenzung an, die sich nach einer Art persönlicher Verabredung vollzieht, ohne die Möglichkeit, sie als reine Systematisierung in unbedingt gültiger Weise festzulegen.

---

5 Leist Die realen Grundlagen und die Stoffe des Rechtes 1877. Brodmann (§ 19 N. 3). Kuhlenbeck Die natürlichen Grundlagen des Rechts und der Politik 1906. Huber Über die Realien der Gesetzgebung, ZRPhilos. 1, 39 ff.; und Dessen Werk über Recht und Rechtsverwirklichung 1921 (§ 6 N. 1). Holldack Recht und Rechtswirklichkeit, Logos 16, 1 ff. (1927). Larenz Die Wirklichkeit des Rechts, Logos 16, 234 ff. (1927).

§ 54. 1 S. oben § 16. Über die eigentümliche Meinung, daß das Recht eine *Ueberzeugung* sei, s. § 30 N. 3. — Stier-Somlo Die Volksüberzeugung als Rechtsquelle, Vortrag, 1900.

Da lehrt nun jede Prüfung, daß der Ausdruck *Volk* einer der vieldeutigsten ist, den es nur gegeben hat.

Er kann die volle Gesamtheit der Angehörigen eines unabhängigen Rechtsganzen bedeuten. Das ist sogar der einzige Sinn des Wortes *Volk*, der sich ein für allemal in bleibender Weise festhalten läßt [2]. Allein für die Frage, die uns an dieser Stelle beschäftigt: Das Werden der positiven Besonderheiten eines Rechtes — dürfte er gar nicht in Betracht kommen. Der Inhalt eines Rechtes würde dann dem Verlangen unbedingt aller rechtlich Verbundenen in voller Einstimmigkeit zu entnehmen sein. Dies vermag aber in der Praxis des rechtlichen Werdens so gut wie niemals verwirklicht zu werden. Bei der Frage nach der Herkunft von bedingtem Rechtsinhalte pflegt man daher diese Bedeutung des Wortes *Volk* beiseite zu lassen.

Sehr oft wird vielmehr der Ausdruck *Volk* nur für eine Gruppe oder einen größeren Kreis von Menschen gebraucht, die sich von der Gesamtheit der Volksgenossen überhaupt abscheiden. *Das Volk* ist dann ein Teil *des Volkes*. Harmlos sagt man, daß *das Volk* sich für etwas entschieden habe, wenn eine gewisse Mehrheit von Abstimmungsberechtigten jenen Beschluß gefaßt hat [3].

Sucht man aber nach einem Merkmal, nach dem ein bestimmter Teil *eines Volkes* sich so abscheide, daß er dort plötzlich zu *dem Volke* werde, so zeigt sich, daß dieses Merkmal hin und her schwankt und be-

---

[2] Treffend sagte Bismarck: *Zum Volke gehören wir alle ... wir alle sind das Volk*, Reichstagssitzung v. 16. 6. 1873, Ausgewählte Reden II S. 271. Sachlich richtig ist auch die drastische Bemerkung v. 21. 3. 1849, a. a. O. III S. 631: *Es ist kein Ausdruck im letzten Jahre mehr gemißbraucht worden, als das Wort Volk. Jeder hat das darunter verstanden, was gerade in seinen Kram paßte; gewöhnlich einen beliebigen Haufen Individuen, die es ihm gelungen war, für seine Ansicht zu gewinnen.*

[3] Auch in ernsten Darlegungen. Z. B. Troxler (§ 15 N. 22) S. 118: *Selbstherrlich und eigenmächtig ist nur die Nation, nur sie ist die Quelle der Majestät und Souveränität; — untertan und dienstbar dagegen ist die ganze politische Persönlichkeit, und sie mit allen ihren Kräften und Gliedern ist nur Mittel und Werkzeug.* S. hierzu § 114 N. 7. Auch § 93 i. A. In neuester Literatur ist mehrfach zwischen *Volksstaat* und *Obrigkeitsstaat* unterschieden worden; vgl. bes. Preuss (in einem 1916 veröffentlichten Vortrage) mit Anlehnung an Gierke. Aber die genannte Unterscheidung bedeutet in Wahrheit keine grundsätzliche Gegenüberstellung. Sie ist eine ganz relative Beschreibung positivem Charakters. Sie bezieht sich auf die Frage, welche Organe nach bedingten Artikeln einer besonderen Verfassung *die Obrigkeit* darstellen sollen. Der Versuch, das in einer allgemeinen Formel zu beantworten, in der *das Volk* einen wesentlichen Bestandteil abgeben würde, muß wegen der schillernden und unsicheren Bedeutung dieses Ausdruckes scheitern. Und bei konventionaler Verständigung über eine durch positive Paragraphen gegebene Abgrenzung *des Volkes* würde auf der andern Seite mit der Angabe *der Obrigkeit* noch gar nichts gesagt sein. Daß endlich der doch im Hintergrunde stehende Wunsch nach einer absoluten Gültigkeit des jeweils gemeinten *Volksstaates* unhaltbar ist, versteht sich bei der grundsätzlichen Unzulässigkeit eines positiv ausgeführten Idealrechtes von selbst (§ 4).

ständig wechselt. Das gilt dann nicht nur für Abstimmungsfragen, sondern für alle Versuche überhaupt, *das Volk* in besonderem Sinne den übrigen Teilen *des Volkes* gegenüber zu stellen. Es kommt auf den Gegensatz an, nach dem man die Abgrenzung vollzieht. So tritt innerhalb der Gesamtheit der Volksgenossen *das Volk* auf gegenüber der Regierung, den Beamten, den Gebildeten, den Juristen, den Künstlern und vielen anderen mehr [4], — mit einer Hinneigung zu negativer Kennzeichnung: Es wird ein Teil *des Volkes* im ganzen, der im Besitze positiver Eigenschaften ist, nach diesen bezeichnet und ihm alle die, denen jene Eigenschaften fehlen, als *das Volk* im engeren Sinne gegenüber gestellt. Und dieser sachlich sinnlose Sprachgebrauch hat in seiner jeweiligen Anwendung selbstredend kein Ende [5].

Wie immer jedoch jemand gerade seine Angabe darüber, wer *das Volk* sei, wählen will: soviel ist sicher, daß er mit dieser Angabe als solcher noch gar nichts darüber aussagt, auf welchem Wege die positiven Besonderheiten des dort entstehenden Rechtes sich herleiten.

Sie entstehen zweifellos in der Verbindung der als Volksgenossen zusammengeschlossenen Menschen [6]. Aber sie fallen nicht vom Himmel her zu, noch auch werden sie in einem rätselhaften und nicht näher zu klärenden Prozesse erlangt. Es bleibt also das Problem der Herkunft eines positiven Rechtsinhaltes durch die bloße Verweisung auf *das Volk*, in dem sie auftreten, noch ganz offen.

Wir müssen daher auf das jeweilige Zusammenwirken eingehen, um in ihm den Ursprung und das Auftreten desjenigen Bestandteiles der geschichtlichen Rechtsordnungen methodisch zu erkennen, den wir als das positive Element in einem gegebenen Rechte bestimmt haben (§ 49).

---

[4] In den *Meistersingern von Nürnberg* läßt RICHARD WAGNER den Hans Sachs *das Volk* zum Richter aufrufen, im Gegensatze zu — den Meistersingern.

[5] Von praktischer Wichtigkeit in der Frage von der Selbständigkeit des Urteilens, bes. gegenüber sog. herrschenden Anschauungen; s. § 150.

[6] Hübsch gefaßt von LIVIUS I 8 § 1, wo er von Romulus erzählt: *Rebus divinis rite perpetratis vocataque ad concilium multitudine, quae convalescere in populi unius corpus nulla re praeterquam legibus poterat, iura dedit.*

Zweiter Abschnitt

Wirtschaft und Recht

I. Die soziale Wirtschaft

§ 55

Die Materie des sozialen Lebens

Die soziale Wirtschaft ist das Zusammenwirken von Menschen, das auf die Befriedigung von Bedürfnissen gerichtet ist.

1. Sie besteht aus vereinigten Bestrebungen. Es handelt sich um Ziele, die dabei in das Auge gefaßt werden; und es steht in Frage, welche Mittel zur Erreichung dieser Zwecke zu ergreifen sind. Dagegen ist das gesellschaftliche Tun der Menschen nicht ein Inbegriff wahrgenommener Naturerscheinungen, die auch ohne menschliches Streben und ohne den Gedanken des Wägens und Wählens auftreten würden.

Es ist also festzuhalten, daß die soziale Wirtschaft eine Betätigung ist, die unter der Bedingung des Zweckgedankens steht und nur danach wissenschaftlich erkannt werden kann. Dies könnte allzu selbstverständlich erscheinen, wenn nicht versucht worden wäre, in diesem Zusammenhange von der Erkenntnisbedingung, die in dem Ordnen nach Zwecken und Mitteln gelegen ist, loszukommen und den Inhalt des verbundenen Strebens — welcher der Inhalt einer gesellschaftlichen Wirtschaft ist — bloß nach der Methode zu betrachten, in der die Naturwissenschaft körperliche Wahrnehmungen ordnet. Dieser Versuch der Soziologie (§ 35) muß immer mißglücken. Er kann das Wesen der hier zu erkennenden Gegenstände überhaupt nicht treffen, — gerade, weil die letzteren in dem Inhalte von Zwecken und Mitteln unausweichlich gelegen sind [1].

Es gehört daher die wissenschaftliche Erkenntnis der sozialwirtschaftlichen Fragen in dem ihr eigenen Grunde zu der Zweckwissenschaft. Sie erforscht nicht körperliche Dinge, sondern gesellschaftliche Verhältnisse, das sind Beziehungen unter Menschen, deren Zwecke in freundlichem oder gegnerischem Sinne sich verbinden. Auf die Art dieses Verbindens kommt es hier an; von ihr ist das Getriebe der Sozialwirtschaft, die jeweils wissenschaftlich zu durchschauen ist, abhängig bestimmt [2].

---

[1] Vgl. §§ 22 i. A.; 68 Abs. 4; auch 115. § 55.

[2] Es kommt durch die soziale Betrachtung eine neue, eigenartige Richtung der Erwägung natürlicher Möglichkeiten und ihrer Benutzung durch den Menschen herein; und dieses liefert neue, eigenartige Gegenstände der Beobachtung deren wissenschaftliche Erforschung nach anderen Grundbegriffen und Grund-

2. Es ist selbstredend möglich, daß man nicht den Inhalt gewisser sozialer Bestrebungen in Frage stellt, sondern nach der jedesmaligen Entstehung jener gesellschaftlichen Zweckinhalte sich umtut. Dann wird gefragt, wie eine besondere Bestrebung, die sich im Zusammenwirken zeigt, im natürlichen Verlaufe des Menschendaseins geworden ist, wie sie aufgetreten war und sich ausgebildet hat. Aber wenn dieses wirklich in naturwissenschaftlichem Sinne geschehen soll, so könnte es nur die physiologische Weise des Werdens eines Drängens und Strebens betreffen. Und dieses geht in einer ganz anderen Richtung der Frage, als der Wunsch, das wirtschaftliche Zusammenwirken als solches deutlich zu überschauen und es als einen eigenen Gegenstand unserer Erkenntnis nehmen zu können. Sofern man aber in abgeschwächter Weise das Entstehen sozialer Zweckinhalte erwägt und in recht vagem Bilde hier von *Ursachen* spricht (die doch in exaktem Sinne nur bei körperlichen Veränderungen bestehen), so hat dieses den Inhalt von Bestrebungen, dessen Entstehung eingesehen werden soll, zur selbstverständlichen Voraussetzung [3]. Sonach gründet das Wesen der sozialwirtschaftlichen Erörterung unter allen Umständen in der Möglichkeit, den Inhalt verbundener Zwecke und Mittel einheitlich ordnen zu können [4].

3. Es ist nicht an dem, daß die sozial geregelte Materie etwa die uns umgebende Natur und die natürlichen Lebensbedingungen des Menschen seien. Denn Naturgesetze können durch menschlichen Eingriff überhaupt nicht beeinflußt werden. Und ihre Benutzung für besondere Zwecke ist Sache der Technologie, die selbständig für sich ausgeführt werden mag, gleichviel ob sie im besonderen Fall überhaupt etwas mit dem sozialen Leben zu tun hat oder vielleicht nur für einen gänzlich vereinzelten Menschen angewandt werden soll. Sobald aber die Frage darauf gestellt wird: Was ist *die soziale Wirtschaft*, im Sinne, wie gesagt, eines

---

sätzen zu geschehen hat, als sie der Naturforscher für die ihm eigene Aufgabe einsetzt und durchführt. WR. § 25. S. oben § 35 N. 7 ff. — LAMPRECHT, ARNO, Die Kausalität der Volkswirtschaft 1925.

[3] Hier kommt wieder der Gegensatz der systematischen und der genetischen Erörterung in Betracht. S. oben § 22 zu Note 7 und in dieser. Sie haben sich beide zu ergänzen, unter dem logischen Vorrang der systematischen Auffassung. Immer aber ist die durchgreifende Verschiedenheit der systematischen und der genetischen Frage sich klar vorzuhalten, was nach dem Urteil erfahrener Pädagogen dem Anfänger besondere Schwierigkeit zu bereiten pflegt.

[4] STOLZMANN Die soziale Kategorie in der Volkswirtschaftslehre I. (Einziger) Teil. 1896. DERS. Der Zweck in der Volkswirtschaft. Die Volkswirtschaft als sozialethisches Gebilde. Versuch einer sozialorganischen Begründung der Volkswirtschaftslehre 1909. DERS. Die Krisis in der heutigen Nationalökonomie 1925. DERS. Theoretische Grundfragen zum Problem Freihandel oder Schutzzoll? 1927. DERS. Konjunktur und Aufschwung nach dem Kriege 1927. DERS. in Conrads J. 3. F. 48, 145 ff.; 49, 145 ff.; 55, 1 ff.; 57, 257 ff.; 72, 881 ff. S. auch § 56 N. 13.— HELMUT STAMMLER Systematischer Grundriß der Volkswirtschaftslehre 1925.

eigenen Gegenstandes wissenschaftlicher Erörterung? — so ergibt sich dafür die Antwort: das Zusammenwirken verbundener Menschen[5].

4. Es ist abzulehnen, diesen Begriff des Zusammenwirkens als eine Unterart von einem allgemeinen Begriffe *der Wirtschaft* zu nehmen. Dieser letztere Versuch würde dahin gehen, daß man sich eine abgeschlossene Vorstellung von *der Wirtschaft* machte und diese dann in die Wirtschaft des vereinzelten und in die von verbundenen Menschen zerlegte. Das führt nicht zu klar gedachten Ergebnissen.

Jeder Begriff wird erst dann deutlich bestimmt sein, wenn sein Gegenstück klargestellt ist. Fragt man in diesem Sinne nach dem Gegensatze zu dem Begriffe *Wirtschaft*, so zeigt sich, daß dieser Begriff eine recht verblaßte Vorstellung festhält und eigentlich nichts bedeutet, als ein gewisses Tätigsein überhaupt, gegenüber dem bloßen untätigen Verhalten. Damit kann man zu der Bestimmung des Gegenstandes sozialer Wissenschaft nichts erreichen.

Der Grund für dieses unbefriedigende Ergebnis liegt darin, daß die Betrachtung der *Wirtschaft* eines vereinzelten Menschen und derjenigen gewisser gesellschaftlich verbundener Menschen unter verschiedenen Erkenntnisbedingungen steht.

Jene erste Betrachtung hat als einheitlich bestimmende Methoden wissenschaftlicher Erkenntnis ausschließlich die Grundbegriffe und Grundsätze der theoretischen Naturwissenschaft und der darauf aufgebauten Technologie; — die Sozialwirtschaft dagegen stellt — eben als Gegenstand eigenartiger Forschung — die besondere Weise des Zusammenwirkens dar. Sie kann einer neuen einheitlichen Art des Ordnens unserer Gedanken unterworfen werden, wenn wir die Tätigkeit der zusammenwirkenden Menschen als die Verbindung ihrer Zwecke einsehen[6].

5. Wenn sonach die soziale Wirtschaft ihrem Begriffe nach das Zusammenwirken von Menschen unter einem verbindenden Wollen bedeutet, so könnte man noch fragen, ob alle Möglichkeiten des Zusammenwirkens mit jenem Ausdrucke zu fassen sind.

Es mag sein, daß der Sprachgebrauch sich hier nicht gleichmäßig ausgebildet hat. In sachlicher Hinsicht aber geht es nicht an, gewisse Möglichkeiten des Zusammenwirkens von dem geschlossenen Gebiete der sozialen Wirtschaft überhaupt auszunehmen.

---

[5] SOMBART Technik und Wirtschaft, Vortrag, 1901. SPANN Wirtschaft und Gesellschaft 1907; dazu WR. Anm. 71. DERS. Fundamente der Volkswirtschaftslehre (3) 1923. DERS. Tote und lebendige Wissenschaft 1923. DERS. Kategorienlehre 1924. (Vgl. auch § 35 N. 1 u. 6). Über die Lehren SPANNS s. bes. die Bücher und Aufsätze STOLZMANNS (N. 4); auch DIEHL Arbeitsintensität und Achtstundentag 1923, bes. S. 10 ff.; 48 ff. — TIETZ Der Begriff der Wirtschaft. Darstellung und Kritik der Stammler'schen Sozialwirtschaftslehre. Diss. 1921. HERMIG Über den Begriff der Sozialwirtschaft, Zürich 1922. HESSE Gegenstand und Aufgabe der Nationalökonomie, in StFestg. S. 151 ff. (1926).

Manchem Versuche solcher Art mag vorschweben, daß es sich bei der *ökonomischen* Erörterung um *materielle* Fragen handle. Dann kämen als *wirtschaftliche* Bedürfnisse, die im Zusammenwirken zu befriedigen wären, nur *niedere* Begehrungen und keine *höheren* Ziele in Betracht.

Dazu ist Folgendes zu bemerken:

a) Eine sichere Grenze ist in der gesuchten Richtung ohne subjektive Willkür nicht zu finden. Es gibt kein festes Merkmal, wonach man zwischen zwei Klassen von Bedürfnissen, als höher stehenden und solchen von geringerem Werte, allgemeingültig unterscheiden könnte. Man mag sich im großen und ganzen eine Stufenleiter vorstellen, die von ursprünglichen Trieben des körperlichen Bestehens zu wissenschaftlicher Beherrschung der Natur und zu aller weiteren Fortbildung des geistigen Lebens führt, zu ausgebildeter Technologie, zu künstlerischem Gestalten und vor allem zu bewußter Zweckverfolgung im Sinne des Guten. Aber alles dieses schwimmt in der tätigen Ausführung des sozialen Lebens in eins zusammen. Zwei scharf geschiedene Arten von Bedürfnissen, von denen die eine Klasse durch soziale Wirtschaft, die andere durch eine sonstige, noch unbenannte Weise des Zusammenwirkens zu befriedigen wäre, erhalten wir dabei nicht [7].

b) Solches auch nicht etwa durch Bezugnahme auf das sogenannte Existenzminimum des Menschen. Dieses kann im gegebenen Falle sehr wenig erfordern und doch auf der anderen Seite möglicherweise recht viel verlangen, wenn z. B. ein kranker oder verletzter Mensch am Leben erhalten werden soll. Auch bleibt das um so mehr unbestimmt, als es sich ja nur um das mögliche Bestehen innerhalb einer gewissen Zeit handeln kann. Diese Frist aber läßt sich wieder nicht allgemeingültig begrenzen.

c) Zuweilen findet sich von der Gesetzgebung über den Dienstvertrag ein Unterschied zwischen Diensten *höherer Art* und anderen Arbeitsleistungen gemacht [8]. Es liegt dann eine Abteilung im Sinne technischer

---

[6] Natorp Sozialpädagogik (4) 1920 S. 151 ff. WR. § 27, im bes. Anm. 91.

[7] Aus dem Sprachgebrauche dürfen hier keine unüberwindlichen Schwierigkeiten hergeleitet werden. Es kommt in der Sache immer wieder darauf an, zu fragen: ob sich in einer allgemeingültigen Weise die Aufgabe des sozialwirtschaftlichen Wirkens von dem eines andern sozialen Wirkens abtrennen lasse. Und das ist zu verneinen. Auch geht es nicht an, jenes damit zu versuchen, daß man bloß diejenige Produktion betrachtet, die zum Zwecke des Tausches geschieht. Das entspricht in manchem der Fragestellung von Marx und dem Suchen nach der Möglichkeit eines *Prozesses* der Wirtschaft mit Austauschproduktion; s. bes. im Buche: das Kapitel (4) 1890 I S. 37 ff.; 59 ff. Aber der Gedanke des *Prozesses* ist keine Denkform von logischer Ursprünglichkeit, sondern steht unter vielfachen weiteren Bedingungen; und von dem Begriffe der gesellschaftlichen Produktion gilt das erst recht (§ 56). Petry Der soziale Gehalt der Marxschen Werttheorie 1916; hierüber Stammler, Conrads J. 3. F. 53, 237 ff. RphAbh. 2, 75 ff.

[8] Die *operae liberales* des römischen Rechtes. Windscheid § 404 N. 2. BGB. § 627.

Jurisprudenz vor. Die Abgrenzung erweist sich als zweckmäßig, weil bei manchen Diensten das persönliche Vertrauensverhältnis so bestimmend ist, das die versprochene Leistung nur bei dem Fortbestande jenes Vertrauens richtig vorgenommen zu werden vermag. Hierauf geht dann unter besonderen Verhältnissen die genannte Regelung zurück, nicht aber auf eine *a priori* bestehende Einteilung der Bedürfnisse und der Tätigkeiten zu ihrer Befriedigung.

d) Soweit sich nun aber eine Einteilung verschiedener Klassen von Bedürfnissen und verschiedener Arten ihrer Stillung in relativer Gültigkeit machen läßt, so müßte deren grundlegende Betonung in der uns gestellten Aufgabe irre führen. Wir suchen nach dem Gegenstande der Sozialwissenschaft. Diesen aber erhalten wir nicht in Bedürfnissen und Betätigungen der einzelnen Menschen an und für sich, — dieser Gegenstand ist vielmehr der Gedanke des Zusammenwirkens und der in ihm bestehenden geregelten Beziehungen unter den Menschen. Das natürliche Auftauchen von Bedürfnissen dieser und jener Art und die Möglichkeit ihrer Befriedigung hat es mit der Eigenart gesellschaftlicher Betrachtung und Wissenschaft noch gar nicht zu tun. Diese letztere wird erst möglich, sobald das Verbinden menschlicher Zielbestrebungen als solches den Gegenstand der Beobachtung und Klarlegung bildet [9]. Darin liegt es sachlich begründet, daß alles zusammenwirkende Verhalten, das auf Befriedigung menschlicher Bedürfnisse geht, zu einem möglichen Stoffe sozialen Lebens gehört.

6. In einer bestimmten Richtung läßt sich das Zusammenwirken allgemein in zwei Arten zerlegen. Es tritt das in der Unterscheidung von politischer und wirtschaftlicher Betätigung hervor. Jene geht auf diejenigen verbindenden Regeln zurück, die ein besonderes Rechtsganzes überhaupt erst möglich machen. Sie betreffen die Zusammenfassung der dort verbundenen Menschen an und für sich und wollen die Vereinigung als solche aufrecht erhalten und durchführen. Die Tätigkeit, die es gerade mit dem Setzen und Wahren des Rechtes zu tun hat, würde als die politische erscheinen, gegenüber der wirtschaftlichen, die in einer mehr unmittelbaren Art des verbundenen Tuns selbst besteht und in relativ direkter Weise auf die Beschaffung der zur Lebenshaltung nötigen, nützlichen, angenehmen Güter gerichtet ist [10].

---

[9] Den Gegensatz bildet also das Wirken des gänzlich vereinzelten Menschen. Mithin ist die bedingende Richtung der Gedanken, unter der die soziale Wirtschaft notwendig steht: das verbindende Wollen. Unter seiner logischen Bestimmung wird die Vorstellung eines besonderen Zusammenwirkens als eigener Gegenstand wissenschaftlicher Untersuchung verständlich.

[10] Steiner (§ 35 N. 10) teilt dreifach ein: in das wirtschaftliche, das politische, das geistige Leben. Das Wirtschaftssystem habe es mit Produktion, Zirkulation, Konsum von *Waren* zu tun. *Man muß dieses im Leben empfindend unterscheiden, damit sich als Folge dieser Empfindung das Wirtschafts- von dem Rechtsleben scheidet*

Die genannte Unterscheidung wird also nach besonderen Aufgaben im sozialen Leben gemacht. Sie fragt nicht nach höheren oder niederen Bedürfnissen des Menschen oder nach Tätigkeiten, die von der Art dieser Bedürfnisse in Verschiedenheit abhängig wären. Sie ist möglich, weil sie das Zusammenwirken als eine Vereinigung von Bestrebungen überhaupt aufnimmt und das gesellschaftliche Dasein der Menschen unter der Bedingung des verbindenden Wollens erwägt. Der Begriff der sozialen Materie bleibt im Sinne dieses Zusammenwirkens in sich geschlossen und umfaßt zugleich alles vereinte Tun ohne Ausnahme.

§ 56

Das Verhältnis von Wirtschaft und Recht

Da der Gedanke der sozialen Wirtschaft dasselbe bedeutet, wie der Begriff des Zusammenwirkens, so sind in jeder sozialwirtschaftlichen Frage notwendig zwei Elemente enthalten: die allgemein regelnde Art und Weise und die besondere zusammenstimmende Tätigkeit, die durch jene bedingt ist und nun gerade zur Erörterung steht (§ 35). Jene allgemeine Möglichkeit ist die logische Bedingung (= *Form*), das zweite ist der dadurch logisch bestimmte Bestandteil (= *Materie*) einer sozialen Betrachtung. Wenn z. B. die Wohnungsfrage, die Verschuldung des städtischen Grundbesitzes und der dortige Realkredit erwogen wird, so ist die Einrichtung des Privateigentums, der Vertragsfreiheit, der Hypothek, des Darlehns, der Miete, des Erbbaurechtes usf. vorausgesetzt. Sobald man diese rechtlichen Möglichkeiten in Ge-

---

(S. 32). Aber solche begrifflichen Einteilungen, wie sie hier gemacht werden, lassen sich nicht einfach *empfinden*. In der Tat fügt jener Autor hinzu: *So wie das erste System, das Wirtschaftssystem, es zu tun hat mit all dem, was da sein muß, damit der Mensch sein materielles Verhältnis zur Außenwelt regeln kann, während das zweite System es zu tun haben muß mit all demjenigen, was da sein muß im sozialen Organismus wegen des Verhältnisses von Mensch zu Mensch, hat es das dritte System zu tun mit all dem, was hervorsprießen muß und eingegliedert werden muß in den sozialen Organismus aus der einzelnen menschlichen Individualität heraus.* Das ist irrig. *Die soziale Frage* hat es in ihrem *Kernpunkte* ausschließlich mit dem Verhältnisse des Menschen zum Menschen zu tun. Das Verhältnis des Menschen zur Außenwelt ist als solches lediglich naturwissenschaftlich zu erfassen; erst die Verbindung des Menschen mit dem Menschen macht die soziale Betrachtung in ihrer Eigenart möglich. Das Individuum aber muß entweder, vereinzelt gedacht, außerhalb der sozialen Frage überhaupt stehen (§ 34; auch § 57 N. 8) oder wiederum sich unter die Bedingung der letzteren, die rechtliche Verbindung, einfügen. So erweisen sich die genannten Gliederungen bloß als technisch begrenzte Einzelfragen. Es ist mit ihnen eine Aufzählung und Beschreibung besonderer Aufgaben geliefert, aber keineswegs eine Einteilung, die in grundsätzlicher Weise, nach verschiedenen Erkenntnisbedingungen, unterschiede. Sie stehen alle gleichmäßig unter den einheitlichen Gedanken von Recht und Gerechtigkeit und betreffen die etwaige praktische Bewährung dieses Grundgedankens. S. auch § 56 N. 11.

danken streicht, bleibt von der fraglichen sozialwirtschaftlichen Betrachtung überhaupt nichts mehr übrig[1].

Es kann sonach die Sozialwirtschaft in ihrem jeweiligen Auftreten erkannt werden als die Ausführung einer bestimmten Rechtsordnung. Sie bildet den Gegenstand der Nationalökonomie (Volkswirtschaftslehre, politische Ökonomie)[2]. Für deren wissenschaftliche Arbeit ist es nötig, sich auf die Erkenntnisbedingungen kritisch zu besinnen, unter denen in logischer Abhängigkeit der Gegenstand dieser Untersuchung steht. Es gibt keinen einzigen *nationalökonomischen* Begriff oder Lehrsatz, der nicht durch die Möglichkeit eines rechtlichen Wollens logisch bedingt wäre[3].

Aus diesem Verhältnisse von Wirtschaft und Recht, als dem Stoffe und der Form eines jeden Gedankeninhaltes, der ein bestimmtes Zusammenwirken zum Gegenstande hat, ergeben sich bedeutsame Folgerungen[4].

1. Das Recht ist die logische Bedingung der Sozialwirtschaft. Man darf sich die beiden nicht wie zwei Körper vorstellen. Sie sind

---

[1] Gerlach Die Bedingungen wirtschaftlicher Tätigkeit 1890. WR. § 22, insbes. § 56.
Anm. 71 ff. (oben § 55 N. 5). — Sombart Die Ordnung des Wirtschaftslebens 1925.

[2] Eine erschöpfende Darstellung der bedeutsamen nationalökonomischen Grundlegungen gibt Diehl Theoretische Nationalökonomie, I. Band: Einleitung in die Nationalökonomie 1916.

[3] Für das Geld hat man merkwürdigerweise das Gegenteil behaupten wollen, indem man zwischen juristischem und wirtschaftlichem Gelde unterschied, dabei aber in Wahrheit nur den Unterschied von Gesetzesrecht und Gewohnheitsrecht betonte. (Vgl. § 59 N. 4.) Auch für den Begriff des Kapitals ist eine sozialwissenschaftliche Betrachtung nur unter der logischen Bedingung einer bestimmten Rechtsordnung möglich; WR. § 35. Verweist man aber auf die von rechtlichem Verbinden unabhängigen Gedanken der Arbeit, der Produktion und Konsumtion, so ist das zunächst nur vorbereitende Erörterung (s. oben § 34). Sobald man aber den Blick auf die soziale Arbeit richtet, ist die logische Bedingung eines verbindenden Wollens ganz von selbst schon eingesetzt. Helmut Stammler (§ 55 N. 4) S. 89 ff., bes. S. 97. — Gerber Geld und Staat 1926. — DRL. (Die Kipper und Wipper) 1, 190 ff. (1928).

[4] Diehl Die Nationalökonomie als Teil der Sozialwissenschaft, ZR.-Philos. 1, 305 ff. — Vgl. auch Kleinwächter Die Nationalökonomie als Wissenschaft 1882. Hasler Über das Verhältnis der Volkswirtschaft und Moral 1887. Laveleye Das Recht und die Sittenlehre in der Volkswirtschaft, übers. v. Jacobi, 1893. Sécretan Soziale Schriften, übers. v. Platzhoff, 1896, bes. S. 206 ff. Biermann Staat und Wirtschaft 1905. Navratil Wirtschaft und Recht, Budapest 1906. Verhandlungen des 1. Soziologentages 1910, S. 249 ff. Kaulla Das Verhältnis der Volkswirtschaftslehre zur Rechtswissenschaft und zur Politik 1919. Grassmann Recht und Wirtschaft 1919. Diehl Die Wert- und Preislehre in nationalökonomischer und juristischer Betrachtungsweise, StFestg. S. 105 ff. Hesse (§ 55 N. 5). Heymann, Ernst Recht und Wirtschaft in ihrer Bedeutung für die Ausbildung der Juristen, Nationalökonomen und Techniker, StFestg. S. 205 ff. Hollaender Gibt es ein Wirtschaftsrecht? in DJZ. 30, 959. — Oertmann Die volkswirtschaftliche Bedeutung des BGB. 1900. Leist Privatrecht und Kapitalismus im 19. Jahrh. 1911.

als eigenartige Gegenstände unserer Erwägung nicht räumliche Erscheinungen. Darum paßt für das Verhältnis von Recht und Wirtschaft gar nicht die Kategorie der Kausalität. Jede sozialwirtschaftliche Betrachtung steht unter der logischen Bedingung, daß eine rechtliche Möglichkeit für dieses besondere Zusammenwirken vorliegt. Dagegen handelt es sich hierbei nicht um eine kausale Bedingtheit [5].

2. Die Angabe, daß Recht und Wirtschaft in *Wechselwirkung* miteinander stehen, ermangelt der durchdachten Klarheit. Auch dieses würde voraussetzen, daß sich zwei körperliche Dinge einander gegenüberständen was in der hier durchzuführenden Erwägung abzulehnen ist [6].

3. Es ist ein falsches Bild, wenn die soziale Wirtschaft als *die Grundlage* eines gesellschaftlichen Lebens in dem Sinne angegeben wird, daß sich über ihr *ein juristischer und politischer Überbau* erhebe [7]. Wenn eine soziale Wirtschaft sein soll, so muß eine Verständigung über das zusammenstimmende Tun mehrerer stattfinden. Ohne ein äußeres Verbinden ihrer jeweiligen Bestrebungen ist der Gedanke des Zusammenwirkens überhaupt unmöglich (§ 55). Das rechtliche Wollen und das politische Streben ist aber nur eine besondere Anwendung und Betätigung vom verbindenden Wollen überhaupt (§ 36). Folglich sind diese Weisen des Verbindens nicht etwas, was zu einer verbundenen Zweckverfolgung als aufgesetzte Zutat hinzutritt. Es ist nicht das verbindende Wollen von dem durch es verbundenen Tun abhängig, sondern das letztere ist durch jenes logischerweise bedingt [8].

---

[5] Eine solche bringt man auch nicht durch Bilder und Vergleiche herein, beispielsweise durch die Formel vom *Blutumlauf im Wirtschaftskörper* und anderes. S. auch § 35 N. 11.

[6] Über die Unanwendbarkeit naturwissenschaftlicher Methoden in der Sozialwissenschaft s. § 35 zu N. 6 ff.

[7] So die materialistische Geschichtsauffassung; s. § 17. Zuweilen in starker Verwirrung, z. B. Neue Zeit 4, 368: *Jede Gesellschaftsform hat ihr eigentümliches Recht.* — Loria Die wirtschaftlichen Grundlagen der herrschenden Gesellschaftsordnung, übers. v. Grünberg 1895. Staudinger Wirtschaftliche Grundlagen der Moral 1907.

[8] Es gibt also immer nur die ausschließliche Alternative: das Zusammenwirken entweder technologisch oder aber sozial zu erwägen. Im letzten Falle steht es, wie dargelegt, unter der notwendigen Bedingung des Gedankens vom verbindenden Wollen, und die Gegenstände der dabei eigenartig einsetzenden Untersuchung bestehen nur im Sinne dieser verbindenden Art der Zwecksetzung. Das liegt natürlich auch vor, wenn man vorerst sich auf die Erörterung einer abgeschlossenen Haus- und Familienwirtschaft beschränkt. Während die Robinsonade nur eine Berichterstattung über einen zeitweilig vereinzelten Menschen außerhalb der sozialen Frage gibt, ist bei jener Privatwirtschaft sowohl im Innern des Hauses und der Familie, wie im äußeren Verhältnisse eine geregelte Art des Verbindens unvermeidlich vorausgesetzt. WR. § 34 S. 179 ff. — Neuestens hat man diesem Gegenstand, als sogenannter Privatwirtschaftslehre, besondere Aufmerksamkeit, in verschiedenem Sinne, gewidmet. Hoeniger Die private Unternehmung. 1. Heft: Der privatwirtschaftliche Gesichtspunkt in der Sozialökonomie und Jurisprudenz. 5 Aufsätze von verschiedenen Autoren.

4. Es wurde festgestellt, daß jede sozialwirtschaftliche Erörterung unter logischen Bedingung eines bestimmten rechtlichen Verbindens steht. Damit ist noch nichts über die zeitliche Folge und die Entstehungsweise der einschlägigen Erlebnisse gesagt. Jedes rechtliche Wollen hat zu seinem bedingten Inhalte die Möglichkeit einer sozialwirtschaftlichen Betätigung; und jeder Fall eines sozialwirtschaftlichen Tuns setzt ganz von selbst die von einem bestimmten Recht gewährte Möglichkeit eines zusammenstimmenden Verhaltens voraus. Die beiden Elemente des Verbindens und des Verbundenseins kommen also in der Wirklichkeit der Erfahrung stets nur verschmolzen vor und entstehen in ihrem besonderen Auftreten immer gleichzeitig. Erst die kritische Zergliederung des Begriffes *Zusammenwirken* trennt auch hier Form und Stoff, als die bedingenden und die dadurch bestimmten Bestandteile jenes Begriffes, um nunmehr auch die nötige Klarheit über Gesetz und Methode der sozialen Betrachtung überhaupt zu schaffen [9].

5. Alle Betätigung in der sozialen Wirtschaft bildet ein Getriebe von Bestrebungen und Wertungen. Es ist nicht an dem, daß die Beobachtung des Verkehrs und des Handels und Wandels es mit der Feststellung von Tatsachen im Sinne räumlicher Erscheinungen zu tun hätte, um dann hinterher den Gedanken des Wertens einzusetzen. Die *Tatsachen* des sozialen Lebens sind Willensinhalte; jedes dortige Tun ist die Äußerung eines sozialen Strebens, ist ein Setzen von Zwecken und ein Ergreifen von Mitteln. Die Tauglichkeit eines Mittels für einen bestimmten Zweck ist sein Wert. Also gibt es in der Betätigung des sozialen Daseins, nach seinem eigenen Wesen, überhaupt nichts anderes, als ein Überlegen des Wertes von gewissem Streben. Jeder Kaufvertrag beispielsweise ist ein Werturteil. Eine Statistik der Preise bedeutet also eine Zusammenstellung von Werturteilen. Die Frage nach der objektiven Begründetheit solcher tatsächlich gefällten Werturteile bedeutet mithin nicht eine Untersuchung, die von dem unterliegenden Stoffe der Erwägung der Art nach verschieden wäre, sondern eine Vollendung der Gedanken in einem von Anfang an einheitlichen und nun folgerichtig weiter geführten Gange der Überlegung [10].

6. Es wiederholt sich hier die allgemeine Bemerkung, daß es über-

---

1914. Reichel, Recht und Wirtschaft 10, 21 ff. — Vgl. § 117 N. 6. In der Tat liegt, grundsätzlich erwogen, die methodische Betrachtung und praktische Handhabung eines privaten *Betriebs* ganz in der Parallele zu den Aufgaben jeder anderen Politik. S. dazu V. Buch 4. Abschn., ferner § 35 N. 10 f. und § 138 N. 8, sowie § 106.

[9] Vgl. §§ 3; 5; auch 22 N. 7.

[10] Die Unzulässigkeit, im sozialen Leben zwischen *Tatsachen* und *Werturteilen* einen durchschneidenden Gegensatz zu machen, wiederholt sich bei dem Ausschauen nach der sachlichen Begründetheit einer Bestrebung. S. dazu § 97 N. 4 ff.

haupt möglich ist, die logisch bedingende Art (= *Form*) von Bewußtseinsinhalten selbständig für sich zu behandeln, während der von der *Form* bestimmte *Stoff* selbstredend nur in logischer Abhängigkeit von jener bearbeitet zu werden vermag [11]. So kann es auch geschehen, daß von dem Rechte eine eigene wissenschaftliche Betrachtung statt hat, ohne daß man auf seine besondere Ausführung Bezug nimmt. Diese Selbständigkeit der Jurisprudenz erstreckt sich sowohl auf ihre reproduktive Tätigkeit, in der sie den Inhalt eines geschichtlichen Rechtes darlegt, als auch auf die rechtsphilosophische Erkenntnis von dem Begriffe und der Idee des Rechtes als solchem (§§ 1; 2) [12].

7. Da hingegen die Betrachtung der sozialen Wirtschaft jeweils durch die Beachtung eines bestimmten Rechtes logisch bedingt ist, so kann die wissenschaftliche Untersuchung der ersteren sich nur auf geschichtlich bedingte Erlebnisse in ihrer Besonderheit beziehen. Sobald die Erwägung sich dem Bedenken zuwendet, was sich über die soziale Frage an und für sich, also ohne Rücksicht auf den bestimmten Inhalt gegebener Rechtsordnungen, ausmachen läßt, so ist eine solche allgemeingültige Einsicht nur für die bedingende Art einer Sozialwirtschaft, also ausschließlich für das rechtliche Wollen möglich. Eine selbständige Gesetzmäßigkeit, die dem Wirtschaftsleben ohne alle Rücksicht auf die es gerade bedingende Rechtsordnung zukäme, ist nicht denkbar. Eine von der Rechtsphilosophie unabhängige *Wirtschaftsphilosophie* kann es nicht geben [13].

---

[11] Daher kommt es auch, daß man für die logisch geordnete Materie eines Gedankens im gegebenen Fall keinen anderen Ausdruck hat, als für den Gesamtinhalt dieses Gedankens, welcher Inhalt nun in Form und in Stoff zerlegt wird. In unserer Frage kommt darum das Wort *Zusammenwirken* notgedrungen sowohl für den Begriff der Sozialwirtschaft überhaupt, als auch für den logisch bestimmten Bestandteil dieses Begriffes vor.

[12] Es ist verfehlt, das *Wirtschaftsleben* selbständig neben das *Rechtsleben* zu stellen. So Steiner (§§ 35 N. 11; 55 N. 10). Er versucht, diesen angeblichen Gegensatz dadurch herauszubringen, daß entweder *Waren gegen Waren* getauscht würden oder *Waren gegen Rechte*. Das ist unhaltbar. Es werden im sozialen Verkehr immer und notwendig bloß *Rechte* getauscht. Der Sinn jedes Austausches ist ein Wechsel des Eigentumsrechtes; vielleicht auch wird nur ausgetauscht gegen den Gebrauch einer Sache, in dinglicher oder schuldrechtlicher Weise, oder gegen eine Verpfändung und anderes mehr. Die kurze und bequeme Ausdrucksweise, die den Gegenstand statt des Rechtes an ihm oder auf ihn nennt, ändert nichts daran, daß es sich überall in den hier einschlagenden Fragen um das Rechtsleben handelt. Es steht einheitlich unter dem Begriffe und der Idee des Rechtes, und diese Gedanken sind die letzten Grundgedanken der sozialen Frage überhaupt. Alles andere sind bedingte und wechselnde, praktische Einzelfragen, die dann aber auch als solche erfaßt und behandelt sein wollen.

[13] Stammler Die Gesetzmäßigkeit in Rechtsordnung und Volkswirtschaft (1902) RphAbh. 1, 169 ff. Demelius Wirtschaftsentfaltung und Rechtsentwicklung, Rede, 1903. Pinkus Das Problem des Normalen in der Nationalökonomie 1906. Tönnies Sinn und Wert einer Wirtschaftsphilosophie, ArchRPhilos. 1, 36 ff. Carlo La filosofia

§ 57

Einheitswirtschaft und freie Beiträge

Die soziale Wirtschaft kann in zweifach verschiedener Weise geregelt sein:

1. Sie wird von Zentralpunkten ausgeführt. Die rechtliche Ordnung des betreffenden Menschenkreises normiert das Zusammenwirken in unmittelbaren Anweisungen von einer einheitlichen Mitte aus.

2. Das Recht überläßt es den einzelnen Rechtsangehörigen, ihre Beiträge zu der zusammenwirkenden Betätigung in eigener Entschließung frei zu liefern. Produktion und Umsatz der Güter und alles weitere soziale Tun ruhen hier auf der Bestimmung der einzelnen Bürger. Diese haben dann die Möglichkeit zu besonderen Wechselbeziehungen, in deren Eingehung, Durchführung und Lösung sich das dortige soziale Leben vollzieht.

Auch diese freien Beiträge stehen unter der Bedingung einer bestimmten Rechtsordnung. Indem die letztere Möglichkeiten hinstellt und ihren Gebrauch den Rechtsgenossen überläßt, ordnet sie damit das Zusammenwirken [1].

Die genannte Unterscheidung von Einheitswirtschaft und freien Beiträgen ist nicht gleich der Gegenüberstellung eines unmittelbaren oder eines nur mittelbaren Druckes, mit dem das rechtliche Wollen die durch es verbundenen Menschen bestimmt. Diese Mittel der Politik (§ 173) können bei beiden erstgenannten Arten der Wirtschaft vorkommen [2]; doch ist es richtig, daß die Einheitswirtschaft dem unmittelbaren Zwange gegenüber den Rechtsunterstellten praktisch zuneigt. Ihr Auftreten hat als Besonderheit fast nur in dieser letzteren Voraussetzung eine

---

del diritto ridotta alla filosofia dell' economia, Pavia 1907. Mitscherlich Der wirtschaftliche Fortschritt. Sein Verlauf und sein Wesen. 1910. Oppenheimer Theorie der reinen Wirtschaft 1912. Stolzmann Grundzüge einer Philosophie der Volkswirtschaft. Versuch einer Volkswirtschaftslehre auf philosophischem Grunde, 1920, (2) 1925 (§ 55 N. 4). Wilbrandt Ökonomie. Ideen zu einer Philosophie und Soziologie der Wirtschaft. 1920. Haas Die Gesetzesmäßigkeit des sozialen Geschehens, Schmollers J. 41, 1729 ff. Haemig Nationalökonomische Sozialwissenschaft, Zürich 1923. Eppich Die philosophischen Grundlagen der Nationalökonomie 1924. Kaufmann, Felix Die ökonomischen Grundbegriffe, ZfVolksw. u. Sozpol. N. F. 3. Bd. S. 31 ff. Jastrow Naturrecht und Volkswirtschaft, Conrads J. 126, 689 ff.

[1] Es ist nicht zutreffend, sich die soziale Wirtschaft in einem natürlichen Flusse § 57.
vorzustellen, in den die rechtliche Gesetzgebung von außen her eingriffe. Eine natürliche Freiheit gibt es für die soziale Betrachtung überhaupt nicht (§ 84 Nr. 2). Wohl aber ist die relative Unterscheidung möglich, die sich in der Frage dieses Paragraphen vorstellt.

[2] Es kann sein, daß der Staat oder ein sonstiges Wirtschaftszentrum mit den Privaten in freie Konkurrenz tritt und es den letzteren frei überläßt, neben ihm wirtschaftlich tätig zu sein. So z. B. bei dem Betriebe von Waldungen, Domänen, einem nur teilweisen Staatsbahnsystem, dem Dulden von Privatposten u. dergl. Andererseits kann die Rechtsordnung für eine grundlegend gewährte Vertragsfreiheit mit scharfem Zwange Grenzen bestimmen; vgl. § 160.

eigenartige Bedeutung und wird im Folgenden zunächst in solchem Sinne in Erwägung gezogen.

Die zwangsweise Einheitswirtschaft kann in doppelter Art auftreten:

a) Entweder so, daß die Einzelnen zwangsweise zur Mitwirkung zugezogen werden, z. B. im seitherigen Militärdienst, in der Schulpflicht.

b) Oder so, daß den Einzelnen verboten wird, sich in gewisser Weise zu betätigen, das letztere vielmehr ausschließlich der staatlichen Zentralgewalt oder den von ihr damit Betrauten vorbehalten bleibt, z. B. Post-, Telegraphen-, Fernsprechmonopol.

Geht man von dem wirtschaftlichen Getriebe eines rechtlich abgegrenzten Ganzen aus, so nennt man eine Rechtsordnung, welche die Produktion von Gütern ausschließlich im Sinne einer zentralisierenden Einheitswirtschaft betreibt, eine sozialistische; wenn sie nicht nur *die Kollektivierung der Produktionsmittel* kennt, sondern auch die Konsumtion in zwangsweiser Gemeinsamkeit fordert, eine kommunistische Regelung. Ihnen gegenüber heißt die auf freie Beiträge der Bürger gestellte Gesellschaftsordnung die individualistische, auch freiheitliche oder bürgerliche Rechtsordnung. [3].

In allen geschichtlich bekannten Rechtsordnungen findet sich stets eine Mischung der beiden eben beschriebenen Möglichkeiten: der Einheitswirtschaft und der freien Beiträge. Eine ausschließliche Benutzung einer von ihnen hat es nicht gegeben. Wohl aber läuft die Grenze zwischen der Anwendung beider Arten von Sozialwirtschaft zu verschiedenen Zeiten in verschiedener Weise. Nur verhältnismäßig läßt sich sagen, daß im allgemeinen ein Zug nach stärkerer Betonung der wirtschaftlichen Freiheit im Laufe der Zeiten sich bemerklich macht, sofern dadurch das Streben nach Ausbildung frei gesinnter Persönlichkeit begünstigt wird (§ 99) [4].

---

[3] Der Ausdruck *Sozialismus* führt auf den französischen Schriftsteller Reybaud zurück. Er veröffentlichte 1840 ein Buch: Études sur les reformateurs ou socialistes modernes. Er stellte die Lehre von Saint-Simon, Fourier, Owen dar und kritisierte sie als gefährliche Umstürzler, deren Lehren verwerflich wären, da sie den Gedanken des *sozialen* Zusammenstehens übertrieben und darum *sozialistisch* seien. In Deutschland nahm diese Bezeichnung Lor. Stein auf: Der Sozialismus und Kommunismus des heutigen Frankreich 1842, (2) 1848. Der Name blieb dann in Frankreich, vorübergehend in England, dann in Deutschland für alle Richtungen, die aus irgendeinem Grunde (N. 6) die Ausschließlichkeit einer planmäßig zentralisierten Zwangswirtschaft anstrebten. Dieses Programm erlangte in der praktischen Politik eine wachsende Bedeutung. Das merkwürdige Wort *Sozialismus* wurde nicht selten dann auch willkürlich anders gebraucht und in einem subjektiv beliebig aufgestellten Sinne verwandt. Das gibt dann leicht einen bloßen Wortstreit, bei dem es freilich wenig veranlaßt erscheint, einen einmal feststehenden technischen Ausdruck nun persönlich von sich aus in einer anderen abweichenden Bedeutung einzustellen. — Übrigens gebraucht Gros Naturrecht (§ 9 N. 3) § 69 den Ausdruck *sozialistisch* (offenbar in selbständiger Neubildung) für die Sozialitätslehre des Pufendorf (§ 14 N. 7).

[4] Humboldt Ideen zu einem Versuche, die Grenzen der Wirksamkeit des Staates zu bestimmen 1851. Jhering Zweck (§ 18 N. 8) I S. 522 ff. RR. S. 246 ff. Vgl. § 84 N. 4.

In jedem Falle verbleibt es dabei, daß sowohl die zwangsweise Einheitswirtschaft, wie die freien Beiträge der Einzelnen nur verschiedene Mittel sind, deren sich das rechtlich verbindende Wollen bedient. Nach der methodischen Möglichkeit, nach der es seinen, des Rechtes, Inhalt richtig zu gestalten sucht (§ 80), hat es, je nach den veränderten Verhältnissen, bald das eine oder das andere jener bedingten Mittel einzusetzen, um das dortige soziale Leben gesetzmäßig auszugestalten (§ 173).

Im besonderen ergibt sich aus diesen Betrachtungen, daß der Sozialismus, als planmäßig zentralisierte Zwangswirtschaft, keineswegs etwa eine grundsätzliche Auffassung des sozialen Lebens bedeutet oder gar so etwas wie eine *Weltanschauung* darstellt. Der Sozialismus im Sinne der Vergesellschaftung der Produktion ist nicht Selbstzweck und Grundgesetz der menschlichen Gesellschaft, sondern ein beschränktes Mittel. Ob er in dieser oder jener Weise, in einer oder der andern Stärke gebraucht werden soll, läßt sich also immer nur in einer gegebenen geschichtlichen Lage angeben und nicht allgemeingültig für alle Völker und Zeiten. Als bedingte Maßnahme steht er der unbedingten Gesetzmäßigkeit des sozialen Lebens überhaupt gegenüber. Er vermag gar nicht mehr zu sein, als die Bewährung dieser Gesetzmäßigkeit unter besonderen Umständen [5].

Das Urteil über eine sozialistische Regelung hängt sonach in erster Linie von der Einsicht in das Grundgesetz der menschlichen Gesellschaft ab. Es wird verschieden lauten, je nachdem man mit dem sozialen Materialismus nichts als die Betrachtung von Ursachen und Wirkungen in der Menschengeschichte kennen will (§ 17) oder ob man die kausal notwendigen Begierden und Bestrebungen nur als den Stoff der Erwägung nimmt, um ihn nach dem idealen Blickpunkt der Gerechtigkeit zu richten und zu leiten (§§ 91 ff.) [6].

---

[5] Infolge der starken praktischen Bedeutung, die die sozialistische Bewegung zurzeit erlangt hat, ist die Literatur über den Sozialismus sehr angeschwollen. Nachweise zur Einführung; SOMBART Sozialismus und soziale Bewegung im 19. Jahrh. 1896 10. völlig umgearbeitete Auflage unter den Titel: Der proletarische Sozialismus (Marxismus), 2 Bde., 1925. BIERMANN Anarchismus und Kommunismus 1906. DERS. Die neuere Entwicklung des Sozialismus, ZPolit. 1, 488 ff. DIEHL Über Sozialismus, Kommunismus und Anarchismus (4) 1922. CATHREIN Der Sozialismus (11) 1919. GIDE et RIST Histoire des doctrines économiques (2) Paris 1920, S. 693 ff.: Les Solidaristes. SOMBART Grundlagen und Kritik des Sozialismus, 1919. — Eine Bibliographie des Sozialismus und Kommunismus hat STAMMHAMMER in mehreren Bänden seit 1893 veröffentlicht.

[6] Aus den Ausführungen des Textes geht hervor, daß die Erörterung des Sozialismus nicht unmittelbar zu der Aufgabe der Rechtsphilosophie gehört. Denn die planmäßig zentralisierte Zwangswirtschaft, die das Wesen des *Sozialismus* ausmacht, kann methodisch über den Rang eines nur bedingten Mittels niemals hinauskommen. Sie ist kein Ausdruck für den Gedanken der Gesetzmäßigkeit des menschlichen Lebens und Strebens. Sie muß selbstredend dem Zweifel standhalten, wie das etwaige Begünstigen jener Bewegung nach dem Grund-

Und es wird für den letzten Fall auf alle einzelnen Zustände und Möglichkeiten des fraglichen wirtschaftlichen Lebens ankommen, im besonderen auch dabei zu prüfen sein: was für Eigenschaften der gerade fraglichen Menschen, welche geschichtlichen Überlieferungen und was für Triebfedern man dort vor sich sieht, um dieses Material im Sinne eines grundsätzlich richtigen Zusammenlebens zu bearbeiten. Ob man dabei stets zu einem eindeutigen und überzeugend begründeten Ergebnisse gelangt, bleibt offene Frage [7].

Neigt dann einer mehr zum Befürworten der Einheitswirtschaft oder umgekehrt zu dem der freien Beiträge, so wird sich bei der Durchführung eines dieser bedingten Mittel herausstellen, daß sie im

---

gesetz des Wollens zu rechtfertigen sei. Weshalb soll es denn zu der genannten Zwangswirtschaft kommen, worin liegt die Notwendigkeit der letzteren begründet?

Andererseits ist es lehrreich, zu beobachten, wie diese immer begrenzte Frage, die nur auf Grund besonderer geschichtlicher Verhältnisse erledigt werden kann, sich mit dieser oder jener Theorie des gesellschaftlichen Daseins der Menschen abhängig verbunden hat und teils bewußt, teils unwillkürlich auf eine eigenartige soziale Grundauffassung zurückführt. Und zwar teilen sich die Anhänger des hier fraglichen Strebens heute in zwei Gruppen: *a*) Die Mehrheit der Parteigänger jener Bewegung stützt sich auf die materialistische Geschichtsauffassung (§ 17). Namentlich tut es auch das Erfurter Programm von 1891. Die Bewegung sei zu begünstigen, weil sie sich so wie so naturgesetzlich vollziehe. Es sei ein naturnotwendiger wirtschaftlicher Prozeß, daß die überlieferten Grundlagen der Gesellschaftsordnung von der ausschließlichen Zwangswirtschaft abgelöst werden. Die sozialwirtschaftliche Bewegung der modernen Zeit stelle eine Spirale dar und müsse ihr Ende erreichen, wie die Planeten durch Zusammenstoß mit dem Zentrum. Praktisch habe man die Tendenz in der Entwicklung der ökonomischen Phänomene zu beobachten und dann die Rolle der Geburtshelfer zu spielen, könne aber nicht einen gerechten Staat erschaffen. — Das alles steht und fällt mit der unfertigen und nicht ausgedachten Lehre des sozialen Materialismus. b) Davon unabhängig hat sich eine Richtung gebildet, welche die ausschließliche Zwangswirtschaft in ideologischem Sinne fordert, d. h. von einer *Idee* erschaffen lassen will. (Vgl. auch Rubinstein Romantischer Sozialismus 1921. Von allgemeinerem Interesse Bonin Die volkswirtschaftliche Bedeutung und die praktische Auswirkung des deutschen Betriebsrätegesetzes 1927.) Die leitende Meinung aber ist die der quantitativen Gleichheit. Das wächst sich dann zu dem Postulat eines vollendeten Kommunismus aus. Hier liegt eine Verwechselung der Begriffe Gleichheit und Gerechtigkeit vor (§ 171). Die Gerechtigkeit ist das ideale Grundgesetz, dessen genaue Beschreibung die Lehre von der Idee des Rechtes zu geben hat (§§ 91 ff.). Nach ihm sind die geschichtlich erwachsenden Zustände und Bestrebungen nach dem Blickpunkte voller Harmonie einheitlich zu richten und zu leiten, um in ihrer gegebenen Lage objektiv richtig zu sein. Dagegen führt die Forderung äußerer Gleichheit nicht nur zu technisch minderwertigen Ergebnissen, sondern ist in sich theoretisch falsch, weil sie als Prinzip nur vom Standpunkt der Lustlehre aus Sinn und Bedeutung haben kann und anders als eudämonistisch gar nicht aufgefaßt zu werden vermag. — Vgl. auch § 173 N. 9.

7 Schiller An die Gesetzgeber: *Setzet immer voraus, daß der Mensch im Ganzen das Rechte Will: im einzelnen nur rechnet mir niemals darauf.*

einzelnen noch in recht verschiedener Weise ausgebaut werden können. Sie werden sich vielfach durchkreuzen. Die eine Richtung der Gedanken mag gerade einmal vorwiegen, kann aber auch Elemente von der anderen Seite her aufnehmen. Die zentralisierende Tendenz wird in mancher Hinsicht freie Betätigung der Einzelnen zulassen; und die Zulässigkeit freier Verfügung und Verpflichtung muß oft genug ihre Grenzen in zwingendem Rechte finden.

So ist das bloße Zurückgehen auf die damit besprochenen Möglichkeiten von sozialistischer und individualistischer Ordnung der Wirtschaft in doppelter Richtung ungenügend. Es wird damit noch gar nichts über die Grundanschauung und den Maßstab der wissenschaftlichen Berechtigung einer bestimmten Regelung gesagt; und es ist mit ihnen allein nicht angegeben, in welcher technisch besonderen Weise eine einzelne Aufgabe der Gesetzgebung in Angriff genommen werden soll [8].

II. Die wirtschaftlichen Erscheinungen

§ 58

Der Begriff einer wirtschaftlichen Erscheinung

Wenn die Betrachtung des sozialen Lebens der Menschen einen wissenschaftlichen Charakter haben soll, so sind die dort auftretenden Phänomene nach einer unbedingt einheitlichen Methode zu ordnen. Die Umschau in der Natur liefert uns ungezählte Eindrücke, die wissenschaftliche Forschung bestimmt sie dahin, daß alle in Raum und Zeit

---

[8] Es findet sich wohl der Versuch, *Individualismus* und *Sozialismus* im Sinne zweier idealer Grundauffassungen einander gegenüber zu stellen und sie jeweils als *Wesensideen* der Menschheit zu nehmen. So Plenge Christentum und Sozialismus 1919, bes. S. 21; 29. Duguit Le droit social, le droit individuel et la transformation de l'état, Alcan 1908. Es wird dabei unterschieden, ob das zu vollendende Selbst des Menschen entweder in dem einzelnen Individuum oder im sozialen Ganzen erblickt werde. — Allein diese beiden, das soziale Ganze und das einzelne Individuum, stehen nicht als zwei getrennte Größen einander gegenüber. Der Einzelne ist immer auch Mitglied eines sozialen Ganzen, und das letztere besagt nur den Gedanken eines Verbindens von Zwecken der einzelnen Individuen. Hier liegt also zuvörderst eine begriffliche Unsicherheit vor. Soweit man nun aber eine besondere Frage, die in dem einheitlichen Gefüge einer Gesellschaft auftaucht, entweder vom Standpunkte eines einzelnen Rechtsangehörigen oder von dem der Gesamtheit aller übrigen aus betrachten kann, so wird damit ein Merkmal für die Richtigkeit oder für die Verwerflichkeit des einen oder des anderen Strebens noch gar nicht gegeben. Es kann ja diese letztere ideale Beurteilung selbstverständlich in jeder der Betrachtungen von der einen oder der andern Seite der Beteiligten aus richtend eingreifen. Es ist also nicht an dem, daß die grundsätzliche Auffassung des Menschenlebens durch die Unterscheidung des Individuums und des sozialen Ganzen gegeben wird: das geschieht nur durch die Lehre von der Idee des Rechtes, die die beiden Glieder der oben erörterten Betrachtungsweise mit gleicher Stärke ergreift.

möglichen Wahrnehmungen in voller Harmonie bestehen können. Entsprechend hat eine Wissenschaft von dem gesellschaftlichen Leben die einzelnen Erscheinungen ordnend aufzunehmen, die sich bei der Beobachtung des Zusammenwirkens vorstellen [1].

Damit ist jedoch die Parallele zwischen den beiden Aufgaben wissenschaftlicher Arbeit erschöpft. Sie trifft nur zu für die formale (= bedingende) Weise des Planes überhaupt. Dagegen ist die Materie (= das Bestimmbare), die zu bearbeiten ist, in den beiden genannten Fragen grundlegend verschieden. Das eine Mal handelt es sich um empfangene Eindrücke, die in der Außenwelt dem Menschen werden, das andere Mal um den Inhalt von Bestrebungen, wie sie in dem Zusammenleben auftreten. Es müssen also die methodischen Gänge, die unter dem gleichen Blickpunkt des unbedingt einheitlichen Ordnens einzuschlagen sind, nach dem zu bearbeitenden Stoffe notwendig verschieden sein.

Erwägt man nun die jeweilige Eigenart dieses wissenschaftlich zu bestimmenden Stoffes näher, so zeigt sich in Folgendem eine durchgreifende Verschiedenheit:

Die Erscheinungen der Natur werden uns in einer ursprünglichen Weise geliefert. Wir nehmen sie in unmittelbarer Anschauung auf. Sie sind nicht schon durch eine dazwischen liegende begriffliche Erwägung bestimmt, sondern bedeuten zunächst gar nichts, als den Gedanken bestimmbarer Eindrücke, die an und für sich noch ungeklärt und unabgegrenzt erscheinen.

Das liegt bei den Erscheinungen des Zusammenwirkens der Menschen anders. Wenn man sich dieses soziale Dasein ganz im allgemeinen vorstellt, so ist sein Stoff nicht bloß ein elementares Drängen und Treiben, das zu einem menschlichen Begehren irgendwelcher Art führt, sondern wir sind dabei über dieses erste Stadium schon hinausgeschritten. Das erklärt sich daraus, daß wir es in dem Gegenstande des gesellschaftlichen Daseins mit der einen Klasse des menschlichen Wollens zu tun haben. Dieses zerlegt sich in die Wünsche des Innenlebens und in das Wollen des Zusammenlebens (§ 31). Ehe wir also an die einzelnen Erscheinungen der letzteren Art herankommen, haben wir unvermeidlich den natürlichen Stoff des Sehnens und Strebens schon begrifflich erfaßt und systematisch eingeteilt. Da die Materie des sozialen Lebens gerade die soziale Wirtschaft, als das Zusammenwirken zur Bedürfnisbefriedigung, ist, und diese

---

§ 58. [1] S. §§ 3 N. 9; 23 N. 1. — Man darf nicht einwenden, daß doch das Empfinden eines Schmerzes an und für sich in natürlichem Eindrucke komme, so daß man bei dem Bedenken dieses eine Art von *subjektiver* Richtigkeit vor sich sähe. Denn die Schmerzempfindung ist als solche weder richtig noch unrichtig, — das sind erst die Gedanken, die darüber bestehen mögen: sowohl naturwissenschaftlich hinsichtlich der Verursachung und etwaigen Gegenwirkung, als auch ethisch im weiteren Sinne, in der Auffassung des Schmerzes als Übel.

erst in logischer Bestimmung abgegrenzt und festgestellt werden muß, ehe man von da aus weiter zu gehen vermag: so sind die ihm entquellenden einzelnen Erscheinungen, als solche, auch nicht als urwüchsige Gebilde aus wilder und unbestimmter Masse her zu denken, die nun in begrifflicher Weise zum ersten Mal geordnet werden müßten. Sie bestehen vielmehr bloß unter der logischen Bedingung, unter der das menschliche Zusammenwirken überhaupt nur gedacht werden kann und seinem Gegenstück, dem Innenleben eines jeden Einzelnen, gegenübertritt. Und da diese logische Bedingung für den Gedanken *Zusammenwirken* die Methode des Verbindens menschlicher Bestrebungen ist (§ 35), so muß auch jede einzelne Erscheinung der sozialen Wirtschaft unter dieser Bedingung des verbindenden Wollens stehen.

Der gemeine Materialismus begeht den fatalen Fehler, daß er als das Höchste in unserem Dasein *Materie und ihre Bewegung* annimmt; davon sollte dann auch alles geistige Leben des Menschen abhängen. — Er sieht nicht, daß bei dem Aufstellen dieser Sätze die Möglichkeit des einheitlichen Ordnens unserer Gedankenwelt auch schon vorausgesetzt ist. Der Begriff *der Materie* und die Vorstellung *ihrer Bewegung* ist ja doch auch nur ein besonders gearteter Inhalt unseres Bewußtseins. Das Letzte, worauf im Sinne eines logischen Anfanges überhaupt zurückgegangen werden kann, ist somit nicht ein wissenschaftlich erkannter Gegenstand, zum Beispiel *die Materie*, sondern die Möglichkeit dieser Erkenntnis überhaupt [2].

Der soziale Materialismus weist auf seinem Gebiete den gleichen verderblichen Mangel auf und fügt dazu noch die Verwicklung, daß er als angeblich materiale Urgegenstände des gesellschaftlichen Daseins die ökonomischen Phänomene nimmt, die in Wahrheit gar nicht einen noch ungeordneten Stoff darstellen, sondern nur unter der Bedingung des Begriffes vom wirtschaftlichen Zusammenwirken zum ersten Male (im logischen Sinne!) überhaupt zu erscheinen imstande sind. Auch als bloß bestimmbare Gegenstände sozialwissenschaftlicher Arbeit haben ökonomische Phänomene keinen verständlichen Sinn, es sei denn als Äußerungen in der Vereinigung, in der der Kampf um das Dasein gemeinsam geführt werden soll, — was, wie dargelegt, nur als ein Verbinden menschlicher Bestrebungen gedacht werden kann [3].

Hiernach ist eine wirtschaftliche Erscheinung zunächst dasselbe, wie ein gesellschaftliches Verhältnis, — das ist: eine durch

---

[2] Über den Materialismus s. auch §§ 17; 35 N. 5; 180 N. 5. — KANT Krit. d. rein. V. (§ 15 N. 8). 2. Aufl. S. 420; vgl. d. Vorw. p. XXXIV.

[3] Auch MARX bemühte sich, von der bloßen Beschreibung von Naturerscheinungen abzukommen und zum Gegenstande der sozialwissenschaftlichen Betrachtung die *gesellschaftlichen Verhältnisse* zu nehmen. Aber er analysierte diesen Begriff nicht ausreichend. WR. § 35 (5) S. 192 ff.

ein verbindendes Wollen bestimmte Beziehung von Menschen zueinander. Nun können wir aber für das verbindende oder soziale Wollen genauer das rechtliche einsetzen. Denn das Recht verfügt zufolge seiner selbstherrlichen Art über die konventionalen Regeln; es benutzt ihr Auftreten und schaltet sie als eigene Mittel in sein Anordnen ein (§ 42). Und es bietet durch seine Eigenheit der Unverletzbarkeit gegenüber der willkürlichen Gewalt die Möglichkeit eines bleibenden Verbindens und gewährt damit erst die Aussicht auf eine gesetzmäßige Erfassung sozialer Bestrebungen (§ 47; vgl. § 107).

Nun könnte an sich jedes einzelne Rechtsverhältnis, das im sozialen Leben auftritt, als eine wirtschaftliche Erscheinung angesprochen werden. Um aber den damit eingeführten Stoff wissenschaftlicher Bearbeitung übersichtlich zu haben, ist es nötig, ihn nach Typen zusammenzufassen. Es handelt sich, wie oben ausgeführt, bei dem hier fraglichen Material nicht um ursprüngliche, ungeformte Regungen, sondern um begrifflich bereits bestimmte Vorstellungen. Wenn nun ein einzelnes Rechtsverhältnis ganz vereinzelt bleibt und in seiner Art und Weise sich überhaupt nicht wiederholt, so kann es kein weiteres Interesse beanspruchen. Die Erforschung eines sozialen Lebens liefert nur dann erwägenswerte Ergebnisse, wenn sie diejenigen Erlebnisse zum Gegenstande ihrer Untersuchung macht, die in Gleichheit auftreten und darum für das dortige Zusammenwirken bedeutsam sind.

Hierdurch rechtfertigt es sich, als Unterlage der sozialwissenschaftlichen Arbeit nur die übereinstimmenden, sich wiederholenden Vorkommnisse zu nehmen. Wir erhalten dabei die folgende Begriffsbestimmung: Eine wirtschaftliche Erscheinung ist eine gleichheitliche Massenerscheinung rechtlicher Beziehungen.

§ 59

Einteilung sozialer Massenerscheinungen

Die wirtschaftlichen Erscheinungen stellen sich dem Beobachter als eine große und schier unübersehbare Menge dar. Er wird darum nach der Möglichkeit eines systematischen Überblickes suchen. Nun bestehen jene nur unter der Bedingung von bestimmtem rechtlichen Wollen. Das weite Getriebe der hier fraglichen Vorgänge vollzieht sich in dem Eingehen, Durchführen und Lösen von Rechtsverhältnissen. Es interessiert zum Beispiel die Menge der Grundeigentümer, der Mieter, der Staatsangehörigen, der unehelichen Kinder usf.

Es werden dabei also die gleichheitlichen rechtlichen Beziehungen als Ganze in Quantitäten in Erwägung gezogen. Wenn demgemäß eine erschöpfend gegliederte Übersicht von ihnen gewonnen werden soll, so kann das nur dahin geschehen, daß auf das juristische Systematisieren in seiner allgemeinen Möglichkeit und auf das danach ausgeführte

System der dortigen besonderen Rechtsordnung zurückgegangen wird. Hierüber ist in diesem Werke in dem Abschnitte über die Einteilung des Rechtes zu handeln (§§ 133—138).

Dagegen führt es irre, die Volkswirtschaft eines besonderen Landes zu einer bestimmten Zeit als einen *Organismus* anzugeben. Das ist im besten Falle ein unbeweisendes und nicht klares Bild. Es kann nur sagen, daß alle einzelnen sozialwirtschaftlichen Geschehnisse in dem dort abgegrenzten Zusammenwirken ineinander laufen und unter sich zusammenhängen. Fragt man aber, worin dieser Zusammenhang bestehe, so bleibt es bei der Antwort: in der Gleichmäßigkeit, mit der die unterliegende Rechtsordnung zur Anwendung kommt. Diese gleichmäßige Anwendung bildet aber als solche keinen eigenen Gegenstand, der selbständig und unabhängig bestimmt werden könnte. Wenn man sie in unbedingter Vollständigkeit sich denkt und sie in dieser Vollständigkeit vollendet einteilen will, so bieten sich dafür nur die Richtlinien, nach denen die bedingende Rechtsordnung systematisiert werden kann; denn unter ihrer Voraussetzung ist ja die Eigenart der gerade erörterten volkswirtschaftlichen Tätigkeit allein denkbar, von ihrer Besonderheit hängt die Möglichkeit des wirtschaftlichen Zusammenwirkens logischerweise ab [1].

Dieses gilt für eine unbedingt erschöpfende Systematisierung. Bei ihr kommt man in folgerichtigem Ausdenken auf die formalen Gedankengänge zurück, durch welche die gerade bearbeitete Materie bedingt ist. Nun ist es auch erwünscht, für diese letztgenannte Arbeit eine Einteilung zu haben, die für ihren technischen Zweck ausreicht und zu seiner Verfolgung Hilfe leistet.

Für das Zusammenwirken bieten sich da nun vier Gesichtspunkte an, unter denen in verhältnismäßiger Allgemeinheit die wirtschaftliche Tätigkeit sich einteilen läßt:

a) Die Menschen in ihren für die Sozialwirtschaft bedeutsamen Eigenschaften.

b) Die Technologie der sozialen Einzelarbeit.

c) Das Quantum der dort behandelten Rechtsobjekte und Leistungen.

d) Die Qualität des sozialen Tuns in seiner jeweiligen wirklichen Durchführung.

Auch bei dieser Klassifizierung kommt es jedoch immer auf ein Ordnen rechtlich bedingter Vorgänge an. Es handelt sich bei aller sozialwirtschaftlichen Betrachtung um das Beobachten der Betätigung von Rechtssubjekten in Rechtsverhältnissen. Danach kann jene vierfach mögliche Einteilung zweimal wiederkehren. Sie kann sich entweder innerhalb gleichartiger Rechtsverhältnisse vollziehen

---

[1] S. hierzu die § 56 N. 13 angeführte Literatur, insbes. das dort genannte § 59. Buch von STOLZMANN.

oder nach der übereinstimmenden Verknüpfung der in den Rechtsverhältnissen auftretenden Personen[2].

Hiernach mag der so gewonnene Grundriß durch Beispiele erläutert werden.

1. Analytische Einteilung sozialer Massenerscheinungen.

a) Natürliche Eigenschaften der Menschen, die in ihrem sozialen Dasein erwogen werden. Es werden gleichartige Rechtsverhältnisse genommen und die darin befindlichen Personen nach ihrer verschiedenen Art betrachtet, z. B. Verwendung von Frauen und Kindern in bestimmten Arbeitsverhältnissen. Die Differenzierung kann sozialökonomisch oft recht weit gehen, z. B. Beobachtung der technisch brauchbaren Arbeit in gewissen Betrieben, gegenüber anderen Industrien, und dort wieder gruppenweise verschieden.

b) Technische Art und Beschaffenheit der von den Rechtsverbundenen zu machenden Leistungen: Bäcker- und Maurergesellen; Lohn in Fabriken und bei der Landwirtschaft; verschiedene technische Verwertung des Bodens.

c) Quantitäten: Groß- und Kleingrundbesitz; Höhe der Preise und Löhne.

d) Qualität der tatsächlichen Durchführung: Zuverlässigkeit der versprochenen Lieferungen; Art der Abwicklung rechtlicher Beziehungen in Güte oder Zwang (Rechtsstreitigkeiten, Konkurse).

2. Synthetische Einteilung sozialer Massenerscheinungen.

a) Die verschiedenen Klassen von Personen in einem Rechtskreise, wobei die Einheit jedesmal durch das betreffende Rechtssubjekt hergestellt wird, in dem als Brennpunkt die mannigfaltigsten und untereinander vielleicht ganz verschiedenen gesellschaftlichen Beziehungen zusammenlaufen. Beispiele: Gebildete; Analphabeten; — juristische Personen und diese wieder zerteilt: Stiftungen, Aktiengesellschaften usw.[3].

b) Einteilung nach der Technik der Produktion und des Umsatzes und nach dem technischen Betrieb und Gewerbe. Ein wichtiger Fall wird hier durch die Filialbetriebe gegeben und durch die Abgrenzung des als eigene Einheit bestehenden geschäftlichen Unternehmens.

c) Ein besonderes Problem tritt auf, sobald das Quantum der in derselben Person zusammenfließenden Rechtsverhältnisse zur Feststellung gelangt.

Sind es gleichartige Rechtsverhältnisse, so liegt die Sache einfach. Dann können sie, unter Berücksichtigung der nach 1. zu durchleuchten-

---

[2] Über die Systematik sozialwirtschaftlicher Erscheinungen s. WR. §§ 44 ff.

[3] Schließlich auch die Frage der Übervölkerung, der Auswanderung, der Staats- und Volksgemeinschaft. Bortkiewicz Bevölkerungswesen 1919. Elster, Alex. Sozialbiologie. Bevölkerungswissenschaft und Gesellschaftshygiene 1923. — Tatarin-Tarnheyden Die Berufsstände, ihre Stellung im Staatsrecht und die deutsche Wirtschaftsverfassung 1922.

den Möglichkeiten, alsbald in Summen dargestellt werden. So bei der Frage des Eigentums an Produktionsmitteln und umzusetzenden Waren, bei der Zahl der von dieser Person abgeschlossenen Kauf-, Miet-, Arbeitsverträge, jede Vertragsart für sich besonders gestellt. Aber auch bei der Betrachtung des Familienrechtes, etwa bei der Erörterung der durchschnittlichen Kinderzahl aus einer dortigen Ehe.

Fehlt jedoch die eben besprochene Gleichartigkeit, so ist eine Schwierigkeit für die dermalen gesetzte Aufgabe vorhanden, die erst durch die Einrichtung des Geldes gelöst wird. Geld ist der Gegenstand, nach dem sich verschiedenartige Leistungen zahlenmäßig bestimmen lassen. Es ermöglicht die Feststellung der Größe des Vermögens einer Person, im Vergleich mit dem Vermögen anderer und führt zu allen weiteren Erörterungen, in denen die quantitative Charakterisierung der rechtlichen Beziehungen jemandes sich nötig erweist [4].

d) Dagegen kommen bei der Art der tatsächlichen Durchführung von Rechtsbeziehungen einer und derselben Person alle Möglichkeiten einer besonders bemerkenswerten Art von Vermögensverwaltung in Betracht, also die Beobachtung des Gebrauches, den die Einzelnen in gleichheitlicher Massenerscheinung von ihrem Vermögen machen. So in der Frage des Luxus [5], des Geizes, der Verschwendung, des Sparsinnes einer Bevölkerung.

§ 60

Negative soziale Phänomene

Die sozialwissenschaftliche Betrachtung erhält eine besondere bestimmende Richtung, wenn sie erlebte Zustände mit dem vergleicht, was der unterliegenden Rechtsordnung als möglich und erstrebenswert vorgeschwebt hatte. Es liegt alsdann ein Zwiespalt zwischen diesen beiden Beobachtungen vor. Wir nennen solche Massenerscheinungen des gesellschaftlichen Lebens negative soziale Phänomene. Es handelt sich bei ihnen zwar auch um die Feststellung gleichheitlicher sozialer Erscheinungen, aber sie weichen in einer verneinenden Art von den im Rechte vorgesehenen Geschehnissen ab [1].

Die negativen sozialen Phänomene können in einer doppelten Weise auftreten:

1. Nichtbegründung rechtlich möglicher Beziehungen. Hierher zählen die Massen unverkäuflicher Waren oder leerstehender Mietwohnungen; die nicht angestellten Amtsanwärter, die beschäftigungslosen Lohn-

[4] Kant stellte in seiner Metaphysik der Sitten die Frage: *Was ist Geld?* und erörterte es dort in der Rechtslehre. Simmel schrieb eine *Philosophie des Geldes* 1900. In Wahrheit gehört die Ausführung dieser Frage nicht der Rechtsphilosophie, sondern der technischen Jurisprudenz und Nationalökonomie zu. — S. auch § 56 N. 3.

[5] Über den Luxus s. § 38 N. 5.

[1] WR. § 48 S. 260 ff. § 60.

arbeiter, die zum Militärdienste Untauglichen; auch die Zahl der unverheirateten Männer und Frauen.

2. Verletzung der sozialen Regelung durch Übertreten und Zuwiderhandeln. Man wird hier in erster Linie an die Verbrechen und ihre Ahndung denken. Von großer Bedeutung sind hier ferner die Überschreitungen der Grenzen der Vertragsfreiheit: die Rechtsgeschäfte gegen gesetzliches Verbot oder gegen *die guten Sitten*, das Auswuchern und der Mißbrauch eines Rechtes (§§ 160 ff.). Es ist aber auch der Rechtsbruch im großen hierher zu stellen, der sich aus unerfreulicher Schwäche des Rechtes ergibt, aus der Unmöglichkeit, dem Gesetze und einem nach ihm gefällten Richterspruche Achtung zu verschaffen; und über dieses hinaus die Nachgiebigkeit und mangelnde Kraft einer verwaltenden Regierung, die sich zu einer wirklichen Durchführung der geltenden Gesetze nicht aufraffen kann (§ 71)[1].

Solche Erscheinungen, die dem bedingenden Rechte gegenüber negativ erscheinen, sind in keinem sozialen Leben zu vermissen. Von der äußeren Regelung, die das Zusammenwirken jeweils ermöglicht, kann eine Durchführung in voller ausnahmsloser Sicherheit nicht erwartet werden. Die Erforschung eines bestimmten gesellschaftlichen Zustandes ist nicht vollständig, wenn sie nicht auch die störenden, hemmenden oder hindernden Vorkommnisse beachtet, die bei der Durchführung jenes sozialen Lebens hervortreten.

Dritter Abschnitt

Die Entstehung des Rechtes

I. Die Gründe rechtlicher Änderungen

§ 61

Das erste Auftreten des Rechtes

Man hat häufig die Frage aufgeworfen: Wie mag seiner Zeit zum ersten Male das Recht entstanden sein?

Es sind verschiedene Mutmaßungen darüber laut geworden. Bald wurde das Recht auf die Familie zurückgeführt, als die dauernde Verbindung von Mann und Weib, von Eltern und Kindern; bald auf den instinktmäßigen Zusammenschluß von Urmenschen als geselliger Tiere. Manche nahmen ein göttliches Eingreifen und Fügen an, andere verwiesen auf das Behalten des niedergeworfenen Feindes als Sklaven. Den Einen war der erste König ein glücklicher Krieger, anderen schwebt ein

---

[1] Eine eigentümliche Erscheinung bildet dann die Leugnung und Bekämpfung des Rechtes überhaupt und ihre etwaige gleichmäßige Massenerscheinung in anarchistischen Verbrechen (§ 103).

freier Zusammenschluß von Individuen vor, die bereits höher entwickelt waren [1].

Alles das ist unsicher, unbewiesen und unbeweisbar.

Neuere Nachforschung hat es versucht, einem hypothetisch angenommenen Zustand der *Wildheit* eine Periode der *Barbarei* gegenüber zu stellen [2]. Das wäre die Periode, über die wir zwar unmittelbar auch nichts wissen, in die hinein aber Rückschlüsse aus dem Zeitalter der *Zivilisation*, das wäre aus den Tagen bekundeter Geschichte, zu machen seien. Von besonderem Interesse ist hierbei das Aufkommen der Ehe und der Familie in den Formen späterer Zeiten. Es herrscht Streit über das Bestehen des *Mutterrechtes* und der *Gruppenehe*, über *exogame* und *endogame* Stämme, über die *Gentilverfassung* der Vorzeit und anderes mehr [3].

Diese Erörterungen betreffen aber in Wahrheit nur Fragen über bedingte Besonderheiten in dem Inhalte dieses oder jenes Rechtes [4]. Das Wesen des letzteren und die Möglichkeit seines Werdens sind dabei schon vorausgesetzt. Die Aufgabe der allgemeinen Beobachtungen über die Entstehung des Rechtes kann darum nur für seine Veränderungen im Laufe geschichtlich erkennbarer Zeiträume behandelt werden [5].

---

[1] Lorenz Stein Gegenwart und Zukunft d. Rechts- u. Staatsw. (§ 3 N. 9) § 61. S. 147 ff. Jhering Zweck (§ 18 zu N. 8 und in N. 10) I S. 246 ff. Post Der Ursprung des Rechts 1876. Ders. Einleitung in das Studium der ethnologischen Jurisprudenz 1886. Neukamp Einleitung in eine Entwicklungsgeschichte des Rechtes 1895. Muckle Horde und Familie in ihrer urgeschichtlichen Entwicklung 1895. Ludw. Stein Die soziale Frage im Lichte der Philosophie 1897, 5. Vorles. S. 56 ff.: Urformen des Gemeinschafts- und Gesellschaftslebens, (2) 1903. Ed. Meyer Über die Anfänge des Staates und sein Verhältnis zu den Geschlechtsverbänden und zum Volkstum, Sitz.-Ber. d. Akad. d. Wiss. 1907 S. 508 ff. Ders. Geschichte des Altertums I. Bd. (2) 1907. Cornil Notes sur le problème des origines du droit, Revue de droit international t. XII, Brüssel 1910. Taylor Origin of government, Oxford 1919. Koppers Die Anfänge des menschlichen Gemeinschaftslebens im Spiegel der neueren Völkerkunde 1921. Dacqué Urwelt, Sage und Menschheit (4) 1927. — Richard L'évolution des moeurs, Paris 1925.

[2] Heilborn Der Mensch der Urzeit, Aus Natur und Geisteswelt 62. Bd. Hauser Der Mensch vor 100 000 Jahren 1917.

[3] Über das Mutterrecht s. Schröder § 11. Schwerin Deutsche Rechtsgeschichte (2) 1915 S. 123; 144. Brunner § 3. Aus dem grundlegenden Werk von Bachofen 1861 ist eine Auswahl 1927 von Rud. Marx herausgegeben worden. — Ferner erschien 1927 ein Neudruck von Bachofen Selbstbiographie und Antrittsrede über das Naturrecht. Hrsg. und eingeleitet von Baeumler. — Engels Der Ursprung der Familie, des Privateigentums, des Staates 1884, (4) 1892. E. A. Schröder Das Recht in der gesellschaftlichen Ordnung (2) 1896. Müller-Lyer Formen der Ehe, der Familie und der Verwandtschaft 1911. — Felix Der Einfluß von Staat und Recht auf die Entwicklung des Eigentums, 1896.

[4] Leist Gräko-italische Rechtsgeschichte 1884. Ders. Altarisches ius gentium 1889. Ders. Altarisches ius civile I. 1892, II. 1896. Jhering Vorgeschichte der Indoeuropäer, aus d. Nachlaß hrsg. 1894.

[5] Stammler La genesis del Derecho, Tradución del Alemán por Roces, Madrid 1925.

§ 62

Die Änderungen geschichtlicher Zustände

Die Änderungen in einem gegebenen sozialen Leben können in zweifacher Art sich vollziehen [1].

Erstens: Es bleibt die regelnde Form, die Bedingung des Begriffes sozialwirtschaftlicher Erscheinungen, für sich unverändert, und es ändern sich die gleichheitlichen Massenerscheinungen der ökonomischen Phänomene quantitativ.

Zweitens: Es tritt eine Änderung auf der Seite der Rechtsordnung ein.

Wir stellen die zweite Frage zurück (§ 63) und betrachten hier zunächst die erste Möglichkeit [2].

1. Für sie gibt es zwei Gründe des Wandels seitheriger Zustände.

a) die Technologie, also die besondere Fertigkeit in der Beherrschung der Natur nach Erkenntnis und praktischem Können. Ihr Fortschreiten wirkt jedoch in sozialer Hinsicht nur in mittelbarer Weise ein. Eine neue Erfindung wird zunächst im Rahmen der seitherigen Rechtsordnung benutzt. Die dabei sich ergebenden Änderungen betreffen sonach nur wirtschaftliche Erscheinungen in dem eben wiederholten Sinne: Es treten andere übereinstimmende Massenerscheinungen in geregelten Beziehungen hervor [3].

b) Zahl und Beschaffenheit der rechtlich verbundenen Menschen. Ein jeder empfängt seine Eigenart aus dem sozialen Leben, dem er entstammt; er ist insofern ein *Produkt* der gesellschaftlichen Verhältnisse, in denen er sein Dasein vollführt. Dabei lassen sich die für ihn maßgeblichen Bestimmungsgründe einteilen: α) Bloß natürliche Bestimmungsgründe. So ererbte Eigenschaften, sowie die Eigenart seines Bestehens in natürlichen Lagen, z. B. im Gebirge, am Meere. β) Von größerer Bedeutung sind die sozialen Bestimmungsgründe. Das sind alle erzieherischen Einflüsse, die auf den Menschen bildend und umformend einwirken, sei es in überlegter Pädagogik oder in mittelbarer Weise aus seiner Umgebung her.

2. Die Bewegungen und Wandlungen in einem sozialen Leben müssen ihrer Entstehung nach ausnahmslos als Änderungen eines einheitlich zu denkenden Ganzen genommen werden. Die Gründe dieser Änderungen stehen notwendig unter den Erkenntnisbedingungen der sozialen Erfahrung überhaupt. Gegenüber dieser einheitlichen sozialen Erfahrung sind dann alle Verschiedenheiten in den besonderen Erscheinungen als begrenzte Einzelheiten aufzufassen.

Das zeigt sich namentlich in zweierlei Richtung.

a) Es lassen sich politische und wirtschaftliche Erscheinungen

---

§ 62. [1] Huber (§ 6 N. 1, vgl. § 53 N. 5) S. 242 ff.

[2] WR. §§ 50 ff.: Entwicklung ökonomischer Phänomene.

[3] Sombart (§ 55 N. 5). Engelhardt Weltanschauung und Technik 1922.

im engeren Sinne unterscheiden. Dieses gründet sich, wie früher (§ 55 Nr. 6) dargelegt, darauf, daß bei jedem wirtschaftlichen Zusammenwirken sich Regeln nötig machen, nach denen die dortige Verbindung als solche aufgestellt und durchgeführt werden soll. Aber diese Regeln schließen sich wieder mit den Regeln des wirtschaftlichen Tuns im engeren Sinne zu der Einheit des dortigen sozialen Lebens zusammen. Keine der beiden so erwogenen Arten hat einen allgemeingültigen Vorrang vor der andern. Es zieht sich ihre Beobachtung auf das Gebiet der Einzeluntersuchung zurück.

b) Innerhalb der wirtschaftlichen Erscheinungen im engeren Sinne ist auf die Trennung von Phänomenen der Produktion und der Konsumtion hingewiesen worden. Und es findet sich wohl die Neigung, die erstere Klasse von diesen, die Erscheinungen der Produktion, denen der anderen Art im Range voranzustellen. Hier ist zunächst zu beachten, daß man nicht etwa wirtschaftliche Produktion und Gesellschaftsordnung einander gegenüberstellen darf. Es handelt sich jetzt vielmehr um sozial geordnete Erzeugung und um sozial geordneten Vertrieb und Verbrauch. Alles bildet aber wiederum ein einheitliches Ganzes. Das einzelne Produkt muß natürlich erst produziert sein, ehe es vertrieben und zum Verbrauche genommen werden kann, aber das Ganze eines sozialen Lebens besteht nicht aus einer Summe selbständiger und getrennter Erzeugungs- und Vertriebsprozesse. Vielmehr hängt die Art und Weise der sozialen Produktion nicht minder von der Art und Weise der sozialen Verteilung der Güter ab, wie umgekehrt. Eine jede gesellschaftliche Ordnung umfaßt also notwendig alle Arten der sozialwirtschaftlichen Tätigkeit. Sie hat sich nicht etwa in erster Linie auf die Beschaffung von Gütern zu richten, sondern diese wäre im geschichtlichen Verlaufe gar nicht möglich, ohne schon eine Verfügung über bestimmte Objekte eingesetzt zu haben.

3. Die Veränderungen in der Sozialwirtschaft brauchen nicht zu Bestrebungen auf Änderung der unterliegenden Rechtsordnung zu führen [4]. Der geschäftliche Verkehr findet sich mit ihnen ab, — ist er es doch, in dem sich die neuen gleichheitlichen Massenerscheinungen bilden und durchsetzen. Ihre Beobachtung interessiert sonach mehr die Rechtsprechung,

---

[4] Hieran knüpft das Eingreifen der Wohltätigkeit und der Wohlfahrtspflege an. Jene ist etwas Vereinzeltes, auf die einzelne Möglichkeit zugeschnitten, sie nimmt den besonderen Fall vor, ohne planmäßigen Zusammenhang mit andern; die Wohlfahrtspflege hat es mit gleichheitlichen Massenerscheinungen zu tun. Sie ist eine freie Tätigkeit zu einer sozialen Besserung, die durch besondere Rechtseinrichtungen gerade nicht erreicht werden kann. STAMMLER Gedanke und Ziel der Wohlfahrtspflege, Schriften der Zentralstelle für Volkswohlfahrt, 1. Heft 1908 S. 1 ff. RphAbh. 1, 317 ff. Daselbst die weiteren Vorträge über das Programm der Wohlfahrtspflege. ERDBERG Wohlfahrtspflege, Handwörterb. d. Staatsw. (3) VIII 8, 846 ff. SALOMON Leitfaden der Wohlfahrtspflege 1924. MAHLING Die sittlichen Voraussetzungen der Wohlfahrtspflege 1925. MAIER, HANS Die gesellschaftliche Bedeutung der Wohlfahrtspflege 1926. — VO. d. BR. v. 22. 7. 15 u. 15. 2. 17.

als die Gesetzgebung. Wer die Gerichtspraxis auf Grund eines bestimmten Gesetzbuches längere Zeit hindurch verfolgt, wird finden, daß an dem Ende der Periode ganz andere Fragen sich dem urteilenden Richter zu bieten pflegen, als an deren Beginn. Manche rechtliche Einrichtung, die vordem eine große Rolle im Verkehre spielte, tritt allgemach zurück und findet geringe oder ganz veränderte Anwendung. Und auf Grund der Vertragsfreiheit bilden sich neue Arten rechtlicher Beziehungen und beherrschen weite Gebiete geschäftlicher Tätigkeit, lange ehe die Gesetzgebung sie ergreift und nun in überlegter Weise ordnet [5].

§ 63

Der Kreislauf des sozialen Lebens

Die zweite Art der Änderung eines sozialen Lebens bezieht sich auf den Inhalt der unterliegenden Rechtsordnung selbst (s. § 62 i. A.). Diese Umwandlung geht in einem Kreislaufe vor sich. Es bilden sich in einer sozialen Wirtschaft, als der Ausführung bestimmter rechtlicher Einrichtungen, gleichheitliche Massenerscheinungen, die wir als soziale Phänomene kennen (§ 58); z. B. Verschuldung des Grundbesitzes, Verschiebungen von Vermögen, Steigen oder Fallen von Preisen und Löhnen usw. Aus diesen entstehen Bestrebungen auf Änderung — oder entgegengesetzt: auf Beibehaltung — des geltenden Rechtes [1].

Drängen nun die Bestrebungen auf Rechtsänderung stetig weiter und haben ihre Urteile und Entschlüsse einen gewissen Erfolg, so fällt die gerade angegriffene rechtliche Art und damit von selbst die Gesamtheit der durch sie bedingten sozialen Erscheinungen. Wenn z. B. das Privateigentum abgeschafft wird, so fallen alle Fragen über die Notlage des städtischen oder ländlichen Grundbesitzes von selbst weg; und falls es dann wieder eingeführt wird, so schwinden die im kommunistischen Stande erlebten Folgen, etwa einer Vernachlässigung, Verwahrlosung und Verschleuderung des öffentlichen Eigentums, dahin.

In jedem Falle wiederholt sich unter der neuen rechtlichen Ordnung die seitherige Beobachtung im allgemeinen. Es bilden sich unter dem jetzt geltenden Rechte wiederum Bestrebungen auf Rückbildung oder weitere Änderung. Auch sie entstehen aus der Ausführung des zurzeit unterliegenden Rechtes her und entstammen gewissen Massenerscheinungen,

---

[5] Beispiele bes. im Vertragsrecht, bei Dienstbarkeiten, bei letztwilligen Verfügungen. Auch im Vereins- und Gesellschaftsrecht, so die wachsende Bedeutung der nicht rechtsfähigen Vereine in der letzten Zeit. Über die daraus der Rechtswissenschaft erwachsende Aufgabe s. § 147.

§ 63. [1] Das ist unausweichlich. Denn dieses geltende Recht ist die bedingende Art und Weise des seitherigen Zusammenwirkens (§ 56). Es trägt somit die Verantwortung für die in seiner Ausführung erst möglichen Erscheinungen, die man gerne abgestellt sähe. WR. § 54.

die dort in Gleichheit erlebt wurden. Sind die neuen Bestrebungen erfolgreich, so tritt nun eine andere rechtliche Regelung ein, mit dem gleichen Schicksal, wie die seitherigen. Und so im steten Laufe der Dinge fort [2].

Es ist versucht worden, den sozialen Kreislauf in seinem besonderen Auftreten noch näher zu kennzeichnen und der bloßen Beschreibung seines Vorkommens eine unbedingt maßgebliche Bedeutung zu geben. In diesem Sinne hat man geglaubt, das Gesetz der geschichtlichen Bewegungen mit dem Ausdrucke *Klassenkampf* wiedergeben zu können [3].

Aber es ist nicht gelungen, für den Begriff der *Klasse* ein allgemeingültiges, fest bleibendes Merkmal zu erhalten. Man kann unter diesem Ausdrucke alle Menschen zusammenfassen, in deren Person nach einem der oben (§ 59) erörterten Merkmale in gleichartiger Weise Rechtsverhältnisse sich vereinigen. Das durchkreuzt sich beständig [4].

Vergebens bemüht man sich, den gesuchten Begriff damit festzuhalten, daß man auf die *Wirtschaft* zurückgeht. Die *Klasse* sei ein *wirtschaftlich* geschiedener Volksteil; oder eine Gruppe, die an einem bestimmten *wirtschaftlichen* System ein gemeinsames Interesse habe [5]. Aber die Vorstellung der sozialen Wirtschaft ist keine reine Denkform. Und die *wirtschaftliche* Gruppierung ist nicht eine Einteilung von Naturerscheinungen, sondern eine Beobachtung gleichheitlicher Beziehungen, die sich bei einem Zusammenwirken ergeben, welches letztere, wie betont (§ 56), unter der logischen Bedingung eines verbindenden Wollens steht. Jede Zerlegung des Zusammenlebens nach sozial bestimmten Gruppen führt also notwendig auf die Art der unterliegenden rechtlichen Verbindung

---

[2] Durch die Feststellung des Kreislaufes im sozialen Leben der Menschen wird der Gedanke von der durchgängigen Einheit der sozialen Erfahrung gewahrt (Monismus des sozialen Lebens). Er bedeutet die heuristische Maxime: die geschichtlichen Bewegungen des sozialen Lebens nur aus Gründen zu begreifen, die innerhalb seiner eigenen Bedingungen stehen. Dazu tritt dann in Erwägung der Allheit der jeweils möglichen Vorkommnisse das Problem von der Einheit der Geschichte; s. § 177.

[3] Die Lehre vom Klassenkampf ist wohl der verhängnisvollste Irrtum des modernen Sozialismus gewesen (§ 57). Sie trat als Ausführung der materialistischen Geschichtsauffassung im Kommunistischen Manifest von Marx und Engels hervor und fällt mit jener (§ 17). Aber sie versagt selbst für den Parteigänger des sozialen Materialismus, da sie weder den Anforderungen deutlichen Begreifens der hier nötigen Gedanken noch auch der Klarstellung des entscheidenden Blickpunktes für die Berechtigung sozialer Bestrebungen entspricht. Das ergibt sich aus den hier folgenden Ausführungen des Textes. Über das Ganze s. jetzt Schmoller Die soziale Frage. Klassenbildung, Arbeiterfrage, Klassenkampf 1918. — S. auch § 81 N. 5.

[4] Sombart Die deutsche Volkswirtschaft im 19. Jahrh. (3) 1913 S. 441. Ders. Sozialismus und soziale Bewegung (7) 1919 S. 1.

[5] Über die Unsicherheit in der neueren sozialistischen Literatur hierüber s. Neue Zeit 35, 1, 268; 290; 411. 37, 1, 241, 246; 555. 37, 2, 398. 38, 2, 291; 409 ff.; 464. Vgl. § 17 N. 4.

zurück. Die *wirtschaftliche* Abteilung kommt nur in der Ausführung dieser Rechtsordnung in Frage, steht ihr aber nicht selbständig gegenüber.

Das wird auch nicht dadurch erreicht, daß als Merkmal des Begriffes *Klasse* der Gegensatz von *unterdrückenden* und *unterdrückten* Menschen genommen wird. Das könnte in voller Allgemeinheit nur bei den Einrichtungen geschehen, bei denen, wie in der Sklaverei, der eine Mensch als bloßes Rechtsobjekt behandelt wird. Sobald sie als Rechtssubjekte verbunden sind, ist die Frage des *Druckes* eine relative und nicht allgemein zu bestimmende [6].

So löst sich der Hinweis auf den *Klassenkampf*, als angebliches Gesetz aller seitherigen geschriebenen Geschichte, in Wahrheit in den Satz auf: daß die Bewegungen im sozialen Leben regelmäßig von einem Teile der gerade zusammenlebenden Menschen gegen das Wollen eines anderen Teiles erstrebt werden; entweder innerhalb einer abgeschlossenen Rechtsordnung oder von dem Ganzen eines rechtlich verbundenen Volkes gegen andere (§ 134) [7].

Dieser selbstverständliche Satz gibt über die Möglichkeit einer inneren Berechtigung der einen oder der anderen der Bestrebungen, die sich bekämpfen, noch gar nichts an. Und er führt sofort zu einem falschen Ergebnis, sobald man die einander entgegengesetzten Bestrebungen nicht als den zu bearbeitenden Stoff nimmt, sondern in dem Klassenkampf selbst die Gesetzmäßigkeit der Geschichte behauptet; — eine Aufstellung, die um nichts besser ist, als etwa die Meinung, daß die Gesetzmäßigkeit der uns umgebenden Natur aus Sinneseindrücken bestände.

Wie statt dessen der Begriff *der Geschichte* und ihre Gesetzmäßigkeit einzusehen ist, wird an seinem Orte auszuführen sein (§ 177). Hier kam es auf die Erörterung des Werdens positiver Besonderheiten in den Bedingungen des Zusammenwirkens an.

II. Die Rechtsquellen

§ 64

Rechtlich bestimmtes Recht

Wenn wir es seither mit den Gründen zu tun hatten, die zu einer Änderung des Rechtes hinführen, so tritt nun die Frage nach der Art und Weise auf, in der sich solche Änderungen vollziehen können. Die Erörterung dieser Frage nennt man die Lehre von den Rechtsquellen [1].

---

[6] Über Rechtssubjekt und Rechtsobjekt s. § 111.

[7] Jhering (§ 18 N. 7 ff.) Der Kampf ums Recht; auch Geist d. röm. R. I S. 44 f.

§ 64. [1] Literarische Nachweise bei Windscheid §§ 14 ff. Enneccerus Bürgerliches Recht §§ 27; 29; 32. Dazu: Thöl (§ 18 N. 5) §§ 49 ff. Hermanson Om

Eine Rechtsquelle ist ein menschliches Wollen, das auf das Setzen neuen Rechtes gerichtet ist. Im genauen technischen Sinne verwendet man den Ausdruck nur da, wo es auf das Entstehen von objektivem Rechte, im Unterschied von dem Recht im subjektiven Sinn (§ 133) ankommt[2]. Es ist klar, daß die Rechtsquelle nach außen hin sich erkennbar zeigen muß, und es ist für sie nötig, daß sie im gegebenen Fall wirksam zu werden vermag. Das zuletzt genannte Erfordernis bedarf einer eigenen Untersuchung in der Lehre von dem Gelten des Rechtes (§§ 67 ff.). Für den zuerst hervorgehobenen Umstand ist zu betonen, daß über die Art und Weise der Äußerung einer Rechtsquelle, ja sogar über die Frage nach der Beschaffenheit der letzteren überhaupt eine allgemeingültige Lehre nicht möglich ist.

Dies erklärt sich folgendermaßen:

Das rechtssetzende Wollen, das wir mit *Rechtsquelle* bezeichnen, kann entweder in Gemäßheit des seitherigen Rechtes auftreten oder ohne Rücksicht auf dieses und vielleicht sogar gegen dasselbe. Man kann jene die abgeleitete (derivative), diese die ursprüngliche (originäre) Weise der Rechtsentstehung nennen.

Es ist nun sicher, daß die Möglichkeiten der zweiten Art von vornherein in ihrer etwaigen Besonderheit gar nicht zu erschöpfen sind. Man kann höchstens gewisse geschichtliche Erfahrungen in verhältnismäßig allgemeiner Weise nennen, wie Staatsstreich, Revolution, Eroberung.

---

lagstiftningen. Dess begrepp och förhållande till öfriga statliga functioner, Helsingfors 1881. STURM Recht und Rechtsquellen 1883. BURKHARD Das Recht 1883. TRIEPEL Völkerrecht und Landesrecht 1899. SAUERLÄNDER Über die Geltungsgrundlage der Rechtsquellenlehre LZ. f. DR. 12 Nr. 22. JOERGES Zur Philosophie der Rechtsquellen, ArchRPhilos. 17, 271 ff. — Über Wissenschaft als Rechtsquelle s. § 116 N. 3. — Vgl. auch § 129 N. 2.

[2] Die Rechtsquelle ist von dem Rechtsgeschäft zu unterscheiden. Die Rechtsquelle gibt eine Rechtssetzung mit dem Gedanken der Rechtshoheit, während es sich bei dem Rechtsgeschäft um ein rechtsunterstelltes Wollen handelt (§ 111), das sich nicht als Abänderung der souveränen Rechtsordnung darstellt (TR. S. 245 (2) 149). Darum ist z. B. der Tarifvertrag ein Rechtsgeschäft und keine Rechtsquelle. A. M. KASKEL Das neue Arbeitsrecht 1920 S. 46. Er hat es nicht mit einer Abänderung der Rechtsordnung als solcher zu tun. Sein Abschluß geschieht nicht durch einen Träger der Rechtshoheit. Er begründet subjektive Rechte und Pflichten durch Willensentschließungen rechtsunterstellter Personen. Wird er nach VO. v. 20. 12. 18 §§ 2—6 für allgemein verbindlich erklärt, so ändert sich daran nichts. Dadurch ist nur die gesetzliche Vertretung der Unternehmer und Arbeiter eines bestimmten Gewerbszweiges in bestimmtem Gebiete außergewöhnlich ausgedehnt. Von einer *Delegation der Gesetzgebung* ist dabei keine Rede. Der Rechtsgrund, aus dem ein Tarifvertrag seine Folgen weiter zieht, ist und bleibt eine rechtsgeschäftliche Anordnung, er ist und bleibt ein Vertrag und wird niemals zu einer gesetzlichen Änderung des allgemeinen, staatlichen Rechtes. Die praktische Folge ist, daß er in seinen Voraussetzungen und Folgen unter Vertragsrecht steht; so in der Geschäftsfähigkeit der Abschließenden, der etwaigen Nichtigkeits- und Anfechtungsgründe und in der Art seiner Durchsetzung.

ursprüngliche Verträge u. a. m., — ohne Gewähr der Vollständigkeit und vor allem ohne die Fähigkeit, sie im einzelnen auszuführen und etwa im voraus beschreiben zu können. Hier bleibt vielmehr nur die Aufgabe, auf gewisse Typen hinzuweisen, die dabei vorgekommen sind und sich wohl auch wiederholen mögen; sodann aber: es zu erklären, wie es überhaupt verständlich ist, daß ein neues Recht ohne Stütze des seitherigen Rechtes oder vielleicht gegen dieses in das Leben treten kann.

Denn der normale Fall ist das nicht. Dieser besteht darin, daß die Neubildung rechtlichen Wollens in der Art und Weise sich vollziehe, die durch das bisherige Recht selbst vorgesehen ist. Die geschichtlichen Rechtsordnungen geben regelmäßig an, in welcher Art und Weise sie geändert und fortgebildet werden können [3]. Dann ist aber auch die damit aufgestellte Lehre von den Rechtsquellen ein wesentlicher Bestandteil des bedingten Inhaltes gerade dieser jeweiligen Rechtsordnung. Wie alle anderen besonderen Satzungen, die diesem Rechte zu entnehmen sind, müssen auch seine Bestimmungen über das Setzen neuen Rechtes endlich, veränderlich, wechselnd sein (§ 4); und ihre Darstellung kann nur eine Wiedergabe jenes begrenzten und wandelbaren Rechtsinhaltes bedeuten.

In der Tat unterscheidet sich denn auch die über die Rechtssetzung auftretenden Angaben der verschiedenen Rechte außerordentlich. Von unbedingter Gültigkeit ist hier nur die Erwägung, die die methodischen Grenzen der wissenschaftlichen Arbeit zieht. Sie weist die Einzelausführung der Lehre von den Rechtsquellen der technischen Jurisprudenz zu und behält der Rechtsphilosophie nur das Einfügen jener Lehre im ganzen in den Gedanken des Rechtes überhaupt vor.

An zwei Punkten ist es besonders versucht worden, eine Grenzüberschreitung zu machen: in der Frage der Staatsverfassung und für die Beobachtung des Gewohnheitsrechtes. Wir wollen die erstere Erwägung alsbald hier mitgeben und hierauf Gesetz und Gewohnheit besonders betrachten (§ 65).

Die staatlichen Verfassungen der Neuzeit nehmen unter den rechtlichen Satzungen eine ausgezeichnete Stelle ein [4]. Sie sagen, wie neues

---

[3] Brinz Pandekten (2) § 17 S. 87: *Das Recht enthält vor allem Bestimmungen über sich selbst.*

[4] Die Literatur über den eigenartigen Begriff der Verfassung und über das durchgreifende Merkmal, wodurch er sich von dem übrigen Recht unterscheidet, ist nicht reichhaltig. Vgl. Welcker Staatsverfassung, Staatslexikon, 12. Bd.; das. auch Steinacker Verfassungsprinzip. Jellinek Allgemeine Staatslehre 15. Kapitel. Zweig Die Lehre vom pouvoir constituant 1909. Burckhardt Verfassungs- und Gesetzesrecht. Polit. Jahrb. d. Eidgenossensch. 1910. Piloty Verfassungsänderungen ohne Änderung der Verfassungsurkunde, DJZ. 28, 512 ff. Verh. d. deutschen Juristentags 33, 31 ff. über Zulässigkeit und Form von Verfassungsänderungen ohne Änderung der Verfassungsurkunde (Dohna, Triepel) 1925. Smend Verfassung und Verfassungsrecht 1928.

Recht zu setzen sei und bestimmen die dazu berufenen Organe und deren dabei zu wahrendes Tun. Aber sie nennen nicht immer selbst alle dortigen Rechtsquellen vollständig, sondern überlassen deren nähere Feststellung anderen rechtlichen Bestimmungen, z. B. besonderen Gesetzen über ein Verordnungsrecht gewisser Verwaltungsorgane. Andererseits enthalten die Verfassungen, wie sie besonders in den Staaten der Neuzeit ausgearbeitet sind, außer den Sätzen über Neubildung von Recht auch noch mancherlei andere maßgebliche Angaben, die sich auf die Ausübung, die Wahrung und Durchführung des dortigen gesetzten Rechtes beziehen.

Sonach fragt es sich, ob man die *Verfassung* sachlich in allgemeiner Weise aus den übrigen rechtlichen Satzungen herausheben könne.

Das wird möglich sein, wenn wir uns erinnern, daß in jedem rechtlichen Wollen die Gedanken des Verbindens und des Verbundenseins notwendig vereint enthalten sind. Ihnen entsprechen — in Erwägung der selbstherrlichen Art des Rechtes — die reinen Grundbegriffe der Rechtshoheit und der Rechtsunterstelltheit (§ 111). In dem positiven Verwenden des Rechtsgedankens im geschichtlichen Dasein der Menschen trennt sich die Ausführung dieser Grundbegriffe. Es gibt besondere Personen, die als Träger der Rechtshoheit in einem Gemeinwesen bestimmt sind, unterschieden von den rechtsunterstellten Angehörigen dieses Verbandes. Die *Verfassung* eines solchen Gemeinwesens wird dann durch die Rechtssätze gebildet, welche die Rechte und Pflichten jener Träger der Rechtshoheit angeben [5].

Damit wird jedoch der Gedanke des rechtlichen Verbundenseins für die dortige besondere Lage auf die Träger der Rechtshoheit selbst wieder angewandt. Die positive Ausgestaltung der *Verfassung* eines rechtlichen Gemeinwesens ist darum auch immer nur als bedingter Inhalt gerade dieser besonderen Rechtsordnung zu erkennen.

Hieraus folgt zunächst, daß die Abänderung *der Verfassung* genau nach dem gleichen Gedankengang zu begreifen ist, wie die Neubildung von anderem Rechte. Die Rechtsordnung gibt also selbst an, durch wen und auf welchem Wege eine Verfassungsänderung zu geschehen habe. Und solche Bestimmungen sind ihrerseits weder Bestandteile des frag-

---

[5] Für die Praxis gibt dieses eine Anregung, auf dem Unterschied von Gesetz und Verordnung zu bestehen. Hierüber s. § 151. Zugleich aber lehrt die Erfahrung, daß eine zu leicht geschürzte Art der Setzung des Rechtes nicht nur der gefährlichen Vermischung mit seiner Ausführung ausgesetzt ist, sondern auch den Ernst und die Gründlichkeit der Gesetzgebung in das Wanken bringt. Es ist als Regel anzunehmen, daß für ein großes Gemeinwesen es schädlich und ungeeignet ist, die Setzung seines Rechtes einer einzigen Instanz anzuvertrauen und diese selbst allzu beweglich zu machen. Freiheit und Sicherheit des Einzelnen leiden darunter. Fehlgriffe dieser Art bietet die Verf. v. 11. 8. 19 und besonders die Gesetze v. 3. 8. 20 und 6. 2. 21. Sehr eigentümlich und bedenklich auch Ges. v. 8. 4. 20, §§ 2, 3.

lichen geschichtlichen Rechtes, so daß auch auf sie die eben gemachte Betrachtung erneut anzuwenden ist[6].

Des weiteren ist danach deutlich, daß die Frage nach *der verbindenden Kraft* des Rechtes keineswegs durch Bezugnahme auf *die Verfassung* eines bestimmten Rechtsverbandes erledigt werden kann. Diese Frage wiederholt sich vielmehr im letzteren Falle in unveränderter Weise. Sie führt allgemein zu der Psychologie des rechtlichen Geltens (§ 77) und hat in der Lösung des Zweifels nach der Begründung des Rechtszwanges überhaupt auszugehen (§ 107).

§ 65

Gesetz und Gewohnheit

Es ist möglich, innerhalb der erfahrungsmäßig vorliegenden Rechtsquellen zu unterscheiden zwischen der Gesetzgebung im weitesten Sinne und der gewohnheitsmäßigen Übung.

Soll diese alte Zerteilung aber nicht eine bloße Beschreibung bleiben, die in beständiger Gefahr einer unsicheren Grenzziehung wäre, so ist sie auf reine Rechtsbegriffe zu gründen. Danach erscheint die erste als eine Rechtssetzung, die ihrem Sinne nach nichts als eine Rechtssetzung sein will, — die zweite hingegen als eine solche Rechtssetzung, die durch das Mittel der Rechtsausübung hindurchgeht, gleichviel, ob einer solchen von längerer oder kürzerer Dauer[1].

Für den näheren Ausbau dieser so unterschiedenen Möglichkeiten wiederholt sich jedoch, daß sowohl die Frage der jeweiligen Zulässigkeit eines von ihnen, wie die Lehre von den einzelnen Bedingungen ihres wirksamen Eingreifens zu dem Inhalte geschichtlich bedingten Rechtes gehört. Darum hängt keines von beiden von dem andern ab, sondern beide sind gleichmäßig Äußerungen dieser oder jener besonderen Rechtsordnung. Sie leiten sich dann in gleichem Rang von dieser letzteren, als dem bestimmenden Obersatze, her[2].

Es war demnach unrichtig, wenn im 18. Jahrhundert vielfach davon ausgegangen wurde: daß jeder Rechtssatz, der auf gewohnheitsmäßige Übung zurückführte, seine verbindende Kraft durch ein ihm inhaltlich entsprechendes, Einzelgesetz, das ihn stillschweigend begleite, erst erhielte. Statt dessen kann die Möglichkeit eines Gewohnheitsrechtes, als allgemeine

---

[6] Natürlicherweise findet auf die Verfassung, nach dem im Texte Ausgeführten, gleichfalls die Lehre von der Möglichkeit ursprünglicher Rechtsentstehung Anwendung, ebenso wie die praktische Beobachtung der N. 5 für sie im Auge behalten werden sollte.

§ 65. [1] Die genannten Kategorien gehören zu den zusammengezogenen Grundbegriffen des Rechtes. S. § 112.

[2] Windscheid §§ 15 ff. Dazu Gmür Die Anwendung des Rechts nach Art. 1 des Schweiz. ZGB. 1908 S. 82 ff. Pfenninger (§ 41 N. 1). Somlo (§ 18 N. 13) S. 353 ff. Huber (§ 6 N. 1) S. 421 ff.

Rechtsquelle, von der betreffenden Rechtsordnung im ganzen aufgestellt sein, so daß seine besondere Betätigung selbständig neben der Möglichkeit einer bewußt überlegenden Gesetzgebung steht [3].

Es ist aber auch nicht haltbar, wenn die historische Rechtsschule des 19. Jahrhunderts dem Gewohnheitsrechte einen Vorrang einräumen wollte, der ihm *a priori* zukäme. Diese Ansicht erklärt sich aus der grundlegenden Auffassung der genannten rechtsphilosophischen Richtung. Da sie alle geistigen Regungen der Menschen, also auch das rechtliche Wollen, nur als Äußerungen der *Volksseele* nahm, die in den rechtlich verbundenen Menschen gemeinsame Überzeugungen, hier: über das Recht, erwecke: so zog sie daraus die Folgerung, daß in den rechtlichen Handlungen der Rechtsunterstellten am treuesten und sichersten das zutage trete, was die *Volksseele* wirklich meine und rechtlich gebiete. Das fällt in seiner Besonderheit mit der Ablehnung der dabei zugrunde gelegten Auffassung überhaupt (§ 16; vgl. § 53) [4].

Die damals aufgestellte Lehre von dem absoluten Primat des Gewohnheitsrechtes vor anderen Rechtsquellen ist aber auch unabhängig von der Stellungnahme zu jener Rechtstheorie unhaltbar. Denn es verstößt die Behauptung von dem notwendigen Gelten des Gewohnheitsrechtes gegen den Satz, daß es keine einzige bedingte Rechtseinrichtung geben kann, die in unbedingter Weise Geltung hätte (§ 4). Der positive Inhalt eines gegebenen Rechtes ist immer begrenzt und wandelbar und unterliegt der möglichen Abänderung und Abschaffung. Um solchen positiven Rechtsinhalt handelt es sich aber, wenn eine Rechtsordnung angibt, daß bei einer längeren Übung eines Rechtssatzes dieser selbst zur Geltung gelangen soll, sofern gewisse Voraussetzungen der Übung gewahrt seien.

Dann kann über die sachliche Berechtigung dieses Satzes oder seines Gegensatzes in bestimmten geschichtlichen Verhältnissen gestritten werden. Es mögen technisch begrenzte Bedenken auftauchen, z. B. wegen der Unsicherheit über das Bestehen und über den Inhalt gewohnheitsmäßiger

---

[3] Die Rechtsphilosophen des 17. und 18. Jahrh. widmeten dem Gewohnheitsrechte gar keine oder nur unbedeutende Erwähnung. Grotius (§ 14) nennt es flüchtig in II 4, 5, 2 und II 6, 10, sowie vereinzelt in Vermischung mit der Verjährung und Ersitzung. Pufendof De officio hominis et civis I 1, 15, weist nur auf die Beeinflussung des Willens durch lange Gewohnheit hin. Thomasius (§ 14) berücksichtigt die Frage gar nicht. Kant (§ 15) erwähnt in der Rechtslehre § 31 im Vorbeigehen neben den *Vernunftgesetzen* noch *statutarische und konventionelle*, kennt aber eine Lehre vom Gewohnheitsrecht nicht.

[4] Praktisch zeigt sich die Verschiedenheit der theoretischen Grundauffassung bei der Frage: In welchem Augenblick ist ein Gewohnheitsrecht entstanden? Nach der historischen Rechtsschule: im Beginne der Übung, denn diese war ja nur ein Ausdruck der vom Volksgeiste geschaffenen gemeinsamen *Überzeugung*, die selbst, wie jene glaubten, das Recht ist, und von deren Vorliegen die Übung eben nur Zeugnis gibt; — nach unserer Lehre: am Ende der dauernden Übung, denn durch diese wird auf Grund der es allgemein ermöglichenden Rechtsordnung der betreffende Rechtssatz allererst geschaffen.

Übung in besonderen streitigen Fällen; oder umgekehrt ebensolche Vorzüge angeführt werden, z. B. das schnellere Anschmiegen an neu auftauchende Wünsche der rechtlich Verbundenen. Und es wird ein tieferes Eindringen in die alsdann aufgeworfene Frage zu der grundlegenden Methode führen, die für die Kritik von Rechtsregeln in wissenschaftlich geleiteter Politik einzusetzen hat [5]. Immer aber handelt es sich grundsätzlich um keine andere Art der Erwägung, als bei jeder sonstigen Rechtsbetrachtung, die über den bedingten Inhalt einer gegebenen Rechtsordnung zweifelnd angestellt wird.

Daran wird nichts geändert, wenn darauf hingewiesen worden ist: daß sich ein Gewohnheitsrecht auch durchsetzen werde, wenngleich es von einer bestimmten Rechtsordnung als Rechtsquelle nicht zugelassen wird.

Hier ist methodisch zuvörderst daran zu erinnern, daß es sich dabei gar nicht um den Gegensatz von Gesetz und von Gewohnheit, als zweier einander gleich stehender Rechtsquellen handelt. Vielmehr stehen sich dabei die Rechtsordnung, und die von ihr bestimmte Einzelquelle künftigen Rechtes einander gegenüber. Die erstere ist die feste und übergeordnete Instanz über den besonderen Rechtsquellen, also sowohl über dem Erlassen von Gesetzen, als auch über der Rechtsbildung durch Gewohnheit. Wie sie, die Rechtsordnung, selbst zur verbindenden Kraft gelangt ist, interessiert nun in dieser jetzigen Frage nicht. Das ist für sich gesondert zu beantworten und hängt, wie schon oben (§ 64) bemerkt wurde, von der Lehre über das Gelten eines Rechtes ab.

Falls nun die Bestimmungen der darüber stehenden Rechtsordnung die Bildung von Gewohnheitsrecht untersagen, so ist es freilich möglich, daß trotzdem eine solche Bildung geschieht. Aber das ist dann nicht aus der besonderen Lehre von dem Gewohnheitsrechte zu erklären, sondern fügt sich in die allgemeine Betrachtung ein, die es mit der Möglichkeit einer ursprünglichen Entstehung von Recht überhaupt zu tun hat.

Wir gehen zu dieser nunmehr (§ 66) über.

§ 66

Ursprüngliche Rechtsentstehung

Es wurde oben (§ 44) darauf hingewiesen, daß man den Unterschied der Begriffe von Recht und von Willkür nicht nach dem Legitimitätsprinzip angeben kann. Es scheitert an der Tatsache, daß vielseitige Änderungen im sozialen Leben der Menschen ohne Rücksicht auf das seitherige Recht geschahen und doch die Eigenschaft der *rechtlichen* Ordnung dann erhielten. Wir fassen diese Vorkommnisse nun, bei der Betrachtung des Werdens von positivem geltenden Rechte, unter der Möglichkeit der ursprünglichen Rechtsentstehung zusammen.

---

5 S. hierüber unten § 142 N. 2.

1. Sie kann geschehen:

a) In einem Gebiete, das seither überhaupt ohne alles Recht war. Sobald dort mehrere Menschen zusammentreffen, ist es notwendig, daß eine rechtliche Verbindung unter ihnen statthabe.

Wir können aber nicht annehmen, daß ein in anderem Gebiete geltendes Recht ohne weiteres auch in jenem freien Gebiete anzuwenden wäre. Das wäre nur für die Angehörigen der erstreckten Rechtsordnung begreiflich, und auch das nur für deren Verpflichtungen gegen den heimischen Staat, aber nicht für die rechtlichen Beziehungen zu Fremden. Wenn dagegen eine Erstreckung von geltendem Rechte auch auf die jeweiligen Ausländer im freien Gebiete statthaben sollte, so müßten dort alle Rechtsordnungen der Erde gleichzeitig gelten.

Es ist darum nötig, daß im freien Gebiete bei dem Zusammentreffen mehrerer Menschen neues Recht sich bilde. Es kann in doppelter Weise vor sich gehen: α) Gleichzeitiges Eintreten mehrerer Menschen und Festlegung des Rechtes durch sie. β) Eintreten zunächst des einen Teiles, dann Hinzukommen anderer und Übernahme des Rechtes jenes ersten. Es versteht sich von selbst, daß dieser neu geschaffene rechtliche Zustand jederzeit wieder eine Änderung erleiden kann, und daß das letztere dann vielleicht durch Gewalt geschehen mag [1].

b) Durch Rechtsbruch, der in der Absicht und mit dem durchgeführten Erfolge geschieht, daß hieraus neues Recht entstehen soll (§ 48 Nr. 7; s. ob. § 64). So durch Eroberung, durch Staatsstreich, durch Revolution [2].

In der Geschichte der Rechtstheorien ist vielfach und bedeutsam von einem *Recht* zum Rechtsbruch und von einem *Recht* zum Widerstand gegen ungesetzliche Gebote der herrschenden Gewalt die Rede. Bei dieser Art von Erörterung fehlt jedoch die notwendige Vorfrage: ob nach dem Inhalte einer besonderen Rechtsordnung geforscht wird, der etwa in einer kurzen Formel wiederzugeben ist, oder ob man gerne einen allgemeingültigen Satz gegenüber jenem Zweifel haben möchte. In Wahrheit kann es sich nur um die zuerst genannte Möglichkeit handeln. Von unbedingter Gültigkeit sind in der Rechtsbetrachtung ausschließlich

---

[1] Von der Decken Das vorbestimmte Recht 1888 erzählt, wie im Anfange des § 66.
17. Jahrh. von dem gescheiterten Schiff einer portugiesischen Handelsfaktorei nur ein einziges Boot an einem unbewohnten Eiland des indischen Archipels landen konnte, wobei merkwürdigerweise nur unerwachsene Kinder der Schiffbrüchigen gerettet wurden. Sie behielten im Heranwachsen lange Zeit unentdeckt diesen *Neuland-Archipel* und gründeten von sich aus eine eigene Ordnung ihres Gemeinwesens. — Viel beachtet war die Kolonie, die englische meuternde Matrosen mit tahitischen Frauen 1790 auf der Koralleninsel Pitcairn gründeten. — § 137.

[2] Das schärfste Beispiel dieser Art, das unsere Voreltern betraf, war sicherlich die Niederlegung der deutschen Kaiserkrone durch Franz II. und die Auflösung des Reiches 1806, mit allen weiteren Folgen, die sich daran knüpften. Heute können wir solche Fälle aus eigener Erfahrung mit Händen greifen.

die reinen Formen des rechtlichen Begreifens und Urteilens. Nach diesen reinen Formen kann auch ein Widerstand und eine Auflehnung gegenüber einer besonderen sozialen Maßnahme zutreffend bestimmt und gerichtet werden. Dagegen ist es unmöglich, ein für allemal eine positive rechtliche Einrichtung anzugeben, aus der für alle jemals denkbaren Verwicklungen und Streitfälle die richtige Entscheidung genommen werden könnte [3].

Nach dieser Methode kann beispielsweise für unser geltendes Recht, ebenso wie für viele andere Rechtsordnungen, ein Widerstandsrecht der angedeuteten Art aus den Rechtssätzen über Notwehr begründet werden. Dann sind die positiven Besonderheiten, unter denen die Notwehr nach bestimmtem Rechte zulässig ist, im gegebenen Falle zu beachten. Davon abgesehen aber kann die grundsätzliche Berechtigung eines Vorgehens gegen ein bestehendes Recht nur im Rahmen der Lehre von der Idee des Rechtes in ihrer Möglichkeit dargelegt werden [4].

c) Durch ursprüngliche Verträge. Dahin zählen vor allem die Verträge, die den Norddeutschen Bund und dann das Deutsche Reich begründeten; aber auch die zwischenstaatlichen Verträge, auf denen sich das neuzeitliche Völkerrecht in seiner Möglichkeit überhaupt aufbaute.

Auf seitheriges Recht kann diese Weise der Rechtssetzung nicht gestützt werden. Das bleibt auch dann ausgeschlossen, wenn man die Zustimmung derjenigen staatlichen Organe einholt, die bis dahin die höchste Art der Gesetzgebung dort ausgeübt hatten. Nicht mit Unrecht hat man dieses den *Gesetzlichkeitsfehler* genannt. Denn dazu war die frühere oberste Instanz nicht berufen. Gerade, weil sie nach positivem Rechte dafür bestimmt war, die höchste gesetzgebende Gewalt auszuüben, konnte sie in Gemäßheit dieses damals geltenden Rechtes gerade nicht ein höheres Recht über sich schaffen [5].

Andererseits genügt es nicht, bloß auf das Wollen der sich Verbindenden zurückzugehen und aus diesem her ein nunmehriges rechtliches Wollen unter ihnen herzuleiten, — gleich als ob es sich um ein zweifach getrenntes Wollen dabei handelte. Vielmehr liegt dabei bloß ein einziger Willensinhalt vor, der eben nur als einer mit rechtlicher Eigenschaft zu erkennen oder als solcher zu verneinen ist [6].

---

[3] Auch diese Betrachtung gibt Anlaß, den durchgreifenden und grundlegenden Unterschied von bedingten Erkenntnissen und reinen Arten ihres Beschaffens und Ordnens hervorzuheben. S. § 4.

[4] S. hierzu § 144 N. 7.

[5] Binding Die Entstehung des Norddeutschen Bundes 1889.

[6] Es ist eine Art von Selbstberuhigung, wenn durch ein Gesetz vom 3. 4. 19 die Verordnungen revolutionärer Gewalthaber für rechtliche Gesetze erklärt werden. Denn die, die das erklärten, hatten selbst ihre Legitimation erst durch die Bestimmung derer erhalten, deren Anordnungen sie nun sanktionierten. So kann in alle dem nur die zweifelsfreie Erklärung liegen, daß alle davon betroffenen Erklärungen jener Machthaber im Sinne von Recht, und nicht von Willkür gemeint seien (§ 48).

d) Es finden sich Versuche, innerhalb einer rechtlichen Vereinigung einen selbständigen Rechtsverband zu gründen und durchzusetzen. Er soll also von dem Rechtsganzen unabhängig sein oder sogar sich gegen dessen verbindende Ordnung richten. Beispiele eines solchen *Staates im Staate* bieten herumziehende Stämme, sodann aber Familienverbände, Orden, kirchliches Recht, Zusammenschlüsse von Gliedstaaten gegenüber dem dortigen Gesamtreiche. Während sich regelmäßig die Vereine in ihrer rechtlichen Grundlage auf die gesamte dortige Rechtsordnung stützen, verwischt sich dieses zuweilen zugunsten ihrer Eigenwilligkeit und einer Selbständigkeit, die dann jener Rechtsordnung selbst feindselig wird.

Das ist soweit geschehen, daß seit alten Zeiten von einem Problem gesprochen wurde, das man *das Recht der Räuberbande* nannte. Hier ist zwecks Klarstellung zu unterscheiden:

α) Es handelt sich um einen Gesellschaftsvertrag zwischen Rechtsangehörigen, dessen Inhalt auf Rechtswidrigkeit gerichtet ist. Dann verstößt dieser Vertrag seinem eigenen Sinne nach gegen gesetzliches Verbot und muß nach diesem nichtig sein, wenn ein innerer Widerspruch vermieden werden soll [7]. β) Es kann aber auch ein Unternehmen in Frage stehen, das darauf abzielt, geltendes Recht im Wege des Rechtsbruches durch anderes Recht zu ersetzen. Dieses lenkt in die hier gesponnene Betrachtung ein, die es mit der Begründung von neuem Rechte ohne oder gegen die seitherige Ordnung der Rechtsquellen zu tun hat [8].

2. Alle hier aufgezählten Möglichkeiten einer ursprünglichen Rechtsentstehung erklären sich daraus, daß ein psychologisch sich

---

Scharf und klar ausgedrückt in den Reden BISMARCKS im Nordd. Reichstag v. 4. u. 11. März 1867.

[7] Die Camorra, Ges. u. R. 13, 303 ff. — CIC. de off. II 11, 12. — DRL. (Schinderhannes) 1, 431 ff.

[8] So reichhaltig die Praxis der ursprünglichen Rechtsentstehung ist, so zurückhaltend war die wissenschaftliche Bearbeitung dieser Vorgänge. Selbst der technische Ausdruck mußte für sie erst eingesetzt werden. WR. § 89. — BIERLING (§ 18 N. 13) Prinzipienlehre II S. 341 ff. JELLINEK Allgemeine Staatslehre 9. Kap. SOMLO (§ 18 N. 13) S. 116 ff. KOHLER Neugründung von Staaten, DJZ. 23, 137. BINDING Der Reichsverweser, Tag 6. 12. 18. ARNDT DJZ. 24, 78. STRUPP DJZ. 24, 88. ZORN DJZ. 24, 126. SCHWALB Das Gesetzgebungsrecht der revolutionären Reichsregierung, DJZ. 24, 281 ff. LIEBERT Vom Geist der Revolutionen 1919. SANDER Das Faktum der Revolution 1920. SCHANZE Revolution und Recht, ZRPhilos. 3, 225 ff. BINDING Zum Leben und Werden der Staaten 1920. RAUSCHENBERGER Die staatsrechtliche Bedeutung von Staatsstreich und Revolution, ZÖffR. 2, 113 ff., auch das 1922. DOHNA Die Revolution als Rechtsbruch und Rechtsschöpfung, Rede, 1923. WEIGELIN Die Neubildung von Recht durch inneren Umsturz, ArchRPhilos. 15, 64 ff. W. JELLINEK Revolution und Reichsverfassung, JahrbÖR. 9, 4 ff. BELING Revolution und Recht 1923. HENTIG Machiavelli. Studien zur Psychologie des Staatsstreiches und der Staatsgründung 1924. SCHÖNFELD Die Revolution als Rechtsproblem, ArchÖR. 51, 161 ff. (1927). BINDER S. 268 ff. Aus der Praxis: RG. 101, 360; SeuffArch. 77 Nr. 185 u. 186.

durchsetzendes verbindendes Wollen dem Begriffe *des Rechtes* ohne Vorbehalt entsprechen kann.

Hieraus ergeben sich für die ursprüngliche Rechtsentstehung zwei notwendige Voraussetzungen:

a) Die neu gesetzte Verbindung muß dem Begriffe des *rechtlichen* Wollens nach allen logischen Merkmalen restlos entsprechen. Sie hat also selbstherrlich aufzutreten, um sich von der bloßen Konventionalregel zu unterscheiden (§ 41), und sie soll unverletzbar bestehen und dadurch von der Willkür sich abheben (§ 47). Der rechtsbrechende Eingriff war an sich willkürliche Gewalt. Nun vermag er sich zum Rechte zu wandeln, indem er im Sinne der Unverletzbarkeit für die Folgezeit verbindet [9].

b) Es ist nötig, daß das Wollen, das in originärer Weise als rechtliches Wollen eintritt, nun auch als solches in Wirklichkeit sich durchzusetzen vermag. Das bloße Wort eines rechtsbrechenden Gewalthabers, daß er sich an das verbindende Wollen, das er neu setzt, auch selbst binden, es unverletzbar halten wolle, kann natürlich nicht genügen, wenn es im Widerspruch mit den gerade vorliegenden Tatsachen steht. Vielmehr muß eine begründete Aussicht vorliegen, daß jenem Worte in der Tat auch nachgelebt werde [10].

So tritt aus der Erwägung des Entstehens von neuem Rechte her die eigene Aufgabe hervor: die Geltung eines Rechtes nach ihren Voraussetzungen und nach der Eigenart ihres Bestehens zu untersuchen.

---

[9] Damit mag sich leicht die praktische Einzelfrage verbinden, ob ein in ursprünglicher Weise neu entstehendes Recht mit der seitherigen rechtlichen Ordnung eine Einheit bilde, oder ob die Einrichtung der Rechtsnachfolge Anwendung finde, oder ob die beiden sich überhaupt nichts angehen. Dies ist jedoch nicht allgemeingültig zu entscheiden. Es ist keine Frage der Rechtsphilosophie, sondern der technischen Jurisprudenz. Denn es kann das neu entstehende Recht sich jede der genannten drei Bedeutungen beilegen, und es kommt sonach bei unserer Frage auf die zutreffende Wiedergabe des Sinnes von bedingtem rechtlichen Wollen an. Geschichtlich ist namentlich die Wendung obiger Frage öfter verfolgt worden: ob und wie weit die rechtlichen Anordnungen einer Zwischenherrschaft, die sich zwischen zwei legitime Rechtsordnungen eingeschoben, bleibende Bedeutung haben. Mohl II S. 304. Jacobson Denkschrift die Staatsschuld des ehemaligen Königreichs Westfalen betr. 1852. Manes Staatsbankrotte 1918. Bornhak Haftung des Staates für eine revolutionäre Regierung, Ges. u. R. 21, 81 ff. Schätzel Polens Untergang und Wiedererrichtung vom völkerrechtlichen Standpunkt, ArchÖffR. 40 Bd. 1. H. RG. 102, 246 ff. u. 251 ff. In Griechenland ist neuestens angeregt worden, den Prozeß des Sokrates noch einmal aufzunehmen, DJZ. 29, 875. Die Nachfolge der Sowjet-Union in das alte Rußland ist fraglich geworden.

[10] Stammler Art *Recht* in Handw. d. Staatsw. (4) VI 1190. — Holtzendorff Eroberungen und Eroberungsrecht 1871. Villers Rois sans couronne, Paris 1906. Jung Heerbann und Gerichtsbann. Über das Wesen der öffentlichen Gewalt 1926.

Vierter Abschnitt

Das Gelten des Rechtes

I. Das Problem des rechtlichen Geltens

§ 67

Positives Recht und geltendes Recht

Positives Recht und *geltendes* Recht ist nicht ein und dasselbe. Jenes umfaßt alle bedingten Willensinhalte, die nach dem formalen Rechtsbegriffe bestimmt sind (§ 49). Ein solches positives Recht kann aber entweder an einem bestimmten Orte in Geltung stehen oder nicht mehr gelten oder noch nicht in Kraft getreten sein. Wenn die Ausdrücke *positives* und *geltendes* Recht zuweilen verwechselt oder in übereinstimmender Bedeutung eingesetzt worden sind, so ist die sachliche Scheidung der beiden Begriffe doch überall festzuhalten.

Das geltende Recht ist nur ein Teil des positiven Rechtes.

Es handelt sich bei dem Gelten eines Rechtes um die Beobachtung von Schicksalen, die von den Besonderheiten eines bestimmten rechtlichen Willensinhaltes erlebt werden. Die letzteren — die *positiven* Bestandteile von gewissem rechtlichen Wollen — bilden somit den allgemeinen Gegenstand, der nun in zwei Klassen einzuteilen ist, je nachdem dieser Rechtsinhalt, unter näher darzulegenden Bedingungen, in Geltung ist oder solches ihm nicht zukommt.

Wonach bestimmt sich nun der Gedanke des rechtlichen Geltens? Was heißt es eigentlich: Ein Recht *gilt* oder *steht in Kraft*?

Der Sprachgebrauch, nach dem man vielleicht zunächst ausschaut, bietet geringen Anhalt. Das Wort *gelten* hat eine reiche Entwicklung aufzuweisen und zeigt in dieser großen Ausdehnung nur, daß es schon im alten deutschen Leben vor allem in rechtlichen Fragen gebraucht wurde und von daher seine weiteren Bedeutungen erhalten hat. Aber wenn es alsdann für *bezahlen* oder für *entgeltlich leisten* oder für *vergelten* auftritt, um dann auf *das Gelten* für die Schlüsse in der Logik, für die Noten in der Musik und schließlich für den Wert eines Menschen verwandt zu werden, so liefert das alles für die sachliche Auflösung des Problems von dem rechtlichen Gelten gar nichts [1].

Der Begriff der Geltung eines Rechtes läßt sich aber auch aus der Beobachtung des Inhaltes von positivem Rechte nicht gewinnen. Wollte man diesen Weg einschlagen, so verfiele man der Gefahr, daß man den gesuchten Begriff durch den Hinweis auf eine besondere

---

[1] GRIMM Deutsches Wörterbuch: *Gelten*. Vgl. auch HEUMANN-SECKEL Handlexikon zu den Quellen des römischen Rechts (9) 1907, s. v. *valere, vigere*. § 67.

Anwendung von ihm wiedergeben würde. Man kann das Gelten eines Rechtes nicht darin gegeben sehen: daß ein *geltendes* Recht ein bestimmtes rechtliches Wollen für *geltend* erklärt hat[2].

Es kommt vielmehr darauf an, den Vorgang deutlich zu beschreiben, in dessen gleichmäßiger Art das Gelten eines Rechtes als eigenartiges Erlebnis verständlich wird.

§ 68

Begriff und Geltung des Rechtes

Das Gelten eines Rechtes ist die Möglichkeit, es durchzusetzen[1].

Diese Möglichkeit gehört nicht zu den Merkmalen, die den Begriff *des Rechtes* bestimmen. Denn dieser Begriff bedeutet eine Teilvorstellung (vgl. § 2). Er gibt die eine Art des Wollens an; das letztere zerlegt sich in mehrere Klassen, deren eine das *rechtliche* Wollen ist. Der Begriff *des Rechtes* kann von jeden anderen Klassen — dem sittlichen, konventionalen, willkürlichen Wollen — in allgemeiner Weise logisch abgegrenzt werden, ohne auf die nach ihm geordneten positiven Besonderheiten eines Rechtes oder gar auf dessen jeweiliges Gelten Rücksicht zu nehmen.

Die Möglichkeit der Durchsetzung tritt aber schlechterdings bei allen Fällen eines Wollens auf. Folglich findet sie sich nicht unter den bedingenden Denkrichtungen, deren einheitliches Festhalten den Begriff *des Rechtes* ergibt[2].

Das Wesen eines Begriffes macht die Einheit der bleibenden Bestimmungen aus, in der gerade die notwendigen Unterschiede von anderen Vorstellungen gelegen sind[3]. Setzen wir in diesem Sinne die verschiedenen Arten des verbindenden Wollens kritisch auseinander, so ist es, wie ausgeführt, nicht erforderlich, daß die Verwirklichung des logisch abgegrenzten Wollens tatsächlich möglich erscheint. Und umgekehrt läßt sich bloß aus der Möglichkeit der Durchsetzung eines Wollens noch gar nicht sagen, ob

---

[2] Somlo (§ 18 Nr. 13) S. 105: *Recht bedeutet die Normen einer gewöhnlich befolgten, umfassenden und beständigen höchsten Macht.* Dagegen Kelsen Das Problem der Souveränität und die Theorie des Völkerrechts 1920 S. 100. S. auch Sternberg Allgemeine Rechtslehre 1904 I § 2 S. 23 ff. M. E. Mayer Das Militärstrafrecht 1908 S. 36.

§ 68. [1] Über Möglichkeit s. Kant Kritik der reinen Vernunft (2) 1787 S. 265 ff.; 282 ff.; 302.

[2] Wenn die Frage gestellt ist: wodurch gerade das rechtliche Wollen von anderen Arten des Wollens sich unterscheidet, — so kann man nicht als wesentlich ein Merkmal anführen, das bei ihnen allen gleichmäßig vorkommen kann. Und das ist die Möglichkeit des tatsächlichen Durchsetzens oder *Geltens* oder *in Kraft Tretens.*

[3] Vgl. hierzu auch §§ 22,; 55 N. 1; auch § 115.

man dabei eine rechtliche oder eine andere Art des verbindenden Wollens vor sich habe [4].

Die rechtsphilosophische Erwägung hat es grundlegend mit dem Begriffe und mit der Idee des Rechtes zu tun (§§ 1; 2). Jener ist, wie eben wiederholt wurde, eine Art des menschlichen Wollens, die im Unterschiede von anderen Arten zu bestimmen ist; — die zweite geht auf die Gesetzmäßigkeit der Willensinhalte und fragt nach der Möglichkeit, in dem Inhalte der verschiedenen Klassen des Wollens jeweils eine unbedingte Harmonie zur Richtschnur zu nehmen.

In dem Gelten eines Rechtes tritt dagegen eine neue Frage auf. Es ist die der Betätigung eines *rechtlich* bestimmten Wollens in der empfindbaren Wirklichkeit.

Das ist eine ergänzende Frage, die die Lösung der logisch vor ihr liegenden Frage voraussetzt. Man darf somit auf die Frage: Was ist ein rechtliches Wollen? — nicht die Antwort versuchen: Ein *rechtliches* Wollen ist ein solches, das in einer gewissen Weise zur Geltung gelangt.

Auch wird der damit eingeleitete vergebliche Versuch nicht etwa dadurch gerechtfertigt, daß man die Frage auf *den Grund* des Rechtes einstellt. Denn der Ausdruck *Grund* bedeutet zweierlei. Er besagt einmal die Entstehung und die Herkunft einer Vorstellung und sodann die innere Rechtfertigung eines Gedankens. Das letztere leitet bei dem Rechte zu der Lehre von der Idee des Rechtes, nach der das Bedenken, ob ein bestimmtes Recht grundsätzlich richtig sei, allein sich lösen läßt [5]. Jenes erste führt zu der jetzigen Erörterung des Geltens eines Rechtes. Beide Richtungen der genannten Frage — die nach der Richtigkeit *eines Rechtes*, wie die nach der Durchsetzung *eines Rechtes* — setzen den Begriff *des Rechtes* notwendig voraus. Dieser muß erst für sich festgestellt sein, ehe man zu dem Grunde *des Rechtes* überzugehen vermag.

§ 69

Die Bedingungen des rechtlichen Geltens

Damit ein rechtliches Wollen die Eigenschaft der Geltung erlange, sind dreierlei Voraussetzungen zu machen. Es ist zunächst in kritischem Erwägen der Begriff des Rechtes als formale Art der Bestimmung

---

[4] Sehr richtig bemerkt STADLER (§ 15 N. 8) Logik, nach dem Tode des Verf. hrsg. v. PLATTER 1912, S. 121: *Durch die Behauptung der Existenz ist somit der Inhalt des Begriffes nicht vermehrt.* Anderer Ansicht ist BINDER (§ 18 N. 12) S. 71.

[5] Es dürfte angebracht sein, für die Frage nach der sachlichen Begründetheit eines Rechtsinhaltes den Ausdruck der *Gültigkeit* dem der *Geltung* vorzuziehen, da der letztere sonst unvermeidlich in doppelter Bedeutung hineingezogen wird (vgl. § 98). Doch ist das nur sprachlich. Zur Sache s. LIEBERT Das Problem der Geltung, Erg.-Hefte der Kant-Studien Nr. 32, 1914. EMGE Über den Charakter der Geltungsprobleme in der Rechtswissenschaft, ArchRPhilos. 15, 54 ff.

eines Willensinhaltes klar einzusehen. Sodann kommt ein bedingter Gegenstand des Wollens in Frage, der als Stoff der rechtlichen Auffassung bestimmt wird und, also bestimmt, den Inhalt dieses rechtlichen Wollens abgibt. Endlich ist es nötig, daß die in sich geschlossene Vorstellung von einem bestimmten Rechte auch die Möglichkeit, sich durchzusetzen, erlangt.

Welche Bedingungen müssen nun erfüllt sein, damit das eben an dritter Stelle genannte Ergebnis vorliegt?

Man hat auch hier manchmal auf machtvolle Größen hingewiesen, die außerhalb des Rechtes stehen, aber diesem zur Durchsetzung verhülfen: auf göttlichen Befehl, auf den starken Gesetzgeber, auf die Stimme des Volks. Ein Recht soll *in Kraft treten*, wenn und weil sie es gebieten. Hier wiederholen sich in entsprechender Weise die Bedenken im einzelnen, die oben gegen diese Auffassungen jeweils angegeben wurden (§§ 55—57)[1]. Es ist statt der letzteren nötig, die Möglichkeit der Durchsetzung eines Rechtes als eine Art seines eigenen Auftretens unter rechtlich verbundenen Menschen zu verstehen[2].

Die Lösung des Problems vom rechtlichen Gelten ist durch psychologische Erörterung zu geben. Es kommt hier darauf an, einen gewissen Rechtsinhalt zu verwirklichen, ihn in die Tat umzusetzen. Das geschieht dadurch, daß ein so bestimmtes Wollen sinnlich empfunden wird. Ein Begehren, das nach der formalen Art des Rechtsbegriffes bestimmt ist, soll wahrnehmbar gemacht werden, um so als verwirklichtes Recht zu bestehen[3].

Wenn nun eine solche Möglichkeit des Durchsetzens für ein rechtliches Wollen eintreten soll, so ist es nötig, daß es mit bestimmten Menschen verknüpft wird. Das kann sich in doppelter Weise bemerklich machen. Einmal nach gewissen Kreisen und Gruppen, in denen nun ein Rechtsinhalt zu verwirklichen ist; sodann durch Angabe der Zeit, in der dieses geschehen soll. Für beides läßt sich aber eine allgemeingültig durchgreifende Lehre nicht aufstellen. Es gehört zu den Besonderheiten, die in der geschichtlichen Erfahrung unendlich vielfältig aufzutreten vermögen.

Dagegen geht es an, die bleibende Eigenart der hier eingeführten Verknüpfung allgemein klarzustellen. Hierdurch erhalten wir die Mög-

---

§ 69. [1] Auch ist das hier aufgeworfene Problem nicht durch einfachen Hinweis auf eine *Vereinbarung* zu lösen oder den *Vertrag* bereits als genügenden Grund der rechtlichen Geltung anzunehmen. Vgl. § 31 N. 6; § 107 N. 1. Zu jenem neigte Herbart; s. § 15 N. 18. Zu dem zweiten Versuche s. Ehrenzweig Über den Rechtsgrund der Vertragsverbindlichkeit; darüber Stammler Philos. Monatshefte 27, 372 ff. Mola Il principio giuridico della forza obligatoria dei trattati, Neapel 1914.

[2] Rousseau (§ 15 N. 6) contrat social IV 2. Jellinek Allg. Staatslehre 11. Kap. Bierling (§ 18 N. 13) Prinzipienlehre I S. 41 ff. Rümelin JheringsJ. 27, 158. Salomon Das Problem der Rechtsbegriffe 1907 S. 39 ff. Gutherz Studien zur Gesetzestechnik 1908 S. 60 ff. Ders. Schweiz. ZStrafr. 20, 346 ff. Gierke DJZ. 24, 9.

[3] Über den Begriff des Wirklichen und der Wirklichkeit s. § 83 N. 4.

lichkeit, die Frage nach dem Gelten eines besonderen Rechtes in Zweifelsfällen jeweils genauer zu beantworten.

Wir leiten die Erörterung dazu über, indem wir zuvor das Recht in seinem Verhältnisse zu der Macht betrachten, die ihm in stärkerem oder geringerem Maße zukommen kann.

II. Recht und Macht

§ 70

Die Eigenart der Macht

Die Macht bedeutet die Fähigkeit, auf bestimmte Menschen einzuwirken [1].

Es ist zunächst nicht durchaus entscheidend, ob die Einwirkung gerade von anderen Menschen geschieht. Die Größe und Gewalt der Natur erweckt wohl einen starken Eindruck auf das menschliche Empfinden und Erleben. In solcher Erwägung hat man auch die Macht definiert als *ein Vermögen, welches großen Hindernissen überlegen ist* [2].

In unserem Zusammenhange kommt es auf den Einfluß von Menschen auf Menschen an [3].

Das kann in körperlichem Erfassen geschehen, z. B. im Einkerkern oder Töten, aber auch im Führen der Hand zur Unterschrift; oder es zeigt sich in mittelbarem Einwirken und tritt in dem Versprechen von Vorteilen oder in dem Androhen eines Übels bei mangelnder Willfährigkeit auf. In

---

[1] Stintzing Macht und Recht, Rede, 1876. Merkel Recht und Macht 1881, Schmollers J. 5, 439 ff., Ges. Abh. I S. 400 ff. Heilinger Recht und Macht 1890, (2) 1917. Herzfelder Gewalt und Recht. Eine Untersuchung über den Begriff des Gewaltverhältnisses 1890. Wieser Recht und Macht, 6 Vorträge, 1910. Vierkandt Machtverhältnis und Machtmoral 1916; darüber Eichler ZRPhilos. 3, 306 ff. Piloty DJZ. 22, 841. Somlo (§ 18 N. 13) S. 018 ff. Marck Imperialismus und Pazifismus als Weltanschauungen 1918. Sturm Recht und Völkerrecht unserer Zeit im Lichte der deutschen Rechtspsychologie 1918 S. 29. Stammler Recht und Macht 1918 (auch in dem Sammelwerk: Die Macht- und Wirtschaftsziele der Deutschland feindlichen Staaten 1918 S. 187 ff.) RphArch. 2, 123 ff. Huber (§ 6 N. 1) S. 188 ff. Binder Recht und Macht als Grundlagen der Staatswirksamkeit 1921. Brodmann Recht und Gewalt 1921. Mayer Macht, Gewalt und Recht 1921. Moor Macht, Recht, Moral. Ein Beitrag zur Bestimmung des Rechtsbegriffes, Szeged 1922. Hentig Robespierre. Studien zur Psycho-Pathologie des Machttriebes. 1924. Menzel Zum Problem Recht und Macht, ZÖffR. 5, 1 ff. (1925). Wieser Das Gesetz der Macht 1926. Darüber Sauer ArchRPhilos. 20 Bd. 1. H.; Spranger Conrads J. 125. Bd. 6 H. (1927). § 70.

[2] Kant Kritik der Urteilskraft 1790 § 28.

[3] Es wäre natürlich auch möglich, von der Macht des Menschen über Tiere und überhaupt über *die wirkenden Kräfte in der Natur* zu sprechen. Aber das bleibt in der sozialen Frage außer Betracht. Auch Kant (N. 2) nahm die Macht der Natur nur zur Unterlage, um über die Möglichkeit ihrer Erhabenheit und Schönheit einiges zu erhalten.

dieser zweiten Art der Einwirkung liegt im besonderen das, was als rechtliche Macht auftreten kann.

Eine solche Macht erscheint in den verschiedensten Gestalten. Über die Kinder üben Erzieher und Lehrer einen machtvollen Einfluß aus, aber auch Kameraden und sonstige Umgebung, und es wird jedem schwer fallen, später alle Kräfte anzugeben, die auf die Entwicklung des eigenen Ich eingewirkt haben. Es spaltet sich dieses in unübersehbare Verwicklungen, sowohl auf der Seite des Mächtigen, als bei den von ihm Beeinflußten. Bald sind es einzelne, bald eine große Zahl, und mehr oder weniger mittelbar drängt es bestimmend auf jemanden ein.

Mit leidlicher Allgemeinheit kann dabei gesagt werden, daß das Streben nach Macht, im großen wie im kleinen, einen starken Anreiz ausübt. Der Wunsch nach Beherrschung anderer Menschen, auf die man bestimmend einwirken möchte, spornt in weitem Maße zum Erringen und Ausüben einer *Macht* an [4].

Zwar spricht man auch von einer Macht *über sich selbst* oder umgekehrt davon, daß jemand *seiner selbst nicht mächtig* sei: aber das ist nur ein übertragenes Bild. Es geht, genau genommen, auf die Vorstellung mehrerer Menschen zurück, die sich in ihrem Wollen tatsächlich bestimmen. In machtvoller Überordnung erscheint dabei die Stimme des Gewissens mit ihren Vorwürfen und ihrem Drucke (§ 88).

Unter allen Umständen ist die Frage nach der Macht eine psychologische, die nach dem Rechte dagegen eine erkenntniskritische. Jene geht auf das Werden und empfindbare Bestehen gewissen Strebens, diese auf die systematische Einteilung eines gegebenen Gedankeninhaltes nach bedingenden Merkmalen.

Der Rechtsbegriff besagt eine allgemeingültige Weise des Ordnens, für die es gleichgültig ist, wer sie gerade hegt. Man braucht zu seiner Klarstellung gar keine Rücksicht zu nehmen auf die mögliche Verknüpfung mit besonders gearteten Menschen. Es handelt sich bei ihm um eine objektiv logische Aufgabe, die in voller Abstraktion von den Trägern dieses Gedankens und von ihrer psychischen Beschaffenheit zu lösen ist.

Die Erörterung der Macht bietet dagegen eine subjektiv-psychologische Beschreibung von Erlebnissen. Bei ihr kommt es nicht auf den Unterschied eines Gedankeninhaltes von einem anderen Gedankeninhalte an, sondern auf ein fühlbares Erleben, das in seinem Werden und Bestehen als eine in der Empfindung wahrgenommene Erscheinung auftritt [5].

---

[4] Über das Bestimmen anderer zum Richtigen s. noch § 102: Der Kampf ums Recht; § 173: Die Mittel der Politik.

[5] Der Begriff der Macht besagt also die einheitliche Vorstellung eines sinnlich wahrnehmbaren Druckes, der Begriff des Rechtes bedeutet dagegen eine logische Teilvorstellung, nämlich eine besondere Art des Wollens. Wenn man von Macht spricht, so braucht man ein besonderes Erlebnis, das beschrieben wird, — der Gedanke

So stammen die Vorstellungen über Recht und über Macht aus zwei verschiedenartigen Richtungen der Gedanken her. Sie können sich darum gar nicht widersprechen, wohl aber — wenn es mit rechten Dingen zugehen soll — einander ergänzen.

Das Recht kann die ihm wesentliche Absicht nur dann in Wirklichkeit umsetzen, wenn ihm die Möglichkeit machtvoller Durchführung zuteil wird. Die Macht aber bleibt für sich ein sachlich unbestimmtes und unbegründetes Ereignis, wenn ihr nicht der rechte Weg gedanklich gewiesen wird.

§ 71

Schwaches Recht

Das Recht geht als ein Wollen auf die Verwirklichung eines Zustandes. Um das zu erreichen, bedarf es der Macht. Diese kann jedoch in besonderer Lage fehlen oder doch nur schwach vorliegen. Dabei sind zwei Möglichkeiten zu unterscheiden. Die eine bezieht sich auf die Geltung eines Rechtes als solche; sie besagt also eine Schwäche dieses fraglichen Rechtes gerade in seinem Auftreten. Als zweite kommt dann die Schwäche in der Wahl seines Inhaltes in Betracht.

1. Die Möglichkeit, sich durchzusetzen, die den Begriff des rechtlichen Geltens ausmacht (§ 68), verlangt eine Einwirkung auf die rechtlich Verbundenen. Es ist somit das Eingreifen einer gewissen Macht vonnöten. Allein der Grad in der Stärke des möglichen Einwirkens kann außerordentlich verschieden sein. Gar manchesmal besteht ein rechtliches Wollen, erscheint mit positivem Inhalte und ist als geltend angenommen, — aber es zeigt sich im Streitfalle kraftlos, und das Ergebnis der einzelnen Lage entspricht nicht dem, was dieses *in Kraft stehende* Recht fordert.

Das kommt nach außen, wie nach innen vor, wenn eine Zweifelsfrage vom Standpunkte einer einzelnen Rechtsordnung aus (§ 134) betrachtet wird.

Jenes erste tritt besonders eindringlich im Völkerrecht hervor. Nur zu oft hat nicht sein Bestand als rechtliches Verbinden, wohl aber seine machtvolle Innehaltung versagt. Seitdem es in der folgerichtigen Durchführung des Rechtsgedankens ausgebaut wurde, findet sich durchgängig die Berufung auf dasselbe. Jeder wirft dem Gegner im Streitfalle die Verletzung dieses Rechtes vor. Seine Sätze sind rechtliche Normen. Es übt auch eine nicht verächtliche Wirkung aus. Aber die Möglichkeit, die Zustände ihm ganz entsprechend zu gestalten, will sich nicht immer ganz erfüllen (§ 138 N. 2).

Doch auch im Innern einer rechtlichen, insbesondere einer staatlichen Ordnung fehlt es manchmal hieran. Die Geschichte Deutschlands

---

des Rechtes dagegen ist eine methodische Weise des Ordnens, die als bedingende Methode von einzelnen Vorkommnissen unabhängig ist.

bietet nur zu viele und wichtige Beispiele. Immer mehr wurde im alten Reiche die Zentralgewalt geschwächt, bis das Ganze zusammenbrach und sich auflöste. Und auch in neuzeitlichen Verhältnissen steht das Recht zuweilen machtlos da und vermag den Inhalt seiner geltenden Sätze nicht genügend auszuführen [1].

2. In mancher Lage ermangelt das Recht der Möglichkeit, denjenigen Inhalt seiner Bestimmungen zu erreichen und zu verwirklichen, der grundsätzlich richtig ist. Es würde ihn gerne einsetzen und durchführen, aber es ist ohnmächtig, das zu tun. So bleibt es ein bewußt unrichtiges Recht.

Dafür finden sich mannigfache Beispiele. Die Haussklaverei wurde in den deutschen Schutzgebieten in gewissem Umfange zunächst beibehalten, weil man sich außerstande sah, sie zurzeit vollständig zu beseitigen. — Wir verfolgen ein im Auslande begangenes Verbrechen, auch wenn es von einem Deutschen und an einem Deutschen begangen worden ist, doch nicht allgemein; denn die Einsicht ist nicht abzuweisen, daß man bei der Verfolgung sich der nötigen Beweismittel, besonders der erforderlichen Zeugen, nicht zuverlässig versichern kann. — Das Hazardspiel ist in jedem Falle verwerflich, da es mit den Produkten menschlichen Fleißes wegwerfend umgeht und diese, die in dem Wertmesser des Geldes sich darstellen, verschleudert, die Arbeitenden damit zum Mittel der subjektiven Launen des Spielers herabdrückend; aber die Staaten richten sogar selbst wieder Lotterien ein und begünstigen in engen Grenzen den Spielteufel, um fehlerhaften Neigungen einen wenigstens zu kontrollierenden Ausweg zu belassen und die Erträgnisse doch der Allgemeinheit zu gute zuzuwenden [2].

Es sind also vielerlei Gründe, die eine mangelnde Fähigkeit der Aufstellung von richtigem Rechte erschaffen. Sie lassen sich nur in geringem Maße nach allgemeinen Arten zusammenfassen. Bald ist es das Überwiegen unrechten Begehrens in weiten Kreisen der Rechtsunterstellten, das hemmend in den Weg tritt; das andere Mal die Begrenztheit der Macht gerade dieser Rechtsordnung nach außen hin; vielleicht auch eine weitgehende Verwicklung in dieser oder jener Frage des sozialen Verkehrs, so daß die Organe der rechtlichen Gewalt sie im einzelnen nicht genügend durchschauen und beherrschen können [3].

---

§ 71. [1] Das ist immer ein elender Zustand. *Wer sein Recht nicht wahrt, gibt es auf,* RAUPACH Die Hohenstaufen 1873: Kaiser Friedrich I. und Mailand III 3. Dazu die herrlichen Worte SCHENKENDORFS: *Wo sich Männer finden, Die für Ehr' und Recht Mutig sich verbinden, Weilt ein frei Geschlecht.* In diesem Sinne gilt notwendig und allgemein: *Vim vi repellere licet* D. IV 2, 12, 1. WINDSCHEID § 123 N. 2.

[2] Μὴ επίτασσ', ἃ μὴ κρατεῖς: *Befiehl dort nicht, wo dir die Macht gebricht.* SOPHOKLES Ödipus in Kolonos. — RR. IV 4 S. 268 ff.

[3] Dabei ist es selbstverständlich, daß der Gedanke des *rechtlichen* Wollens überhaupt die notwendige Bedingung für alles positive Recht in seiner jeweiligen Besonderheit ist. Wenn man die Paragraphen bestimmter rechtlicher Gesetze

§ 72
Verwerfliche Macht

Das Wort *Macht* hat in der Sprechweise der neueren Zeit noch eine zweite Bedeutung angenommen. Sie steht neben dem oben (§ 70) geschilderten Sinne des Ausdruckes *Macht* und ist davon genau zu unterscheiden. Während nämlich dort die Macht als die psychologische Einwirkung genommen wurde und sich darum als eine notwendige Ergänzung des erkenntniskritisch klarzustellenden Rechtsgedankens erwies, so wird sie in anderer Wendung auch im Gegensatze zu dem rechtlichen Wollen aufgebracht.

Hier ist große Vorsicht geboten, auf daß nicht durch die Mehrdeutigkeit eines und desselben Wortes eine sachliche Unklarheit entstehe.

Die hier zu beachtende Verwendung des Wortes *Macht* führt den genannten Gegensatz zu einem rechtlichen Wollen wieder in einer doppelten Richtung aus.

1. Es wird an *Macht* gedacht, die ohne alles Recht überhaupt bestände.

Dabei kann es auf einen bloßen *Naturzustand*, in dem die vereinzelten Menschen wild und unverbunden durcheinander liefen, keineswegs ankommen. Denn ein solcher Zustand, ohne alles verbindende Wollen, ist, dem letzteren gegenüber, nur eine vorläufige Vorstellung; er führt in folgerichtigem Ausdenken notwendig zu dem Gedanken des sozialen Lebens hin (§ 34). Der logisch minderwertige Begriff des *Naturzustandes* ist aber auch historisch niemals erlebt worden; eine Gegenüberstellung von Macht und Recht im Sinne eines Gegensatzes von gänzlich isoliertem Existieren und von sozialem Leben der Menschen hat also wenig Sinn.

Wollte dagegen jemand innerhalb des sozialen Lebens die *Macht* dem *Rechte* gegenüberstellen, so müßte das entweder als eine konventionale oder als eine willkürliche Gewalt geschehen. Beides ist selbstredend möglich und in gewissem Umfange in der geschichtlichen Erfahrung aufgetreten. Allein der Druck, der durch gesellschaftliche Konvention ausgeübt wird, fügt sich doch wieder in das Ganze eines sozialen Daseins ein, das als Ganzes unter einer rechtlichen Verbindung steht (§ 42); auf diese Möglichkeit zielt aber auch der hier einfließende Sprachgebrauch von *Macht* und *Recht* sicherlich überhaupt nicht ab. Und die Verwerflichkeit der Willkür gegenüber einem Zu-

---

betrachtet, so geschieht das unvermeidlich in der Denkrichtung, die durch den Begriff des Rechtes als solchen gewiesen ist. Es wäre ganz verkehrt, die geschichtlichen Rechtsordnungen einerseits und den Rechtsgedanken andererseits als zwei verschiedene Arten von *Recht* zu nehmen, — vielmehr gibt es nur einen einzigen Begriff *des Rechtes*, und dieser ist die logische Bedingung jeder besonderen Satzung, die als *rechtliche* auftritt. § 49 zu N. 4.

stande rechtlichen Wollens ist zwar außer Zweifel; aber gewiß nicht deshalb verwerflich, weil sie mit einer Macht, als der Möglichkeit tatsächlicher Einwirkung verbunden ist, — sondern sofern sie der subjektiven Laune des Mächtigen dient und in diesem Sinne dem Rechte, als der objektiven und dauernden Verbindung der menschlichen Zwecke gegenübertritt.

Es ist also *die Macht* als solche niemals verwerflich, es kommt vielmehr dafür ausschließlich auf die Richtung der Gedanken an, in der sie eingesetzt wird. Umgekehrt aber kann *die Macht*, bloß für sich erwogen, auch noch keine innere Berechtigung eines Wollens ausdrücken.

Man hat dem entgegen von einem Rechte des Stärkeren gesprochen. Allein *der Stärkere*, der hier angezogen wird, hat seine Stärke nur durch die erfolgreiche Durchführung eines geltenden Rechtes. Es handelt sich dabei nicht um physische Kraft. Die größere Stärke kann im sozialen Leben nur dadurch gedacht werden, daß eine bestimmte rechtliche Verbindung entsteht und besteht, nach der das Wollen jemandes für andere maßgeblich gemacht werden kann. So baut sich auch in diesen theoretischen Versuchen die Möglichkeit der Macht auf der Voraussetzung eines rechtlichen Verbindens ergänzend auf und steht keineswegs in selbständiger Gegnerschaft zu dem letzteren da[1].

2. Es wird an *Macht* gedacht, die einem richtigen Rechte gegenüberstände.

Alsdann wird in Wahrheit die *Macht* im Sinne eines besonders gearteten Rechtes genommen. Es bezeichnet das Wort *Macht* hier nicht sowohl einen Zustand, der dem *rechtlichen* Wollen überhaupt entgegengesetzt wäre und für sich selbständig, ohne alles Recht, erkannt würde, sondern es handelt sich hier um eine bestimmte rechtliche Satzung. Man meint nun ein solches *Recht*, das in der Besonderheit seines Inhaltes einen Rechtsunterstellten einem anderen nach dessen persönlichem Eigenwillen unterwirft.

Es ist nicht klar gedacht, wenn man als politische Forderung von

---

§ 72. [1] Das Recht des Stärkeren wird von der einen Seite der Betrachtung her auf Spinoza zurückgeführt. S. hierüber § 30 N. 5. In anderer Weise ist es von verschiedenen Autoren aufgebracht worden. C. L. Haller (1768 bis 1854) gründete es auf die Parallele zu den Vorgängen in der Natur. Er führte es weitläufig aus in: Restauration der Staatswissenschaft oder Theorie des natürlich-gesellschaftlichen Zustandes der Chimäre des künstlich-bürgerlichen entgegengesetzt, 6 Bde. 1816 ff. Dazu Bluntschli S. 549 ff. Gumplowicz, in verschiedenen Schriften, bes. Rechtsstaat und Sozialismus 1881; Grundriß der Soziologie 1885, vertritt die Berechtigung der Herrschaft einer stärkeren, wenn auch weniger zahlreichen Gruppe über die schwächere. RSt. § 12. — Eleutheropulos Das Recht des Stärkeren. Die Rechtlichkeit oder ein politisch-rechtlicher Traktat 1897. Sawicki Das historische Recht des Stärkeren. Theologie und Glaube 1916. Menzel Kallikles. Eine Studie zur Geschichte der Lehre vom Rechte des Stärkeren, ZÖR. 3, 1 ff. 1922.

einem Fortschreiten von der Macht zu einem Rechte gesprochen hat [2]. Denn auch jener erste Zustand war als ein *rechtlicher* vorhanden, nämlich als eine soziale Ordnung, die dem Begriffe *Recht* ohne allen Rest entsprach. Man meint mit jenem Bestreben in Wahrheit also nicht ein Fortschreiten aus einer Lage, in der es überhaupt noch gar kein *Recht* gegeben hätte, — sondern strebt in der Tat die Änderung des Inhaltes eines bestehenden Rechtszustandes an. Die praktische Folge ist die, daß man sich hier zur Rechtfertigung seines Verlangens nicht einfach auf den Begriff *des Rechtes* berufen kann, der nun angeblich zum ersten Male anzuwenden wäre, — sondern daß man auf die Idee *des Rechtes* zurückgehen muß, um mit ihrer Hilfe die sachliche Berechtigung des angestrebten Schrittes zu beweisen (§§ 94; 169).

Fünfter Abschnitt

Psychologie des Rechtes

I. Die Aufgabe der Rechtspsychologie

§ 73

Kritische und psychologische Art der Rechtsbetrachtung

Die erkenntniskritische Untersuchung nimmt einen Gedankeninhalt als Gegenstand für sich. Sie zergliedert ihn nach den bedingenden (formalen) und den dadurch bestimmten (materialen) Bestandteilen. Der so untersuchte Bewußtseinsinhalt wird darauf angesehen, ob er mit anderem Inhalte des Wahrnehmens oder des Wollens in grundsätzlicher Einheit zusammenstimmt und deshalb wahr und richtig heißen darf. Für diese objektive Bestimmung der Grundeigenschaft eines also erwogenen Gedankeninhaltes ist es vollständig gleichgültig, wer gerade den letzteren erworben hat und hegt [1].

Wenn man ein Gesetzbuch aufschlägt, einen dort verzeichneten Paragraphen befragt und ihn im Zusammenhange mit anderen Rechtssätzen wissenschaftlich erläutert und bestimmt, so kommt es für den Sinn dieser Erörterung und für ihre Richtigkeit gar nicht darauf an: welche Personen das Ergebnis der Betrachtung teilen und besitzen. Und ebenso ist bei der Feststellung des allgemeinen Begriffes von dem Rechte an und für sich nicht danach zu fragen: wer darüber eine klare Erkenntnis innehat. Und so auch bei jedem Lehrsatz der Mathematik

---

[2] Für die erste Entstehung des Rechtes nimmt es JHERING Zweck im Recht I 8. Kap. S. 250 ff. an. S. oben § 61 N. 1. — KATO Der Kampf ums Recht des Stärkeren und seine Entwicklung 1894.

[1] Vgl. damit § 101: Der Träger des gemeinschaftlichen Wollens; sowie § 81: § 73. Absolute und objektive Richtigkeit.

und der Naturforschung und aller wissenschaftlichen Betrachtung überhaupt. Die Frage nach der wissenschaftlichen Begründetheit eines psychischen Inhaltes sieht durchaus von dem besonderen Träger ab, dem die fraglichen Gedanken zu eigen sind.

Die psychologische Erörterung dagegen verknüpft einen so durchdachten Inhalt mit bestimmten Menschen. Hier werden die Tatsachen des Bewußtseins in ihrer Eigenschaft als subjektiver Besitz erwogen. Es kommt nicht der abgezogene Gedankeninhalt als solcher in Frage, sondern seine Verknüpfung mit einem gewissen Subjekte. Ein *psychologisches* Interesse hat es, wenn man überlegt: Wie kommt ein Mensch in gewisser Lage dazu, einen bestimmten Gedankeninhalt zu haben, wie gestaltet sich der letztere gerade bei ihm[2]?

Die beiden Arten der Betrachtung sind überall gleichmäßig zu pflegen. Von ihnen hat jedoch die erkenntniskritische Erwägung den logischen Vorrang. Denn sie stellt den Inhalt des Bewußtseins unabhängig für sich klar und wird durch die psychologische Ausführung in der eben angegebenen Richtung der Frage ergänzt[3].

Die psychologische Art der Betrachtung kann sich zwei Aufgaben stellen:

1. Die Beschreibung von Äußerungen des Geisteslebens bestimmter Subjekte.

2. Die Erklärung der Prozesse, in denen sich jene psychischen Erscheinungen bilden.

Dies ist für die Wissenschaft von dem rechtlich geordneten sozialen Leben entsprechend anzuwenden[4].

§ 74

Beschreibende Sozialpsychologie

Hier sollen die Äußerungen des geistigen Lebens gesammelt, möglichst genau gefaßt und mit anderem verglichen werden. Dieses andere kann sich in doppelter Weise anbieten.

Einmal sind es psychische Vorgänge gleicher oder ähnlicher Art, die als bedingte Erlebnisse beobachtet und nun zur Vergleichung heran-

---

[2] Über die in diesem Paragraphen behandelte Frage von Erkenntniskritik und Psychologie s. auch §§ 3 N. 7; 22 N. 7; 26 N. 3. — Überweg IV § 44. — Häberlin Der Gegenstand der Psychologie 1921. Stöhr Psychologie (2) 1922. Haff Rechtspsychologie 1924.

[3] Anders Binding (§ 18 N. 5) Normen II § 60 S. 1 ff.: Die esoterische Psychologie des Rechtes. Er stellt *offizielle ewige Rechtswahrheiten* auf, das heißt Wahrheiten, zu denen eine jede Rechtsordnung sich bekennen muß, solange sie selbst Bestand hat; und er glaubt, sie auf dem Wege psychologischer Betrachtung gewinnen zu können.

[4] WR. § 22 S. 111 ff. Eulenburg Über die Möglichkeit und die Aufgaben einer Sozialpsychologie, Schmollers J. 24, 201 ff. S. auch Spann ZStaatsW. 58, 699 ff.; und dazu WR. Anm. 71.

gezogen werden, bloß weil sie sich auch ereignet haben. Man beobachtet z. B. die Gepflogenheiten von Menschen, die unter gewissen Bedingungen leben und vergleicht etwa die Küstenbewohner mit den Binnenländern[1].

Aber alle solche beschreibende Feststellung ist im Grunde nur vorläufig. Es steht im Hintergrunde doch immer wieder der Maßstab eines kritischen Urteils; es kommt schließlich notwendigerweise auch hier auf den Gegensatz von Sein und Schein an. Alsdann nimmt man zur psychologischen Beschreibung als Richtmaß und Halt solche Tatsachen des Bewußtseins, die nach einer grundlegenden Methode des Beurteilens in einer objektiv gültigen Weise bestimmt sind[2]. Das subjektive Erlebnis, das beschrieben wird, erhält nun seine Kennzeichnung in der mehr oder minder starken Abweichung von dem objektiv erwogenen, abstrakten Gedankeninhalt. Man beobachtet z. B. die Neigung jemandes zu Jähzorn, Mutlosigkeit und Verzweiflung; oder es wird die Fähigkeit eines Schülers zur Erlernung von Sprachen oder seine mathematische Anlage festgestellt und für pädagogische Zwecke nutzbar gemacht[3].

Für uns kommt es nun darauf an, einen bestimmten Bewußtseinsinhalt mit jemandem zu verknüpfen, der in seiner Eigenschaft und Betätigung als Teilhaber eines besonderen gesellschaftlichen Daseins und Wirkens in Betracht gezogen wird. So geschieht es beispielsweise bei der Beobachtung des *Rechtsgefühls*, als dem Empfinden von Lust oder Unlust, welches gewisse rechtliche Urteile begleitet (§ 77).

Die Beschreibung seines geistigen Erlebens geschieht dann zunächst bei einem einzelnen Individuum oder bei mehreren, die in einem gegebenen sozialen Interesse gleichmäßig auftreten, z. B. als gerichtliche Psychologie[4].

---

[1] Viel beachtet z. B. die Psychologie des modernen Industriearbeiters. STAMMLER Sozialismus und Christentum (§ 15 Nr. 13) S. 113 ff. — L'HOUET. Zur Psychologie des Bauerntums (2) 1920. — S. auch § 6 N. 7. § 74.

[2] Wenn eine Vergleichung mehrerer Völker miteinander einen tieferen Sinn haben soll, so darf sie sich nicht auf ein Nebeneinanderstellen von äußeren Lebensgewohnheiten und Eigentümlichkeiten beschränken. Der einzige Maßstab, der in der Vergleichung standhält, kann nur in dem Grade der Fähigkeit zum Richtigen gelegen sein. S. aus der neueren Literatur PLENGE Die Zukunft in Amerika 1912. LEVY Der Ausländer. Ein Beitrag zur Soziologie des internationalen Menschenaustausches. Weltwirtsch. Arch. 2, 273 ff. DERS. Soziologische Studien über das englische Volk 1920.

[3] JOERGES Rechtsunterricht und Rechtsstudium. Pädagogisches, Logisches, Psychologisches zur Reform 1916 (vgl. § 3 N. 9). — Über *Psychoanalyse* s. STAMMLER Sozialismus und Christentum (§ 15 N. 13) S. 155. S. auch FREUD Traumdeutung 1914. DERS. Zur Psycho-Analyse des Alltags (5) 1917. ADLER Der nervöse Charakter (2) 1920. DERS. Theorie und Praxis der Individualpsychologie 1921. BOHNE Die strafrechtliche Verwertbarkeit der Psychoanalyse, DJZ. 32, 919.

[4] REICHEL Über forensische Psychologie 1910. MARBE Grundzüge der forensischen Psychologie 1913. DERS. DJZ. 21, 302 ff.

Sodann steigt man von einzelnen Rechtsgenossen zu typischen Vertretern einer größeren Anzahl auf und gelangt zur Massenpsychologie[5].

Endlich schließt sich daran die Völkerpsychologie, als beschreibende Schilderung der nach Völkern verschiedenen Charaktereigenschaften[6].

Das praktische Interesse an der beschreibenden Sozialpsychologie liegt in dem Erzielen von verhältnismäßig allgemeinen Obersätzen, an die man sich dann mit einer gewissen Anpassung halten möchte, wenn es sich fragt: Wie ist jemand in einem besonderen Falle zu bestimmten Vorstellungen und Entschlüssen gelangt?

In der hier angebrachten begrenzten Art ist es selbstverständlich auch möglich, Sätze zur Behandlung von Menschen zu finden, mit denen man es zu tun hat. Nach dieser Richtung den angehenden Juristen auszubilden, ist Sache des praktischen Vorbereitungsdienstes. In eigener systematischer Erwägung kann die sonst wild wachsende pädagogische Tätigkeit von solchen Lehren Vorteil ziehen; wie nicht minder der Erfolg des Politikers von ihrer Beachtung zum guten Teil abhängig sein mag.

Freilich sind die relativ gültigen Lehren, die wir einer beschreibenden Psychologie entnehmen können, von starker Unsicherheit. Sie werden immer wieder durch neue Verwicklungen und noch nicht erlebte Beobachtungen durchquert. Es ist unmöglich, durch eine äußere Beschreibung der geistigen Äußerungen von Menschen und Völkern, nach psychologisch erwogenen Eigenarten, zu Einsichten von unbedingter Allgemeinheit zu gelangen.

§ 75
Erklärende Sozialpsychologie

Wenn das Aufkommen gewisser geistiger Erlebnisse bei bestimmten Menschen beschrieben ist, so möchte man es auch gerne erklären, das ist: auf einfache, letzte Methoden des Ordnens zurückzuführen. An dieser Stelle handelt es sich um das Werden rechtlicher Vorstellungen. Dabei ist ein Unterschied zu machen, je nachdem man den bedingten Inhalt von sozialen Bestrebungen in das Auge faßt, oder

---

[5] Le Bon Psychologie der Massen, übers. v. Eisler 1912. Gegen Le Bon: Giddings The principles of sociology, New York 1916 S. 132 ff., über The Social Mind; sowie Wallas The great society, New York 1920 S. 115 ff., über The psychology of the growd. Geiger Die Masse und ihre Aktion 1926. — Das Thema ist in der schönen Literatur mehrfach angegriffen. Interessant Quehl Der Salzgraf von Halle, welches Drama sich im letzten Grunde mit der Psychologie der Masse beschäftigt. Von Romanen sind in dieser Hinsicht Bulwer Rienzi, der letzte der Tribunen, in der neueren Zeit Viebig in verschiedenen Schilderungen hervorgetreten.

[6] Wundt Völkerpsychologie, 10 Bde.; s. §§ 9 N. 3; 75 N. 3. Dazu Überweg IV § 29. Hurwicz Die Seelen der Völker 1920. — Vierkandt Naturvölker und Kulturvölker. Ein Beitrag zur Sozialpsychologie, 1896.

die *allgemeingültigen Möglichkeiten*, die in dem Begriffe und in dem Gelten des Rechtes bestehen.

1. Die psychologische Herkunft bedingter Rechtsvorstellungen ist nicht leicht in einfache Formeln zu fassen. Die hier fraglichen Erlebnisse bilden sich in einer verwirrenden Fülle unübersehbarer Verwicklungen. Schon die einzelne rechtliche Handlung kann nur sehr schwer auf *allgemeine psychologische Leitsätze* zurückgeführt werden. Die letzteren stehen keineswegs in einem ausgeführten System zur Verfügung, und ihre Begründung weist regelmäßig nur gewisse empirische Beobachtungen auf, die dann verallgemeinert werden und eine annähernde Allgemeinheit überhaupt erreichen.

Wenn diese größten Schwierigkeiten bis auf weiteres in den psychologisch aufzuhellenden Voraussetzungen des *individuellen* persönlichen Tuns sich stark zeigen, so steigt das bei der Beobachtung des Werdens von gleichheitlichen Massenerscheinungen im *sozialen* Leben außerordentlich. Die gesuchte *psychologische* Erklärung *sozialer* Vorgänge erfährt danach eine *tatsächliche Unerfüllbarkeit* in absehbarer Zeit, — wenngleich die *methodische Möglichkeit* der gewünschten Auflösung selbstverständlich niemals zu bezweifeln ist.

Bei dieser Sachlage müssen wir zur Bewährung der ursächlich erklärenden Forschung einen gewissen Ersatz für den fehlenden *exakten* Charakter der Untersuchung gewinnen. Wir gehen in der gleichen Methode vor, die wir bei der Feststellung des Begriffes der wirtschaftlichen Erscheinungen eingesetzt hatten: Es ist aus gleichmäßig sich einstellenden Massenerscheinungen im sozialen Leben auf gleichmäßige Bestimmungen zu schließen (§ 58; vgl. § 62 f.).

Diese Weise der Untersuchung mag für bestimmte gesellschaftliche Erscheinungen wohl auch mit so einleuchtendem Erfolge vorgenommen werden, daß auf ein entsprechendes Weitergehen dieses sozialen Werdens in der Zukunft gerechnet werden darf. Eine solche Betrachtung liefert zwar nicht sichere *Gesetze* im naturwissenschaftlichen Sinne, aber es lassen sich ihr doch *Tendenzen* der gegebenen gesellschaftlichen Bewegung entnehmen, — das sind Aussichten auf ein Entwickeln sozialer Erscheinungen, das mit einer gewissen Wahrscheinlichkeit angenommen werden darf [1].

2. Etwas anders steht es mit der *psychologischen* Erörterung des *Rechtsgedankens selbst*.

Hier handelt es sich um den Erwerb der Vorstellung von dem Rechte. Über die Methode, in der das klargestellt werden kann, bestehen im wesentlichen drei verschiedene Ansichten:

---

[1] WR. § 52 S. 281 ff. — S. auch TARDE Les lois de l'imitation (7), Paris 1921. § 75. DERS. Les lois sociales (8), Paris 1921. DURKHEIM Les règles de la methode sociologique (7), Paris 1919 (vgl. WR. Anm. 71). Ros Principles of sociology, New York 1920. MAC DOUGALL Social psychology (15) 1920.

a) Von der einen Seite wird der Rechtstrieb als *die psychologische Eigenschaft der ganzen Seele* angenommen. Es handle sich hier um letzte Tiefen *der Seele*, aber im Rechte seien sie zu ergründen. Die Menschenseele sei eine Rechtsseele, also *ein seelischer Urbesitz*. Dieses Seelische sei zeitlos und raumlos geltend; der Aufbau des Seelischen im Menschen sei nicht etwa eine Reihe von Bedingungen und Funktionen, hinter deren Zusammenhang nur durch Erfahrung zu kommen wäre. Es käme alles nur auf die Wertung der uns als *Zoon politikon* unmittelbar gegebenen *Rechtsempfindung* und deren *Reaktion* an [2].

Diese Lehre verzichtet im Grunde auf eine Beschreibung oder gar Erklärung dessen, wie man sich in psychologischer Betrachtung das Werden des Rechtsgedankens vorzustellen habe. Die bloße Verweisung auf *die ganze Seele* und deren *psychologische Eigenschaft* löst das Problem nach der wirklichen Herkunft des *rechtlichen* Wollens keineswegs auf. *Die Seele* ist kein bedingter Gegenstand mit Eigenschaften, die man beschreiben und erklären könnte. Sie ist der Ausdruck für die formale Einheit des Ich; sie gibt den Gedanken dieser Einheit wieder und besagt keine im Raume stehende Wahrnehmung.

b) Manche wollen *experimentell* vorgehen. Es schwebt den Vertretern dieser Richtung vor, daß in der gleichen Weise zu verfahren sei, die der Naturforscher bei seiner Arbeit im einzelnen befolgt. Zwar könne man nicht an der Seele selbst experimentieren, wohl aber *an ihren Außenwerken, an den Sinnes- und Wahrnehmungsorganen* [3].

Das bleibt jedoch physiologisch. Es ist damit eine selbständige

---

[2] Sturm (§ 18 N. 13) in allen seinen Schriften, genau zusammengefaßt in Fiktion und Vergleich in der Rechtswissenschaft 1915 bes. S. 105, Recht und Völkerrecht (§ 70 N. 1), S. 46 ff., nimmt einen *Rechtstrieb* an, der *die psychologische Eigenschaft der ganzen Seele* sei; *weil die Menschenseele als zoon politikon eine Rechtsseele ist.* Darüber Bovensiepen PrVerwBl. 31, 100 f. Vocke Kant-Studien 19, 400 f. — Vgl. § 3 N. 5.

[3] Wundt in dem § 74 N. 6 zitierten Werke. Hierher gehört der 9. Bd.: Das Recht. Dazu Vorlesungen über Menschen- und Tierseele, bes. S. 11. Wundt nimmt die Betrachtung des Rechtes nicht von dem Standpunkte der technischen Jurisprudenz und auch nicht von dem der Rechtsphilosophie auf, sondern stellt sich die eigene Aufgabe, die rechtlichen Erscheinungen in Parallele zu den *Entwicklungsgesetzen* von Sprache, Mythus und Sitte zu erörtern. Die Lehre von dem Begriffe und der Idee des Rechtes und danach die Darlegung der reinen Formen des rechtlichen Denkens behandelt er nicht. Dabei macht sich bei ihm wohl hier und da ein Zug bemerkbar, als wenn er jene rechtsphilosophische Erwägung durch seine, hier berichtete Ausführung nicht sowohl ergänzen, als, mindestens teilweise, ersetzen wolle, wozu jedoch weder Anlaß noch Möglichkeit gegeben ist. In der Sache lehrt Wundt, daß ursprünglich der Einzelwille da gewesen sei, und sich daraus der Gesamtwille zeitlich hinterher entwickelt habe. Die Gesamtpersönlichkeit sei davon unabhängig und beziehe sich auf die Gesamtheit einer Kultur; der Gesamtwille habe seinen Ursprungsort in der innerhalb der Gesellschaft entstehenden Gemeinschaft (a. a. O. S. 302 ff.). Biermann in dem § 29 N. 1 zitierten Aufsatz. Binder Kant-Studien 23, 456 ff. — H. Ebbinghaus Abriß der Psychologie 1908 bes. S. 181 ff.

Aufgabe bezeichnet, die in sich als Erkenntnis einheitlich abgeschlossen ist. Von der experimentellen Untersuchung der Nervenvorgänge im Sinne der Naturwissenschaft führt keine Brücke zu der Erkenntnis des Entstehens der bedingenden, fest bleibenden Gedankenrichtungen, in deren Verfolgung wir gegebene Eindrücke und Strebungen ordnen.

c) Die rechtspsychologische Aufgabe ist im Wege des Rückschlusses zu lösen. Es bleibt hier die Grundlage bestehen, daß wir es mit notwendig wirkenden Ursachen zu tun haben. Es handelt sich auch bei dem Werden von *rechtlichem* Wollen nicht etwa um *angeborene* Vorstellungen; und es darf nicht angenommen werden, daß das Entstehen hier auftretender Erscheinungen anders, als nach der wissenschaftlichen Erforschung von Veränderungen, also nach dem Gesetze notwendig wirkender Ursachen, behauptet werden sollte[4]. Aber freilich können die hier fraglichen Ursachen nicht von der verursachenden Seite her aufgeklärt werden. Wir machen uns vielmehr die vollzogenen und in Wirklichkeit stets zusammengesetzten Tatsachen unseres Bewußtseins in ihrem ausgebildeten Zustande deutlich; wir haben sie dabei in ihren logischen Bedingungen einzusehen und schließen nun von diesem Befunde auf seinen Ursprung und sein Werden zurück[5].

So muß dem grundlegenden Verfahren, in dem die Einordnung von bestimmtem Wollen in den Rechtsgedanken sich vollzieht, ein ursprüngliches psychisches Erleben im Menschen entsprechen. Aus dem Nichts kann auch die geistige Tat, die in dem Sichten und Richten des Wollens als rechtliches Auffassen sich kundgibt, keineswegs sich herleiten. Vielmehr ist aus den hier vollendeten Tatsachen auf eine ursprüngliche Keimanlage und auf die Möglichkeit ihrer jeweiligen Ausbildung mit gutem Grunde der Schluß zu ziehen.

In gleicher Weise soll dann auch die psychologische Prüfung des Eintretens einer rechtlichen Geltung vorgenommen werden. Alsdann sind die psychischen Vorgänge zu erörtern, in denen bei einem besonderen Subjekte die hier durchgreifenden Vorstellungsweisen ihrem Ursprunge nach zu verstehen sind.

II. Die Durchführung der Rechtspsychologie

§ 76

Psychologische Rückführung des Rechtsbegriffes

Der methodische Gedanke des Rechtes gründet sich auf die Möglichkeit von menschlichem Wollen. Er findet sich in dem Reiche der Wahrnehmungen äußerer Erscheinungen nicht vor (§ 30). Nach

[4] S. §§ 3 N. 5; 76 a. E.

[5] Natorp Allgemeine Psychologie nach kritischer Methode. Erstes Buch: Objekt und Methode der Psychologie 1912.

diesen zwei Gesichtspunkten (dem Wahrnehmen und dem Wollen) ist aber, wie früher ausgeführt (§ 25), der mögliche Inhalt unseres Bewußtseins grundlegend zu unterscheiden.

Nun ist diese zweifache Art des Ordnens die entwickelte Weise unseres Geisteslebens. Damit sie tatsächlich werden kann, muß eine ursprüngliche Keimanlage bestehen, aus der sie jeweils erwächst.

Es erscheint aber für die kritische Betrachtung eine weitere Zerlegung, als die eben wiederholte Zweiteilung nicht möglich. Die Gedankenrichtungen des Wahrnehmens und die des Wollens sind die letzten einfachen Formen für die Klärung unseres Bewußtseinsinhaltes. Sie sind bedingende, reine Methoden, von unbedingter Allgemeingültigkeit. Also muß auch in dem ursprünglichen Stoffe psychischen Erlebens der Anlaß zu der Ausbildung der jetzt neu betonten Unterscheidung entsprechend gelegen sein [1].

Wir müssen annehmen, daß auf der einen Seite die Fähigkeit zum Aufnehmen von Eindrücken da ist, die sich zu einheitlich bestimmten Wahrnehmungen ausbildet, — und auf der anderen Seite das urwüchsige Vermögen des Treibens, der Keim zu dem Begehren hin.

Darum kann man den Rechtsgedanken in seiner psychologischen Betrachtung nicht lediglich auf unmittelbare Sinneseindrücke zurückführen, die etwa noch mit den Begleiterscheinungen von Lust oder Unlust auftreten. Er weist vielmehr im psychologischen Mechanismus subjektiv auf ein Drängen und Streben als unmittelbaren Stoff geistigen Erlebens hin. Es liegt ein urwüchsiges Triebleben vor, das nach altem Schulausdrucke, dem Begehrungsvermögen entspringt.

Den Drang und das Strebungsgefühl als bloßen Stoff mögen wir uns nur als ein wildes Chaos vorstellen. Es handelt sich bei ihm um eine noch unbestimmte Materie dessen, was wir dann in der Zwecksetzung wiederfinden. Sobald wir jenes unbestimmte Drängen und Treiben in den Begriffen der Ziele und der Mittel festhalten und die letzteren in ihrem Gegensatze zu bloß wahrgenommenen Erscheinungen klarstellen, — oder gar, sobald wir ein besonderes Streben in die begrifflich geschiedenen Klassen des Wollens eingefügt sehen:

---

§ 76. [1] Das Wollen bedeutet in unserem Gedankengang nicht eine *Kraft*, sondern eine einheitliche Art bei dem Ordnen des Bewußtseins (§ 29 N. 5). Das verbindende Wollen besagt darum nicht ein kausales Zusammenschmieden, sondern ein Einsetzen von Zwecken des einen als Mittel für den andern und wechselseitig umgekehrt (§ 31). Die Selbstherrlichkeit ist nicht ein zwangsmäßiges Einwirken, sondern gibt den logischen Gedanken des bleibenden Verbindens, unabhängig von der Zustimmung der teleologisch Verbundenen (§ 40), ebenso wie der Begriff der Unverletzbarkeit das bleibende Verbinden in seiner Unabhängigkeit von dem subjektiven Belieben des Verbindenden vorstellt (§ 46). Endlich darf die Idee der Gerechtigkeit nicht im psychologischen Sinne, etwa als Wohlwollen, Liebe, Zuneigung genommen werden (§ 93 Nr. 2); sie ist der Gedanke eines Blickpunktes, nach dem die bedingten Erlebnisse, in einer notwendigen und nie ganz zu lösenden Aufgabe, zu richten sind (§ 92).

so ist es nicht mehr ein ursprüngliches Element des geistigen Erlebens, sondern jedesmal ein formal geordneter Gedankeninhalt von zusammengesetzter Beschaffenheit.

Man kann in dieser Richtung der Erwägung das bis dahin Ausgeführte auch im folgenden Sinne zusammenfassen: Wenn wir bei naturgesetzlich bestimmten Vorgängen von Nervenerregungen stehen bleiben, so haben wir lediglich physiologische Untersuchungen vor uns, befinden uns also inmitten eines in sich abgeschlossenen Erkenntnisgebietes, — denken wir aber an bestimmte Zwecke, als zu bewirkende Gegenstände, so haben wir es schon mit methodisch geordnetem Gedankeninhalte zu tun und keineswegs bloß mit ungewisser Materie psychischer Geschehnisse. Auf keinem dieser Wege gelangen wir zu einer eigenartigen psychologischen Erörterung, deren Gegenstand gerade das notwendige Herauswachsen und Werden des menschlichen Geisteslebens ausmacht [1].

Unternimmt man auf dieser Grundlage die psychologische Rückführung des Rechtsbegriffes, so haben wir in dem menschlichen Sehnen und Streben bereits die Richtung auf eine Vereinigung mit seinesgleichen anzunehmen. In dem unmittelbaren Drängen und Treiben muß schon der Keim dazu gelegen sein, daß ein Bestimmen des Einen durch den Andern möglich sei.

Diese ursprüngliche Anlage des Menschen zum sozialen Leben besagt also nur eine Möglichkeit. Sie steht neben dem Drang zum eigenen Innenleben, das in selbständig erwogener Weise auszugestalten ist. In dem Strebungsgefühle, das wir als psychologischen Stoff der Zwecksetzung überhaupt annehmen, muß der materiale Ansatz zu den beiden grundlegenden Aufgaben des Wollens, dem für sich und dem für andere, nebeneinander gedacht werden.

Endlich werden wir aus den notwendigen Bedingungen des Rechtsbegriffes, die in dem kritisch geklärten Gedanken der Selbstherrlichkeit und in dem der Unverletzbarkeit sich finden, auf einen Keim in dem ursprünglich Unmittelbaren schließen, das als stoffliche Unterlage jener methodischen Richtlinien zu denken ist.

Es ist aber berechtigt, die hier beschriebenen Keimanlagen als eine

---

[1] Abweichend von der im Texte entwickelten Lehre sind folgende Psychologen vorgegangen: Warnkönig S. 175 ff. Ahrens I § 30 S. 225 ff. Stricker Physiologie des Rechts 1884. Hoppe Der psychologische Ursprung des Rechts 1885. Bonucci L'orientazione psicologica dell' etica e della filosofia del diritto, Perugia 1907. Petrazycki Über die Motive des Handelns und über das Wesen der Moral und des Rechts, dtsch. v. Balson 1907. Donati Interesse e attività giuridica, Bologna 1909. Menzel Zur Psychologie des Staates, Rede, 1915. Laserson Recht, Rechtsfähigkeit und Geradheit. Versuch einer rechtsphilosophisch-linguistischen Klärung des Rechtsbegriffes 1921. Oppenheimer Die psychologische Wurzel von Sittlichkeit und Recht, Vortr. 1922.

eigene Gabe des Bewußtseins zu setzen, weil die dabei psychologisch zurückgeführten, kritischen Gedanken noch gar nichts von einem besonderen Gegenstande, der zu bewirken wäre, in sich enthalten. Das weithin wogende Meer, als das wir chaotisch die Materie des Strebens vorzustellen haben, wird hier als Quell der formalen Denkweise erachtet, die in dem reinen Begriffe des Rechtes erkenntniskritisch besteht. Es ist das abgeschlossene Ergebnis jener kritischen Arbeit über die allgemeingültigen Bedingungen des Rechtsgedankens, welches nun auch die erschöpfende Einsicht in den Stoff unseres unmittelbaren psychischen Erlebens verbürgt.

Das Gesagte bezog sich auf den Begriff des Rechtes. Die dabei geführte Erwägung gilt jedoch entsprechend für den psychologischen Grund der Idee des Rechtes und mag darum schon an dieser Stelle dafür festgehalten werden. Der Mensch unterscheidet sich von dem Tiere nicht nur durch den sicheren Besitz des Zweckgedankens und weiter durch die mögliche Erlangung wissenschaftlicher Erkenntnis überhaupt, sondern vor allem durch seine Fähigkeit zu der Vorstellung des Absoluten (§ 81). Sie ist wiederum nicht als *angeboren* zu erachten, sondern will im bedingten Verlaufe des Lebens erworben sein. Aber die Anlage dazu ist auch hier, in dem seither erörterten Sinne psychologischer Rückführung, notwendigerweise anzunehmen [3].

§ 77
Psychologie des rechtlichen Geltens

Der Gedanke des Geltens gehört nicht zu den Merkmalen, die den Begriff *des Rechtes* ausmachen (§ 68). Der letztere kann, als eine Teilvorstellung, in der Art seiner Abgrenzung von anderen Klassen des Wollens, klargelegt werden, ohne daß auf die Verwirklichung dieser oder jener Klasse in einem bestimmten Falle acht gegeben würde. Wenn also die mögliche Durchsetzung eines besonderen Rechtsinhaltes psychologisch erwogen werden soll, so muß dem, der das tatsächliche Auftreten eines *Rechtes* betrachtet, der Rechtsbegriff als solcher bereits vorschweben. Zu dieser Vorstellung tritt dann als eine neue Auffassung die des jeweiligen Geltens hinzu, — und es erhebt sich nunmehr die Frage nach den psychischen Prozessen der möglichen Durchführung eines bestimmten Rechtes [1].

---

[3] Vgl. § 35 N. 5; — §§ 3 N. 5; 75 N. 4.

§ 77. [1] F. Klein Die psychischen Quellen des Rechtsgehorsams und der Rechtsgeltung 1912. Jung Rechtsregel und Rechtsgewissen, ArchZivPrax. 118, 1 ff., bes. S. 13 ff. Bryce Studies in history and jurisprudence, New York 1901 S. 464 ff., über *Obedience*. Demogue Les notions fondamentales du droit privé, Paris 1911. Korkonnoff Cours de théorie générale du droit, traduit du Russe par Tcherkoff 1914. Picard Le droit pur, Paris 1920.

Unter welchen Voraussetzungen kann sich sonach ein bestimmter Rechtsinhalt verwirklichen, so daß dieses besondere rechtliche Wollen dann in Geltung steht?

Hierfür ist vor allem eine Bestimmbarkeit der rechtlich verbundenen Menschen nötig. Es muß eine Möglichkeit bestehen, auf die Rechtsunterstellten so einzuwirken, daß sie dem rechtlichen Wollen, das gerade in Frage ist, nachkommen. Freilich wird sich über die Voraussetzungen, unter denen eine solche Möglichkeit besteht, in allgemeinen Sätzen keine durchgreifende Lehre aufstellen lassen [2].

Die Bestimmbarkeit, von der hier die Rede ist, kann sich in sehr vermittelter Weise nur zeigen. Der Grad der Empfindsamkeit gegenüber Drohungen oder Lockungen ist bei den einzelnen Menschen recht verschieden. Nur in groben Zügen läßt sich ablehnend sagen, daß es nicht nötig ist, gleich an körperliche Einwirkung und an das Einsetzen von Muskelkraft zu denken. Aber auch das bloße Abzählen der etwa gegnerisch sich Befehdenden gibt für die psychologische Einwirkung keinen notwendigen Ausschlag. Jeder Blick in die Geschichte zeigt gar mannigfache Erscheinungen eindrucksvoller Bestimmungen, die sich im einzelnen außerordentlich scheiden und zersplittern.

Der Versuch einer durchgängigen Rückführung *des Rechtsgefühls* auf das Empfinden von Angst trifft gleichfalls nur verhältnismäßig allgemein zu. Das Angstgefühl äußert sich wiederum in ganz verschiedenem Grade bei den Menschen, mögen sie als Einzelne oder in Gruppen verbunden betrachtet werden. Auch ist es sicher, daß neben der Furcht vor einem Übel, das einem zugefügt werden könnte, die Aussicht auf Vorteile und Annehmlichkeiten von Bedeutung ist, um auf jemanden zur Befolgung von bestimmtem Rechte erfolgreich einzuwirken; auf das Angstgefühl kann das nur sehr mittelbar — als Besorgnis eines sonst entgehenden Nutzens — zurückgeführt werden [3].

Für die wissenschaftliche Erkenntnis erhalten wir in jedem Falle, da wir die Bestimmbarkeit rechtlich verbundener Menschen erforschen, kein Ergebnis, das in seiner Exaktheit mit der mathematischen Naturwissenschaft gleichen Wert besäße. Eine notwendige Verursachung, die sicher zu berechnen und durch Experiment festzustellen wäre, gibt es dabei nicht. Wir sind auf eine beschreibende Beobachtung gewisser Regelmäßigkeiten beschränkt, in denen die Psychologie des

---

[2] KANT handelt hiervon in der Einleitung seiner Rechtslehre als *von den pathologischen Bestimmungsgründen der Willkür der Neigungen und Abneigungen.*

[3] Über das Rechtsgefühl s. § 146. Psychologisch kommen neben der Angst gar oft weitere, davon unabhängige Empfindungen und Gefühle in Frage, Stolz, Kraftbewußtsein u. a. Das verletzte Rechtsgefühl im *Gotteslehen* von GANGHOFER, bei Michael Kohlhaas, wie es KLEIST darstellt, (§ 102 N. 7) und viele andere Fälle geben sofort Beispiele hierfür.

rechtlichen Geltens von der Seite des übergeordneten rechtlichen Wollens her erfaßt werden kann.

Um jedoch eine rechtliche Verbindung in einer gegebenen Lage vollständig herzustellen, muß der Wille des Bestimmens so beschaffen sein, daß von der Seite der Verbundenen her ein Einfügen und Hingeben an die äußere Regelung stattfindet. Dies wird nur dann in rechtlicher Weise geschehen, wenn das bestimmende Wollen im Sinne der Unverletzbarkeit auftritt. Andernfalls ist es Willkür, und es liegt höchstens ein Nachgeben an eine brutale Gewalt vor. Es genügt selbstredend nicht das bloße Wort eines Machthabers, sondern nur das in der jeweiligen Sachlage begründete Zutrauen, daß jener den rechtlichen Charakter seines Gebotes durchzuführen gewillt und imstande ist [4].

Sonach muß Wunsch und Wille auf die Durchsetzung einer unverletzbar selbstherrlichen Verbindung von beiden Seiten, dem verbindenden und dem verbundenen Wollen, gegeben sein. Es hat das dortige verbindende Wollen nach den bedingenden Merkmalen des Rechtsbegriffes aufzutreten und zum andern bei den Unterstellten die Vorstellung einzusetzen, daß man einer unverletzbar ordnenden Regelung gegenübersteht und darum überzeugt ist, sich fügen zu sollen.

Psychologisch kann man sagen, daß zu jedem Gelten eines Rechtes schließlich eine Anerkennung, und zu jeder Anerkennung eine wirkende Ursache, als genetischer Grund, gehöre; — erkenntniskritisch dagegen darf der Begriff *des Rechtes*, als eine eigenartige Klasse des menschlichen Wollens systematisch erwogen und abgeteilt, nicht als eine Summe von einzelnen Anerkennungsakten gefaßt werden.

§ 78

Unsicherheit über die Geltung eines Rechtes

Wir haben mehrfach betont, daß die Frage: ob ein besonderes *Recht* in Geltung stehe — selbstredend den Begriff *des Rechtes* logisch voraussetzt (§ 68). Daraus folgt, daß das Aufkommen der Vorstellung von der Geltung eines gewissen Rechtes nicht auf einen ursprünglichen Antrieb im Gefühlsleben zurückgeführt werden kann. Die Vorstellung der Geltung eines Rechtes hat zu ihrem Stoffe also nicht bloß ein noch ganz ungeordnetes Drängen und Streben, wie es die Materie für den Rechtsgedanken als solchen ist; sie nimmt den letzteren vielmehr als bestehend an.

---

[4] Hier liegt auch der Beruf der *Treue*, wie sie vor allem im System des Lehenswesens großartig ausgebildet war; s. § 12. Wenn SCHENKENDORF in Schills Totenklage die *Mannestreue* preist, *alter Zeiten sicheres Licht*, so hat auch keine Rechtsordnung, auch wenn sie versuchte, sich im Sinne eines *contrat social* aufzurichten (§ 15 N. 6), die Betonung der *Treue*, sei es auch in abstrakter Weise gegenüber der Verfassung und den Gesetzen entbehren können.

Man kann das Gesagte auch dahin ausdrücken: Es setzt die Möglichkeit des rechtlichen Geltens, so zu sagen, in der Mitte des Nachdenkens erst ein. Sie zielt nicht nach reinen Denkformen hin, in denen wir den Inhalt des Bewußtseins ordnen; und sie tritt demnach psychologisch auch nicht als ein unmittelbarer Prozeß aus eigenartigen Anlagen des Menschen auf.

Darum gibt es für die Psychologie des rechtlichen Geltens keine Lehre von voller Allgemeingültigkeit, wie sie für die psychologische Rückführung des Rechtsbegriffes aufzustellen möglich ist. Die Geltung eines Rechtes kann immer nur im einzelnen Falle daraufhin festgelegt werden: ob bei gewissen Menschen die Überzeugung besteht, daß ein rechtlicher Zustand für ihre Verbindung verwirklicht ist.

Dann ist es aber auch nicht möglich, in einer gegebenen Lage die Entscheidung über das Gelten des dortigen Rechtes mit unbedingter Sicherheit zu geben [1].

Es sind hier, wie überall, zwei ganz verschiedene Fragen, — die eine: Wie unterscheidet sich logisch eine bloße Willkür in allgemein bedingender Weise von dem Rechte? — die andere: Ist jenes Merkmal des unverletzbaren Beharrens gegenüber dem unsteten und widerspruchsvollen Ausbruche einer beliebigen Laune in einer geschichtlich gegebenen Lage tatsächlich vorhanden [2]?

Die erste Frage bedeutet eine formale Methode des Ordnens unserer Gedanken; es ist möglich, sie restlos in ihrer bleibenden Eigenart darzulegen. Die zweite Frage will bedingte Geschehnisse subjektiver Eindrücke und Entschlüsse kennzeichnen. Für das Vorhandensein dieser subjektiven Erlebnisse können wir jedoch keine allgemeingültigen Bedingungen von unbedingter Bedeutung aufstellen [3].

Für sie bleibt es bei diesem Unterschiede: Die erkenntniskritische Klärung des Rechtsbegriffes kann exakt geschehen, — die psychologische Betrachtung der Möglichkeit rechtlicher Durchsetzung ver-

---

[1] Man unterscheidet auch in normalen Verhältnissen die völkerrechtliche § 78.
Geltung einer dort einschlagenden Rechtshandlung von der staatsrechtlichen Geltung. Liszt Völkerrecht §§ 13; 20; 21. Neue ReichsVerf. Art. 4. — S. auch §§ 137; 138.

[2] Über die Geltung der deutschen Reichsgesetze im besetzten Gebiete während des Krieges s. ABef. über die Geltung der Kriegsgesetze v. 8. 5. 17, AVBl. S. 283. Über weitere Einzelfragen: JM. 28. 6. 17. Scholz Privateigentum im besetzten und unbesetzten Feindesland 1919. DJZ. 22, 709; 802; 825; das. 26, 31. Ges. u. R. 19, 140. Strupp Das besetzte Gebiet in der Praxis d. RG., Leipz. ZDR. 11 Nr. 14; Heymanns JurLitBl. 29, 118. — Haager Friedenskonferenz v. 1899 Art. 42. — Italien und Albanien: DJZ. 23, 94.

[3] Praktische Fragen: Waldecker Die Grundlagen des militärischen Verordnungsrechtes in Zivilsachen während des Kriegszustandes, ArchÖffR. 36, 389 ff. — P. Klein Die Rechtsstellung des Zwangsverwalters eines kriegführenden Staates gegenüber dem neutralen Auslande, ÖZBl. 36, 97 ff. — RG. 101 Nr. 2 S. 3 ff.

mag das nicht zu leisten. Ob ein bestimmtes Wollen als Recht wirklich in Geltung steht, verbleibt eine Einzelfrage, deren Lösung nicht notwendig als unumstößlich gewiß behauptet werden darf [4].

---

[4] Im südafrikanischen Kriege erließ im Oktober 1899 die Regierung von Transvaal eine Proklamation, die besagte, daß sie Grigualand und Betschuanaland annektiere. Der Kommandant von Kimberley erließ eine Gegenproklamation, in der er erklärte, die Proklamation der Buren habe keine Kraft. Der Rechtsstand der britischen Untertanen sei unverändert. Solcher Fälle hat es viele gegeben. Sie stellen sich vor allem auch im Bürgerkriege leicht ein. Nach dem Ausrufen der Räterepublik zu München im Frühjahr 1919 hatte Bayern zeitweilig zwei *Regierungen*. — S. auch § 66.

Drittes Buch

Die Idee des Rechtes

Erster Abschnitt

Das Grundgesetz des Wollens

I. Richtiges Wollen

§ 79

Der Gedanke der Richtigkeit

Jeder Inhalt des Bewußtseins kann der Frage unterworfen werden: ob er richtig ist oder nicht. Dieser damit vorgestellte Gegensatz bildet die letzte mögliche Einteilung des Bewußtseins, — die Einteilung, die allen bedingten Urteilen notwendig bedingend zugrunde liegt[1]. Wollte jemand die Annahme der genannten Unterscheidung als *nicht richtig* behaupten, so hätte er sie in Wahrheit auch schon wieder vorausgesetzt (vgl. § 97).

Der Gedanke der Richtigkeit bedeutet ein einheitlich geordnetes Vorstellen. *Richtig* heißt soviel, wie: einheitlich geordnet[2]. Es bildet den Gegensatz zu einem wilden und wirren geistigen Erleben[3].

---

[1] S. ob. § 5 N. 2; § 10 N. 2 ff. — Gesetzmäßigkeit ist die allgemeingültige Möglichkeit des einheitlichen Ordnens, Richtigkeit ist die in ihrer Befolgung und Ausführung erlangte Eigenschaft eines besonderen Erlebnisses. § 79.

[2] Wie alle Erscheinungen der Natur dadurch wissenschaftlich erkannt werden können, daß sie nach einheitlichen Gesichtspunkten ihre Behandlung finden, so wird der Inhalt des menschlichen Strebens einem wissenschaftlich begründeten Urteile unterliegen, wenn er nach unbedingt gleicher Weise gerichtet wird. Der Nachweis grundsätzlicher Berechtigung eines Wollens wird also dann erbracht sein, wenn es gelingt, eine vorliegende Besonderheit in das uneingeschränkte Ganze aller je möglichen Bestrebungen widerspruchslos einzufügen. Das ist nur möglich, wenn der jeweilige bedingte Inhalt des Strebens nach einem und demselben Blickpunkte für sie alle gerichtet wird, das Urteil über alle so sehr verschiedenen Ziele und Mittel nach der unbedingt gleichen Methode erfolgt (§ 80).

[3] Bergmann, J. Über das Richtige 1883. Köhler Geist und Freiheit. Allgemeine Kritik des Gesetzesbegriffes in Natur- und Geisteswissenschaft 1914. Bauch Wahrheit und Richtigkeit, Festschr. f. Volkelt, 1918 S. 40 ff. L. Cohn Das objektiv Richtige, Erg.H. d. Kant-Studien Nr. 46, 1919. Emge Die Soziologie Russels 1924 S. 20 ff. Häberlin Das Gute 1926. — RphAbh. 2, 92.

Die allgemeine Unterscheidung von richtig und unrichtig ist nun auf jeden Inhalt des Wahrnehmens wie des Strebens anzuwenden. Hier ist jetzt von der Richtigkeit eines Wollens die Rede [4].

Ein Streben und Fordern ist nicht schon deshalb gerechtfertigt, weil es da ist: es muß seinen Inhalt in einem ordnungsmäßigen Verfahren als begründet dartun [5].

Dieser Nachweis kann in zweifachem Sinne hervortreten:

1. Es wird ein gewisses Mittel als notwendig für einen bestimmten einzelnen Zweck dargetan. Der damit erstrebte Gegenstand ist wertvoll für ein besonderes Begehren, wie es gerade da ist. Ziel und Mittel sind soweit subjektiv gültig [6].

2. Es wird der Inhalt eines Wollens als allgemeingültig begründet angesehen. Er soll objektiv richtig sein.

Zwischen diesen beiden Fragen schwankt das ganze Menschenleben hin und wieder.

Die Bedingungen der zuerst genannten Möglichkeit sind technisch begrenzt. Sie sind dem bedingten Ziele, das in Aussicht gestellt ist, und dem gerade fraglichen Subjekte des Begehrens zu entnehmen.

Dagegen geht der Gedanke der objektiven Richtigkeit davon aus, daß die einzelnen Wünsche und Bestrebungen trotz ihres unendlich verschiedenen Inhaltes doch in eine durchgreifende Harmonie gebracht werden können, indem sie alle nach einer und derselben Art des Urteilens gerichtet werden [7]. — Wie kann man nun über das bloß persönliche Interesse hinauskommen und nachweisen, daß ein bestimmtes Wollen in seinem Inhalte grundsätzlich richtig ist?

Im praktischen Leben richtet man sich zunächst nach gesetzten Einzelregeln: nach Lehren des Anstandes und der Sitte; dann nach Paragraphen der Statuten, Verordnungen, Gesetze; auch wohl nach kasuistischer Anleitung der Moral und autoritativer Organe. Aber es

---

[4] TR. VI 15 S. 518 ff. STAMMLER Sozialismus u. Christentum (§ 15 N. 13) III 3 S. 90 ff. — Oben § 28 N. 2.

[5] Es ist klar, daß es sich hier nicht um die Frage der *richtigen* Wiedergabe eines beobachteten Strebens handelt, sondern um seine sachliche Begründetheit, deren Möglichkeit nun die Ausführung des Textes erwägt.

[6] KANT (§ 80 N. 7) nannte das *hypothetische Imperative*, führte die darauf bezügliche Frage aber nicht näher aus. STANGE Kant-Studien 4, 232 ff. S. oben § 29 N. 6.

[7] Das ist nicht dasselbe, wie der logische Satz des Nicht-Widerspruches. Der letztere sagt nur, daß das Einzelne sich nicht selbst widersprechen darf, a nicht = non a. Hier aber handelt es sich um den Gedanken einer unbedingten Einheit aller je möglichen Einzelheiten. Diese Idee einer vollendeten Harmonie geht über jenen Satz logischer Voraussetzung hinaus. Sie ist für das kritische Nachdenken unvermeidlich und besteht selbstredend ihrem ganzen Gedanken nach in der einen einheitlichen Grundauffassung, die allen mannigfachen Besonderheiten auch allen bedingten Harmonien, deutlich gegenübersteht — EMGE, PhilosR. 1, 1 ff.

kommen nur zu oft Aufgaben in bestimmter Lage, für die noch keine Vorentscheidung bereitgestellt ist; und wenn sich eine solche findet, so unterliegen alle solche bedingten Anweisungen und Normen auch wieder dem Zweifel, ob sie in sich grundsätzlich berechtigt sind. Hier braucht man einen allgemeingültigen Maßstab[8].

Zu einem solchen unbedingten Richtmaße taugt nun aber kein besonderes Interesse und kein begrenztes Ziel. Denn es würde bei jedem von ihnen die vorhin genannte Zweifelsfrage sich auf das Neue erheben. Da also jede stofflich bedingte Einzelheit dem entscheidenden Maßstab fern bleiben soll, so kann dieser nur eine rein bedingende Methode des Richtens sein[9].

§ 80

Die Methode des Richtens

Die bedingende Methode des Richtens soll eine unbedingte Geltung für alle jemals möglichen Willensinhalte haben. Sie ist die Befolgung eines allgemein durchgreifenden Gedankens, nach dem die verschiedensten, je denkbaren Bestrebungen in vollkommen gleichmäßiger Art beurteilt werden können.

Unser Leben besteht aus lauter Einzelheiten, aus bedingten Eindrücken und begrenzten Begehrungen. Allein schon darin, daß wir uns auf den Begriff der Einzelheit besinnen, liegt als Gegenstück der Gedanke ihrer Einheit vor. Das ist die Vorstellung ihres Zusammenfassens zu einem vollendeten Ganzen, die Möglichkeit ihres Ordnens im Sinne unbedingter Harmonie. Die hier gesuchte Methode des Richtens besteht also darin, daß das einzelne Erlebnis, über das zu urteilen ist, auf sein harmonisches Zusammenstimmen mit schlechterdings allen sonst möglichen Einzelheiten geprüft wird.[1]

---

[8] Für das Recht kommen alsbald die Erwägungen der Einleitung § 7 in Betracht.

[9] Über das zwingende Einsetzen des Urteilens nach formaler Methode s. § 80 N. 2.

[1] Es ist scharf die Parallele aufzunehmen: Harmonie unter den Sinneseindrücken, = Naturwissenschaft, und Harmonie in dem Inhalte aller denkbaren Begehrungen, = Zweckwissenschaft. S. § 79 N. 7. — Es besteht jedoch in verhältnismäßiger Weise insofern ein Unterschied, als man sich für das Ziel der naturwissenschaftlichen Erkenntnis mit der kategorialen Vereinheitlichung begnügen kann, während für die Aufgaben der Zweckwissenschaft das jedesmalige Zurückgehen auf den Endzweck, als den Gedanken unbedingter Harmonie der so verschiedenen Begehrungen niemals ausgelassen werden kann. Der Grund liegt darin, daß wir bei der wissenschaftlichen Beurteilung der Zwecke als Materie die Begehrungen bestimmter Menschen vor uns haben. Hierbei kann bei bloß kategorialer Abgrenzung der Willensinhalte das zufällige Ich, dessen Begehrungen zu richten sind, nicht ausreichend ausgeschaltet werden. Das ist erst möglich, wenn im gegebenen Falle auf die ideale Weise des einheitlichen Richtens nach dem Blickpunkte der Harmonie § 80.

Indem das geschieht, ist als Maßstab der allgemein richtende Gesichtspunkt eines reinen Wollens eingeführt [2].

Wir denken uns als idealen Maßstab einen Willensinhalt, der von allen Besonderheiten gerade dieses wollenden Menschen in dessen bedingter Lage frei ist [3]. Nach diesem fest bleibenden Gedanken können wir alle begrenzten Bestrebungen *richten*, — in des Wortes doppelter Bedeutung; also einmal sie beurteilen, sodann sie leiten [4].

---

im Ganzen der Bestrebungen zurückgegangen wird. — Mit dem Gesagten widerlegt sich von selbst das gelegentlich geäußerte Bedenken, ob unsere Darlegung einer grundsätzlichen Methode des Richtens nicht etwa *bloß negativ* sei. Aber die Idee der absoluten Harmonie aller Einzelheiten, die von uns als steter Blickpunkt und Leitstern betont wird, ist doch ein so *positiver* Gedanke, wie nur möglich.

[2] Eine formale Methode, also eine gleichmäßig bedingende Weise des Urteilens tritt gegenüber den einzelnen Aufgaben, die zu bewältigen sind, mit elementarer Macht auf. Man wendet sie unwillkürlich schon bei abgeschlossenen Einrichtungen und Berufsarten an, z. B. in der Frage, ob jemand ein guter Richter, Vormund, Soldat sei, — nach dem Blickpunkt der Unparteilichkeit, der treuen Fürsorge an Stelle der Eltern, der Tapferkeit vor dem Feinde. Handelt es sich also darum, ob ein besonderes Streben überhaupt grundsätzliche Berechtigung besitze, so muß der leitende Blickpunkt schlechterdings für alle jemals denkbaren Begehrungen eine übereinstimmende und gemeinsame Bedeutung haben. Das kann nur geschehen, wenn dieser unbedingt einheitliche Gedanke gar nichts mehr von begrenzten Sonderzielen dieser oder jener Bestrebung als wesentlich maßgebliche Beschaffenheit in sich trägt. Wonach als absolut gültiges Richtmaß für die grundsätzliche Richtigkeit eines bedingten Strebens nur die Vorstellung des reinen Wollens besteht, — die nun in ihrer Bedeutung als Idee darzulegen und zu bewähren ist (§ 82).

[3] Es gilt, den Unterschied klar zu machen, der zwischen den Besonderheiten als solchen und in ihrer Bedeutung als Zielpunkten einerseits und zwischen dem allgemeingültigen Gesetz besteht, in dessen Einheit sie alle umfangen sind, nach dem sie also aufzunehmen und zu bearbeiten sind. Es ist nötig, nicht bei dem begrenzten Antrieb stehen zu bleiben und dann von Fall zu Fall zu taumeln, sondern sie alle in Ordnung und Einheit zu halten. Das Gesetz ist aber natürlich nicht quantitativ, als unendliche Aufzählung, zu denken, sondern als eigenartiger Gedanke, im qualitativen Gegensatz von Allgemeingültigkeit und Besonderheiten. Die letzteren sollen durch das Umschreiben der formalen Gesetzmäßigkeit, das im Texte steht, schlechterdings ausgeschlossen sein, es sollen in der Klärung des Gedankens einer absolut einheitlichen Methode des Rechtes überhaupt keine Besonderheiten aus irgendeiner empfindbaren Begrenztheit verbleiben. — Behrend Der Begriff des reinen Wollens bei Kant, Kant-Studien 11, 109 ff.

[4] Die Aufgabe, die an dieser Stelle des Lehrbuches zu lösen ist, besteht darin: die Eigenschaft der Allgemeingültigkeit zu beschreiben, durch die sich die Methode des grundsätzlich richtigen Beurteilens kennzeichnet. Diese Eigenart der unbedingt einheitlichen Weise des Richtens kann nur dadurch geklärt werden, daß in dem höchsten Blickpunkt, nach dem in formaler Gleichmäßigkeit die einzelnen Erlebnisse zu lenken sind, nichts von begrenzten Besonderheiten mehr verbleibt. Der Inhalt dieses Gedankens von einem überall führenden Leitstern (§ 83) des Strebens erfüllt sich in der Vorstellung eines von Bedingtheiten freien Willens. Alle bedingten Bestrebungen geben den Stoff der Beurteilung ab, — sie stehen gegenüber der reinen Form, das ist: der bedingenden Methode, in der sich jene empfindbar auftauchenden Bestrebungen einheitlich ordnen und leiten lassen. S. § 1 N. 3. Vgl. auch § 115 N. 4.

Die geschichtlich gegebenen Bestrebungen der Menschen sind alle bedingt und in ihrem wirklichen Auftreten von begrenzten Zielen bestimmt. Aber es ist doch ein Unterschied, in welcher grundsätzlichen Richtung sie aufgenommen und geleitet werden: ob sie in dem nächsten Zwecke, den sie verfolgen, ihr letztes Ende finden, zu dessen Erreichung alle Mittel zulässig sind, — oder ob sie im Sinne der in das Unendliche führenden geraden Linie des reinen Wollens gelenkt werden[5]. Beides ist möglich; im ersten Falle wird das begrenzte Begehren nicht als zu bearbeitender Stoff, sondern als Prinzip des Wollens genommen, — nur im zweiten Falle kann von grundsätzlicher Richtigkeit dieses bedingten Strebens die Rede sein[6].

---

[5] Es ist auch hier selbstverständlich, daß der Ausdruck von dem *reinen Wollen* nicht als Bezeichnung einer empirisch bedingten Erscheinung genommen werden darf. Das Wort *Wollen* wird auch in diesem Zusammenhange nicht in psychologischer Betrachtung irgendeiner Kraft oder eines sonst empfindbaren Gegenstandes gebraucht (§ 26 N. 2), sondern wiederum als eine bedingende Weise des Ordnens für den mannigfaltigen Inhalt aufsteigenden Begehrens. Es ist eine reine Form, die im Bestimmen und im Richten der Zweckinhalte zur Erlangung der einheitlichen Beherrschung dieser Zweckinhalte notwendig ist (§ 3). — Diese kritische Art des Erwägens, bei der in der Durchführung unserer gedanklichen Analyse das Wollen im Sinne einer reinen Form als ein eigener Gegenstand der Betrachtung genommen wird, zeigt sich nun zweimal von Bedeutung: je nachdem es sich um den Begriff oder um die Idee des Rechtes handelt. In der ersten Hinsicht ist festzuhalten, daß jedes empfindbare Begehren erkenntniskritisch in seiner formalen Eigenschaft als bezweckender Gegenstand bestimmt ist. Es enthält neben dem physiologisch empfindbaren Drängen den logisch bedingenden Gedanken, daß künftige Zwecke die gegenwärtigen Mittel bestimmen. Nimmt man nun diesen bedingenden (= formalen) Gedanken, der bloß die Art des Ordnens als solche zu seinem *Inhalte* hat (§ 92 N. 8), zum eigenen Gegenstand der Untersuchung, so zeigt sich, daß die genannte reine Form des Ordnens in verschiedener Art und Weise des Bestimmens aufzutreten vermag, deren eine dann das rechtliche Wollen gegenüber anderen Klassen ergibt (§ 30 N. 1). — Nunmehr kommt es darauf an, das also begrifflich bestimmte Wollen in seiner jeweils gegebenen Besonderheit nach der allgemeingültigen Gesetzmäßigkeit des Wollens zu beurteilen (§ 79). Es ist also reines Wollen nicht eine empirisch abgetrennte Abteilung von empfindbar auftretendem Begehren, in seinen stofflichen Elementen betrachtet, sondern es besagt eine Eigenart des formalen Leitens eines begrenzten Strebens. Es zerfällt nicht etwa das materiale Begehren des Menschen in ein bedingtes Wollen und in ein reines Wollen, — vielmehr ist es die Art und Weise des Richtens von immer begrenztem Drängen, welche in zwei Klassen einzuteilen ist. Denn es zerfällt die Art und Weise des Richtens in die zwei Klassen: daß jemand entweder als sein höchstes im Leben nur bedingte Zielpunkte kennt, zwischen denen er von dem einen zu dem andern hin und her taumelt, — oder, daß er sein natürlich entstehendes Streben mit dessen bedingtem Stoffe im Sinne der Allgemeingültigkeit (§ 1 N. 3) seiner jeweiligen einzelnen Entschließungen beherrscht. Das letztere tritt dann in die Wirklichkeit auf dem Wege der Wahl zwischen mehreren Möglichkeiten (§ 27), die ihm allzeit offenstehen; für deren einheitlich leitende Weise dann die methodische Anleitung gilt, die sich im Texte dieses und der folgenden Paragraphen ausgeführt findet. S. bes. § 83 zu N. 4; sowie § 94 N. 3.

[6] Über Rechtsidee und bedingte Maßstäbe s. auch § 96.

Der Zweck, der nach dieser Methode des Richtens sich setzt, heißt Pflicht [7].

Ein richtiges Wollen nennen wir auch ein Sollen [8].

§ 81

Absolute und objektive Richtigkeit

Die in der Überschrift genannten Begriffe sind in ihrem Unterschiede voneinander zu beachten.

Von absoluter Gültigkeit ist nur die Methode des Bestimmens und Richtens. Sie muß unbedingt feststehen, sonst würde ein einheitliches Ordnen des mannigfaltigen Stoffes überhaupt nicht möglich sein. Und jeder Einwurf gegen die absolute Gültigkeit der Methode wissenschaftlicher Erkenntnis setzt selbst die Möglichkeit solcher Methode wieder voraus [1].

Die nach ihr vorgehende Bearbeitung dieses Stoffes kann dagegen immer nur ein objektiv richtiges Ergebnis liefern. Dieses ist keineswegs unabänderlich und unbedingt abgeschlossen [2]. Durch schärferes Zu-

---

7 Die berühmte Apostrophe KANTS an die Pflicht steht in der Kritik der praktischen Vernunft 1788, I. Teil 1. Buch 3. Hauptstück.

8 KUBERKA Das Sittliche als Norm und Wert. Ein Beitrag zur kantischen Ethik und Rechtsphilosophie. ZRPhilos. 1, 253 ff. MEZGER (§ 28 N. 2). WOLFF, K.: Grundlehre des Sollens, zugleich eine Theorie der Rechtserkenntnis 1924.

§ 81. 1 Wissenschaft geht auf die Klärung der urwüchsig entstehenden Eindrücke und Begehrungen. Sie besteht in dem einheitlichen Ordnen der einzelnen Vorkommnisse (§ 3 N. 9, vgl. § 23 i. A.). Sie ist möglich durch den feststehenden Grundriß reiner Formen des Begreifens und Beurteilens. Diese sind allgemeingültig in dem Sinne, daß sie von jeweiligen Empfindungen ganz unabhängig sind. Die Unabhängigkeit von besonderen sinnlichen Empfindungen nennen wir Reinheit der Gedanken. Die reinen Formen des Ordnens können nur durch kritische Besinnung auf die Möglichkeit des Vereinheitlichens festgestellt werden, aber nicht durch Beobachtung sinnlich empfindbarer Besonderheiten. Der Grundriß jener reinen Formen steht also fest gegenüber den stofflichen bedingten Erlebnissen und besitzt darum absolute Gültigkeit im Verhältnisse zu den nach ihm geordneten Einzelheiten. Diese letzteren wiederum heißen relativ, indem sie ein Getriebe von begrenzten und ständig wechselnden Geschehnissen darstellen. — Die erste Prüfung, die also bei einem jeden Gedanken mit wissenschaftlichem Anspruche zu machen ist, geht somit dahin: ob er zu dem Grundrisse reiner Ordnungsweisen gehört, oder ob er dem Getriebe empfindbarer und veränderlicher Einzelerlebnisse zuzuweisen ist. Wenn das letztere vorliegt, — und das ist die Masse des Geschehens — so erhebt sich die weitere Erwägung: ob eine solche immer nur relative Beobachtung oder Bestrebung objektiv richtig ist oder nicht. Sie ist objektiv richtig, wenn es gelingt, sie nach dem absolut gültigen Grundrisse reiner Formen so gut zu ordnen, wie gerade nur möglich ist; andernfalls bleibt sie bloß subjektiv gültig. — Vgl. auch § 24 N. 2.

2 Dagegen läßt sich sagen, daß eine Lehre, die in ihrer entscheidenden Eigenart außerhalb des Grundrisses reiner Ordnungsweisen fällt, absolut unrichtig ist. So für den Naturforscher die Meinung vorgekommener Zauberei und die Behauptung *übernatürlicher* Kräfte, für die wissenschaftliche Zweckbetrachtung das Ausgehen

sehen oder auch durch neue Erlebnisse kann die seitherige Auffassung — eben an der Hand der sich gleich bleibenden formalen Richtlinien — eine Änderung erleiden und in ihrem Inhalt berichtigt werden[3]. Es gibt einen Fortschritt der Wissenschaft[4].

Darum hat es auch nichts Auffallendes, wenn wir Mannigfaltigkeit und auch Gegensätze über das, was richtig sei, bei den verschiedenen Völkern und anderen Menschengruppen, bei einzelnen Menschen und Klassen von solchen gewahren. Auch wandeln sich im Laufe der Zeiten solche Meinungen und Lehren über richtiges Erkennen und Wollen in äußerlich gleich bleibenden Kreisen.

Aus solchen Beobachtungen ist wohl zuweilen der Schluß gezogen worden, daß über die Richtigkeit von menschlichem Wollen sich überhaupt nichts Sicheres sagen ließe; — eingekleidet hier und da in die Wendung, daß es keine *absolute Moral* gebe[5].

Aber hier ist übersehen, daß der Inhalt der Ansichten über das,

---

von dem Subjektivismus und die Behauptung angeblicher Richtigkeit auf Grund der Lustlehre (§§ 97; 93 Nr. 1). Sobald aber eine Anwendung der absolut gültigen Methode auf sinnlich empfindbaren Stoff stattfindet, kann es sich der Strenge nach nur um objektive Unrichtigkeit handeln. Die letztere kann so weit und stark beobachtet werden, daß sie für den praktischen Gebrauch einer absolut gültigen Entscheidung fast gleich ist: erkenntniskritisch muß aber stets der Unterschied eingesehen werden. So gibt es manche Naturgesetze, besonders in der kosmischen Physik, die so vortrefflich bearbeitet und begründet sind, daß man sie in fast bedingungsloser Weise annehmen darf; aber sie haben in Wahrheit keine absolute Gültigkeit und vertragen eine mögliche Besserung in fortschreitender Erkenntnis. Mit objektiv richtigem Rechte ist es nicht anders (§ 4), auch in verneinenden Urteilen. So ist die Sklaverei für die uns bekannten geschichtlichen Zustände als objektiv unrichtig zu behaupten, und es will schwer halten, sich eine Lage vorzustellen, in der man anders urteilen dürfte. Aber die Möglichkeit hierfür muß allerdings offen gelassen werden. Danach berichtigt sich das, was an dieser Stelle noch in der vorigen Auflage zur genannten Frage gesagt war. S. DRL. 1, 388 ff. (Nettelbeck); über Leibeigenschaft in Deutschland und das Wildfangsrecht der Kurpfalz: DRL. 1, 232 ff.; 237 ff. Von Rechtsphilosophen hat noch HUGO, Naturrecht (4) 1819 § 189, die Sklaverei prinzipiell verteidigt. Spätere haben sich begnügt, sie als *historisch* gerechtfertigt zu bezeichnen. Neuestens HAISER Die Sklaverei, ihre biologische Begründung und sittliche Rechtfertigung 1925. Vgl. GOEPEL Über Stammlers Rechtsphilosophie und das Problem der Aufopferung, Jen. Diss., 1915, S. 30 ff. — § 114 N. 3.

3 Dies führt bei dem Rechte zu der Unzulässigkeit der Annahme eines Idealrechtes; § 4. — POLLACK Perspektive und Symbol in Philosophie und Rechtswissenschaft 1912, bes. S. 6 ff. — Vom Standpunkte praktischer Lebensbetrachtung aus ist dieser Gedanke hübsch ausgedrückt bei GÜNTHER Die Heilige und ihr Narr I S. 314: *Meine Weltanschauung steht zwar in ihren Grundzügen fest, die ändert nichts mehr. Sie hat aber Fenster und Türen, wo noch allerhand herein kann.*

4 Für das Ganze der Menschengeschichte s. § 178: Der Begriff des Fortschritts.

5 Ganz naiv ausgedrückt in der Behauptung der *Klassenmoral* — nicht etwa als tatsächlich bestehend (was selbstverständlich ist und eine Binsenwahrheit bedeutet), sondern als innerlich begründet (womit der Widerspruch im Beisatz hineinkommt, daß das Verfolgen subjektiv begrenzter Ziele objektiv richtig sei). S. § 63 N. 3.

was in einer gegebenen Lage richtig sei, verschieden sein kann und oftmals verschieden sein wird, — daß daraus aber nicht die Unmöglichkeit einer feststehenden Methode des Richtens folgt. Jene Wandelbarkeit bezieht sich auf den stofflich bedingten Gegenstand eines Wollens, die unbedingte Gültigkeit dagegen auf die reinen Formen des Ordnens. So wird der absolut geltende Bestand der Idee des reinen Wollens durch die Verschiedenheit sittlicher und rechtlicher Sätze von begrenzter Bedeutung gar nicht berührt [6].

Freilich wird auch die Idee der Willensreinheit von jedem Menschen in dem bedingten Verlaufe seines Lebens erworben; und es ist die Klarheit über das, was wir in ihr besitzen, bei den einzelnen Menschen dem Grade nach recht verschieden. Hier an dieser Stelle aber steht der Geltungswert des bestimmenden Grundgesetzes einerseits und der danach gerichteten Besonderheiten andererseits zur Erörterung. Es handelt sich jetzt also um eine systematische Erwägung, und nicht um eine genetische. Sie fragt nicht nach der Herkunft eines Gedankens, sondern nach der bedingenden Art seines Eingreifens in unserer Erkenntnis; und da ist die einheitliche Methode des Richtens gegenüber den nach ihr bearbeiteten Einzelheiten von unbedingter Bedeutung [7].

Endlich ist es für den so aufgefaßten Erkenntniswert der idealen Methode ohne Belang, daß die Ansichten über den höchsten Blickpunkt, in dessen Eigenart der wesentliche Inhalt jener Methode besteht, bei den darüber Nachdenkenden manchmal verschieden sind. Was immer einer jedoch als letztlich maßgebendes Verfahren annimmt, — immer erscheint es selbst in absolutem Sinn aufgestellt. Und nun ist es unsere Sache, in stetem, gutem kritischen Bedenken die rechte Richtlinie solcher unbedingt gültigen Methode, soviel nur angeht, außer Zweifel zu setzen [8].

---

[6] Es gibt also keine absolute Moral, wenn man damit paragraphierte Lehren meint; — aber es gibt eine solche, sofern damit die absolut gültige Methode des Richtens von bedingt gegebenem Stoffe bezeichnet wird. Die zutreffende Frage darf für das Suchen nicht sein: Was ist *richtig*? — sondern: Ist etwas *richtig*? — objektivem Ergebnisse nach. Krüger Der Begriff des absolut Wertvollen als Grundbegriff der Moralphilosophie 1898. — S. auch § 17 N. 4.

[7] Über den empirischen Erwerb der Idee des Guten s. WR. § 68.

[8] Die Behauptung der absoluten Gültigkeit reiner Ordnungsweisen darf nicht als unfehlbare Unverbesserlichkeit des dargelegten Grundrisses aufgefaßt werden. Dieser kann verbessert werden durch schärfer eindringende Besinnung auf mögliche Einheit (s. N. 1). Nur will solches gegenüber kritisch wohlerwogenen Gedankenreihen nicht immer leicht gelingen. Kant konnte die Kategorientafel des Aristoteles berichtigen, seine eigene hält in der ihr zukommenden Weise stand. Ihre Eigenschaft absoluter Gültigkeit bezieht sich aber, wie betont, nur auf ihr Verhältnis zu den relativ aufkommenden und vorgehenden Bedingtheiten stofflicher Art, denen gegenüber die reinen Denkformen als notwendige Bedingungen des einheitlichen Ordnens unbedingten Geltungswert haben (§ 24 N. 2). So darf die hier besprochene Frage

II. Reines Wollen

§ 82

Begriff und Idee

Die Vorstellung eines reinen Wollens ist eine Idee

Die Idee, im genauen Sinn des Wortes, unterscheidet sich von dem Begriffe. Sie ist der Gedanke des Ganzen aller je möglichen Erlebnisse, der Eindrücke und der Bestrebungen. Dieses Ganze ist nicht ein in der Erfahrung vorzustellender Gegenstand. Es ist mit seinem Gedanken eine Aufgabe gesetzt: die Einzelheit in Harmonie mit der Allheit jemals denkbarer Ereignisse zu halten [1]. Diese Aufgabe kann nie restlos erfüllt und gelöst werden und ist doch stets zu verfolgen.

Der Begriff ist die Vorstellung des einheitlichen Bestimmens einzelner getrennter Gegenstände. Er stellt die Einheit her nach bedingenden Artmerkmalen, durch deren gleichmäßiges Festhalten ein begreifendes Ordnen möglich wird. So oft die Einheit von solchen bleibenden Merkmalen festgestellt wird, ist der damit gewonnene Begriff restlos bestimmt.

Nun können diese Artmerkmale zwiefach verschieden sein:

1. Sie liegen in dem Inhalte bedingter Vorkommnisse und bestimmen deren einheitliche Erfassung. Dabei sind zwei Arten zu unterscheiden: a) Bedingte Begriffe, die nur die Einheit begrenzter Vorstellungen abgeben. Ihre Feststellung ist die Aufgabe der empirischen Forschung. Sie geschieht einmal in der Naturwissenschaft, die es mit gegebenen Erscheinungen zu tun hat, aber auch in der Zweckbetrachtung, sobald sie geschichtlich gesetztes Wollen zum Gegenstande nimmt, z. B. in der wissenschaftlichen Lehre eines positiven Rechtes (§ 115). b) Reine Begriffe, das sind Denkformen, die zur einheitlichen Erfassung und Bestimmung irgendwelchen bedingten Stoffes notwendig sind. Zu ihnen gehört der Begriff des Rechtes (§§ 1; 8; 24) [2].

---

noch nicht in eins gehalten werden mit dem Sehnen und Suchen nach dem Absoluten, als dem vollkommenen Abschlusse unseres Seins. Das ist am Ende in anderer Folge vorzunehmen (§ 180).

[1] Die Idee ist also nicht als Allheit der Formen zu denken, als Totalität der Erkenntnisbedingungen, sondern als Allheit der stofflich bedingten Inhalte des Bewußtseins. Die Allheit der Formen ist ein System und als solches abgeschlossen (§ 133). — Neuere Nationalökonomen erörtern eine sog. *Ganzheitslehre* als Methode der dortigen Untersuchungen. S. Spann (§ 55 N. 5), Stolzmann (§ 55 N. 4). Aber *das Ganze* einer Volkswirtschaft ist ein bedingter Gegenstand, von begrenzter Bedeutung, und keine Idee in dem hier vertretenen Sinne. § 82.

[2] Seine Feststellung erfolgt nach Anleitung von §§ 22 ff. Dagegen ist es methodisch falsch, den Begriff *des Rechtes* von der Idee *möglicher Richtigkeit eines Strebens* her in seiner Eigentümlichkeit ableiten und bestimmen zu wollen. Denn der gesuchte Begriff erhält seine Eigenart durch den Gegensatz, in dem er zu anderen Klassen des Geisteslebens ersteht. Die bleibenden Merkmale, die ihn bestimmen, bedeuten eine

2. Sie leiten sich von einer Idee ab. Das wird der Fall sein, wenn zur begrifflichen Kennzeichnung einer bestimmten Einzelheit nötig ist, sie in ihrem Verhältnisse zu der unbedingten Einheit aller nur denkbaren Besonderheiten zu erwägen. Solches hat aber zu geschehen, wenn die grundsätzliche Richtigkeit eines Strebens in Frage gestellt wird. Hier geht es nicht an, sich auf solche unterscheidende Merkmale zu beschränken, durch die sich ein bedingter Stoff derartig ein-

---

Abgrenzung von sonstigen Arten des logischen Ordnens. Jede Feststellung eines Begriffes gibt die Unterscheidung von weiteren abzuteilenden Gedanken. Folglich ist die durchgreifende Frage nach dem Begriffe *des Rechtes* die: In welchen einheitlich bleibenden Merkmalen läßt sich die Teilvorstellung *des Rechtes* gegenüber anderen Teilvorstellungen festlegen? Dabei darf, wie wir ausführten, selbstverständlich nicht eine bloße Beschreibung sinnlich empfindbaren Erlebens stattfinden, das so im allgemeinen vielleicht als *Recht* auf das Geratewohl angenommen wird. Es ist nach der Möglichkeit allgemeingültiger Zerteilung des Geisteslebens zu fragen. — Ganz anders die Idee und die Aufgabe, die ihr eigene Weise des Erwägens sich klar zu machen. Die Idee faßt die begrifflich bestimmten Einzelheiten als ein absolut gedachtes Ganzes zusammen und richtet eine jede von ihnen unbedingt gleichmäßig nach dem Gedanken ihrer vollkommenen Harmonie. Darum ist die der Idee folgende Denkart von der eben beschriebenen begrifflich unterscheidenden Denkart grundlegend verschieden. Das Zerteilen und Abgrenzen der Gedanken fordert notwendig eine methodisch andere Weise des Ordnens, als das Zusammenfassen und Einfügen der kategorial bestimmten Gegenstände in eine ideale Einheit. — Es muß eine merkwürdige Versuchung darin liegen, die Idee eines unbedingten und vollkommenen Gesichtspunktes geistigen Erlebens zugleich als abgrenzende Weise des begrifflichen Bestimmens zu nehmen, — die Fertigkeit des Schiffbaus zu verwechseln mit der Fähigkeit, das herzustellende Fahrzeug richtig zu steuern. Hervorragende Denker sind jener Versuchung erlegen. ROUSSEAU schloß alles soziale Wollen, das nicht der *volonte générale*, dem Streben nach dem Glücke aller denkbaren Menschen entsprach, von dem Begriffe *des Rechts* aus und verfehlte damit die logisch notwendige Unterscheidung der Willkür von unrichtigem Rechte (§ 45 N. 1). HEGEL verwischte die zur Klarheit unentbehrlichen Verschiedenheiten von Form und Stoff, von Systematik und Genesis, und auch von Idee und Begriff; und gab damit den Anlaß zum Sturz seines Systems nach kurzer Scheinblüte (§ 133 N. 1a). BINDER lehrt im Kernpunkte seiner Ausführungen, daß es nur einen einzigen *reinen Rechtsbegriff* geben könne, *die Rechtsidee*. Die Ideen, sagt er (S. 111), *sind zugleich die Momente, die das Gebiet abgrenzen, für das sie gelten und insofern die konstitutiven Prinzipien der Kulturwirklichkeit*; wobei er freilich die Auffassung HEGELS von einer Immanenz der Ideen in der Welt ablehnt. Wenn BINDER dabei einen *reinen* Rechtsbegriff und einen *empirischen* Rechtsbegriff unterscheidet, so ist das für das Problem der begrifflichen Feststellung nicht klar: für einen und denselben Gegenstand kann es doch nicht zwei verschiedenartige *Begriffe* geben. In Wahrheit besteht nur ein einziger Rechtsbegriff als reine Methode und dazu ihre Anwendung von sinnlich empfindbarem Stoffe. Die sachliche Unterscheidung aber von kategorialer und von idealer Weise des geistigen Ordnens bleibt allezeit fest und unverwischbar bestehen. Und den idealen Blickpunkt unbedingten Zusammenschließens *zugleich* als kategoriales Moment der Zerteilung der zusammenzuschließenden Denkformen zu nehmen, ist rettungslos unlogisch. Idee und Kategorie sind zwei verschiedene Richtungen des Denkens und wollen in ihrer Verschiedenheit verstanden sein.

teilen läßt, daß diese Weise des Einteilens in jedem einzelnen Falle erschöpfend gewonnen ist; — vielmehr handelt es sich bei der Idee des Rechtes um eine Einteilung des bedingten Stoffes menschlichen Begehrens in seiner Allheit. Da diese Allheit selbst niemals als ein begrenzter Gegenstand gegeben ist, so ist auch die Frage, ob sich ein bedingter Zweckinhalt in die Allheit alles denkbaren Strebens harmonisch einfügt oder nicht jedenfalls selbst keine empirisch bedingte Erwägung. Andererseits ist das Beurteilen von gegebenem Wollen nach der Idee grundsätzlicher Richtigkeit in seiner formalen Eigenart verschieden von dem Einbringen eines besonderen Strebens unter den Begriff des Rechtes.

Bei dem begrifflichen Bestimmen gegebener Einzelheiten des Begehrens wendet man das Einteilen nach unbedingt gültigen Artmerkmalen an, die man durch kritische Besinnung auf die Möglichkeit des Vereinheitlichens in der Art klargestellt hat, daß man bei der Darlegung und darum auch bei der Anwendung dieser Artmerkmale von jeder Rücksichtnahme auf den empfindbaren Stoff der Strebungen unabhängig ist; — bei dem idealen Gedanken vollendeter Harmonie im Reiche der Zwecke ist zwar auch jedes begrenzte Begehren in seiner Besonderheit ausgeschaltet, das jeweils gefällte Urteil ist aber abhängig von der Vorstellung des unendlichen Ganzen aller jemals möglichen Materie des Drängens und Strebens.

Es findet also in diesem letzten Falle nicht sowohl ein Bestimmen nach formal abgeschlossenen Artmerkmalen statt, als vielmehr ein Richten nach der Idee eines Zusammenstimmens der unabgeschlossenen Masse aller jemals möglichen Bestrebungen [3]. So erklärt es sich, daß wir einen Begriff von einem richtigen Wollen haben, — dagegen das bedingende Merkmal dieses Begriffes aus der Idee des reinen Wollens überhaupt herleiten, von der es beurteilt und geführt werden soll [4].

§ 83

Idee und Wirklichkeit

Die Idee vermag von sich aus einen besonderen Gegenstand des Strebens nicht hervorzubringen. Sie erscheint also nicht nur nicht als begrenztes Ding in der empfindbaren Wirklichkeit [1], sondern ist

---

[3] Selbstverständlich ist es, daß der Gedanke der Idee des Rechtes, in der im Texte entwickelten Eigenart dieses Gedankens, nicht einfach aus dem Begriffe des Rechtes, als einer nach Artmerkmalen zu vollziehenden Einteilung des menschlichen Wollens abgeleitet werden kann. S. aber FRÄNKEL und dazu TESAR in § 20 N. 1.

[4] Über das Auftreten der Idee des Rechtes gegenüber dem positiven Rechte s. auch § 50 zu N. 3.

[1] Zu dem Thema: Idee und Wirklichkeit ist von starkem Interesse die Begegnung § 83. von SCHILLER und GOETHE. S. darüber GOETHE Annalen oder Tag- und Jahreshefte, 1794 (Cotta 27, 36 ff.). Dazu der Brief SCHILLERS vom 23. August 1794. Dann:

auch nicht der Schöpfer tatsächlich auftretender Empfindungen und Begehrungen [2].

Der Gedanke des reinen Wollens bedeutet nur die Vorstellung eines idealen Verfahrens, das zum Richten von stofflich bedingten Bestrebungen überall gleichmäßig angewandt werden kann. Es handelt sich dabei nicht um eine ursächliche Freiheit, sondern um ein inhaltlich freies Wollen. Die Idee der Willensfreiheit sagt über das Werden des einzelnen Wollens überhaupt nichts. Ihr Beruf ist es, einen sicheren Maßstab abzugeben, nach dem ein natürlich gelieferter Willensinhalt in logischer Erwägung gerichtet werden kann [3].

Damit ist abgelehnt, daß die Vorstellung der Willensreinheit überhaupt im Sinne einer psychologischen Frage aufgenommen wird [4]. Das reine Wollen ist nicht ein psychologisch empfindbares Wollen,

---

Goethe Naturwissenschaft im allgemeinen: Bedenken und Ergebung (Cotta 40, 425 f.). Auch Sprüche in Prosa, Maximen und Reflexionen. Zweite Abt.: *Wer sich vor der Idee fürchtet, hat auch zuletzt den Begriff nicht mehr* (Cotta 3, 173).

[2] Die Idee ist selbst nicht schöpferisch. Sie bekommt den Stoff des Begehrens geliefert und besagt die Aufgabe, unter verschiedenen gegebenen Möglichkeiten diejenige auszuwählen, die in der Richtung des idealen Grundgedankens gelegen ist. Wer von ihr die Lieferung *positiver Ziele* verlangt, ist grundsätzlich auf dem Holzwege. Die rechtsphilosophische Aufgabe besteht in erster Linie darin: die bleibende und bedingende Eigenart des Gedankens, den wir als Gerechtigkeit haben und hegen, genau klarzustellen und zu beschreiben. Das soll nun hier im folgenden geschehen. Sodann ist die methodische Möglichkeit des Auswählens im Sinne der so dargelegten Beschaffenheit des ideal richtenden Grundgedankens in der gerichtlichen und politischen Praxis auszuführen (§§ 141; 172). Auch Rümelin Die Gerechtigkeit, Rede., 1920 S. 55 sagt, es handele sich bei unserer Fragestellung nach der objektiven Gerechtigkeit *um die Angabe von Zielen, denen man zustreben, von Richtungen, in denen man gehen soll.* Nein, das ist nicht die Frage nach dem Sinne *der Gerechtigkeit.* Bei dieser handelt es sich um die Klarstellung der einheitlich bedingenden Eigenschaft von stofflich sehr verschiedenen, unendlich mannigfaltigen *positiven Zielen.* Es ist zu bedenken, wie die einheitliche Richtlinie beschaffen ist, die wir in dem sich stets gleich bleibenden Gedanken *der Gerechtigkeit* befolgen. Die Untersuchung dieser steten Beschaffenheit ist nicht dasselbe, wie eine praktische Anweisung an den Gesetzgeber und den Richter. Sie ist als Klarlegung des bedingenden Gedankens die Voraussetzung für eine bewußt vorgehende Anwendung seiner auf einen bedingten Stoff der Erfahrung. Sie hat vor dem letzteren den logischen Primat, da sie für sich, ohne Rücksicht auf ihre besondere Anwendung, erwogen und klar gemacht werden kann; aber sie muß die bedingten Ziele und begrenzten Bestrebungen als Stoff ihrer dann auswählenden Betätigung als Besonderheiten der Erfahrung erst erwarten, — die wiederum, ohne die Leitung durch den formalen Grundgedanken der Idee wild und wirr und in ihrer grundsätzlichen Berechtigung unbeweisbar bleiben.

[3] Wenn man es sich vorstellt, daß ein bedingter Zustand durchaus der Idee entspräche, so heißt dieser Gedanke seit längerem ein Ideal. Sachlich besteht zwischen beiden also kein Unterschied. *Idee bedeutet eigentlich einen Vernunftbegriff, und Ideal die Vorstellung eines einzelnen, als einer Idee adäquaten Wesens.* Kant Kritik der Urteilskraft 1790 § 17. Kellermann Das Ideal im System der Kantischen Philosophie 1920. Anderhub, ZRPhilos. 3, 223.

[4] S. die Ausführung in § 80 N. 5.

sondern eine logisch gedachte Art und Weise eines unbedingt gleichmäßigen Richtens. Es gibt in der wirklichen Erfahrung nicht ein reines Wollen und ein bedingtes Wollen. Alles Wollen ist bedingt, sobald es uns psychologisch entgegentritt. Aber in der Richtung, durch welche die Eigenart seines Inhaltes bestimmt ist, kann die Verschiedenheit bloß begrenzter Begehrung und einer allgemeingültigen Weise der Führung erkenntniskritisch überall unterschieden werden [5].

So erhalten wir eine Aufklärung der einheitlichen Art und Weise, die wir bei dem Beurteilen und Verurteilen bedingter Ziele unaufhörlich befolgen. In genetischer Hinsicht entstehen die einzelnen Begehrungen selbstverständlich in einem naturwissenschaftlich zu erwägenden Prozesse, — aber das so natürlich Entstandene ist nun in systematischem Sinne zu wägen und zu messen. In diesem notwendig bedingenden Verfahren des Richtens ergreift die Idee in ihrer Reinheit den bedingten Stoff, als solche allgemeingültige Art und Weise des Urteilens erweist sie sich innerhalb der begrenzten Wirklichkeit [6].

---

[5] Unsere Sprache gebraucht das Wort *Wirklichkeit* in verschiedener Bedeutung: 1. Psychologisch, — dann ist es das Empfindbare, den Nerven Zugängliche, es ist der Stoff der Bearbeitung (vgl. § 53 N. 5). 2. Als objektive Wirklichkeit, — dann bezeichnet es das einheitlich Geordnete. Das letztere liegt dem Ausspruch Hegels unter: *Was vernünftig ist, das ist wirklich; und was wirklich ist, das ist vernünftig*, Vorrede zur Rechtsphilosophie (§ 15 N. 20). Larenz (§ 53 N. 5). Maier, Heinr. Philosophie der Wirklichkeit I. Bd. 1926. — Der Terminus *Realität* deckt sich mit Vorstehendem nur teilweise. — TR. S. 59 f.; 117; 143; — 553 ff.; (2) S. 36; 72; 87; — 335 ff.

[6] Da die Idee *als solche* in der begrenzten Wahrnehmung nicht vorkommt, so erfordert es ein eigenes Besinnen auf den Gedanken der unbedingten Harmonie in der Allheit der unendlich mannigfaltigen Einzelerlebnisse. In dem Richten der letzteren nach jenem einheitlichen Blickpunkte liegt die praktische Anleitung für den, der sich nicht als bloßes Objekt der Elemente von Fall zu Fall treiben lassen möchte, sondern entschlossen ist, in prinzipiell begründeter Art zu verfahren. So wird es immer ein ausgezeichnetes Gleichnis bleiben, wenn man die Idee grundsätzlicher Richtigkeit wie den Polarstern nimmt, zu dem der Schiffer aufschaut, nicht um ihn zu erreichen und dort zu landen, aber doch um sein Fahrzeug nach ihm zu steuern, durch Wind und Wetter, zu rechter guter Fahrt. Denn es drückt sich in diesem alten Bilde die Unterscheidung von begrenzten Zwecken und Strebungen einerseits und einem unbedingt einheitlichen Verfahren des Richtens andernteils einleuchtend aus. S. oben N. 2; auch §§ 2; 86; 172. Andererseits ist es selbstverständlich, daß der Wert jenes Bildes vom Polarstern ausschließlich von pädagogischer Art ist. Wem der Vergleich nicht hilft, um sich das Verhältnis von *Idee* und *Wirklichkeit* deutlich zu machen, mag ihn ruhig beiseite lassen. Der sachliche Gehalt der kritischen Rechtstheorie ist davon ganz unabhängig.

§ 84
Von der Freiheit

Das Wort *Freiheit* kommt in mehrfach verschiedenem Sinne vor [1]:

1. Kausale Freiheit, — als eine *Kraft*, mit der jemand in die Kette von Ursachen und Wirkungen mit starker Hand aus rätselhafter Lage *frei* eingreifen würde.

Aber dieses ist nicht begreiflich, so lange man einen äußeren Vorgang nur naturwissenschaftlich erwägt. Denn eine notwendige Bedingung für die Erkenntnis des Mechanismus der Natur ist das Ordnen nach Ursachen und Wirkungen (Kausalitätsgesetz). Dem müssen auch menschliche Handlungen, bloß als natürliche Tatsachen erwogen, unvermeidlich unterliegen.

Soweit hat der Determinismus recht. Er irrt, wenn er glaubt, daß damit das Problem von der grundsätzlichen Richtigkeit eines Wollens erledigt sei. Dieses wird durch den Hinweis auf das Werden überhaupt nicht erfaßt. Auch der Irrtum entsteht kausal notwendig. Wenn aber einer bei einer Rechnung einen Fehler gemacht hat, so wird dadurch nichts gebessert, daß er feststellt, wie er im Verlaufe eines naturnotwendigen Prozesses dazu gekommen sei. Das Gleiche muß für den Inhalt des Wollens gelten. Da also sowohl *das richtige*, als auch das *unrichtige* Streben im natürlichen Wandel der Dinge zur Erscheinung gelangen, so kann ihr Unterschied nicht in der wissenschaftlichen Feststellung ihres Werdens bestehen [2].

2. Politische Freiheit, — das ist die eigene Bestimmung eines jeden, wie er sich an dem dortigen sozialen Leben beteiligen mag. Das betrifft also den Inhalt eines rechtlich verbindenden Wollens [3].

Für das Recht gibt es aber wegen seines selbstherrlichen Cha-

---

§ 74. [1] Driesch Das Problem der Freiheit 1917.

[2] Literatur bei Binding Grundriß des deutschen Strafrechts, Allg. T. (8) 1913 § 37; Ders. Normen (§ 18 N. 5) II § 91. Finger Lehrbuch des deutschen Strafrechts I 1904 Anm. 319. Liszt Lehrbuch des deutschen Strafrechts (20) 1915 § 16. Ders. ZStW. 18, 229 ff. Windelband Über Willensfreiheit. 12 Vorlesungen, 1914. Rohland Die Willensfreiheit und ihre Gegner 1905. Dohna Willensfreiheit und Verantwortlichkeit 1907. Messer Das Problem der Willensfreiheit 1911. Natorp Willensfreiheit und Verantwortlichkeit, Festg. f. H. Cohen 1912 S. 203 ff. Lipps Das Problem der Willensfreiheit 1912. Mohrmann (§ 114 N. 5). Stange Luther und das sittliche Ideal 1919 bes. S. 51; 63. Mie Die Gesetzmäßigkeit des Naturgeschehens 1920. Ruesch Die Unfreiheit des Willens 1925; dazu Stammler Arch. f. syst. Philos. 30. Bd. 3. H. Medicus Die Freiheit des Willens und ihre Grenzen 1296. Schneider, Paul Die Lehre vom Eigenwillen 1926. Ruesch Todesstrafe und Unfreiheit des Willens. Ein Beitrag zur Rechtfertigung der Todesstrafe 1927. — Ferner: §§ 25 ff.; § 114 N. 5.

[3] Glogau Über politische Freiheit 1885. Mulert Religiöser und politischer Liberalismus, ZPolit. 4, 373 ff. Wiese Das Wesen der politischen Freiheit 1911. Weisengrün Die Erlösung vom Individualismus und Sozialismus 1914.

rakters keine absolute Freiheit des einzelnen Verbundenen; das wäre ein Widerspruch im Beisatze (§ 41). Und auch als leitende Idee ist der Gedanke der absoluten Freiheit des Unterstellten nicht brauchbar, weil dann ein gerade vorhandenes Begehren, wie es zufällig in seiner Bedingtheit vorkommt, als unbedingter Maßstab genommen wird[4].

Vielmehr kann alle politische Freiheit, im weitesten Sinne des Wortes, immer nur eine begrenzte sein, und bloß ein relatives Mittel, dessen Berechtigung daran zu messen ist, ob in der jeweils gegebenen Lage damit dem idealen Grundgedanken des rechtlichen Wollens am besten Rechnung getragen wird[5].

3. Gedankenfreiheit, — welche die Unabhängigkeit des Denkens und Forschens eines jeden von zwangsweiser äußerer Einwirkung besagt.

Das Streben nach ihr hat eine grundsätzliche Berechtigung. Es gibt einen Widerspruch, wenn über die Gestaltung des eigenen Innenlebens andere Menschen entscheiden sollen, als der einzelne Träger dieses Bewußtseins selbst. Es kann jemand zur Richtigkeit seiner Gedanken durch andere Menschen verständlicherweise nur auf dem Wege der Belehrung bestimmt werden.

Im äußeren Auftreten machen sich jedoch alsbald zwei Einschränkungen nötig:

a) der Mensch bedarf der Erziehung. Er kommt als Naturwesen zur Welt, und seine Anlagen entwickeln sich keineswegs in unbedingt gleichmäßiger Weise zu rechter Zwecksetzung, solange man bloß dem natürlichen Laufe der Antriebe folgt. Es ist nutzbar zu machen, was in unübersehbar langer Arbeit die Geschichte der Menschheit als gutes Besitztum errungen hat.

---

[4] Theoretisch vertritt den Gedanken der absoluten Freiheit in rechtlichen Dingen nur W. Humboldt (1767—1835) Ideen zu einem Versuche, die Grenzen der Wirksamkeit des Staates zu bestimmen 1851 (§ 57 N. 4). Ausgewählte philosophische Schriften, hrsg. von Schubert 1910. S. über ihn Jhering (§ 18 N. 8) Zweck I S. 524 ff. Harnack W. von Humboldt 1913. Spranger W. von Humboldt und die Humanitätsidee 1916. Hensel W. von Humboldt, Kant-Studien 23, 174 ff. Lütgert, Gesetz und Freiheit, Rede 1917 S. 12 ff. Kaehler Das Wahlrecht in Humboldts Entwurf einer Ständischen Verfassung, ZPolit. 10, 195 ff. RSt. § 14. — Lütgert Gesetz und Freiheit, Rede, 1917. Gesetz und Freiheit Veröffentlichung der Schule der Weisheit, hrsg. v. Keyserling 1926; darin Dohna Verantwortung und Recht S. 69 ff. — Über den Anarchismus s. § 103.

[5] Eine besondere Ausprägung hat die Freiheitslehre in der sozialwirtschaftlichen Praxis seitens der Freihandelsschule, sog. Manchesterschule, erfahren. Biermann Staat und Wirtschaft. 1. Bd.: Die Anschauungen des ökonomischen Individualismus 1905. Diehl (§ 56 N. 2) S. 176 ff. Grambow Die deutsche Freihandelspartei zur Zeit ihrer Blüte, Conrads Abh. Nr. 38, 1903. Levy Die Grundlagen des ökonomischen Liberalismus in der Geschichte der englischen Volkswirtschaft 1912. Ders. Ethischer Individualismus und soziale Reform in England, Schmollers J. 37, 49 ff. Henne Der englische Freiheitsbegriff, Zürch. Diss. 1927. — S. auch oben § 57.

Für alles das ist Anleitung und Führung notwendig. Sie kann nicht ohne zwangsweises Eingreifen geschehen. Die Benutzung der Möglichkeiten, die zur Ausbildung des eigenen Lebens zur Verfügung gestellt werden, ist eine Frage des richtigen Rechtes und steht unter der Notwendigkeit des äußeren Bestimmens; und das Ausführen der eindringlichen Unterweisung kann nicht ohne Druck geschehen [6].

b) Der gereifte Mensch hat in seinen Äußerungen und Handlungen auf die Idee der Gemeinschaft Rücksicht zu nehmen. Wenn die Verfassungen der Neuzeit den Satz aufgenommen haben: *Die Wissenschaft und ihre Lehre ist frei,* — so kann damit unmöglich ein Freibrief für jede Handlung ausgestellt sein, deren Täter lediglich behauptet, daß er eine *wissenschaftlich* begründete Überzeugung ausführe. Es findet seine Grenze an der Beobachtung des idealen Gedankens unbedingter Harmonie bedingter Bestrebungen, denn nur daraus läßt sich der Begriff der Wissenschaft, die nach gesetzlicher Bestimmung *frei* sein soll, klar und sicher angeben.

Danach sind die in der Praxis entstandenen Streitfälle über Auslegung und Anwendung der Verfassungsartikel, die *die Freiheit der Wissenschaft* aussprechen, methodisch zu entscheiden [7].

4. Ideale Freiheit, — im Sinne der Willensreinheit. Sie bedeutet die Vorstellung von einem unbedingt gleichmäßigen Verfahren des Richtens von Zwecken und Mitteln (§ 80). Die kritische Besinnung auf diese Methode macht das Urteil über die Richtigkeit eines Wollens wissenschaftlich verständlich und begründet die Möglichkeit der objektiven Rechtfertigung einer Wahl, die jemand unter zwei zur Verfügung gestellten Bestrebungen trifft. So ist die Idee der Freiheit vom Nur-Bedingten als fester, allgemeingültiger Blickpunkt des Richtens: das Grundgesetz des Wollens [8].

Frei ist derjenige, der in seinem Innern diesem Grundgesetz folgt; — frei kann auch ein verbindendes Wollen heißen, dessen Inhalt im Sinne reiner Gemeinschaft gerichtet ist. Und wenn das letztere geschieht, so herrscht Freiheit im dortigen sozialen Leben [9].

---

[6] S. dazu unten § 173.

[7] Praktisch besonders wichtig geworden in den Prozessen gegen Anhänger der *christlichen Wissenschaft*. HOLL Der Szientismus 1917, (2) 1918. DESSOIR Vom Jenseits der Seele 1917. STAMMLER Recht u. Kirche (§ 37 N. 3) S. 52 ff. RphAbh. 2, 154 ff. Ein umfänglicher Strafprozeß wurde im November 1915 vor dem Landgericht III zu Berlin verhandelt und dann vom Reichsgericht in letzter Instanz zu ungunsten der Angeklagten entschieden. RGSt. 50, 37. Vgl. auch Veröffentlichungen der Vereinigung der deutschen Staatsrechtslehrer v. März 1927 über das Recht der freien Meinungsäußerung.

[8] *Das vollkommene Gesetz der Freiheit,* Jakobusbrief 1, 25.

[9] *Was ist des Freiesten Freiheit?* — *Recht zu tun!* GOETHE Egmont 4. Aufz.

Zweiter Abschnitt

Die innere Lauterkeit

I. Tugendlehre

§ 85

Die zwei Aufgaben des gesetzmäßigen Wollens

Wenn ein besonderes Streben sich als grundsätzlich richtig erweisen will, so hat es darzutun, daß es nach dem Grundgesetze des Wollens — der Idee der Willensreinheit — gerichtet ist. Es wird die hauptsächliche Aufgabe des Folgenden sein: die Möglichkeit, sich im praktischen Leben nach jenem Grundgesetze zu richten, methodisch darzulegen.

Zu diesem Zwecke ist es wünschenswert, die zwei Aufgaben zu unterscheiden, die sich dem menschlichen Wollen in allgemeingültiger Unterscheidung stellen lassen. Das ist die begriffliche Unterscheidung des Innenlebens und des Zusammenlebens, der wünschenden Gedanken eines jeden für sich und des Verbindens der Zwecke verschiedener Menschen (§ 31)[1].

Es ist selbstverständlich, daß es nur ein einziges *Grundgesetz des Wollens* gibt und geben kann. Aber, da es in allen fraglichen Einzelfällen zu bewähren ist, so ist gerade für diese praktische Bewährung auf die zwei Begriffe zurückzugehen, in die sich alles menschliche Wollen allgemeingültig und abschließend einteilen läßt: auf das sittliche (getrennte) und das soziale (verbindende) Wollen[2].

Die beiden Fragen sind danach als zwei Erwägungen vorzunehmen, die ihre Verschiedenheit dadurch erhalten, daß man ein bestimmtes Bestreben jemandes entweder als dem Innenleben zugehörig vorstellt oder es in seiner Bedeutung für das gesellschaftliche Dasein beurteilt[3].

So kann ein Wollen sozial richtig und sittlich verwerflich sein. Wer z. B. eine monogamische Ehe eingeht, der ist nach kritisch erwägendem Urteile über verbindendes Wollen gerechtfertigt, denn er folgt derjenigen Regelung für das Verhalten der Geschlechter zueinander, die allein prinzipiell begründet zu werden vermag; ob er auch vor dem

---

[1] Über den Versuch des Thomasius in dreifacher Weise zu unterscheiden § 85. (Ethik, Politik, Naturrecht) s. § 14 zu N. 8.

[2] Eine unzutreffende Auffassung bei Kinkel Grundriß der Ethik 1908 S. 18. — TR. VI 10 S. 488 ff., (2) S. 296 ff.

[3] Literarische Nachweise § 31 N. 1. Dazu Spindler Über das Verhältnis der Moral zum Recht 1886. Gutberlet Ethik und Naturrecht 1883, (2) 1893. Weigelin Legalität und Moralität, ArchRPhilos. 10, 367 ff. Seeberg System der Ethik (2) 1920.

sittlichen Urteile gut besteht, hängt von der Wahrhaftigkeit seiner dabei leitenden Gedanken ab, von der Hingabe an die versprochene Lebensgemeinschaft, ohne Hintergedanken, oder vielleicht von der Sucht nach Geld oder Einfluß oder sonstigen fremden Gründen. — Oder, wenn jemand sich zur Maxime macht, in ehrbarer Weise Geld zu verdienen, so kann dieses sozial berechtigte Wollen der sittlichen Erwägung nicht standhalten, falls er jenes Vorhaben zum obersten Gesetze all seines Sehnens und Wünschens erheben würde [4].

Es kann umgekehrt ein Willensinhalt sittlich in rechtem Zuschnitte sein und sozial Unzutreffendes zum Gegenstande haben. Das mag vorliegen, wenn der Verfügende, sei es in Rechtssetzung oder Rechtsausübung, über Sinn oder Folgen seines Vorgehens sich irrt, namentlich im Falle er von anderen getäuscht worden ist [5].

Die Verschiedenheit der hier beschriebenen Aufgaben zeigt sich auch bei den Personen, die für die Verfolgung des einen oder des anderen der zwei Ziele zu sorgen haben. Der Lehrer der Moral bedarf einer besonderen Anleitung aus der Gesetzmäßigkeit des Wollens her; sie ist in ihrer praktisch anweisenden Art anders zu bieten, als es für den Geber und Verwalter des Rechtes zu geschehen hat. Wer sich statt dessen nur mit dem Ausarbeiten des idealen Grundgesetzes für das menschliche Streben begnügt, geht nicht ausreichend den hier nun einmal gegebenen Problemen nach.

Es führt aber auch nicht zu dem hier geforderten Ziele, wenn man entweder nur Anleitung zur sozialen Richtigkeit geben will und alle Zweifelsfragen des menschlichen Sehnens hieraus lösen zu können glaubt, — oder umgekehrt bloß eine einzige anweisende Lehre der inneren Sittlichkeit darbietet und vermeint, daß damit die Möglichkeit eines richtigen Rechtes überall zu verwirklichen sei. Beides übersieht die begriffliche Verschiedenheit, die zwischen dem getrennten Wollen des Einzelnen in seinem Innenleben und zwischen dem verbindenden Wollen, das das Zusammenwirken als eigenen Gegenstand bestimmt, notwendig besteht [6].

---

[4] Hierher gehört auch eigensinniges Bestehen auf begründetem Rechte, das einer in einer gegebenen Lage und in seiner Besonderheit zu seinem höchsten Gesetz machen möchte, um ihm alles andere zu opfern. § 102. — Über die Ehe s. § 114 N. 6.

[5] Auch ist es ja gar nicht nötig, daß sich schlechte Gedanken gerade auf das Verhältnis zum Nebenmenschen beziehen, z. B. Mißbrauch seiner selbst nach Körper oder Geist und Verlust aller Selbstbeherrschung sich gegenüber; s. §§ 32 N. 2 f.; 99. Vgl. § 88 N. 10.

[6] Die Ausführung des Textes steht im Gegensatze zu Cohen Ethik des reinen Willens 1904 S. 214, (2) 1907 S. 225. Abgesehen von seinem grundlegenden Mißverständnisse, das durch die obige Bemerkung zu N. 2 nun wohl endgültig erledigt ist, verstrickt sich Cohen in dem unhaltbaren Satze: *Es gibt keine Gesinnung ohne Handlung, kein Individuum im ethischen Sinne ohne Rechtsgemeinschaft.* Aber die Notwendigkeit, im folgerichtigen Ausdenken das soziale Leben, gegen-

Wenn nun in dieser Weise die zwei Arten des richtigen Wollens ausgeführt werden sollen, so ist nicht etwa die eine von der andern abzuleiten. Es hat keine von ihnen in ihrem logischen Ursprunge einen Vorrang vor der andern. Sie folgen vielmehr beide gleichmäßig aus dem einen obersten Gesetze des Wollens und ergeben sich als dessen Anwendung auf die hier wiederholten Begriffe des sittlichen und des sozialen Wollens.

§ 86

Harmonie des Innenlebens

Die Anwendung der Gesetzmäßigkeit des Wollens auf das Innenleben des einzelnen Menschen führt zu dem Blickpunkte der inneren Lauterkeit. Sie ist der Gedanke einer vollendeten Harmonie aller seiner wünschenden Gedanken. Keiner von ihnen soll in seiner bedingten Besonderheit der absolute Beherrscher aller anderen sein, kein begrenztes Begehren darf das höchste Gesetz seiner Wünsche abgeben [1]. Sie werden vielmehr vorgestellt ohne allen Widerspruch, offen und unversteckt voreinander. Das ist die Idee von der Reinheit des Herzens.

Sie hat nur die Bedeutung einer Idee, aber diese Bedeutung auch im vollen Maße (§§ 82 f.). Es ist nicht gut, wenn gegen sie gesagt wird, daß sie zu viel verlange, und daß sie nicht *verwirklicht* werden könne. Es ist nicht der Beruf der Idee, daß sie eine *Verwirklichung* im Sinne eines begrenzten Zustandes erlange, sondern daß sie ein Leitstern sei bei der Verfolgung bedingter Ziele.

In Wahrheit haben die Menschen zu allen Zeiten nach einem unbedingt festen Halt für ihre Überzeugung von richtigem Wollen gesucht. Die Frage ist im Grunde immer eine und dieselbe, — die Antworten verfehlen den rechten Entscheid zuweilen, da sie nicht genügend von den Besonderheiten dieses oder jenes Begehrens Abstand nehmen, um den Gedanken eines unbedingt höchsten Richtpunktes des Wollens zu erfassen [2]. Es ist die Aufgabe eines jeden der nach Klarheit über sich selbst

---

über einem erdachten Naturzustande anzunehmen (§ 34), erledigt doch nicht die Aufgabe eines jeden, sein Innenleben für sich rein und lauter zu halten. Der Vorwurf, daß dieses eine unfruchtbare Gesinnungsmoral sei (KINKEL Philos. WochSchr. 2, 229), zerschellt in sich. Er vermag nichts gegen den alten, sicheren Satz, daß die Gedanken des Menschen bester Freund und schlimmster Feind sind, nichts gegen die gefestete Wahrheit, daß der schlechte Gedanke als solcher eine Sünde bedeutet, und das größte Übel für den Menschen ein Zwiespalt in seinem Innern sein muß: *in seinem Herzen* (§ 32 N. 2). — WR. Anm. 207. NATORP (§ 29 N. 4).

[1] Die Unabhängigkeit dieser obersten Aufgabe des Sehnens und Strebens eines jeden von den äußerlichen Unterlagen des Daseins ist in der neueren Literatur besonders schön geschildert in dem Roman von SPECKMANN Heidjers Heimkehr. Es steht im guten Gegensatz zu all den Darstellungen, die das *Glück* von außen her erwarten. Z. B. HESSE Peter Camenzind. Vgl. § 90 N. 4. § 86.

[2] Vgl. damit Einl. § 9.

strebt, die sicheren und bleibenden Anleitungen vormals führender Lehren in die Denk- und Sprechweise unserer Tage umzugießen und sie so in ihrem sachlichen Gehalte zu bewahren und zu nützen.

In diesem Sinne sind die Anweisungen zu verstehen: daß *dem Übel nicht widerstrebt werden soll,* daß man dem den Rock Fordernden auch den Mantel gebe, oder dem Beleidiger noch die andere Wange zum Schlage hinhalte. Es sind diese Lehren nicht Paragraphen begrenztern Inhaltes oder Rechtssprüche für gegebene Streitigkeiten., — es sind Richtlinien der Gedanken. Sie lehnen es ab, irgend ein besonderes Gut als das höchste Gesetz zu nehmen; und geben dem Ausdruck, daß nur im Hinblick auf dieses letztere die volle Hingebung des Wollens begründet ist[3].

§ 87

Ethik und Ästhetik

Es ist versucht worden, als höchstes Ziel des menschlichen Wirkens nicht *das Gute,* sondern *das Schöne* anzugeben. Damit wird jedoch die Gesetzmäßigkeit des menschlichen Wollens nicht getroffen.

Die beiden genannten Begriffe — *gut* und *schön* — stehen selbstständig nebeneinander, jeder in seiner Eigenart. Sie haben das gemeinsam, daß sie einheitlich zusammenfassende Denkformen sind, die als oberste Ordnungsprinzipien jeweils an der Spitze eines Gedankenreiches beherrschend eingreifen. Aber sie tun solches in verschiedener Art und Weise.

Der Gedanke des Guten bezieht sich nur auf menschliches Wollen und ist der höchste Richtpunkt für dieses in seiner Gesamtheit. Das Urteilen nach Schönheit hat sowohl Erscheinungen der Natur, als auch Werke von Menschenhand zum Gegenstande (vgl. § 70 N. 2) und will neben dem gesetzmäßigen Erkennen und den wissenschaftlich begründeten Bestrebungen eine neue dritte Weise des Richtens einführen: die objektive Berechtigung eines Wohlgefallens. Ob sich freilich eine derartige *Objektivierung der Geschmacksurteile* unbedingt begründen läßt, ist zu allen Zeiten streitig gewesen und heute keineswegs ausreichend erledigt[1].

In unserem Zusammenhange handelt es sich um die Frage, ob der Gedanke des *Guten* durch den des *Schönen* ersetzt werden kann. Dann wäre als höchste Aufgabe des Menschenlebens nicht das richtige Wollen, sondern das künstlerische Gestalten anzunehmen[2].

---

[3] Matth. 5, 38 ff. — S. oben §§ 32 N. 2; 85 N. 6.

§ 87. [1] Eine systematische Verfolgung des ästhetischen Problems liegt außerhalb der hier zu lösenden Aufgabe. Zur Einführung s. KERN Einleitung in die Grundfragen der Ästhetik, Philos. Vortr. d. KantGes. Nr. 3, 1913.

[2] Eine Geschichte dieser Frage ist erst noch zu geben. Während PLATON in seinem Staate den Dichtern nicht hold war, kommt im 18. Jahrh. das auf, was heute *die Überschätzung der Kunst* genannt worden ist. Es mag auf WINKELMANN (1717—1768) und dann auf LESSING (1729—1781) zurückzuführen sein. Von KANT wurden die Beobachtungen über das Gefühl des Schönen und Erhabenen in der

Nun besagt *Kunst*, im allgemeinen genommen, eine Fähigkeit, ein bestimmtes Ergebnis zu erzielen. Das *Können* ist eine Eigenschaft, taugliche Mittel zu gewissem Zwecke erfolgreich einzusetzen. Ob die Ausübung dieser Fertigkeit grundsätzliche Berechtigung besitzt, hängt somit davon ab, ob das zu erreichende Ziel sachlich begründet ist. Es ist in dieser Richtung des Gedankens nicht *die Kunst*, die dem fraglichen Vorhaben seine gesetzmäßige Beschaffenheit verleiht. Vielmehr ist die Möglichkeit der letzteren in ihren feststehenden Bedingungen vorausgesetzt und in anderer Weise zu klären [3].

Dies zeigt sich vor allem bei dem, was man *Kunst* im engeren Sinne nennt: bei der Fähigkeit, bestimmte Gedanken auszudrücken oder Empfindungen und Stimmungen zu erregen. So die Kunst des Erzählers, des Dichters, des Darstellers, aber auch des bildenden Künstlers, sofern er dem eben genannten Ziele nachstrebt. Hier liegt der sachliche Nachdruck notwendig auf dem Inhalte dessen, was zu äußern ist. Die grundsätzliche Richtigkeit des zum Ausdruck gebrachten Gegenstandes leitet sich selbstredend aus der für diesen geltenden Gesetzmäßigkeit her. Je sicherer und schärfer es aber gelingt, die Vorstellung und Stimmung hervorzurufen, die als Gegenstand der Darstellung gemeint war, um so besser ist die Art der Äußerung, die dabei als bloßes Mittel erscheint.

Hier setzt nun die weitere Betrachtung ein, die als eigenartige Aufgabe nach dem Wesen der Schönheit oben angegeben wurde. Es wird die Art des Ausdruckes als ein neuer Gegenstand unserer Einsicht genommen. Das geschieht nach der besonderen Methode des Urteilens, die jene Weise des Ausdruckes als schön oder als häßlich bezeichnet. Das Mittel der Äußerung eines geistigen Erlebnisses wird nun nicht sowohl nach der objektiven Begründetheit des erlebten Inhaltes erwogen, als vielmehr für sich selbst nach dem durch es erregten Gefallen vorgenommen und dabei gewissermaßen als ein neuer und abgetrennter Zweck gesetzt [4].

Kritik der Urteilskraft (§ 15 N. 8) aufgenommen; dazu Religion innerhalb der bloßen Vernunft (2) 1794 S. 63 Anm. (dazu MENZER Große Denker: Kant 1911 S. 145 u. 155). Vor allem bemühte sich SCHILLER, die Kunst als wesentliches Glied in der vollen Harmonie des Menschen darzulegen, ohne wohl überall dabei vollen Erfolg zu gewinnen. Dahin gehören seine Briefe über die ästhetische Erziehung des Menschen, seine Abhandlung über das Erhabene und eine Reihe anderer, hier einschlagender Schriften. Die im Texte angegebene Tendenz spiegelt sich namentlich bei HEINSE (1749—1803) wieder: Ardinghello und die glückseligen Inseln, 2 Bde. 1787. Ferner: Übersetzung von Petronius, Das Gastmahl des Trimalchio (Reclam). Dazu die Darstellung der Lehre des Petronius bei SINKIEWICZ Quo vadis? sowie BRECHT Heinse und der ästhetische Journalismus 1911.

[3] Über *Kunst* der Rechtsprechung und der Gesetzgebung s. §§ 128 N. 6; 139 N. 2; und 169. — SAUER, ZRPhilos. 2, 362. — LASKER Über das mathematisch Schöne, Math.-naturw. Bl. 12. Jahrg. Nr. 5.

[4] Alle künstlerische Frage betrifft also nur eine äußere Art und Weise des Darstellens, die *schön* sein soll. Über die sachliche Berechtigung des Wollens, das sie darstellt, vermag die künstlerische Behandlung gar nichts

Hiernach ergibt sich, daß das Streben nach dem Schönen — auch wenn es glücken sollte, es nach objektivem Merkmale zu kennzeichnen — keineswegs den Endzweck bezeichnet, nach dem sich alles menschliche Wollen in der letzten Einheit richten läßt. Jenes betrifft die Äußerung der Gedankenwelt, um deren Inhalt es sich — gerade in seiner Selbständigkeit — wie eine Arabeske legt. So ist die *Kunst* des Lebens Schmuck, doch nie des Lebens Grund. Das Grundgesetz des berechtigten Auswählens von Zwecken und Mitteln bleibt allein der richtende Gedanke des reinen Wollens.

II. Richtige Moral

§ 88

Das Gewissen

Urteile über das sittliche Wollen anderer sind in sich bedenklich und nur bedingt zu begründen. Denn es bezieht sich die damit aufgeworfene sittliche Frage, nach genau festgehaltenem Begriffe, auf das Innenleben [1], dessen Bestand für Fremde nicht sicher zu überschauen ist; und es droht bei zutreffender Beurteilung die Gefahr des Splitterrichtens [2].

Gerade umgekehrt steht es mit der Selbstkritik des eigenen Ich. Hier ist genauestes Prüfen und entschlossenes Wollen ganz besonders am Platze [3]. In der Tat tritt denn auch der Drang hierzu in elementarer Weise hervor [4]. Es ist eine sichere Beobachtung, daß bei dem Abweichen von der festen Richtlinie reinen Wollens ein Gefühl der geistigen Unlust sich einstellt. Wir nennen die Anlage des Menschen hierzu [5] das Gewissen [6].

---

auszumachen. Es gibt aber keine künstlerische Darstellung, die nicht einen Gedankeninhalt zum Ausdruck brächte, über dessen sachliche Berechtigung nun neben der Frage der Schönheit jener Darstellung eine kritische Erwägung nach dem richtigen Wollen unerläßlich ist. — Wer kann, sagt Goethe (in den *Bekenntnissen einer schönen Seele*) das schön gedruckte Buch als beste Erfüllung der Aufgabe eines Buches nehmen?

§ 88. [1] § 32; vgl. § 31; — § 85.

[2] Matth. 7, 3—5.

[3] S. hierzu auch § 85 N. 6. Die dort gegebenen Gedanken sind in guter Schilderung oft dichterisch ausgearbeitet: ... *Welches Gefühl halten Sie für das schrecklichste? — Von einem habe ich gehört, es heiße Selbstverachtung.* Hauff Othello. Scharf ausgedrückt auch bei Auerbach Schwarzwälder Dorfgeschichten, Luzifer; und bei anderen.

[4] *Sofort nun wende dich nach innen, Das Centrum findest du da drinnen, ... Denn das selbständige Gewissen Ist Sonne deinem Sittentag.* Goethe Vermächtnis, in: Gott und Welt (Cotta 2, 288).

[5] G. Rümelin Über die Lehre vom Gewissen 1884, Reden und Aufsätze 3. F. 111 ff. nimmt das Gewissen als *einen angeborenen sittlichen Trieb.* Damit meint er aber nur, daß einer gewissen Art von Anlaß gebenden Vorgängen eine Empfänglichkeit und Neigung, in einer bestimmten Weise dadurch angeregt zu

Sehr treffend ist das Gewissen für die sittliche Frage mit einem staatlichen Gerichte in Dingen des Rechtes verglichen worden [7]. Das Gewissen ist danach *das Bewußtsein eines inneren Gerichtshofes im Menschen, vor welchem sich seine Gedanken einander verklagen oder entschuldigen* [8].

Der Kläger ist das Grundgesetz des Wollens, dem der Beklagte in der streitigen Sache nicht gefolgt ist. Nun wird er vor den Richter geladen, den er freilich selbst stellt, und den er doch der Idee nach von sich, in seiner bedingten Persönlichkeit, getrennt denkt. Der Verhandlung vor dem Gerichte seines Innern entgeht er nicht [9]. Es ist eine feststehende Erfahrung, daß die Stimme des Gewissens vorübergehend vielleicht betäubt werden kann, es aber nicht gelingen will, sie restlos auszuschalten. Wenn er aber sich vor sich selbst rechtfertigt, so erkennt er von vornherein die Autorität des so auftretenden Gerichtes an.

So kommt es auf seine Einlassung zur Sache an. Er sucht sich mit dem Antriebe der Natur zu entschuldigen, mit dem Streben nach seinem subjektiven Wohlergehen, mit dem Beispiele von anderen im Ersehnen persönlicher Vorteile. Aber dieses nur subjektiv gültige Begehren ist ja gerade das Gegenteil von dem, was objektiv richtig ist. Wenn jemand nichts für sich anführen kann, als daß er sein einzelnes bedingtes Streben befolgt habe, so vermag er vor dem Zweifel, ob er grundsätzlich berechtigt gewollt habe, gerade nicht zu bestehen. Der Spruch nach dem Grundgesetze muß ihn verurteilen.

Vielleicht gelingt es ihm jedoch, eine genügende Verteidigung zu finden: daß er im entschuldbaren Irrtume über die Bedeutung seines Eingreifens gewesen sei, oder daß es ihm bei seinem Vorgehen am eigenen Wollen in begründeter Art gefehlt habe [10].

---

werden, entgegenkommt, nicht aber, daß wir für eine Anzahl sittlicher Vorschriften das Bewußtsein ihrer Verbindlichkeit gleich fertig, mit auf die Welt brächten (119). Vgl. §§ 3 N. 5; 75 N. 4. Rée Die Entstehung des Gewissens 1885. Kabisch Das Gewissen, sein Ursprung und seine Pflege 1906.

[6] Gerland Das Gewissen 1905, Sonderabdruck aus *Gerichtssaal* 65 Heft 46. Rost Das Gewissen und das Sittengesetz 1906. Wendt Die sittliche Pflicht 1916. Stoker Das Gewissen. Erscheinungsformen und Theorien 1925.

[7] Dies ist in großartiger Weise ausgeführt von Kant Metaphysik der Sitten 1797, Tugendlehre III 1 § 13: Von der Pflicht des Menschen gegen sich selbst, als den geborenen Richter über sich selbst; ferner: das. Einleitung XII b: Vom Gewissen. S. auch Ders. Religion (§ 87 N. 2) IV 2 § 4: Vom Leitfaden des Gewissens in Glaubenssachen.

[8] Über Begriffsbestimmungen neuerer Schriftsteller s. Gerland (N. 6) bes. S. 26. Über die Frage des *irrenden Gewissens* das. 13; 20; 28.

[9] Das Sprichwort alter Zeit unterscheidet die drei Richter: die Welt, uns selbst, Gott. Dem Gerichte der Welt mag einer entlaufen, dem Selbstgerichte und dem Gottesgerichte nie. — Psalm 139.

[10] Dann mag sein Vorgehen sozial nicht zutreffen, er selbst ist in sittlicher Hinsicht frei, wenn er sich dessen bewußt ist, nach bestem Wissen sein Wollen eingerichtet zu haben. S. ob. § 85 N. 5.

Wie aber kann das freisprechende Urteil, das sein Gewissen über ihn fällt, überhaupt nun lauten?

Offenbar nur dahin, daß ihm ein Vorwurf nicht zu machen ist, — nicht aber mit dem Ergebnisse, daß ihm ein besonderer Gewinn zuerkannt werde. Er erlangt die Beruhigung gegenüber einem quälenden Zweifel, eine Befreiung von drückendem inneren Unbehagen, jedoch kein positiv nützendes Gut. Wollte er dieses beanspruchen, so müßte er alsbald einem neuen Prozesse unterworfen werden; denn er würde in Selbstüberhebung und Hochmut verstrickt sein, während er nur vollführt hat, was seine Pflicht ihm gebot [11].

Soweit die bildliche Beschreibung des Vorganges bei Bedenken und Sprüchen des Gewissens.

Aus ihr geht hervor, daß das Gewissen nicht durchaus die Stelle einnehmen kann, die dem Gesetze des Wollens zukommt. Das Gewissen richtet darüber, ob in einer gegebenen Lage dem Gesetze genüge getan worden ist oder werden wird. Die Eigenart dieser Aufgabe erweist sich in doppelter Hinsicht bedeutsam.

Eine vollendete Sicherheit für die rechte Aufnahme und gute Verwendung seines Richterspruches kann von der Tatsache des Gewissens nicht unbedingt erwartet werden. Eine ursächlich bestimmte Wirkung, wie bei Veränderungen der äußeren Naturerscheinungen, ist ihm nicht zuzuschreiben; auch würde diese Erwägung uns aus der ordnenden Betrachtung der Zweckinhalte, gerade in ihrem Unterschiede zu räumlichen Wahrnehmungen, ganz hinausführen. Und für die Hingebung an richtiges Wünschen und Wollen, für die Durchsetzung einer wissenschaftlich begründeten Sittlichkeit des Gemütes genügt ein bloßer Hinweiß auf das Eingreifen des Gewissens noch nicht [12].

Vor allem aber wird durch diese Verweisung als solche noch gar nicht angegeben, worin das höchste Gesetz des Wollens eigentlich besteht, und wie die Idee der Willensreinheit für die Harmonie im Innenleben sich durchführen läßt. Von dieser Aufgabe ist der erste Teil — die Beschreibung der hier möglichen Gesetzmäßigkeit — in dem Seitherigen erledigt worden; es ist nun nötig, auf ihr aufbauend die Grundsätze einer richtigen Moral auszuarbeiten, um eine praktische Morallehre daran gesichert anknüpfen zu können.

---

[11] Freilich findet sich auch die resignierte Meinung: *Niemand wird auf der Welt so oft betrogen — nicht einmal die Weiber und die Fürsten — als das Gewissen.* JEAN PAUL Siebenkees IV 23 (Werke 12, 328).

[12] Das Gewissen bedeutet also ein inneres Vermögen, das seine Wirkung im Einzelfall einzusetzen hat. Dagegen kann es nicht als absoluter Beweggrund für das Ganze des menschlichen Strebens behauptet werden. Es ist vielmehr nicht nur eine Errungenschaft des besonderen Menschenlebens, die in diesem letzteren herangewachsen und ausgebildet worden ist (N. 5), sondern es leitet sich auch in seinem wirkenden Eingreifen überall in letzter Linie von der unbedingten Hingebung an das Richtige ab (§ 180).

§ 89
Die Grundsätze einer richtigen Moral

Vorerinnerung: Der Gegenstand der sittlichen Arbeit, die ein jeder an sich zu vollziehen hat, sind die wünschenden Gedanken (§ 32). Sie sind *gut*, wenn sie im Sinne innerer Lauterkeit gerichtet sind (§ 86).

Zu dieser Bewährung der Idee der Willensreinheit im Innenleben sind zwei Gedankenrichtungen zu beachten.

1. Grundsatz der Wahrhaftigkeit: Keine Ausflucht suchen vor sich selbst [1]!

Es ist die Harmonie des Bedingten mit dem Unbedingten zu erstreben [2].

2. Grundsatz der Vollkommenheit: Keine Einzelheit in den Mittelpunkt seines Wollens stellen [3]!

Es ist die Unterordnung des Bedingten unter das Unbedingte zu vollführen [4].

Diese Grundsätze einer richtigen Moral sind bedingende Richtlinien, die in dem Sinne des Grundgesetzes alles Wollens die bedingt aufsteigenden Gedanken führen können [5]. Ihnen entspricht grundlegend die Anleitung zu der Energie des Denkens, zu reellem und zu folgerichtigem Ausdenken: jenes, das keinen Gegensatz von Sein und Schein in dem Ordnen der Gedanken duldet, — dieses, das sich nicht bei flüchtigem Ergebnisse im einzelnen beruhigt, sondern bis zum vollen Abschlusse jede gestellte Aufgabe durchnimmt.

§ 90
Praktische Morallehre

Für einen jeden Menschen bringt jeglicher Tag neue innere Fragen, neue Schwierigkeiten für die Stetigkeit seines geistigen Lebens. Wenn

[1] Es wird also das oberste Gesetz des guten Wollens selbst noch nicht erschöpfend ausgedrückt mit dem: *Sei wahr!* Dies ist vielmehr schon eine Bewährung des idealen Gedankens von der Willensreinheit für gestellte Aufgaben. § 89.

[2] Es kann ein doppelter Zwiespalt als Gegensatz von Sein und Schein auftreten: ein Zwiespalt innerhalb der Gedanken des Menschen und ein solcher zwischen seinem äußerlich richtigen Tun und zwischen der Gesinnung, die solches innerlich begleitet. Immer ist in diesem jetzigen Zusammenhange die Rede von einem Verstoße gegen die innere Lauterkeit. Daß durch die Lüge, die nach außen hin auftritt, der Inhalt des Wollens, das den einen mit dem Streben des andern verbindet, unrichtig wird, gehört zu der Frage des sozialen Unrechtes. S. dazu § 95.

[3] Keine Einzelheit, auch nicht eine richtig geordnete. Natürlich wieder nur, soweit sie eben als Einzelheit auftritt. (S. z. B. § 102 N. 5 ff.) Dagegen steht es anders, soweit es sich in dem einzelnen Falle gerade um den Ausdruck der Hingebung an die unbedingte Richtlinie der Idee des Guten handelt, wie es dann bis zu dem Opfertode für die Bestätigung seiner Überzeugung nötigenfalls führen muß (§ 180).

[4] Vgl. die Ausführung in TR. VI 4 S. 455 f., (2) S. 274 ff.

[5] Sie finden sich wieder in dem Gebote Christi bei Joh. 4, 24.

er zur ruhigen Sicherheit gelangen will, so muß die Lösung jener Aufgaben einem kritischen Urteile standhalten können. Wünsche und Begehrungen sind unter das Grundgesetz des richtigen Wollens zu stellen und nach ihm zu richten.

Dabei bleibt nur zu leicht der quälende Zweifel zurück, was das Richtige in dieser Lage abgebe, und ob es von dem Suchenden erreicht sei; und es ist unzweckmäßig, sich hierfür nur auf ein ungefähres Tasten zu verlassen, das nach einem bloß persönlichen Gefühl von Fall zu Fall jemanden führe.

Sonach hat man mit gutem Grunde nach einer allgemeinen Anleitung in rein sittlichen Dingen gefragt. Das Bedenken, daß es sich dabei im letzten Grunde um die wünschenden Gedanken im Innern des Menschen handle, auf die man nicht einwirken könne, vermag jene Frage nicht zum Schweigen zu bringen. Denn es kommt hier gerade auf eine Belehrung an. Sie liefert eine Möglichkeit zu eigener Einsicht und eigenem Lenken seines Sehnens [1].

Andererseits geht es nicht wohl an, eine solche praktische Morallehre in genau gefaßte Paragraphen zu kleiden. Alle Kasuistik versagt hier, wo die zu beurteilende Sachlage sich in jedem Einzelfalle derartig neu aufbaut, daß eine technisch begrenzte Regel den neuen Tatbestand nicht mehr erreicht. Die Anweisung kann notgedrungen nur von verhältnismäßig allgemeiner Form sein. Sie wird sich also an die Idee der Reinheit des Wollens und an deren Grundsätze anlehnen, um von ihnen her die Herrschaft über den unruhigen Stoff des Drängens und Wünschens zu gewinnen.

In diesem Sinne lassen sich die nachstehenden Leitsätze für die Lenkung des inneren Strebens geben:

1. Ein jeder mühe sich, in seiner Lage allezeit ein reeller Mensch zu sein. Er sei wahr vor sich selbst! Sobald er dieses durchsetzt, wird er die innere Verfassung erlangen, die eine *abgeklärte* Lebensauffassung genannt werden darf. Er ist auf dem Wege nach der Freiheit von dem Nur-Bedingten [2].

---

§ 90. [1] REINHARD System der christlichen Moral, 5 Bde. 1788 ff. HARLESS Die christliche Ethik (8) 1893.

[2] Die begrenzten Begehrungen drängen den Menschen zu bloß subjektiven Zielen hin. Die *Apathie* der Stoiker suchte davon loszukommen, da sie Unabhängigkeit von Leidenschaften empfahl; und allgemeiner war vor ihnen die Lehre des SOKRATES in der Forderung der Selbsterkenntnis auf den Satz der Wahrheit vor sich selbst eingegangen (§ 10). In der Tat ist die Selbstprüfung im Sinne gesetzmäßigen Richtens in den Bedingtheiten auch des Innenlebens stets so sehr am Platze, daß man als durchgreifendes Hilfsmittel empfohlen hat: die Welt seiner wünschenden Gedanken so zu ordnen, als ob dieselben alle einer bedingungslosen Öffentlichkeit anheimzugeben wären. Zwar handelt es sich jetzt um die Harmonie im Innenleben; und die Allgemeingültigkeit rechter Wünsche heißt nicht eine Eigenschaft für alle Menschen (was ein zufälliges Zusammenzählen und eine quantitative Betrachtung sein würde), sondern eine Eigenschaft für

2. Als zweite Regel knüpft sich daran die Mahnung, von anderen nichts Äußeres zu verlangen. An das Innere des eigenen Lebens können fremde Menschen nicht heran. Das hat jeder allein für sich zu festigen und auszubauen [3]. Er mag dabei die Hilfe anderer gerade zu diesem Vorhaben, in Lehre und Zuspruch, annehmen und also innere Förderung und — wenn es angeht — wahre Zuneigung erhoffen. Sobald er darüber hinaus besondere Gewährungen von Anerkennung und anderem Nutzen zur letztlich entscheidenden Triebfeder erhebt, so bringt er in die Harmonie seiner Wünsche mit dem reinen Gesetze des Wollens eine Unstimmigkeit. Es entsteht durch die Nebenregierung solcher äußerlich erstrebten Vorteile eine innere Unwahrhaftigkeit gegenüber der Herrschaft des unbedingten Grundgesetzes, dem er bei folgerichtigem Ausdenken notwendig untertan ist.

3. Als rechten Führer in den Nöten des Lebens hat man seit langem das fröhliche Herz gepriesen. Es zu bewähren, in allen Lebenslagen, heißt: nur das Grundgesetz des rechten Wollens ernst zu erfassen, die Einzelheiten dieses Daseins aber mit zufriedenem Sinne zu nehmen.

4. Jedermann halte sich vor, daß er zum geistigen Adel gehöre, sofern er nur will. Nicht im Sinne gelehrter Kenntnisse oder technischer Fertigkeiten, wohl aber in der Möglichkeit, jede einzelne Aufgabe auf das Ganze einer gefesteten Grundanschauung zu ziehen [4]. —

---

alle strebenden Gedanken (also eine qualitative Erwägung möglichen Bewußtseinsinhaltes) S. §§ 1 N. 3; 80 N. 3. Aber als Probe und zur praktischen Unterstützung kann jener Hilfsmittel voller möglicher Offenheit sehr wohl dienen. Es ist nicht günstig, wenn jemand sich etwas darauf einbildet, daß man seine Gedanken und Vorhaben nicht leicht erraten könne: besser und richtiger war der Mensch, den seine Freunde *das aufgeschlagene Buch* nannten. Vgl. § 169 N. 10.

[3] *Was ich sonst Vermute, denke oder weiß, gehört Mir eigen zu. Es sind geheiligte Besitzungen, die der verkaufte Sklave, Wie der Vasall, den Königen der Erde Zurückzuhalten Vorrecht hat.* SCHILLER Don Carlos III 3.

[4] Das Bewußtsein hiervon, das von Hochmut ferne zu bleiben hat, vermag in mancher besonderen Lage innerlich zu nützen. Ihm entstammt vor allem die Freude an der Arbeit. Es gilt, auch die hehre Gabe bewußten Schaffens nicht nur als enges Mittel für begrenzte Begehrung zu erfassen, sondern alles Handeln stets im Sinne der Grundidee des Menschenlebens aufzunehmen. Wehe dem Menschen, dem *die Arbeit* nichts als ein Übel ist, notwendig, doch unerfreulich, dem man soviel wie möglich sich entziehen sollte! Er zeigt damit nur, daß er im Grunde seines Wesens in bedingten Zielen aufzugehen gedenkt. Schlimm steht es um ihn, der es verloren hat, daß das Arbeiten als solches ihm Genugtuung gewähren sollte. Wenn er das leugnet oder abstreitet, — er sucht den Maßstab für die Richtigkeit eines Wünschens und Strebens in falscher Richtung. Denn er ist dem belachenswerten Widersinne dann verfallen: daß das bloß-subjektive Begehren des jeweiligen Individuums in seiner zufälligen Ausgestaltung das objektiv-richtige Wollen nach allgemeingültiger Ordnung des menschlichen Denkens überhaupt abgebe. Vergebens aber wird auch hier eine entscheidende Abhilfe von außen her erwartet (§ 86 N. 1). Wohl mag es zur Fürsorge des ordnenden Gemeinwesens gehören, Möglichkeiten zum Erringen einer guten Auffassung der Arbeit zu geben. Und es ist eine selbständige Frage für sich: die

Wenn eine praktische Morallehre, wie die hier dargestellte, einen festen Grund haben soll, so muß sie in ihrem Zusammenhange mit der Gesetzmäßigkeit des Wollens (§ 80) eingesehen werden. Dies geschieht, wenn wir die oben vorgeführten Anleitungen als Bewährung der Grundsätze einer richtigen Moral (§ 89) erkennen. Nun entsprechen jene Anleitungen den grundsätzlichen Richtlinien rechter Wünsche derartig, daß den letzteren immer zwei jener Lehren entnommen sind. Diese doppelte Weise erklärt sich daraus, daß zwar alle jetzt fraglichen Erörterungen von der Einheit des Innenlebens eines Menschen ausgehen, daß die dort zu richtenden Gedanken aber einmal auf das Ordnen des eigenen Ich gehen, zum andern auf Begehrungen, die sich auf Erwartungen von anderen Menschen her beziehen. Es steht auch im letzten Falle nicht der Inhalt des verbindenden Wollens in Frage, sondern die eigene Seelenstimmung, die in ihrer obersten Einheit den Einzelnen getrennt für sich erfaßt (§ 89 N. 2).

Darum sind die gegebenen Lehren als Beitrag dazu zu nehmen, in dem Drange und den Versuchungen des Lebens den sehnenden, wünschenden Gedanken zu helfen, auf daß sie die rechte Richtung finden und bewahren und ihren Träger das Ziel erreichen lassen, nach dem an allen Orten und zu jeder Zeit des Menschen Sinnen und Trachten geht: das innere Glück, — den Frieden des Gemütes![5]

---

rechte Art des Zusammenwirkens nach Grundsätzen eines richtigen Rechtes (§ 95) festzustellen. Hier aber handelt es sich um die Grundstimmung, in der ein jeder Arbeiter seinem Tun gegenübersteht. Da muß das Beste und Entscheidende der Einzelne sich selbst geben: in seinem Innern sich froh zu gestalten, sich freuend an seinem Wirken. — Vgl. hierzu noch § 99. Schott Der Mensch und die Arbeit im Rechte der Zeiten, Rede, 1917. Oppermann Probleme des Arbeitsrechts, ZRPhilos. 2, 272 ff.

5 Kant nennt in der *Kritik der praktischen Vernunft*, Erster Teil, II. Buch, 1. Hauptstück als *höchstes Gut* die unveränderliche Zufriedenheit und das Glück, das durch Pflichterfüllung erlangt sei: *daß also das oberste Gut (als die erste Bedingung des höchsten Gutes) Sittlichkeit, Glückseligkeit dagegen zwar das zweite Element desselben ausmache, doch so, daß diese nur die moralisch-bedingte, aber doch notwendige Folge der ersteren sei.* Es ist nicht nötig, hierin einen Widerspruch zum kategorischen Imperativ zu finden. Der letztere ist nur das logisch bedingende Merkmal des Begriffes *gut* (s. ob. § 80); und man kann die Erörterung dieser begrifflichen Möglichkeit damit vollständig abschließen. Daß dadurch ein Gefühl der Befriedigung errungen wird, führt erst zu dem weiteren Gedanken einer vernünftig eingerichteten Weltordnung. Dieser Gedanke hat mit dem Herausarbeiten jenes bedingenden Merkmales noch nichts zu tun, sondern führt unter seiner Festhaltung zum Suchen nach dem vollkommenen Abschlusse (§ 180). Wollte freilich jemand das Streben nach Lustempfindung wieder zu seinem obersten Prinzip machen und deshalb das Richtige vornehmen, so wäre das ein Widerspruch in sich selbst: denn da er nun nicht von der Idee des reinen Wollens geleitet ist, so besitzt seine jetzige Maxime auch nicht die Eigenschaft grundsätzlicher Richtigkeit. *Eines nur ist Glück hienieden, Eins: des Innern stiller Frieden Und die schuldbefreite Brust!* Grillparzer Der Traum ein Leben, 4. Aufzug.

Dritter Abschnitt

Die Gerechtigkeit

I. Das soziale Ideal

§ 91

Recht und Gerechtigkeit

Alle rechtlichen Fragen, die jemals denkbar sind, bilden eine geschlossene Einheit. Sie werden durch den Begriff des Rechtes bestimmt und von ihm zusammengeschlossen [1]. So ist es eine in sich abgeschlossene Aufgabe, in ihrer Durchführung von starkem Interesse und mannigfachem Reize, daß man geschichtlich gegebenes Fordern und Verneinen als ein rechtliches Wollen logisch bestimme und unter dem Gedanken des Rechtes in Einheit, das ist wissenschaftlich, beherrsche [2].

Aber als ein Teil des menschlichen Wollens kann das Recht den Zusammenhang mit dem Wollen überhaupt nicht verlieren. Seinem Bearbeiter erwächst die Pflicht, es in das Ganze des Reiches der Zwecke zurückzugeben. Andernfalls bliebe die rechtliche Betrachtung nur als gesonderte Teilvorstellung stehen, deren Abgrenzung gegenüber anderen Teilen des Wollens nicht den Endpunkt der Erwägung bilden darf [3].

Es ist vielmehr das Grundgesetz des Wollens überhaupt auf alle begrifflich bestimmten Teile des Wollens anzuwenden. Dadurch vermögen es jene verschiedenen Arten des Sehnens und Strebens, sich in ihrem jeweiligen Inhalte gesetzmäßig zu gestalten. Und so unterliegt auch das positive Recht (§ 49), wie jedes menschliche Wollen, der kritischen Frage: ob es in seinem besonderen Auftreten grundsätzlich richtig ist [4]. Es soll ein bestimmtes soziales Wollen nicht nur recht, sondern auch gerecht sein [5].

---

[1] Damit trennen sich die rechtlichen Betrachtungen von den Fragen des sittlichen, des konventionalen, des willkürlichen Wollens. § 1; vgl. §§ 36; 41; 47. § 91.

[2] In dem Ergreifen und Lösen dieser Aufgabe liegt das, was *juristisches Denken* heißt. Durch seine methodische Klärung wird die technische Jurisprudenz als Wissenschaft möglich. Hierüber s. das IV. Buch: *Die Behandlung des Rechtes*, bes. §§ 109; 115. Vgl. § 3 N. 9.

[3] Auch für die Rechtsbetrachtung gilt das Gleichnis, daß die Ranke nicht Frucht bringen kann von sich selbst, wenn sie nicht am Weinstock bleibt: Joh. 15, 4.

[4] Alles positive Recht ist ein Versuch, richtiges Recht zu sein, RR.; (2) S. 57. Mit dem Satze des Textes soll nicht etwa ein Begriffsmerkmal des positiven Rechtes angegeben werden. (So faßt es HAYMANN Kants Kritizismus und die naturrechtlichen Strömungen der Gegenwart 1924 S. 16 auf). Ein Begriffs-

Das Wort *Gerechtigkeit* hat mehrere Bedeutungen:

1. Treue Durchführung des geltenden Rechtes gegenüber willkürlichem Rechtsbruche[6].

---

merkmal ist ein bedingender Gedanke, durch den sich der dadurch bestimmte Begriff von andern Begriffen unterscheidet. Die Begriffsmerkmale des Rechts (das in seinem geschichtlichen Auftreten immer ein *positives* Recht ist, § 49) sind im ersten Teile dieses Lehrbuches erschöpfend dargelegt (zusammengefaßt in § 47). Das Streben nach Richtigkeit gehört nicht zu den Merkmalen, durch die sich der Begriff des Rechtes von anderen Arten des Wollens unterscheidet (vgl. auch § 50). Das Recht folgt lediglich dem Grundzuge aller Daten des Bewußtseins, worauf der logisch ursprüngliche Gegensatz von richtig und unrichtig (§ 79) unvermeidlich Anwendung findet, mit dem steten Streben nach der ersten Eigenschaft in jener gegensätzlichen Möglichkeit. Vgl. noch BANFI Il problema epistemologico nella filosofia del diritto e le teorie neokantiane, Roma 1926. — Anders hat JHERING (§ 18 N. 10) Zweck im Recht I 253 ff., 322 das *Recht* als die *Politik der Gewalt* bezeichnet. Er gibt eine Hypothese über den ersten Ursprung des Rechtes (vgl. oben § 61) und erörtert die Frage weiterhin in genetischem Sinne. Dabei wird ein weitsichtiger, durch die Erfahrung belehrter Machthaber geschildert: *Stets durch sein eigenes Interesse geleitet, der hartherzigste, unverbesserlichste Egoist, aber Erfahrung an Erfahrung reihend, sammelt er sich einen Schatz von Lebensregeln, die alle darauf hinausgehen, ihn über den rechten Weg, den er einzuschlagen hat, um von seiner Macht den größten Nutzen zu ziehen, zu belehren.* Wir stellen dem als wesentlichen Grundzug des Rechtes den gegenüber, daß es ein Zwangsversuch zum Richtigen sei, RR. (2) S. 55 ff. Dieser Ausdruck soll nicht besagen, daß das Recht die Einzelnen zu sittlich gutem Wollen zu zwingen habe — was ein Widersinn wäre; er will lediglich den Gedanken wiedergeben, daß das selbstherrlich verbindende Wollen des Rechtes für seinen Inhalt das stete und immerwährende Streben hege, die von ihm gesetzte Verbindung in objektiv richtigem Sinne auszugestalten. — BINDER (§ 70 N. 1) S. 18 wählt jetzt (gegenüber früheren Ausführungen von ihm) die Formel: daß das Recht ein Zwangsversuch zur *Sittlichkeit* sei. Allein es ist zweifellos, daß das Wort *Sittlichkeit* von den verschiedenen Bedeutungen, die es aufweisen kann (§ 33), in der von BINDER vorgeschlagenen Formel nur den Sinn von Richtigkeit überhaupt hat. Was sollte es in diesem Zusammenhange sonst heißen? Dann aber enthält die mit ihm gegebene Fassung des Gedankens wieder nur eine Wiederholung der hier freilich vorliegenden Aufgabe. Sie ist dahin zu lösen: daß die Bedingungen *der grundsätzlichen Richtigkeit des Wollens*, — welche letztere BINDER jetzt *Sittlichkeit* nennt — genau klargelegt und erwiesen werden, um ihr richtendes Eingreifen zum Bewußtsein zu bringen und möglich zu machen (§ 80 N. 4). Wenn statt dessen bloß auf die vom Rechte zu erzwingende *Sittlichkeit* hingewiesen wird, so bleibt das hinter der hier gestellten Aufgabe zurück. Vgl. auch § 105.

[5] . . . *welche schreckliche Lage! Einen tüchtigen braven Mann zu haben, der den Leuten Recht sprechen soll und vor lauter Recht nicht zur Gerechtigkeit kommen kann!* GOETHE Wilhelm Meister, Wanderjahre I. Buch, 9. Kap. (Cotta 18, 131). — Aber schon die alten Babylonier kannten zwei Gottheiten, die eine *Kettu* Recht, die andere *Mēšaru* Gerechtigkeit. BAUDISSIN Der gerechte Gott in altsemitischer Religion, Festg. f. Harnack 1921 S. 1 ff.

[6] *Und das Recht wird in der Wüste wohnen, und Gerechtigkeit auf dem Acker hausen, Und der Gerechtigkeit Frucht wird Friede sein, und der Gerechtigkeit Nutz wird Stille und ewige Sicherheit sein, daß mein Volk in Häusern des Friedens wohnen wird, in sicheren Wohnungen und in stolzer Ruhe.* Jes. 32, 16—18. — Über Recht und Willkür s. §§ 43 ff.

2. Richten einer bestimmten Rechtsfrage im Sinne des Grundgedankens aller rechtlichen Ordnung überhaupt [7].

Die Begriffsbestimmung in der klassischen Jurisprudenz der Römer: *Justitia est constans et perpetua voluntas ius suum cuique tribuendi* [8] deckt beides, zeigt aber eine zweifellose Hinneigung zu dem an erster Stelle genannten Sinne von *Gerechtigkeit* [9]. In der neueren Zeit ist die zweite Bedeutung des Wortes, wohl auch mit dem Zusatze der *sozialen* Gerechtigkeit, besonders beachtet worden [10].

Welches ist nun das Merkmal, an dem sich erkennen läßt, ob ein besonderes Wollen die Eigenschaft grundsätzlicher Richtigkeit besitzt? Was ist *Gerechtigkeit*?

Bei der Auflösung dieser Frage darf man wiederum nicht etwa ein ausgeführtes Rechtsbuch erwarten. Denn dieses könnte nur begrenzte Paragraphen geben, deren Beschaffenheit als *gerechte* Vorschriften erneut in Zweifel zu ziehen wäre (vgl. § 4). Statt dessen ist es nötig, den bedingenden Begriff des *gerechten* Wollens, als solchen, in Erwägung zu ziehen. Es handelt sich also hier um eine feste Eigenschaft von rechtlichem Begehren. Wir haben somit diese Eigenschaft im Sinne eines steten und allgemeingültigen Gedankens einzusehen und sie als eine reine Form unserer ordnenden Urteile klarzustellen [11].

Zur Kennzeichnung des so beschaffenen Gedankens von der Gerechtigkeit kann weiterhin nicht die Verweisung auf ein begrenztes Ziel dienen [12]. Es gibt keinen einzelnen Zweck, der in seiner bedingten

---

[7] *Gerechtigkeit Heißt der kunstreiche Bau des Weltgewölbes, wo Alles Eines, Eines Alles hält, Wo mit dem Einen Alles stürzt und fällt.* Schiller Demetrius, 1. Aufz. — RphAbh. 2, 393 ff.

[8] D. I 1, 10 pr. (§ 11 bes. zu N. 5 ff.). Warnkönig S. 206 ff.

[9] Außer Betracht bleiben hier: *Gerechtigkeit* a) im Sinne des Guten und des göttlichen Heils, wie es in Übersetzungen bes. des Neuen Testamentes vorkommt. Holl Die *iustitia dei* in der vorlutherischen Bibelauslegung des Abendlandes, in Festg. f. Harnack 1921 S. 73 ff. b) als zutreffende Vergeltung im Strafrecht. H. Meyer Der Gerechtigkeit im Strafrecht, GerS. 33, 101 ff.; 161 ff. Heimberger Der Begriff der Gerechtigkeit im Strafrecht 1903. Kerler Die Idee der gerechten Vergeltung in ihrem Widerspruch mit der Moral 1908. Exner Über Gerechtigkeit im Strafmaß, Rede, 1919. S. auch § 94 N. 4. c) in der Bedeutung besonderer Rechtsverhältnisse nach etwas altfränkischem Sprachgebrauche z. B. in Weidegerechtigkeit und bes. in den selbständigen Kohlenabbaugerechtigkeiten und ähnlichen Rechten, s. PrAG. z. BGB. 40, AGz. GBO. 28 und sonst.

[10] Soziale Frage ist das Streben nach gerechtem Rechte in der im Texte genannten (zweiten) Bedeutung. S. über diesen Ausdruck Ladendorf Historisches Schlagwörterbuch 1906 S. 291. — Über die verschiedenen Bedeutungen des Wortes *sozial* s. WR. Anm. 64.

[11] Über den Begriff der reinen Formen s. § 3 bes. N. 1; 2; 8; auch §§ 56 Nr. 6; 80 N. 3 ff.; 83 N. 2.

[12] *Ideale Güter*, von denen zuweilen die Rede ist, können in ihrer jeweiligen Bedingtheit immer nur von verhältnismäßiger Allgemeinheit sein und bloß einen relativen Vorzug beanspruchen. Ob ihnen dann dieser in ihrer Besonderheit

Weise doch das unbedingte Gesetz für alles andere Wollen abzugeben vermöchte [13]. Die Eigenschaft der grundsätzlichen Richtigkeit eines Wollens liegt niemals in der stofflichen Besonderheit des begehrten Gegenstandes [14], sondern in der formalen Art, in der sich jedes beliebige Fordern und Streben absolut gleichmäßig richten und leiten läßt.

Die Eigenart dieser allgemeingültig bedingenden Weise des Urteilens will bis zu Ende genau durchdacht sein. Daß die Gesetze des römischen und heutigen Rechtes für sie eine Fülle von Verlegenheitsausdrücken haben, wurde oben (§ 7) bereits erwähnt. Diese sind einfache Wiedergaben des einheitlichen Gedankens, wonach ein rechtliches Wollen grundsätzlich richtig sein soll; wodurch das letztere aber notwendig bedingt wird, sagen sie nicht. Man erfährt solches auch nicht, wenn eine *vernünftige* Entscheidung gefordert und damit das Thema verlassen wird; und es erscheint die hier gestellte Aufgabe durch die bloße Verweisung auf den *Takt* oder das *gesunde Empfinden*, auf die *Menschlichkeit*, auf den *gemeinen Verstand, die Lebenswahrheit* und ähnliche Ausdrücke [15] keineswegs ausreichend gelöst.

Vielmehr müssen wir zu diesem Behufe auf den Grundgedanken des Rechtes zurückgehen [16]. Ein besonderes rechtliches Wollen ist dann grundsätzlich berechtigt, wenn es in die grundlegend einheitliche Art und Weise des Ordnens unserer Gedanken sich zusammenstimmend einfügt.

Diese Möglichkeit ist nun des näheren auszuführen.

---

zukommt, läßt sich wieder nur nach dem absoluten Richtpunkt der Idee bestimmen — Rava Il diritto come norma tecnica, Cagliari 1911.

[13] Ein solcher bedingter Zweck ist im menschlichen Zusammenwirken auch die Steigerung wirtschaftlicher Produktion. Als der soziale Materialismus unwillkürlich zu der Aufnahme des Zweckgedankens in sein methodisches Suchen getrieben wurde (WR. § 77; vgl. ob. § 17), nahm er als oberstes Ziel des gesellschaftlichen Daseins der Menschen die Förderung der Sozialwirtschaft, vor allem der ökonomischen Produktion. Aber diese ist doch auch nur ein Mittel zu weiteren Zwecken. Es wird mit ihr keineswegs das Grundgesetz des menschlichen Wollens in seiner Anwendung auf das soziale Leben gegeben. Vgl. § 56 N. 13.

[14] Dies ist in großartigem Stile im ersten Buche der Republik des Platon ausgeführt. Freilich endet es mit der Negative: Abweisung aller bedingten Ziele von dem Platze des unbedingten Gedankens der Gerechtigkeit. S. oben § 10 N. 12.

[15] Über das sogenannte natürliche Rechtsgefühl s. § 146.

[16] Wir lehnen es ab, auf dem Sprachgebrauche zu fußen und unternehmen es nicht, einen irgendwelchen persönlich beliebten Ausgangspunkt zu wählen. Es kommt auf eine allgemeingültige (§ 1 N. 3) Erwägung in der Sache an: nämlich auf die Klärung der Möglichkeit, die Welt unserer Gedanken in unbedingt einheitlicher Weise zu ordnen. Dazu taugt auch nicht, dieser methodischen Erörterung erst irgendeine *Definition* vorauszuschicken. A. M. Kantorowicz, ArchRPhilos. 2, 51 f. S. TR. 523, (2) 317.

§ 92

Harmonie des Zusammenlebens

Das Ziel der Gerechtigkeit, das ist: die grundsätzliche Richtigkeit eines Rechtes, wird erreicht, wenn die Idee der unbedingten Harmonie (§ 80) auf das rechtliche Wollen in seiner verbindenden Eigenart angewandt wird [1].

Nun werden bei dem verbindenden Wollen die Zwecke des einen Menschen als Mittel für den andern gesetzt und die Ziele des andern als Mittel für den einen (§ 31). Ein verbindendes Wollen wird dann grundsätzlich richtig sein, wenn sein Inhalt die wesentliche Richtung nach dem Blickpunkt vollendeter Harmonie erhält [2].

Sein Gegenstück liegt dann vor, wenn bei dem Verbinden der Zwecke verschiedener Menschen der letzte bestimmende Gedanke ein nur subjektiv gültiges Begehren eines Verbundenen ist [3].

Es ist also wohl acht zu haben, daß wir bei diesem Suchen nach dem leitenden Blickpunkte der Gerechtigkeit immer zuerst (im logischen Sinne!) den Begriff eines verbindenden Wollens haben. Die Aufgabe

---

[1] G. Rümelin Reden und Aufsätze, N. F. Über die Idee der Gerechtigkeit § 92. 1880. Byk (§ 18 N. 13) S. 113 ff. Bar Gerechtigkeit und Gerechtigkeitsideale in Staat und Volkswirtschaft, DRevue 9, 60 ff. Lotmar Die Gerechtigkeit (zus. mit d. Abh. § 15 N. 1), Vortrag, 1893. Bartolomei Lineamenti di une teoria del giustio e del diritto, Rom 1901. Titze Über die Begriffe Recht und Gerechtigkeit, D. Monatsschr. f. d. ges. Leben d. Geg., 1904 S. 892 ff. Mayer, KrVSchr. N. F. 10, 178 ff. Dazu WR. Anm. 202. Wentscher Ethik I. Bd. 1902, II. Bd. 1905. Gareis Vom Begriff Gerechtigkeit, in Festg. f. d. Gieß. Fak. 1907 S. 273 ff. Ratkowskiy Zur Erkenntnis der Idee der Gerechtigkeit, GrünhutsZ. 31, 721 ff. Joerges Recht und Gerechtigkeit, ZRPhilos. 2, 173 ff. Haber Neue Ziele der Gerechtigkeit, ZRPhilos. 3, 27 ff. Salomon (§ 18 N. 13) S. 185 ff. Rümelin (§ 83 N. 2). Fouillée L'idée moderne du droit (2) Paris 1920. Fränkel, Rich. Der Sinn des Rechts, aus »Bücher der Zeit« 1921. Del Vecchio La giustizia (2), Bologna 1924. — S. auch § 50 N. 2.

[2] Auf die vulgäre Frage, woher man die Idee des Rechtes erhalte, ist also zu antworten: durch Besinnung auf die Möglichkeit eines alle rechtlichen Einzelheiten gemeinsam umfassenden Gedankens. Dieser Gedanke kann selbstverständlich nicht durch Verweisung auf begrenzte Vorstellung wiedergegeben werden. Er folgt der Aufgabe, das Ganze der Einzelheiten als unbedingt harmonisches Gebilde vorzustellen, woraus sich die Idee eines reinen Wollens (§ 80) ableitet, die nun auch auf den Begriff des verbindenden Wollens als Richtpunkt einzusetzen ist und deshalb als reine Gemeinschaft wiederzugeben ist. Daß hierin eine Tautologie läge, wie Liepmann Einleitung in das Strafrecht 1900 S. 26 besorgt, ist nicht begründet. WR. Anm. 263 ff.

[3] Das besondere Anfordern und Verweigern ist natürlich immer bedingt und darum stets subjektiv durchtränkt. Aber es soll ja in einer allgemeingültigen Art und Weise beurteilt und geleitet werden (§ 91). Also ist es dem unbedingten Gedanken eines reinen Verbindens zu unterstellen, und es sind nach diesem unbedingten Blickpunkte die bedingten Begehrungen zu richten. Wie dieses anzustellen und durchzuführen ist, hat die nun folgende Lehre zu zeigen (§ 95) und die Praxis des Rechtes zu bewähren (§§ 145 ff.; 169 ff.).

der Gerechtigkeit bezieht sich auf den Inhalt dieses verbindenden Wollens, das in der kritischen Analyse von den verbundenen Willensinhalten unschwer geschieden werden kann [4].

Dabei ist auch hier zu betonen, daß es für unsere jetzige Untersuchung gleichgültig ist, wer als Träger dieses verbindenden Wollens in einer besonderen Lage gerade auftritt. Es handelt sich hier um genaue Angabe der Richtung, in der der Gedanke der *Gerechtigkeit* gelegen ist. Dazu brauchen wir die begriffliche Vorstellung des rechtlich verbindenden Wollens. Jeder, der das letztere in seinem Bewußtsein hat, wird über seine begriffliche Erfassung hinaus zu seiner idealen Beurteilung getrieben. Ob aber er selbst gerade als Gesetzgeber oder als Richter, als rechtsunterstellte Partei oder auch als dritter Beobachter mit seinem Urteile vorgeht, ist für die jetzt aufgegebene Klarstellung des dabei notwendigen Gedankenganges, der für ein begründetes Urteil bedingend eingreift, ohne weiteren Belang [5].

Nimmt man nun jenen bedingenden Gedankengang eines grundsätzlich gerechtfertigten Urteilens auf, so führt er zu der Methode eines unbedingten gegenseitigen Ausgleichens. Es werden die Verbundenen der Idee nach aus dem Mechanismus der Mittel füreinander gehoben: jeder bleibt dem andern nur als Selbstzweck verknüpft. Ein so gedachtes verbindendes Wollen stellt in seinem Inhalte eine Gemeinschaft frei wollender Menschen dar.

Wir nennen diese Formel das soziale Ideal. Es läßt sich so definieren: das *soziale Ideal* ist der Gedanke von der steten Bewährung einer absoluten Harmonie des je denkbaren sozialen Wollens.

Es bedeutet also die genannte Formel nicht eine Utopie; sie soll keineswegs einen gesellschaftlichen Zustand angeben, der vielleicht sehr spät einmal erreicht werden könnte. Sie ist eine Idee, in der vollen Eigenart der damit gemeinten Denkweise (§ 82).

Darum handelt es sich bei ihr auch nicht um eine Beschreibung von wirklichen Rechtsvorgängen oder gar um gewisse Postulate auf rechtliche Änderungen. Sie ist eine Definition des Grundgedankens, der als kritische

---

[4] So findet sich seine Eigenart in der allgemeingültigen Weise, in der eine wechselseitige Mitteleinsetzung geschieht. Es zeigt sich in der praktischen Anweisung, nicht rücksichtslos sich dem andern gegenüber zu zeigen, oder in dem Lobe der Uneigennützigkeit oder Selbstlosigkeit bis zur aufopfernden Pflichterfüllung. Aber solche Beispiele sind gefährlich, weil sie dem kritisch Ungeübten die methodische Unterscheidung der reinen Form und des bedingten Stoffes leicht verschleiern.

[5] Auch Kant Kritik der Urteilskraft § 65 Anm. gebraucht die Formel, daß ein jeder nicht bloß Mittel, sondern zugleich auch Zweck sein sollte. Aber er nimmt dabei nur auf das Verhältnis des Einzelnen zum *Staatskörper* bezug (vgl. § 35 N. 11). Es kommt jedoch darauf an, den idealen Gedanken reiner Gemeinschaft auch unter den einzelnen Rechtsunterstellten überall einzusetzen. In seiner Rechtslehre kommt Kant überhaupt nicht wieder darauf zurück.

Richtlinie alles rechtliche Wollen begleitet, sofern folgerichtig ausgedacht wird. Wenn wir einen gewissen Rechtsinhalt als grundsätzlich berechtigt bezeichnen oder dies ihm absprechen, so sagen wir im letzten Grunde nichts weiter, als daß dieses besondere rechtliche Wollen in seiner gegebenen Lage von dem Harmoniegedanken geleitet sei oder ihn verfehle [6].

Seinem Inhalte nach bedeutet der Gedanke reiner Gemeinschaft eine allgemeingültige Methode des Urteilens, deren Eigentümlichkeit hier nun festgelegt ist. Er ist ein Maßstab für die grundsätzliche Richtigkeit einer bestimmten Bestrebung. Ohne kritisch gesicherte Methode besteht selbstredend keine Gewähr für die objektive Begründetheit eines besonderen objektiv zu begründenden Urteils [7].

Der Einwand, daß der Gedanke einer solchen leitenden Methode *inhaltleer* sei, ist nicht klar ausgedacht. Es ist dabei unterlassen, nach dem Begriffe *des Inhaltes* zu fragen. Dieser besteht in der unterscheidenden Eigenart des einen Gedankens gegenüber einem andern. Eine solche Eigenart ist bei allem Denken selbstverständlich immer vorhanden. Die Vorstellung eines Gedankens, der keinen *Inhalt* hätte, ist also sinnlos. Der genannte Einwand kann demnach nur aus einer Verwechselung des Inhaltes im allgemeinen mit material begrenzten Bestandteilen eines Gedankeninhaltes herrühren. Freilich gibt es Gedanken, die von stofflich bedingter Eigenart frei sind, und deren Inhalt in der festen Vorstellung eines einheitlich ordnenden Verfahrens besteht. Dazu zählt die Idee des Rechtes. Denn da sie die Aufgabe bedeutet, für alle jemals denkbaren rechtlichen Begehrungen den richtenden Blickpunkt abzugeben,

---

[6] Immer aber handelt es sich bei dem sozialen Ideal um den Inhalt eines verbindenden Wollens (§ 31). Es geht nicht an, das Endziel des sozialen Lebens sich in einem Nebeneinanderleben von lauter vereinzelten guten Menschen vorzustellen. S. § 34 N. 7.

[7] Über *Idee* und *Ideal* s. auch § 83 N. 3. Dort war von anderem Zusammenhange her schon bemerkt, daß beide Ausdrücke ein und dasselbe bedeuten, — nur daß die Idee mehr als Ausdruck des absolut Ganzen möglicher Einzelheiten eingesetzt wird, denen sie in allgemeiner Weise gegenüber steht, während das Ideal seinerseits die Richtung der Einzelheiten auf die Idee zum Ausdrucke bringt. Mit der unbefugten Redeweise, welche *Ideal* überhaupt gleich bedingtem Ziel irgendwelcher sinnlich empfindbaren Art nimmt, haben wir es natürlich nicht zu tun. Es ist das Ideal des Naturforschers, des Historikers und anderer wissenschaftlicher Arbeiter: das stete Richten der Auffassung wahrgenommener oder begehrter Einzelheiten nach der Idee vollendeter Harmonie unter ihnen. Und dieses ist es, was nun auch in der wissenschaftlichen Behandlung der *sozialen Frage* einzusetzen ist. Es gibt nicht verschiedene *soziale Ideale*, die man miteinander vergleichen und gegeneinander abschätzen könnte. Wer das tut, ist noch nicht bei dem höchsten Gedanken eines unbedingt einheitlichen Blickpunktes für alle jemals möglichen Einzelfragen angelangt. Er hat noch begrenzte Ziele von einer verhältnismäßig allgemeinen Art im Auge, nicht aber die Idee eines allgemeingültig leitenden Verfahrens.

so kann sie gar nicht in einer einzelnen von diesen aufgehen, muß sie von ihrer aller Besonderheit Abstand nehmen [8].

Damit erhalten wir in der reinen Denkform des sozialen Ideales die Antwort darauf: welches das logisch bedingende Merkmal des Begriffes *Gerechtigkeit* ist. Gerechtigkeit ist das Richten eines besonderen rechtlichen Wollens im Sinne vollendeter Harmonie des Zusammenlebens.

§ 93

Abweichende Beschreibungen der Rechtsidee

Die Geschichte der Rechtsphilosophie kennt Versuche, einen Maßstab für die sachliche Begründetheit eines Rechtes von einer Größe außerhalb des Rechtsgedankens selbst zu erhalten. So von *der menschlichen Natur* (§ 14), von *der Seele des Volkes* (§ 16), von *der sozialen Wirtschaft* (§ 17). Jeder dieser Versuche erweist sich in seiner Eigenart unhaltbar. Und sie suchten jenen Maßstab in falscher Richtung. Gesetz und Einheit ist dem Rechte nicht von fremder Seite her zu geben, sondern liegt in ihm selbst, sobald wir nur die ihm eigene Bestimmung folgerichtig ausdenken.

Das oberste Gesetz des Rechtes kann hiernach nur in dem unbedingten Grundgedanken bestehen, der mit dem Recht selbst als sein Endzweck gesetzt ist. Dieser Grundgedanke ergibt sich, sobald wir das Recht, als einen Teil des menschlichen Wollens, der gesamten Ordnung des Wollens überhaupt unterstellen. Aus der Möglichkeit, den Sinn alles denkbaren Strebens der Menschen einheitlich zu leiten, ist auch die Idee einer vollendeten Harmonie unter bedingten rechtlichen Begehrungen zu entnehmen.

Über die zutreffende Beschreibung dieses idealen Blickpunktes, der jedem besonderen rechtlichen Streben die zutreffende Richtung zu geben hat, finden sich abweichende Ansichten. Es sind hier namentlich folgende zu erwähnen.

1. Das Glück der rechtlich verbunden Menschen [1].

---

[8] Über die unbedachte Äußerung, daß der Gedanke des idealen Richtens *inhaltleer* sei, s. auch §§ 3 N. 1; 25 N. 1.

§ 93. [1] Zur Glückseligkeitslehre in England s. § 15 N. 5. Kant vernichtete in der Kritik der praktischen Vernunft (§ 15 N. 8) den Eudämonismus für das theoretische Denken von Grund aus. — WR. § 100. Schubert-Soldern Das menschliche Glück und die soziale Frage 1896. Unold Aufgaben und Ziele des Menschenlebens 1920. Auf dem Standpunkt des sozialen Eudämonismus beharrt A. Baumgarten Moral, Recht und Gerechtigkeit 1917; Die Wissenschaft vom Recht und ihre Methode 1920. Das Sollen sei die Verknüpfung einer Handlung oder Unterlassung mit einem Lustgefühl; das Lustgefühl sei moralisch, wenn es die *Mitfreude* am Glück der Nebenmenschen sei. Es sei *nicht denkbar, wie der Konflikt zwischen den verschiedenen Handlungstendenzen eine andere prinzipielle Lösung finden sollte als in dem Gesetz des möglichst günstigen Lustsaldos* (Wiss. v. R. S. 49).

Das *Glück* oder die *Wohlfahrt* würde hier das Verfolgen subjektiver Lust bedeuten. Dieses kann als solches noch nicht das objektiv Richtige sein. Bloß deshalb, weil ein Begehren persönlich erwünscht ist, kann es noch nicht als grundsätzlich gerechtfertigt gelten.

Damit ist nicht gesagt, daß die Verfolgung des Glückes oder der Wohlfahrt der Rechtsangehörigen aus unserer Erwägung *auszuschalten* sei. Es ist beides von dem Rechte zu verfolgen, — aber geleitet von der Idee der Gerechtigkeit[2].

Der soziale Eudämonismus begeht also den Fehler, daß er den zu bearbeitenden Stoff — nämlich: das Glücksstreben der Einzelnen — verwechselt mit der obersten Methode des Richtens und Führens — nämlich: dem Grundgedanken reiner Gemeinschaft.

Dem wird nicht dadurch abgeholfen, daß eine Art von *Normalglück* als Endziel des Rechtes aufgestellt wird. Das letztere solle Zustände von *menschenwürdigem* Dasein schaffen. Hier liegt der Gedanke, der sich in der Formel des sozialen Ideales ausprägt, versteckt zu grunde. Es kommt gerade darauf an, ihn in kritischer Erwägung herauszuarbeiten [3].

Nur im Wortlaute klingt ferner an die Lehre des sozialen Eudämonismus die Berufung auf das Gemeinwohl an. Durch seine Aufstellung werden gerade die bloß subjektiven Begehrungen der Einzelnen als oberstes Richtmaß verneint. Aber freilich wird die über den letzteren stehende Gesetzmäßigkeit durch jenen Ausdruck allein noch nicht genügend gekennzeichnet. Es drückt sich in ihm nur der Wunsch aus, im Wirrwarr von nur persönlichen Bestrebungen einen von ihnen unabhängigen, allgemeingültigen Halt zu gewinnen. Die genaue Beschreibung des dahin führenden Weges bleibt offen [4].

---

[2] Künstlerisch in das Auge gefaßt von Siegfried Wagner Das Glück, symphonische Dichtung über einen Text, der das subjektivistisch begrenzte Begehren von *Fortuna* verwerfen läßt und damit schließt: *Wir ziehen zum Kampf! Der Feind will uns das Heiltum rauben! Das soll ihm nicht gelingen! — Heil euch! Ihr seid die Rechten! jauchzt die Göttin. Wer sich selbst vergessend für Ideale lebt und streitet, dem wird mein Segen zuteil: der Liebe wahres Glück!*

[3] Dies gilt auch von der Fassung, die Fries dieser Frage gegeben hat: die Menschheit in jedem Menschen hat Würde und ist an sich Zweck. Philosophische Rechtslehre 1803 S. 32. S. § 20 N. 1. — Vgl. oben § 90 N. 5.

[4] Der Ausdruck stammt aus dem Altertum und findet sich bei Cicero an mehreren Stellen. Cf. auch D. XLI 3, 1. In der neueren theoretischen Literatur kommt er wenig vor, um so mehr alltäglich. Die *gemeine Wohlfahrt* wird in mehreren alten Reichsgesetzen begründend aufgeführt, so in Karls V. Landfrieden v. 30. 6. 1548, RA. v. Ausgburg v. 25. 9. 1555 und im JRA. v. 1654 § 1. Der I. Entw. eines ALR. von 1784 hatte an der Spitze den Satz: *Das allgemeine Wohl ist der Grund der Gesetze.* Dazu Schlosser (§ 12 N. 14) S. 11; 33; 114. — Vgl. hierzu Sauer Das juristische Grundgesetz, eine Vereinfachung der Gesetze 1923: Das Leitziel ist immer: möglichster Nutzen für die betreffende Gemeinschaft (7). Der Nutzen bestimmt sich inhaltlich nach den jeweiligen konkreten Verhältnissen des Staates zu anderen Staaten und zu seinen eigenen Gliedern, sowie nach den jeweiligen Kulturanschauungen des Volkes (20).

2. Die Nächstenliebe. Sie besagt die hilfreiche Zuneigung für die Zwecke des andern. Wie verhält sich ihr Auftreten zu dem Gedanken der Gerechtigkeit ?[5].

a) Die Liebe kann die Gedanken von Recht und Gerechtigkeit durchaus nicht ersetzen. Denn der Begriff des verbindenden Wollens ist unausweichlich, sobald der Inhalt des Bewußtseins in kritischer Analyse klar erfaßt wird (§ 34); darum ist auch die Besinnung darauf, wie das verbindende Wollen grundsätzlich richtig gestaltet werden kann, notwendig.

b) Der Hinweis auf die Liebe ist nicht geeignet, die Idee der Gerechtigkeit in ausreichender Weise zu beschreiben und zu erklären. Sie will, als Maxime des Wohlwollens, also als ein Streben, das auf das Wohlbefinden eines andern gerichtet ist, doch in sachlich begründeter Weise vorgehen. Unter welchen bleibenden Bedingungen das in sozialer Hinsicht möglich ist, setzt sie also voraus.

c) Die Liebe ist des Gesetzes Erfüllung, — sie hat die Aufgabe der Gerechtigkeit in eigener Weise zu ergänzen[6]. Die kritische Klärung des Gedankens von der Gerechtigkeit liefert (wie alle wissenschaftliche Betrachtung) nur die Möglichkeit zu richtigem sozialen Leben; daß dies zur Wirklichkeit werde, dazu bedarf es eines anderen Quells, dem kraftvolles Eingreifen entspringt.

Die Liebe ist, in ihrer eigenen Weise, der Aussdruck für die Hingebung an das Richtige, für das Sichversenken in das Absolute; —

---

[5] Die Frage war seither stiefmütterlich behandelt. Meist beschränkt sich ihre Erwähnung auf kurze Aussprache. Eingehend ist sie erörtert von Goeschel Zerstreute Blätter aus den Hand- und Hilfsakten eines Juristen 1832—37. Er nimmt die Liebe als wesentlichen Bestandteil des Rechtes auf. Das gründet er theologisierend auf eine Analogie mit der Trinität. Der Weg des Rechtes sei Gehorsam, Freiheit, Liebe. S. hierzu Rossbach S. 274 ff. Geyer S. 95 f. — Cremer Einfluß des christlichen Prinzips der Liebe auf die Rechtsbildung und Gesetzgebung 1889. — Petrazycki Lehre vom Einkommen 1895 stellt den Plan einer *Zivilpolitik* auf und sucht dafür nach einer unbedingt festen Grundlage. (S. auch § 76 N. 2). Eine solche erblickt er aber nicht in der Gerechtigkeit, die er teils mit einer selbst angezündeten Laterne, teils mit Irrlichtern vergleicht, sondern in der Liebe (a. a. O. S. 476 ff.). Dagegen Sohm Über den Entwurf eines BGB. 1896; Stammler Das Recht der Schuldverhältnisse in seinen allgemeinen Lehren 1897 S. 41 f. — Hierher zählt auch der Versuch Tolstois, ohne Recht und Gerechtigkeit, bloß mit dienender Liebe auszukommen; §§ 34 N. 7; 101 N. 3. Tolstoi Über das Recht. Briefwechsel mit einem Juristen. Dtsch. von Skarwan, hrsg. von E. H. Schmidt. 1910. Von seinen sonstigen Schriften sind hier zu erwähnen: Anna Karenina; Mein Glaube; Das Reich Gottes ist lebendig in euch; von Romanen Die Auferstehung. Hrsg. v. Löwenfeld bei Diedrichs; die nachgelassenen Werke bei Ladyschlikoff, Berlin. Eltzbacher Die Rechtsphilosophie Tolstois, Preuß. Jahrb. 100, 266 ff. — Rittelmeyer Die Liebe bei Plato und Paulus, Arch. f. Religionspsychologie, 1. Bd. 1924. Wilutzky Die Liebe 1920. Scholten Recht en liefde, Haarlem 1917. Holldack Über Liebe und Ehrfurcht im Paulinischen und Kantischen Sinne, Rede, 1924.

[6] Röm. 13, 10.

sowohl in die unbedingte Harmonie des eigenen Innenlebens und den Frieden mit sich und seinem Gott, als auch sodann in den Gedanken unbedingt reiner Gemeinschaft mit dem Nächsten. Die Bedingungen aber, unter denen die *Richtigkeit* der Gedanken bestehen kann, sind von ihr vorausgesetzt. Die erkenntniskritische Klarlegung, die die Möglichkeit *des Richtigen* zeigt, hat in eigener Erwägung für sich zu geschehen.

In der Unterscheidung zwischen dem Merkmale des Richtigen und zwischen der Hingebung an dieses gewinnen wir das Verständnis für den Beruf auch dessen, was die Nächstenliebe mit Fug zu leisten hat. Wie die Macht, als mögliche psychologische Einwirkung, den Begriff *des Rechtes* ergänzt, so geschieht eine solche Ergänzung in entsprechender Weise für die Idee *der Gerechtigkeit* durch die Liebe [7].

Wenn es sonach nicht angeht, die kritische Klarstellung des Gedankens von der reinen Gemeinschaft durch den bloßen Hinweis auf *die Liebe* zu erledigen, so kann andererseits das Wecken und Bewähren der treuen und aufopfernden Hingebung an das Richtige durch eine rechtsphilosophische Erörterung nicht beschafft werden. Auch wenn man nach ihr Anstalten und Möglichkeiten zur Belehrung bereit hält, so ist es nicht das eigene Walten des rechtlich verbindenden Wollens, das die liebevolle Gesinnung herbeiführt, — das tut nur die Kraft des Glaubens, wie sie allein die Religion zu bieten vermag.

Es ist kein feindlicher Gegensatz unter den zweien — Gerechtigkeit und Liebe —, aber auch nicht genug nur an dem einen von ihnen: sie sind beide in engem Vereine zu hegen und zu pflegen.

3. Freiheit, Gleichheit, Brüderlichkeit sind ungenau bedachte Schlagworte, die nur bedingten Sinn haben und die Idee des Rechts nicht zutreffend beschreiben und ausführen.

Im rechtlich geordneten sozialen Leben ist nur eine relative Freiheit möglich. Das liegt in dem Begriffe des rechtlichen Verbindens menschlicher Bestrebungen (§ 41). Sonach kann der höchste Zielpunkt für ein besonderes rechtliches Wollen auch nicht die absolute Freiheit der Rechtsgenossen sein (§ 84 Nr. 2) [8].

Als Sinn der Gerechtigkeit kann auch nicht die Gleichheit behauptet werden. Da die Menschen untereinander ungleich sind, und ihr jeweiliger Wert für ihre Gesellschaft verschieden ist, so würde ihre äußere

---

[7] Wohl mag sich das in kurzer Anleitung verschmelzen. *Habt die Brüder lieb* (1 Petr. 2, 17) — ist zunächst ein Satz richtigen Rechtes, die Aufforderung, im sozialen Leben sich bestens zu unterstützen; und es ist unter den sozialen Regeln nicht etwa eine konventionale Einladung, mit dem Sinne, daß sie von Fall zu Fall nach subjektivem Belieben einsetzen solle. STAMMLER R. u. Kirche (§ 37 N. 3) S. 109 f. RphAbh. 2, 183 f. Sodann aber gibt jener Satz die Mahnung, dem richtigen Verhalten sich vollkommen hinzugeben, im religiösen Sinn. § 180. — HUBER Über soziale Gesinnung, S.-A. a. d. Pol. J. d. Schweiz. Eidg. 1912.

[8] S. hierzu auch HUBER (§ 6 N. 1) S. 131 ff.

Gleichstellung in sich unbegründet sein. Wollte man aber als das soziale Ideal die quantitative Gleichheit äußerer Annehmlichkeiten nehmen, so käme man wieder auf einen unhaltbaren sozialen Eudämonismus hinaus (s. Nr. 1) [9].

Die Verweisung auf die Brüderlichkeit endlich kann in selbständiger Erwägung nichts anderes bedeuten, als die Liebe zum Nächsten. Sie vermag, wie diese, nur eine Ergänzung des Gedankens von der Gerechtigkeit abzugeben, liefert aber keine Klärung der bedingenden Merkmale jenes Gedankens (s. Nr. 2).

Durch die bloße Zusammenstellung der drei besprochenen Stichworte wird ein selbständiger Gesichtspunkt nicht erlangt.

4. Die Förderung der Kultur; — manchmal auch kurzer Hand die Angabe, daß als Maßstab für eine volkswirtschaftliche Betrachtung das Ziel unserer Kultur genommen werden solle [10].

Es ist sicher, daß hier das Wort *Kultur* eine eigenartige Ausbildung bezeichnen soll. Es steht nicht eine Häufung und eine Summe von Einzelzielen in Frage, sondern ein Richtmaß von besonderer Art. Auch kann *Kultur* hier nicht bloß im Sinne einer Ausbildung menschlicher Fähigkeiten überhaupt genommen werden; denn in diesem Sinne ist schlechterdings jede Äußerung des menschlichen Geistes eine *Kulturerscheinung*. Durch dieses letztgenannte Wort wird darum die Eigenart von *Recht* und *Gerechtigkeit* keineswegs genügend angegeben.

Kultur ist Ausbildung im Sinne des *Richtigen*. Die Aufgabe: das Merkmal des *Richtigen* in seiner bedingenden Eigenart herauszufinden und klarzustellen, — wird sonach durch den bloßen Hinweis auf *die Förderung der Kultur* gar nicht gelöst [11].

---

9 Nähere Ausführungen in § 171: Gleichheit und Gerechtigkeit. Vgl. § 57 N. 6.

10 Lasswitz Was ist Kultur, Vortrag, 1907. Baumgarten Strafrecht und Volksempfinden, Vortrag, 1909. Kohler (§ 18 N. 13); dazu Gerland Ztrbl. f. RW. 29, 1 f. A. Weber Der soziologische Kulturbegriff, Verh. d. SoziolT. 1912 S. 1 ff. Chatterton-Hill Individuum und Staat, Untersuchungen über die Grundlagen der Kultur 1913. Jonas Cohn Der Sinn der gegenwärtigen Kultur 1914. Münch Kultur und Recht, ZRPhilos. 1, 345 ff. Dazu Binder KVSchr. 3. F. 19. Bd. S. 227 ff. Bäumler Kritizismus und Kulturphilosophie, Kant-Studien 25, 411 ff.

11 Mayer, M. E. Rechtsphilosophie 1922 S. 33 f. gibt zu, daß die bloße Bezugnahme auf *Kultur* keinen allgemeinen und unbedingten Maßstab für die Richtigkeit eines Wollens abgibt. Seine weiteren Definitionen: Kultur ist Pflege eines gemeinsamen Interesses und der dadurch geschaffene *wertbetonte* Zustand, Kultur ist *wertvoll* gewordene Wirklichkeit — lassen das im Texte hervorgehobene Bedenken allerdings voll bestehen. — S. auch § 141 N. 2.

II. Richtiges Recht

§ 94

Die Richtigkeit eines Rechtes

Ein *richtiges* Recht ist ein *besonders geartetes* Recht. Es ist positives Recht, also mit bedingtem Inhalte versehen (§ 49); und es entsteht in geschichtlich bestimmtem Prozesse, im Kreislaufe des sozialen Lebens (§ 63). Es ist nicht ein *vollkommenes* Recht, denn das ist in der begrenzten Wirklichkeit des menschlichen Erlebens selbstverständlich nicht möglich (§ 4); — es ist und bleibt in der Besonderheit seines Inhaltes unvollkommen.

Aber innerhalb dieses geschichtlich bedingten, unvollkommenen Rechtes sind zwei Arten allgemeingültig zu unterscheiden: a) Rechtliches Wollen, dessen Inhalt in seiner begrenzten Aufgabe von dem Grundgedanken reiner Gemeinschaft so erfolgreich geleitet wird, als es dort nur möglich ist [1]. b) Rechtliches Wollen, das die Aufgabe, nach diesem idealen Blickpunkte sich zu richten, nicht ausreichend erfüllt hat [2].

---

[1] Außer der seither schon herangezogenen Literatur zu diesem Gedankengang § 94. s. noch O. Müller ZStW. 17, 250 ff. Krahmer Philos. Woch. Schr. 1, 146 ff.; 164 ff.; 210 ff.; 307 ff.; 362 ff. Duncker Stammlers Lehre vom richtigen Recht, Die Reformation 1, 482 ff. Vorländer, Kant-Studien 8, 329 ff. Makarewicz, ZStW. 26, 921 ff. Joerges über Kantorowicz (§ 91 N. 16), Deutsche LitZ. 1910 S. 3321 ff. Moór Stammler helyes jogról szóló tana, Budapest 1911. TR. VI 19 S. 541 ff. Leonhard Deutsche LitZ. 19102 S. 1221. Manick DJZ. 17, 521. Berolzheimer ArchRPhilos. 5, 311. Wolf Hess. Rsprech. 13, 157. Tesar ZStW. 34, 256 ff. Laskine L'année sociologique 1909—1912 p. 328 svv. Merkl, Österr. ZÖffR. 2, 113 ff. Goepel (§ 81 N. 2). Schepper Nieuw-Kantiaansche Rechtsbeschonwing, Haarlem 1917. Geny science et technique en positif prévé, t. II, Paris 1915, S. 127 ff. Carlo Intorno al recente trattato di filosofia del diritto di R. Stammler, Riv. inter. (§ 18 N. 15) 3, 59 ff. (1923). Husik The legal philosophy of R. Stammler, Columbia Law Review 24, 373 ff. (1924). Rodriguez (§ 18 N. 12). Sauerländer Der Rechtsbegriff und die Rechtsidee bei R. Stammler, Leipzig. Z. f. D. R. 17, 366 ff. Wu Das Erkenntnisproblem in der Rechtsphilosophie, Arch. system. Philos. 28, 22 ff. Klot Die Stammlersche Lehre vom richtigen Recht, in Baltische Akad. Blätter 4. Jahrg. Nr. 19 (1925). Van der Vlugt R. Stammler, in De Gids 1926 Nr. 2. Dohna in Kant-Studien 31, 1 ff. (1926). E. Martinez Paz La filosofia del Derecho de R. Stammler, De Humanidades 26, 53 ff., Buenos Aires 1927 (S. 52 eine umfassende Bibliographie über das Thema).

[2] Es ist also unrichtiges Recht möglich. Über seinen Unterschied von willkürlicher Gewalt s. § 45 N. 1. Es entspricht dem Begriffe *des Rechtes* und ist in seinem besonderen Auftreten von allen Artmerkmalen des Rechtsbegriffes — im Unterschied von Moral, Sitte, Willkür — restlos bestimmt; — aber es ist in seinem Inhalte nicht wesentlich entscheidend von der Idee des Rechtes — in der Richtlinie nach dem Blickpunkte reiner Gemeinschaft (§ 92) — geleitet. S. namentlich §§ 1 und 2; 82 bes. N. 3; 178 N. 3; nach besonderer Richtung § 81 N. 2; — auch § 15 zu N. 6. Die Parallele mit der Lehre der Moral, die — im genauen Sinne des Wortes *sittlich* (§ 33) — für das Innenleben auftritt, ist auch hier streng festzuhalten (§ 83). Man schätzt die verschiedenen moralischen Anleitungen, die in der Geschichte auftreten, gegeneinander ab und vergleicht sie miteinander: sie entsprechen

Es war ein methodischer Fehler aus der Herrschaft des Empirismus her (§ 18), daß man meinte, es könne in diesen Fragen nur zwei Möglichkeiten geben: entweder ein absolutes Idealrecht, das angeblich außerhalb der Geschichte ersonnen wäre, oder ein historisches und unvollkommenes Recht. In Wahrheit ist der Lehrsatz, daß ein bedingter Rechtsinhalt niemals unbedingte Bedeutung habe, zwar selbstverständlich begründet; — aber es wird damit die hier durchschlagende Unterscheidung auch gar nicht getroffen. Diese besteht darin, daß zu trennen ist: 1. Die absolut feststehende Methode des Bestimmens und Richtens, das System reiner Formen des Begreifens und Urteilens. 2. Der nach dieser Methode bearbeitete Stoff, der stets wechselnd und wandelbar ist, und in welchem sich der eben erwähnte Gegensatz findet, wonach er entweder objektiv richtig ist oder nicht (§ 81)[3].

Hieraus folgt, daß die Verweisung einer Rechtsordnung auf *Treu und Glauben, gute Sitten, Vermeiden des Mißbrauches* u. dgl. (§ 7) nur einen Hinweis auf besonders geartete Rechtssätze bedeutet. Es ist nicht gut, wenn man in jenen Ausdrücken ein mystisches *ethisches* Etwas neben dem *Rechte* vermeinen würde[4]. Vielmehr handelt es sich dabei um das Auswählen desjenigen Rechtssatzes, der in der gegebenen Lage den Gedanken reiner Gemeinschaft leitende Idee bewahrt[5].

---

alle dem Begriffe *der Moral* — gerade in seinem Unterschiede vom Rechtsbegriffe —, aber nicht ihrer Idee. §§ 86; 89.

[3] Richtiges Recht ist also nicht dasselbe, wie soziales Ideal (§ 92), sondern klar und deutlich von diesem unterschieden. Jenes ist ein geschichtlich gegebenes Recht, dem außer seinem begrifflichen Merkmal des rechtlichen Wollens auch noch die weitere formale Beschaffenheit zukommt, daß es in der Richtung des idealen Grundgedankens alles Rechtes geleitet ist. Das soziale Ideal bedeutet gerade diesen allgemeingültigen Grundgedanken, nach dem ein besonderes Recht sich richten kann, um für sich richtig zu sein. Binder (§ 18 N. 12) wirft alles dieses in einer für seine Polemik verhängnisvollen Weise durcheinander. S. bes. in seinem Buche S. 70; 276; auch ArchRPhilos. 9, 271. Wenn er sagt, daß ein richtiges Recht nach unserer Lehre der Rechtsidee *durchaus adäquat* sei, so ist das ein glatter Irrtum. Das Gegenteil seiner Behauptung trifft zu (TR. VI 21). Ein richtiges Recht ist immer unvollkommen und von bedingter Bedeutung und erfüllt in seiner Besonderheit den unbedingten Gedanken reiner Gemeinschaft niemals. Es richtet sich mit den beschränkten Aufgaben in seiner begrenzten Lage nach dem Blickpunkt der Idee, wie nach einem Leitstern (§ 83 N. 6), aber es erreicht ihn schlechterdings nicht (§ 80 N. 5). Die Idee des Rechtes ist von absoluter Gültigkeit, die Richtigkeit eines gegebenen, positiven Rechtes vermag nur objektive Eigenart zu haben (§ 81). Von einer *Verwirklichung* der Rechtsidee innerhalb der geschichtlichen Bedingtheiten ist keine Rede (§ 82 f.). Vgl. auch §§ 21 N. 5; 30 N. 1; 110 N. 3; 115 N. 4.

[4] Über den Gedanken grundsätzlicher Richtigkeit im Strafrecht s. Liszt ZStW. 26, 553 ff. Beling ebda. 693 ff. Thomsen ebda. 696 ff. Jellinek Die sozialethische Bedeutung von Recht, Unrecht und Strafe (2) 1908. Dohna in StFestg. S. 255 ff. — § 91 N. 9 unter b); auch § 114 N. 9.

[5] A. M. Lotmar Der unmoralische Vertrag 1896. Steinbach Die Moral als Schranke des Rechtsverbots und der Rechtsausführung 1898; dazu Wittmayer

Für die praktische Rechtswissenschaft folgt hieraus, daß das Rechtsmittel der Revision zulässig ist, wenn die Auswahl des befolgten Obersatzes Fehler aufweist [6].

Für die Rechtsphilosophie aber ergibt sich die Aufgabe: eine Methode zu zeigen, nach der es möglich ist, den geforderten Rechtssatz — der die bedingende Eigenschaft der grundsätzlichen Richtigkeit besitzt — unter den mehreren, die sich jeweils anbieten, mit Gründen auszuwählen.

§ 95

Die Grundsätze eines richtigen Rechtes

Alles Urteilen nach grundsätzlicher Richtigkeit besteht in einem Auswählen unter zwei gegebenen Möglichkeiten. Die letzteren treten als stofflich bedingte Begehrungen auf. Sie entstehen in einem natürlichen Prozeß, sie werden dem Urteiler geschichtlich geliefert, und er hat nun zwischen den beiden Vorschlägen und Anträgen eine Wahl zu treffen. So gut, wie nun die ordnenden Vorschriften für eine Wahlhandlung von der zu wählenden Person oder Partei zu trennen sind, ebenso braucht es auch keine Schwierigkeiten zu machen, die Methode richtigen Wählens von dem zu wählenden positiven Rechtssatz zu unterscheiden. Jene Methoden bedeuten allgemeingültige formale Richtlinien, nach denen eine material begrenzte Entscheidung als begründet festzustellen ist.

Indem wir danach, gemäß der von uns befolgten allgemeinen Erkenntnisart, auch hier die immer unvermeidliche Trennung von Form und Stoff uns deutlich machen, so haben wir es jetzt mit der Klärung der genannten formalen Methode für sich zu tun und nach ihrer einheitlichen Eigenart zu fragen.

Wissenschaftliche Methoden pflegen zunächst an Einzelfragen tastend sich auszubilden. Das gilt auch von der methodischen Feststellung grundsätzlicher Richtigkeit in rechtlichen Fragen. Es werden Bilder und Vergleiche zu Hilfe genommen, z. B. der Eigentümer für die Ausübung seines Rechtes nicht nur auf die Paragraphen technisch geformter Gesetze, sondern darauf verwiesen, daß er sich als *Verwalter* des Gutes für Gott selbst zu erachten und zu führen habe. Oder man versucht es, sich persönlich in die Lage eines rechtlich Streitenden zu versetzen und dessen Klagen als beschwerend und drückend oder als gleichgültig nachzuempfinden.

Eine eigene methodische Art ist öfter bei der Teilung von gemeinschaftlichem Gute angewandt worden: *Der Ältere soll teilen, der Jüngere*

Steinbach als Sozialphilosoph 1907. Rümelin Die Verweisungen des bürgerlichen Rechts auf das Sittengesetz, Schwäb. Heimatg. f. Haering 1918. — S. § 7 N. 1 und § 11 N. 2; § 162 zu N. 2; § 164 N. 2.

[6] ZPO. 549 ff. LVG. 94.

soll kiesen [1]. In Wahrheit ist aber jede rechtliche Streitfrage eine Auseinandersetzung unter Gemeinschaftern. Die bedingten Ziele und Bestrebungen gehen auseinander, aber sie sind in Gedanken doch als Mittel für das Grundziel des menschlichen Zusammenlebens aufzufassen. Ihr Inhalt, der verschiedenartig auftritt und unter sich vielleicht heftig streitet, ist unter der Idee einer vollendeten möglichen Harmonie zu führen, — das ist: im Sinne reiner Gemeinschaft zu richten.

Welche leitenden Gedanken bestehen aber in den Fällen, da konkrete Hilfsmittel, wie die obigen, versagen?

Wir werden sie klar vor uns sehen, sobald deutlich wird: in welcher allgemeinen Hinsicht ein bedingtes Streben von der durch den idealen Blickpunkt des Harmoniegedankens (§ 80) angezeigten Richtung überhaupt abweichen kann. Nun besagt der letztere die gedankliche Möglichkeit, die verbundenen Bestrebungen der Menschen in unbedingter Widerspruchslosigkeit zu ordnen. Dazu ist nötig, daß nicht das subjektive Belieben des einen Verbundenen das höchste Gesetz für einen besonderen Streitfall werde. Das, was persönlich begehrt wird, muß stets sein Gegengewicht haben, damit der so zu nehmende Ausgleich in dem Gedanken einer ideal vorgestellten Verbindung der Zwecke sein wesentlich bestimmendes Merkmal erhalte [2].

Hieraus ergeben sich nachstehende Richtlinien des Nachdenkens, welche die Grundsätze eines richtigen Rechts heißen können:

1. Grundsätze des Achtens.
   a) Es darf nicht der Inhalt eines Wollens dem subjektiven Belieben eines andern anheimfallen.
   b) Jede rechtliche Anforderung darf nur in dem Sinne geschehen, daß der Verpflichtete sich noch der Nächste sein kann.

---

§ 95. [1] Die Nachweise in § 155 N. 2.

[2] Über Form und Stoff im allgemeinen s. § 3. Die Gegenüberstellung der beiden bedeutet nicht, wie in naivem Empirismus gelegentlich gemeint wurde, ein *Bild*, bei dem der es Aufnehmende unter Form etwa ein Faß, einen Sack oder dergleichen sich vorstellt. Es handelt sich vielmehr, wie wir wissen, um eine Zerlegung unserer immer zusammengesetzten Gedanken. In ihnen liegen einmal ihre bleibend ordnenden und darum logisch bedingenden Denkformen und zum andern die dadurch bestimmten, veränderlichen und wechselnden Bestandteile. Darum wird man bei dem im Texte gebrauchten Vergleiche von einem Wahlreglement, etwa zu einem Parlament, keinen Anstoß daran nehmen, daß die dort gemeinte Regelung selbst wieder aus positiven Paragraphen besteht: es sollte nur der Gegensatz der formalen Bedingungen und des materialen Wahlergebnisses betont werden. In unserer Frage kommt es darauf an, dasjenige rechtliche Wollen, unter zwei gegebenen Möglichkeiten, für gewählt zu erklären, dessen wesentlich bestimmende Grundart von bloß subjektivem Begehren sich abkehrt und der durch den grundsätzlichen Harmoniegedanken (§ 80) gewiesenen Richtung folgt. Wie das tatsächlich auszuführen ist, das wird für forensisches, wie politisches Bewähren die Praxis des richtigen Rechtes und die wissenschaftliche Grundlage politischen Strebens später zeigen. S. vor allem § 141: Möglichkeit des richtigen Wählens, und dann den 3. und 4. Abschnitt des 5. Buches.

2. Grundsätze des Teilnehmens.
   a) Es darf nicht ein rechtlich Verbundener nach subjektivem Belieben von der Gemeinschaft ausgeschlossen sein.
   b) Jede rechtlich verliehene Verfügungsmacht darf nur in dem Sinne ausschließend sein, daß der Ausgeschlossene sich noch der Nächste sein kann [3].

Gegen den ersten grundsätzlichen Gedanken verstößt ein Begehren, welches ein fremdes Bestreben einseitig zu seinem Mittel nimmt, ohne den Gedanken des verbindenden Wollens in unbedingt reiner Art zu führen und nach ihm die eigenen Zwecke als Mittel des ihm Verbundenen einzusetzen; — gegen die zweite Art vergeht sich, wer die Grenzen der fraglichen Verbindung in bloß subjektiver Weise stecken möchte [4].

Bei jeder der beiden Wendungen, in denen die Idee des Rechtes richtend auftritt, kann sie entweder die Voraussetzungen eines besonderen Rechtsverhältnisses und rechtlichen Forderns ergreifen, oder die Folgen einer zweifellos bestehenden Rechtsbeziehung in Frage stellen.

Dabei ist alsbald scharf zu betonen, daß die angeführten Prinzipien nicht Rechtssätze sind, unter die ein streitiges Wollen einzuordnen wäre. Für das letztere kommen immer nur bedingte Rechtssätze in Betracht [5]. Die Aufgabe besteht darin, unter verschiedenen bedingten Rechtssätzen, die sich als maßgeblich darbieten und im geschichtlichen Laufe der Dinge auftreten, den richtigen auszuwählen. Die Grundsätze eines richtigen Rechtes haben mithin nur die Bedeutung methodischer Denkrichtungen, die einem bei der Vornahme dieser Wahl helfen sollen [6].

---

[3] Die Fassung des Textes ist nur die eine Möglichkeit zur Wiedergabe des unterliegenden Gedankens. Es kann auch gesagt werden: . . . nicht bloßes Mittel (Objekt) für subjektives Belieben eines anderen, . . . oder: . . . daß der Verpflichtete (Ausgeschlossene) noch als Selbstzweck bestehen kann, usf. — Einstweilige Beispiele zur Übung des Wiedererkennens der Grundsätze eines richtigen Rechtes in besonderen gesetzlichen Aufstellungen (die Grundsätze nach der im Texte angegebenen Reihenfolge mit Ziffern und Buchstaben bezeichnet): 1. a) BGB. 138; 826. 1. b) BGB. 242; ZPO. 721. 2. a) HGB. 74; ReichsG. v. 10. 6. 14. D. XVII 2, 29, 2. 2. b) BGB. 904; 1020.

[4] RR. (2) S. 144 ff. — Kaufmann Das Wesen des Völkerrechts (§ 138 N. 2) S. 206 ff. Goepel (§ 81 N. 2) S. 17 f.

[5] Zweifelnd (ohne eigene positive Lösung) Vinogradoff (§ 16 N. 3) S. 41 N. 5. Gegen ihn Pound A theory of social intirests. Papers and proceedings of the Americ. Sociology. Society 25, 16 ff. (1911). — S. § 141: Der unmittelbare juristische Schluß. Auch § 152 N. 5.

[6] Die Grundsätze der Richtigkeit eines Rechtes sind formale Richtlinien der Gedanken, aber keine Verfassungsartikel, wie die sog. *Grundrechte*. Die letzteren gehören zum positiven Rechte (§ 49). Jellinek Die Erklärung der Menschen- und Bürgerrechte (3) 1919. Neue Reichs-Verf. Art. 109 ff. Das Gleiche gilt von den völkerrechtlichen Grundrechten. Liszt Völkerrecht (6) 1910 § 19 II. — Sogenannte *allgemeine Rechtsgrundsätze* sind nur zusammenfassende Folgerungen aus Sätzen und Einrichtungen eines positiven Rechtes. Z. B. Urt. d. KG. in JurWoch. 33, 360 f.

§ 96

Rechtsidee und bedingte Maßstäbe

Das letzte Ziel des Rechtes ist die Gerechtigkeit. Eine juristische Entscheidung ist nur dann grundsätzlich richtig, wenn sie von der Idee des Rechtes geleitet ist [1].

Statt dessen finden sich zuweilen Wendungen, wie die: daß *Bedürfnisse des Lebens* den Ausschlag zu geben haben, oder: daß ein *gesunder* Blick für die *Anforderungen des Verkehrs* nötig sei, oder: daß auf *wirtschaftliche Anschauungen* Rücksicht genommen werden müsse, u. a. m. — Das sind zunächst böse Schlagworte. Das *Leben* usw. hat weder einen Standpunkt noch Meinungen oder Wünsche. Es fragt sich also, was sich hinter jenen an sich undeutlichen Angaben verbirgt. Da zeigt sich, daß sie die Vorstellung von einem besonderen und begrenzten Wollen bezeichnen, das unter bedingten Einzelheiten auftaucht und in solchen untergeht. Ob ein solches einzelnes Bedürfnis oder Anfordern bestimmter Menschen nun aber innerlich begründet ist, will immer wieder kritisch erwogen sein und führt dann notwendig auf das soziale Ideal als Maßstab zurück [2].

Bei der Auskunft, daß die Richtigkeit eines Rechtes nach seiner *Zweckmäßigkeit* zu bestimmen sei, ist nicht folgerichtig ausgedacht. Denn jenes besagt ja nur, daß ein besonderes rechtliches Wollen ein taugliches Mittel zu einem begrenzten Zwecke sei. Ob es dann grundsätzlich gerechtfertigt ist, hängt nun notwendig von der gleichen Frage für das angestrebte besondere Ziel ab. Ein fester Halt wird aber erst bei dem bewußten Einsetzen einer unbedingt einheitlichen Methode des Ordnens erreicht.

Das gleiche gilt von der Bezugnahme auf *praktische Brauchbarkeit*. Auch damit werden nur bedingte Ziele als maßgeblich eingeführt: eine endgültig entscheidende Richtlinie ist mit jenem Hinweise nicht angegeben [3].

---

§ 96. [1] Die Begriffsbestimmung s. in § 92 a. E. Man halte fest, daß *Gerechtigkeit* die Eigenschaft eines rechtlichen Wollens ist, die darin besteht, daß es auf Grund des allumfassenden Harmoniegedankens nach der Idee reiner Gemeinschaft gerichtet ist.

[2] Zur Erkenntnis dieser Wahrheit kann die Beschäftigung mit MANDEVILLE The fable of the bees 1705 dienen. Der grundlegende Fehler dieser drastischen Schilderung, der nicht auf den ersten Blick zu entdecken ist, liegt in einem doppelten. Sie nimmt als höchstes Gesetz des Gemeinwesens das Sammeln von Reichtum und einer darauf gegründeten Macht an; und setzt dazu den zweiten Irrtum, daß sie als Gegensatz zu ihrem bedingten Maßstab die Askese der Einzelnen annimmt. STAMMLER Mandevilles Bienenfabel. Die letzten Gründe einer wissenschaftlich geleiteten Politik 1917, mit Literatur S. 8, RphAbh. 2, 101 ff. BOBERTAG Mandevilles Bienenfabel 1914 19.

[3] Über die praktische Brauchbarkeit eines rechtlichen Wollens s. § 149.

Es ist eine in sich verkehrte Grundauffassung, die die Frage stellt: ob man mit der Einsicht in die grundlegenden Bedingungen der Richtigkeit *nun auch etwas anfangen könne*? Das Einzelne ist in seinem Werte nach dem Ganzen abzuschätzen, nicht aber hängt umgekehrt die Bedeutung der kritischen Aufklärung über die grundlegende Einheit von ihrem Nutzen für Einzelheiten ab. Wer eine besondere Bestrebung, etwa die Rechtfertigung gewisser gesetzgeberischer Vorschläge, als festen Punkt nimmt und die Einheit in die Bedingungen der Richtigkeit eines Wollens nur als dienendes Mittel für jene erachtet, müßte ja das begrenzte Wollen, das er voranstellt, auf Anfordern als *richtig* begründen können, also die formale Möglichkeit dieses Begriffes und Beweises wieder notwendig voraussetzen [4].

Wie kommt es nun, daß sich so häufig der eigentlich leicht einzusehende Fehler zeigt: daß die einzelne Anwendung der Wissenschaft für wichtiger, als die Wissenschaft selbst gehalten wird, und so das Bestimmbare als der Prüfstein für das notwendig Bestimmende erscheint? Es erklärt sich daraus, daß alsdann der Eudämonismus als Prinzip versteckt zugrunde liegt. Es ist die unbewußt angenommene Grundauffassung, daß das oberste Gesetz des menschlichen Wollens das Verschaffen von Lustgefühlen, die Abwehr von Unlust sei [5].

In Wahrheit ist das Höchste, was der Mensch erreichen kann, die Objektivierung seiner Gedankenwelt. Es gilt, all sein Bewußtsein richtig zu gestalten. Die Aufklärung über die notwendigen Bedingungen, unter denen das überhaupt erst möglich ist, trägt sonach ihren Sinn und Wert in sich selbst; und der Zweifel, wozu man solche aufklärende Arbeit *brauchen* könne, schwindet dann völlig in sich zusammen.

Vierter Abschnitt

Der Einzelne und die Gemeinschaft

I. Der Einzelne

§ 97

Der Subjektivismus

Alles grundsätzliche Nachdenken geht schließlich auf die Frage nach *dem Sinne des Lebens* zurück. Welches ist die Bestimmung des Menschen, worin liegt der Endzweck seines Daseins?

---

[4] SCHILLER Archimedes und der Schüler.

[5] HUBER Die Rechtsanschauungen in Jeremias Gotthelfs Erzählung Geld und Geist, S.-A. a. d. pol. Jahrb. d. Schweiz. Eidgen. 1913. — § 93 Nr. 1.

Die Erörterungen hierüber lassen sich in die zwei gegensätzlichen Arten teilen: in Subjektivismus und in Objektivität. Jener nimmt als das Maß aller Dinge das einzelne Individuum in seiner bedingten Eigenart und zufälligen Beschaffenheit, die zweite Richtung unterwirft das Denken und Wollen unbedingt feststehenden Weisen des Ordnens.

Der Subjektivismus tritt wiederum in doppelter Gestalt auf: entweder sieht jemand die Möglichkeit eines objektiv richtigen Erkennens und Strebens ein, allein er verwirft dieses und will nur subjektiv gültige Ziele als letzte Gesetze annehmen, — oder aber er möchte gerne objektiv richtige Ergebnisse haben, sieht jedoch ihre Möglichkeit nicht ein und bleibt darum bei der Behauptung bloß subjektiv gültiger Urteile, sei es im ganzen oder in begrenztem Umfange, stehen.

1. Bewußte Verwerfung des Strebens nach objektiver Richtigkeit[1].

Diese Lebensauffassung ist in sich sinnlos und führt in das Lächerliche. Wenn das jeweilige Ich in seinem augenblicklichen Begehren die höchste Instanz für menschliches Tun und Treiben abgeben soll, so wäre die unerläßliche Folge für jeden Anhänger dieser Lehre eine *impositio silentii*. Zu niemandem könnte er sagen: Du hast dich geirrt, du hast unrecht, — denn er würde damit ja die Möglichkeit eines Urteils behaupten, das von dem persönlichen Meinen und Drängen unabhängig wäre und über diesem stände. So kann schon im praktischen Ergebnisse es keinem mit der Ablehnung gegenständlich geltender Überlegung ernst sein.

Aber schärfer als das: Wenn jemand diese Ablehnung durchführen wollte, so würde er in einem unlöslichen inneren Widerspruch befangen sein. Es käme die radikal zweifelnde Behauptung versteckt doch darauf hinaus, daß das ausschließliche Zurückgehen auf die nur persönlich gültigen Begehrungen das einzig Richtige sei. Während er vorgibt, das Streben nach objektiv richtigem Ergebnisse überhaupt zu verwerfen, stellt er zugleich die Forderung auf, daß man in einer bestimmten Hinsicht einem solchen Streben zu folgen habe[2].

2. Zweifel an der Möglichkeit objektiver Richtigkeit.

Dieser grundsätzliche Skeptizismus kann sich auf alle Gebiete des

---

§ 97. [1] Dahin geht STIRNER Der Einzige und sein Eigentum 1845 (neu hrsg. bei Reclam). S. dazu WR. § 66 S. 358 ff. KURTSCHINSKY Der Apostel des Egoismus, Max Stirner und seine Philosophie der Anarchie, übers. v. GLASENAPP 1923. — In diesem Buche § 103.

[2] SCHILLER Der philosophische Egoist, Ged. d. 3 Per. — Freilich wird die Objektivität im Gegensatze zum Egoismus nicht gut mit *Altruismus* ausgedrückt. GUSTI Egoismus und Altruismus. Zur soziologischen Motivation des praktischen Wollens, Leipzig. Diss. 1903. Handw. d. Staatsw. (3) 1, 428 ff.; 7, 436 ff. — MIRANDA Subjektivismus und Voluntarismus im Recht, ArchRPhilos. 16, 522 ff.

menschlichen Geisteslebens erstrecken. Auch für die Erwägung des Rechtes und der Gerechtigkeit hat er sich eingestellt. Hier findet er sich in zweierlei Gestalt:

a) Er zweifelt daran, daß man den Begriff und die Idee des Rechtes allgemeingültig feststellen und danach objektiv gültige Urteile fällen könne. Aber wie will er die Unmöglichkeit jener Feststellung *a priori* beweisen? Wenn er sie selbst in voller Allgemeinheit behaupten wollte, so müßte er den allgemeingültigen Satz aufstellen, daß man überhaupt keinen allgemeingültigen Satz aufstellen könnte, — sich also in einem regelrechten Zirkel bewegen. Sofern er seine Leugnung aber auf die rechtliche Erörterung beschränkt, so kann er sogar durch die Tat widerlegt werden: durch das Aufzeigen der Möglichkeit, eine kritisch begründete Theorie der Rechtswissenschaft zu haben [3].

b) Neuere Zweifler wollen einen Unterschied zwischen *Tatsachen* des sozialen Lebens und zwischen *Werturteilen* machen. Nur über jene sei eine wissenschaftliche Erörterung möglich. Außerdem bliebe es jedem Staatsbürger überlassen, sich über die Tauglichkeit von besonderen Mitteln zu einzelnen, begrenzten Zwecken zu vergewissern; über weitere *Wertungen* gebe es keine wissenschaftliche Entscheidung [4].

Diese Aufstellung scheitert vollständig dadurch, daß sie über den Begriff *Tatsachen des sozialen Lebens* im Unklaren bleibt. Etwas als eine *Tatsache* dartun, heißt: eine bedingte Besonderheit nach einer grundlegenden Methode einheitlich bestimmen. Die Eigenart einer *Tatsache* kann also nur angegeben werden, wenn die Methode, nach der sie einheitlich bestimmt ist, erkenntniskritisch eingesehen wird [5].

---

[3] Dieser Skeptizismus geht in das griechische Altertum zurück. S. oben § 10 zu N. 4 f. u. N. 23. STÄUDLIN Geschichte und Geist des Skeptizismus vorzüglich in Rücksicht auf Moral und Religion, 2 Bde. 1794. KREIBIG Geschichte und Kritik des ethischen Skeptizismus 1896. Hierher gehört die berühmte Darlegung von KANT in der Vorrede zur Kr. d. rein. V. 1. Aufl. (§ 98 N. 1). Von mittelbarem Interesse für die Fragen des Textes ist G. E. SCHULZE Aenesidemus 1792, Neudruck 1911. — In abgeschwächter Weise zeigt sich der grundsätzliche Skeptizismus im mordernen Empirismus. S. § 18 N. 1. Novellistisch: FRESKA Phosphor 1913. — Über Relativismus s. § 8 N. 16. — SCHOLTEN Recht en Lebensbeschouwing, Haarlem 1915.

[4] Bes. vertreten von M. WEBER Die „Objektivität" sozialwissenschaftlicher und sozialpolitischer Erkenntnis, ArchSozW. 19, bes. S. 23 ff.; Verh. d. Vereins f. Soz. Pol. 1909 S. 582; 603; ArchSozW. 24, 94 ff. Ein Nachtrag in Ges. Aufs. z. Wissenschaftslehre 1922 S. 556—579. Dazu WR. Anm. 232. GOEPEL (§ 81 N. 2) S. 23. — GIERKE Die soziale Aufgabe des Privatrechts 1889. — Oben § 56 Nr. 5.

[5] In unserer Rechts- und Gesetzsprache wird häufig der Ausdruck *Tatsache* im Sinne der Voraussetzung einer Rechtsfolge gebraucht. So in der Lehre von den juristischen Tatsachen im materiellen Recht und namentlich im Gebiete des gerichtlichen Verfahrens und des prozessualen Beweisrechtes. S. § 124. WINDSCHEID §§ 67 f. STEIN Komm. z. ZPO. zu § 282 N. 3. RG. 94, 271; 98, 36. In besonderer Anwendung erscheint jenes Wort als Voraussetzung der Ehre, das ist: des anerkannten Besitzes guter Eigenschaften. StGB. 186; BGB. 824. FRANK Komm. z. StGB., bes. zu § 263 II 1. KATTENBUSCH Ehren und Ehre. Eine ethisch-soziologische

Nun ist das soziale Leben ein Zusammenwirken, das ist ein Verbinden von Zwecken mehrerer Menschen als wechselseitiger Mittel füreinander. Folglich ist eine *Tatsache des sozialen Lebens* eine einheitlich bestimmte Zwecksetzung im Sinne eines verbindenden Wollens. Es liegen nicht zunächst Tatsachen der Natur vor — was ja nur einheitlich bestimmte Wahrnehmungen von Körpern wären —, sondern es ist bei der sozialen Erörterung von vornherein gar nichts anderes gegeben, als Verbindungen von Zwecken und Mitteln, bei deren Erwägung nach ihrer Tauglichkeit der Gedanke des *Wertes* in zweiter Linie erscheint [6].

Wenn somit die gesamte Betrachtung des sozialen Lebens eine Zweckbetrachtung ist, und wir es dabei mit dem Inhalte menschlicher Bestrebungen zu tun haben: so ist hierbei eine Zweiteilung von *Tatsachen* und *Wertungen* unbegründet. Die zu bearbeitenden Gegenstände sind von einer und derselben methodischen Art und durch die gleiche Weise begrifflicher Erfassung bestimmt.

Die besprochene empiristische Richtung ist nun geneigt, einem Teile der *Wertungen*, aus denen, nach dem Gesagten, das soziale Leben überhaupt besteht, den Charakter objektiver Gültigkeit zuzugestehen, nämlich denjenigen, bei denen die Erwägung an begrenzten Zwecken haften bleibt. Wenn man einen solchen besonderen Gegenstand eines Strebens vor sich habe, so könne man die Berechtigung der dafür geeigneten Mittel an diesem Gegenstande messen; darüber hinaus erscheine alles unfaßbar und bloß subjektivem Urteilen zugänglich.

Es ermangelt jene Lehre also vollständig des Begriffes von der grundsätzlichen Richtigkeit eines Wollens. Sie sieht nicht, daß dieser Begriff auf einem scharf umrissenen und feststehenden Gedanken fußt, nämlich auf der Möglichkeit einer vollendeten Harmonie unter dem unendlich verschiedenen Inhalte menschlicher Bestrebungen. Wie das Mannigfache der äußeren sinnlichen Eindrücke in der Naturwissenschaft als eine Einheit zu nehmen ist, mit der Aufgabe ihres vollkommenen Zusammenstimmens, so besitzen wir die Möglichkeit des wissenschaftlichen Ordnens aller je vorkommenden Zweckinhalte durch ihre Bearbeitung im Sinne eines unbedingten Einklanges. Dieser Einklang wird dadurch erzielt, daß die Zielstrebungen in ihrer stofflichen Verschiedenheit einer absolut gleichmäßigen Art und Weise der Beurteilung unterworfen werden. Es kommt nur darauf an, die Idee des unbedingt einheitlichen Richtens des menschlichen Wollens, in ihrer Eigenart als Idee der Willensreinheit, sich erkenntniskritisch

---

Untersuchung 1909. SAUER Die Ehre und ihre Verletzung 1915. DERS. Das Wesen der Ehre, Logos 9, 64 ff. ENGELHARD Die Ehre als Rechtsgut im Strafrecht 1921.

[6] G. RÜMELIN d. J. Werturteile und Willensentscheidungen im Zivilrecht, Freib. Rede, 1891. STAUDINGER Empirische und rationale Methode in der Philosophie, Arch. f. syst. Philos. 7, 295 ff.

deutlich zu machen und die Möglichkeit ihrer jeweiligen Anwendung auf gegebene Willensinhalte methodisch zu zeigen.

Daß eine klärende Einsicht hierüber und ihre stete Bewährung ein für allemal und für jedermann unzugänglich sei, und es dafür nur individuelles Meinen geben könne, ist eine unbewiesene und unbeweisbare Behauptung 7.

§ 98

Die Gültigkeit der Sittengesetze

Das Streben nach einer Objektivität, deren Möglichkeit wir grundsätzlich einsehen, vollendet sich in der einheitlichen Bearbeitung bedingt erwachsender Vorkommnisse. Wir versichern uns einer unbedingt gültigen Methode des Ordnens (vgl. §§ 5; 80). Ihre erfolgreiche Anwendung auf besondere Fragen liefert objektiv richtige Ergebnisse, wenngleich nicht absolut feststehende (§ 81). Eindrücke und Strebungen werden einem jeden persönlich gegeben und entstehen im geschichtlichen Verlaufe der Dinge, — aber sie treten einem als Aufgabe gegenüber. Es ist die Bestimmung des Menschen: daß er all sein Sinnen und Trachten nach einheitlich fester Weise ordne und beherrsche.

Diese damit erneut in Erinnerung gerufene Wegeleitung gilt gleichermaßen für das Wahrnehmen, wie für das Wollen. Man hat das bestreiten wollen. Die Gesetze der Natur möchten unabhängig von der Erkenntnis des Menschen gültig sein, die Gesetze des Wollens aber könnten nur behauptet werden, sofern sie von den ihnen Unterstellten gebilligt würden. Keines von beiden ist begründet.

Die Naturgesetze sind einheitliche Erfassungen gegebener Wahrnehmungen. Sie fliegen nicht in der Luft umher, sondern sind

---

7 Die Behauptung bloß individuell bedeutsamer Werturteile darf nicht mit der Lehre von dem Werte verwechselt werden, die RICKERT gegeben hat. Er sieht in ihm eine neue grundlegende Einheit. S. sein Buch Die Grenzen der naturwissenschaftlichen Begriffsbildung 1902, (3/4) 1921; den Vortrag Kulturwissenschaft und Naturwissenschaft 1899, (4/5) 1921; und vor allem den Aufsatz Zwei Wege der Erkenntnistheorie, Kant-Studien 14, 169 ff. Dazu TR. VI 18 S. 356 ff. Sodann RICKERT Psychologie der Weltanschauungen und Philosophie der Werte, Logos 9, 1 ff. DERS. Die Philosophie des Lebens 1920. DERS. System der Philosophie. I. Teil. Allgemeine Grundlegung 1921. JASPER Psychologie der Weltanschauungen 1919. MÜLLER-FREIENFELS Grundzüge einer neuen Wertlehre, Ann. d. Philos. 1, 319 ff. — ÜBERWEG IV § 41; vgl. § 43. REISCHLE Werturteile und Glaubensurteile 1900. JANSSEN Das Wesen der Gesetzesbildung 1910. OSTWALD Die Philosophie der Werte 1913. HESSE Die Werturteile in der Nationalökonomie, Conrads J. 3. F. 43, 179 ff. WIEDERHOLD Wertbegriff und Wertphilosophie, Erg. H. d. Kant-Studien Nr. 52, 1920. HORNEFFER Der moderne Individualismus, Kant-Studien 23, 406 ff. SCHMALENBACH Individualität und Individualismus, Kant-Studien 24, 365 ff. MESSER Deutsche Wertphilosophie der Gegenwart 1926. HEYDE Wert. Eine philosophische Grundlegung 1926. LENORE KÜHN Die Autonomie der Werte 1927. — HAERING Untersuchungen zur Psychologie der Wertung 1920.

eine Tat des menschlichen Erkennens. Sobald man von der Möglichkeit des letzteren Abstand nimmt, hat der Gedanke eines *Naturgesetzes* überhaupt keinen Sinn mehr. Er besteht nur durch unser Denken und als solches [1].

Die Sittengesetze sind einheitliche Erfassungen gegebener Bestrebungen. Jedes von ihnen, das in besonderer Gestalt auftritt, ist ein Versuch, den Inhalt von bestimmtem Begehren im Einklang mit anderem Streben zu halten und eine formale Harmonie innerhalb des stofflich verschiedenen Wollens zu schaffen. So sind die Sittengesetze, in gleicher Weise wie die Naturgesetze, Schöpfungen des Nachdenkens über mögliche Ordnung und Einheit in dem unendlich mannigfachen Inhalte menschlichen Drängens und Trachtens. Und sie sind in der Frage ihrer grundsätzlichen Richtigkeit von der subjektiven Anerkennung eines besonderen Individuums ebenso unabhängig, wie das einheitliche Ordnen der äußeren Erscheinungen [2].

Es ist eine Täuschung, zu glauben, daß man für das letztere in dem Eindrucke der Sinne eine größere Gewähr der Gesetzmäßigkeit hätte, als für die Erwägung des Sollens. Denn die sinnliche Wahrnehmung verschafft keine Erkenntnis eines Gesetzes; das tut nur der ordnende Verstand.

Die höchste Instanz für die Gültigkeit eines gesetzmäßig behaupteten Lehrsatzes ist also immer nur das kritisch geleitete Nachdenken. Es gibt nur einen einzigen Begriff der *Gültigkeit* eines Gesetzes, nämlich: die erfolgreiche Anwendung des Gedankens unbedingter Einheit des Bewußtseins auf gegebene Erlebnisse. Dieser Begriff der *Gültigkeit* ist ein und derselbe für Naturgesetze und für Sittengesetze.

§ 99
Pflichten gegen sich selbst

Die Gesetzmäßigkeit des Wollens ist die unbedingt gleichmäßige Art, alle denkbaren Begehrungen zu richten. Ihr untersteht sonach das Wollen des vereinzelten Menschen. Dabei ist es gleichgültig, ob sich jemand in verhältnismäßiger Abgeschlossenheit für sich hält und einsam lebt, oder ob es sich um einen Menschen handelt, der

---

§ 98. [1] Entscheidend sind hier die oben (§ 15 N. 8) zitierten Ausführungen von Kant Prolegomena zu einer jeden künftigen Metaphysik, die als Wissenschaft wird auftreten können 1883 §§ 36—38, im Zusammenhalt mit der Kritik der reinen Vernunft (1) 1781 S. 125 ff., (2) 1787 S. 163 ff. — Nernst Zum Gültigkeitsbereich der Naturgesetze, Berl. Rede 1921.

[2] Liebert Das Problem der Geltung (§ 68 N. 5). Ders. Der Geltungswert der Metaphysik, Philos. Vortr. d. Kantges. Nr. 10, 1915. Rickert Über logische und ethische Geltung, Kant-Studien 19, 182 ff. Störring Die sittlichen Forderungen und die Frage ihrer Gültigkeit 1920.

— wie der Robinson — in vorübergehender Zeit gänzlich außerhalb der menschlichen Gesellschaft haust, oder endlich, ob man sich eine Person im *Naturzustande* vorstellt und ihr Auftreten phantasievoll ohne alle Berührung mit anderen Menschen in Gedanken ausmalt. In allen diesen Fällen bleibt die Frage bestehen, wie es sich mit der Möglichkeit eines grundsätzlich richtigen Wollens verhalte, wie also die Verantwortung und die Erwägung von *Pflichten gegen sich selbst* zur Aufgabe gestellt werden können [1].

Das macht keine Schwierigkeit, solange wir es mit der Ordnung der wünschenden Gedanken für sich zu tun haben (§ 32). Hier ist es die Harmonie des Sehnens, die methodisch bewirkt und durchgeführt werden soll: Es handelt sich nun um das Innenleben des einzelnen Menschen, das nach der Idee unbedingter Reinheit zu ordnen und zu richten ist. Da diese Erwägung in ihrer wesentlichen Eigenart den Einzelnen getrennt für sich aufnimmt, so ist es gleichgültig, ob für diesen Menschen außerdem noch eine soziale Betrachtung möglich ist. Seine durchgängige Verbindlichkeit besteht gegenüber dem Grundgesetz der Willensreinheit überall in gleicher Weise. Durch die Beobachtung einer mehr oder weniger weitgehenden äußeren Vereinzelung kommt in der geschilderten Richtung weder etwas Neues hinzu, noch auch wird etwas ändernd hinweggenommen.

Das gleiche Ergebnis, wie für die wünschenden Gedanken, erhält man aber auch für das Handeln und Wirken eines vereinzelten Menschen. Freilich ist diese Vorstellung, wie früher (§ 34) ausgeführt, immer unvollendet. Sie ist notwendigerweise von vorläufigem Charakter und führt bei folgerichtigem Ausdenken unvermeidlich zu dem Gedanken des gesellschaftlichen Lebens hin. Solange aber ein Einzelner in seinem äußeren Tun vereinzelt erwogen wird, ist auch für ihn — in seiner Vereinzelung — das unbedingte Grundgesetz des Wollens durchzuführen [2].

Das ist näher so zu denken, daß er in seinen bedingten Antrieben und Begehrungen unter die Aufgabe widerspruchslosen Ordnens gestellt ist. Dem kann er nur gerecht werden, wenn er in dem Ganzen seiner Persönlichkeit sich niemals zum bloßen Mittel für begrenztes Drängen macht. Als der oberste Blickpunkt darf nicht ein besonderes Treiben und Trachten bestehen. Vielmehr ist das letztere allezeit so aufzufassen und zu leiten, daß es im Sinne reinen Ordnens beherrscht und in das Ganze des wollenden Bewußtseins harmonisch eingefügt wird.

In diesem Sinne gibt es also auch für das äußere Wirken und Tun des Menschen Pflichten gegen sich selbst. Er hat sich in den

---

[1] NATORP Sozialpädagogik (4) 1920 § 10. — KOIGEN Einsamkeit. Ein sozialphilosophischer Entwurf, Arch. f. syst. Phil. 8, 456 ff. TR. VI 10 u. 11. Oben § 34 N. 4. § 99.

[2] HILLER Das Recht über sich selbst. Eine strafrechtsphilosophische Studie 1908.

Selbstzweck, im Sinne des Trägers der Idee, zu achten und darf sich, als ein Ganzes, nicht an eine Einzelheit und an eine besondere Begierde als Objekt wegwerfen, noch ihr unterordnen.

Einen Menschen, dem es gelingt, solches in selbständigem Entschlusse aufzunehmen und es im Vereine mit richtigem sozialen Wollen zu bewähren, soviel nur angeht, bezeichnet man seit alten Zeiten auch als eine Persönlichkeit [3].

II. Die Gemeinschaft

§ 100

Gesellschaft und Gemeinschaft

Wir unterscheiden, im Interesse sachlicher Klarheit, die Ausdrücke *Gesellschaft* und *Gemeinschaft*.

Unter *Gesellschaft* ist das Verbinden von Menschen in seiner begrifflichen Möglichkeit zu verstehen. Es werden ihre Zwecke wechselseitig als Mittel für einander gesetzt (§§ 31; 35). Hierdurch bestimmt sich der Begriff des sozialen Lebens der Menschen, das dem getrennten Innenleben eines jeden für sich gegenübersteht. Es handelt sich also bei diesem Begriffe der Gesellschaft um die Zerlegung des menschlichen Wollens nach einem allgemeingültigen Merkmale, das sich in der Erfahrung voll verwirklichen läßt: jedesmal, wenn ein Verbinden von Zwecken mehrerer Menschen in der angegebenen Art stattfindet, ist der Begriff der Gesellschaft ohne allen Rest erfüllt.

Dagegen ist die *Gemeinschaft* die Eigenschaft einer besonders gearteten *Gesellschaft*, nämlich einer solchen, deren verbindendes Wollen von der Idee reinen Wollens geleitet ist [1]. Diese Idee besagt aber den Ge-

---

3 KANT Kr. d. prakt. V. (§ 80 N. 7) I 1, 3 a. E.; Religion (§ 87 N. 2) S. 18 f. — *Volk und Knecht und Überwinder Sie gestehn zu jeder Zeit: Höchstes Glück der Erdenkinder Sei nur die Persönlichkeit.* GOETHHE West-östlicher Divan, Buch Suleika (Cotta 4, 88). DEL VECCHIO Diritto e personalià umana nella storia del pensiero, Bologna 1904. NIEBERGALL Person und Persönlichkeit 1911. ROSIKAT Individualität und Persönlichkeit 1911. DITTRICH Individualismus, Universalismus, Personalismus, Philos. Vortr. d. Kantges. Nr. 14, 1917. MÜLLER-FREIENFELS Persönlichkeit und Weltanschauung 1918. LITT (§ 35 N. 2). EHRENBERG Das Problem der Individualität, Zeitschr. f. syst. Theol. 3, 461 ff. (1925).

§ 100. 1 Es wird sich kaum ein anderer Ausdruck als *Gemeinschaft* finden lassen, um die ideale Richtlinie auch für das äußere Zusammenleben der Menschen zu kennzeichnen. Freilich wird das genannte Wort von gar verschiedener Seite, und dann jeweils mit verschiedener Schattierung gebraucht. a) In der technischen Jurisprudenz für die gesetzliche Rechtsgemeinschaft im Privatrecht gegenüber dem Gesellschaftsvertrag. WINDSCHEID § 449. ENGLÄNDER Die regelmäßige Rechtsgemeinschaft 1914. b) In der Sozialökonomie. TÖNNIES (§ 35 N. 1). c) In der Ethik. GÖRLAND (§ 32 N. 1; auch § 29 N. 1). d) In der Religion. LUTHER Großer Katechismus 1529, dritter Artikel. Auch als Gemeinschaft mit Gott. LUTHER Ein Sermon von dem Banne 1520. STANGE Die Lehre von den Sakramenten 1920.

danken eines unbedingten Einklanges unter allen jemals möglichen menschlichen Bestrebungen. Sie kann daher in der empfindbaren Wirklichkeit bedingter Erfahrung niemals restlos verwirklicht werden (§ 83). Der Gedanke einer reinen Gemeinschaft bedeutet also einen methodischen Blickpunkt, nach dem eine in der Erfahrung gegebene Gesellschaft gerichtet werden muß, wenn ihr Auftreten grundsätzlich richtig sein soll.

Es ist danach abzulehnen, in der Gemeinschaft ein rätselhaftes Urding zu sehen, von weiter Ausdehnung und großer Stärke. Und sie bedeutet auch nicht ein wirkliches Ziel, das in späteren, vielleicht sehr entlegenen Zeiten einmal erreicht werden könnte. Sie ist ein leitender Gedanke für die besondere Erfahrung, tritt in diese aber niemals als bedingter Gegenstand ein.

Ehe also der Gedanke der Gemeinschaft in die bedingte Wirklichkeit eingreifen kann, ist es nötig, daß ein besonderes verbindendes Wollen, mit begrenztem Inhalte, vorliegt. Denn jener ideale Gedanke ist eine reine Form des Leitens und Richtens. Wenn kein begrenztes soziales Begehren vorliegt, so bleibt er im Stande bloßer Möglichkeit, ohne eine greifbare Ausgestaltung gewinnen zu können.

Für die Praxis des sozialen Lebens folgt hieraus vor allem, daß die Idee der Gerechtigkeit, als der Gedanke reiner Gemeinschaft, den Stoff geschichtlicher Rechtsordnungen braucht, um in gegebener Lage überhaupt ausgeführt zu werden. Es ist gleichgültig, ob das dann im Innern dieser Gesellschaft geschieht, oder sich in ihrem Verhältnisse zu anderen rechtlichen Verbindungen bemerkbar macht.

Dagegen läßt sich die Idee der Gemeinschaft nicht unvermittelt etwa auf die gesamte Menschheit anwenden. Dazu wäre nötig, daß die letztere in einer bedingten Verbindung nach positivem Rechte zusammengefaßt wäre; dann würde auf die Art dieser besonderen Verbindung die ideale Richtlinie des gemeinschaftlichen Wollens leitend einzusetzen sein. Für die geschichtliche Wirklichkeit hat dieser phantastische Entwurf natürlich keine Bedeutung [1].

[1] Hierin liegt die theoretische Berechtigung des nationalen Gedankens, die innere Notwendigkeit für die Pflege der Vaterlandsliebe. Eine entschlossene und bewußte Aufnahme dieses Gedankens gehört in Deutschland erst der neueren Zeit seit der Ausbildung der klassischen Literatur an. Nach den Oden und Gesängen von KLOPSTOCK, GRAF STOLBERG und anderen, der Darstellung der Hermannsschlacht von KLEIST faßt es sich mit hinreißender Wirkung in SCHILLERS Wilhelm Tell zusammen. Nach diesem ergriff es FICHTE in Reden an die deutsche Nation 1808, besonders in der achten Rede. Aus der heutigen Literatur: MEINECKE Weltbürgertum und Nationalstaat (2) 1911. Verh. d. deutsch. Soziologentages 1912 S. 21 ff.; 140 ff. BAUCH Vom Begriff der Nation, Kant-Studien 21, 139 ff. NATORP Die Seele des Deutschen 1918. GÖTZ Das Wesen der deutschen Kultur 1918. FELDKELLER Der Patriotismus. Eine kulturphilosophische Monographie. 1. Teil: Psychologie des patriotischen Denkens 1918. DERS. Vaterland 1919. STAMMLER Materialistische Geschichtsauffassung (§ 17 N. 3 a. E.) 2. A. 1927 S. 69 ff.

§ 101

Der Träger des gemeinschaftlichen Wollens

Das Wesen des idealen Gedankens der Gemeinschaft besteht in einer formalen Eigenart eines sozialen Wollens. Ein *gemeinschaftliches* Wollen ist ein besonders geartetes Wollen. Darum ist bei seiner Erwägung auch nicht gleich nach dem Träger des gemeinschaftlichen Wollens gefragt worden. Diese Frage ist für die Eigenart des Gedankens vom gemeinschaftlichen Wollen gleichgültig. Und die Person, die diesen eigenartigen Gedanken besitzt und betätigt, kann nicht mit gleicher Allgemeingültigkeit angegeben werden, wie die beschriebene gedankliche Eigenart selbst. Es läßt sich nur sagen, daß der Geist des gemeinschaftlichen Wollens, wenn es mit rechten Dingen zugeht, von jedermann gehegt und gepflegt werden soll, — ob es in Wirklichkeit geschieht, und ob es von dem geschieht, der des Rechtes zu walten hat, bleibt offene Frage des geschichtlichen Erlebens [1].

Darum ist das alte Problem vom Verhältnis des Einzelnen zur Gemeinschaft in Wahrheit nicht so schwer zu nehmen, sobald man die Gemeinschaft als die ideale Eigenart des verbindenden Wollens faßt [2]. Sobald das letztere in der Richtung des sozialen Ideales gelenkt wird, ist das genannte Problem befriedigend aufgelöst. Es ist dann nicht weiter von Bedeutung, ob wir die Frage von der Seite der Verbindung oder von der der verbundenen Willensinhalte her betrachten. Und umgekehrt muß es notwendig zu peinlichem Zusammenstoße führen, sobald jenes Richten im Sinne reiner Gemeinschaft einem verbindenden Wollen fehlt [3].

---

§ 101. [1] Man darf sich nicht die Gemeinschaft als ein selbständiges Ding denken, als ein großes Wesen. Sie gehört nicht zu den uns umgebenden Naturerscheinungen von einer vielleicht riesenhaften räumlichen Ausdehnung. Der ideale Gedanke reiner Gemeinschaft bedeutet eine bedingende Richtung bei dem Setzen und Verfolgen menschlicher Zwecke. Das gemeinschaftliche Wollen ist eine Art des Wollens, die durch die Leitung nach der Idee der Willensreinheit (§ 80) für das verbindende Wollen (§ 31) ausgezeichnet ist. S. auch §§ 16; 54. — GOLDSCHEID Ethik des Gesamtwillens 1902. CHATTERTON HILL Individuum und Staat. Untersuchungen über die Grundlage der Kultur 1913.

[2] Das Verhältnis des Einzelnen zur Gesellschaft kann nach der Seite des stofflich bedingten Inhaltes des Denkens und Wollens betrachtet werden. Hier erhält jeder aus dem gerade vorliegenden Zusammenleben mit anderen seine Impulse und sein besonderes Dasein, und er wiederum gibt das Seinige zurück. In dem hier zu erörternden Zusammenhange handelt es sich aber um die zutreffenden Gedankenrichtungen, in denen der Einzelne den ihm Verbundenen begründetermaßen gegenübertreten soll. Dazu s. Nr. 3. Über jenes erste verbreitet sich namentlich gut FREYTAG in der Einleitung zu Bilder aus der deutschen Vergangenheit (§ 6 N. 7). — SCHMITT Der Wert des Staates und die Bedeutung des Einzelnen 1914.

[3] Es findet sich wohl die Frage: Ob der Einzelne für die Gesellschaft da sei oder umgekehrt? Das ist aber keine notwendige Wahl. In relativem Betracht ist beides zu bejahen, in absolutem Sinne beides zu verneinen. Denn ein jeder steht zugleich

Endlich ist zu beachten, daß auch die gemeinsame Verfolgung einer anderen Idee, als der der Gerechtigkeit, sich vielfach als *innere Gemeinschaft* dargestellt hat. So schon als Gemeinschaft derer, die der Naturwissenschaft oder der Kunst in einem gleichen Sinne anhängen; besonders aber in Dingen der Religion. Hier ist jedoch ein Unterschied gegenüber dem seither besprochenen Sinne von Gemeinschaft deutlich zu erkennen. Bei dem gemeinschaftlichen Wollen, als einem besonders gerichteten verbindenden Wollen, besteht eine notwendige Trennung zwischen den Einzelnen und zwischen der Art ihrer Verbindung; — bei der Gemeinschaft in der jetzt neu hinzugefügten Bedeutung kann es sich immer nur um eine Gemeinsamkeit von einzelnen Bewußtseinsinhalten handeln. Während das Wesen der rechtlichen Verbindung gerade darin besteht, daß sie nicht eine Summe von Einzeläußerungen ist, sondern ein besonders geartetes Wollen, das selbstherrlich verbindet (§ 41), so handelt es sich in den nun zur Sprache gekommenen Fällen notwendig um eine Verständigung unter selbständig bleibendem Streben. Es mag sein, daß jedes einzelne Bewußtsein in dem Gefühle teilnehmender Übereinstimmung in sich eindringlicher und inniger ausgestaltet wird, aber das Ganze der Zusammenschließung ergibt nicht einen neuen Gegenstand der Erwägung (wie es bei der sozialen Betrachtung der Fall ist), sondern eine Anzahl sich berührender und fördernder, einzelner Erlebnisse [4].

§ 102

Der Kampf um das Recht

Wie weit ist es Pflicht, sich um das Setzen und Bewähren des Rechtes zu bemühen?

---

als Einzelner für sich und zugleich als Gegenstand des verbindenden Wollens in Frage (§ 31). — Tolstoi (§ 93 N. 4) wollte statt dessen drei Grundbeziehungen aufstellen, die der Mensch zu der ihn umgebenden Welt einnehmen kann: Die primitiv persönliche oder tierische, da der Mensch bloß sich selbst dient (Genuß), die gesellschaftliche oder heidnische, in der der Zweck des Lebens sei, der Gemeinschaft zu dienen (Ruhm), der göttliche oder christliche, nach der der Sinn des Lebens darin liegt, dem göttlichen Willen zu dienen (Liebe). — Das ist keine haltbare Unterscheidung. Der entscheidende Gegensatz liegt immer nur in der Gegenstellung von bedingten Fragen und von reinen Richtlinien. Sucht also jemand nach dem *Sinn des Lebens*, wie oft geschehen ist, — so lautet die Antwort: Idealisierung des bedingt erwachsenden Strebens! Dieses geht auf die zwei eben genannten Stellungen, in denen sich jeder unvermeidlich und immer befindet: auf sein Innenleben und auf sein Zusammenleben mit andern. Und er kann sich von den Bedingtheiten ebensowenig völlig entfernen, wie er diese doch nicht als sein oberstes Gesetz nehmen soll. Es liefert dem gegenüber die Wissenschaft die Möglichkeiten richtigen Erkennens und Wollens, die Religion dagegen den Antrieb, sich diesem zu weihen und hinzugeben. S. § 93 Nr. 2; und § 180.

[4] Die verschiedenen Schattierungen und Verwendungen im Gebrauche des Wortes *Gemeinschaft* dürfen nicht irre machen. S. § 100 N. 1.

Es findet sich dafür die Behauptung, daß eine solche Pflicht als unbedingtes Gebot bestehe, sowohl als Pflicht gegen sich selbst, wie als solche gegen das Gemeinwesen. Andernfalls könnte keine Antwort erteilt werden, die mit dem Bestehen der Rechtsordnung und der *Idee der Persönlichkeit* verträglich wäre. Auch bestehe jene Pflicht gleichermaßen für die Befugnis, die dem einzelnen Rechtssubjekt nach einem geltenden Rechte zukomme, wie für die Verwirklichung dieser Rechtsordnung selbst [1].

Hier wird doch noch zu unterscheiden sein.

Bloß deshalb, weil ein rechtliches Wollen da ist, braucht es noch nicht grundsätzlich richtig zu sein. Darum kann auch eine grundsätzliche Pflicht der Durchsetzung eines geltenden Rechtes nicht für jeden behauptet werden. Eine solche Pflicht besteht für denjenigen, der das Recht zu wahren hat, für den Richter und Verwalter der Rechtsordnung in ihrer Hoheit; dagegen keineswegs für den einzelnen Rechtsunterstellten, dem eine rechtliche Befugnis zuerkannt ist. Jener hat die Sorge, daß nicht an die Stelle des rechtlichen Wollens eine willkürliche Gewalttat eintrete, — für den zweiten dagegen ist eine solche Pflicht aus der Beobachtung des positiven Rechtes her nicht allgemeingültig zu entnehmen [2].

Soll also eine Verpflichtung zum Kampfe um das Recht für den einzelnen Rechtsunterstellten in unbedingter Weise bestehen, so kann sie nur aus der Idee des Rechtes abgeleitet werden. Wenn z. B. jemand eine Berechtigung geerbt hat, so hat er für die hier erörterte Frage zu prüfen, ob das Durchsetzen jener Berechtigung nach den Grundsätzen des richtigen Rechtes veranlaßt ist [3].

Ein anderer Maßstab, als der Grundgedanke der Gerechtigkeit selbst, vermag in letzter Linie dabei nicht einzutreten. Die Berufung auf das notwendige Bestehen der Rechtsordnung überhaupt ändert an jener Überlegung nichts. Dieses Bestehen der Rechtsordnung überhaupt ist von einer ausnahmslosen Durchführung der von ihr verliehenen Berechtigungen an und für sich nicht abhängig. Und die Bezugnahme auf die *Persönlichkeit* des gerade positiv Berechtigten entscheidet nicht. Das verletzende Vorgehen gegen einen solchen kann sehr wohl noch ein Ausfluß eines bloßen Gegendruckes gegen seine nur subjektiv begründeten Begehrungen sein [4].

Soweit nun ein Kampf um das Recht nach der Idee der Gerechtig-

---

§ 102. [1] JHERING Der Kampf ums Recht (§ 18 N. 7).

[2] In eigener Wendung hat LUTHER die obige Unterscheidung auch für den einzelnen Rechtsunterstellten ausgeführt in Tischreden 2. Bd. (Weimarer Ausgabe) S. 224 Z. 323; 593 Z. 19.

[3] Ein hübscher Rechtsfall hierzu bei STÖBER Die Zwillinge, Ausgewählte Erzählungen 1902, 5. Bd. S. 115 ff.

[4] Über die Verfehltheit der Lehre vom Klassenkampf als angeblich höchstem Gesetz des sozialen Strebens s. § 63 N. 3.

keit sachlich gerechtfertigt erscheint, bezieht sich dieses freilich ebensowohl auf das Ausführen eines schon in Kraft befindlichen Rechtes, als auch auf das Anstreben eines anderen rechtlichen Ordnens, das in seinem Inhalte richtiger, als das jetzt geltende, sein mag. Allein unter allen Umständen ergibt sich da eine weitere Grenze.

Sie zeigt sich, sobald in einer der beiden zuletzt erwähnten Richtungen ein besonderes bestrittenes Wollen auftritt. Denn dieses ist eine Einzelheit. Ihre Verfolgung kann wiederum nicht als das unbedingt höchste Gesetz des Strebens oder als eine daraus fließende bedingungslose Pflicht aufgestellt werden. Das Gegenteil ist vielmehr genau zu betonen. Denn nur zu leicht erhebt jemand, der sich in seinem Rechte verletzt glaubt, sein besonderes und einzelnes Begehren zu dem letzten Gebot für all sein Wünschen und Trachten; — wiederum sowohl im geschäftlichen Leben, als auch in Fragen politischer Bestrebungen. Und dann wird der Kampf um das Recht nicht sowohl zur Erfüllung einer Pflicht, als vielmehr zur Betätigung eines sittlich verwerflichen Wollens [5]. Es ist die Idee der Willensreinheit, in ihrer Anwendung auf das rechtlich verbindende Wollen, die das einzelne Fordern und Verneinen objektiv berechtigt macht: und sie wiederum ist es, die zu der grundsätzlichen Anleitung führt, keine Einzelheit in den Mittelpunkt seines Daseins zu stellen (§ 89), also auch nicht ein begrenztes rechtliches Begehren, sei es an und für sich auch noch so gerechtfertigt [6].

So erhalten wir die nachstehende Formel als Antwort auf die Eingangs gestellte Frage: Der Kampf um das Recht ist für den einzelnen Rechtsunterstellten begründet, wenn es sich um das Durchsetzen von richtigem Rechte handelt; — er hört aber auch dort auf, innerlich gerechtfertigt zu sein, sobald er, in seiner Besonderheit, den Mittelpunkt des Strebens einer Person einnimmt [7].

---

[5] Der Kampf um das Recht ist immer nur ein Kampf um eine Einzelheit. Anders kann er gar nicht auftreten. Sonach ist nicht das Erreichen dieses besonderen Zieles selbst das Grundgesetz, sondern will immer an der Hand des letzteren gerechtfertigt werden. Darum kennt das Strafrecht mit Fug die Überschreitung der Notwehr. — Vgl. § 89 N. 3; auch § 144 Abs. 3 Nr. 2.

[6] So ist der Vorsatz, auf ehrliche Weise Geld zu verdienen, ein bedingtes Streben. Wird es von jemand als unbedingtes Grundgesetz all seines Wollens genommen, so ist das für folgerichtige kritische Erwägung minderwertig und indiskutabel. S. Huber Rechtsanschauungen bei Gotthelf (§ 96 N. 5). Das Entsprechende kann auch da vorkommen, wo einer an nichts, als an naturwissenschaftliche Forschung denkt. Er gelangt dann wohl nach der einen Seite hin zu einer Objektivierung der Gedanken. Aber diesem Plane, der als solcher begrenzt ist, nun schlechterdings alles andere zu opfern, wäre wieder verfehlt und kritisch nicht bedacht. Es wird mit jenem Vorhaben, wenn es richtig eingestellt wird, dann wohl eine objektiv richtige Besonderheit bezeichnet, aber keineswegs wiederum das Grundgesetz des Wollens selbst (§ 80 f.) in genügender Weise gekennzeichnet.

[7] Danach berichtigt sich auch die Beurteilung, die Jhering der Erzählung von Kleist über Michael Kohlhaas angedeihen läßt. Caro Heinrich v. Kleist und

Fünfter Abschnitt

Das Recht des Rechtes

I. Die Anzweiflung des Rechtszwanges

§ 103

Dynamische Gründe für den Rechtszwang

Das Recht tritt als ein selbstherrliches und unverletzbares Verbinden menschlicher Bestrebungen auf. Es fragt sich, ob es in dieser seiner Eigenart, durch die es sich von konventionaler (§ 41) und von willkürlicher (§ 47) Regelung begrifflich unterscheidet, grundsätzlich gerechtfertigt werden kann.

Die Frage zeigt sich praktisch besonders in der ersterwähnten Richtung, da das rechtliche Wollen im Sinne eines Zwangsgebotes erscheint. Dadurch erregt es in sich schon einen gewissen Widerspruch der rechtlich verbundenen Menschen, von denen jeder einen Drang nach eigener Entschließung in sozialen Fragen hegt und äußert. Interessante Beispiele eines solchen Widerstrebens sind mehrfach in der gerichtlichen Praxis und im sonstigen öffentlichen Leben beobachtet worden [1]. Außer diesen Einzelfällen hat aber vor allem die Theorie des Anarchismus die Berechtigung des Rechtszwanges allgemein angegriffen und verneint [2].

---

das Recht 1911. CASSIRER Kleist und die kantische Philosophie, ErgH. der Kant-Studien Nr. 22, 1919. Vgl. § 144 N. 4.

§ 103. [1] Mennoniten, Adventisten, Nazarener, *Conscientious Objectors* haben sich aus Gewissensbedenken geweigert, Kriegsdienste mit der Waffe zu tun. Anhänger einer bestimmten Heilmethode lehnen es ab, dem gesetzlichen Impfzwange zu gehorchen. Gerichtlich vernommene Zeugen erklärten, daß sie unter keinen Umständen einen Eid leisten werden. Parteigängerinnen des Frauenstimmrechts in England verübten zerstörende Gewalttaten und erklärten, an die Gesetze, die sie nicht mitbeschlossen hätten, nicht gebunden zu sein. Vgl § 108 N. 1.

[2] GARIN Die Anarchisten 1887. MACKAY Die Anarchisten, Kulturgemälde aus dem Ende des 19. Jahrh. 1891. STAMMLER Die Theorie des Anarchismus 1894, RphAbh. 1, 49 ff. SIEGFRIED Durch Atheismus zum Anarchismus 1895. MACKAY und STEINER (§§ 35 N. 11; 55 N. 10; 56 N. 12) Der individualistische Anarchismus, Briefwechsel, Mag. f. Liter. 67, 13 (1898). REICHESBERG Sozialismus und Anarchismus 1895. ZENKER Der Anarchismus 1895. TUCKER Der Staat in seiner Beziehung zum Individuum 1899. ELTZBACHER Der Anarchismus 1900. LENZ Der Anarchismus und das Strafrecht, ZStW. 16, 1 ff. JELLINEK Allg. Staatsl. (§ 6 N. 2) 7. Kap. BIERMANN (§§ 57 N. 5; 84 N. 5). DIEHL (§§ 56 N. 2; 57 N. 5). BORGIUS Die neuere Entwicklung des Anarchismus, ZPolit. 1, 514 ff. RAMUS William Godwin, der Theoretiker des kommunistischen Anarchismus 1907. BOVENSIEPEN Anarchismus und Recht, D. Hilfe 13, 534 f. ADLER Anarchismus, Handw. d. Staatsw. (3) I 444 ff. MOÓR A jog fogalma és az anarchismus problemája Budapest 1911. BÜCKLING Der Einzelne und der Staat bei Stirner und Marx, Schmollers J. 44, 1071 ff. PRILI, MARG. Die Theorie des kommunistischen Anarchismus nach P. Krapotkin, Berl. Diss. 1927. — Über STIRNER s. § 97 N. 1. — Über TOLSTOI. §§ 34 N. 7; 92 N. 6; 93 N. 4; § 101 N. 3.

Demgegenüber hat man versucht, das Recht des Rechtes dadurch zu begründen, daß auf die unvermeidliche Verursachung der rechtlichen Weise des sozialen Lebens hingewiesen wurde. Überall in der geschichtlichen Erfahrung begegne man gerade diesem rechtlichen Wollen in seiner Eigenart, so daß daraus auf eine Notwendigkeit seiner Entstehung geschlossen werden könne. Und zwar in doppelter Hinsicht. Es sei anzunehmen, daß die Menschen, die dazu die tatsächliche Macht besäßen, von dem rechtlichen Verbinden immer Gebrauch machen werden; und man könne andererseits wahrnehmen, daß eine Unterwerfung unter die rechtliche Gewalt in Wirklichkeit stets geschehen werde [3].

Allein das Recht ist eine Art des menschlichen Wollens (§ 30). Es kann also nur als ein notwendiges Mittel zu einem begründeten Zwecke gerechtfertigt werden. Die bloße Feststellung, daß sich eine gewisse Weise des Verbindens der Menschen im geschichtlichen Erleben wirklich durchsetzen werde, ist für den Zweifel, ob dieses mit prinzipieller Berechtigung geschehe, in sich gleichgültig.

Für das Recht aber kommt im besonderen hinzu, daß es seiner begrifflichen Eigenart nach ebensowohl von der Willkür des Machthabers unabhängig sein will (§ 47), als es andererseits seine bestimmende Art nicht, wie die Konventionalregel, von der jeweiligen Anerkennung der ihm Unterstellten ableitet (§ 41). Sein Einsetzen kann deshalb nicht durch den tatsächlichen Erfolg, mit dem die eine oder die andere Seite der Verbundenen vorgeht, genügend begründet werden [4].

§ 104
Der Krieg aller gegen alle

Eine öfter vertretene Meinung, die aus älterer Zeit herrührt, gibt an, daß das Recht zur Erhaltung des Menschengeschlechtes notwendig sei. Danach würde ohne rechtliches Wollen unter den Menschen ein ständiger Krieg aller gegen alle bestehen. Es könnte, nach dieser Ansicht, ohne einen Zustand mit rechtlich bestimmenden Gesetzen

---

[3] Die sogenannte *Vertragstheorie* (§ 31 N. 6), die noch nicht einmal das Gelten eines Rechtes in seinen bleibenden Bedingungen klarzustellen vermag (§ 69 N. 1), reicht nicht aus, die Berechtigung des Rechtszwanges zu begründen (§ 107 N. 1). Denn es kommt bei der letzteren auf die Rechtfertigung der selbstherrlich verbindenden Art des Rechtes an. Nach dieser ist das rechtliche Verbinden von dem Wollen der Verbundenen unabhängig und kann auf deren angeblich *vertragsmäßige* Zustimmung nicht gestützt werden. Vielmehr ist die rechtliche Art des Verbindens als ein notwendiges Mittel zu notwendigem Zwecke darzutun.

[4] Man kann es auch dahin ausdrücken: Das Problem der Begründung des Rechtszwanges ist nicht eine Erwägung unter dem Kausalgesetz, sondern eine solche nach dem Finalgesetz. Dieses aber lautet: Jedes Streben ist als ein Mittel für einen zu bewirkenden Zweck aufzufassen. Vgl. § 120. Somit ist das Recht des Rechtes teleologisch, und nicht ätiologisch (dynamisch) darzutun.

niemand vor der Gewalttätigkeit des andern sicher sein. Es müßte ein Vernichtungskampf der Menschen untereinander eintreten, wenn nicht das Recht diesem Einhalt täte.

Diese Auffassung wird von der einen Seite her durch Bezugnahme auf die menschliche Natur gestützt. Der Grundzug dieser letzteren sei die Furcht des einen Menschen vor dem andern, ein Mißtrauen, das gerechtfertigt sei, da jeder der Beschädigung an Körper und Leben durch den Mitmenschen in weitem Maße ausgesetzt sei [1].

Die so begründete Lehre von der Notwendigkeit des Rechtszwanges kann sich allerdings nicht auf die Erfahrung berufen, weil in dieser ein Zustand der Rechtlosigkeit niemals erlebt worden ist. Aber es läge doch in dem Gedanken des nicht-rechtlichen Daseins, daß jeder tun und lassen könnte, was ihm gerade beliebt; es ergebe sich ein Naturzustand, in dem jeder seinem eigenen Kopfe folgen würde. Zur Überwindung dieses verderblichen Ergebnisses sei nur das rechtliche Wollen erforderlich [2].

In Wahrheit wendet sich die genannte Begründung nur gegen das Einsetzen eines nicht-sozialen Lebens der Menschen. Es ist richtig, daß die Hypothese des Naturzustandes nur eine Summe einzelner, subjektiver Begehrungen besagt, die unter sich nicht zusammenhängen und zu dem oben geschilderten Ergebnisse führen müßten. Aber diese Vorstellung des Naturzustandes ist, wie früher (§ 34) ausgeführt, nur eine vorläufige: ihr gegenüber ist der Gedanke des sozialen Lebens der Menschen logisch notwendig.

Hier aber handelt es sich nun nicht um den Gegensatz des gesellschaftlichen Daseins und eines unsozialen Lebens, sondern um die grundlegende Art und Weise innerhalb des sozialen Lebens. Es fragt sich, ob ohne das rechtliche Wollen ein Bestehen der Menschen in der Gesellschaft unmöglich wäre. Das kann nicht unbedingt allgemeingültig behauptet werden.

Es läßt sich denken, daß das soziale Leben der Menschen nur in konventionaler Weise durchgeführt würde. Die Eigenart der Selbstherrlichkeit, die nach dieser Seite hin das bedingende Merkmal des Rechtsbegriffes ausmacht (§ 41), gibt nicht immer den stärksten Anlaß zur Befolgung der gerade in Frage stehenden sozialen Ordnung ab; die Konventionalregel drückt vielleicht noch stärker. Es handelt sich aber in dieser Erwägung überhaupt nicht um einzelne praktische Abänderungsvorschläge, sondern um die Klärung der Gedankengänge, in denen wir unseren geistigen Besitz ordnen.

Nun hat die Konventionalregel, wie früher (§ 103) bemerkt, einen Vorsprung vor dem selbstherrlichen Rechte, weil sie die Freiheit des einzelnen Menschen unangetastet läßt, nach der ihn doch sein persönlicher

---

§ 104. [1] So HOBBES (§ 14 N. 6). RSt. § 4, II 2.

[2] Dies ist ausgeführt bei KANT Rechtslehre (§§ 15 N. 11; — 88 N. 7) § 44.

Drang treibt. Ein soziales Dasein, und mit ihm ein weiterer natürlicher Bestand des Menschengeschlechtes ist mit bloß konventionalen Verbindungen wohl vereinbar. Folglich muß für den grundsätzlichen Vorzug des rechtlichen Wollens vor der konventionalen Regel ein anderer und stärkerer Grund angeführt werden, als die Bezugnahme auf das Vermeiden des Vernichtungskampfes unter den Menschen liefert.

§ 105
Rechtszwang und Sittlichkeit

Es findet sich die Behauptung, daß das Recht eine *sittlich* notwendige Zwangsordnung sei [1]. Damit würde in der Richtung der an dieser Stelle behandelten Erwägung, gesagt sein, daß der Rechtszwang eine notwendige Bedingung zu möglicher Sittlichkeit bedeute, daß die letztere ohne jenen nicht vorliegen würde. Allein das kann so kurzer Hand nicht angenommen werden.

Das Wort *sittlich* hat, wie vordem (§ 33) dargelegt, verschiedene Bedeutungen. Wenn es im Gegensatze zu *rechtlich* und zu *sozial* gebraucht wird, so kann es nur die Frage des Innenlebens betreffen (§ 32), gegenüber dem gesellschaftlichen Zusammenleben der Menschen. Es hat dann zum Gegenstande die wünschenden Gedanken, die in Ordnung zu stellen und nach der Idee des reinen Wollens zu leiten sind.

In dieser Hinsicht ist nun zweifellos die rechtliche Art des sozialen Daseins keine notwendige Bedingung. Das Bestehen des Rechtszwanges ist zur Erfüllung der genannten sittlichen Aufgabe sicherlich nicht erforderlich. Es ist kein Grund ersichtlich, weshalb die richtige Ausgestaltung des Innenlebens gerade von der selbstherrlichen Art der sozialen Regelung abhängig sein soll und nicht auch bei einer nur konventionalen Weise des Zusammenlebens erfüllt werden könnte.

Dem gegenüber ist sogar darauf hinzuweisen, daß ein erzwungenes Streben der Idee der Lauterkeit im Innenleben (§ 86) nicht ausreichend nachfolgen würde. Hier muß vielmehr die freie Entschließung eines jeden eingreifen, wenn dem Gedanken des reinen Wollens nachgelebt werden soll [2].

Man darf nicht einwenden, daß bei bloß konventionalem Zusammenleben der Einzelne sich dem besonderen Einflusse anderer frei zu entziehen vermöchte. Es sei immer noch besser, würde dann gemeint sein, daß jemand zu einem richtigen Wollen gezwungen würde, als daß

---

[1] Dahingehende Wendungen finden sich in der Literatur häufig, meist kurz angegeben. Auch Sohm Weltliches und geistliches Recht, S.-A. aus Leipz. Festg. f. Binding, 1914 S. 14 wählt in seinen sehr bemerkenswerten Ausführungen (vgl. § 108) S. 17 die Fassung: *Recht ist sittlich notwendige Gemeinschaftsordnung.* § 105.

[2] Lipp Die ethischen Grundfragen 1899 S. 107. Nicht so deutlich Breuer (§ 22 N. 2).

er dem gar nicht nachkäme. Soweit das zugegeben werden muß, entscheidet es das Problem nach der grundsätzlichen Berechtigung des Rechtszwanges als solchen gar nicht. Denn diese Zweifelsfrage richtet sich auf den prinzipiellen Vorzug des rechtlichen Wollens ohne alle Rücksicht auf seinen Inhalt. Jener oben genannte Einwand würde aber nur ein solches Recht rechtfertigen, das die ihm Unterstellten zu gutem Wollen anhielte. Hier aber handelt es sich um das Bedenken der Begründung des Rechtszwanges auch in solchen Fällen, da der von ihm gesetzte Inhalt in sich zweifelhaft oder sogar sicher verwerflich ist.

Aber vielleicht ist das rechtliche Wollen in seiner Eigenart, besonders gegenüber der konventionalen Regel, in dem Sinne *sittlich* notwendig, daß *sittlich* in der Bedeutung von *richtig* oder *gesetzmäßig* gebraucht wird? Dann würden wir es nicht mehr mit dem Innenleben des einzelnen Menschen für sich zu tun haben, sondern gerade mit dem sozialen Leben und der ihm gestellten Aufgabe. Hier wird in der Tat die Lösung des besprochenen Problems zu finden sein [3].

II. Die Notwendigkeit der rechtlichen Gemeinschaft

§ 106

Die Einheit der sozialen Richtigkeit

Die Anwendung des Grundgesetzes der Willensreinheit auf das rechtlich verbindende Wollen ergibt die Idee der reinen Gemeinschaft. Sie steht neben der Idee der inneren Lauterkeit (§ 86) und tritt auf, sobald als ideal zu richtender Gegenstand der einheitliche Gedanke des Verbindens menschlicher Zwecke genommen wird (§ 92). Darum beherrscht sie das ganze Gebiet des sozialen Wollens, also außer dem rechtlichen auch das willkürliche und das konventionale Wollen.

Diese drei Arten des sozialen oder verbindenden Wollens unter scheiden sich dem Begriffe nach. Sie trennen sich, wie früher ausgeführt wurde, nach den Artmerkmalen des bleibenden Verbindens und desjenigen von Fall zu Fall, je nach subjektivem Belieben entweder des verbindenden oder des verbundenen Wollens. Jede Art des Verbindens aber wird von dem Grundgesetze für alles menschliche Wollen ergriffen, wonach das in ihr begrifflich abgeteilte Streben entweder richtig oder unrichtig zu sein vermag.

Auch Willkür kann im einzelnen Falle ihrem Inhalte nach gerechtfertigt sein. Sie entspricht alsdann der Idee reiner Gemeinschaft besser, als ein ihr entgegenstehendes Recht es in dieser fraglichen Lage fertig bringt. So konnte ein Akt der Kabinettsjustiz in einem gegebenen Streit-

---

3 Über die von Binder vorgeschlagene Formel, daß das Recht ein Zwangsversuch zur *Sittlichkeit* sei, s. § 91 N. 4 a. E.

falle das sachlich richtigere Ergebnis liefern, als das Festhalten an dem gerade geltenden Rechte es tat [1].

Nicht minder ist die Erwägung grundsätzlicher Richtigkeit auch bei einer einzelnen Konventionalregel einzusetzen. Hier steht der Inhalt eines einladenden Forderns in Frage. Es ist kein Grund ersichtlich, weshalb nicht auch über den dort auftretenden Inhalt des nur konventional verbindenden Wollens der Zweifel nach seiner sachlichen Begründetheit aufgeworfen werden könnte. Und dann bleibt als richtende Methode gleichfalls die Idee einer Gemeinschaft rein wollender Menschen bestehen [2].

Es gibt also für alle Einzelfragen des sozialen Lebens nur eine einzige Methode des Richtens. Sie gilt gleichermaßen für das rechtliche, wie für das willkürliche und das konventionale Wollen. Aber hat nicht eines von diesen einen grundsätzlichen Vorzug vor den andern, sobald man auf das Ganze des sozialen Lebens geht?

Das führt zu der Frage nach der allgemeingültigen Begründung des Rechtes.

§ 107

Das Recht als Bedingung sozialer Gesetzmäßigkeit

Der Inhalt eines Wollens ist dann grundsätzlich berechtigt, wenn er in seinem Wesen frei ist von nur subjektivem Belieben. Er ist sachlich begründet, wenn er nicht in einem bloß persönlichen Begehren seine Eigenart findet, sondern die Beschaffenheit der Allgemeingültigkeit gegenüber anderen abweichenden Gedanken besitzt [1].

---

[1] Das gilt aber nur für die methodische Erwägung des einzelnen Falles in seiner § 106.
Vereinzelung. Denn bei ihm bleibt das unheilbare Bedenken, daß er den Rechtsgedanken als solchen in das Wanken bringt, der in seiner möglichen allgemeingültigen Begründung (§ 107) dem guten Ergebnisse des besonderen Falles vorgehen muß. Schlagend ausgedrückt bei Shakespeare Kaufmann von Venedig in dem Worte der Porzia: *Es würde als ein Vorgang angeführt, Und mancher Fehltritt nach demselben Beispiel Griff um sich in dem Staat; es kann nicht sein.* (§ 2 N. 3.) — Darum kann ein willkürliches Brechen des Rechtes nur da möglicherweise sich unabwendbar und gerechtfertigt erweisen, wo es wieder zu einem neuen Rechte führen soll. Und auch dann bei Benötigung von einseitiger Gewalt mit schwerem Herzen. Hier bleibt der Satz aus Schillers Wilhelm Tell: *Sind alle sanften Mittel auch versucht? . . Schrecklich immer, Auch in gerechter Sache, ist Gewalt.* — S. auch § 48 und § 144 N. 5.

[2] So kann es richtige und unrichtige Konventionalregeln geben, in ihrem Bestande freilich nur innerhalb der rechtlichen Ordnung und unter ihrer Verantwortung (§ 42). Dagegen sind Konventionalgemeinschaften im genauen Sinne ja nicht möglich (§ 41 N. 4). Es ist sogar angängig, von einer richtigen oder unrichtigen Ausübung konventionaler Sätze zu handeln, wobei eine Parallele zu richtiger Rechtsausübung (§§ 163 ff.), immer gedanklich in derselben Methode des Richtens, eingesetzt wird; z. B. bei dem Austragen eines Zweikampfes.

[1] Die Begründetheit der rechtlichen Ordnung als solcher kann nur teleolo- § 107.
gisch erbracht werden, indem dargetan wird, daß sie ein notwendiges Mittel zu

Unter den verschiedenen Arten des sozialen Wollens kommt diese Eigenschaft der Objektivität ausschließlich dem rechtlichen Wollen zu. Das konventionale Verbinden enthält nur eine Einladung, die die Frage des Verbundenseins in das persönliche Ermessen des Angeredeten stellt (§ 40). Das willkürliche Machtgebot vollends behält den Bestand des Verbundenseins der subjektiven Laune des Anredenden vor (§ 46). Sie kennen beide ihrem Wesen nach nur ein Eingreifen von Fall zu Fall.

Dagegen steht das rechtliche Wollen gegenüber der konventional verbindenden Art selbstherrlich fest; und es weist die willkürliche Gewalt in dem Sinne unverletzbarer Regelung ab. Beides faßt sich dahin zusammen, daß das rechtliche Verbinden seinem unwandelbaren Begriffe nach die Eigenschaft des bleibenden Verbindens inne hat [2].

Jene beiden ersten Arten des sozialen Ledens lösen das letztere in eine Anzahl subjektiver Einfälle auf, die ihrem eigenen Sinne nach immer nur begrenzte Einzelheiten sein können. Dagegen besteht das Wesen des Rechtes in der bleibenden Weise des Zusammenlebens. Das rechtlich bestimmte gesellschaftliche Dasein wird also in seinem formalen Bestande als dauernd gesetzt, — nur die stofflich bedingten Besonderheiten seines Inhaltes unterliegen dem steten geschichtlichen Wandel. Damit wird erst das soziale Dasein der Menschen allgemeingültig ermöglicht und für seine gesetzmäßige Ausgestaltung Raum gewonnen [3].

---

rechtem Zwecke ist (§ 103). Dagegen geht es nicht an, die verpflichtende Bedeutung des Rechtes von einer Größe außerhalb seiner abzuleiten, wie in den §§ 52—54 genannten Versuchen gleichfalls unternommen worden ist. Denn hier fehlt jede Notwendigkeit, daß gerade ein rechtliches Wollen unter den übrigen sozialen Regeln als grundsätzlich geboten eingesetzt wird. — Über das Recht des Stärkern s. § 72 N. 1. — Auch war es ein verfehltes Vorgehen, die bindende Weise von Recht und Staat in grundsätzlicher Art auf die Unterlage eines Vertrages zu stützen. S. oben § 103 N. 3. Denn bei diesem erhebt sich ja die zweifelnde Frage nach seiner Bindungsmöglichkeit selbst wieder von Neuem. Kaerst Die Entstehung der Vertragstheorie im Altertum, ZPolit. 2, 505 ff. Gierke Althusius und die Entwicklung der naturrechtlichen Staatstheorien 1880, (3) 1913. Stintzing 1, 468 ff. Dallari Le nuove dottrine contrattualiste intorno allo stato, al diritto e alla societa, Modena 1901. Cassirer (§ 12 N. 10) S. 84 ff. Vgl. auch § 69 N. 1.

[2] Stammler Sozialismus u. Christentum (§ 15 N. 13) S. 55 ff.; 72 ff. Ders. in Handw. Staatsw. (4) 1925, VI 1194 ff. Ders. RphAbh. 1, 78 u. 82. — Germann Rechtfertigung des Rechtes 1919.

[3] Eine besondere Anwendung ist von diesem methodischen Gedanken gegenüber dem individualistischen Anarchismus (§ 103) zu machen. Da dieser vorschlägt, nur konventionales Verbinden grundsätzlich anzuerkennen (RSt. § 16), so würde nach ihm ein soziales Leben überhaupt nur in den Fällen statthaben, in denen eine freie Konvention gerade möglich ist und nun zufällig beliebt wird. Er verstößt also gegen die allgemein gültige Begründung des Rechtes, die darin liegt, daß das letztere durch seine Eigenart des bleibenden Verbindens den Bestand des sozialen Lebens als solchen allein festzustellen vermag. Vgl. WR. §§ 97 und 98. Mißverständlich faßt dies Kantorowicz ArchRPhilos. 2, 50 auf.

Das Recht des Rechtes ist hiernach grundsätzlich darin beschlossen, daß es den Bestand des sozialen Lebens als solchen fest macht. Erst wenn dies außer Frage ist, kann an das objektive Behandeln der Einzelheiten im Inhalte eines verbindenden Wollens gedacht werden. Darum ist das Recht, in seiner begrifflichen Eigenart, ein unentbehrliches Mittel zu möglicher Gesetzmäßigkeit des sozialen Lebens, und es vollendet sich hierin seine allgemeingültige Begründung[4].

§ 108

Recht und Kirche

Die Kirche ist eine Verbindung von Menschen des gleichen religiösen Glaubens. Die kirchliche Verbindung erscheint im Laufe der Geschichte überall unter der Form des Rechtes. Es steht außer Zweifel, daß eine äußere Kirche und ein Kirchenrecht in irgendeiner Weise in der gesamten Christenheit wirklich da ist.

Dem gegenüber ist das Bedenken laut geworden, ob die rechtliche Ordnung der Kirche auch innerlich begründet sei[1].

Prüft man den Sinn dieser Frage, so kann der hier erhobene Zweifel wiederum nicht das äußere Verbinden an und für sich betreffen. Es ist gewiß, daß das religiöse Leben zum Vereine mit Gleichgesinnten drängt, mag immer ein jeder für sich zunächst sich in die Gemeinschaft mit seinem Gott begeben. In der gemeinsamen Andacht und Verehrung eines göttlichen Willens erhebt erst ein jeder sich selbst. Und es ist von elementarer Notwendigkeit, in diesen letzten Fragen, die den Menschen bewegen mögen, sich im Aufnehmen von Gedanken anderer zu fördern und zu vervollkommnen[2]. Und vollends die Überlieferung der ererbten

---

[4] Über den Unterschied von unrichtigem Recht und von willkürlicher Gewalt s. § 45 N. 1. Bei der Willkür unterliegt der Bestand einer sozialen Verbindung dem subjektiven Belieben jemandes, bei einem Rechte, das in seiner Besonderheit unrichtig erscheint, ist es dagegen der bedingte Inhalt einer bleibend gemeinten und im Bestande unverletzbar gewollten Verbindung. S. auch § 144 zu N. 5.

[1] Sohm Kirchenrecht I. Bd. Die geschichtlichen Grundlagen 1892. Mit den § 108. Leitsätzen: Das Kirchenrecht steht mit dem Wesen der Kirche in Widerspruch. Das geistliche Wesen der Kirche schließt das Recht als ihre Ordnung aus, da dieses weltlich ist. Im Widerspruch zu dem Wesen der Kirche ist es zu einem Kirchenrecht gekommen. Dazu Sohm Weltliches und geistliches Recht (§ 105 N. 1). Ders. früher: Das Verhältnis von Staat und Kirche aus dem Begriffe von Staat und Kirche entwickelt, S.-A. aus ZKirchR. 1873. Aus Sohms Nachlaß: Das altkatholische Kirchenrecht und das Decretum Gratians 1918.

[2] Freilich ist diese Notwendigkeit des Verbindens im Interesse religiöser Förderung eine andere, als die Notwendigkeit des verbindenden Wollens im Zusammenleben der Menschen überhaupt. Das letztere, das soziale Wollen, ist logisch notwendig (§ 34). Man kann nicht mehrere Menschen in Gedanken nebeneinander haben, ohne ihr Wollen zueinander in Beziehung zu setzen, das ist: ohne den Gedanken des verbindenden Wollens zu heben, der dann durch kritische

Lehren, ihre Übertragung in Sinn und Denkweise jeder neu werdenden Zeit fordert eine eigene Verbindung zwecks gemeinsamer Pflege dieser höchsten geistigen Güter. Auch das religiöse Sein der Einzelnen führt in folgerichtigem Ausdenken zu dem Verknüpfen ihrer Zwecke als Mittel füreinander [3].

Die oben aufgeworfene Frage kann sich daher nur auf den rechtlichen Sinn des kirchlichen Verbindens beziehen. Der Zweifler könnte das Bestehen der Kirche als solcher zugeben, aber sie nur unter bloßen Konventionalregeln zulassen.

Gegenüber diesem Skeptizismus greift jedoch die gleiche Erwägung durch, die zu der allgemeingültigen Begründung des Rechtes überhaupt führt (§ 107). Die Kirche soll sich zu dem Zwecke wechselseitiger Förderung und Vervollkommnung in objektiv richtiger Weise ausbauen. Das kann sie nicht gewährleisten, wenn sie wirklich nichts anderes wäre, als eine Summe konventionaler Verabredungen, die nach subjektivem Belieben die Verbindung halten oder auch nicht. Es ist vielmehr nötig, auch die kirchliche Verbindung als eine in sich bleibende zu setzen. Ihr Bestand muß als solcher unabhängig feststehen, damit sie ihrer inhaltlichen Aufgabe gerecht zu werden vermag. Das aber heißt: die Einrichtung der Kirche im Sinne eines rechtlichen Wollens zu treffen.

Das Kirchenrecht schließt sich den übrigen rechtlichen Möglichkeiten in voller Gleichartigkeit an. Es bildet mit ihnen allen eine begriffliche Einheit. Darum haben sie sich in ihrem besonderen Auftreten ineinander zu fügen, und es ist dann des weiteren eine geschichtlich bedingte Frage, wer das letzte Wort der Entscheidung in den rechtlichen Dingen der gerade gegebenen Sachlage führt.

Auf dieser Grundlage erhebt sich nun auch hier die abschließende Frage nach dem berechtigten Inhalt des Kirchenrechtes. Es

---

Besinnung klarzulegen und in seiner bedingenden Bedeutung festzustellen ist. Dagegen ist es möglich, die verschiedenen Menschen in ihrem Innenleben jeweils getrennt voneinander zu denken. Das bezieht sich auf die sittliche Frage, wie im besonderen auf das religiöse Empfinden. Für diese letzteren Betrachtungen hat das Verbinden zum Zwecke wechselseitiger Förderung nur relative Bedeutung, während der Begriff des sozialen Lebens ohne die logische Bedingung des Gedankens vom verbindenden Wollen eine *contradictio in adiecto* sein würde. Soweit aber es angezeigt ist, in sittlichen und religiösen Dingen, nach der genauen Erwägung dieser beiden Begriffe und ihres sachlich abgegrenzten Gebietes, ein Verbinden der dort hineinfallenden Ziele vorzunehmen, soweit hat dann das rechtliche Verbinden wiederum einen in sich begründeten Vorrang vor der konventionellen oder vor der willkürlichen Art des Verbindens. Damit beantwortet sich die Frage, die in gutem sachlichen Bedenken Sauer, ZStW. 42, 230 gestellt hat.

3 Dabei können praktische Zweifel darüber auftreten, ob es sich im gegebenen Falle um eine religiöse oder um eine rechtliche Frage handelt. S. die Rechtsfälle RG. 57, 250; Christl. Welt v. 8. 6. 16. Stammler Recht und Kirche (§ 37 N. 3) S. 30 ff. RphAbh. 2, 154 ff.

kommt die Grenze in Betracht, bis zu der das Aufstellen kirchenrechtlicher Bestimmungen allein grundsätzlich gerechtfertigt sein kann [4].

Das löst sich dahin, daß der Gedanke reiner Gemeinschaft (§ 92) auf die kirchliche Verbindung leitend und richtend angewandt wird.

Daraus folgt in abgrenzender Hinsicht, daß es verfehlt ist, einem Menschen den Inhalt seines religiösen Empfindens durch Rechtsgebot beschaffen zu wollen. Da andernfalls diese Innenfrage nach außen verlegt wird, so ist nie zu wissen möglich: ob jemand die von ihm geäußerten Gedanken über die er sich mit seinem Gott auseinanderzusetzen hat, in Wahrheit besitze und hege.

Dagegen wird eine kirchenrechtliche Einrichtung und Bestimmung soweit grundsätzlich berechtigt sein, als sie ein wahres Mittel ist, einem jeden in seinem eigenen Streben nach religiöser Vervollkommnung, in dem Suchen nach dem Frieden seiner Seele in Gott hilfreich und fördernd zur Seite zu stehen. Denn dieses stellt sich dann als ein gemeinschaftliches Wollen dar, das in seinen jeweiligen Besonderheiten der Idee des reinen Verbindens folgt und darum objektiv richtig sein kann, soweit nur in Menschenhand steht [5].

---

[4] Stammler a. a. O. (N. 3) S. 57 ff.; 85 ff. RphAbh. 2, 164 ff.; 174 ff. Weitere Literatur das. S. 119 f. Dazu noch Falco Il concetto giuridico di separazone della chiesa dallo stato, Turin 1913. Friedrich, ZPol. 2, 119 ff. Ders., ZKirchR. 16, 75 ff. Marsson Austritt aus der Kirche, DJZ. 25, 742. Holl Der Kirchenbegriff des Paulus in seinem Verhältnis zu dem der Urgemeinde, PrAkadW. 1921 S. 920 ff. — Neue ReichsVerf. 137.

[5] Über die Stellung Luthers zu diesen Fragen s. § 13 N. 7 ff.

Viertes Buch

Die Behandlung des Rechtes

Erster Abschnitt

Die Kategorien des Rechtes

I. Die einfachen Grundbegriffe des Rechtes

§ 109

Grundbegriffe des Rechtes

Die rechtlichen Sätze und Einrichtungen bilden für sich eine wilde und wirre Masse, die im Laufe der Geschichte kaum übersehbar entsteht. Um sie wissenschaftlich zu begreifen, braucht man feste Methoden. Das sind gleichmäßige formale Arten, jenes Getümmel von Einzelheiten zu sichten und zusammenzuziehen. Wir nennen diese Bedingungen des einheitlichen Ordnens die Grundbegriffe des Rechtes[1].

Die Möglichkeit rechtlicher Grundbegriffe liegt in dem Begriffe des Rechtes selbst. Er bedeutet eine unbedingt einheitliche Art des Ordnens für den Inhalt des Bewußtseins (§§ 1; 24). In seiner Reinheit ist er eine notwendige Bedingung für die gleichmäßige Bestimmung jenes Inhaltes (§ 23). Danach sind die Grundbegriffe des Rechtes die einzelnen Gedankengänge, die unausweichlich eingeschlagen werden, sobald ein besonderes Wollen in seiner Eigenschaft als ein rechtliches Wollen erkannt wird.

Ihre Eigenart besteht darin, daß es reine Formen des Begreifens sind. Sie sind Methoden des Ordnens unserer Gedanken und greifen

---

§ 109. [1] Sobald jemand eine begrenzte Rechtsfrage bearbeitet, wird er mit einer gewissen elementaren Gewalt zu immer allgemeineren Begriffen geführt. Darum ist es wohl immer angenommen worden, daß es Grundbegriffe der Rechtswissenschaft geben müsse, die von den Besonderheiten des Inhaltes dieser oder jener Rechtsordnung unabhängig seien. Man fühlt, daß man nur auf diesem Wege zu einer wissenschaftlichen Behandlung der Rechtsfragen gelangen kann. Bezeichnend z. B. Windscheid § 24. Fitting Die Anfänge der Rechtsschule zu Bologna 1888 S. 68 f. — Helfferich Die Kategorien des Rechts auf geschichtlicher Grundlage 1863. Bekker Grundbegriffe des Rechts und Mißgriffe der Gesetzgebung 1910. Demogue Les notions fondamentales du droit privé: essai critique pour servir d'introduction à l'étude des obligations, Paris 1911. Über Reinach Die apriorischen Grundlagen usw. s. § 20 N. 2.

bei allen jemals denkbaren Möglichkeiten eines rechtlichen Wollens Platz, bloß weil diese gerade ein rechtliches Wollen abgeben [2].

Die Bedeutung der rechtlichen Grundbegriffe liegt darin, daß durch ihre Erkenntnis es verständlich wird, wie Jurisprudenz als Wissenschaft möglich ist [3]. Eine wissenschaftliche Behandlung des Rechtes kann nur darin bestehen, daß der so stark zersplitterte und so verschiedene Stoff der geschichtlichen Rechtsfragen in einer unbedingt einheitlichen Art und Weise aufgenommen und begriffen wird. Dazu braucht es jener einheitlichen Methoden der zusammenfassenden Betrachtung, wie sie die rechtlichen Grundbegriffe sind. Nur unter ihrer Bedingung kann es geschehen, in völlig durchsichtiger Weise darzulegen, wie eine einzelne Frage sich in das Ganze der Rechtsbetrachtung in einheitlichem Sinne einfügt [4].

§ 110

Feststellung der rechtlichen Grundbegriffe

Alles besondere rechtliche Wollen stellt einen zusammengesetzten Gedankeninhalt dar. Es enthält einmal die Besonderheit des fraglichen Begehrens und ferner die allgemeine Eigenart, daß es gerade ein rechtliches Wollen ist [1]. Da nun diese formale Eigenart in allen denkbaren rechtlichen Fragen notwendig die gleiche ist, so sind ihr die elementaren Gedankenrichtungen zu entnehmen, die als logische Bedingungen der einheitlichen Erfassung überall übereinstimmend wiederkehren.

Wir werden daher diese letztgenannten Grundbegriffe dann im einzelnen einsehen, wenn wir die elementaren Bestandteile kritisch bedenken, in deren einheitlicher Synthesis der Rechtsbegriff besteht [2].

---

[2] Die nähere Ausführung hierzu wird in der Tafel der Kategorien des Rechtes gegeben S. § 111. Man wähle zur Illustrierung des allgemeinen Gedankens von den rechtlichen Grundbegriffen daraus einstweilen Beispiele, etwa den des Rechtssubjektes, des Rechtsverhältnisses usw.

[3] Vgl. § 3 bes. N. 9.

[4] Es darf hier wiederholt werden, daß niemals der zu bearbeitende Stoff geschichtlicher Rechtsordnungen als solcher es ist, der seiner Bearbeitung den wissenschaftlichen Charakter gibt. Das tut allein die formale Art, in der die Bearbeitung geschieht. Wenn man aber diese bedingende Weise des Vorgehens in kritischer Besinnung klarstellen will, so heißt das dasselbe, wie die Methoden des Ordnens — das sind hier die rechtlichen Grundbegriffe — in ihrem unbedingt einheitlichen Eingreifen, also in ihrer bedingenden Eigenart, herauszuarbeiten.

[1] Dasselbe Begehren kann ohne Veränderung seines Inhaltes auch als konventionales oder als ein willkürliches Fordern gedacht sein. S. §§ 38; 45. Vgl. § 5 N. 1. § 110

[2] Die Lehrsätze des Textes ergeben sich mit analytischer Notwendigkeit. Die juristischen Grundbegriffe müssen, als gleichmäßige Denkformen, schlechterdings für jedes jemals mögliche Recht anwendbar sein, sonst ist eine durchgreifende Ordnung nicht herzustellen. Allem Rechte, das einmal geschicht-

Es genügt also nicht, bloß einen begrenzten geschichtlichen Rechtsstoff in seiner Besonderheit zu analysieren, um die allgemeingültigen Kategorien des Rechtes zu erhalten: es kommt vielmehr auf ein Nachsinnen über die Möglichkeit der Vereinheitlichung jenes Rechtsstoffes an [3]. Andererseits ist es gewiß, daß zur erfolgreichen Durchführung dieser Aufgabe eine umfassende Beherrschung von positivem Rechte erforderlich ist: der Gedanke vollends, solche Einsicht überhaupt *außerhalb der Erfahrung* zu gewinnen, ist in sich sinnlos [4].

§ 111

Tafel der rechtlichen Grundbegriffe

Der Begriff des Rechtes weist vier grundlegende Gedankenrichtungen auf: Wollen, Verbinden, Selbstherrlichkeit, Unverletzbarkeit [1]. Daraus ergeben sich folgende Kategorien des Rechtes [2], die bei jedem Satze, den jemand als einen rechtlichen ausspricht, unweigerlich bedingend enthalten sind [3].

---

lich werden kann, ist aber nur der Begriff des Rechtes selbst gemeinsam. Folglich können die reinen rechtlichen Grundbegriffe nur Gedankenrichtungen sein, die in dem Rechtsbegriffe selbst enthalten sind.

[3] S. § 5 N. 4; dazu § 22 bes. N. 7c). Unklar Wundt (§ 9 N. 3) S. 199f. Auch Binder (§ 18 N. 12) S. 16 verfehlt grundlegend den Gegensatz von genetischer und von systematischer Betrachtungsweise und damit die doppelte Bedeutung des Wortes *a priori*, nämlich einmal die Herkunft außerhalb aller Erfahrung, — was es überhaupt nicht gibt (§ 24 N. 3) — und zum andern den Geltungswert unabhängig von den Besonderheiten einer begrenzt empfundenen Erfahrung, — also die einheitliche Art des Ordnens dieser letzteren. Diese einheitliche Art des Ordnens ist durch kritisches Besinnen auf die notwendigen Bedingungen möglicher Vereinheitlichung klarzustellen, also zwar nicht aus den Besonderheiten einer einzelnen Erfahrung her, wohl aber in allgemeingültiger Erwägung der Möglichkeit von einheitlich geordneten Eindrücken und Strebungen überhaupt. Vgl. auch §§ 21 N. 5; 30 N. 1; 94 N. 3; 115 N. 4.

[4] *Die leichte Taube, indem sie im freien Fluge die Luft teilt, deren Widerstand sie fühlt, könnte die Vorstellung fassen, daß es ihr im luftleeren Raume noch viel besser gelingen werde.* Kant Krit. d. rein. V. (§ 15 N. 8) 2. Aufl. Einl. III S. 8.

§ 111. [1] Über die Vollständigkeit dieser reinen Gedankenrichtungen gilt das Gleiche, was oben § 81 N. 8 über die absolute Gültigkeit reiner Ordnungsweisen gesagt ist.

[2] Jede der oben wiederholten vier Gedankenrichtungen, die mit dem Rechtsbegriffe eingestellt ist, weist bei ihrem möglichen Bestimmen eines begrenzten Begehrens zwei gegenüberstehende Möglichkeiten auf, wie sie aus der nun folgenden Tafel sich ergeben.

[3] Beispiel: Dieses Buch gehört mir, ich habe es geerbt, der Besitzer enthält es mir vor und soll es herausgeben. Die acht Grundbegriffe müssen hier jedem kritisch Bedenkenden doch sofort entgegenleuchten. S. auch § 112 N. 1. Aber ebenso in dem Satze: Der Angeklagte hat eine Urkunde gefälscht, die zum Beweise von Rechten erheblich ist, und wird vor das Strafgericht gezogen; oder: Zwei Staaten schließen einen Handelsvertrag mit Zollvergünstigung für gewisse Waren. — Dabei darf die logische Selbständigkeit der acht juristischen Kategorien

1. Rechtssubjekt: die Vorstellung eines Wesens, das nach einem besonderen rechtlichen Wollen im Sinne eines Selbstzweckes zu begreifen ist[4]; — Rechtsobjekt dagegen, das in gleicher Lage als bloßes Mittel zu bedingten Zwecken genommen wird[5].

2. Rechtsgrund ist die Vorstellung des rechtlichen Bestimmens mehrerer Willensinhalte als Mittel füreinander; — Rechtsverhältnis ist das rechtliche Bestimmtsein jener Willensinhalte[6].

3. Rechtshoheit ist die Gedankenrichtung eines rechtlichen

---

gegenüber dem Rechtsbegriffe nicht befremden. Sie bedeuten ja jeweils nur eine verschiedene grundlegende Art und Weise, in der der Rechtsbegriff einen bedingten Willensinhalt in Einheit erfaßt.

[4] Es handelt sich dabei um den Inhalt eines rechtlich verbindenden Wollens, aber nicht um eine *natürliche* Fähigkeit jemandes. Jener Rechtsinhalt wird in der Parallele zu der allgemeingültigen Betrachtung jeder Zweckerwägung bestimmt. Mittel und Zwecke gehen in ihrem bedingten Auftreten nach beiden Seiten hin ohne Ende vor. Um sie zu ordnen und alles denkbare Streben in unbedingter Einheit zu erfassen, braucht man einen logischen Anfang, ein vollendet durchgreifendes Verfahren des Ordnens, das als Endzweck alles Wollens besteht. Hier setzt erst die Vorstellung eines Wesens ein, das zu jenem Endzweck fähig ist und darum Selbstzweck heißen kann. Und nun kommt die logische Parallele hierzu innerhalb des Willensgebietes, das nach dem Rechtsbegriffe abgegrenzt ist. Es geschieht notwendig, weil eben das Recht seiner ersten Kennzeichnung nach eine Art des Wollens ist. TR. III 5 (2) S. 129 ff. — WINDSCHEID §§ 49 ff. WALLASCHEK (§ 5 N. 3) S. 114 ff. BIERLING Kritik (§ 18 N. 13) 2, 75 ff.; Prinzipienlehre 1, 201 ff. SCHUPPE Der Begriff des subjektiven Rechts 1887 S. 290 ff. DERS. Ethik (§ 18 N. 13) S. 294 f. STAMMLER Unbestimmtheit des Rechtssubjekts, S.-A. aus Gieß. Festg., 1907. RphAbh. 1, 281 ff. BINDER KrVSchr. 3. F. 13, 247 ff. SCHWARZ Rechtssubjekt und Rechtszweck, ArchBürgR. 32, 12 ff. DERS. Kritisches über Rechtssubjekt und Rechtszweck, ArchBürgR. 35, 1 ff. NICOL-SPEYER (§ 18 N. 13) S. 274 ff. KRÜCKMANN Einheit, Subjekt, Person, ArchZivPr. 114, 143 ff. HUSSERL, GERH., Rechtssubjekt und Rechtsperson, ArchZivPrax. 127, 129 ff. — TRENDELENBURG Zur Geschichte des Wortes Person, Kant-Studien 13, 1 ff.

[5] BIERLING (N. 4) Prinzipienlehre 1, 239 ff. SOHM Der Gegenstand. Ein Grundbegriff des BGB. 1905. BINDER Vermögensrecht und Gegenstand, ArchBürgR. 34, 209 ff. NICOL-SPEYER (N. 4) S. 233 ff. RG. 107, 303 f.: Zum Begriff Rechtsverhältnis nach ZPO. § 256. Über *zusammenhängende Rechtsverhältnisse* GRAU in Gedächtnisschrift für Seckel 1927 S. 345 ff.

[6] Rechtsverhältnisse finden nur unter Menschen statt, die als Rechtssubjekte anerkannt sind. Dagegen nicht im Verhältnisse von Menschen zu Sachen. Denn das Rechtsverhältnis ist ein Bestimmtsein eines Willensinhaltes, und ein solcher kann im letzten Ende nur einem Menschen zukommen (§ 76 a. E.). Das Einsetzen anderer Rechtssubjekte durch ein besonderes rechtliches Wollen läßt sich immer auf Rechtsverhältnisse unter Menschen zurückführen und in diese auflösen. Das Aufstellen solcher Rechtssubjekte bedeutet also das Aufstellen von einfachen Formeln zur Beherrschung verwickelter Rechtsbeziehungen unter Menschen (vgl. auch § 125). Für diese Rechtssubjekte können also auch wieder Rechtsverhältnisse gedacht werden, weil ja in Wahrheit auch in diesen Fällen das Bestimmtsein von menschlichen Willensinhalten als Mittel füreinander stattfindet. — Über Rechtsverhältnisse s. auch WR. § 43.

Wollens, nach der es den Zweck seines Bestimmens in sich trägt; — Rechtsunterstelltheit ist das Einordnen rechtlich verbundener Willensinhalte als Mittel für ein verbindendes Wollen [7].

4. Rechtmäßigkeit ist die Übereinstimmung der verbundenen Willensinhalte mit dem sie verbindenden rechtlichen Wollen; — Rechtswidrigkeit besagt den Widerspruch in der gleichen Richtung [8].

II. Die abgeleiteten Grundbegriffe des Rechtes

§ 112

Die zusammengezogenen Grundbegriffe des Rechtes

Die einfachen rechtlichen Grundbegriffe kehren in jeder rechtlichen Erörterung wieder [1]. Aber sie erschöpfen für sich allein nicht die ordnenden Gedankengänge für besonderes rechtliches Wollen. Es zeigt sich bei eindringender Untersuchung, daß es weitere reine Denkformen gibt, die bei dem einheitlichen Bestimmen rechtlicher Fragen gebraucht werden. Das erklärt sich daraus, daß die einfachen Grundbegriffe des Rechtes sich untereinander verknüpfen lassen und nun eigene zusammengezogene Grundbegriffe abgeben.

Die so gewonnenen Begriffe stellen dann wiederum einheitliche Denkarten dar, die noch nichts von den Besonderheiten eines sinnlich emp-

---

[7] Dieses sind reine Denkformen, sobald man zwei Anwendungen von rechtlichem Wollen in Beziehung zueinander setzt. So ist jedes subjektive Recht (= rechtsunterstelltes Wollen) abhängig von einem objektiven Rechte (= rechtshohem Wollen); s. § 133. Aber dieses letztere in seiner Bedingtheit ist auch wieder nur eine Einzelheit und muß deshalb in die Unbegrenztheit des Weltrechtes eingefügt werden (§ 138), welches letztere wiederum nicht ein bedingtes Recht als oberste Spitze bedeutet, die ein für allemal feststände, sondern auch immer nur in bedingten Anwendungen unserer reinen Grundbegriffe erscheint. — Siehe für diese zwei Grundbegriffe auch die Ausführungen in § 64.

[8] TR. III 8 (2) S. 129 ff. Natorp (§ 29 N. 4) S. 42 f. — Bierling Prinzipienlehre (§ 18 N. 13) 3, 170 ff. Hold v. Ferneck Die Rechtswidrigkeit I. Bd. 1903, II. Bd. 1905. Dohna Die Rechtswidrigkeit als allgemeingültiges Merkmal im Tatbestande strafbarer Handlungen 1905. Ders. ZStW. 24, 53 ff. Fischer Die Rechtswidrigkeit mit besonderer Berücksichtigung des Privatrechts 1911. Nagler Der heutige Stand der Lehre von der Rechtswidrigkeit, Festg. f. Binding 1911, 2, 273 ff. Mayer Der allgemeine Teil des deutschen Strafrechts 1915 S. 9 ff.; 173 ff. Spir Recht und Unrecht 1919. Rümelin Über den Rechtswidrigkeitsirrtum, ZStW. 41, 495 ff. Wegner, Arth., Kriminelles Unrecht, Staatsunrecht und Völkerrecht 1925 S. 38 ff. Heinitz Das Problem der materiellen Rechtswidrigkeit 1926. Verh. d. 34. JurTags 2, 420 ff. (1927).

§ 112. [1] Beispiele s. oben § 111 N. 3. Oder: Fuchs, du hast die Gans gestohlen, gib sie wieder her, — der Bestohlene als *Rechtssubjekt* beruft sich auf das *Rechtsverhältnis* des Eigentums an dem *Rechtsobjekt*, das er nach einem bestimmten *Rechtsgrund* erworben hatte, gegenüber dem *rechtsunterstellten* Dieb, der *rechtswidrig* eingriff und nun nach der *Rechtshoheit* des Gesetzes den *rechtmäßigen* Zustand wieder herstellen soll.

findbaren Begehrens in sich tragen, sondern auch nur methodische Weisen des ordnenden Bestimmens irgendeines begrenzten rechtlichen Wollens bedeuten; aber sie lassen sich in die einfachen Grundbegriffe des Rechtes auflösen und enthalten jeweils mehrere von diesen in zusammengezogener Weise [2].

Die so eingreifenden Begriffe lassen sich danach in Beobachtung der genannten logischen Eigenart erschöpfend gewinnen. Ihre systematische Ausführung ergibt folgende Übersicht [3]:

	Rechtssubjekt	Rechtsobjekt
Rechtsgrund	Rechtsbindung	Rechtsverfügung
Rechtsverhältnis	Rechtsleistung	Rechtsausschließung
Rechtshoheit	Rechtssetzung	Rechtsgemeinsamkeit
Rechtsunterstelltheit	Rechtsausführung	Rechtsanteil
Rechtmäßigkeit	Rechtsbefugnis	Rechtspflicht
Rechtswidrigkeit	Rechtsschuld	Rechtsschaden

	Rechtsgrund	Rechtsverhältnis
Rechtshoheit	Rechtsursprünglichkeit	Rechtsgesamtheit
Rechtsunterstelltheit	Rechtsableitung	Rechtssonderheit
Rechtmäßigkeit	Rechtsgültigkeit	Rechtserwerb
Rechtswidrigkeit	Rechtsverneinung	Rechtsverlust

---

[2] Auch dieses ist selbstredend in kritischer Methode gemeint, also in der Besinnung darauf, welche bestimmenden Elemente in einem Gedanken verknüpft sind. Z. B. ist *Rechtsbefugnis* das *rechtmäßige* Wollen eines *Rechtssubjekts*. Dagegen darf es nicht etwa psychologisch genommen werden, also mit der Meinung, daß der eine Begriff durch zwei andere zeitlich hinterher hervorgebracht werde. Richtig ausgeführt bei GOEPEL (§ 81 N. 2) S. 14.

[3] Hier ist ein großer Raum für weitere monographische Arbeit. Die Bedeutung einer jeden reinen Rechtskategorie kann nicht nur in ihrer jeweiligen Anwendung auf ein bestimmtes geschichtliches Recht ausgeführt werden — was in der seitherigen juristischen Literatur fast ausschließlich geschehen ist —, sondern ist zuvörderst auch in ihrer Beziehung zu den übergeordneten Grundbegriffen und ihrer Überleitung zu dem Rechtsgedanken überhaupt vorzunehmen, im Verhältnis zu den sie umgebenden reinen Rechtsbegriffen zu erwägen und von anderen rechtlichen Vorstellungen abzugrenzen, die sich an sie herandrängen, obschon sie gar nicht von allgemeingültiger Bedeutung sind. So ist Schuld ein reiner Rechtsbegriff, wie die Übersicht des Textes ergibt, Verdienst im Sinne von Lohn dagegen nicht. Denn der letztere Gedanke setzt schon bestimmte, stofflich bedingte Rechtseinrichtungen, wie Vermögen, Vertrag u. a. voraus und leitet sich nicht einfach von dem Rechtsbegriffe als solchem ab. A. M. REICHEL Die Mäklerprovision 1913 S. 128. — S. auch RphAbh. 1, 334 f.

	Rechtshoheit	Rechtsunterstelltheit
Rechtmäßigkeit	Rechtsgebot	Rechtsforderung
Rechtswidrigkeit	Rechtsverbot	Rechtsweigerung

§ 113

Die einreihenden Grundbegriffe des Rechtes

Die vorstehend (§§ 111; 112) aufgeführten Grundbegriffe geben die reinen Denkformen an, die in einem jeden rechtlichen Willensinhalt einheitlich ordnend eingreifen. Nun geschieht aber das rechtliche Wollen fortgesetzt im Gange der Zeit, und es bietet sich gleichzeitig als weit ausgedehnter Stoff von Einzelheiten dar. Das Einreihen des einzelnen rechtlichen Wollens in den zeitlichen Zusammenhang, in dem alles Recht sich darstellt, und fernerhin das Vergleichen von rechtlich bestimmtem Wollen untereinander geschieht nun wiederum in gleichmäßigem Verfahren, ohne welches die hier nötige Betrachtung ungeordnet und verworren bleiben müßte. Es gibt darum schließlich, nach dieser Seite des Erwägens, einreihende Grundbegriffe des Rechtes, und zwar in der genannten Doppelrichtung [1].

1. Die zeitlich einreihenden rechtlichen Grundbegriffe:
   rechtlicher Anfang — rechtliche Fortsetzung
   rechtliche Beharrung — rechtliche Änderung
   rechtliche Endgültigkeit — rechtliche Vorläufigkeit
   rechtliche Aufschiebung — rechtliche Auflösung [2].

2. Die logisch einreihenden rechtlichen Grundbegriffe:
   rechtliche Einfachheit — rechtliche Zusammensetzung
   rechtliche Bestimmtheit — rechtliche Bedingtheit
   rechtlicher Vorgang — rechtliches Nachstehen
   rechtliches Zusammenstimmen — rechtliche Verschiedenheit.

---

§ 113. [1] Kant hat in Kritik d. rein. V. (§ 15 N. 8) S. 108 d. 2. Aufl. auf die Prädikabilien, im Gegensatze zu den Prädikamenten, in durchschlagender Weise hingewiesen. Er nennt als Beispiele die Begriffe der Kraft, der Handlung und einige andere, verzichtet aber an der dortigen Stelle auf nähere und vollendet systematische Ausführung, um den Gesamtbau seines Werkes nicht zu stören. Er ist später, auch in den Fragen der reinen Naturwissenschaft, nur noch kurz in einer Anmerkung zum § 39 der Prolegomena (§ 98 N. 1) darauf zurückgekommen. — TR. III 12 und 13.

[2] Auch hier sei ein Beispiel gestattet. Wenn in einem Prozesse dem Beklagten die Aufrechnung vorbehalten wird (ZPO. 302, 1) und dann ein neues Urteil ergeht, das die Einwendung der Aufrechnung bestätigt, so kann das rechtswissenschaftlich nur dahin aufgefaßt und behandelt werden, daß das erste Urteil resolutiv bedingt war, also unter der Denkart der Rechtsauflösung steht.

§ 114

Die Grundaufgaben des Rechtes

An jedes Recht treten gewisse Fragen heran, auf die es Antwort geben muß, bloß aus dem Grunde, weil es *Recht* ist [1]. Diese Fragen sind die Grundaufgaben des Rechtes. Sie werden an jedes denkbare Recht gleichmäßig gerichtet, ohne einer besonderen Antwort vorzugreifen; die Antworten auf diese Fragen können vielmehr ganz verschieden ausfallen [2].

Die Grundaufgaben ergeben sich aus der Anwendung der reinen Grundbegriffe des Rechtes. Sie sind danach:

1. Die Frage nach der Rechtsfähigkeit [3] und nach den Rechtsgütern, das sind die bedingten Zwecke, die ein Recht als seine Mittel aufnimmt [4].

2. Die Regelung der Rechtshandlungen [5] und der Rechtsverhältnisse der Geschlechter zueinander in Ehe und Familie im weitesten Sinne [6].

---

[1] Hierher gehört nicht die Betrachtung, an wen sich eigentlich das Recht wende: ob an das Volk oder an die Beamten und Gerichte? Das ist keine rechtsphilosophische Frage, sondern eine solche nach dem Inhalte eines bestimmten Rechtes. Ein besonderes Recht kann bald diesen, bald jenen *anreden*. Anders Mayer Rechtsnormen und Kulturnormen 1903. Darüber Gerland, KrVSchr. 3 F. 10, 417 ff. Dohna Ger. S. 63, 355. Binder Der Adressat der Rechtsnorm und seine Verpflichtung 1927. Vgl. WR. Anm. 202. § 114.

[2] Eine nähere Ausführung jeder einzelnen Grundaufgabe des Rechtes würde den Rahmen dieses Lehrbuches sprengen. Es können in den Anmerkungen nur einige Fingerzeige und Hinweise auf einander entgegengesetzte Meinungen erfolgen.

[3] Über Sklaverei s. § 81 N. 2. Kuntze Kursus des römischen Rechts (2) 1879 § 85; dazu Exkurse über römisches Recht §§ 430—432. Jung Leben nud Sitten der Römer in der Kaiserzeit 1883, bes. 1, 20 ff. Ed. Meyer Die wirtschaftliche Entwicklung des Altertums 1895. ALR. II 5 §§ 196 ff.; II 8 § 2049. PreußG. v. 9. 3. 57. GruchotsBeitr. 12, 62 ff. — Dagegen nicht die Frage nach der Staatsangehörigkeit. Keller und Trautmann Kommentar z. ReichsG. v. 22. 7. 13, 1914.

[4] TR. III 15 (2) S. 146 ff.

[5] Über Rechtshandlung s. Bierling Prinzipienlehre (§ 18 N. 13) 2, 46 ff. Finger Lehrbuch des deutschen Strafrechts 1904 § 53. Liszt Lehrbuch des Strafrechts § 28. Binding Normen (§ 18 N. 5) II (2) § 64 S. 82 ff. TR. III 16 (2) S. 148 ff. — Davon zu trennen der Begriff des Rechtsgeschäftes, der sich dahin in seine Elemente auflösen läßt: ein rechtmäßiges Wollen eines Rechtssubjekts auf Änderung der ihm unterstellten Rechtsverhältnisse. Das liegt auch vor, wenn ein Rechtsverhältnis innerhalb des Kreises der schon vorhandenen neu begründet wird. A. M. Hein Identität der Partei 1918 S. 41. — Notwendig ist mit dem Gedanken der Rechtshandlung der der Zurechnungsfähigkeit gesetzt. Es ist dies die Fähigkeit, den Inhalt seines Bewußtseins mit dem anderer zu vergleichen und danach zu richten. Sie hat der Psychiater, aber nicht immer sein Patient; und die Art dieser genannten Fähigkeit verträgt ungezählte Übergänge und Abstufungen. Ohne Rücksicht auf das Vorliegen solcher Fähigkeit in ihrer jeweils besonders ausgestalteten Art kann das Recht als ein verbindendes Wollen, das Willensinhalte als Mittel füreinander setzt, nicht auftreten. Hierüber eine reiche Literatur in den vorhin genannten strafrechtlichen Lehr- und Handbüchern. Mohrmann Dogmengeschichte der Zurechnungslehre 1914. Urt. des RG. in SeuffArch.

3. Die Bestimmung über das letzte Wort im Rechte, sowohl auf der Seite des verbindenden Wollens [7] (Souveränität) [8], als des Rechtsunterstellten (Eigentum) [9].

---

66 Nr. 24. S. auch § 84 N. 2. — Über *willkürliches Tun* von Tieren s. RG. 50, 181 und 221; 54, 74 und 406; 60, 68 f.; 61, 318; vgl. auch 65, 104 ff.; 82, 113 ff.; 96, 132.

[6] Um diese Frage kommt keine rechtliche Ordnung herum. Bei ihrer Aufnahme ergibt eine radikal bedenkende Kritik die Notwendigkeit und alleinige Begründetheit der monogamischen Ehe. In der geschlechtlichen Hingabe wird der Mensch selbst zur Sache und bloßes Mittel für das Begehren des andern, welches der Idee der Menschheit und der Achtung eines jeden Menschen als Selbstzweck (§ 111 N. 4) widerspricht. Da andererseits der Mensch dabei dem Naturtriebe folgt und die Bestimmung der Fortpflanzung der Menschheit erfüllt, so fragt es sich, wie er diesem anscheinenden Widerstreite entgehen kann. *Nur unter der einzigen Bedingung ist dieses möglich, daß, indem die eine Person von der andern, gleich als Sache, erworben wird, diese gegenseitig wiederum jene erwerbe, denn so gewinnt sie wiederum sich selbst zurück und stellt ihre Persönlichkeit wieder her.* Kant, Rechtslehre (§ 15 N. 8) § 25. Emge Das Eherecht Kants, Kant-Studien 29, 243 ff. — Stammler Über Ehe und Ehescheidung. Grundsätzliche Erörterungen, RphAbh. 2, 405 ff. DRL. 1, 288 ff. (Gräfin Königsmarck); 327 (Süß Oppenheimer). — Von größerer Anregung, als manche neuere Einfälle und Auslassungen sind Hippel Über die Ehe 1774. Schlegel Lucinde 1799. Schleiermacher Briefe über die Lucinde 1800. — S. auch § 61 N. 3 und § 165 zu N. 2. — Über Recht der unehelichen Kinder Kipp StFestg. S. 359 ff.

[7] Aus der Erwägung der Souveränität als einer Grundaufgabe, in dem hier dargelegten Sinne, ergibt sich, daß es gar nichts Auffallendes hat, wenn sie, als Möglichkeit des letzten Wortes im öffentlichen Rechte bei verschiedenen Gegenständen nach einem besonderen Rechte auch verschiedenen Faktoren zukommen kann. Nur das ist dann nötig, daß auch ein Subjekt angegeben wird, das nun *im Zweifel* das letzte Wort der Entscheidung abzugeben hat. Und das ist dann der Träger *der* Souveränität in diesem Staate. Immer aber ist auch hier die Antwort auf die Frage nach dem letzten Wort eine bloß technisch begrenzte. Sie kann lediglich dem Inhalte einer besonderen Rechtsordnung begründet entnommen werden und stellt immer bloß eine Wiedergabe jenes Inhaltes dar (s. N. 8). Was hier wohl öfter irre geleitet hat, rührt daher, daß man in der Vorstellung der *Souveränität* nicht sowohl eine Grundaufgabe erblickt hat, wie der Text dieses Paragraphen sie begrifflich festlegt, sondern daß man nach ihr als einem angeblichen reinen Grundbegriff suchte. Ein solcher ist aber dabei entsprechend in der Kategorie der Rechtshoheit gelegen, die eine Gedankenrichtung bedeutet, die alle besonderen rechtlichen Fragen bedingend begleitet; während die Frage der Souveränität sich im Sinne einer Aufgabe an irgendein gegebenes rechtliches Wollen wendet und nun eine verschiedenartige Antwort, sowohl gegenüber anderen Rechtsordnungen, als auch innerhalb derselben Rechtsordnung zuläßt.

[8] Dies führt auf Bodin (1530—1596) zurück, der in seinem Buche Six livres de la république 1577 dem Gedanken Ausdruck gab, daß im Staate notwendig eine oberste Gewalt sein müsse, und den Ausdruck der *Souveränität* schuf. Warnkönig S. 38 f. Stintzing 2, 34 f. Bluntschli S. 26 ff. Vorländer II § 6 N.r 3. Hancke Bodin 1894. Landmann Der Souveränitätsbegriff bei den französischen Theoretikern 1896. Krabbe Die Lehre der Rechtssouveränität, Groningen 1906. — Carl Schmitt Politische Theologie. Vier Kapitel zur Lehre von der Souveränität 1922. — Kelsen (§ 67 N. 2). — Hier ist es ganz besonders am Platze, scharf

4. Die Festsetzung des Rechtsschutzes[10] und der Berichtigung im Falle eines Rechtsbruches (gleichviel ob durch Schadenersatz oder durch Strafe oder in anderer Weise)[11].

Die Antworten, die von einem besonderen Rechte auf diese Fragen gegeben werden, nennt man auch die Grundlagen dieser Gesellschaftsordnung.

---

zu betonen, daß die Antwort auf die Frage: Wem in einem bestimmten Gemeinwesen die Souveränität zukomme, — niemals *a priori*, das heißt ein für allemal, für alle Völker und Zeiten gültig, beantwortet werden kann. Es ist immer eine Frage des jeweiligen positiven Rechtes. Im besonderen ist die Redewendung von der Souveränität *des Volkes*, als angeblich notwendiger Rechtseinrichtung, grundsätzlich zu verwerfen. Sie scheitert von vornherein an der Unklarheit des Wortes *Volk* und seines sogenannten *Willens*; s. hierüber § 54. Sie verkennt es, daß das rechtliche Verbinden etwas anderes ist, als ein bloßes Zusammenzählen einzelner Zustimmungserklärungen (§§ 36; 41). Und sie müht sich ohnmächtig ab, für den bedingten Inhalt einer gerade fraglichen Rechtsordnung den Charakter eines Idealrechtes zu erlangen, das unabhängig von geschichtlichen Bedingungen dastehen sollte (§ 4). — Änderung der Souveränität über ein Gebiet: DRL. 1, 456 (Vertrag zu Malmö über Wismar).

[9] Es ist in der Lehre von dem Eigentum genau zu unterscheiden zwischen der allgemeingültigen Frage nach dem Rechte der letzten Verfügung über ein Objekt und der besonderen Antwort, die die einzelnen Rechtsordnungen darauf erteilen. Die Aufstellung eines *römischen* oder *germanischen* Eigentumsbegriffes betrifft in Wahrheit nicht den allgemeingültigen Gedanken des Eigentums, denn dieser ist dabei ja gerade vorausgesetzt; sie geht vielmehr auf die zweite, eben wiederholte, Erwägung. Verfehlt ist darum die Darlegung bei Lassalle Das System der erworbenen Rechte. Eine Versöhnung des positiven Rechts und der Rechtsphilosophie 1861. — Jung Eigen und Erbe, ArchRPhilos. 19, 533 ff. DRL. 1, 422 ff. (Müller Arnold). S. auch §§ 4; 15; 142 N. 2; 166. Ferner § 169 N. 10.

[10] Rümelin Die Rechtssicherheit, Rede 1924. Goldschmidt (§ 45 N. 1).

[11] Es gibt also eine Theorie im vollen Sinne einer unbedingt allgemeingültigen Lehre nur von dem Gedanken der Berichtigung eines Rechtsbruches, aber nicht von der besonderen Art der Berichtigung, die wir *Strafe* nennen. Dies ist, sozusagen, experimentell dadurch klargelegt, daß geschichtliche Rechtsordnungen nachgewiesen worden sind, die doch kein Strafrecht des heutigen Sinnes kennen, und daß man gründliche und überzeugende Forschungen über die Entstehung der *Strafe* in einem bestimmten Rechte während dessen Bestehens hat vorstellen können. Sehr interessant das Sammelwerk von Mommsen Zum ältesten Strafrecht der Kulturvölker 1905. Binding Die Entstehung der öffentlichen Strafe im germanisch-deutschen Recht 1909. Gerland Die Entstehung der Strafe, Rede, 1924. — Calker Strafrecht und Ethik 1897. Kohlrausch Über deskriptive und normative Elemente im Vergeltungsbegriff des Strafrechts, Abh. d. Univ. Königsberg zur Erinnerung an Kant, 1904 S. 270 ff. Sauer Grundlagen des Strafrechts, nebst Umriß einer Rechts- und Sozialphilosophie 1921. — Vgl. § 94 N. 4; auch § 133 N. 6.

Zweiter Abschnitt

Das juristische Denken

I. Die juristische Begriffsbildung

§ 115

Reine und bedingte Rechtsbegriffe

Ein Rechtsbegriff ist ein einheitliches Verfahren, rechtliches Wollen nach übereinstimmenden Merkmalen zu erfassen und zu bestimmen. So ist der Begriff *des Eigentums* eine sich gleich bleibende Art und Weise, ein bestimmt geordnetes Verhältnis unter Rechtssubjekten bezüglich eines gewissen Rechtsobjektes vorzustellen [1].

Unter den Rechtsbegriffen sind die reinen und die bedingten Rechtsbegriffe zu unterscheiden. Die ersteren sind die allgemeinen Denkformen der Grundbegriffe des Rechtes. Sie setzen für ihr Eingreifen nichts voraus, als den Gedanken des Rechtes selbst. Sie finden also schlechterdings auf alle *rechtlichen* Fragen Anwendung, die jemals auftauchen können, denn sie sind ja nichts, als verschiedene Betätigung des formalen Begriffes des Rechtes. Daher sind sie aus den bleibenden Bestimmungen des letzteren her zu entnehmen (§ 110) [2].

Dagegen ist ein bedingter Rechtsbegriff die allgemeine Zusammenfassung eines besonderen Rechtsstoffes. Er wird in seiner Sonderart durch Abstraktion aus dem begrenzten Inhalte eines geschichtlich gegebenen Rechtes gewonnen (§ 116). Die meisten einheitlich bestimmten Rechtsvorstellungen gehören dem Gebiete der bedingten Rechtsbegriffe an. Ihre Zahl und Menge ist unabgeschlossen, während die reinen Rechtsbegriffe, als notwendige Methoden alles geordneten rechtlichen Wollens in einer ein für allemal erschöpfenden Weise bestehen [3].

---

§ 115. [1] Über das Wesen eines Begriffes s. § 68 zu N. 3 f.; vgl. § 55 Nr. 4; § 82.

[2] Die reinen Begriffe sind einheitliche Weisen des Ordnens, die noch nichts von irgend einem empfindbaren Ziele in sich tragen (N. 4). Sobald das letztere gegeben ist, handelt es sich um ein begrenztes Streben. Seine Vorstellung ist in ihrer begrifflichen Bestimmtheit nicht eine Funktion des allgemeingültigen Ordnens des Bewußtseins. Es ist ein bedingter Begriff, der als rechtlich bestimmtes Wollen wegen der abgeteilten Besonderheit, die ihm wesentlich zu eigen ist, nicht mehr zu den reinen Denkformen des juristischen Begreifens gehört. §§ 5; 80.

[3] Habrucker Rechtsempirie und Rechtstheorie, Hall. Diss. 1906. Ders. Über den Grund der Möglichkeit von Rechtsbegriffen *a priori* innerhalb der formalen Jurisprudenz, Philos. Wochenschr. 5, 21 ff.; 49 ff. Carlo Teoria pura e teoria empirica nel diritto, Palermo 1912. Rivera Pastor Principios y conceptos puros del derecho, Revista de derecho privado (1914) 3, 241. Ders. Las doctrinas del derecho y del estado, Madrid 1910. — Riezler Apriorisches im Recht, in Kant-Festschr. des ArchRPhilos. 1924. Ehrlich Die juristische Logik (2) 1925.

Bei dieser grundlegenden Unterscheidung von reinen und von bedingten Rechtsbegriffen ist erneut und bestimmt darauf hinzuweisen, daß diese Trennung nicht eine solche der Herkunft ist. Sie ist eine systematische Zerlegung von Gedanken und darum nach einem festen, logisch bedingenden Merkmal zu bestimmen. Dieses Merkmal aber liegt in der sinnlichen Empfindbarkeit für den Gegenstand des fraglichen Begriffes. Kann ein Begriff in seiner einheitlichen Abgeschlossenheit nicht vollständig bestimmt werden, ohne einen sinnlich empfindbaren Gegenstand als wesentlichen (§ 22) Bestandteil aufzunehmen, so haben wir es mit einem bedingten (empirischen) Begriffe zu tun. Sobald dagegen ein Gedanke darin aufgeht, eine gleichmäßige Art und Weise des Ordnens zu sein, ohne auf sinnlich empfindbare Einzelheiten schon Rücksicht zu nehmen, so liegt ein reiner Begriff vor. Auf welchem Wege aber jemand zur Klarheit über die danach verschiedene Beschaffenheit seiner Gedanken gekommen ist, das ist für die systematische Eigenart dieser letzteren ganz gleichgültig[4].

---

[4] Neuere Rezensenten operieren zwar mit dem Unterschiede von empirischen und reinen Begriffen und unternehmen es, darauf diese oder jene Polemik aufzubauen; aber sie sagen nicht, soviel sich nur sehen läßt, was sie eigentlich unter der einen oder der andern jener zwei Begriffsarten verstehen, und welches das bedingende Merkmal der von ihnen so wesentlich betonten Unterscheidung sei. So Binder (§ 18 N. 12); vgl. § 30 N. 1, auch §§ 21 N. 5; 94 N. 3; 110 N. 3. Kaufmann (§ 18 N. 12), bes. S. 11. Die bloße Angabe, daß *empirische* Begriffe solche seien, die durch generalisierende Abstraktion aus *empirischen* Rechtstatsachen gebildet seien, verdient keine erhebliche Beachtung. Es dreht sich nicht nur mit der Wiederholung des gerade problematischen Ausdrucks *empirisch* durchaus im Kreise, sondern verfällt wiederum der fatalen Verwechselung der genetischen und der systematischen Betrachtung (§ 110 N. 3). Wenn aber jemand behauptet, daß eine bestimmte Auffassung des Rechtsgedankens einen *empirischen* Begriff darstelle und keinen *reinen* Begriff abgebe, so nimmt er doch die Subsumtion unter eine Unterscheidung vor, die zuvor als solche nach Sinn und Bedeutung angegeben werden muß. Sonach stellen wir auch an diesem Orte das logisch bedingende Merkmal der genannten Unterscheidung nochmals deutlich und sicher fest: Ein *empirischer* Begriff ist ein solcher, zu dessen wesentlichen Merkmalen ein sinnlich empfindbarer Gegenstand gehört, ein reiner Begriff dagegen bedeutet einen Gedanken, der als eine bloße Methode des Ordnens von irgendwelchem Stoffe für sich einheitlich abgeschlossen ist. Zu dem Begriffe der Grunddienstbarkeit, des Faustpfandes, des Kaufvertrages, der Brandstiftung gehört jeweils ein sinnlich empfindbarer Gegenstand, ohne dessen wesentliche Einbeziehung der gesuchte Begriff unvollständig abgegeben wäre, — darum sind diese alle empirische Rechtsbegriffe; zu dem Wesen des Rechtsgedankens bedürfen wir nur der Vorstellung eines bleibenden Verbindens von Zweckinhalten beliebiger Art, — darum ist der Begriff des Rechtes, wie wir ihn festgestellt haben (§ 47), ein reiner Begriff. — Wer das letztere bestreiten will, hat sonach die Aufgabe, zuvor anzugeben, was er überhaupt unter einem reinen Begriffe versteht. Denn jede Kritik, die mit dem Unterschiede von empirischen und reinen Rechtsbegriffen hantiert, ohne Sinn und Bedeutung dieses Unterschiedes nach festem Merkmale deutlich erfaßt zu haben, bleibt in sich unbegründet und sachlich wirkungslos. Vgl. § 81 N. 1; auch § 30 N. 1.

Diese Betrachtungen sind nun für die rechtsphilosophische Arbeit nutzbar zu machen.

Aus der soeben allgemein besprochenen Verschiedenheit erklärt es sich, daß jede rechtliche Betrachtung zugleich an den bedingten Stoff gegebener geschichtlicher Rechtsordnungen abhängig gebunden ist und doch zugleich in ihrer Eigenschaft als wissenschaftliches Bewußtsein von jenem Stoffe unabhängig zu sein vermag. Nach jener ersten Seite hin ist die Jurisprudenz historisch bedingt und in ihrem Inhalte von dem Worte des rechtlichen Gesetzgebers abhängig, — die weitere Erwägung macht es verständlich, wie sie trotzdem als Wissenschaft bestehen kann in festen, unverrückbaren Methoden, an die keines Menschen Wort und Befehl heranreicht [5].

Die Besonderheiten eines bestimmten Rechtsinhaltes lassen sich nach Art einer Scheibe mit ihren konzentrischen Ringen vorstellen. Sie sind alle von dem Mittelpunkte, dem Gedanken des Rechtes, abhängig, und jeder Punkt eines jener Ringe wird durch die nach dem Zentrum führenden Linien der reinen rechtlichen Kategorien bestimmt. Die einzelnen Kreise aber bieten sich als höhere und niedere Rechtsbegriffe dar. Diese Einteilung ist aber nur von relativer Allgemeinheit, denn man hat es hier ja wesentlich mit bedingtem Stoffe zu tun [6].

Bei jedem bedingten Rechtsbegriff kann man seinen Inhalt und seinen Umfang unterscheiden. Der Inhalt ist die Besonderheit eines rechtlichen Wollens; er wird begrifflich durch das eigenartige Eingreifen der reinen Grundbegriffe des Rechtes bestimmt. Der Umfang steht dazu im umgekehrten Verhältnisse. Je weniger Besonderheiten ein Begriff enthält, je kleiner also sein Inhalt ist, um so mehr Vorstellungen enthält er unter sich, desto größer ist somit sein Umfang [7].

---

[5] VERDROSS Zum Problem der Rechtsunterworfenheit des Gesetzgebers, S.-A. aus Jur.-Bl., Wien 1916. — Vgl. oben § 48 N. 5.

[6] Die satirische Schilderung, die JHERING Scherz und Ernst (§ 18 N. 8). S. 245 ff. von dem juristischen *Begriffshimmel* entwirft, empfindet richtig, welche Verwirrung angerichtet wird, sobald man bedingte Rechtsbegriffe nicht als bloße Reproduktionen von gegebenem, geschichtlichen Rechtsstoff nimmt, sondern als reine Begriffe, wie die der Mathematik. Daß es aber auch reine Rechtsbegriffe gibt, ohne die überhaupt keine wissenschaftliche Rechtsbetrachtung möglich ist, bleibt dabei unbeachtet. § 18 N. 10 Nr. 5. — BEKKER Ernst und Scherz über unsere Wissenschaft 1892. DERS. Grundbegriffe des Rechts und Mißgriffe der Gesetzgebung 1910. — S. auch DRUCKER Begrip en Dogma in de Rechtswetenschap, Harlem 1889. WENDT Rechtssatz und Dogma, JheringsJ. 22, 299 ff. FUCHS Logische Studien im Gebiete der Jurisprudenz 1920.

[7] ÜBERWEG System der Logik (5) hrsg. v. J. B. MEYER 1882 § 54. TR. IV 6 und 7.

§ 116

Das Bilden der Rechtsbegriffe

Juristisch denken heißt: einen Willensinhalt als ein rechtliches Wollen einsehen. Es wird also ein besonderes menschliches Streben in seiner Bestimmtheit nach dem Rechtsbegriffe erwogen. Hiernach kommt es darauf an, das allgemeingültige Verfahren, das hierbei bestimmend eingehalten werden muß, genauer zu beschreiben [1]. Dabei ist zuvörderst zweierlei festzustellen, um die methodische Erfassung rechtlicher Fragen in ihrer durchgreifenden Eigenart aufzuklären.

1. Es dürfen rechtliche Erscheinungen und rechtliche Begriffe nicht als zwei selbständige Gegenstände angenommen und einander gegenübergestellt werden. Eine rechtliche Erscheinung ist ein nach dem Rechtsgedanken bestimmtes Wollen. Sie trägt zwar in sich die Besonderheit eines begrenzten Strebens, aber sie ist bereits in rechtlicher Weise begrifflich bestimmt und war es niemals anders.

Es ist ein nicht seltener Irrtum, als wenn in zeitlicher Reihenfolge zuerst die rechtlichen Fragen da wären, und dann hinterher die sie methodisch erfassenden Rechtsbegriffe als neue Dinge erständen. In Wahrheit gibt es gar keine *unbegriffenen* Vorstellungen. Jeder, auch noch undeutliche, Gedanke ist schon einheitlich geordnet, befindet sich bereits als abhängiges Glied in der Einheit des Bewußtseins. Von einem rechtlichen Stoffe, der nicht schon begrifflich bestimmt wäre, können wir uns gar keine Vorstellung machen [2].

Jede rechtliche Vorstellung entsteht in ihrer zusammengesetzten Art gleichzeitig in allen ihren Teilen. Weder ist zuerst die sie begreifende Form da, um zeitlich hinterher sich mit der Besonderheit eines jener Vorstellung eigenen Stoffes zu füllen, — noch auch gibt es von vornherein zunächst einmal rechtliche Erscheinungen, denen sich dann, nachdem einige Zeit verflossen, rechtliche Begriffsbilder als neu erschaffene Dinge beigesellten.

Freilich mag das kritische Verstehen der Zusammensetzung einer rechtlichen Erscheinung nach ihrem besonderen Streben und ihrem be-

---

[1] G. Rümelin d. J. Juristische Begriffsbildung 1878. Wenzel, Alfred Beiträge zur Logik der Sozialwirtschaftslehre 1894. Simmel Zur Methodik der Sozialwissenschaft, Schmollers J. 20, 227 ff. Eltzbacher Über Rechtsbegriffe 1900. Spann Zur Logik der sozialwissenschaftlichen Begriffsbildung, aus Festg. f. Neumann, 1905. Salomon (§ 69 N. 2). Stampe Unsere Rechts- und Begriffsbildung 1907. Slawitschek Beiträge zur öffentlich-rechtlichen Begriffskonstruktion 1910. Kretschmar (§ 3 N. 9). Manick Irrtum und Auslegung 1918 S. 1—34; s. auch Ders. Willenserklärung und Willensgeschäft 1907 S. 9 ff. Löwenstein Der Rechtsbegriff als Relationsbegriff. Studien zur Methodologie der Rechtswissenschaft 1915. Wurzel Das juristische Denken (2) 1924. Ledig Der Begriff als Instrument der Rechtspflege, Kant-Studien 32, 320 ff. § 116.

[2] Vgl. auch § 58; — § 55 Nr. 4.

dingenden Begreifen vielfach sich später einstellen, als die verbundene Vorstellung selbst. Die verschiedenen gedanklichen Elemente dieser rechtlichen Vorstellung treten aber immer gleichzeitig auf.

2. Aus dem Gesagten folgt, daß die besondere juristische Begriffsbildung nur die Klarstellung der in einer rechtlichen Vorstellung immer schon vollzogenen Synthesis ist. Bei allen Aufgaben der technischen Jurisprudenz handelt es sich um die Zergliederung rechtlicher Erscheinungen, die notwendig zusammengezogen sind.

Dagegen erschafft die spezifisch juristische Tätigkeit dem Stoffe nach nichts Neues. Sie ist keine *Rechtsquelle*. Sie hat zum Ziele die getreue Wiedergabe eines gegebenen Rechtsstoffes in seiner begrifflichen Bestimmtheit [3].

Auch ist die Rechtswissenschaft keineswegs frei in dem *Bilden* der Begriffe. An dem grundlegenden Begriffe des Rechtes und den von ihm ausstrahlenden reinen Grundbegriffen kann sie selbstverständlich nichts ändern. Und sie ist andererseits von dem unterliegenden Stoffe ihrer Bearbeitung notwendigerweise abhängig; denn sie hat die einzelnen Rechtsbegriffe als Möglichkeiten einer einheitlichen Erfassung eines gegebenen rechtlichen Willensinhaltes in dessen methodischer Durchführung festzustellen [4].

§ 117

Die Geschlossenheit der Rechtsbetrachtung

Da alle Rechtsbetrachtung unter dem unbedingten Oberbegriffe des Rechtes steht, so hängen alle zu ihr gehörigen Vorstellungen in einer geschlossenen Einheit zusammen. Daraus folgt, daß alle Besonderheiten im Inhalte einer Rechtsordnung nur in rechtlich bestimmten Begriffen zu fassen sind.

1. In der Rechtswissenschaft hat die naturwissenschaftliche Erkenntnis von äußeren Wahrnehmungen in selbständiger Weise nichts zu suchen. Freilich baut sich auch die rechtliche Zwecksetzung, wie alles menschliche Leben und Treiben auf der uns umgebenden Körperwelt auf. Aber diese räumlichen Gegenstände werden dann als Mittel in das wollende

---

[3] Thöl (§ 18 N. 5) §§ 55 ff. Puchta Pandekten (11), bes. v. Rudorff 1872 § 16. Radbruch Rechtswissenschaft als Rechtsschöpfung, Arch. SozW. 22, 355 ff. Bülow Das Recht 10, 769 ff. Huber Bewährte Lehre. Eine Betrachtung über die Wissenschaft als Rechtsquelle 1910. Ders. Recht und Rechtsverwirklichung (§ 6 N. 1) S. 396 ff. — Vgl. auch § 64 zu N. 1; § 83 N. 2.

[4] Dies geschieht durch drei Tätigkeiten, aus deren untrennbar verschmolzenem Einsetzen das rechtliche Begreifen besteht: Beobachten, Vergleichen, Zusammenschließen. TR. IV 3; IV 20. Manigk a. a. O. (vgl. N. 1). — Als besondere wissenschaftliche Arbeitsmethode wird die Symbologie aufgestellt von Pollack Perspektive und Symbole in der Philosophie und Rechtswissenschaft 1913 (§ 81 N. 3). Vgl. auch Schlesinger Geschichte des Symbols 1912.

Bewußtsein aufgenommen. Für das Ganze der so auftretenden rechtlichen Fragen bleibt daher in der Tat ein gewisser unbegebener Rest, der mit den Denkformen, die es bloß mit dem Wollen zu tun haben, sich nicht mehr auflösen läßt. Aber das entscheidet nicht über den Sinn des dabei eingreifenden rechtlichen Wollens, der ausschließlich in der Vorstellungsreihe der rechtlichen Zweckbetrachtung gesucht und gefunden werden kann [1].

Das zeigt sich im besonderen bei der Aufgabe, den Kausalzusammenhang bei einem rechtlich bedeutsamen menschlichen Tun klarzustellen, namentlich als Unterlage der Verantwortlichkeit für eine unerlaubte Handlung. Der Sinn unserer Gesetze — und darauf kommt es hierbei allein an — kann hier nicht die Forderung einer naturwissenschaftlich exakt nachgewiesenen Ursachenreihe sein, da eine solche sehr oft gar nicht sicher erkennbar ist, eine rechtliche Entscheidung aber nicht entbehrt werden soll; das hier interessierende Recht meint vielmehr mit dem Hinweis auf nötigen Kausalzusammenhang das Vorliegen allgemeiner Regelmäßigkeiten, wie es *mit Wahrscheinlichkeit* erwartet werden darf [2].

2. Es ist unklar, wenn in rechtlichen Erörterungen als entscheidende Erwägung das sittliche Urteil angerufen wird. Hierbei bleibt es zunächst unsicher, in welchem Sinne das mehrdeutige Wort *sittlich* gemeint ist (§ 33).

Würde es den Unterschied zu einer rechtlichen Betrachtung angeben wollen, so könnte es in seiner Gegenüberstellung des sittlichen und des sozialen Wollens nur das Innenleben des einzelnen Menschen betreffen, gegenüber dem Zusammenleben mit seinesgleichen; soweit würde es bei der Behandlung von rechtlichen Fragen, die zu dem sozialen Dasein gehören, nicht verwandt werden können.

Soll dagegen das Wort *sittlich* soviel bedeuten, wie grundsätzlich richtig, so ist sein Heranziehen zwar wohl begründet, ergibt dann aber keinen Gegensatz zu einer rechtlichen Frage, sondern besagt eine besonders geartete Erwägung innerhalb des Rechtes [3].

3. Das Recht verweist wohl hier und da auf Brauch und Anstand und andere Konventionalregeln. Diese werden dadurch nicht zu Rechtssätzen. Aber sie haben Bedeutung nur soweit, als sie gerade durch eine

[1] Beispiel: Diebstahl von Elektrizität ist kein naturwissenschaftlicher Begriff, und ob eine Zueignung unter Benutzung elektrischer Arbeit eines andern nach bestimmter strafrechtlicher Norm zu ahnden ist, ist lediglich dem Sinne jener Rechtsnorm zu entnehmen. Frucht im Rechtssinne ist nicht einfach nach der Lehre der Botanik zu bestimmen. U. s. f. § 117.

[2] So in guter Fassung BGB. 252. Die Frage des Kausalzusammenhanges gehört somit nicht dem Gebiete der Rechtsphilosophie an, sondern ist eine Erwägung des Inhaltes von bestimmtem positiven Recht. Für das heutige deutsche Recht besteht eine reichhaltige Literatur. Eine Übersicht bei Enneccerus Lehrbuch des bürgerlichen Rechts § 235. Finger Lehrbuch des deutschen Strafrechts § 54.

[3] § 94 zu N. 3; — vgl. § 7.

besondere rechtliche Anordnung aufgenommen werden (vgl. § 42). Die begriffliche Erfassung dieser letzteren ist aber wieder ausschließlich ihrem eigenen Sinne zu entnehmen. Dagegen geht es nicht an, den Inhalt eines rechtlichen Gesetzes etwa durch bloße Verweisung auf Sprachwissenschaft und andere Lehren von Konventionalregeln darzulegen und begrifflich zu bestimmen[4].

4. Häufig wird der juristischen Betrachtungsweise eine ökonomische gegenübergestellt. Das geschieht nicht nur als Feststellung einer Verschiedenheit zweier Aufgaben bei der Erforschung des sozialen Lebens der Menschen, sondern öfter auch dahin, daß die rechte Methode der Jurisprudenz in *wirtschaftlichen Erwägungen* gelegen sei. Aber dieses führt leicht in das Unsichere oder unmittelbar zu einem irrigen Ergebnisse[5].

Es ist immer zu bedenken, daß die sozialwirtschaftliche Erörterung unter der logischen Bedingung einer bestimmten, rechtlichen Regelung steht (§ 55). Daraus folgt, daß im logischen Rangverhältnisse die Rechtsbegriffe die notwendige Voraussetzung der sozialwirtschaftlichen Vorstellungen sind. Darum können die Begriffe, in denen wir eine rechtliche Regelung erfassen, nicht aus *wirtschaftlichen* Erwägungen abgeleitet sein. Die letzteren bedeuten die praktische Anwendung jener Begriffe und stellen deren besondere Ausführung dar. Sie können den äußeren Anlaß geben und dazu anregen, eine genauere Unter-

[4] Beispiel: Nach BGB. 2244 muß bei der Errichtung eines Testamentes ein vereideter Dolmetscher zugezogen werden, wenn der Erblasser erklärt, daß er der deutschen Sprache nicht mächtig sei; vgl. 2240; FGG. 8; GVG. 186. Der Sinn dieser Vorschriften ist lediglich in rechtswissenschaftlicher Erwägung festzustellen. Wenn philologische Bedenken über den Begriff der *deutschen* Sprache bestehen, und die Sprachforschung zweifelt, ob es sich bei gewissen Modalitäten um eine Mundart oder eine andere Sprache handele, so ist das für die Bedeutung und Durchführung einer rechtlichen Bestimmung gleichgültig. Da die Sätze der Grammatik zweifellos zu den Konventionalregeln (§ 38 N. 4) gehören, so greift wieder die Regel von § 42, Herrschaft des Rechtes über jene, Platz.

[5] In der heutigen Gesetzgebung und Rechtswissenschaft wird der Ausdruck *wirtschaftlich* in dreifach verschiedenem Sinne gebraucht, — jedesmal aber nur als unmaßgeblicher Verlegenheitsausdruck. a) Man spricht von der *wirtschaftlichen* Bedeutung des Schecks, des Wechsels und vieler anderer Einrichtungen. Das geht auf das Quantum gleichheitlicher Anwendung und steht unter der Betrachtung sozialer Massenerscheinungen (§ 58). Das Gleiche liegt vor, wenn ein Gesetz von dem *wirtschaftlichen* Zweck eines Geschäftes redet, z. B. Wuchergesetz v. 19. 6. 93 Art. I in § 302 a; auch hier ist gemeint, daß in einem Vermögen eine ziemlich gleiche quantitative Verschiebung vor sich geht. b) *Wirtschaftlicher* Geschäftsbetrieb, bes. nach BGB. 22, heißt Erwerb von Geld oder geldeswerten Vorteilen. c) Wenn aber in der Jurisprudenz gesagt wird, daß ein Erfolg juristisch eingetreten sei, aber *wirtschaftlich* nicht zu billigen sei, z. B. bei der ungerechtfertigten Bereicherung nach BGB. 812, so liegt ja einfach der Gegensatz von positivem und richtigem Rechte (§ 50) vor. d) In der neuesten Gesetzgebung hat sich der Gebrauch von *wirtschaftlich* in jeweils besonderem Sinne vermehrt, nicht zugunsten der gedanklichen Klarheit der fraglichen Bestimmungen. Vgl. RAbgOrd. v. 13. 12. 19 § 4; VO. v. 8. 1. 24 Art. I; u. a. — Oertmann Die volkswirtschaftliche Bedeutung des BGB. 1900.

suchung des einem Rechtsbegriffe eigenen Sinnes vorzunehmen: die wissenschaftliche Auflösung der Synthesis dagegen, die mit dem fraglichen Rechtsbegriffe geschehen ist, muß in selbständiger kritischer Besinnung auf die in ihm liegende Art des einheitlichen Bestimmens geschehen [6].

II. Die juristische Konstruktion

§ 118

Die Einheit im Rechte

Die wissenschaftliche Bearbeitung eines gegebenen geschichtlichen Rechtsinhaltes nennt man seit längerem juristische Konstruktion. Ihr Ziel besteht darin, in den besonderen rechtlichen Fragen, die ständig auftauchen, eine Einheit der Auffassung darzutun. Dies drängt zu einem methodischen Ordnen der rechtlichen Fragen in festen und deutlich eingesehenen Begriffen. Es geschieht, wie oben (§ 116) ausgeführt, in der Weise, daß wir den Inhalt der rechtlichen Gedanken zergliedern und zusehen, wie er durch reine Denkformen logisch bestimmt ist. Es sind also alle rechtlich geregelten Vorgänge des Zusammenlebens auf die Grundbegriffe des Rechtes zurückzuführen [1].

Für diese Arbeit der technischen Jurisprudenz, die immer nur reproduktiv sein kann (§ 116), ist in zweierlei Hinsicht eine feste Begrenzung gegeben.

---

[6] S. § 56; auch § 35 zu N. 6; § 147. Dazu Hedemann DZJ. 26, 26. Ders. Einführung zu Nipperdey Kontrahierungszwang, Schriften des Instituts für Wirtschaftsrecht, Jena 1920. Schachian Die Besteuerung des Vermögenszuwachses 1920 S. 16 ff.

[1] Jhering Geist des röm. R. (§ 18 N. 10 Nr. 5) II. Bd. §§ 39—41. Pfersche § 118. Methodik der Privatrechtswissenschaft 1881. Pollock The methods of iurisprudence, London 1882. Loening Die konstruktive Methode auf dem Gebiete des Verwaltungsrechts, Schmollers J. 11, 117 ff. Wenzel Beiträge zur Logik der Sozialwirtschaftslehre 1894. Wurzel Das juristische Denken 1904. Affolter (§ 30 N. 3). Oertmann Entwicklung der deutschen Privatrechtswissenschaft in den letzten 25 Jahren, Jur. Lit. Bl. 25, 97 ff. Kretschmar (§ 3 N. 9). Wolff Rechtslogik, ZÖffR. 1, 508 ff. Ehrlich Die juristische Logik, ArchZivPr. 115, 125 ff. Huber (§ 6 N. 1) S. 377 ff. Rümelin Zur Lehre von der juristischen Konstruktion, ArchRPhilos. 16, 343 ff. — Fuchs, Ernst Die Gemeinschädlichkeit der konstruktiven Jurisprudenz 1909. Ist methodisch unklar, denn er verwechselt Einzelirrtümer mit der wissenschaftlichen Betrachtung des Rechtes überhaupt, für deren kritisch begründete Möglichkeit er nichts beibringt. Sander Die transzendentale Methode der Rechtsphilosophie und der Begriff des Rechtsverfahrens, ZÖffR. 1, 486 ff. — Über die Fragen der juristischen Methodenlehre hat sich eine ausführliche Polemik zwischen Kelsen und Sander erhoben. S. Kelsen Der soziologische und der juristische Staatsbegriff 1922; Ders. Rechtswissenschaft und Recht 1922. Sander Staat und Recht 1922. Ders. Kelsens Rechtslehre 1923. Dazu beiderseits verschiedene Aufsätze im 2. und 3. Bde. der ZÖR. und Streitschriften. Vgl. Kaufmann, Felix Logik und Rechtswissenschaft 1922. Ders. Die Kriterien des Rechts 1924. Beling KrVJSchr. 3. F. 21, 119 ff. Hippel ArchÖffR. N. F. 5, 327 ff. Pitonnie ZÖR. 3, 531 ff. Binder S. 183 ff.; 196 ff.; 853 ff. — Vgl. §§ 115 N. 3; 121 N. 3; 136 N. 1; 147 N. 1.

1. Die Sprödigkeit des bedingten Rechtsstoffes bringt es mit sich, daß er sich nicht restlos in Sätzen von bedingungsloser Allgemeinheit wiedergeben läßt. Alles, was in dieser Hinsicht mit mehr oder weniger Glück versucht wird, kann nur zu einem verhältnismäßig allgemeinen Formulieren führen, aber nicht zu einem Ergebnisse von unbedingter Reinheit; denn diese Eigenschaft besitzen nur die formalen Gedankenrichtungen, die wir als rechtliche Grundbegriffe kennen [2].

2. Die hier in Frage gezogene wissenschaftliche Tätigkeit bedeutet eine Klarlegung dessen, was in einem bestimmten rechtlichen Willensinhalte enthalten ist. Das konstruierende Urteil des Rechtsgelehrten kann also begründetermaßen niemals zu einem anderen Ergebnisse gelangen, als das besondere rechtliche Wollen, das von ihm auf die Möglichkeit der einheitlichen Auffassung hin formal erwogen wird. Die dort klar zu legenden Begriffe müssen genau ebenso wiedergegeben werden, wie die dabei erforschte Zwecksetzung sie schon birgt.

Darum ist es allemal ein Fehler, wenn eine juristische Konstruktion — bloß als solche — sich im sachlichen Urteile über das von ihr bearbeitete rechtliche Wollen erheben möchte. Bloß vom Standpunkte der juristischen Konstruktion aus kann es keine *richtige Theorie* geben, unter der der Gesetzgeber sich befände [3].

Die innere Begründetheit eines rechtlichen Wollens kann nur nach der Lehre von der Idee des Rechtes dargetan werden [4].

§ 119

Die rechtliche Natur eines Wollens

Wenn eine besondere Rechtsfrage wissenschaftlich bestimmt werden soll, so ist es nötig, sie in ihrem Verhältnisse zu anderen Rechtsinhalten zu untersuchen. Erst das Berücksichtigen solchen mannigfaltigen

---

[2] Man ist in der Darstellung von begrenztem, positivem Recht zuweilen freigebig mit dem schönen Worte der Theorie und gebraucht dieses auch da, wo es sich nur um relative Allgemeinheiten handelt. Z. B. Willens- oder Erklärungstheorie als Zusammenfassung des Inhaltes von BGB. 116—120; Annahme-, Empfangs-, Rekognitionstheorie, ebenso für BGB. 145 ff. Schuld- oder Gefährdungstheorie für die Gründe der Schadensersatzpflicht nach einem bestimmten positiven Recht. — Die kritische Aufhellung der bloßen Relativität aller stofflich bedingten Rechtslehren zeigt auch methodisch den Fehler, der darin gelegen ist, wenn neue Rechtserscheinungen in seitherige bedingte Rechtsbegriffe eingepreßt werden, z. B. die Reallasten als sog. deutschrechtliche Servituten, die Enteignung als Zwangskauf, den Versuch von D. 46, 1, 36 (dazu Hartmann Die Obligation 1875 S. 51 f.).

[3] Beispiele: Angebliche logische Unmöglichkeit der Übertragung einer Forderung, Windscheid § 329 N. 10. Prinzipielle Zulässigkeit der unmittelbaren Stellvertretung, Windscheid § 73. Für Wertpapiere angeblich allgemeingültige Aufstellung der Kreationstheorie oder Vertragstheorie u. a. m. Sehr gut hierzu Habrucker (§ 115 N. 3).

[4] Das folgt aus § 4; vgl. §§ 2; 83; 94.

Stoffes macht seine einheitliche Bestimmung in ausreichender Weise möglich.

Diese Beobachtung hat eine besondere Bedeutung für das Überordnen und Unterordnen höherer und niederer Rechtsbegriffe. Es hat sich hier der Ausdruck der *rechtlichen Natur* eines Wollens herausgebildet. Sie ist der Oberbegriff, der auf dem Wege von einem bestimmten rechtlichen Willensinhalte zu dem Zentralbegriff des Rechtes gelegen ist[1].

Das Aufsuchen solcher Oberbegriffe bedeutet eine Einzelfrage. Für ihre Ausführung läßt sich folgende methodische Anleitung geben. Sie setzt innerhalb der Kenntnis des zu bearbeitenden Rechtsstoffes ein. Dabei bieten sich verschiedene Möglichkeiten des Konstruierens dar unter denen eine Auswahl zu treffen ist. Nun zerlegt man den Gegenstand, dessen rechtliche Natur erforscht werden soll, in die gedanklichen Elemente, die sich in seiner Vorstellung finden, und scheidet die dabei verwendeten reinen Grundbegriffe gegenüber den bedingten Besonderheiten des ihm eigenen Inhaltes. Mit den sich darbietenden Oberbegriffen verfährt man ebenso und wählt nun den aus, bei dem sich die gleichen reinen Grundbegriffe als bedingende Elemente finden, wie bei dem Gegenstande der fraglichen Nachforschung[2].

§ 120

Die Lehrsätze der juristischen Konstruktion

Das kritische Herausarbeiten der reinen Grundbegriffe des Rechtes zeigt die notwendigen Bedingungen, unter denen es allein möglich ist, Einheit und Ordnung in rechtlichen Fragen zu haben. Wenn eine juristische Konstruktion wissenschaftlich haltbar sein soll, so muß sie als eine Zurückführung auf die reinen Grundbegriffe des Rechtes unternommen

---

[1] Literatur: §§ 115 N. 6; 118 N. 1. Windscheid § 24 N. 2. § 119.

[2] Ob die Miete nach heutigem bürgerlichen Rechte dinglich oder schuldrechtlich ist, hängt davon ab, ob man in der besonderen Art, in der bei ihr die beteiligten Rechtssubjekte in ihren Willensinhalten gegenseitig bestimmt werden, die reinen Grundbegriffe wiederfindet, welche die eine oder die andere Möglichkeit der eben genannten Gegenüberstellung ausmachen; ob also der Inhalt jener Einrichtung als Rechtsausschließung gegenüber der Gesamtheit der Rechtsunterstellten oder als Rechtsbindung zu Rechtsleistungen von einzelnen Rechtssubjekten zu begreifen ist. Die rechtliche Natur des Gesellschaftsvermögens nach BGB. 719 ist anders zu bestimmen, als die der Gemeinschaft nach Bruchteilen nach BGB. 741:; jenes ist als sog. Gesamteigentum zu kennzeichnen (gesetzlich geordnet in Schweiz. ZGB. 652—654), da sich in den zu konstruierenden Rechtseinrichtungen die reinen Grundbegriffe bestimmend wiederfinden, die für diesen letztgenannten Rechtsbegriff wesentlich sind: weil nämlich die in dem dortigen Rechtsverhältnisse verbundenen Rechtssubjekte eine Rechtsverfügung über das fragliche Rechtsobjekt nur in ihrer rechtlichen Gesamtheit vorzunehmen die Rechtsbefugnis haben.

werden [1]. Dieser Gedanke läßt sich auch in anleitenden Lehrsätzen ausdrücken [2].

Sie folgen der Ordnung der einfachen rechtlichen Grundbegriffe und lauten danach:

1. In jeder Rechtsfrage ist festzustellen, wer nach diesem rechtlichen Wollen als Selbstzweck und was als bloßes Mittel behandelt wird.

2. Alles Recht ist in einzelnen Beziehungen zu begreifen, in denen mehrere Willensinhalte als Mittel füreinander nach rechtlichem Wollen bestimmt sind.

3. Die rechtlichen Willensinhalte sind als Mittel und Zwecke füreinander einem Wollen untergeordnet, das seinen Grund in sich trägt.

4. Die Bewegungen im Rechtsleben sind als Änderungen rechtlicher Zwecksetzung aufzufassen.

Dritter Abschnitt

Die Rechtssätze

I. Bau der Rechtssätze

§ 121

Rechtssatz und Rechtsbegriff

Der Rechtssatz ist ein hypothetisches Urteil [1]. Er besteht aus

---

§ 120. [1] Das Suchen nach subjektlosen Rechten (Windscheid § 49 N. 3) ist von vornherein zum Mißerfolge bestimmt, weil die wissenschaftliche Klärung jedes rechtlichen Willensinhaltes die Kategorie des Rechtssubjektes unvermeidlich macht. Sie ist mit jener Aufgabe wegen der Eigenschaft des Rechtes als einer Art des Wollens (§ 30) notwendig gesetzt. S. oben § 111 N. 4. — Es ist nicht gut, wenn der Begriff der Dienstbarkeit dahin wiedergegeben wird, daß sie dingliche Gebrauchsrechte an einer fremden Sache seien, während doch hinzugesetzt werden muß, daß sie auch an der eigenen Sache stattfinden können. S. darüber Habrucker Rechtsempirie und Rechtstheorie (§ 115 N. 3) S. 44. Der gemachte logische Fehler ist unverbesserlich, weil die genannte Begriffsbestimmung der Servituten auf ein totes Gleis führt. Sie kann nur durch eine Analyse ersetzt werden, welche das Institut der Dienstbarkeiten mit Hilfe der reinen Grundbegriffe des Rechtes bestimmt.

[2] Sie fügen der durch die seitherigen Ausführungen gewonnenen Einsicht sachlich nichts Neues hinzu, sondern fassen das Ergebnis unserer Betrachtungen in geordneter Fassung zusammen.

§ 121. [1] Das vierte Gebot (2. Mos. 20, 12): Du sollst deinen Vater und deine Mutter ehren, auf daß du lang lebest im Lande, daß dir der Herr, dein Gott, gibt. (§ 32 N. 2). — Leges XII tabularum, tab. V: Si intestato moritur, cui suus heres nec escit, adgnatus proximus familiam habeto. — BGB. 607: Wer Geld oder andere vertretbare Sachen als Darlehen empfangen hat, ist verpflichtet, dem Darleiher das Empfangene in Sachen von gleicher Art, Güte und Menge zurückzuerstatten. — Nicht immer prägt sich die Eigenart des hypothetischen Urteils in der Fassung des Rechtsgesetzes aus, in der Sache ist sie immer darin enthalten. TR. IV 12.

Voraussetzung und Folge, indem sich ein rechtliches Wollen an einen Tatbestand als Rechtsgrund folgeweise anknüpft [2].

Wenn ein Rechtssatz deutlich gemacht werden soll, so wird dabei wiederum überlegt, wie sich ein besonderes rechtliches Wollen einheitlich bestimmen läßt. Es ist also das logische Verfahren des Ordnens von dem bei der Klarstellung eines Rechtsbegriffes der Art nach nicht verschieden. Jeder Rechtssatz läßt sich wiederum als ein eigener Rechtsbegriff ansehen, z. B. ergibt der Satz, daß das Wollen des einen Subjektes unter bestimmten Voraussetzungen Rechtsfolgen für ein anderes hervorruft, den Rechtsbegriff der *Stellvertretung*; und jeder Rechtsbegriff läßt sich in einen Rechtssatz auflösen, z. B. besagt der Rechtsbegriff der *Erbschaft* eben den Rechtssatz, daß bei dem Tode einer Person ihr Vermögen als Ganzes auf eine andere Person übergeht. Die Verschiedenheit von Rechtssatz und Rechtsbegriff liegt somit nicht in ihrem Wesen und Inhalt, sondern in der Art ihres Gebrauches. Sie weichen dadurch in verhältnismäßiger Weise voneinander ab, daß das eine Mal der einheitliche Gesichtspunkt für ein rechtliches Wollen als solcher sich vorstellt, das andere Mal dagegen die Abhängigkeiten mehrerer verbundener Glieder untereinander als Inhalt eines rechtlichen Wollens erwogen wird.

Darum darf man nicht fragen, ob zuerst Rechtssätze da sind, und aus ihnen Rechtsbegriffe zeitlich hinterher genommen werden, oder ob zuerst Rechtsbegriffe vorliegen und später sich zu Rechtssätzen zusammensetzen; — sondern beides tritt in unseren Vorstellungen gleichzeitig auf. Es wiederholt sich auch hier, daß der gleichzeitig entstandene Inhalt unserer Gedanken dann durch kritische Besinnung aufgelöst und methodisch bestimmt werden kann.

§ 122

Die Arten der Rechtssätze

Die einzelnen Rechtssätze unterscheiden sich durch Besonderheiten ihres Inhaltes. Jede Darstellung eines Rechtes wird nach einem Grundrisse suchen, nach dem sie jene Sätze anordnen kann. Es wird darum zu überlegen sein, wie eine solche Systematisierung von gegebenem Rechtsinhalt möglich ist (§§ 133 ff.).

Verschieden hiervon ist die Frage, ob nicht die Rechtssätze in einer allgemeingültigen Art sich einteilen lassen, so daß diese Einteilung für alles jemals denkbare Recht passen würde.

---

[2] Thöl (§ 18 N. 5) § 33. Thon Rechtsnorm und subjektives Recht (§ 19 N. 3). Windscheid § 37. Roguin La règle de droit, Lausanne 1890. Brodmann (§ 19 N. 3). Nicol-Speyer (§ 18 N. 13) S. 19 ff. Somlo (§ 18 N. 13) S. 191 ff. — Kelsen Hauptprobleme der Staatsrechtslehre, entwickelt aus der Lehre vom Rechtssatz (2) 1923. Kaufmann, Felix (§ 118 N. 1) bes. S. 88 ff. Burckhardt (§ 18 N. 13) S. 2 ff.

In diesem Sinne hat man die verneinenden und die berechtigenden Rechtssätze unterschieden und die letzteren wieder in erlaubende, gebietende, verbindende zerlegt [1]. Hier bleiben aber ungelöste Bedenken. Die Denkformen des Rechtsgebotes und des Rechtsverbotes finden nicht nur Anwendung, wenn einem Subjekte eine Berechtigung verliehen wird, sondern kommen allgemeiner bei allem denkbaren rechtlichen Wollen in Betracht [2]. Welches der Sinn des rechtlichen *Erlaubens* sein soll, bleibt in jener Einteilung zweifelhaft. Vor allem aber fehlt es dem genannten Versuche an einem festen Einteilungsprinzip, aus dem sich die vorgebrachte Aufzählung begründen würde.

In der Tat kann eine allgemeingültige Einteilung der Rechtssätze keinen anderen Grund haben, als die reinen Kategorien des Rechtes selbst. Denn nur sie geben für das Rechtsgebiet die grundlegenden und nicht weiter aufzulösenden Gedankengänge ab, in denen sich ein beliebiger Rechtsstoff ordnen und beherrschend überschauen läßt. Es lassen sich also genau so viele Arten von Rechtssätzen, in unbedingt allgemeiner Weise behaupten, als es Grundbegriffe des Rechtes gibt. Ein Beharren bei der Möglichkeit solcher Einteilungen wird für die darstellende Übersicht geschichtlicher Rechtsordnungen nicht von starkem Interesse sein; es kommt dafür mehr auf die im Eingange dieses Paragraphen gestellte Frage an.

§ 123

Rechtssatz und Definition

In rechtlichen Gesetzen finden sich zuweilen Angaben darüber, was der Gesetzgeber unter einem von ihm gebrauchten Ausdrucke verstanden wissen will. Man hat hierfür den Ausdruck begriffsentwickelnde Rechtssätze eingeführt [1]. Solange es sich nun bloß um die Bedeutung eines bestimmten Ausdruckes handelt, zeigt sich in der Regel keine Schwierigkeit. Aber die Rechtssetzung geht über bloßes lexikographisches Verzeichnen oft genug hinaus. Sie äußert sich über die sachliche Bedeutung einer rechtlichen Anordnung nach deren blei-

---

§ 122. [1] Thöl (§ 18 N. 5) §§ 34 ff. Windscheid § 27. — Laun Kategorische und disjunktive Normen, ArchÖffR. 34, 162 ff. Schoetensack Die Arten der Rechtssätze, GerS. 83, 1 ff. Fuchs, Wilhelm Logische Studien im Gebiete der Jurisprudenz. 1. H.: Die Arten der Rechtssätze 1920. Ders. Lex permissiva, Indifferenzstandpunkt, rechtsleerer Raum, Lückenfrage, IntZ. f. Theorie d. Rechts Jahrg. 1926/7 S. 783 ff.

[2] Sie gehören zu den zusammengezogenen rechtlichen Grundbegriffen, § 112. TR. S. 567. — Thon (§ 19 N. 3). Fischer (§ 111 N. 8) S. 15 ff.

§ 123. [1] Thöl (§ 122 N. 1) § 35. — Eisele Unverbindlicher Gesetzesinhalt, Freib. Rede 1885 (§ 41 N. 7).

benden Bestimmungen. Unterliegt das nicht gewissen Bedenken, und bestehen hier nicht notwendige Grenzen? [2]

Man hat es mit einem Unterschied von *Gesetz* und von *Recht* versucht. Das *Gesetz* entspringe einer politischen Potenz, es sei ein Machtgebot, — das *Recht* entspringe einer geistigen Potenz, es sei im Grunde nichts anderes, als ein Urteil, das seine Autorität in sich selbst finde; darum sollte das letztere in seiner Wahrheit und in seiner Stetigkeit von keiner äußeren, sondern einzig von einer geistigen Macht, das ist von der Jurisprudenz, getragen sein [3].

Die so gemachte Gegenüberstellung bleibt jedoch in sich noch ungeklärt und kann darum das oben geäußerte Bedenken nicht lösen. Das ermöglicht sich erst durch die Unterscheidung von reinen und von bedingten Rechtsbegriffen (§ 115). Über die ersteren hat der Gesetzgeber nichts zu sagen, über die letzteren alles.

Jenes ergibt sich daraus, daß er doch als rechtlicher Gesetzgeber handeln will. Er steht also unter dem Gedanken des Rechtes. Darum ist er den notwendigen Kategorien des juristischen Denkens unterstellt: er kann sie nicht erschaffen, sondern wendet sie nur an.

Dagegen sind die bedingten Rechtsbegriffe nur bestimmende Angaben über den Inhalt eines gewissen rechtlichen Wollens. Sie sollen diesen Inhalt möglichst genau und klar angeben. Darum fällt ihre Festlegung sachlich dem Urheber des in Frage gestellten rechtlichen Wollens von selbst zu. Daß er sich dabei der reinen Grundbegriffe des Rechtes notwendigerweise bedient, folgt aus dem logischen Aufbau der bedingten Rechtsbegriffe (§ 116). Auch ist es nicht unmöglich, daß der definierende Gesetzgeber sich irre, nämlich sich in einen Widerstreit mit sich selbst verwickle, wie es schließlich jedem Urheber eines Geisteswerkes begegnen kann [4].

II. Die Ausführung der Rechtssätze

§ 124

Rechtsvoraussetzungen und Rechtsfolgen

Das hypothetische Urteil, als das ein Rechtssatz sich darstellt, darf nicht als Feststellung einer körperlichen Veränderung im Raum vorgestellt werden. Es handelt sich bei ihm nicht um eine Verknüpfung wirkender Ursachen mit notwendigen Wirkungen; denn es stehen

[2] Omnis definitio in iure civili periculosa est: parum est enim, ut non subverti posset. D. L 17, 202.

[3] Brinz in der § 3 N. 9 zitierten Rede. — Marschall v. Bieberstein Vom Kampf des Rechtes gegen die Gesetze, Rede, 1927. Wenzel, Max, Gesetz und Recht, Bericht auf d. Tagung deutsch. Staatsrechtslehrer März 1927.

[4] TR. IV 14. Schlosser (§ 12 N. 14) S. 102: Über Definitionen im Recht. — S. auch § 91 N. 16.

hier überhaupt nicht räumliche Erscheinungen, sondern menschliche Bestrebungen in Frage. Die wissenschaftliche Aufgabe besteht jetzt darin, den Inhalt solcher Bestrebungen, wie er in dem rechtlichen Wollen auftritt, zu begreifen und einheitlich zu beherrschen. Dazu taugt nicht die Kategorie der Kausalität, sondern das Ordnen nach Zwecken und Mitteln[1].

Die rechtliche Voraussetzung, als erstes Glied eines Rechtssatzes, bedeutet danach eine Veränderung der seitherigen Zwecklage, wodurch ein neues Mittel sich nötig macht[2]. Man nennt solche Änderungen in rechtlich geordneten Zuständen juristische Tatsachen. Sie sind dem Inhalte eines besonderen rechtlichen Wollens zu entnehmen und stehen unter der bedingenden Gedankenrichtung des Rechtsgrundes (§ 111).

Die Verknüpfung der beiden Zwecklagen, der früheren und der nun gegebenen, wird durch Bezugnahme auf einen bleibenden rechtlichen Gedanken hergestellt; z. B. enthält die Lehre von den möglichen Erwerbstatsachen des Eigentums diesen letzten Begriff in gedanklicher Bestimmung. Es liegt in jeder Vorstellung einer rechtlichen Veränderung, daß von einem Bleibenden sich wechselnde Elemente loslösen, um durch andere ersetzt zu werden.

Die Rechtsfolgen sodann, die als das zweite Glied in den Rechtssätzen gegeben sind, stellen Änderungen von Rechtsverhältnissen dar. Dies ergibt sich aus der Tafel der einfachen Grundbegriffe des Rechtes (§ 111). Der wechselnde Inhalt des geschichtlich auftretenden Rechtes, dessen Bewegung und Fluß dabei betrachtet wird, kann in endgültiger Weise nur durch den eben wiederholten rechtlichen Grundbegriff einheitlich bestimmt werden, da es sich nun um die Ergänzung der zuerst eingesetzten Denkform des Rechtsgrundes handelt[3].

---

§ 124. [1] Manick Das Anwendungsgebiet der Vorschriften für die Rechtsgeschäfte 1901 S. 4 ff. Ders. Über Rechtswirkungen und juristische Tatsachen, Abh. d. Königsb. Univ. z. Erinnerung an Kant, 1904 S. 145 ff. (auch erschienen in Jherings J. 49, 459 ff.).

[2] Es ist selbstverständlich, daß dabei ein natürliches Geschehen unterliegt. Aber dieses wird nun unter dem Gesichtspunkte der Zweckbetrachtung aufgenommen und bestimmt. Auch Geburt und Tod eines Menschen machen davon keine Ausnahme; auch sie treten für die rechtliche Erwägung nur als Veränderungen in dem seitherigen Einsetzen von Zwecken und Mitteln auf. TR. IV 15.

[3] Wir unterscheiden die verschiedenen Typen der Verträge nach den Folgen, die sich an sie anknüpfen. Dies ermöglicht sich dadurch, daß das rechtliche Geschehen in einer fortlaufenden Kette sich vollzieht. Es wird also in der angegebenen Frage nach den verabredeten Folgen unterschieden, ob ein Kauf, eine Miete, eine Schenkung usf. vorliegt. Und dann schließen sich an diese so festgestellten Vertragstypen weitere Folgen für andere Fragen an. Das Schema des hypothetischen Urteils als Eigenart rechtlicher Sätze bleibt dabei an sich unberührt stehen. Wenn das und das verabredet ist, in Befugnis und Pflicht, so folgt weiterhin dies und jenes.

§ 125
Die sogenannten juristischen Fiktionen

Der Ausdruck der ***Fiktion*** wird in der Jurisprudenz seit alten Zeiten für eine rechtliche Annahme gebraucht, die sich auf etwas stützt, was in Wirklichkeit nicht vorliegt. Die klassischen Juristen der Römer sprechen vielfältig hiervon [1], und von ihnen her ist das Thema in die spätere Rechtslehre übergegangen. Dabei hat sich der Sinn der Frage öfter verschoben. Es trat die Meinung auf, als ob der Gebrauch dessen, was man ***Fiktion*** genannt habe, notwendig auf eine ***Erdichtung*** hinauslaufe. Dies sei aber durchaus zu verwerfen, denn es würde dann etwas in bewußter Weise falsch aufgestellt, eigentlich also ein Trugbild in rechtlichen Dingen geschaffen [2].

Hier ist jedoch ein durchschlagender methodischer Fehler unverkennbar, dem nachzuspüren sich wissenschaftlich lohnt.

Wenn der Gesetzgeber bestimmt, daß etwas so zu behandeln wäre, ***wie wenn*** es in anderer Weise oder zu anderer Zeit rechtlich bedeutsam gewesen wäre, so ist das nichts anderes, als eine abkürzende Formel, mittels derer sich ein bestimmtes rechtliches Wollen ausdrückt. Es wird der Einfachheit halber auf ein rechtliches Wollen verwiesen, das in seinen Folgen schon in anderem Zusammenhange gesetzt ist. Das Verknüpfen der gleichen Folge mit verschiedenen Tatbeständen enthält aber keinen Widerspruch. Es handelt sich bei Voraussetzungen und Folgen nicht um eine Ursachenreihe, die eindeutig bestimmt wäre, sondern um die Änderung von Zwecken und Mitteln (§ 124). Für diese Frage ist aber nicht unausweichlich das eine Mittel an eine bestimmte Lage allein gebunden, es kann vielmehr für verschiedene Ziele das gleiche Mittel gewählt werden; und es mag dafür im Interesse des Einklanges einer gegebenen Zwecklage mit einer vorgesetzten Richtlinie ein bewegender Anlaß wohl bestehen.

Mit besonderer Wärme hat man sich dahin erklärt, daß die Wissenschaft von dem Rechte nicht befugt sei, die sogenannten gesetzlichen ***Fiktionen*** in sich aufzunehmen und mit ihrem Stempel versehen in Umlauf zu setzen. Die Rechtswissenschaft dürfe nicht hoffen, wenn sie derartige ***Fiktionen*** des Gesetzgebers sich aneigne, durch sie ***die Wahrheit*** begriffen und erklärt zu haben.

Allein hierbei ist übersehen, daß es eine *Wahrheit* in rechtlichen Dingen, die von dem Inhalte eines gesetzten Rechtes unabhängig ist,

---

[1] E. g. GAI IV 34 sqq. J. I 12, 5. D. XXV 2, 1 u. 18; XXXXI 3,15 pr. § 125.

[2] BÜLOW Zivilprozessualische Fiktionen und Wahrheiten, ArchZivPrax. 62 1 ff. — WINDSCHEID § 67 N. 5. Dazu WALLASCHEK (§ 111 N. 4) S. 137 ff. MEUMANN Prolegomena zu einem System des Vermögensrechts I 1903 § 4. A. FISCHER Fiktionen und Bilder in der Rechtswissenschaft, ArchZivPrax. 117, 143 ff. — O. FISCHER Sein und Schein im Rechtsleben, Rede, InternatWochSchr. 13. 11. 1909.

nur für die reine Rechtslehre gibt. In dieser aber spielt die Frage nach den *Fiktionen* und dem Aufstellen von Sätzen, *als ob* etwas Bedingtes vorläge, keine Rolle [3].

Für die technische Jurisprudenz besteht aber kein Grund, auf knappe Formeln zu verzichten, die sie der Mühe weitläufiger Einzelbeschreibung überhebt. Manche rechtlich geordneten Beziehungen sind so verwickelt, daß sie ohne Zuhilfenahme einer solchen einfachen Formel in übersichtlicher Weise gar nicht wiedergegeben werden können, z. B. die Erklärungen eines Vereins zu einem Rechtssubjekte, womit in abgeschlossener Weise die Rechtsverhältnisse der Mitglieder untereinander und zu dritten Personen in bestimmtem Sinne einheitlich gefaßt sind (§ 111 N. 6). So handelt es sich bei der sogenannten *Fiktion* auch für die Aufgabe begreifender Rechtswissenschaft keineswegs um die *Erdichtung* einer natürlichen Tatsache, sondern nur um eine nützliche und oft geradezu notwendige Formel, in der ein rechtlicher Willensinhalt gefaßt ist [4].

§ 126

Rechtssatz und Rechtseinrichtung

Die Darstellung positiver Rechte gibt sich als eine Übersicht von Rechtsinstituten oder Rechtseinrichtungen. Damit wird die

---

3 Vaihinger Die Philosophie des Als Ob. Systems der theoretischen, praktischen und religiösen Fiktionen der Menschheit auf Grund eines idealistischen Positivismus 1911, (9/10) 1927. Von ihm selbst in Thesen zusammengefaßt in deutsche Philosophie der Gegenwart 2, 200 ff. (1921). Mit besonderer Rücksicht hierauf erscheinen Annalen der Philosophie 1919. — Aus der Literatur sind für die von uns behandelten Probleme besonders von Interesse: Sternberg Kant-Studien 16, 328 ff. Reininger, Jahrb. d. Philos. Ges. a. d. Univ. Wien 1912 S. 1 ff. Schultz Kant-Studien 17, 85 ff. Lindstaedt Grundwissenschaftliche Kritik der Hauptbegriffe von Vaihingers Philosophie des Als Ob, Greifswal. Diss. 1914. Pagel KrVJSchr. 53, 163 ff. Sturm Fiktion und Vergleich in der Rechtswissenschaft 1915. Ders. Die Unfruchtbarkeit des Unwahren 1915; s. auch Dens. Irrtum und Rechtsschmerz 1920. Breuer Die Lehre vom unrichtigen Recht, GerS. 80, 395 ff. Liebert Wie ist kritische Philosophie überhaupt möglich? 1919 S. 126 ff. (vgl. § 68 N. 5). Krückmann Wahrheit und Unwahrheit im Recht, in Ann. d. Philos. I. Bd. Ders. ZStW. 37, 353 ff. Ders. ArchZivPrax. 114, 143 ff. Franz Das Realitätsproblem in der Erfahrungslehre Kants, Erg.-H. der Kant-Studien Nr. 45, 1919 S. 44 f. Sauer Rechtswissenschaft und Alsob-Philosophie, ZStW. 41, 423 ff. Salomon Die Rechtswissenschaft und die Philosophie des Als Ob, ArchRPhilos. 13, 227 ff. Fischer Fiktionen und Bilder in der Rechtswissenschaft (N. 2), Kelsen Zur Theorie der juristischen Fiktionen, Ann, d. Philos. 1, 630 ff. Mallachow Rechtserkenntnistheorie und Fiktionslehre, das Als-Ob im Jus 1922. Castiglia La filosofia dell »Als-Ob« nel diritto, Riv. int. (18 N. 15) 6, 1 ff. — Betsch Die Fiktion in der Mathematik 1926. Adickes Kant und die Als-Ob-Philosophie 1927.

4 Über das Einsetzen solcher Formeln als sogenannter *Fiktionen* im BGB. s. die Zusammenstellung bei Windscheid-Kipp I S. 307, auch S. 680 a. E. Vgl. auch BGB. 164, 2. und die Fälle der sog. fingierten Zession, Stammler Recht der Schuldverhältnisse (§ 93 N. 4) § 55 S. 201 ff.

Wiedergabe eines in verschiedenen Rechtssätzen inhaltlich gleichmäßig auftretenden Rechtsverhältnisses bezeichnet, z. B. die Rechtseinrichtung des Eigentums nach dem BGB. [1].

Das Herausarbeiten solcher Rechtseinrichtungen hat mit Hilfe der Grundbegriffe des Rechtes zu geschehen. Es handelt sich bei dieser Arbeit nicht um die Beschreibung einer unverrückbaren Gedankenrichtung, die aus dem Einsetzen des Rechtsgedankens selbst unvermeidlich hervorgeht, sondern es werden ausgeführte Rechtssätze, als fertige Urteile, vorgenommen. Und nun wird in diesen stofflich begrenzten Rechtsinhalten eine bedingt gegebene Gleichmäßigkeit als eine Rechtseinrichtung beobachtet. Die Durchführung dieser Aufgabe bedeutet eine Einzelfrage, ihre Lösung ist stets nur von relativer Bestimmtheit [2].

Vierter Abschnitt

Der rechtliche Ausdruck

I. Die juristische Technik

§ 127

Geformtes und auszuwählendes Recht

Technik ist jede Erwägung, die sich auf ein begrenztes Ziel beschränkt [1], — eine theoretische Erkenntnis dagegen liegt vor, wenn die Gedanken nach einer unbedingt einheitlichen Weise geordnet sind. Theorie (im genauen Sinne des Wortes) besagt also die für allen möglichen Bewußtseinsinhalt gültige Art des Ordnens [2]. Diese grundlegende Bedingung (= reine Form) des gleichmäßigen Ordnens läßt sich durch kritische Besinnung einsehen. Jede technische Erörterung, die einen sachlichen Wert haben soll, ist in Wahrheit nur einstweilen abgebrochen und führt in ihrer Begründung auf eine Theorie zurück.

Für die Rechtsbetrachtung wiederholt sich das in selbstverständlicher Weise. Die Gesetzgebung, die in bewußt überlegender Weise vorgeht, hat unter den sich gegenüberstehenden Bestrebungen die eine als das richtige Wollen auszuwählen (§ 95). Dann aber hat die technische Erwägung nach den besten rechtlichen Mitteln für das dortige

---

[1] SAVIGNY System des heutigen römischen Rechts 1840 I § 9. PUCHTA Kursus der Institutionen 1841 (8) bes. von KRÜGER 1875, I § 6. THÖL (§ 18 N. 5) §§ 41—43. WINDSCHEID-KIPP § 37a. § 126.

[2] BEKKER Was sind geistige Realitäten? ArchRPhilos. 1, 185 ff.

[1] *But as for operating according to rules and by the help of general forms, where of the original principles and reasons are not understood, this is to be esteemed merely technical.* BERKELEY The analyst § 47, Works ed. by Fraser, Oxford 1871, III. p. 288. § 127.

[2] S. auch § 148. — Über das Verblassen und Verschwimmen des Wortes *Theorie* s. § 118 N. 2. — RSt. § 1.

besondere Ziel einzusetzen. Für die theoretische Betrachtung gibt es eine allgemeine Anleitung, da sie ja auf den einheitlichen Sinn alles Rechtes zurückgeht (§ 91); — für die technische Erörterung liegen umgekehrt die auszuführenden Gedanken in der dortigen Begrenztheit, so daß die Erfüllung der gerade gesetzten, besonderen Aufgabe — eben nach der technischen Seite hin — als eine Einzelfrage erscheint.

Nur nach einer besonderen Richtung hin gibt es auch für die juristische Technik eine allgemeine Anleitung, die für jede rechtliche Aufgabe in Betracht kommt. Das ist die Lehre von dem rechtlichen Ausdruck[3].

Diese Lehre ist von allgemeingültiger Bedeutung. Denn das Recht gehört zu dem verbindenden Wollen (§ 36). Als solches kann es nur auftreten, wenn es mehrere anredet; die Notwendigkeit eines Ausdruckes ist also mit dem Einsetzen des rechtlichen Wollens stets gegeben (§ 114 N. 1). Da nun der Ausdruck eines Gedankens dessen Inhalt in sich aufnimmt, von dem letzteren aber in rechtlichen Fragen eine allgemeingültige Lehre nach reinen Formen einheitlicher Ordnung besteht, so ist auch eine Theorie des rechtlichen Ausdruckes möglich.

Ein rechtliches Wollen findet seinen Ausdruck in der Gestalt eines Rechtssatzes[4]. Es fügt sich dabei in den geschichtlichen Verlauf rechtlicher Vorkommnisse ein und muß darum auch auf kommende Möglichkeiten Rücksicht nehmen, in denen rechtlich einzugreifen ist. Aus dieser doppelten Erwägung her — daß es sich um das Aufstellen von Rechtssätzen mit ihren Voraussetzungen und Folgen handelt, und zweitens, daß notwendigerweise zu späterhin möglichen Veränderungen Stellung zu nehmen ist — ergibt sich eine doppelte Weise, in der rechtliches Wollen zum Ausdrucke kommen kann.

Es können nämlich die künftig bedeutsamen Veränderungen, die als Voraussetzungen von Rechtsfolgen in das Auge gefaßt werden, in doppelter Art bestimmt werden: 1. Es mag sein, daß der Inhalt einer solchen Veränderung in seiner Besonderheit bereits jetzt genau angegeben wird, z. B. der künftige Tod eines Menschen. 2. Es ist aber auch angängig, das Eintreten des Wechsels erst noch abzuwarten und das Vorhandensein einer maßgeblichen Änderung des rechtlichen Sach-

---

[3] RR. S. 252 ff., (2) 174 ff. Gutberlet Studien zur Gesetzestechnik 1908; Ders. Schweiz. ZStrR. 20, 346 ff. Bierling Prinzipienlehre (§ 18 N. 13) 4, 428 ff. Tesar Gesetzestechnik und Strafrechtsschuld, ZStW. 32, 378 ff.

[4] S. § 121. — Dies findet auch bei Rechtsgeschäften notwendig statt. Bei einseitigen Willenserklärungen ist das von vornherein klar; das Testament sagt mindestens: Wenn ich verstorben bin, so usw. Bei Verträgen geht jenes aus Angebot und Annahme herhor: Wenn du dies annimmst, so wird Nachstehendes die Folge sein.

verhaltes alsdann erst festzustellen, z. B. dann, wenn ein *wichtiger Grund* sich zeigen würde.

Entsprechend der doppelten Behandlung der Voraussetzungen können auch die demnächstigen Rechtsfolgen in zweifacher Weise vorgesehen werden. a) Sie können jetzt schon ganz genau angegeben sein, z. B. eine bestimmte Geldsumme; oder b) es werden diese Rechtsfolgen in ihren Einzelheiten einer späteren Bestimmung vorbehalten, z. B. die Vornahme einer schuldnerischen Leistung *nach Treu und Glauben.*

Wir nennen die Fälle, die unter 1 a) fallen, das geformte Recht [5]. Hier wird der Obersatz eines künftig veranlaßten Urteiles von dem rechtlich Wollenden im voraus in begrenzter Weise gefaßt. Die logische Form ist die eines hypothetischen Urteiles nach rechtlichen Voraussetzungen und Folgen. In dieser Art äußert sich das rechtliche Wollen in ungezählten Paragraphen und sonstigen geformten Satzungen, und es tritt das für die erste Bekanntschaft mit dem Rechte so sehr in den Vordergrund, daß dem Laien in der Rechtswissenschaft es gar oft vorkommt, als ob hierin *das Recht* beschlossen sei. In Wahrheit stellen alle technisch geformten Rechtssätze nur einen Teil *des Rechtes* dar. Es sind Versuche, im voraus das später Richtige heute bereits anzugeben; und es ist ja ganz unmöglich, die Allheit aller je möglichen Veränderungen in dieser Art von vornherein zu fassen und anzugeben.

Die übrig bleibenden Möglichkeiten, die sich aus der obigen Ausführung ergeben, stellen das auszuwählende Recht dar. Hier ordnet ein gesetztes Recht an, daß in einem kommenden Streitfalle die Parteien, Berater, Urteiler die Rechtsregel auswählen sollen, die alsdann die grundsätzlich richtige Entscheidung bietet. Es steht auch hier eine eigene Art in Frage, dem einen Ausdruck zu geben, was einem bestimmten rechtlichen Wollen in seinem Inhalte entspricht. Es sieht das jetzige rechtliche Wollen die mögliche Veränderung der gegenwärtigen Zwecksetzung voraus und bestimmt über sie nach der Seite der Vor aussetzungen, wie der Folgen [6].

---

[5] Das geformte Recht ist selbstredend nicht dasselbe, wie das geschriebene Recht. Es kommt bei ihm nur darauf an, daß es die Besonderheiten in Voraussetzungen und Folgen schon im voraus genau angibt; es ist gleichgültig, ob das mit Schriftzeichen vermerkt wird oder nicht. Für das objektive Recht (s. N. 4) kommt hier der Gegensatz von Gesetz und Gewohnheit (§ 65) namentlich in Betracht. Über Geschichtliches s. Brie Die Lehre vom Gewohnheitsrecht, 1. Bd. Geschichtliche Grundlegung, 1899. Hirzel (§ 10 N. 2). Pernice ZRG(R). 20, 134 ff.; 22, 59 ff.

[6] Dagegen handelt es sich in der jetzigen Erörterung nicht etwa um eine Methode, einen rechtlichen Gedanken in seinem sachlichen Inhalte zu erfassen (§ 145); auch nicht um reine Einteilungen des Rechtes (§ 133) oder um das Verhältnis des positiven Rechtes zur Idee, denn auch das geformte Recht ist ein Versuch, sich nach dieser zu richten (§ 91 N. 4).

§ 128

Kasuistisches und abstraktes Recht

Jeder Rechtssatz, in dem sich ein besonderes Wollen ausdrückt, enthält einen Rechtsfall. Ein Rechtsfall ist die Angabe eines Tatbestandes, an den als rechtliche Voraussetzung eine rechtliche Folge sich knüpfen soll. Im praktischen Leben tritt die Frage nach der Rechtsfolge im Sinne eines Zweifels auf, — im Rechtssatze wird über den letzteren eine Bestimmung getroffen. Ob das mit geformtem oder mit auszuwählendem Rechte geschieht, ist gleichgültig. Es zeigt sich aber bei dieser Erwägung, daß alle Rechtssätze notwendig kasuistisch sind; und da sich ein rechtliches Wollen überhaupt nur in Gestalt von Rechtssätzen ausdrücken kann (§ 127), so läßt sich auch sagen, daß jede rechtliche Äußerung in kasuistischer Art und Weise geschieht [1].

Nun spricht man aber von *kasuistisch* noch in einer etwas engeren Bedeutung. Es ist das dann im Gegensatze zu einer *abstrakten* Behandlung der Rechtsfragen gemeint. Das Merkmal der Unterscheidung ist dann die etwas mehr oder weniger genaue Art, in der die rechtlichen Voraussetzungen und Folgen von dem fraglichen Gesetze angegeben werden. Bei der *kasuistischen* Behandlung werden vereinzelte Besonderheiten erlebter oder auch nur vorgestellter Erfahrung zugrunde gelegt, während bei *abstrakten* Rechtssätzen der Inhalt verhältnismäßig allgemeiner ausgeführt wird. Es ist klar, daß das ganz vag bleibt und eine scharfe Zerteilung nicht gestattet; es gibt kein festes Merkmal, nach dem man in bleibender Art eine sichere Trennung zwischen den genannten beiden Arten rechtlicher Behandlung machen könnte.

Andererseits besteht zweifellos die Möglichkeit einer relativen Gegenüberstellung. Wenn aus einem Rechtssatze eine oder die andere Besonderheit weggelassen wird, so verliert er allmählich seinen *kasuistischen* Charakter im engeren Sinne und wird *abstrakt*, ohne daß man freilich die Grenze angeben könnte, von der ab das eine aufhört und das andere in begrifflicher Notwendigkeit beginnt. Sobald es in extreme Fälle übergeht, macht sich der Gegensatz bemerklich und wird für die Praxis der Gesetzgebung stark gebraucht.

Nimmt man in diesem Sinne die ineinanderfließende Unterscheidung auf, so lassen sich auch manche verhältnismäßig allgemeine Beobachtungen darüber anstellen.

Es ist möglich, daß die *kasuistisch* eingeführte Festlegung im Entwurfe rechtlicher Bestimmungen sich sowohl auf die Voraussetzungen, wie auch auf die Folgen der fraglichen Rechtssätze bezieht; als cha-

---

§ 128. [1] Thöl (§ 18 N. 5) § 37: Das Recht klassifiziert.

rakteristisches Beispiel in der Tendenz einer ganzen Gesetzgebung ist mit Grund hierfür auf das preußische Allgemeine Landrecht stets verwiesen worden [2]. Sodann ist es möglich, daß die Voraussetzungen in enggepreßter Weise angegeben werden, die Rechtsfolgen dagegen in weiter ausladender Art, z. B. in der Grundweise unserer Strafgesetzgebung [3]. Umgekehrt lag es bei den Privatdelikten des römischen Rechtes, woselbst mit allgemein hingestellten Voraussetzungen genau begrenzte Folgen sich verbanden [4]. Endlich können beide Glieder eines Rechtsgesetzes in der *abstrakten* Weise der oben beschriebenen Bedeutung gefaßt werden, z. B. die Frage des Schadenersatzes bei beiderseitigem Verschulden [5].

Immer aber ist in klarem Bewußtsein festzuhalten, daß man nie hoffen darf, mit einer einzigen jener relativ abgegrenzten Möglichkeiten auszukommen. Es gehört zur Kunst der Gesetzgebung, sie alle, jede zu richtiger Zeit und an geeignetem Platze zu verwenden [6], und es verbleibt der Lehre von der Praxis des Rechtes, über die Ausführung der etwa vorliegenden Verschiedenheiten weitere Anleitung zu geben (§§ 142 ff.).

§ 129

Juristische Hermeneutik

Ein rechtliches Wollen auslegen heißt: es in seiner Besonderheit gegenüber anderem rechtlichen Wollen verstehen. Es unterscheidet sich von dem juristischen Schließen, das nicht den Inhalt rechtlicher Bestimmungen nebeneinander stellt, sondern den Einzel-

---

[2] Berühmte Beispiele: ALR. I 8, 125 ff., mit dem eigenartigen § 158: *Was von Planken verordnet ist, gilt in der Regel auch von Staketen*; I 5, 97 ff.; II 15, 25 ff. und viele andere mehr. Aus dem BGB. zählt beispielsweise hierher: 37,; 416; 962; 1786; 2339.

[3] Aus dem heutigen bürgerlichen Recht ist hier die Stellung des Inhabers der elterlichen Gewalt, des Vormundes, des Vorerben zu erwähnen; aus dem Staatsrecht die Stellung des Monarchen.

[4] Nach dem BGB. beispielsweise die Möglichkeit der Entmündigung nach §§ 6 und 114; die Behandlung der wesentlichen Bestandteile einer Sache, §§ 93 ff.; 946 ff.; die Lehre von der ungerechtfertigten Bereicherung, §§ 812 und 818. Von Interesse auch ZPO. 224, 2.

[5] BGB. 254; oder der Fall von BGB. 744 ff.

[6] Die Kunst der Gesetzgebung besteht darin: mit den verschiedenen Mitteln eines möglichen rechtlichen Ausdrucks ein richtiges Recht zu erreichen und dabei im Ausdrucke deutlich zu sein. Vgl. § 143; über Politik als Kunst § 196. — Filangieri La scienza della legislazione, Nap. 1780—85, deutsch von Zink 1788—91. Bekker System und Sprache des Entwurfs eines BGB. 1888. Lobe Was verlangen wir von einem bürgerlichen Gesetzbuch? 1896. Zitelmann Die Gefahren des bürgerlichen Gesetzbuches für die Rechtswissenschaft, Rede, 1896. Rumpf Volk und Recht 1910 S. 32 ff. Hedemann Über die Kunst gute Gesetze zu machen, Rede, 1911. Beling Methodik der Gesetzgebung, bes. der Strafgesetzgebung, ArchRPhilos. 15, 14 ff. Rümelin (§ 114 N. 10). Binder S. 965 ff.

fall unter einem rechtlichen Obersatz enthalten einsieht (§ 139). Die Aufgabe der Auslegung besteht bloß für das geformte Recht.

Es war keine glückliche Teilung, wenn man *grammatische* und *logische* Auslegung unterschied. Sprache und Denken fällt in eins zusammen. Wer sich auf ein Wort beruft, um den dadurch ausgedrückten Gedanken klarzustellen, stützt sich in Wahrheit auf den letzteren selbst. Es liegt keineswegs so, daß man nach der *Grammatik* und nach sog. *Sprachgesetzen* einzelnen Worten oder ihrer jeweiligen Verbindung einen festen Sinn zuschreiben könnte, der von dem sachlichen Gedanken des jene Worte Gebrauchenden zu unterscheiden wäre. So ist jedes Eingehen auf die von einem rechtlichen Wollen geäußerten Worte nur ein vorläufiger Versuch. Es besteht nicht zuerst ein an und für sich festes Ergebnis der sprachlichen Auslegung, das dann hinterher *ausdehnend* oder *einschränkend* wieder abgeändert werden könnte.

Die Art der Auslegung ist die gleiche bei allem rechtlichen Wollen; sie findet ebenso bei Gesetzen, wie bei Rechtsgeschäften statt. Der Streit darüber, ob in jenen rechtlichen Äußerungen der *Gedanke* oder der *Wille* des Äußernden zu erforschen sei, ist ungünstig angelegt; denn jeder rechtliche Gedanke ist eben ein rechtliches Wollen.

Dieses Wollen kommt immer bestimmten wollenden Menschen zu. Wenn man von einem Willen *des Rechtes* oder *des Gesetzes* spricht, so ist das nur als kurzer und ungenauer Ausdruck zu nehmen. Das *rechtliche Gesetz* ist doch ein gewollter Bewußtseinsinhalt und kann selbst nicht wieder *wollen*. Weder das Gesetz, noch das Geschäft denkt und will, das tun nur bestimmte Menschen.

Nun löst sich ein Recht nach seinem Entstehen von den es setzenden Menschen ab. Die letzteren treten jetzt zurück oder fallen ganz weg. Allein immer muß der Inhalt eines rechtlichen Wollens von einem Wollenden aufgenommen werden [1].

Das hat nun durchgreifende Bedeutung für die Frage nach dem Inhalte eines gerade geltenden Rechtes. Dieser kann aus dem seitherigen Rechtszustand unverändert übernommen sein. Er ist in dieser Weise zunächst überall zu vermuten. Es ist also nötig, daß eine Änderung des übernommenen Rechtes durch den Träger der rechtssetzenden Gewalt oder des geschäftlichen Verfügungsrechtes nach den für diese Änderung maßgeblichen Sätzen geschehe [2]. Es führt das geltende Recht immer

---

§ 129. [1] Vgl. dazu §§ 52—54 und 101.

[2] Kann das auch stillschweigend geschehen? Die römischen Juristen nahmen dies zur Begründung des Gewohnheitsrechtes an: D. I 3, 32 sqq. Einer solchen Meinung hat der Präsident des französischen Kassationshofes Ballot-Beaupré Ausdruck gegeben: *Lorsque le texte présente quelque ambiguité, . . . j'estime, que le juge . . ne doit pas s'attarder à rechercher obstinément quelle a été, il y a cent ans, la pensée des auteurs du Code en rédigeant tel ou tel article, il doit se demander ce qu'elle serait si le même article était aujourd'hui rédigé pas eux,* Le centenaire du code civil, Paris 1904, p. 27. S.

auf das Wollen dessen zurück, der gerade der Urheber eines Wollens ist, wie es nun in Frage steht.

Welche allgemeine Anleitung kann nun für die Auslegung rechtlicher Willensinhalte in Gesetzen oder Geschäften gegeben werden [3]?

Hier ist wohl auf den *Zweck* verwiesen worden, den das nicht ganz deutliche Wollen verfolgt. Da ist aber ein doppeltes zu unterscheiden. Man kann das Ziel eines rechtlichen Wollens innerhalb seiner geschlossenen Bestimmungen suchen, so daß die dort gemachten besonderen Voraussetzungen und ihre Folgen in ihrem Verhältnisse zueinander klarzustellen sind; — oder aber man kann das fragliche Wollen als ein Ganzes im Sinne eines Mittels nehmen, das für einen außerhalb seiner gegebenen Zweck eingesetzt wird [4].

1. In erster Linie ist der undeutliche Sinn einer rechtlichen Bestimmung nach ihren eigenen Voraussetzungen und Folgen zu klären. Beide sind in solche Harmonie miteinander zu bringen, daß die dortigen besonderen Rechtsfolgen als Mittel für den geänderten Rechtszustand (§ 124) verständlich erscheinen. Entweder stehen die Voraussetzungen einer Rechtsbestimmung fest, und ihre Folgen sind unsicher angegeben [5], oder es sind umgekehrt die Folgen genügend bestimmt, die Voraussetzungen aber im Zweifel gelassen [6].

---

dazu GENY Méthode d'interprétation et sources en droit privé poesitif 1899. Neue Gesamtausgabe in 4 Bänden: Science et technique en droit privé 1914—1924. VAN DER EYCKEN Méthode positive de l'interprétation juridique, Brüssel 1907. Jene Auffassung hätte aber nur Berechtigung, wenn sie im Sinne der ursprünglichen Rechtssetzung (§ 66) bewußt vorgehen wollte. Wo aber nur abgeleitetes Recht (§ 64) zur Durchführung zu bringen ist, wie bei aller rechtsgeschäftlichen Auslegung die ja nur für rechtsunterstelltes Wollen nach rechtlich bestimmtem Rechte eingreift, versagt jenes. Im Sinne der hier vertretenen Auffassung entscheidet RG. 92, 314. S. EG. z. BGB. 4. Vgl. noch DREWS Schöpferische Rechtsprechung, DJZ. 28, 249. Urteil des OVG. das. S. 311.

[3] Die ältere Literatur genau bei WINDSCHEID §§ 20—22. Dazu: RR. III 4 S. 497 ff. TR. VII 9—13 S. 595 ff., (2) 360 ff. KRAUS Die leitenden Grundsätze der Gesetzesinterpretation, GrünhutsZ. 32, 613 ff. BIERLING Prinzipienlehre (§ 18 N. 13) 4, 197 ff. ZEILER Ein Gerichtshof für bindende Gesetzesauslegung 1911; DERS. DRichtZ. 6, 101 ff. DANZ Einführung in die Rechtsprechung 1912. CARLO Dei nuovi metodi d'interpretazione della norma positiva di diritto, Estratto della revista: Il Circolo Giuridico, Palermo 1914. DERS. Dei nuovi metodi di interpretazione del diritto, Palermo 1919. HECK Gesetzesauslegung und Interessenjurisprudenz 1914. SOMLO (§ 18 N. 13) S. 370 ff. MANIGK Irrtum und Auslegung (§ 116 N. 1). DARMSTÄDTER Recht und Rechtsordnung. Ein Beitrag zur Lehre vom Willen des Gesetzgebers 1925. BURCKHARDT (§ 132 N. 1) S. 100 N. 2.

[4] Man hat etwas deutlich durchschaut, wenn man seine Teile in ihrem Verhältnis zueinander unterscheiden kann, — man hat es klar erkannt, wenn man es in seiner gesamten Eigenart gegenüber anderem beherrscht. TR. VII 4: Die Deutlichkeit des rechtlichen Ausdrucks. Vgl. STADLER Logik (§ 68 N. 4) S. 43.

[5] Ein bekanntes Beispiel bietet die Kontroverse über den Sinn der nov. 115. WINDSCHEID § 584 f.

[6] Beispiel: Zweifel über die Voraussetzungen, unter denen BGB. 944 in Ver-

2. Wenn aber der Zweifel sich nicht durch Glätten im Innern eines rechtlichen Wollens heben läßt, so ist auf des letzteren Zweckbestimmung nach außen hin einzugehen. Hier ist wieder ein Doppeltes möglich:

a) Man zieht den begrenzten Zweck in Erwägung, für den gerade dieses rechtliche Wollen das bedingte Mittel ist. Dann ist es in dem Sinne aufzufassen, nach dem es jenem begrenzten Zwecke am besten dient [7].

b) Aber der begrenzte Zweck, den ein im ganzen auszulegendes Wollen verfolgt, kann selbst nicht ganz sicher und deutlich vor uns stehen und keinen untrüglichen Wegweiser abgeben. Im besonderen kann es bei Rechtsgeschäften nur zu leicht geschehen, daß *der wirkliche Wille* in seinem subjektiv aufgestellten Inhalt zweifelhaft bleibt. Alsdann ist das Ergebnis einzusetzen, das in dem fraglichen Falle die grundsätzlich richtige Entscheidung liefert. Denn das Recht hat im ganzen den bedingenden Sinn, daß es in der Besonderheit seines Bestimmens innerlich begründet bestehe. Jeder Satz des geformten Rechtes ist nur ein Versuch, richtiges Recht zu sein (§§ 91 ff.); und jedes Wollen eines Rechtsunterstellten führt in seiner rechtlich verbindenden Bedeutung auf den genannten Sinn alles Rechtes zurück. Sobald daher ein rechtliches Wollen in seinem besonderen Sinne für sich undeutlich ist und innerhalb seines eigenen Ausdruckes nicht geklärt werden kann (ob. Nr. 1), so ist dem Schlusse nicht auszuweichen, daß es dasjenige habe sagen wollen, was nach dem Grundgedanken des Rechtes überhaupt sich richtet [8].

II. Die Ergänzung des geformten Rechtes

§ 130

Die juristische Induktion

Die Einzelheiten von gegebenem rechtlichen Wollen lassen sich in Gruppen vorstellen. Sie hängen, bildlich gesprochen, in *Familien* zusammen und sind jeweils untereinander *verwandt*. Jeder Rechtssatz kann als Glied einer Gattung erkannt werden, unter der er mit anderen Rechtssätzen der gleichen Art steht. Das Einordnen besonderen Rechtes unter seine übergeordnete Gattung ist Aufgabe der juristischen Induktion [1].

---

bindung mit 2018 und 2039 dem nachträglich eintretenden Erben zugute kommt, da doch der Erbschaftsbesitzer vor der Herausgabe an den Erben unvermeidlich den guten Glauben einbüßt.

[7] So wird es oft bei formalistisch gemeinten Rechtsbetrachtungen am Platze sein, bei Grundbuch- und Registersachen, oder bei enge gemeinten Einzelfragen, z. B. nach BGB. 1969 (Bedeutung von *Familienangehörigen*) oder 2373 (Familienpapiere? Familienbilder?).

[8] So nicht nur nach BGB 157 bei Verträgen, sondern schließlich auch bei BGB. 133 für einseitige Willenserklärungen.

§ 130. [1] Reichel Darstellung und Kritik von J. St. Mills Theorie der induktiven

Sie hat zum Kerne die Erwägung: wonach sich die Gleichartigkeit mehrerer Rechtsfragen bestimmt. Damit führt sie in letzter Linie auf den Begriff des Rechtes überhaupt zurück, in dem alle rechtlichen Fragen zusammenhängen. Aber sie will doch auch eine Zerlegung des Rechtsinhaltes nach verschiedenen Artmerkmalen zum Ausdruck bringen. Wenn das begründet durchgeführt werden soll, brauchen wir ein gleichmäßiges Verfahren, in dem die eben genannte Aufgabe sich in besonders gesetzten Fällen lösen läßt. Diese logische Methode des induktiven Verfahrens führt im Rechte notwendig auf seine reinen Grundbegriffe zurück. Denn sie sind die Gedankengänge, die von dem Mittelpunkte des Rechtes her ausstrahlen, um einen gegebenen Stoff menschlichen Begehrens einheitlich zu erfassen; und sie tun solches doch wieder in ihrer jeweiligen Eigenart. Nach dieser letzteren ermöglicht sich die vorhin in Frage gestellte Zerlegung von gegebenem Rechtsinhalt in einem allgemeingültigen Verfahren. Es sind diejenigen rechtlichen Vorstellungen miteinander verwandt, in denen sich dieselben Grundbegriffe zeigen. So werden z. B. die dinglichen Rechtsverhältnisse in induktivem Verfahren dahin zusammengefaßt, daß sich in ihnen ausschließende Befugnisse eines Subjektes gegenüber der Gesamtheit der Rechtsunterstellten finden.

Ist ein derartiges Ergebnis erreicht, so lassen sich nun mit der einheitlich erfaßten Gattung überall die Folgen übereinstimmend angeben. Im genannten Beispiel etwa die Feststellung, daß der Kreis der dinglichen Rechte geschlossen ist, daß sie nur an besonderen Gegenständen und nicht an Summen stattfinden, daß für ihren Erwerb gewisse gleichmäßige Vorgänge erforderlich sind. Die heutige Rechtswissenschaft, und ihr folgend die Gesetzgebung, hat das im Entwerfen *allgemeiner Teile* weithin ausgebaut [2].

Die Tätigkeit der juristischen Induktion unterliegt unvermeidlich einer gewissen Begrenztheit.

Sie bedeutet eine Ergänzung des geformten Rechtes und darf nicht als eine *schöpferische* Tätigkeit vorgestellt werden (vgl. § 116). Da sie nun einen bestimmten Stoff von geschichtlichem Rechte voraussetzt, um diesen in seinem Aufbau zu durchleuchten, so geht sie in der ihr jeweils zugewiesenen Aufgabe in der Einzelforschung auf. Sie läßt sich zwar in ihrem durchgreifenden formalen Verfahren allgemeingültig beschreiben, aber sie stützt sich dabei auf die Einsicht in die notwendigen Bedingungen rechtlicher Gedanken überhaupt. Die reinen Formen des rechtlichen Begreifens und Urteilens können auf induktivem Wege nicht

---

Methode, Z. f. Philos. u. philos. Krit. 122, 176 ff. Ders. Induktion in der Jurisprudenz, GrünhutsZ. 32, 99 ff. Bubnoff Das Wesen und die Voraussetzungen der Induktion Kant-Studien 13, 357 ff.

[2] S. § 133. N. 2: Allgemeines und besonderes Recht.

gefunden werden, sondern nur nach kritischer Methode (§ 5); so gelangt man mit dem Verfahren der juristischen Induktion allein niemals zu der Lösung der der Rechtsphilosophie im ganzen gesetzten Aufgabe [3].

§ 131

Der juristische Analogieschluß

Die Frage der Analogie tritt auf, sobald eine in sich unentschiedene Frage sich an eine sonst getroffene Entscheidung anlehnen möchte. Während also die Induktion die allgemeinere Gattung von Besonderheiten sucht, so handelt es sich in der Frage der Analogie um einen Schluß von einem Besonderen auf ein neben ihm stehendes Besonderes. Das induktive Verfahren sucht dabei die Gleichheit in den wesentlich bedingenden Gedanken verschiedenen rechtlichen Wollens (§ 130), bei der Analogie lehnt sich eine besondere Rechtsfrage an die Entscheidung einer anderen an, die ähnlich ist.

Nun besagt aber der Begriff der Ähnlichkeit nichts anderes als eine teilweise Gleichheit. Dies kann bei rechtlichen Erörterungen in bestimmender Weise so verwertet werden, daß in den Voraussetzungen zweier Tatbestände eine teilweise Gleichheit vorliegt. Aus einer solchen teilweisen Gleichheit der Voraussetzungen wird dann auf die Gleichheit der Folgen geschlossen. Sie sind für den einen Tatbestand angegeben und werden nun für den andern eingesetzt [1].

Ob eine teilweise Gleichheit der Voraussetzungen vorliegt, kann nur in demselben Verfahren festgestellt werden, wie es bei der Induktion stattfindet. Es ist auch bei der Analogie auf das übereinstimmende Auftreten reiner rechtlicher Grundbegriffe zu achten. Die Voraussetzungen zweier Rechtssätze sind dann einander ähnlich, wenn in ihnen die gleichen rechtlichen Grundbegriffe in einer übereinstimmenden Art des Eingreifens zum Teil zu beobachten sind [2].

Auch bei dem juristischen Analogieschluß geht der Weg der Gleichsetzung über einen gemeinsamen Obersatz. Aus ihm sind die übereinstimmenden Folgen der gerade aufgeworfenen Rechtsfragen zu entnehmen. Das eigentliche Ziel ist hier aber nicht das erschöpfende Herausarbeiten jenes Obersatzes, sondern der überzeugende Schluß von der einen Besonderheit auf die besondere Frage, für welche eine Entscheidung als rechtsähnlich zu finden ist [3].

---

[3] S. oben § 21 N. 5. — TR. VII 14 (2) S. 378 ff.

§ 131. [1] Thöl (§ 18 N. 5) § 64. Windscheid § 22 N. 5—8; § 23 N. 1a. Binding Handbuch des Strafrechts 1. 1885 § 46. Falk Die Analogie im Recht 1906. Bierling Prinzipienlehre (§ 18 N. 13) 4, 401 ff.

[2] Formel $(a + b) : f = (a + c) : x$. TR. VII 15. — Marbe Die Gleichförmigkeit in der Welt 1916.

[3] Aus der neueren Praxis: RG. 74, 114; 107, 62; SeuffArch. 77 Nr. 185. Otto

Für die praktische Handhabung des juristischen Analogieschlusses sind zwei Fragen genau zu unterscheiden: 1. In welchem logischen Verfahren vollzieht sich eigentlich das Feststellen einer Rechtsähnlichkeit in einem gegebenen Fall? 2. Liegt es im Sinne eines positiven Rechtes, daß von einer möglichen Analogie auch Gebrauch gemacht werden darf?

Bei der juristischen Induktion kommt eine solche Unterscheidung nicht in Betracht. Für sie versteht es sich von selbst, daß mit den gesetzten Besonderheiten eines rechtlichen Wollens die mögliche Zusammenfassung in einem höheren Gattungsbegriffe besteht; die positive Gesetzgebung kann das induktive Zusammenfassen weder fördern noch verhindern, es ist ausschließlich Sache der wissenschaftlichen Lehre. Wohl aber kann ein Gesetz die Anwendung der Analogie verbieten. So kennt unser geltendes Strafrecht das Verbot der Analogie, soweit es sich um das Aufstellen von verbrecherischen Tatbeständen und um die Begründung der zu verhängenden Strafe handelt [4].

Man hat die seither hier besprochene Möglichkeit der Analogie auch mit dem engeren Namen der Gesetzesanalogie versehen. Es lehnt sich dabei eine Entscheidung an einen rechtsähnlichen Fall an, der technisch geformt erledigt ist. Wenn ein solcher sich nicht findet, so ist eine andere und weiter führende Erwägung einzusetzen (§ 132).

§ 132

Lücken im Rechte

Hiervon spricht man in zwei Fällen: 1. wenn man auf neu auftauchende Fragen in einem besonderen Rechte keine Antwort findet; 2. wenn das Gesetz eine Auskunft erteilt, der Kritiker hält sie aber nicht für richtig und wünscht eine andere Entscheidung [1].

Solche *Lücken* gibt es in beiderlei Hinsicht nur beim geformten Rechte (§ 127). Das Recht als solches liefert immer eine Antwort von einer sachlich voll befriedigenden Art.

Die Gewißheit des Richterspruches 1915 S. 55 ff. Hein Identität der Partei (§ 114 N. 5) S. 74 N. 6—8; S. 138 N. 6; vgl. S. 41 N. 66. Joerges ZRPhilos. 3, 64 ff.

[4] Frank Kommentar zum StGB. § 2, I 2.

[1] Jung Von der „logischen Geschlossenheit" des Rechts, S.-A. aus Festg. f. Dernburg 1900. Kraus (§ 18 N. 9) S. 789 ff.: Lücken im Strafrecht, 1902. Zitelmann Lücken im Recht, Rede, 1903. Brütt (§ 139 N. 2). Bierling Prinzipienlehre (§ 18 N. 13) 4, 383 ff. Elze Lücken im Gesetz. Begriff und Ausfüllung. Ein Beitrag zur Methodologie des Rechts 1913. Herrfahrdt Lücken im Recht, Bonn. Diss. 1915. Hein (§ 114 N. 5) S. 364 N. 81. Zevenbergen Leemten in de Wet, Rede, Amsterdam 1920. Jung Rechtsregel und Rechtsgewissen, ArchZivPrax. 118, 1 ff. Nr. 13: Die Lücken des überlieferten Rechts. Huber (§ 6 N. 1) S. 350 ff. Burckhardt Die Lücken des Gesetzes und die Gesetzesauslegung, Bern 1925. Dazu Reichel ZStaatsW. 81, 503 ff. § 132.

Wenn aber in der zuerst genannten Weise eine *Lücke* sich zeigt, also eine bestimmte Entscheidung einer gerade aufgeworfenen Frage nach technisch geformtem Rechte sich nicht finden läßt, so ist es zunächst mit der Analogie zu versuchen. Aber es ist ungewiß, ob sich jedesmal ein schon geformter Rechtssatz findet, den man analog anwenden kann. Und es ist nicht unbedingt notwendig, daß jede Rechtsordnung das Einsetzen des rechtsähnlichen Schlusses gestattet (§ 131).

Wenn nun das geformte Recht in einem aufgegebenen Falle keine Auskunft liefert, so ist es wieder nötig, die Entscheidung auszuwählen, die in jener Lage grundsätzlich richtig ist. Denn es wiederholt sich dann die Erwägung, die für das Auslegen von zweifelhaftem Rechtsinhalte als abschließende Wegeleitung gegeben wurde (§ 129). Da alles Recht den Zug nach dem Richtigen in sich trägt, so muß das, was grundsätzlich richtig ist, überall eingesetzt werden, wo nicht ein geltendes Recht etwas anderes im besonderen angibt [2].

Sollte freilich das letztere der Fall sein [3], so erscheint die Empfindung einer *Lücke* in dem zweiten, oben angegebenen Sinne. Dann aber muß dieses angeblich *lückenhafte* Recht, das in Wahrheit in seinem positiven Bestande ja gar keine *Lücke* aufweist (vgl. § 50), in der rechtlichen Praxis durchgeführt werden, und es bleibt nur die Frage einer anzustrebenden Abänderung des dann geltenden Rechtes [4].

Fünfter Abschnitt

Das Einteilen des Rechtes

I. Die juristische Systematik

§ 133

Die reinen Einteilungen des Rechtes

Das System ist eine erschöpfend gegliederte Einheit [1].

Einen Stoff *systematisch* behandeln, heißt: ihn nach einer festen Art und Weise durchdenken, die sich durch die genannten drei Merkmale kennzeichnet: 1. Es werden dabei alle Einzelheiten als Teile eines Ganzen genommen, das durch einen einheitlichen Zielpunkt bestimmt

---

[2] Beispiel: BGB. 1620 stellt die Verpflichtung zur Aussteuer einer Tochter auf, sagt aber nichts über die Art und Weise, ob in Geld oder Naturalien usw. Hier verbleibt nur Zurückgehn auf BGB. 242 (vgl. unten § 164). Ergänzung von Lücken in den gesetzlichen Bestimmungen aus den Grundgedanken des Gesetzes: RG. 82, 361; 87, 98 f. und 213.

[3] Vielleicht auch in dem Versagen einer von manchen gewünschten Folge, z. B. dem Versagen der Bestrafung dieses oder jenes Vergehens; s. § 131 N. 4.

[4] S. unten § 142: Die praktische Bedeutung der Idee des Rechtes.

§ 133. [1] TR. V 1 ff. — S. oben § 122.

ist. 2. Die einzelnen Glieder werden in Über- und Unterordnung zueinander gesetzt. 3. Ihre Anordnung muß so geschehen, daß sie alle denkbaren Möglichkeiten in sich aufzunehmen geeignet ist [2].

Das Gebiet des rechtlichen Wollens kann einer solchen systematischen Behandlung unterworfen werden, weil alle hierher gehörigen Vorstellungen durch den Rechtsgedanken bestimmt sind und durch ihn sich in Einheit fassen lassen [3]. Dabei wird der bedingte Stoff menschlichen Begehrens in reinen Denkformen ergriffen und nach ihnen in gleichmäßiger Weise bestimmt. Nach diesen allgemeingültigen Kategorien des juristischen Denkens, die sich jeweils in notwendiger Weise zwiespältig gegenüberstehen (§ 111), läßt sich sonach jedes besondere rechtliche Wollen allgemeingültig anordnen und in unbedingt erschöpfender Art einteilen.

Daraus ergibt sich, daß man viermal mit solchen reinen Einteilungen des Rechtes einsetzen kann:

1. Persönliches und sachliches Recht. Das erste liegt vor, sobald es bei einem Rechtsinhalte darauf ankommt, etwas über ein Rechtssubjekt auszusagen, das zweite dagegen, falls jener Inhalt auf die Rechtsobjekte sich richtet. Bei jenem wird von den Besonderheiten eines rechtlichen Selbstzweckes ausgegangen, bei diesem über die Art und Folgen rechtlicher Mittel als solcher eine Anordnung gegeben [4].

2. Allgemeines und besonderes Recht. Diese Einteilung geht

---

[2] Vielfach hat man nach einem *System der Inhalte* den Wunsch gehegt. Vgl. hierzu MARCK Substanz- und Funktionsbegriff in der Rechtsphilosophie 1925. Auch BINDERS Streben geht nach einem System *idealer Aufgaben* und *Werte* (s. bes. LIII; 792 ff.), wobei es nicht ganz klar ist, wie weit er den Gedanken eines Systems, als eines unbedingt abgeschlossenen Ganzen, auf die sinnlich empfindbaren Erlebnisse auszudehnen gedenkt. In der Tat: ein System aller Bewußtseinsinhalte zu behaupten, ist ganz und gar unmöglich. Denn in jedem solchen Inhalte ist auch ein stofflich bedingter Bestandteil enthalten. Nach dieser Seite hin ist die Masse der Bewußtseinsinhalte unabgeschlossen. Darum muß jede systematische Anordnung, bei deren Aufbau ein besonderer, sinnlich empfindbarer Stoff mitbestimmend gewesen ist, bei der Vermehrung oder Veränderung dieses Stoffes dahinfallen. Aus dem Auftreten solcher neuen Bewußtseinsinhalte, die im HEGELschen Systeme keine Stellung fanden, erklärt sich der Zusammenbruch des letzteren und seine zeitweilige Ablösung durch einen beschränkten Empirismus. Man sehe die ausgezeichnete Rede von HELMHOLTZ Über das Verhältnis der Naturwissenschaften zur Gesamtheit der Wissenschaften 1862, wieder abgedruckt in *Vorträge und Reden* 1865 (5), 1903, 1, 157 ff. Eine unbedingt allgemeine und dauernde Gültigkeit kann nur ein System reiner Formen des gedanklichen Ordnens haben.

[3] LOR. STEIN (§ 3 N. 9) S. 118 ff. LEHMANN Rechtsbegriff und Rechtssystem 1895. DERS. Die Systematik der Wissenschaften und die Jurisprudenz 1897. RADBRUCH Der Handlungsbegriff in seiner Bedeutung für das Strafrechtssystem. Zugleich ein Beitrag zur Lehre von der rechtswissenschaftlichen Systematik 1903. STURM Die Einteilung des Rechts und die Abtrennung des internationalen Privatrechts sowie des Friedensrechts 1912. CORNELIUS Transzendentale Systematik 1916.

[4] S. oben §§ 111 N. 4; 114 N. 3; 150 N. 1 i. A.

aus den reinen Grundbegriffen des Rechtsgrundes und des Rechtsverhältnisses hervor. Wir gewahren in dem einen rechtlichen Wollen, daß es für ein anderes logisch bestimmend ist, bei dem letzteren, daß eine Bestimmtheit durch jenes erste vorliegt. Danach bauen sich die *allgemeinen Teile* unserer Rechtswissenschaft und Gesetzgebung aus (§ 130) [5].

3. Objektives und subjektives Recht, je nachdem ein rechtliches Wollen im Sinne der Rechtshoheit oder der Rechtsunterstelltheit bestimmt ist [6].

4. Materielles und formelles Recht. Das eine äußert sich darüber, was in seinem Sinne unverletzbar bestehen soll, das andere gibt an, wie diese Unverletzbarkeit bewahrt und durchgeführt werden soll [7].

---

[5] HUBER in Erl. z. Vorentwurfe eines Schweiz. ZGB. 1901 I S. 22 ff. ZITELMANN Der Wert eines „Allgemeinen Teils" des bürgerlichen Rechts 1905. — Die Beherrschung der Einzelheiten wird durch diese Technik der neueren Gesetzbücher für den noch nicht genau Bewanderten keineswegs erleichtert. Er muß von der besonderen Frage zu den allgemeineren Vorschriften aufsteigen und sie in Einklang miteinander bringen. Z. B. von BBG. 554 zu 326 zu 284 ff.; von 481 und Kais. VO. v. 27. 3. 99 zu 459 zu 276 zu 119. Vgl. KRAHMER Gegenseitige Verträge. Studien zur Systematik des Reichsrechts 1904. — FRIEDRICHS Der allgemeine Teil des Rechts. Eine Darstellung der gemeinsamen Lehren des öffentlichen und des privaten Rechts. 1927.

[6] Es ist eine alte Streitfrage, wie das Recht *im subjektiven Sinne* wissenschaftlich zu bestimmen sei. Eine Lösung ist solange unmöglich, als nicht klargestellt wird, daß *subjektives Recht* in dreierlei Bedeutung gebraucht wird, die sachlich verschieden ist: a) = Rechtsverhältnis, z. B. Eigentumsrecht; b) = Rechtsbefugnis, z. B. Verkaufsrecht des Pfandgläubigers; c) = rechtsunterstelltes Wollen, als Gegenstück zu dem darüber stehenden objektiven Rechte. Bei a) ist es ein einfacher reiner Grundbegriff des Rechtes (§ 111); er hat als Gegenstück (§ 55 Nr. 4) den Begriff des Rechtsgrundes. Bei b) ist es ein zusammengezogener rechtlicher Grundbegriff (§ 112), mit dem Gegenstück der Rechtspflicht. Bei c) handelt es sich überhaupt nicht mehr um einen rechtlichen Grundbegriff, sondern um eine systematische Einteilung von rechtlich bestimmten Willensinhalten. Hier wird also geschichtlich gegebenes Wollen zerlegt, das schon nach dem bedingenden Gedanken des Rechtes und seiner reinen Denkweisen bestimmt ist. Da diese Einteilung aber doch eine allgemeingültige sein soll, die bei jedem denkbaren Rechte eingebracht zu werden vermag, so muß sie in ihrer Eigenart auch wieder auf die bedingenden Ordnungsweisen des juristischen Denkens zurückführen. Das geschieht, wie aus der Zusammenstellung des Textes ersichtlich ist, durch die methodischen Gedanken der Rechtshoheit und der Rechtsunterstelltheit (§ 111). — Literatur zur Frage des subjektiven Rechts: WINDSCHEID § 37. JOH. BIERMANN Bürgerliches Recht 1908 § 12. Besonders bezeichnend BEKKER System des Pandektenrechts I 1886 § 18.

[7] Das Strafrecht gehört also eigentlich zum formellen Rechte (s. § 114 N. 10), wird aber nach der Einteilung des Textes als materielles Strafrecht gegenüber dem Strafprozeßrechte wieder abgeteilt. Und es findet sich diese Unterscheidung in einer eigenen Hypostasierung, sogar innerhalb des Prozeßrechtes wieder. SAUER Grundlagen des Prozeßrechtes 1919.

§ 134
Der Begriff einer Rechtsordnung

Die rechtlichen Fragen treten in der Geschichte immer in der Abteilung von einzelnen Rechtsordnungen auf. Es fragt sich also, wodurch sich dieser Begriff einer Rechtsordnung kennzeichnet. Was ist eine *Rechtsordnung*? Worin liegt ihr bedingendes Merkmal[1]?

Es ist klar, daß diese Frage den Begriff des Rechtes voraussetzt. Dieser kann im Unterschiede von anderen Arten des menschlichen Wollens in sicherer Weise angegeben werden, ohne daß man eine bestimmte einzelne Rechtsordnung dabei vor Augen hat; dagegen ist die letztgenannte Vorstellung eine besondere Anwendung des allgemeingültigen Rechtsgedankens.

Diese Anwendung setzt sonach eine bedingte geschichtliche Erfahrung voraus. Ohne die letztere ist die Abgrenzung verschiedener Rechtsordnungen untereinander nicht möglich. Andererseits soll der Begriff einer *Rechtsordnung* von dieser oder jener Besonderheit eines Rechtsinhaltes unabhängig sein und eine bedingende Denkweise bedeuten, die bei allem rechtlichen Wollen vorkommen kann. Die bedingenden Merkmale dieses Begriffes müssen also reine Denkformen des rechtlichen Begreifens sein; und da es sich um das Abteilen rechtlicher Willensinhalte handelt, so ist auf die Möglichkeit der reinen Einteilungen des Rechtes (§ 133) zurückzugehen.

Die vier Möglichkeiten reiner Einteilung des Rechtes stehen logisch im Range einander gleich. Für das Ziel der begrifflichen Bestimmung des Gedankens von einer *Rechtsordnung* kommen aber die Gegensätze von persönlichem und sachlichem, sowie von materiellem und formellem Rechte nicht in Betracht. Wohl aber greift hierfür alsbald die Gegenüberstellung von allgemeinem und besonderem Rechte ein. Das erstere gibt den bedingenden Grund des letzteren an. Gerade dieser erscheint aber in dem Begriffe einer Rechtsordnung als bestimmendes Merkmal. Denn sie will selbst wieder anderes *Recht ordnen*, will den Rechtsgrund der einzelnen in ihr und unter ihr zusammengefaßten rechtlichen Willensinhalte abgeben. Der Begriff der Rechtsordnung fällt also unter die bedingende Vorstellung von allgemeinem Recht.

Dazu tritt der Gebrauch des Unterschiedes von objektivem und subjektivem Recht. Wir denken bei der Aufstellung mehrerer Rechtsordnungen nebeneinander an die Anwendung der Kategorie der Rechtshoheit. Die Rechtsordnung soll als Ganzes die Möglichkeit für anderes, rechtsunterstelltes Wollen abgeben, selbst aber nicht ein abhängiges Mittel

---

[1] Es ist merkwürdig, daß diese Frage in der im Texte gestellten Weise in der § 134.
ganzen seitherigen rechtstheoretischen Literatur unseres Wissens noch niemals aufgeworfen worden ist. TR. V 8. — Darmstädter (§ 129 N. 3).

solchen Wollens sein. Sobald sie auftritt, haben wir ein übergeordnetes rechtliches Ganzes festzustellen.

Eine Rechtsordnung ist hiernach der Inbegriff von bestimmtem objektiven Rechte, das als Rechtsgrund alles darunter stehenden rechtlichen Wollens gedacht ist.

Durch die Abgrenzung der Rechtsordnungen untereinander entsteht der Gegensatz von öffentlichem und bürgerlichem Rechte innerhalb ihrer [2]. Das öffentliche Recht betrifft die Rechtseinrichtungen, die auf die Ermöglichung und die Aufrechterhaltung dieser Rechtsordnung abzielen, — das bürgerliche Recht umfaßt die Regelung der dieser Ordnung unterstellten Rechtsverhältnisse [3].

Im Gang des sozialen Lebens kann die Frage zweifelhaft werden, ob eine Rechtsordnung in gegebener Lage wirklich anzunehmen ist. Das ist dann nach der Lehre von dem Gelten des Rechtes zu beantworten (§ 69). Es ist also zu prüfen, ob für das dortige rechtliche Wollen die vorhin angegebenen Merkmale einer Rechtsordnung anzunehmen sind, und ob in dieser rechtlichen Zusammenfassung der Gedanke der Rechtshoheit die Möglichkeit seiner Durchsetzung besitzt.

§ 135

Die bedingten Rechtssysteme

Das Einteilen und Darstellen eines geschichtlich gegebenen Rechtes geschieht in einem Über- und Unterordnen. Es wird ein allgemeiner

---

[2] Diese Einteilung ist in sicherem Empfinden von den römischen Juristen zur Grundlage ihrer Erwägungen genommen worden. D. I 1, 1, 2 = J. I 1, 4. Leonhard Institutionen des römischen Rechts 1894 § 11 I S. 32 f. Sie ist durchgängig an die Stelle früherer allgemeiner Einteilungsversuche getreten, nämlich a) *Jus utrumque*, das ist das römische und das kanonische Recht, die Lehrart der mittelalterlichen Universitäten. Stintzing I S. 3 ff.; 25 ff.; 658 ff. b) Land- und Lehnrecht, die Unterscheidung der altdeutschen Rechtsbücher. Schröder §§ 24; 40. Brunner §§ 26 ff. S. oben § 12 N. 11 ff. — Gutzwiller Über Gegenwart und Zukunft der Privatrechtswissenschaft, Rede 1927.

[3] Der Unterschied von öffentlichem und bürgerlichem Recht kann also nur von dem Begriffe der für sich abgeschlossenen Rechtsordnung aus klargestellt werden. Andere Methoden haben nicht zum Ziele geführt. Vgl. die bezeichnende Eröffnung der Motive zum Entwurfe eines BGB. 1888, I 1: *Das bürgerliche Recht läßt sich im allgemeinen als der Inbegriff derjenigen Normen bezeichnen, welche die den Personen zukommende rechtliche Stellung und die Verhältnisse, in welchen die Personen als Privatpersonen untereinander stehen, zu regeln bestimmt sind.* Mit dem Abstellen auf die *Privatpersonen* ist der hier fragliche Gegensatz schon vorausgesetzt, ohne Angabe des logisch bedingenden Merkmals. Aus der neueren Literatur: Bierling Kritik (§ 18 N. 13) 2, 149 ff. Holliger Das Kriterium des Gegensatzes zwischen dem öffentlichen und dem Privatrecht 1904. Schenk Die Abgrenzung des öffentlichen und Privatrechts, ZÖffR. 1, 63 ff. Somlo (§ 18 N. 13) S. 490 ff. Jung Über die Abgrenzung des Privatrechts vom öffentlichen Recht und über die Gliederung des gesamten Rechtsstoffes, ZRPhilos. 2, 293 ff. — Merkl Staatszweck und öffentliches

Begriff durch Weglassen einzelner Besonderheiten gewonnen, der als logische Bedingung diese Besonderheiten gemeinsam zusammenfaßt. Dieses Aufsteigen ist nach oben hin abgeschlossen. Es gipfelt schließlich in dem Gedanken des Rechtes selbst. Es haben sich also die übergeordneten Gattungsbegriffe an die Möglichkeiten, die in den reinen Einteilungen des Rechtes bestehen, anzuschließen; z. B. die Zerlegung einer Rechtsordnung in das öffentliche und das bürgerliche Recht an die bedingende Denkweise des allgemeinen und des objektiven Rechtes (§ 134).

Der logische Vorgang des juristischen Systematisierens ist hiernach von dem bei der juristischen Konstruktion (§§ 118 ff.) methodisch nicht geschieden. Bei der letzteren geht man von einer Einzelheit aus und sucht ihre Einfügung in das bedingende Verfahren des juristischen Denkens, bei dem rechtlichen Systematisieren wird das Ganze einer Rechtsordnung von oben nach unten durchgegangen und im Sinne des juristischen Denkens erschöpfend geordnet.

Nach unten hin besteht dabei eine unabgeschlossene Betrachtung. Der bedingte Stoff geschichtlich vorkommenden Rechtes ist nicht begrenzt [1]. Wie er nach den Anforderungen eines Systems (§ 133) zutreffend zu behandeln ist, das bleibt überall eine Einzelfrage, deren Erledigung eben von seiner besonderen Beschaffenheit abhängt. Bei dem kritischen Durchleuchten der Aufgabe, die dem Rechtssysteme gestellt ist, wird sonach dem begründeten Anspruche des geschichtlich gegebenen Rechtsstoffes keine Gewalt angetan. Seine selbständige Beachtung zeigt sich in zweierlei: a) Er kann sich im Rahmen der reinen Einteilungen des Rechts beliebig zersplittern, ausbreiten und neu zeigen. b) Es steht jeder Rechtssetzung frei, von den Möglichkeiten allgemeiner Rechtseinteilung einen anderen Gebrauch zu machen, als sonstige geschichtliche Rechte es getan haben, z. B. können die Grenzen zwischen öffentlichem und bürgerlichem Rechte (§ 134) von den einzelnen Rechtsordnungen verschieden gezogen werden.

Es gibt also kein absolut gültiges System, sobald man die Besonderheiten historischen Rechtsinhaltes im Sinne hat. Ein Musterschema, das die Darstellung eines inhaltlich ausgeführten Systems wiedergebe, vermag immer nur eine relative Bedeutung zu haben. Es kann ja keine besondere Rechtsordnung den Gedanken einer unbedingten Vollständigkeit ausführen. Auch ist es ihr nicht möglich, eine absolut durchgreifende Gliederung wiederzugeben; es wird in dem Stoffe ihres Inhaltes immer Übergänge geben [2].

Interesse, VerwArch. 27, 268 ff. BURCKHARDT Der Vertrag im Privatrecht und im öffentlichen Rechte, Bern 1925. DERS. Organisation usw. (§ 18 N. 13) S. 47 ff.

[1] S. hierzu § 28 N. 1. § 135.

[2] KAERGER Zwangsrechte. Ein Beitrag zur Systematisierung der Rechte 1882. EBBECKE Grundriß eines Systems der Rechtsordnung nach praktischen Zwecken 1888. DOHNA Zur Systematik der Lehre vom Verbrechen, ZStW. 27,

Aber deshalb darf man nicht sagen, daß über den Wert eines bedingten Rechtssystems überhaupt kein Urteil gefällt werden könnte. Es braucht jede besondere Rechtsbetrachtung, um wissenschaftlich bestehen zu können, einen Halt im Anlehnen an die Einheit des Rechtsgedankens und die Verwertung der hiervon ausstrahlenden reinen Denkweisen. So wird ein besonderes System, das für eine gegebene Rechtsordnung aufgestellt wird, dann sachlich begründet sein, wenn es der formalen Methode des juristischen Systematisierens genügt und in seiner Lage die notwendigen Bedingungen dieses logischen Verfahrens erfüllt [3].

II. Der Staat

§ 136

Recht und Staat

Recht und Staat sind nicht gleichgeordnete Begriffe. Jenes ist die formale Beschaffenheit eines menschlichen Wollens, die sich allgemeingültig abgrenzen läßt; und es bezeichnet dann auch ein dem entsprechendes besonderes Wollen (§ 49). Der Staat bedeutet eine besonders geartete rechtliche Ordnung, nämlich eine solche, die für fest angesiedelte Menschen eines gewissen Gebietes gilt [1].

Das notwendige Verhältnis der genannten beiden Begriffe zueinander ist hiernach das, daß der Begriff des Rechtes die logische Bedingung für die Vorstellung von dem *Staate* ist. Der Begriff des Rechtes läßt sich in seinem Unterschiede von anderen Arten des menschlichen Wollens angeben, ohne daß man dabei die Vorstellung *Staat* als bedingende Ge-

---

329 ff. Affolter Das System des Code civil, RheinZ. 1, 474 ff. Meumann Observations sur le système du droit privé, Genf 1909. Stampe Grundriß der Wertbewegungslehre. Zur Einleitung in ein freirechtliches System der Schuldverhältnisse. I 1912. Ders. Einführung in das bürgerliche Recht. Ein kurzes Lehrbuch nach neuem System und neuer Lehrmethode I 1920. Mészlény Das Vermögen im BGB. und im Schweiz. ZGB. 1908. Ders. Das Privatrecht als Organisationsrecht (§ 35 N. 1). Rosenberg Das System des russischen Zivilrechts, DJZ. 23, 602 ff. Jung Erläuterungen zum BGB. und zu den Zivilgesetzentwürfen Ungarns und Bulgariens, I. Über die Bedeutung richtiger Stoffgliederung in umfassenden Gesetzbüchern, JheringsJ. 69, 30 ff.

[3] § 81: Absolute und objektive Richtigkeit.

136. [1] Loening Der Staat, Handw. d. Staatsw. (3) VII 692 ff. Bornhak Ges. u. R. 18, 130. Rühlmann Staatsanschauungen. Quellenstücke zur Geschichte des Staatsgedankens von der Antike bis zur Gegenwart 1918. — Kaufmann Auswärtige Gewalt und Kolonialgewalt in den Vereinigten Staaten von Amerika 1908 S. 99 ff., bes. 113. Mayer Die rechtliche Bedeutung des Staatsgebietes für den Staatsbegriff, historisch und dogmatisch dargestellt, Greifsw. Diss. 1915. Werminghoff Der Rechtsgedanke von der Unteilbarkeit des Staates in der deutschen und brandenburgisch-preußischen Geschichte, Rede, 1915. — Mohl 1, 227 ff. Bähr Der Rechtsstaat 1864. Ruck (§ 169 N. 10 a. E.). — Über den angeblichen Gegensatz von *Volksstaat* und *Obrigkeitsstaat* s. § 54 N. 3.

dankenrichtung nötig hätte. Dagegen ist es unmöglich, den Begriff des Staates anzugeben, ohne den formalen Gedanken des rechtlichen Wollens dabei als maßgebliche Bestimmung einzusetzen.

Mehr als das. Der Gedanke des Rechtes ist eine reine Form des Bewußtseins. Auf ihn stoßen wir, sobald wir die notwendigen Bedingungen für Einheit und Ordnung unseres geistigen Lebens in kritischer Selbstbesinnung klarstellen. Die Vorstellung eines bleibenden Verbindens menschlicher Zwecksetzung, das ist: der Rechtsgedanke (§ 47), ist in dem vollständigen Grundrisse, nach dessen unbedingt festem Plan der wissenschaftliche Aufbau unserer Gedankenwelt zu geschehen hat, nicht zu entbehren, sondern unausweichlich enthalten (§ 8).

Dagegen bedeutet der Begriff von dem *Staate* keine reine Denkform. Wie das Wort *Staat* erst nach dem Ende des Mittelalters aus dem italienischen *stato* her allmählich Aufnahme gefunden hat, so ist die mit ihm verknüpfte Vorstellung an gewisse Bedingtheiten, wie sie im Eingange dieses Paragraphen genannt wurden, unweigerlich gebunden. Welche rechtlichen Vereinigungen man gerade als *Staaten* bezeichnen will, welche nicht, das ist mehr Sache der Konvention [2]. Der unbedingt all-

---

[2] Daß sich *Recht* in Familienverbänden und bei fahrenden Stämmen und Horden gebildet hat, die niemand als *Staat* bezeichnet, ist außer Zweifel. Vgl. § 39 N. 1; auch § 137 N. 2. Über Recht und Kirche s. § 108. — Aus der überaus zahlreichen neuesten Literatur über den Staatsbegriff und das Verhältnis der Begriffe von Recht und Staat (N. 3) sind die Ausführungen von TATARIN-TARNHEYDEN hervorzuheben. Er nimmt das Verhältnis der Begriffe Recht und Staat nach dem Bilde zweier sich schneidender Kreise. Danach könne es auch einen *Staat* ohne Recht geben. Das müßte dann ein sozialer Zustand sein, in dem nichts als *Willkür* bestehe. Tatsächlich ist eine derartige Gesellschaft im Laufe der Geschichte noch nicht erlebt worden. Dabei ist zwischen gewalttätiger Willkür und unrichtigem Rechte natürlich zu unterscheiden (§ 45 N. 1). Auch die Despotie, gleichviel, ob sie von einem einzelnen oder von einer Gruppe und Partei ausgeübt wird, würde noch eine rechtliche Art des verbindenden Wollens darstellen (§ 48 Nr. 1). Für die Verfassung der russischen Sowjet-Union leugnet es der genannte Schriftsteller; er dürfte damit aber ziemlich allein stehen. Vgl. FREYTAGH-LORINGHOVEN Die Entwicklung des Bolschewismus in seiner Gesetzgebung 1921; WENGER, WIESER, KLEIN Der Staat, das Recht und die Wirtschaft des Bolschewismus 1925; SAVATIER La Russie bolcheviste vue à travers ses lois, Paris 1927; FREYTAGH-LORINGHOVEN Die Gesetzgebung der russischen Revolution 1927; ZAITZEFF Das Recht Sowjet-Rußlands, Handw. d. Rechtsw. 5, 183 ff. 1927. Gesetzt aber, daß einmal ein Zusammenleben ausschließlich unter willkürlicher Gewalt stattfände, so würde dadurch eine neue Denkform mit nichten geschaffen. Es bleibt dabei, daß die zwei formalen (= logisch bedingenden) Begriffe von Recht und von Willkür ausschließlich die hier interessierenden letzten Methoden des kritischen Ordnens bilden. Die Anwendung dieser Methoden auf sinnlich empfindbare Vorkommnisse der Geschichte bedeutet jenen reinen Formen gegenüber natürlich nur tatsächliche Zufälligkeiten. Ob man dann eine etwa eingetretene Anwendung der Methode, die willkürliche Verbindung heißt, noch als *Staat* bezeichnen will, ist bloß terminologisch. In logischer Gleichartigkeit stehen sich nur die formalen Abteilungen des verbindenden

gemeingültigen Kennzeichnung des Staatsbegriffes steht der eben genannte Umstand entgegen, daß er keine für das wissenschaftliche Denken überhaupt notwendige Kategorie besagt. Er erlaubt nur eine Beschreibung von verhältnismäßig allgemeiner Art. So kann es zwar eine allgemeine Staatslehre geben (§ 6), aber keine *Staatsphilosophie* (vgl. § 3)[3].

Zu einer Abhängigkeit des Rechtes von dem Staate gelangt man in einer allgemeingültigen Weise auch nicht, falls die Entstehung von rechtlichem Wollen in Erwägung gezogen wird. Da der Rechtsgedanke die logische Voraussetzung des Staatsbegriffes ist, und nicht umgekehrt, so kann jener als eigene Art des verbindenden Wollens auch nicht von dem Staate ausgehen. Richtet man dagegen den Blick auf das Werden von bestimmtem einzelnen Rechte, so ist zwischen der Herkunft des positiven Inhaltes und zwischen der formalen Weise,

---

Wollens nach Unverletzbarkeit und nach subjektivem Belieben einander gegenüber. Die Unterscheidung dagegen von dem rechtlich aufgebauten *Staat* (den wir in der Geschichte allein kennen) und dem wilkürlich aufgebauten *Staat* spiegelt nur den Gegensatz der methodisch abgrenzenden Gedanken und ihrer sinnlichen Anwendung wieder. S. dazu Tatarin-Tarnheyden in StFestg. S. 477 ff.; ZStaatsW. 80, 1 ff.; ZVölkerR. 14, 263 ff.; ArchÖR. N. F. 13, 313 ff.

3 Fries Politik (§ 20 N. 1) S. 11 ff. Hagens Staat, Recht und Völkerrecht 1890. Klöppel Gesetz und Obrigkeit. Zur Klärung des Staats- und Rechtsbegriffs 1891. Held Studie über das sogenannte Staatsabstraktum, VolkswirtVJSchr. 29, 1 ff. Benoist Die Lehre vom Staat, übers. v. Hauff 1896. Bruno Schmidt Der Staat. Eine öffentlich-rechtliche Studie 1896. Seidler Das juristische Kriterium des Staates 1905; dazu WR. Anm. 134. Grabowsky Recht und Staat 1908. Kelsen (§ 27 N. 5); dazu Laun ArchÖffR. 30, 389. Piloty Staat und Staatswissenschaften, Stengels Wörterb. d. Staats- u. VerwR. (2) 3, 457 ff. Ders. Autorität und Staatsgewalt 1905. Menzel Zur Psychologie des Staates, Rede, 1915. Mendelssohn-Bartholdy Der Staat als sittliches Wesen, ArchRPhilos. 9, 29 ff.; 162 ff. Ed. Meyer Der Staat, sein Wesen und seine Organisation, Südd. Monatsh. 1916 S. 999 ff. (vgl. § 61 N. 1). Tönnies Der englische Staat und der deutsche Staat 1917. Somlo (§ 18 N. 13) S. 251 ff. Moll Staat und Abgabenrecht 1917 § 1. Kjellén Der Staat als Lebensform 1918; dazu Marck, Kant-Studien 23, 77 ff. Binding Zum Werden und Leben der Staaten. Zehn staatsrechtliche Abhandlungen 1920. Wolzendorff Der reine Staat 1920; S.-A. aus ZStaatsW. 75, 199 ff. — Dernburg Die Bedeutung der Rechtswissenschaft für den modernen Staat, Rede 1884. Leist Kann die zivilistische Rechtswissenschaft dem Staate nützen? Rede 1908. Wenzel (§ 18 N. 11). Kelsen Das Verhältnis von Staat und Recht im Lichte der Erkenntniskritik (SA. v. ÖrtZÖffR.) 1921. Spann Der wahre Staat 1921. Donati La persona reale dello stato, Milano 1922. Kjellen Der Staat als Lebensform. A. d. Schwed. v. Sandmeier 1924. Burckhardt (§ 18 N. 13) S. 119 ff. Muller Recht, Wet en Staat, Groningen 1925. Krabbe Die moderne Staats-Idee, a. d. Holl. 1925. Hold-Ferneck Der Staat als Übermensch 1926. Kelsen Der Staat als Übermensch 1926. Oppenheimer Der Staat. Syst. d. Soz. 2. Bd. 1926. Heyde Der Staat. Untersuchungen zur Staatsphilosophie, Grundwissenschaft 7, 305 ff. 1927. Freyer Der Staat 1927. Caspary Versuch über den Begriff des Staatszweckes ZStaatsW. 83 Bd. 2. H. 1927. Held Das Fundamentalproblem der Wissenschaft vom Staate, ZÖR. 7. Bd. 2. H. 1928.

in der es in die Erscheinung tritt, zu unterscheiden (II. Buch). Nur in der letztgenannten Hinsicht, also in der Lehre von den Rechtsquellen, kann bei der Rechtssetzung, die sich von geltendem Rechte ableitet (§ 64), insbesondere bei der Frage nach Gesetz und Gewohnheit (§ 65), die Betrachtung des Staates im neuzeitlichen Sinne herangezogen werden. Das aber sind dann Erörterungen, die selbst schon die Besonderheiten eines gegebenen Rechtes betreffen und eine Wiedergabe von bedingtem Rechtsinhalte mit sich führen. Alle unbedingt allgemeingültigen Betrachtungen über das Werden des Rechtes, insbesondere die Rechtspsychologie, haben mit dem Begriffe des Staates keineswegs wesentlich zu tun und sind von ihm nicht abhängig.

Endlich führt das Suchen nach dem Zwecke *des Staates* selbstverständlich auf dessen Eigenschaft als einer besonders gearteten rechtlichen Vereinigung zurück. Es kann der Zweck des Staates im letzten Grunde kein anderer sein, als die ideale Aufgabe des Rechtes (§§ 91 ff.). Eine neue Richtlinie der Gedanken, die neben der Idee des Rechtes selbständig als *Staatszweck* herliefe, ist begründetermaßen nicht möglich (vgl. § 169) [4].

§ 137
Staatloses Recht

Es gibt weite Flächen auf der Erde, die unter keiner Staatsgewalt stehen. Zu den staatlosen Gebieten zählt das offene Meer, aber auch, nicht immer bedeutungslos, manche Teile des Festlandes. Wenn sonach eine staatliche Gewalt an manchen Orten, da Menschen zusammentreffen können, fehlen mag, so ist doch überall ein rechtliches Verbinden unter denen, die dort zusammenkommen, möglich; und es ist alsdann notwendig, ein Recht im staatlosen Gebiete festzustellen [1].

[4] Die Erörterungen, die SPENGLER (§ 177 N. 3) 2, 403 ff. über den Staat vornimmt, sind ohne rechtsphilosophisches Interesse. Er meint, daß es nicht darauf ankomme, ob die von ihm dargestellten Lehren (bes. von ROUSSEAU an) *wahr*, sondern ob sie *wirksam* seien. Als ob das überhaupt ein Gegensatz wäre! Daß auch hier ein *Sowohl — als auch* für den ausdenkenden Menschen allein in Betracht kommt, scheint jener Schriftsteller nicht zu ahnen. Seine verallgemeinernden Beschreibungen, auf die er sich beschränkt, setzen doch selbstverständlich einen Grundriß fest ordnender Gedanken voraus, deren kritische Klärung vor sich selbst ein jeder, der die Jahrhunderte zu überfliegen gedenkt, nicht beiseite lassen sollte. Und dann kann freilich auf die Frage, ob eine Meinung über solche Gedanken *wahr* oder *falsch* sei, auch nicht ganz verzichtet werden.

[1] STAMMLER (§ 34 N. 3). FINGER GerS. 76, 461. MAUER, DJZ. 15, 366 f. — HINRICHS 1, 61 ff.; 107 ff. LISZT Völkerrecht § 26. Über die Freiheit des Meeres sind während des Krieges mehrere Abhandlungen erschienen, so W. CALKER Das Problem der Meeresfreiheit und die deutsche Völkerrechtspolitik. SIEMENS Die Freiheit der Meere. STIER-SOMLO Die Freiheit der Meere und das Völkerrecht. MEURER Das Problem der Meeresfreiheit. TRIEPEL Die Freiheit der Meere und § 137.

Diese Notwendigkeit ist keine ursächliche. Man kann nicht sagen, daß es nach naturgeschichtlicher Betrachtung nötig sei, daß überall rechtliches Wollen bestehe. Das läßt sich nicht beweisen. Wenngleich wir nach aller Erfahrung nichts davon wissen, daß Menschen ohne Recht gelebt hätten, so ist doch ein unbedingt allgemeingültiger Nachweis aus dieser geschichtlichen Beobachtung her nicht zu erbringen [2].

Daß ein Recht auch im staatlosen Gebiete notwendig ist, folgt zunächst aus der logischen Notwendigkeit, bei dem Bedenken des menschlichen Strebens den Begriff des verbindenden Wollens einzusetzen. Denn die Vorstellung des vereinzelt lebenden Menschen ist nur eine vorläufige. Wenn wir ausdenken, so müssen wir sein Wollen mit dem von anderen in Verbindung setzen und danach ihr Verhalten gegeneinander ordnen (§ 34).

Daß aber dieses verbindende Wollen, dessen begriffliche Notwendigkeit feststeht, in rechtlicher Art zu gestalten ist, folgt aus der Notwendigkeit der Idee des Rechtes. Es kann geschehen, daß das verbindende Wollen in seinem wirklichen Auftreten willkürlich, vielleicht sogar nur konventional bleibt; aber dann ist wiederum nicht folgerichtig ausgedacht, weil die mögliche Einheit im Inhalte des menschlichen Wollens, nach der Idee des reinen Wollens, vernachlässigt ist, und das sonst auftretende soziale Begehren als Ganzes wild und wirr bleibt und nur von Fall zu Fall eingreifen könnte (§ 107).

Wenn sonach auch im staatlosen Gebiete rechtliches Wollen nicht zu umgehen ist, so fragt es sich, woher es seinen Inhalt nehmen soll [3]. Die Antwort hierauf wird durch die Lehre von der ursprüng-

---

der künftige Friedensschluß. Liepmann Die Fieiheit der Meere, DJZ. 22, 922. — Boschan Der Streit um die Freiheit der Meere im Zeitalter des Hugo Grotius 1919.

[2] Vgl. hierzu auch § 61: Das erste Auftreten des Rechtes. Ferner über die Versuche, rechtlos oder gar überhaupt unsozial lebende Menschen zu entdecken: WR. Anm. 49.

[3] Verschieden von dieser Frage ist die nach den staatlosen Personen. Dahin zählen weniger solche, die aus staatlosen Gebieten herstammen, als vielmehr Deutsche und Ausländer, die ihre Staatsangehörigkeit aufgegeben haben, ohne eine neue in einem anderen Staate erworben zu haben; festzustellen nach ReichsG. v. 22. 7. 13. Öfter mit Schwierigkeiten bei Abkömmlingen verbunden, weil die einzelnen Staaten bald Territorialitäts-, bald Personalitätsprinzip haben. Auch die Zigeuner zählen vielfach hierher, obwohl es häufig unsicher bleibt. — Alle solche staatlosen Personen stehen zweifellos unter dem Rechte ihres Aufenthaltes. a) Für die Zigeuner: RA. v. 1500 § 28. MJ. 7. 2. 06 und 4. 2. 11; JM. 5. 7. 06. VO. 27. 11. 96, II A 4. Verh. d. preuß. AH. 29. 412. Bitter HandWB. d. preuß. Verw. s. v. Zigeuner. Grünberg HandW. d. Staatsw. (3) 2, 601. Breitton Die Zigeuner und der deutsche Staat 1911. HessRsprech. 7, 31; vgl. DJZ. 18, 1160. b) Allgemein: Bitter a. a. O. 1, 552 ff.; 165 ff. Kayser-Loening, Handw. d. Staatsw. (3) 2, 314 ff. Keller-Trautmann Kom. z. StAngG. S. 528 ff. Frisch Das Fremdenrecht 1914. c) Militärdienst staatloser Ausländer: MilG. 22. 7. 73 § 11; StAngG. § 12; dort auch über jetzt staatlose ehemalige

lichen Rechtsentstehung gegeben. Sie zeigt, daß man mit einer Übertragung bestehenden Rechtes in staatlose Gebiete nicht auskommt [4], daß vielmehr im staatlosen Gebiete bei dem Zusammentreffen mehrerer Menschen neues Recht sich bilde; sie berichtet über die verschiedenen Möglichkeiten dieser Entstehungsweise von Recht und hat die wissenschaftliche Erklärung solcher merkwürdigen Vorgänge zu geben (§ 66).

§ 138

Das Weltrecht

Wenn die einzelnen Rechtsgemeinschaften gegeneinander berechtigt sein sollen, so müssen sie das notwendig von einem über ihnen stehenden rechtlichen Wollen ableiten. Andernfalls würde das Verbot, in fremdes Staatsgebiet einzudringen (z. B. auch bei der Verfolgung eines flüchtigen Verbrechers) gar nicht als rechtliche Weigerung zu begreifen sein; es würde ein Recht der Notwehr gegenüber anderen Rechtsverbänden nicht behauptet werden können; usf.

Hieraus ergibt sich in notwendiger Folge das Weltrecht. Es ist nicht ein bestimmter Rechtsinhalt, der vielen oder allen gleichzeitig bekannten Rechtsordnungen gemeinsam wäre [1]. Das Weltrecht umfaßt die Rechtssätze, die notwendig sind, um den Bestand gesonderter Rechtsordnungen zu begreifen. Es trennt sich von dem Völkerrechte, auch soweit dieses sich auf seine allgemeine Grundlage besinnt; denn das letztere nimmt nur Rücksicht auf die Staatengemeinschaft westeuropäischer Zivilisation [2]. In dem Weltrechte dagegen bewährt sich die Unbegrenzt-

---

Deutsche §§ 9: 1) und 31, in Vergleichung mit §§ 11; 13; 30. d) Juristische Personen mit Sitz in staatlosem Gebiete, z. B. Spitzbergen: Es gilt das allgemeine Recht über ausländische Vereine. BGB. 23; GO. 23, 1. — In der Neuzeit (1926) hat sich ein *Verband der Staatenlosen* gebildet, der in Berlin am 20. 5. 27 an die Öffentlichkeit getreten ist. S. DJZ. 32, 861 f.

[4] Vgl. StGB. 4; ReichsG. 7. 4. 00 § 77. — Hierher gehört auch die internationale Vereinbarung über unterseeische Kabel v. 14. 3. 84. Vgl. Kabelpfandgesetz v. 31. 5. 25 (RGesBl. 1925 S. 37).

[1] Allerdings wird der genannte Ausdruck öfter auch in diesem Sinne gebraucht. So: Zitelmann Die Möglichkeit eines Weltrechts, Vortrag 1888. Ofner Der Grundgedanke des Weltrechts 1889. Klein Die Möglichkeit eines Weltprivatrechts 1913. Ders. Internationalrechtliche Privatrechtseinheit, ZInternatR. 18, 1 ff. — Jhering (§ 18 N. 8) Geist des RR. (2) 1866 § 1. Brinz Über Universalität, Rede 1876. Ders. Lehrbuch der Pandekten (2) 1873 I § 22. § 138.

[2] Es ist auch hier daran zu erinnern, daß das Völkerrecht die Eigenschaft des Rechtes hat (§ 71). Das verbindende Wollen, das in jenem sich zeigt, weist alle Merkmale des Rechtsgedankens auf (§ 47). Man hätte übrigens niemals fragen sollen, ob es, statt Völkerrecht nur eine Völker*moral* gebe, sondern, ob statt jenes nur eine Völkerkonvention oder eine Völkerwillkür bestehe. Denn es handelt sich ja nicht um sittliches Leben im Innern des Menschen, sondern um soziale Regelung; und es können mit Fug im Leben der Völker miteinander nur die drei Arten des sozialen Wollens in Frage gestellt werden. — Die

heit des Rechtsgedankens; es hat zum Inhalte das rechtliche Wollen, das von dem Gedanken des einheitlichen Zusammenhanges alles besonderen Rechtes getragen ist [3].

Das Bestehen selbständiger Rechtsgemeinschaften, vor allem das Bestehen souveräner Staaten, ist damit nicht im Widerspruche. Sie sind auch unter dem Gedanken des Weltrechtes möglich, so gut, wie es innerhalb der einzelnen Rechtsordnung die Rechtssubjekte, im Sinne rechtlich anerkannter Selbstzwecke zu geben vermag (§ 111); und wie diesen dort das letzte Wort der Entscheidung über Rechtsobjekte als Eigentum zugeteilt werden kann (§ 114), so ist das Gleiche im Verhältnisse der Rechtsordnungen zueinander mit Zuteilung der Souveränität an die einzelnen Staaten möglich und wohl verständlich [4].

Hieraus folgt, daß alle *internationalen* Vereinigungen einzelner Menschen oder besonderer, abgegrenzter Kreise von ihnen kein neues Recht über den verschiedenen Rechtsordnungen begründen können. Es kommt für jede Einzelperson nur die besondere rechtliche Verbindung in Frage, der sie gerade unterstellt ist. Daraus mögen sich wohl auch Reibungen und Streitigkeiten zwischen sogenannten *internationalen* Bestrebungen und den *nationalen* Rechtsordnungen ergeben. Im Grunde laufen aber auch jene ersteren wieder darauf hinaus, in den letzteren einen geänderten Inhalt der dortigen rechtlichen Einrichtungen herbeizuführen, keineswegs aber auf ein Streichen der Selbständigkeit und ein Vernichten der einzelnen Rechtsordnungen.

Daß das jemals aufhören könnte, und es bloß eine einzige rechtliche Vereinigung aller Menschen in der Erfahrung geben würde, ist eine Chimäre. Ihr Vorbringen führt keinen logischen Widerspruch in sich,

---

Literatur des positiven Völkerrechts gehört nicht zu unserem Thema. In besonderer Hinsicht sind methodologisch von Interesse STAMMLER Über interkoloniale Rechtshilfe, Gutachten, 1905, in RphAbh. 1, 231 ff. BRUNO SCHMIDT Über die völkerrechtliche clausula rebus sic stantibus sowie einige verwandte Völkerrechtsnormen. Zugleich ein Beitrag zu grundsätzlichen Problemen der Rechtslehre 1907. KAUFMANN Das Wesen des Völkerrechts und die clausula rebus sic stantibus. Rechtsphilosophische Studie zum Rechts-, Staats- und Vertragsbegriffe 1911 (§ 167 N. 3). VAN DER VLUGT Vragen van methode (§ 22 N. 2). KELSEN (§ 67 N. 2).

[3] Vgl. § 111 N. 7. Es ist also das Weltrecht immer da, sobald überhaupt der Gedanke des rechtlichen Wollens in Gestalt abgegrenzter Rechtsordnung verwirklicht ist. S. § 134, bes. N. 3.

[4] Wieweit dabei die Beherrschung gehen soll, ist offene Frage nach dem begründeten Inhalte des übergeordneten Rechtes. S. zu N. 5. — FEUERBACH Die Weltherrschaft das Grab der Menschheit, Kl. Schriften 1833, S. 34 ff. HARTUNG Die Lehre von der Weltherrschaft im Mittelalter, ihr Werden und ihre Begründung, Hall. Diss. 1909. AFFOLTER Recht über den Staaten, ArchRPhilos. 14, 97 ff. GOMPERZ Die Idee der überstaatlichen Rechtsordnung 1920. FEILCHENFELD Völkerrechtspolitik als Wissenschaft 1922. RIVERA PASTOR El nuevo orden juridico, Madrid 1925. TRIEPEL Les rapports entre le droit privé et le droit international, Paris 1925. HAYMANN (§ 15 N. 8). TATARIN-TARNHEYDEN R. Stammler und die Theorie des Völkerrechts, ZVölkerR. 14, 263 ff. (1927).

zeigt jedoch unüberwindliche Schwierigkeiten bei dem Ausbau des Gedankens. Dieser bleibt daher eine gleichgültige, subjektive Meinungssache [5].

Statt dessen ist das Weltrecht, das im oben beschriebenen Sinne die einzelnen Rechtsordnungen erst wahrhaft ermöglicht und gewährleistet, in den Besonderheiten seines Inhaltes immer mehr und besser auszubauen. Wenn diese selbstverständliche Aufgabe in der heutigen Zeit unter dem Worte des *Völkerbundes* mit eigener Stärke betont worden ist, so ist damit methodisch kein neuer Gedanke geliefert. Die Frage nach ihm war mit der Eigenart des rechtlichen Wollens von selbst gefordert und ist seit langem systematisch beachtet worden [6].

Es ist nicht an dem, daß die Aufgabe des Weltrechtes erst durch einen bedingten und begrenzten Bund unter einzelnen Völkern geschaffen würde. Eine Beschränkung auf bestimmte Vertragschließende hat für die systematische Erwägung der hier vorliegenden Probleme keine Bedeutung. Sie kann bloß Einzelheiten in der Regelung besonderer Fragen betreffen, niemals aber dem Gedanken ausweichen, daß in dem Verhältnisse der Völker zueinander die rechtliche Verbindung — auch ohne allen *Bund* — bereits besteht und als grundsätzlich allein berechtigte Art der sozialen Regelung (§ 107) mit Fug nicht beseitigt werden kann [7].

---

[5] Vgl. § 100 N. 2. Auch § 179.

[6] Hill Völkerorganisation und der moderne Staat, übers. v. Thomas 1911. Liszt Die rechtliche Natur des Völkerbundes, DJZ. 23, 661 ff. Vorländer Kant und der Gedanke des Völkerbundes 1919. Spranger Völkerbund und Rechtsgedanke, Rede 1919. Schätzel Probleme des Völkerbundes 1920. Rühlmann Der Völkerbundsgedanke. Materialiensammlung 1920. — Holldack Grenzen der Erkenntnis ausländischen Rechts 1919.

[7] Die Erörterung eines *Völkerbundes* ist nur insofern eine rechtsphilosophische Frage, als sich bei ihr die Unbegrenztheit des Rechtsgedankens zeigt. Es ist selbstverständlich, daß der Gedanke des Rechtes nicht an den Grenzen eines bestimmten Staatswesens halt machen kann; denn das letztere ist in seiner besonderen Erscheinung ja selbst nur eine bedingte Anwendung des allgemeingültigen Rechtsgedankens (§ 136; s. auch § 134). Aber andererseits betrifft jeder Vorschlag eines eigens ausgebauten Völkerbundes wieder nur eine technisch beschränkte Erwägung. Ob er, der Völkerbund, wirklich das durchgreifende Mittel ist, um rechtliche Zustände in sicherem Sinne zu schaffen, bleibt überall offene Frage. Denn jeder *Völkerbund* ist wieder nur eine Äußerung des sozialen oder verbindenden Wollens (§§ 31 ff.). Dann aber gilt die Möglichkeit von drei Klassen einer Verbindung von Zwecken auch für den Bund von Völkern: die konventionale, die rechtliche, die willkürliche Art. Es muß also für die Empfehlung eines bestimmten Völkerbundes in erster Linie geprüft werden: ob er eine Gewähr bietet, daß er unter seinen gegebenen Verhältnissen und den erkennbaren Begehrungen der einzelnen Gemeinwesen, die er nun verbinden will, auch wirklich rechtliches Wollen beschafft. Es kann sein, daß ein besonderer Völkerbund in seiner leidigen Eigenart jene Gewähı des rechtlichen Verbindens sehr vermissen läßt. Er vermag wohl auch zum Mittel brutaler Willkür zu werden. So ist es nicht ausgeschlossen, daß das Verwirklichen des Rechtsbegriffes im Neben-

Hieraus folgt, daß bei dem Ausbau der Einzelfragen, die sich in einer gegebenen geschichtlichen Lage erheben mögen, überall der Begriff und die Idee des Rechtes zu wahren ist.

Es ist für das Zusammenleben, das auch die Völker in ihren Gesamtschicksalen miteinander zu führen haben, der Gedanke des Rechtes nach seinen bleibenden Artmerkmalen als feste Grundlage zu nehmen (§ 47); es genügt nicht, von Fall zu Fall nach subjektivem Belieben miteinander einmal verknüpft zu sein, sei es in freier Konvention, unter mehr Gleichstehenden, oder gar nach willkürlicher Gewalt, bei größerer Macht des einen Teils. Und es darf nie der Richtpunkt der Gerechtigkeit außer acht bleiben, — nicht als leeres Schlagwort, sondern in kritischem Besinnen darauf, daß auch im Völkerleben die Idee reiner Gemeinschaft den Leitstern abzugeben hat [8].

So lenkt sich auch von dieser Betrachtung her der Blick abschließend darauf: wie die bedingende Weise einzusehen und zu üben ist, in der unter den Besonderheiten gegebener Umstände die Bewährung des Rechtes nach Begriff und Idee aufzunehmen und zu vollziehen ist.

---

einanderleben der Völker durch die Rechtseinrichtung geregelter Selbsthilfe eines jeden Staates (§ 48 Nr. 5), unter gerade gegebenen geschichtlichen Bedingtheiten, besser gewährleistet ist, als unter jenem Bunde. Es ist, wie betont, offene Frage, — das bloße Stichwort *Völkerbund* gibt eine Sicherheit für einen rechtlichen Zustand unter ihm noch nicht. — Und endlich, falls jenes Bedenken unter bestimmten Zuständen nicht begründet ist, aus deren methodischer Betrachtung her es sich allein beheben läßt: so kommt es nun entscheidend darauf an, ob der fragliche besondere Völkerbund so geartet ist, daß er in seinem inhaltlichen Streben der Idee des Rechtes folgt. Auch hier ist klar einzusehen und scharf zu betonen, daß nicht die Einrichtung eines *Völkerbundes* als solche eine Gewähr für gerechte Zustände unter den Völkern bietet. Wieder ist es mithin nicht die äußere Aufstellung eines *Bundes*, die den obersten Richtpunkt für gute soziale Beziehungen abgeben könnte. Nur die kritische Besinnung auf die Möglichkeit objektiv richtigen Wollens überhaupt kann auch in den rechtlichen Fragen des internationalen Daseins begründetermaßen den Ausschlag darüber geben, ob in bestimmter Lage ein *Völkerbund* am Platze ist, und ob der vorgeschlagene Inhalt seiner besonderen Bestrebungen billigenswert ist oder nicht. — Seckel Staat, Volk, Universität, Rede 1921 bes. S. 24 f.

[8] Es findet sich wohl die Meinung, daß der ideale Blickpunkt der Gerechtigkeit und das Suchen nach einem objektiv richtigen Rechte nur in der inneren Politik seine Stelle habe, während in der äußeren Politik ausschließlich die eigenen Interessen der einzelnen Völker die Entscheidung zu liefern hätten. Das mag als tatsächliches Vorkommnis freilich nur zu oft, wenn nicht fast immer geschehen sein. Und beim Vorgeben einer entgegengesetzten Maxime wird gar manche Heuchelei und Unwahrhaftigkeit untergelaufen sein. Hier aber steht die Möglichkeit eines gesetzmäßigen Inhaltes sozialer Regelung in Frage. Und diese Frage ist von allgemeingültiger Bedeutung. Sie wird durch üble Taten, die als Ausflüsse des Subjektivismus erlebt werden (§ 97), nicht widerlegt und in ihrer Einheit durch die Verschiedenheit einzelner besonderer Aufgaben, die sich im sozialen Dasein der Menschen stofflich eigenartig erheben können, nicht weiter berührt. S. auch § 169, bes. zu N. 3.

Fünftes Buch

Die Bewährung des Rechtes

Erster Abschnitt

Praktische Rechtswissenschaft

I. Das juristische Schließen

§ 139

Arten des juristischen Schlusses

Die Jurisprudenz ist, wie jede Wissenschaft, auch praktisch, das heißt: ihre Sätze und Lehren besitzen die sachliche Eigentümlichkeit, daß sie sich auf besondere, in der Erfahrung vorkommende Fälle anwenden lassen.

Die praktische Betätigung des Rechtes geschieht durch das juristische Schließen[1]. Es ist das Ableiten eines rechtlichen Urteiles aus allgemein gegebenen Voraussetzungen. Wir nennen diese Tätigkeit auch die juristische Subsumtion[2].

Es gibt zwei Arten des juristischen Schlusses:

1. Der mittelbare juristische Schluß. Er ist erforderlich, wenn eine besondere Rechtsfrage nach den Besonderheiten technisch geformter Rechtsregeln beurteilt werden soll, die als endgültig entscheidend von einem bestimmten Rechte aufgestellt sind.

2. Der unmittelbare juristische Schluß. Er setzt ein, sobald es

---

[1] Sigwart Logik 1873 I §§ 49 ff. Lotze Logik (2) 1880 S. 108 ff. Strümpell Grundriß der Logik 1881 S. 158 ff. Überweg Logik (§ 115 N. 7) §§ 74 ff. Stadler Logik (§ 68 N. 4) S. 145 ff. Lindner und Leclair Lehrbuch der allgemeinen Logik (4) 1907 §§ 51 ff. Riehl Logik und Erkenntnistheorie, in Kultur der Gegenwart, Systematische Philosophie 1907, A. Logik IV. Neue Schlußlehre. § 139.

[2] Bülow Gesetz und Richteramt 1885. Stein Die Kunst der Rechtsprechung, Vortrag 1900. Brütt Die Kunst der Rechtsanwendung. Zugleich ein Beitrag zur Methodenlehre der Geisteswissenschaften 1907. Bierling Prinzipienlehre (§ 18 N. 13) 4,3 ff. Rumpf Gesetz und Richter 1906; Ders. Volk und Recht (§ 128 N. 6) S. 7 ff. Düringer Richter und Rechtsprechung 1909. Stammler Der Richter 1924. Rümelin Gesetz, Rechtsprechung und Volksbetätigung auf dem Gebiete des Privatrechts, ArchZivPrax. N. F. 2, 145 ff. u. 265 ff. — Gmür Die Anwendung des Rechts nach Art. 1 des Schweiz. ZGB. 1908. Ders. Komm. z. Schweiz. ZGB. (2) 1919, 1, 37 ff. — S. auch §§ 143 und 145.

auf ein Urteilen nach grundsätzlich richtigem Rechte ankommt; hier ist als Obersatz derjenige Rechtssatz auszuwählen, der in dieser besonderen Frage die prinzipiell begründete Entscheidung abgibt [3].

§ 140
Obersatz, Untersatz, Schlußfolgerung

Die Richtlinie des juristischen Schließens geht nach dem Satze: Was unter die Voraussetzungen eines Rechtssatzes fällt, das fällt auch unter seine Folgen [1].

Das zeigt sich zunächst deutlich bei dem mittelbaren juristischen Schluß. Er besteht in dem allgemeinen logischen Schema:

Wenn V, so F,
A ist ein V,
———————
Für A gilt F.

Der Obersatz ist in seinen Voraussetzungen und Folgen ein hypothetisches Urteil, das in den Paragraphen einer Rechtsordnung sich findet; sein Sinn ist im Wege der Auslegung festzustellen.

Die Einordnung des Untersatzes ist jedoch nicht immer in voller Exaktheit möglich. Denn es werden hier besonders Rechtsvorstellungen nebeneinander gestellt, von denen jede in ihrer bedingten Eigenart Halt macht und diese nun mit der der anderen auswählend vergleicht: so entfällt jeder innere Grund der notwendigen Deckung des einen durch den anderen, und es bleibt nur eine gewisse Wahrscheinlichkeit, die durch die Formung der auf langer Erfahrung ruhenden Obersätze verhältnismäßig sicher eingreift [2].

§ 141
Der unmittelbare juristische Schluß

In der juristischen Praxis werden die bedingten Begehrungen der Streitteile fertig geliefert. Sie liegen entweder als geformte Anträge in einem Rechtsstreite vor, oder sie lassen sich überall in Gedanken gegenüberstellen, sobald man eine Forderung von der einen Seite vor sich sieht, weil alsdann der Urteiler zu jedem Fordern dessen Gegenteil in der dortigen Lage sich vorzustellen vermag. Bei dem Urteilen nach Treu und Glauben etc. hat der Urteiler sonach die Aufgabe, den

---

3 Stammler Praktikum der Rechtsphilosophie. Zum akademischen Gebrauche und zum Selbststudium. Bern 1925.

§ 140. 1 Reichel GrünhutsZ. 32, 99 ff. (§ 130 N. 1). Wehli Beiträge zur Analyse der Urteilsfindung 1913. Giesker-Zeller Die Rechtsanwendbarkeitsnormen 1914.

2 Joh. Biermann Die Gründe der Zweifelhaftigkeit rechtlicher Ergebnisse, Rede 1911. Otto Die Gewißheit des Richterspruches (§ 131 N. 3). Ders. Der Prozeß als Spiel 1918.

richtig entscheidenden Obersatz unter mehreren gegebenen Möglichkeiten auszuwählen.

Ein schematisches Hilfsmittel bei der alsdann vorzunehmenden Wahl liegt darin, daß wir uns die Streitteile in einer Sondergemeinschaft verbunden vorstellen. Jeder bedingte Stoff eines Rechtsfalles läßt zunächst dieses Schema zu; denn es handelt sich überall um den Inhalt eines verbindenden Wollens (§§ 31; 36), dessen maßgebliche Entscheidung grundsätzlich richtig sein soll (§ 94). Denkt man sich also die beiden gegnerischen Willensinhalte in ihrer Eigenschaft als verbundenes Wollen, so wird sich die Richtlinie, die einem jeden von ihnen innewohnt (§ 145), in ihrer Beziehung zu dem Blickpunkte reiner Gemeinschaft (§ 92) leichter und deutlicher hervorheben. Indem wir uns dabei auf die Grundsätze eines richtigen Rechtes besinnen (§ 95), zeigt sich: welcher der formalen Gedanken, die das Bestreben des einen und dasjenige seines Gegenparts führen, in der Richtung des sozialen Ideals vorgeht. Dem bedingten Rechtssatze, der diese letztgenannte Richtung bejaht, ist dann als Obersatz des nun zu fällenden Urteils der Vorzug zu geben.

Überlegt man diese Art des Urteilens, so sind zwei Mißverständnisse zu vermeiden:

1. als hätte man ein bedingtes Begehren, das grundsätzlich richtig wäre, in seiner Besonderheit zu erschaffen. Ein solches schöpferisches Tun ist dem Menschen überhaupt ganz unmöglich. Das besondere Streben und Fordern erwächst vielmehr in geschichtlichen Prozessen und stellt sich in seiner Begrenztheit dem Urteiler fertig vor; dieser hat nun unter den einander widerstreitenden Angeboten eine Wahl zu treffen [1];

2. als sollte in unserer Aufgabe unter *die Grundsätze des richtigen Rechtes* (§ 95) subsumiert werden. Vielmehr wird auch bei dem Urteilen nach richtigem Rechte ein besonderes Verlangen einer Partei einem begrenzten Rechtssatze untergeordnet. Dieser tritt gerade als mögliche Norm der Entscheidung mit anderen widersprechenden Sätzen vor den Urteiler hin. Er stellt sich gleichfalls als ein hypothetisches Urteil mit bedingten Voraussetzungen und Folgen dar; er besitzt nur die formale Beschaffenheit, daß er in dieser Lage von dem Grundgedanken des Rechtes geleitet ist, während sein Gegenteil dem zuwiderläuft.

Diese Art des juristischen Schließens nennen wir unmittelbar (§ 139), weil der Untersatz, den das einzuordnende besondere Wollen darstellt, inhaltlich dem Obersatze gegenüber nichts neues mehr bietet,

[1] Wie es überhaupt unmöglich ist, die Wissenschaft vom Rechte als eine Rechtsquelle zu nehmen (§ 116 N. 3), so kann es auch niemals so aufgefaßt werden, als wenn der Stoff des rechtlichen Wollens von demjenigen hervorgebracht werden könnte, der einzelne Streitfragen unter rechtsunterstellten Parteien als rechtlich geordnete zu beurteilen hat. — Darüber, daß die Idee des Rechts selbst nicht schöpferisch ist, s. §§ 83 N. 2; 172. § 141.

also die Folgerung aus dem letzteren eine unmittelbare ist. Beispiele: Wenn in einem Vertrage der eine Teil dem andern eine Verfügung über Leib und Leben jenes einräumt, so ist das Rechtsgeschäft nichtig (BGB. 138); — A. hat dem B. vertragsmäßig eine Verfügung über Leib und Leben des A. eingeräumt; — das Rechtsgeschäft ist nichtig. Wenn ein wohlhabender Mann seinen verarmten Bruder unterstützt, so unterliegt diese Schenkung nicht der Rückforderung und dem Widerrufe (BGB. 534); der wohlhabende A. hat seinen verarmten Bruder B. unterstützt; — die Schenkung des A. an B. unterliegt nicht u. s. f.

Die Prüfung, ob der Obersatz, dem das eingebrachte Verlangen des einen Teiles entspricht, in der Richtung des sozialen Ideales liegt, muß für die Frage nach der grundsätzlichen Richtigkeit einer besonderen Forderung in jedem Rechtsfalle neu wiederholt werden. Man darf nicht hoffen, für diese Aufgabe des prinzipiell Richtigen gewisse Regeln in technisch geformten Satzungen, etwa als sogenannte *Kulturnormen*, festlegen und sammeln zu können: denn das gäbe wieder *Paragraphen*, deren Eintreten als schlechterdings maßgebliche Obersätze sich von dem Urteilen nach *Treu und Glauben etc.* ja gerade durchgreifend unterscheiden würde [2].

II. Das anzuwendende Recht

§ 142

Die praktische Bedeutung der Idee des Rechtes

Gemäß der allgemeinen Aufgabe der Rechtsphilosophie (§ 3) beschreibt die Lehre von dem richtigen Recht die Gedankengänge, die wir unausweislich verfolgen, wenn es darauf ankommt, in einem besonderen Falle das richtige Recht auszuwählen. Sie will also eine formale Methode deutlich machen und geht in der Klarlegung dieser reinen Formen des Urteilens auf. Sie liefert eine Einsicht in das Wesen der Idee des Rechtes und zeigt deren mögliches Eingreifen in den praktischen Aufgaben des sozialen Lebens [1].

---

[2] Mayer Rechtsnormen und Kulturnormen (§ 114 N. 1). Ders. Strafrecht (§ 111 N. 8) S. 37 ff. Dagegen Dohna, GerS. 63, 355 ff. Gerland, KritVSchr. 3. F. 10, 417 ff., bes. 453. WR. Anm. 202 f. Stammler Wesen des Rechtes und der Rechtswissenschaft, Kultur der Gegenwart II 8: Systematische Rechtswissenschaft (2) 1913 S. 46. RphAbh. 1, 385 ff.

§ 142. [1] Ob das immer mit vollem Erfolge positiv durchgeführt werden kann, bleibt schließlich für jeden aufgegebenen Fall selbstverständlich offene Frage. Das besteht im ganzen Gebiete des wissenschaftlichen Denkens und Forschens überall in gleichem Sinne. Die Methode des Ordnens läßt sich in kritischem Besinnen restlos darlegen, ihre Anwendung und Bewährung kann Zweifel übrig lassen. Stets aber liefert jene kritische Betrachtung den Vorteil in negativer Hinsicht, daß man bei ihrem Einsetzen vor Phrasen und oberflächlichem Empfinden zufälligen Charakters bewahrt bleibt und vor allem nicht glaubt und vorgibt, etwas *wissenschaft-*

Dagegen gibt sie als solche keineswegs an, was für ein Recht in gegebener Zeit und unter gegebenen Menschen anzuwenden sei. Das ist vielmehr eine Frage nach dem Inhalte des gerade geltenden Rechtes.

Ein positives Recht (§ 49) hat aber immer die zwei Mittel und Wege zur Verfügung: entweder selbst die Paragraphen technisch zu formen, die in der Praxis anzuwenden sind, oder aber die Beteiligten auf das eigene Auswählen des in gegebener Lage grundsätzlich richtigen Rechtes zu verweisen (§ 127). Und soweit ein so auftretendes positives Recht dann in Geltung steht (§ 67), ist es selbstverständlich und genau zu beobachten und durchzuführen, auch wenn es einmal durch zwingend eingreifenden eigenen Sinn ein unrichtiges Ergebnis liefern sollte (§ 144)[2].

Übrigens können Zweifel gerade darüber entstehen, ob ein positives Recht in dieser oder jener Frage technisch geformte Bestimmungen zwingend getroffen hat, oder ob nach seiner Anordnung das gerade richtige Recht ausgewählt werden soll; und es bestehen solche Zweifel sogar nach dem heute geltenden deutschen bürgerlichen Rechte. Aber diese Frage ist nicht eine solche der Rechtsphilosophie und

---

lich dargelegt zu haben, was in Wahrheit nur ein subjektives Meinen ist. KANT Krit. d. rein. V. (§ 15 N. 8) Vorrede z. 2. Aufl. S. XXIV f. (§ 173 N. 7). HUGO Naturrecht (4) 1819 §§ 29 ff. RR. 311, (2) S. 209: *Denn es verhält sich die Praxis des richtigen Rechtes zu seiner Methode, wie die Feldmeßkunst zur Geometrie. Jene ist in ihren Ergebnissen nicht mehr allgemeingültig und nicht immer unbedingt beweisbar.*

[2] Dabei ist die Kritik von Rechtsregeln, wenn sie wissenschaftlich begründet sein soll, natürlich nach der einheitlichen Methode der Rechtsphilosophie überhaupt vorzunehmen. Es genügt nicht, gewisse Folgerungen aus geformten Rechtssätzen darzulegen und nun an ein persönliches Empfinden des Angeredeten zu appellieren, in unklarer Weise mit der Redewendung vom *Rechtsgefühl* hantierend (§ 146). Ein solches Verfahren, das man noch immer nicht selten antreffen kann, trägt weder der Form, noch dem Stoffe gebührende Rechnung. Eine wissenschaftlich gesicherte Methode liegt dann eigentlich überhaupt nicht mehr vor. Und für das Material ist nicht beachtet, daß es sich bei der Erörterung einer verhältnismäßig allgemeinen Regel doch selbstredend um die Betrachtung gleichheitlicher Massenerscheinungen (§ 58) handelt, denen jene gegenübersteht. Notgedrungen kann der, der die Regel setzt, nur einen Durchschnitt befriedigend treffen. Vgl. ARISTOTELES Nikomachische Ethik 5. Buch; oben § 10 N. 19. Da fernerhin jede solche Rechtsregel für eine gewisse Zeitspanne als Norm gelten will, so müssen weiterhin die Tendenzen der Entwicklung in Betracht gezogen werden, die sich in den angezweifelten Fragen darbieten. In der vorigen Note wiesen wir darauf hin, daß nach der Lehre der kritischen Rechtstheorie (§ 5 u. f) eine Anwendung der Rechtsidee auf jeden einzelnen Fall nicht immer in unmittelbarer einleuchtender Weise erfolgen kann, — in der jetzigen Betrachtung zeigt sich das Gleiche erst recht bei der Kritik von Rechtsregeln. *Hart im Raume stoßen sich die Sachen*: der Verwicklungen sind gar manchesmal allzu viele und unübersehbare, und wir müssen uns des negativen Vorteils, dessen wir oben gedachten, dann genügen lassen. S. auch §§ 145; 173 Nr. 3.

kann nie in einer allgemeingültigen Weise entschieden werden. Es ist lediglich Sinn und Bedeutung der besonderen Rechtsordnung, wie sie wirklich gerade da ist, in ihrem Inhalte festzustellen. Und nur das läßt sich allgemein sagen, daß in dem Falle, da die positiven Bestimmungen dieser besonderen Rechtsordnung ihrem eigenen Sinne nach zweifelhaft bleiben, die Vermutung dafür spricht, daß sie den Weg der Rechtsfindung gemeint hat, auf dem ein grundsätzlich richtiges Ziel zu erreichen ist [3].

§ 143
Das richterliche Ermessen

Der in der Überschrift genannte Ausdruck wird wohl hier und da im Gegensatze zu genauer und zweifelsfreier Gesetzesbestimmung gebraucht. Dann stellt man sich vor, daß eine Entscheidung vom objektiven Rechte nicht erschöpfend und zweifellos bereitgestellt sei, und weil man nun über den streitigen Fall *verschiedener Ansicht* sein könne, so habe *das richterliche Ermessen* einzugreifen.

Das ist viel zu unbestimmt.

In Wahrheit gibt es kaum einen einzigen Fall, in dem nicht eine Verschiedenheit der Meinungen möglich wäre. Wenn das Gesetz selbst einen bestimmten Paragraphen aufstellt, so kann es schwer vermieden werden, daß nicht einmal eine von der andern abweichende Auslegung erfolge (§ 129); und falls der Obersatz für sich klar steht, so wird die Subsumtion nicht immer außer Bedenken sein (§ 140). Dazu kommt die Möglichkeit des Streitens über unterliegende Tatfragen, die nach freier Beweiswürdigung festgestellt werden sollen (ZPO. 286). So wird mit der Möglichkeit *verschiedener Meinungen* ein sicheres Merkmal für den Begriff *des richterlichen Ermessens*, als besonders gearteter Weise des rechtlichen Urteilens, nicht angegeben [1].

---

[3] S. § 91 N. 4. — Liebenthal Kantischer Geist in unserem neuen bürgerlichen Recht, Vortrag 1897. Stammler Die Bedeutung des deutschen bürgerlichen Gesetzbuches für den Fortschritt der Kultur, Rede 1900 RphAbh. 1, 135 ff. B. A. Schmidt Das bürgerliche Gesetzbuch als Erzieher unseres Volkes, Rede 1901. — Aus der neuesten Praxis die zutreffende Erörterung von Bovensiepen in LeipzZDR. 22, 319 (1928).

§ 143. [1] Seuffert Über richterliches Ermessen, Gieß. Rede 1880. Stammler Die grundsätzlichen Aufgaben des Juristen in Rechtsprechung und Verwaltung, VerwArch. 15,1 ff. Rph. Abh. 1,237 ff. vgl. DJZ. 8,192 ff. Stier-Sommlo Das freie Ermessen in Rechtsprechung und Verwaltung, aus staatsrechtl. Abh. f. Laband 1908, 2, 445 ff. Laun Das freie Ermessen und seine Grenzen 1910; dazu Reichel LitZtrbl. 1911, 532 ff. Laun Zum Problem des freien Ermessens, aus Festschr. f. Zitelmann 1913. Jellinek Gesetz, Gesetzesanwendung und Zweckmäßigkeitserwägungen 1913. Reichel Gesetz und Richterspruch. Zur Orientierung über Rechtsquellen- und Rechtsanwendungslehre der Gegenwart 1915. Diener Das Ermessen (Art. 4 ZGB.). Ein Beitrag zur allgemeinen Rechtslehre. Zürch. Diss. 1920. — Schoen Zur Frage der Überprüfung polizeilicher Verfügungen im Ver-

Ein solches Merkmal besteht nur in dem selbsttätigen Auswählen des grundsätzlich richtigen Obersatzes gegenüber dem zwingend geformten Rechte.

Der Richter kann aber eine Anweisung zu seinem *Ermessen* nach grundsätzlicher Richtigkeit in zweifacher Art erhalten; wobei das gemeinsam ist, daß alles immer auf gesetzlicher Bestimmung ruht (§ 142).

1. Es erscheint jene Anweisung von vornherein, indem das Gesetz für manche kommende Fälle auf eigens geformte Regelung allgemein verzichtet und die Beteiligten auf jenes Auswählen des Richtigen verweist (§ 7).

2. Es tritt jenes innerhalb des technisch geformten Rechtes auf (§ 127). Hier gibt es eine Zweiteilung, die seit alter Zeit viel beachtet und betont worden ist. Es ist der Gegensatz des zwingenden und des nachgiebigen Rechtes [2]. Das letztere kommt wieder in zwei Unterarten vor:

a) Zunächst dahin, daß die gerade beteiligten Rechtsunterstellten gewisse Fragen durch eigene Bestimmungen regeln dürfen, und das Gesetz nur ergänzende Sätze für den Fall des Ausbleibens jener Parteibestimmungen aufstellt [3].

b) Außerdem in der Weise, daß die von der Rechtsordnung aufgestellten Paragraphen nur eine vorläufige und unmaßgebliche Angabe für den Richter sein wollen, die er dann zu verlassen hat, wenn ihnen zufolge im aufgegebenen Streitfalle ein grundsätzlich unrichtiges Ergebnis erzielt werden würde [4].

In der neueren Zeit sind Bestrebungen aufgetreten, welche auf das ausnahmslose Eingreifen des richterlichen Ermessens in dem hier angegebenen Sinne gerichtet sind [5]. Man nennt sie in Deutschland die freirechtliche Bewegung [6]. Ihre wesentlich maßgeblichen Gedanken

---

waltungsstreitverfahren, VerwArch. 27, 85 ff. — PLATON *Politikos* 34. Kap. in der APELTschen Übersetzung 1914 S. 87 ff.

[2] Zwingendes Recht: BGB. 276,2; 544; 619; usf. Vgl. auch § 161.

[3] Nachweise bei WINDSCHEID § 30. STAMMLER Schuldverhältnisse (§ 125 N. 4) §§ 14 ff. RR. (2) S. 174 ff.; 223 ff.

[4] Dahin gehören die Verweisungen der Rechtsordnung, wie sie zu § 7 N. 1 f. angegeben sind; s. ferner § 127. Beispiel: Der Mieter muß die Mietsache am Ende der Mietzeit zurückgeben, BGB. 556. Das hat er auszuführen nach BGB. 242, vielleicht also mit schonendem Hinausschieben bei Krankheit u. dergl., bes. wiederholt ZPO. 721. — Vgl. unten § 164.

[5] Die Tätigkeit des römischen Prätors bietet hierzu keine vollständige Parallele. Er war zwar befugt, während seines Amtsjahres für seine gerichtliche Tätigkeit andere Regeln, als die des *ius civile* zu befolgen, sollte dann aber auch an solche, von ihm im Edikte aufgestellten Sätze fest gebunden sein. KIPP (§ 11 N. 6) § 10. Vgl. WENGER Antikes Richterkönigtum, Festschr. f. österr. ABGB. 1911, I S. 479 ff.

[6] In Frankreich ist diese Richtung vornehmlich durch den Gerichtspräsidenten MAGNAUD in Château-Thierry seit mehreren Jahrzehnten in die Praxis übergeleitet worden. LEYRET Les jugements du président Magnaud I 1900, II 1903. MAGNAUD

gehen nach zwei Seiten vor: 1. In praktischer Hinsicht fordern sie, daß keine technisch geformte Bestimmung äußerer Gesetze einen zwingenden Charakter haben dürfe. — Dies übersieht jedoch, daß ein Verzicht auf dieses gesetzgeberische Mittel zwingender Sätze und Einrichtungen manches Mangelhafte mit sich führen müßte. Manche Institute, wie Wechsel, Scheck und andere Wertpapiere können ihre Funktion im Verkehre nur unter Beobachtung zwingender Formvorschriften erfüllen; andere Einrichtungen, wie Grundbuch, Testament und sonstige würden durch die Beseitigung ihrer formalistischen Art eine unerwünschte Unsicherheit erhalten. Für manche Fragen ist ein zwingendes Durchgreifen von gewissem mechanischen Charakter unvermeidlich, so bei dem Festsetzen eines Lebensalters als Voraussetzung für bestimmtes rechtliches Handeln, welche Grenze von Fall zu Fall nach prinzipieller Erwägung festzusetzen schwierig, in mancher Lage geradezu unmöglich sein müßte oder doch, wie bei der Lehre von der Verjährung, Verwirrung anrichten würde. So ist es ein unbegründetes doktrinäres Verlangen, die Hilfe von geeigneten zwingenden Vorschriften im Rechtsleben ausnahmslos zu verschmähen. Es sind beide Möglichkeiten, die des zwingenden und die des nachgiebigen Rechtes, als taugliche Mittel vom Gesetzgeber zu verwerten. Wo dabei die Grenze zu ziehen ist, bleibt immer eine Einzelfrage (§ 172). — 2. In theoretischer Hinsicht meint jene Bewegung, daß alles in der Rechtsprechung besser und gut ausfallen würde, wenn nur der Richter *frei* urteilen könnte. — Allein das ist im Grunde nichtssagend. Denn es handelt sich um die Behauptung einer grundsätzlichen Berechtigung der hier zu erzielenden Ergebnisse. Dann muß man sich auch klar machen, worin der Gedanke ***der grundsätzlichen Berechtigung*** eigentlich besteht. Das aber wird nicht durch das Schlagwort einer *freien* Rechtsfindung gelöst, sondern nur durch kritische Besinnung auf die Bedingungen der Richtigkeit eines Rechtes überhaupt [7].

---

hat seine Meinung in der Wochenschrift *Morgen* 1908 Nr. 28 f. ausgeführt. — Geny (§ 129 N. 2).

7 Die Literatur über die freirechtliche Bewegung ist in einer, die sachliche Bedeutung der Frage weit überragenden Menge angeschwollen. Nachweise: Ehrlich Freie Rechtsfindung und freie Rechtswissenschaft 1903. Kantorowicz Gnanus Flavius, Der Kampf um die Rechtswissenschaft 1906, (2) 1908. Oertmann Gesetzeszwang und Richterfreiheit 1909. Fuchs (§ 118 N. 1). Rundstein Freie Rechtsfindung und Differenzierung des Rechtsbewußtseins, ArchBürgR. 34, 1 ff. Reichel Zur Freirechtsbewegung, DRichtZ. 2, 464 ff. Stampe Die Freirechtsbewegung 1911 (s. auch § 135 N. 2). Rich. Schmidt Die Richtervereine 1911 S. 70 ff. TR. VIII 15 f. Staffel DRichtZ. 3, 724 ff. Gmelin BayZ. 7, 453 ff. Geller ÖZBl. 25, 465 ff. Manigk (§ 16 N. 2). Gareis SeuffBl. 75, 7 ff. Hein (§ 114 N. 5) S. 290; 366 N. 84. Carlo (§ 129 N. 3) S. 37. Science of legal method, select essays (Modern Legal Philosophy Series), bes. Wigmore Editional Preface, über the indicial function, Boston 1917. RSt. § 21. RphAbh. 2, 377 ff. — S. auch Von der Decken (§ 66 N. 1) S. 38 ff. Vinogradoff Freie Rechtsprechung und die athenische Demokratie, ArchRPhilos. 6, 81 ff.

§ 144
Möglicher Zwiespalt im Rechte

Durch das Auftreten eines zwingend geformten Rechtes ist die Möglichkeit eines Widerstreites zwischen solchem und und zwischen dem gegeben, was in einer sich dann einstellenden besonderen Lage grundsätzlich richtig ist [1]. Dadurch, daß ein vollständiger Verzicht auf jenes erste nicht angängig erscheint (§ 143), ist die Möglichkeit eines solchen Konfliktes erhöht und oft erlebt worden [2].

Dieser Konflikt kann ohne Rest niemals aufgelöst werden. Denn das zwingend geformte Recht kann nicht darauf verzichten, während seiner Geltung unverletzbar zu sein (§ 47) [3]; und es ist andererseits doch auch nur ein Mittel im Dienste der Idee des Rechtes (§ 91) [4]. Die

---

[1] Man spricht hier wohl zuweilen von einem Konflikt zwischen Rechtsgebot und *Sittlichkeit*. Allein das letztere Wort wird alsdann in der Bedeutung von grundsätzlicher Richtigkeit gebraucht (§ 33). Es hat mit der Bedeutung von *sittlichem* Wollen für das Innenleben (§§ 31 f.) nichts zu tun. Vielmehr liegt hier immer ein Zwiespalt innerhalb der sozialen Frage vor. Das ist auch dann der Fall, wenn etwa ein Rechtssatz den Versuch machen wollte, jemandem bestimmte Gedanken in dessen Innern vorzuschreiben, namentlich auch im Hinblick auf sein religiöses Empfinden (vgl. § 162 N. 2). Ein Konflikt zwischen Recht und Sittlichkeit wäre auch dann nicht gegeben. Der sittliche Grundsatz der Wahrhaftigkeit (§ 89) bleibt dabei unberührt stehen. Ihm kann jeder dort Angeredete allezeit nachkommen und vor sich und anderen getreu bekennen, wie es innerlich mit ihm steht. Aber soll er alsdann dem unrichtigen Rechte Folge leisten oder darf es in willkürlicher Handlung nach persönlichem Ermessen mißachtet werden? Das letztere geht nicht an, denn es würde die Bedingung aller sozialen Richtigkeit, das unverletzbar verbindende Wollen des Rechtes verneinen (§ 107) und damit jede soziale Richtigkeit folgeweise unmöglich machen. Andererseits bedeutet die Forderung, ein verwerfliches Recht auszuführen, im Einzelfall die Zumutung einer schlechten Tat. Hier sträubt sich des also Gedrängten Wollen bis zu dem Satze, daß man Gott mehr gehorchen solle denn den Menschen (Ap. Gesch. 5, 29). Dies ist das Problem, das vor allem in Luthers Schrift von der Obrigkeit (§ 13 N. 8) treffend ausgeführt ist. Und dann bleibt in Wahrheit keine Lösung, als die, die auch schon Platon im Kriton dem Sokrates zuschreibt: daß man die Folgen des Rechtes für mangelndes Ausführen des letzteren voll auf sich nehmen und sie leiden muß (§ 10 N. 13). S. auch unten N. 2. Marschall von Bieberstein (§ 123 N. 3). § 144.

[2] Ergreifend ausgeführt bei Sophokles Antigone. — Mannheim über Ludwigs *Erbförster*, ZRPhilos. 3, 281 ff.

[3] Bekker Recht muß Recht bleiben 1896. — Hier mildernd einzugreifen, gehört zum Berufe der Gnade. S. § 153 zu N. 10.

[4] Hier setzt die Wendung ein: *Summum ius, summa iniuria*, Cicero de officiis I 10, 33; zu begleiten mit dem Wahlspruch, *Fiat iustitia, et pereat mundus*; s. Büchmann Geflügelte Worte, Geschichtliche Zitate. Die technisch geformte Einzelbestimmung eines positiven Rechtes darf nicht als das höchste Gesetz für menschliches Wollen überhaupt genommen werden. RR. S. 33 ff., (2) 58 ff.; — Übrigens kann es geschehen, daß ein willkürlicher Rechtsbruch veranlaßt wird, um ein technisch erwünschtes Ergebnis zu erzielen, zunächst noch ohne abschließende Frage nach der grundsätzlichen Richtigkeit des so erlangten Erfolges. Auch hier bleibt nur Ver-

Frage, ob der genannte Zwiespalt im Laufe der Zeiten sich mildern und verringern werde, fällt der problematischen Erörterung nach einem möglichen Fortschritte des Menschengeschlechtes in der Geschichte anheim (§ 179).

Man hat in diesem Zusammenhange auch von einem Rechte zur Revolution gesprochen. Hier ist zu unterscheiden:

1. Meint man die Frage, ob sich ein Rechtsunterstellter einem inhaltlich unrichtigem Rechte nach seiner eigenen Entschließung widersetzen dürfe, so ist das so lange zu verneinen, als darin ein willkürlicher Rechtsbruch gelegen sein würde. Denn es ist immer nötig, die rechtliche Verbindung, als die Quelle möglicher Gesetzmäßigkeit im sozialen Leben (§ 107), als solche festzuhalten und nicht durch willkürliche Gewalt zu ersetzen. Ein anderes, als das Dulden der im Ganzen feststehenden rechtlichen Gewalt bleibt für den einzelnen fraglichen Fall nicht übrig.

2. Meint man dagegen die Frage, ob ein Anlaß gegeben sein kann, neues Recht an die Stelle des seitherigen Rechtes, entgegen den Bestimmungen des letzteren zu setzen, so kann das in besonderer Lage gerechtfertigt erscheinen. Denn alsdann ist es möglich, den Begriff des Rechtes zu wahren, indem das seitherige Recht durch ursprüngliche Entstehung von neuem Rechte abgelöst wird (§ 66). Und es kann eine Notwendigkeit dazu dann vorliegen, wenn ohne ein derartiges ursprüngliches Eingreifen eine Verwirklichung von richtigem Rechte, geleitet von der Idee der Gerechtigkeit, unmöglich erscheint. Ob das vorliegt, kann nur für eine besonders gegebene Sachlage nach methodischer Erwägung der grundsätzlichen Richtigkeit entschieden werden. Eine weitere allgemeingültige Festlegung ist nicht möglich[5].

---

meiden der Willkür und Festhalten am Recht möglich, mit Eingreifen der Gnade (§ 152). So das Problem bei Kleist Prinz Friedrich von Homburg; gerade entgegengesetzt im Michael Kohlhaas, dessen Auffassung bei Jhering Kampf ums Recht (§ 18 N. 8) schwerlich zutrifft. Vgl. oben § 102 N. 7.

5 Coluccio Salutati Tractatus de tyranno, 14. Jahrh.; darüber Henrich ZRPhilos. 3, 44 ff. Luther Von weltlicher Obrigkeit (§ 13 N. 8). Thoomasius (§ 14 N. 8) Institutiones iurisprudentiae divinae III 6, 86; 120. Feuerbach Anti-Hobbes (§ 14 N. 6). Geyer S. 43 ff. Lasson S. 85 ff. Treumann Die Monarchomachen 1895. Cathrein Recht, Naturrecht (§ 15 N. 21) III 4, 2 § 4. Kern Gottesgnadentum (§ 52 N. 3). Wolzendorff Staatsrecht und Naturrecht in der Lehre vom Widerstand des Volkes gegen rechtswidrige Ausübung der Staatsgewalt 1916. Fehr Das Widerstandsrecht, Mitt. d. Inst. f. österr. Geschichtsforsch. 38, 1 ff. Liebert Vom Geist der Revolutionen 1919. Schanze Revolution und Recht, ZRPhilos. 3, 225 ff. (§ 66 N. 8). Vierkandt Zur Theorie der Revolution, Schmollers J. 46, 325 ff. Beling (§ 66 N. 18). Dohna (§ 66 N. 8). Holl (§ 13 N. 10) S. 268 N. 1. Haensel Kants Lehre vom Widerstandsrecht 1926. — Shakespeare König Richard II., bes. IV 1, Bischof von Carlisle.

Zweiter Abschnitt

Grundsätzlich erwägende Praxis

I. Das Auswählen des richtigen Obersatzes

§ 145

Die Möglichkeit des richtigen Wählens

Das Aufsuchen des jeweils objektiv richtigen Rechtes gründet sich auf den Gedanken von der möglichen Gesetzmäßigkeit des Wollens [1]. Dieser Gedanke bedeutet aber die leitende Idee: daß unter allen je denkbaren menschlichen Bestrebungen eine Harmonie sein kann (§ 79). Es kommt also darauf an, in zweifelhaften Fällen, denjenigen Willensinhalt zu wählen und festzuhalten, der in seiner wesentlichen Richtung diesem leitenden Grundgedanken folgt [2].

---

[1] Es sei eine Zusammenfassung des Gedankenganges, der zur Begründung des sozialen Ideales (§ 92) führt, hier eingesetzt: 1. Richtig und unrichtig. Dies ist die letzte mögliche Einteilung des Bewußtseins, die Einteilung, die allen bedingten Urteilen notwendig bedingend zugrunde liegt (§ 79). 2. Richtig = einheitlich geordnet. Der Gedanke der Einheit besagt die letzte Formel, von der alle menschliche Einsicht abhängig ist; einmal muß das einen logischen Anfang haben (§§ 5 N. 2; 25 N. 1). 3. Form und Stoff: Art des einheitlichen Ordnens und das so Bestimmte (§§ 3; 56 Nr. 6). 4. Absolut richtig und objektiv richtig. Unbedingt gültig sind nur die reinen Formen des einheitlichen Ordnens der Gedanken, bloß bedingt richtig das nach ihnen Erkannte. Ein besonderes rechtliches Wollen kann immer nur objektiv richtig sein (§§ 81; 94; vgl. § 4). 5. Die reinen Formen sind nicht etwa *angeborene* Vorstellungen. Aller Inhalt unseres Bewußtseins wird bedingt erworben. Aber innerhalb seiner läßt sich die unbedingt gültige Art des einheitlichen Ordnens von dem wechselnden und veränderlichen Stoffe, der in begrenzter Empfindbarkeit hervortritt, unterscheiden (§ 3 N. 5 f.). 6. Die reinen Formen kommen in der empfindbaren Wirklichkeit für sich allein gar nicht vor. Sie finden sich immer nur in Verbindung mit bedingtem Stoffe, der durch sie bestimmt und gerichtet ist. So setzt sich jedes Urteil über die grundsätzliche Berechtigung eines gegebenen rechtlichen Wollens aus den Besonderheiten gerade dieses Bestrebens und Forderns und aus dem einheitlich bedingenden Gedanken der Richtigkeit zusammen (§ 80, vgl. § 22). 7. Die Einsicht der reinen Formen geschieht durch kritische Selbstbesinnung. Es ist zu fragen: Welche Art des Ordnens ist notwendig, um allen denkbaren Bewußtseinsinhalt in unbedingt einheitlicher Weise zu bestimmen und zu richten? (§§ 5; 79 f.; 110). Die Methode des Prüfens ergibt als obersten Leitstern für alles menschliche Wollen die Idee der Willensreinheit (§ 80) und als ihre Bewährung für das verbindende Wollen den formalen Gemeinschaftsgedanken (§ 92). Er ist als der oberste Maßstab dadurch bewiesen, daß bei seiner kritischen Klärung restlos ausgedacht ist, der fragliche Gedankeninhalt vollkommen analysiert und geordnet erscheint (§ 96). — RphAbh. 2, 384 ff. § 145.

[2] Sauer Die Möglichkeit eines juristischen Grundgesetzes, ZRPhilos. 2, 336 ff. Sander Die transzendentale Methode der Rechtsphilosophie und der Begriff des Rechtsverfahrens, ZÖffR. 1, 468 ff. Natorp Sozialidealismus. Neue Richtlinien

Dabei ist das Verhältnis der maßgeblichen formalen Richtung eines Wollens zu den stofflichen Besonderheiten dieses Willensinhaltes nicht so zu denken, daß zeitlich zuerst die Besonderheiten da wären und dann hinterher nach einer richtenden Art für sie gesucht wurde: vielmehr ist darauf acht zu haben, daß jedes besondere Wollen die formale Richtung, in der es grundsätzlich geleitet ist, unvermeidlich schon in sich trägt. Die kritische Erwägung, die wir in dem Suchen des richtigen Wollens anstellen, bedeutet also wieder nicht eine schöpferische Tätigkeit, sondern eine erklärende Analyse dessen, was schon da ist. In diesem Sinne ist die Wahl zwischen einem aufgetauchten Streben und seinem grundsätzlichen Gegenteil zu treffen [3].

Man hat veruscht, statt dieses Wählens, das in jedem aufgegebenen Einzelfall stets von neuem einzusetzen hat, eine allgemeine Anleitung zu geben, welche die möglichen Besonderheiten in verschiedene Klassen einteilte und also zur praktischen Anwendung bereit stellte. Es sollte danach zwischen *höheren* und *niederen* Interessen der Einzelnen unterschieden werden, zwischen denen ein *Ausgleichen* stattfinden müßte [4]. — Aber der letztgenannte Ausdruck kann verständlicherweise nur das Einsetzen des Obersatzes bedeuten, der in der gerade gestellten Aufgabe die Eigenschaft objektiver Richtigkeit besitzt. Dies führt also unausweichlich zu unserem Gedankengange von grundsätzlicher Rechtfertigung eines verbindenden Willensinhaltes zurück und macht nur vor der Frage, wie sich das Befolgen dieser Rechtfertigung kritisch einsehen und beschreiben lasse, mit einem bloßen Stichworte unentschlossen Halt [5]. Jene Klasseneinteilung aber widerstrebt nicht nur der unüber-

---

sozialer Erziehung 1920. Del Vecchio Sui principi generali del diritto, Estr. deall. Arch. Giur. Vol. LXXXV fasc. I, Modena 1921.

[3] Über besondere, aushelfende Methoden s. §§ 95 N. 1; 155 N. 2. — Vgl. § 5 N. 1.

[4] Stampe DJZ. 10, 417 ff.; 713 ff. S. das. 10, 921; 1017; 11, 394; 1235. Ferner Stampe (§§ 116 N. 1; 143 N. 7). Heck Das Problem der Rechtsgewinnung, Tüb. Rede 1912. Ders. Gesetzesauslegung und Interessenjurisprudenz (§ 129 N. 3). — Über die Frage von idealen Gütern s. §§ 55 Nr. 5; 91 N. 12.

[5] Bei dem Urteilen nach grundsätzlicher Richtigkeit ist unter zwei einander widersprechenden Möglichkeiten zu wählen (§ 95 und sonst.). Es ist zu prüfen, wie weit ein Verlangen bloß subjektivistisch ist, oder aber, inwiefern ein Fordern oder ein Verneinen im Sinne der Idee unbedingter Harmonie seine Richtung findet. Dadurch entsteht auch ganz von selbst ein richtiger *Ausgleich* unter den in einem Streite tatsächlich vorgebrachten Begehrungen, die ja immer notwendig empirisch bedingt sind. S. als Beispiel die aus der Anwaltspraxis herausgewachsene, methodisch trefflich ausgeführte Schrift von Weygand Geldentwertung und Lieferungsgeschäfte 1924. Die sogenannte *Interessenjurisprudenz*, der es doch auch auf einen richtigen *Ausgleich* ankommt, weicht hiervon in der sachlichen Tendenz gar nicht ab. Da sie aber nicht angibt, wonach sie die Richtigkeit dieses oder jenes *Ausgleichs* festzustellen gedenkt, so bleibt sie mit ihrem Vorschlage der Ausgleichung bedingter Interessen auf halbem Wege stehen. Bloß mit Hilfe der vier Spezies läßt sich ein *Ausgleich* nicht begründen. Es ist nötig, bei dem Auswählen und Zubilligen eines richtigen Begehrens, im ganzen oder in einem

sehbaren Mannigfaltigkeit des jemals möglichen Strebens; sie verkennt auch, daß in der sozialen Frage, und so in jedem Rechtsfalle, im letzten Grunde nicht zwei getrennte Zweckinhalte einander gegenüberstehen, sondern daß es sich um ein verbindendes Wollen handelt, das eigenartig über den Streitteilen steht (§ 31) und nun in seinem, ihm eigenen Inhalte prinzipielle Begründetheit aufweisen soll (§ 85)[6].

Noch ist das Bedenken aufgeworfen worden, ob nicht in der gleichen Lage mehrere Entscheidungen zugleich richtig sein können[7]. Die Antwort ist dahin zu geben, daß mehrere Pläne und Bestrebungen, die in ihren Besonderheiten verschieden sind, sich in ihrer grundsätzlichen Art nicht notwendig zu widersprechen brauchen; z. B. zwei Reisewege nach demselben Orte. Sobald sich aber zwei Begehrungen gerade darin widersprechen, ob sie nach der Idee reinen Wollens gerichtet sind, so können sie beide in ihrem Widerstreite miteinander unmöglich zu gleicher Zeit richtig sein.

In entsprechender Weise würde es mit der Frage stehen, ob nicht zwei verschiedene Behauptungen bezüglich derselben Frage gleichzeitig unrichtig sein können. Das kann zutreffen, so lange man es bloß mit mehreren bedingten Aufstellungen in ihrer Begrenztheit zu tun hat; z. B. verschiedene Anträge in der Mitgliederversammlung eines Vereins. Aber jede dieser bedingten Strebungen vermag nach der Richtlinie des sozialen Ideales geprüft zu werden; wird sie dabei ungenügend befunden, so ist das ihr entgegenstehende Wollen, dessen Gegenüberstellung durch die Befolgung der genannten idealen Richtlinie bestimmt ist, objektiv richtig begründet.

Endlich ist folgendes Bedenken zu berücksichtigen: Man hat gemeint, daß sich nach der geschilderten Methode zwar immer feststellen lasse, ob dieses oder jenes Ansinnen unrichtig sei. Dagegen bleibe vielleicht eine größere Zahl von Möglichkeiten übrig, die durch das erlangte Ergebnis jener Unrichtigkeit noch nicht befriedigend in positiver Weise sich erledigten[8]. Das so gehegte Bedenken löst sich dadurch, daß kein

Teile seines Auftretens bis zu dem letzten gedanklichen Gesichtspunkte der Idee des Rechtes (§ 92) zurückzugehen.

[6] Schmidt Gesetz und Urteil 1912: Eine Entscheidung sei dann richtig, wenn ein anderer Richter ebenso entschieden hätte. Ein *anderer Richter* bedeutet hier den empirischen Typus des modernen rechtsgelehrten Juristen. Darüber Holldack Kant-Studien 17, 464 ff.

[7] Leonhard Deutsche Literaturzeitung 1912 Nr. 21 S. 1289.

[8] Zum Beispiel könnte man bei Aufwertungsfragen wohl manches als verwerflich ausschalten; aber es beständen danach noch verschiedene Möglichkeiten für die zahlenmäßige Bestimmung einer richtigen Aufwertung. Das kann jedoch gemacht werden, wie bei einem Schachturnier, bei dem nach den dortigen Bestimmungen immer weniger in die engere Wahl um den ersten Preis gelangen, bis schließlich nur noch zwei Bewerber um das Endergebnis da sind. Daß bei jeder subsumierenden Urteilsfällung menschliche Schwäche und ein Versagen in der überzeugenden Beweisführung erlebt werden mag, wurde bereits (§ 142 N. 1) deutlich gesagt.

Grund vorhanden ist, bei dem ersten Vornehmen einer kontradiktorischen Negation stehen zu bleiben. Vielmehr sind unter den verbleibenden Möglichkeiten wieder zwei entgegengesetzte Begehrungen vorzunehmen, die sich zunächst der Beurteilung bieten. Und so fort, bis für die praktische Behandlung überhaupt nur noch zwei Möglichkeiten übrig bleiben, unter denen in der uns nun bekannten Art zu wählen ist. Die doktrinäre Erwägung, daß schließlich die Teilbarkeit im mathematischen Sinne unendlich werden könnte, braucht dabei nicht zu behelligen: so gut, wie im Leben etwa unter mehreren Farben für einen bestimmten Zweck schließlich doch nur eine beschränkte Anzahl in Betracht kommt, so sind wir in der juristischen Praxis stets nur auf mehrere übersehbare Möglichkeiten angewiesen. Indem sie durchgegangen werden, stoßen wir eben auf die jeweilige Doppelzahl, von der wir sprachen, so daß schließlich, bei dem zunächst vorgenommenen Ausschluß von unrichtigem Fordern der Kreis der heranzuziehenden Möglichkeiten sich stetig verengert, bis wir schließlich bloß noch zwei Obersätze in engerer Wahl haben, die die Zuerkennung der Richtigkeit möglich macht.

§ 146

Natürliches Rechtsgefühl

Die Auswahl des Rechtssatzes, der in einer gegebenen Frage grundsätzlich richtig entscheidet, wollen manche dem Gefühl überlassen. Das findet sich sogar in Entscheidungsgründen höherer Gerichte. Es tritt bald als *natürliches Rechtsgefühl* auf [1], bald wird als Merkmal der grundsätzlichen Richtigkeit eines rechtlichen Wollens *das Anstandsgefühl aller billig und gerecht Denkenden* vorgeführt [2].

Das genügt keineswegs zur Lösung der Aufgabe, das Wesen der Gerechtigkeit und ihre notwendigen Bedingungen klar und deutlich einzusehen. Es bleibt dabei ja gerade die Frage, was *billig und gerecht* als einheitliche Weise des Urteilens bedeutet, völlig unausgetragen so daß der eben angegebene Satz von einem besonders gearteten *Anstandsgefühl* für das Aufnehmen des hier grundlegenden rechtsphilosophischen Problems sich im Kreise dreht [3].

Alle Verweisung auf ein *Gefühl*, dem man die richtige Entschließung verdanke, setzt den Gedanken möglicher Richtigkeit in systematischer

§ 146. [1] RG. 45, 173 (in dem berühmten Prozesse gegen die Photographen der Leiche des Fürsten Bismarck); 46, 79.

[2] RG. 48, 124; 53, 177; 55, 373; 75, 123; 80, 221; 81, 263; 83, 114; 90, 183. Vgl. SeuffArch. 69 Nr. 243 S. 455. S. auch § 7 N. 3; § 94 N. 5; § 158 N. 4; § 159 N. 2; § 162 N. 2.

[3] Diesen Fehler vermeidet Schweiz. ZGB. 1, 2, wonach der Richter beim Fehlen technisch geformten Rechtes nach der Regel entscheiden soll, *die er als Gesetzgeber aufstellen würde*. Hier ist das Problem als solches gut herausgehoben. Über eine entsprechende Wendung bei Aristoteles s. Wenger (§ 143 N. 5) S. 486.

Weise voraus. Jenes sagt ja nur, daß man die sachlich begründete Beschaffenheit eines Wollens aus einem dunklen Entstehungsprozesse her erhalte; — eine Behauptung, die regelmäßig kaum für den Behauptenden selbst recht befriedigend sein kann, bei anderen, denen er es vorbringt, den Zweifef an der Begründetheit seines Vorbringens sowohl der Entstehung, wie der systematischen Stütze nach stark erwecken muß [4].

Gesetzt aber auch, daß jener Entstehungsprozeß wissenschaftlich klarer überschaut würde, als die bloße Berufung auf das *Gefühl* es durchschlagend zu tun vermag, so handelt es sich bei der so entspringenden Meinung um eine sachlich begründete Aufstellung. Diese Eigenschaft grundsätzlicher Richtigkeit der gerade fraglichen Behauptung bleibt von dem Hinweise auf eine besondere Weise der Entstehung in sich schon unberührt [5].

In Wahrheit bringt kein Mensch eine allgemeingültige und bleibende Art seines Urteilens in sozialen Dingen mit auf die Welt. Ein neu geborenes Naturwesen weiß nichts von Gerechtigkeit und ihrem Gegenteil. Es mag eine Anlage dazu von Natur erhalten haben, aber ihre notwendige Ausbildung vollzieht sich unter unübersehbaren einzelnen Umständen und keineswegs in einem und demselben, überall gleich laufenden Erleben [6]. So ist schließlich das, was man vulgär *Rechtsgefühl* nennt, tatsächlich nichts anderes, als eine beliebig zusammengeraffte Kenntnis von Recht und gesellschaftlichem Leben und eine subjektive und zufällige Weise des Urteilens [7].

Der vergebliche Versuch, die begriffliche Klärung und sach-

---

[4] Del Vecchio Il sentimento giuridico (2) Roma 1908. Berolzheimer Die Gefahren der Gefühlsjurisprudenz in der Gegenwart 1911. Müller-Erzbach Gefühl oder Vernunft als Rechtsquelle?, S.-A. aus ZHR. Bd. 73, 1913. Kübl Das Rechtsgefühl 1913. Marwitz Das Rechtsgefühl im Wandel der Zeiten, Grenzboten 1913 Nr. 40 S. 11 ff. Dehnow Wesen und Wert des Rechtsgefühls, Arch. f. syst. Philos. 20, 90 ff. Sauer Gesetz und Rechtsgefühl, ZStW. 33, 785 ff. Boasson Het Rechtsbewustzijn, Gravenhage 1919. Mannheim Rechtsgefühl und Dichtung, ZRPhilos. 3, 251 ff. Miranda Rechtsgefühl und Begriff des Rechts, ArchRPhilos. 16, 157 ff. Rümelin Rechtsgefühl und Rechtsbewußtsein, Rede, 1925. — Vgl. auch Pözl (§ 3 N. 5). Affolter (§ 22 N. 2). Sturm (§ 75 N. 2). Jung (§ 18 N. 13) bes. S. 36 ff. — Volkelt Die Gefühlsgewißheit. Eine erkenntnistheoretische Untersuchung 1922. Bendix Die irrationalen Kräfte der zivilrechtlichen Urteilstätigkeit auf Grund des 110. Bandes der Entsch. d. RG. in ZivS. 1927.

[5] Über den Unterschied der systematischen und der genetischen Erwägung s. § 22 N. 7 Nr. 3.

[6] S. §§ 3 N. 5; 14; 84 Nr. 3a); 172. — Ist dem Menschen ein Rechtsgefühl angeboren?, Ges. u. R. 17, 563 f.

[7] Wenn man sich im Walde verirrt hat, so sagt wohl einer, daß nach seinem *Gefühl* eine bestimmte Richtung des Weges nun zutreffend sei; die Köchin nimmt zu einem Gericht vom Salz oder vom Zucker nach dem *Gefühl*. Das hat wissenschaftlich nicht mehr Wert, als das Vorgehen jenes, der da meinte, die Entfernung nach dem Monde am sichersten nach dem Augenschein abschätzen zu können. — Jean Paul Flegeljahre Nr. 7 a. E. (Werke 20, 56).

liche Begründetheit eines Rechtsgedankens durch Verweisung auf ein bloßes *Gefühl* liefern zu wollen, unterscheidet sich von der Betrachtung des *Rechtsgefühles* als einer persönlichen Empfindung, die eine rechtliche Erfahrung begleitet. Diese bedeutet dann ein Fühlen von Befriedigung oder umgekehrt von Abneigung gegenüber einem rechtlichen Erlebnis. Es handelt sich hierbei also um eine psychologische Betrachtung; denn es kommt alsdann auf die subjektive Beziehung eines objektiv festgestellten Gedankeninhaltes zu jemandem und auf die Eigenart dieser Verknüpfung an (§ 73). Eine solche psychologische Erörterung vermag die notwendig unterliegende kritische Erwägung zwar niemals zu ersetzen, wohl aber in manchem zu ergänzen (§ 77)[8].

§ 147
Soziologische Jurisprudenz

Die Hauptschwierigkeit in dem Gedanken der Gerechtigkeit liegt darin, daß er nur ein bedingender Blickpunkt ist, nur eine formale Methode, um irgend welches stofflich bedingte Begehren danach zu richten. Diese Gegenstellung von einer Idee und begrenztem Erleben bringt für das Verständnis des sie Beschauenden starke Anforderungen mit sich, in ihrem Erfassen, wie in ihrem Bewähren. Es ist nicht immer leicht, die zentrale Lebensauffassung im Rechte durchzuführen und alle Einzelheiten in ihrer Abhängigkeit von dem einheitlichen Grundgedanken des sozialen Ideales einzusehen; und es will manchem kaum gelingen, die bedingende Führung aller besonderen Vorkommnisse durch ein unbedingt gültiges Verfahren des Richtens, das ist: durch eine reine Form des Urteilens, überall festzuhalten. Die Energie auf technisch begrenzte Ziele, die wohl zunächst beobachtet werden kann, stellt sich der kritisch geläuterten Lehre gar oft hindernd in den Weg. Ihr entspringt eine Richtung neuerer Rechtsphilosophie, die sich selbst gern als soziologische Jurisprudenz bezeichnet.

Sie zeigt sich in zweierlei Hinsicht.

1. Forderung, daß auf das *lebende* Recht besonders geachtet werde. Es soll die Wirklichkeit des Rechtslebens genau in das Auge gefaßt werden[1].

---

[8] ZIEGLER Das Gefühl. Eine psychologische Untersuchung (4) 1908. KORNFELD Das Rechtsgefühl, ZRPhilos. 1, 135 ff.; 2, 28 ff. BÜTTNER Im Banne des logischen Zwanges 1914. Die beiden letzten sind gekrönte Preisschriften, s. Kant-Studien 18, 313 ff. RIEZLER Das Rechtsgefühl, rechtspsychologische Betrachtungen 1921. S. auch § 77 N. 3.

147. [1] EHRLICH Soziologie und Jurisprudenz, S.-A. aus ÖRichtZ. 1906. FUCHS, ERNST Recht und Wahrheit in unserer heutigen Justiz 1908. DERS. DRichtZ. 2, 303 ff. SINZHEIMER Die soziologische Methode in der Privatrechts-Wissenschaft 1909. GMELIN Quousque? Beiträge zur soziologischen Rechtfindung 1910. DERS. DRichtZ. 2, 123;

Nun steht es richtig, daß der soziale Verkehr sich keineswegs einfach an die früher schon geregelten Arten des rechtlichen Verbindens hält. Immer wieder tauchen neue Weisen von Beredungen und geschäftlichen Feststellungen auf, die in den seitherigen Gesetzen noch keine besonders ausgeführte Regelung erfahren haben [2].

Umgekehrt gibt es manchen gesetzgeberischen Versuch, dem *das Leben* einfach nicht folgt. Sie bleiben bloße Möglichkeiten, ohne von dem Verkehre aufgenommen und merklich ausgeführt zu werden. Von Interesse ist hier die Beobachtung, daß unter dem gleichen Rechte, ohne dessen wesentliche Änderung, die gerichtliche Praxis nach und nach mit ganz anderen Fragen typisch beschäftigt ist, als im Beginne der Geltung jenes Rechtes [3].

Es ist nicht zu bezweifeln, daß alles solches Suchen nach dem *lebenden* Recht ebenso interessant wie nötig ist, um die besonderen Rechtszustände einer bestimmten Zeit und Gegend zuverlässig zu kennen. Ebenso sicher ist es jedoch, daß das für die rechtsphilosophische Aufgabe ohne Bedeutung bleibt. Jenes Suchen setzt die Methode der technischen Jurisprudenz voraus und will sie nur im einzelnen, aber nach jener wissenschaftlichen Methode fördern, berichtigen und ergänzen. Und es hat die genannte Bestrebung nichts mit der Frage nach der Idee des Rechtes, nach ihrer kritischen Durchleuchtung und praktischen Be-

---

vgl. Rumpf das. 219 ff. Verh. des 1. deutsch. Soziologentags 1910 S. 275 ff. Kelsen Über Grenzen zwischen juristischer und soziologischer Methode, Vortrag 1911. Manigk Die Erforschung des lebenden Rechts, ÖZBl. 1912. Pound The scope and purpose of soziological jurisprudence, Cambridge 1912. Bozi Lebendes Recht 1915. Wüstendörfer Zur Hermeneutik der soziologischen Rechtsfindungstheorie, ArchRPhilos. 9, 170 ff; 289 ff.; 422 ff. Ders. Tatsachen und Normen des Seeschiffbaues. Ein Beitrag zum Industrierecht und zum Problem der dogmatischen Methode 1920. Nussbaum Ziele der Rechtstatsachenforschung, LZ. 1920 Nr. 22/23 (s. N. 4). Kelsen Der Staatsbegriff der „verstehenden Soziologie", ZVolksw.- SozPol. N. F. 1, 104 ff. Ehrlich Montesquieu and sociological jurisprudence, Harvard Law Review April 1916. Drake Sociological interpretation of law, Michigan Law Review 16, 599. Davy Le droit, l'idealisme et l'experience, Paris 1922 S. 161 ff.: La conception sociologique du droit. Rumpf Was ist Rechtssoziologie? ArchZivPrax. N. F. 2, Bd. 1. H. 1924. Jerusalem (§ 35 N. 6). — § 169 N. 6.

[2] Dahin zählen die *contractus sui generis*. D. XIX 5, 4. So der Garantievertrag, Stammler ArchZivPrax. 69, 1 ff. Der Werklieferungsvertrag, Riezler Werkvertrag S. 67 ff. Lehrlingsvertrag, JheringsJ. 40, 253. Lizenzvertrag, das. 40, 254. Der Dienstverschaffungsvertrag; Verträge auf Unterlassen; Verträge nach BGB. 445 und 493; Kreditversicherung u. v. a. m. S. auch Höniger Die gemischten Verträge in ihren Grundformen 1910. — Im Gebiete des Sachenrechtes kommen vor allem neue Arten von Dienstbarkeiten in Betracht. BGB. 1018 f.

[3] Beispiele: ALR. II 5, 177 ff.: Von Hausoffizianten. BGB. 2066 ff. gibt viele Auslegungsvorschriften für Testamente, bei denen sehr zu bezweifeln ist, ob die Rechtsfälle, denen sie entsprungen sind, sich in gleicher Weise wiederholen werden.

währung zu tun; sie geht lediglich auf den stofflich begrenzten Bestandteil in dem Inhalte dieses oder jenes Rechtes[4].

2. Einsetzung der wirtschaftlichen Betrachtung des Rechtes. Diese sollte ebenso für die Erkenntnis eines positiven Rechtes, wie für dessen grundsätzliche Richtlinien eingreifen[5].

Aber alle volkswirtschaftliche Untersuchung steht unter der logischen Bedingung eines bestimmten Rechtes (§ 56). Und es sind nicht die *wirtschaftlichen* Begriffe die Voraussetzung von *rechtlichen* Begriffen, sondern gerade umgekehrt. (§ 117 Nr. 4).

Gar nicht aber ist jene *wirtschaftliche* Erörterung brauchbar zur Klarstellung des idealen Grundgedankens für die menschliche Gesellschaft. Wenn in solchem Sinne die Berücksichtigung *realer Interessen* empfohlen worden ist, so ist das für die zutreffende Beschreibung der Idee des Rechtes entweder ungenügend oder unrichtig. Ebenso sagt der Hinweis auf das *soziale Empfinden* gar nichts und ist wo möglich noch dürftiger, als die Berufung auf das *natürliche Rechtsgefühl* (§ 146). Und wenn für die hier gestellten Probleme auf eine *induktiv-reale* Betrachtungsweise bezug genommen wird, so ist man lediglich einem ungeprüften Schlagworte verfallen[6]. In jedem Falle kann die bloße Beobachtung, wie ein gewisses soziales Leben sich wirklich vollzieht, nicht den idealen Richtpunkt ersetzen, unter dessen Festhalten es allein möglich sein kann, bedingt gegebene rechtliche Begehrungen einheitlich zu richten und zu führen und damit sachlich zu begründen.

II. Der Beruf der juristischen Praxis

§ 148

Theorie und Praxis

Praxis ist die Behandlung von Einzelfällen (vgl. § 139)

Sie unterscheidet sich von der Technik. Diese hat es in Dingen des Rechtes mit der Lehre von dem rechtlichen Ausdruck und dem geformten Rechte zu tun (§ 127). Die Technik liefert die Beherrschung der bedingten Obersätze, unter welche der Praktiker den einzelnen Rechtsfall zu subsummieren hat (§ 110). Ihr Wesen geht also darin auf, daß sie zwar Regeln

---

[4] Über Änderung von Aufgaben der Gerichtspraxis ohne Änderung des Rechts s. § 62 Nr. 3. — Nussbaum Beiträge zur Kenntnis des Rechtslebens. 1. Heft. Tatsachen und Begriffe im deutschen Kommissionsrecht 1917; 2. Heft. Das Nießbrauchsrecht des BGB. unter den Gesichtspunkten der Rechtstatsachenforschung 1919. Sontag Die Aktiengesellschaften im Kampfe zwischen Macht und Recht 1918.

[5] Dankwardt Nationalökonomie und Jurisprudenz, 4. Hefte 1857 ff. Ders. Nationalökonomisch-zivilistische Studien, mit Vorwort von Roscher 2 Bde. 1862—69. Lor Stein Gegenwart und Zukunft (§ 3 N. 9, vgl. § 61 N. 1). — S. §§ 56 N. 4; 117 N. 6.

[6] S. den Bericht über den Vortrag von Fuchs (s. ob. N. 1) in DJZ. 16, 580 f. — Vgl. auch oben § 96.

von verhältnismäßiger Allgemeinheit bietet, aber immer sich nur mit einem bedingten Inhalte als solchem befaßt.

Da also die technische Art der Betrachtung immer auf ein begrenztes Ziel gerichtet ist, so bedarf sie zur grundsätzlichen Befestigung der von ihr behandelten Sätze der Theorie. Dieses Wort ist freilich im Laufe der Zeiten recht abgegriffen und schier undeutlich geworden. In seiner reinen und klaren Bedeutung besagt es eine Lehre von unbedingt allgemeingültiger Art. Es ist also Theorie und doktrinäre Technik ganz verschieden. Die letztere ist bloß ein vorläufiger Halt, dessen endgültige Festsetzung nur durch eine Theorie im genannten Sinne erfolgen kann [1]. Alle rechtsphilosophische Lehre ist somit eine Theorie in der wahren Bedeutung des Wortes (§ 1).

Hieraus ergibt sich ein geklärtes Verhältnis von Theorie und Praxis in der Rechtswissenschaft. Jene gibt die allgemeingültigen Methoden des juristischen Denkens an. Sie fußt auf dem Begriffe und der Idee des Rechtes. Sie lehrt die grundlegende Art des rechtlichen Begreifens und Urteilens. Folglich ist sie bei allem Sinnen und Tun in Dingen des Rechtes unweigerlich vorausgesetzt und ganz von selbst angewandt.

Ein guter juristischer Praktiker hat somit in grundlegender Weise dreierlei zu beherrschen: Eine methodische Einsicht in die Theorie des Rechtes überhaupt in ausgeführter rechtsphilosophischer Betrachtung; eine technische Beherrschung des bedingten Rechtsinhaltes, den er zu bewähren berufen ist; eine praktische Fertigkeit in dem juristischen Schließen, sowohl in dem Einfügen unter das dortige technisch geformte Recht, wie in dem Auswählen des grundsätzlich richtigen Obersatzes, sobald solches von dem Gesetze, dem er untersteht, selbst wieder angeordnet ist [2].

§ 149

Die praktische Brauchbarkeit eines rechtlichen Wollens

In der neueren Jurisprudenz ist der Ausdruck der *Praktikabilität* bei rechtlichen Einrichtungen aufgekommen. Man versteht darunter das durchschnittliche Festlegen von Rechtsvoraussetzungen in typischer Weise z. B. Bestimmung des Alters der Volljährigkeit oder der Wahlfähigkeit nach Tag und Stunde, statt nach dem Nachweise der persönlichen Befähigung eines Individuums in seiner besonderen Lage [1]. Das betrifft nun zunächst

---

[1] S. § 127 im Anf. und das. N. 1—3. § 148.

[2] Vgl. die § 139 N. 2 gegebenen literarischen Nachweise. Dazu Bozi Die Weltanschauung der Jurisprudenz. Egger Schweizerische Rechtsprechung und Rechtswissenschaft 1913. Van Brakel Rechtspraktijt en rechtsmißbegeerde, in De Opbouw, Utrecht 1923, S. 408 ff. — Drews Schöpferische Rechtsprechung, DJZ. 28, 249 ff.

[1] Jhering (§ 18 N. 9) Geist d. röm. R. (2) § 38. § 149.

die Technik des Rechtes. Es ist von Interesse für die Gegenstellung von geformtem und von auszuwählendem Rechte (§ 127) und von zwingendem und von nachgiebigem Rechte (§ 143). Sobald aber der Zweifel hineinkommt, ob ein bestimmtes Vorgehen eines Gesetzgebers innerlich begründet ist, sind wir auf die eine feste Methode der Überlegung angewiesen, die in ihrem letzten Ende auf die Idee des Rechtes hinführt.

Wenn statt dessen manchmal auf die *praktische Brauchbarkeit* einer bestimmten Einrichtung hingewiesen worden ist, so ist das nicht genau bis zum Ende ausgeführt. Es nennt dann einer etwas *praktisch*, was gerade für die besonderen Bestrebungen, die er seinerseits hegt, ein taugliches Mittel abgeben kann. Aber das sind doch zunächst nur persönliche Wünsche und Begehrungen. Und es werden damit immer bloß bedingte Ziele als Maßstab eingeführt. Sollen diese einer grundsätzlichen Anzweiflung standhalten, so hat man auf den Grundgedanken, der allem Rechte als Aufgabe dient, kritisch zurückzugehen (§ 96).

Das wird auch nicht anders, wenn jemand die Durchführbarkeit einer rechtlichen Maßnahme anführt und in gegebener Lage dartut. Das kann selbstverständlich einmal geschehen. Aber dann ist wiederum nicht ein zweiter Maßstab neben dem der grundsätzlichen Richtigkeit eingeführt. Es ist alsdann nicht etwas als *richtig*, aber als *undurchführbar* dargetan, sondern falls das letztere vorliegt, so ist das betreffende Verlangen eben unrichtig[2].

Mit Recht hat man sich gegen den Satz erklärt, der im Stile eines Schlagwortes sich findet: daß etwas in der *Theorie* gut sein möge, für die *Praxis* aber nicht tauge[3]. Der Satz ist unklar und verworren. Wenn etwas für die Praxis *nicht taugt*, so ist diese besondere Aufstellung doch an einer allgemeinen Regel gemessen, die wieder auf eine Theorie, als feste methodische Richtlinie, zurückführt[4]. Jene zuerst eingebrachte *Theorie* ist dann in Wahrheit ein Satz, der nicht haltbar ist, da man ihn an der zweiten, begründeten Lehre mißt, die der Redende dabei unbewußt im Auge hat. Eine Theorie aber kann immer nur durch eine andere Theorie widerlegt werden, jedoch niemals durch eine Praxis; denn die letztere ist ja nur die Behandlung von Einzelfällen an der Hand allgemeiner Regeln (§ 148).

Wohl aber kann die praktische Tätigkeit eine Anregung geben,

---

[2] S. hierzu auch RR. (2) S. 183 f.

[3] Kant Über den Gemeinspruch: Das mag in der Theorie richtig sein, taugt aber nicht für die Praxis, Berl. Monatschr. 1793 S. 201 ff. (Werke hrsg. v. Hartenstein V 363 ff.)

[4] Und zwar dürfte eine kritische Nachprüfung dann oft, wenn nicht fast immer ergeben, daß jene Berufung auf die *Praxis* als notwendige theoretische Unterlage immer wieder den Eudämonismus hat, daß sie also als höchstes Gesetz des menschlichen Wollens das Streben nach subjektiver Annehmlichkeit und Lust im Sinne hat. S. § 93 Nr. 1; auch § 15 zu N. 9, sowie § 96 und § 171.

um einen, ihr zunächst entgegentretenden Lehrsatz noch einmal gründlich zu untersuchen und vielleicht zu berichtigen. Denn wenn jemand eine allgemeine Regel in besonderen Fällen anzuwenden hat, vermag er auf den Sinn jener Regel erst genauer aufmerksam zu werden. Von dieser Erwägung her läuft der angeblich mögliche Gegensatz von Theorie und Praxis auf den banalen Satz hinaus: Es ist möglich, daß etwas auf den ersten Blick als relativ allgemeine Regel einleuchtet, daß aber diese *Theorie* bei kritischer Prüfung, aus Anlaß von Einzelfällen her, als unhaltbare Lehre, sich herausstellt.

§ 150

Selbständigkeit des Urteilens

Die Rechtsgeschichte weist manche eigentümliche Einrichtung auf, wonach ein zum Urteilen Berufener den Inhalt seines Spruches von anderer Seite her entnehmen sollte. So bei dem *ius respondendi* der Römer [1], bei der Aktenversendung an die Juristenfakultäten bis in die neuere Zeit [2] u. a. m. [3]. Für die Methode des juristischen Urteilens ist das ohne Belang; es wird ja die Frage dadurch nur äußerlich um ein Glied zurückgerückt [4].

Eine Besonderheit zeigt sich dabei mit dem Zurückgehen auf die *Verkehrssitte*. Sie kommt nur bei der Vornahme des mittelbaren juristischen Schlusses (§ 140) vor. Dort wird sie bei der Feststellung des Untersatzes benutzt. Sie besteht in übereinstimmenden Urteilen über einzelne Rechtsfragen, die im Verkehre gleichmäßig entstanden sind. Sie wird in äußerer Statistik festgestellt, indem die Urteile gewisser Personen und Kreise in den fraglichen Fällen gesammelt werden; zuweilen sogar wieder mit Hilfe anderer, die über das Vorhandensein solcher gemeinsamen dortigen Auffassungen Zeugnis ablegen [5]. Auch sie gehört somit, nach ihrem Einsetzen und Durchführen, der technischen Rechtslehre an; und ihr Begriff bietet, außer den methodischen Eigentümlichkeiten, die eben

---

[1] Kipp (§ 11 N. 6) § 17 S. 107 ff.; § 23 S. 145. Cf. C. I 14, 12. § 150.

[2] Wetzell System des ordentlichen Zivilprozesses (3) 1878 § 44 N. 39 ff.

[3] ALR. Einl. § 47; AGO. I 13, 32; im Anschlusse an Corp. iur. Fridericiani Vorrede § 29 und CO. v. 14. 4. 1789, welche den Richtern und Behörden gebot, in zweifelhaften Fällen sich an die Gesetzkommission zur Entscheidung des Bedenkens zu wenden, die wieder dem Könige zu berichten hatte, falls eine Rechtsänderung angezeigt erschien. Aufgehoben durch CO. v. 8. 3. 1798. Bornemann Systematische Darstellung des preußischen Zivilrechts (2) 1842, I S. 37 ff. Heydemann Einleitung in das System des preußischen Zivilrechts (2) 1861 I S. 122 ff. Dernburg Lehrbuch des preußischen Privatrechts (5) 1894 I § 9.

[4] Neue Reichsverf. 13, 2; und danach ReichsG. v. 8. 4. 20. — Zeiler Gerichtshof für Gesetzesauslegung (§ 129 N. 3). — Hierher gehört auch die Frage nach den Präjudizien und der Bindung der Gerichte an eigene oder fremde Entscheidungen in früheren Fällen. GVG. 137; GBO. 79, 2 und 3; 81.

[5] S. § 42 N. 1 und § 38. Dazu § 116 N. 3. — Hagen Die Usance und Treu und Glauben im Verkehre 1894.

angeführt wurden, der allgemeingültigen Erwägung rechtlicher Dinge weiter nichts.

Dagegen kommen für die rechtsphilosophische Erwägung einige Versuche in Betracht, die bei dem Forschen nach dem grundsätzlich Richtigen in einer Rechtsfrage nicht selbständig vorgehen, sondern den dann nötigen unmittelbaren Schluß (§ 141) anderen Leuten überlassen wollen. Man spricht hier von einem Verweisen auf *herrschende Anschauungen*, die sich über eine grundsätzlich gestellte Frage gebildet hätten. Das ist übel getan, — gemessen an der Aufgabe kritischer Klärung der eigenen Gedanken.

Der in jener Verweisung gelegene Verzicht auf das eigene Urteil ist schon deshalb sehr ungünstig, weil die Behauptung, daß ein bestimmtes Urteil über den dortigen Einzelfall *herrschend* wäre, sich nur zu leicht als willkürlich ausgesprochen und ohne Stütze erweist. Wenn aber dieser Umstand einmal keinen Anlaß zu Bedenken geben sollte, so ist nicht einzusehen, weshalb eine *herrschende* Anschauung immer grundsätzlich richtig sein soll. Die bloße Verweisung auf herrschende Anschauungen sagt über den Gedanken der Gerechtigkeit gar nichts aus und läßt jede methodische Überlegung über die innere Begründetheit eines besonderen rechtlichen Wollens vermissen [6].

Es ist keine Besserung dieses Mangels, wenn als Maßstab einer grundsätzlich richtigen Erwägung das Schlagwort des *volkstümlichen* Rechtes eingesetzt wird. Das Wort *Volk* ist vieldeutig; es kommt immer auf den Gegensatz an, zu dem es gebraucht wird. In unserer Frage handelt es sich um die Gegenstellung von Volk und Juristen. Zu den letzteren zählen diejenigen, die das geformte Recht kennen und vor allem eine gesicherte Methode der Beherrschung aller ihnen vorkommenden Rechtsfragen besitzen. Daß das Fehlen dieser Fähigkeiten das bestimmende Richtmaß für richtiges Recht sein müsse, ist mit Grund nicht wohl zu behaupten [7].

---

[6] WR. Anm. 202 (oben § 141 N. 2). Über ARDIGOS *soziale Idealitäten* s. CARLO ArchRPhilos. 3, 212 (§ 18, 12). Meist tritt die Anlehnung an *herrschende Anschauungen* in einer mehr eilig dahinfliehenden Erwähnung auf. S. auch § 146 N. 2. Sachlich liegt freilich notwendig darin die Meinung, daß man hier einen Halt habe, der in seinem formalen Hervortreten unbedingt allgemeingültig sei. Aber es fehlt die forschende Frage: mit welchem Rechte man das tue. Wie ist jene angeblich absolute Instanz der *herrschenden Anschauungen* möglich? Und in welcher Art der Überlegung will man das feststellen und beweisen? — Fehlt hier nicht manchmal das, was die Energie des Denkens heißen muß, die doch eine sittliche Pflicht eines jeden vor sich selbst ist? (§ 89).

[7] DANZ Rechtsprechung nach der Volksanschauung und nach dem Gesetz 1908. RUMPF Das Ideal des volkstümlichen Rechts, Rede 1913 (§§ 128 N. 6; 139 N. 2). Die volkstümliche Gestaltung unseres bürgerlichen Rechts, Ges. u. R. 16, 177 ff. HUBER (§ 6 N. 1) S. 448; vgl. 394; 433. — S. auch § 54 N. 4 f.; sowie § 146 und § 143. RR. (2) S. 112 ff.: Rechtsempfinden dei Volksseele; TR. über *volkstümlich*: (2) S. 346; 430 ff.; vgl. RG. 102, 273: *ehrbare Volkskreise*.

So bleibt als Beruf der juristischen Praxis bei der Auswahl von prinzipiell begründetem Rechte, daß sie nach kritischer Methode in eigenem Besinnen den Satz sucht und feststellt, der in der gegebenen Lage von der Idee des Rechtes geleitet wird[8]. Und dann hat sie dieses, soviel es geht, *volkstümlich* zu machen, das heißt: es möglichst vielen einleuchtend zu beschaffen, daß die im dortigen Falle getroffene Wahl grundsätzlich richtig ist[9].

Dritter Abschnitt

Praxis des richtigen Rechtes

I. Rechtsausführung durch rechtshohe Gewalten

§ 151

Arten grundsätzlicher Rechtspraxis

Wenn wir das rechtliche Wollen in Bewegung nehmen und das Verhältnis des einzelnen Subjektes zu einer rechtlichen Verbindung nach deren Grundbegriffen der Rechtshoheit und der Rechtsunterstelltheit bedenken (§ 111), so vollzieht sich jene Bewegung in den Möglichkeiten der Rechtssetzung und der Rechtsausführung (§ 112). Es gehört zu den notwendigen Erfordernissen eines guten Gemeinwesens, in seinen äußeren Einrichtungen diesen allgemeinen Kategorien zu folgen und die Tätigkeit der Gesetzgebung und der Ausführung des Rechtes zu trennen[1].

Die Ausführung eines von dem rechtshohen Wollen gesetzten Rechtes kommt aber nicht etwa bloß den einzelnen Rechtsunterstellten, als Gliedern der fraglichen Gesellschaft zu, sondern ist von den Organen eines solchen Rechtsganzen im Interesse richtiger Art

---

[8] *Kannst Du nicht stehn auf dich selbst und bedarfst du der Hilfe von außen, Wahrlich, so bist du ein Mann, wie ein Arm ohne Hand.* Hebbel Jugendgedichte 1829 ff. Selbstvertrauen. — Kant Beantwortung der Frage: Was ist Aufklärung?, Berl. Monatsschr. 1784 S. 481 ff. (Werke hrsg. v. Hartenstein I 109 ff.): *Sapere aude! Habe Mut, dich deines eigenen Verstandes zu bedienen! ist also der Wahlspruch der Aufklärung.*

[9] In dieser Richtung des Überlegens wird die Bezugnahme auf die *volkstümliche* Art einer Betrachtung eine psychologische Frage. Während in der vorhin angegebenen Erwägung es sich um eine erkenntniskritische Aufgabe handelte, nämlich: die feste und bleibende Art zu beschreiben, in der die Richtigkeit eines Urteils begründet werden kann, — so steht nunmehr das Ziel vor: im Sinne jener festen und bleibenden Art bestimmten Menschen sichere Auffassungen zu verschaffen. Das aber ist eine Frage praktischer Psychologie. S. dazu §§ 75; 78; — § 173 Nr. 1 und 2.

[1] Beyer Rechtsetzende und rechtsausführende Gewalt 1909. Ehlert Gesetzgebende, ausführende und erkennende Macht 1921. § 151.

der dortigen Verbindung gleichfalls zu wahren. So kommt es, daß innerhalb der rechtlich ausführenden Tätigkeit sich nach zwei Seiten hin praktische Fragen systematisch zerteilen lassen. Im Anschlusse an die mögliche Zerlegung des Inhaltes einer Rechtsordnung in öffentliches und bürgerliches Recht (§ 134) ergibt, sich die Aufgabe der Verwaltung und die der Rechtsprechung.

Das ist seit längerem als die Lehre von den drei Gewalten des Staates bekannt und äußerst wohltätig für das praktische Rechtsleben verwertet worden [2]. Ihre Ausgestaltung in den verschiedenen Rechtsordnungen der Neuzeit bildet einen wichtigen Abschnitt vornehmlich des heutigen Staats- und Verwaltungsrechtes. Hier dient es nur zur Einführung und Übersicht der Arten grundsätzlicher Rechtspraxis, welche letztere ja überhaupt kein System im theoretischen Sinne (§ 133) darstellt [3].

Danach fällt die Praxis einer grundsätzlich gerechtfertigten Gesetzgebung den Aufgaben der Politik zu (§ 169) ebenso aber auch die Verwaltung, die als Ausführung von öffentlichem Rechte geschieht. In dem hier begonnenen Abschnitte sollen dagegen, als beleuchtende Proben des begründeten Auswählens unter mehreren sich darbietenden, stofflich begrenzten Obersätzen (§ 141), Fragen aus dem Gebiete der Rechtsprechung in Streitigkeiten von rechtsunterstellten Bürgern erörtert werden.

Auch solche Fragen können außerhalb der ordentlichen Gerichtsbarkeit durch Eingriffe rechtshoher Gewalten beeinflußt und geordnet werden. Wir senden diese Möglichkeiten von Privilegien (§ 152) und von Gnade (§ 153) hier voran.

§ 152

Vorrechte und Privilegien

Die Begriffe Vorrecht und Privilegium sind zu unterscheiden [1].

---

[2] Sie führt auf Montesquieu zurück. S. § 6 N. 3; auch § 64 N. 4 ff. Feuerbach Anti-Hobbes (§ 14 N. 6) S. 30 ff. bringt die Regierungsrechte in vier Klassen: Recht der Oberaufsicht, zu verfügen, zu richten und alles nach diesen drei Rechten Bestimmte zu exequieren. Dagegen trennt Hegel in seiner Philosophie des Rechtes (§ 15 N. 20) bei der Lehre vom Staate §§ 275 ff. die fürstliche Gewalt, die Regierungsgewalt und die gesetzgebende Gewalt. — Burckhardt Über Gewaltentrennung und Unvereinbarkeit im Schweiz. Staatsr., in Festg. f. Lotmar 1920 S. 71 ff.

[3] Verschieden hiervon ist die Frage nach der tatsächlichen Gewalt und Beeinflussung, die sich im sozialen Leben mannigfach ergibt. Wieser Über die gesellschaftlichen Gewalten, Monatsschr. Deutsche Arbeit, Prag 1902 S. 261 ff. Smend Die politische Gewalt im Verfassungsstaat, in Festg. f. Kahl 1923. Pannwitz Staatslehre I. Lehre von den Mächten 1927. — Vgl. hierzu §§ 37 zu N. 5; 77 f.

152. [1] Stammler Privilegien und Vorrechte, Rede 1903. RphAbh. 1, 205 ff.

Das Vorrecht bedeutet eine Rechtsfolge, die von einer verhältnismäßig allgemeiner bestimmten Rechtsfolge mit ungleichartigem Inhalte abweicht. Dies kann durch das Gesetz im voraus bestimmt sein, z. B. eine besondere Behandlung des Arbeitslohnes, eigene Rechte der Beamten in Mietverträgen, Vorrechte des Fiskus, Bevorzugung gewisser Gläubigerarten im Konkurs des Schuldners [2].

Das Privilegium ist eine rechtliche Willenserklärung, die nach einem dazu ermächtigenden Gesetze auf Begründung eines Vorrechtes gerichtet ist. Hier wird also ein Vorrecht nicht nach einer allgemein bestimmten juristischen Tatsache, sondern durch eine besondere Anordnung als einzeln auftretende Rechtsfolge geschaffen, z. B. Verleihung der juristischen Persönlichkeit an einen es nachsuchenden Verein, Dispens von Ehehindernissen, Ehelichkeitserklärung durch die Staatsgewalt, Erteilung eines Patentes, Enteignung eines Grundstückes [3].

Die Vorschriften über Zulässigkeit, Erteilung und Ende von Privilegien gehören der technischen Rechtslehre an [4]. Immer werden bei ihrem Einsetzen Zweifel nach der sachlichen Begründetheit ihres Inhaltes auftauchen. Und dann zeigt sich, daß die verschiedenartige Regelung verschiedener Besonderheiten gar nicht zu umgehen ist, wenn sie nach unbedingt einheitlicher Methode gerichtet sein sollen. Wollte man für bedingt gegebene Fragen immer nur eine und dieselbe Regel einsetzen, so würde ja gerade wegen ihrer stofflichen Mannigfaltigkeit und Gegensätzlichkeit eine unrichtige Behandlung eintreten.

Das zeigt sich bei jeder Beobachtung, mit der man eine technisch formende Gesetzgebung verfolgen mag. Alle diese gesetzgeberische Technik ist eine fortlaufende Korrektur von zu allgemein gefaßten Regeln. Beispiel: der Verwahrer hat die anvertraute Sache unversehrt zurückzugeben; er wird frei bei zufälliger Unmöglichkeit der Rückgabe; der Gastwirt haftet darüber hinaus bis zur höheren Gewalt; dies aber nicht, wenn der Schaden von dem Gaste verursacht wird; und für eingebrachtes Geld nur

---

[2] Z. B. BGB. 400; 570; 928; 2249; KO. 21.

[3] Z. B. 22; 795; 1322; 1745. Enteignung; Polizeiverfügung über Schließen eines baufälligen Hauses; PrGes. v. 7. 4. 13 §§ 46 ff.

[4] Über das römische Recht (cf. D. I 3, 16) s. Savigny System des heutigen römischen Rechts 1840, I 62 ff.; VII 227 f. Windscheid §§ 135 ff. — Aus dem kanonischen Rechte s. bes. X. V. 33; VI. V 7. Stutz Der Geist des Codex iuris canonici (§ 12 N. 16) bes. S. 39; 133; 148 f.; 262 N. 5; 276 ff. — Das einzige Gesetzbuch, das eine ausgeführte Lehre von den Privilegien enthält, ist ALR. Einl. §§ 54—58; 62—72. Dazu ALR. II 13 § 7. PrVerf. v. 31. 1. 50 Art. 49; 50. Dernburg Lehrbuch des preußischen Privatrechts (5) 1894, I §§ 23 ff. — Seuff Arch. 40 Nr. 173; 46 Nr. 164. RG. 67, 221; 80, 25; 80, 369; 87, 200. — Kaiser Der Härteparagraph, DJZ. 24, 425. — Verbot der Privilegien: EG. z. KO 4; RGes. v. 11. 6. 70 § 60 und v. 19. 6. 01 § 64 (oben § 48 N. 5).

bis zu tausend Mark; es sei denn, daß er dessen Aufbewahrung besonders übernommen hat; usf.[5]

Alle relativ allgemeinen Regeln, die eine technisch formende Gesetzgebung aufstellt, können immer nur einen Durchschnitt in sachlich befriedigender Weise erledigen. Es werden sich stets Fälle ereignen, in denen bei rücksichtsloser Durchführung eines Paragraphen ein unrichtiges Ergebnis sich herausstellt. Und dann mag es veranlaßt sein, durch privilegierende Sondermaßregel im Sinne des Grundgedankens alles rechtlichen Wollens eine begründete Erledigung dieses einzelnen Falles zu erreichen.

Eine Berufung auf die *Gleichheit vor dem Gesetze* widerspricht dem Gesagten, nicht. Denn die Gleichheit, als quantitativ gleichmäßige Verteilung von Annehmlichkeiten, ist überhaupt kein Ausdruck für die Idee des Rechtes und von dem Gedanken der Gerechtigkeit ganz verschieden; sie besagt vielmehr einen theoretischen Irrtum, da sie auf den Eudämonismus als angebliches Grundgesetz des Wollens zurückführt (§ 93 Nr. 3). Die Verfassungsartikel mit der Forderung, daß alle *vor dem Gesetze gleich* seien, können nur bedeuten, daß alle ihre sozialen Beziehungen nach dem Begriffe und der Idee des Rechtes zu ordnen seien (§ 171). Ihre buchstäbliche Überführung in die Praxis würde zu widersinnigen Ergebnissen bringen[6].

§ 153
Die Gnade

Die Begnadigung[1] ist ein besonderer Akt eines dazu Berechtigten[2]. Er vollzieht sich entweder in den Formen der Gesetzgebung, z. B. als Am-

[5] S. hierzu § 50 zu N. 4; auch § 95 zu N. 3. — Über die dabei nötige Vermeidung von Willkür s. § 48 N. 5.

[6] Besonders reichhaltig ist die Rechtsprechung des Schweizer Bundesgerichts zum Art. 4 der Eidgenössischen Verfassung. Zur Einführung: AFFOLTER Die Individualrechte in der bundesgerichtlichen Praxis (2) 1915 S. 83 ff. — GIERKE Unsere Friedensziele 1917 S. 41 f. HÜTTNER Sammlung rechtsbelehrender Schriften, 1. Heft 1917 S. 12 ff. HAUSSMANN Der Rechtsgrundsatz der Gleichmäßigkeit im preußischen Kommunalabgabenrecht und seine Verletzung als Ungültigkeitsgrund kommunaler Abgabenverordnungen und Steuervereinbarungen 1917. STAMMLER Gutachtliche Äußerung über die Zulässigkeit von Sondergewerbesteuern 1921, RphAbh. 2, 255 ff. TRIEPEL Goldbilanzen-Verordnung und Vorzugsaktien, Rechtsgutachten 1924. — S. ferner § 171 Nr. 5 und 6.

§ 153. [1] LISZT Lehrb. d. Strafr. § 75. Neuere Literatur: RR. S. 122 ff., (2) 97 ff. DOHNA Über den Beruf der Gnade im *Tag* 1907 Nr. 539; BEYERLE Von der Gnade im deutschen Recht 1910; FALCK Die Begnadigung, DeutschR. 3, 337 ff. RISS Recht und Gnade, DRichtZ. 6, 804 ff. REICHEL ebda. 6, 868 f.

[2] Die Begnadigung wird besonders mit dem Strafrecht in Verbindung gebracht, findet aber auf dem ganzen Rechtsgebiete ihre Anwendung. Von eigener Bedeutung war nach römischem Rechte die *in integrum vestitutio.* SOHM Institutionen § 36 III. WINDSCHEID §§ 114 ff.

nestiegesetz [3], oder als einzeln wirkende Handlung, sei es des auf sein Recht verzichtenden Rechtsangehörigen [4], oder eines öffentlichen Organs [5].

Dabei treten zwei Fragen auf: 1. Die technische Vorfrage nach den Fällen, da Begnadigungen nach einer bestimmten Rechtsordnung zulässig sind; und die Feststellung der danach gesetzlich zuständigen Persönlichkeit oder Behörde [6]. 2. Die sachliche Hauptfrage nach dem maßgeblichen Gesichtspunkte für die innere Berechtigung der Vornahme und der Ausgestaltung eines besonderen Gnadenaktes [7]. In dieser Richtung ist die Gnade ein Mittel, um in einer gegebenen Lage richtiges Recht zu erhalten [8].

Die Gnade kann sich in folgender Art bewähren:

1. Wegen Unsicherheit nach gesetztem Rechte. Dies trifft wohl ein bei nicht genügender Klarstellung des abgeurteilten Tatbestandes; vielleicht aber auch bei einer Unsicherheit über den wirklichen Sinn rechtlicher Normen, die in einem zweifelhaften Falle zur Anwendung gebracht worden sind [9].

2. Zur Berichtigung von gesetztem Rechte. Hier hat die Gnade einzusetzen, wenn die starren Folgen eines zwingend anordnenden Rechtes zu einem unrichtigen Ergebnisse im Einzelfalle führen [10]. Es ist aber auch möglich, daß eine Begnadigung zur Berichtigung von Rechtsfolgen

---

3 Interessant ist Wehrbeitragsg. 3. VII. 13 § 68.

4 Der Gedanke der Gnade besagt zunächst eine Begünstigung jemandes und eine Befreiung von drückenden gesetzlichen Folgen. Daß andere davon Nachteil haben, wie der gnädig Verzichtende oder der Restitutionsgegner oder bei der strafrechtlichen Begnadigung die Gesamtheit, kommt erst in zweiter Linie.

5 Nur dem Wortlaute, nicht der Sache nach gehört hierher die Entziehung der *königlichen Gnade* in der fränkischen Zeit. SCHRÖDER § 17 N. 64. BRUNNER § 21. KÖSTLER Huldentziehung als Strafe. Eine kirchenrechtliche Untersuchung mit Berücksichtigung des römischen und deutschen Rechtes 1910.

6 Die Rechtsgeschichte zeigt interessante Versuche, die richterliche Tätigkeit und die begnadigende Macht zu trennen. Über das römische Recht s. MOMMSEN Römisches Strafrecht 1899, S. 167. Im altdeutschen Gerichtsverfahren konnte der eines Verbrechens Angeklagte sich mit freiwilligem Geständnisse in die Gnade des Richters begeben. SCHRÖDER §§ 12; 36. — Über richterliches Begnadigungsrecht in neuzeitlichen Fragen s. FINGER Lehrb. d. deutsch. Strafr. S. 558 ff.; Ges. u. R. 21, 468.

7 Die Gnade darf kein Akt subjektiver Willkür sein. Sie ist begründetermaßen das Gegenteil von *Tel est notre plaisir*, wie die Ordonnanz Karls VIII. von Frankreich 12. III. 1497 sagte.

8 Dieser notwendige Gedanke verbirgt sich, wenn man als Ziel der Gnade Ausdrücke wählt, wie *Sicherheitsventil* des Rechtes, oder sie teils aus *Liebe* (§ 93 Nr. 2), wohl auch *Wohlwollen* oder *Güte*, teils aus *Staatsklugheit* oder *Politik* (§ 169) eintreten lassen will.

9 Im 18. Jahrhundert finden sich prinzipielle Anzweiflungen des ganzen Institutes der Begnadigung; s. auch KANT, Rechtslehre 1797 II. Teil 1. Abschnitt II. Das begreift sich nur aus den besonderen historischen Verhältnissen jener Zeit und hat keine allgemeinere Bedeutung.

10 Ein hübscher Rechtsfall in D. XXIX 2, 86 pr.

angezeigt ist, die damals wohl begründet waren, jetzt aber durch Änderung der unterliegenden Zustände es nicht mehr sind; z. B. persönliche Wandlung des Verbrechers; Wechsel in politischen Verhältnissen [11].

Das rechtliche Merkmal der Gnade gegenüber den richterlichen Urteilen, die gleichfalls nach richtigem Rechte zu fällen sind, besteht darin: daß für die letzteren eine Pflicht des Richters besteht [12], während die Gnade nur ein Recht des Inhabers der Gnadenmacht bedeutet [13].

II. Urteilen nach billigem Ermessen

§ 154

Das Wesen der Billigkeit

Die erste Bedeutung des Ausdruckes *Billigkeit* zeigt den gleichen Sinn, wie grundsätzliche Richtigkeit. Es ist dann von dem Gedanken der Gerechtigkeit überhaupt nicht verschieden. So ist es der Fall, wenn man von einem Verlangen sagt, daß es nur *recht und billig* sei, — das heißt: dem positiven Rechte sowohl, wie der Idee des Rechtes gemäß vorgehe.

In etwas engerem Sinne wird Billigkeit für einen richtig ausgewählten Obersatz in einem besonderen Streitfalle gebraucht. Hier bildet die Gerechtigkeit insofern einen Gegensatz, als sie das Bestreben nicht des Richters, sondern des Gesetzgebers bezeichnet, wonach er prinzipiell begründete Paragraphen formt und aufstellt [1].

Endlich kommt die *Billigkeit* noch innerhalb der richterlichen Tätigkeit in den Fällen vor, wo es sich um das Ziehen einer Grenze zwischen zwei Streitteilen handelt, die durch ein ganz unbestimmtes Gebiet zu legen ist. In dieser engsten Bedeutung spricht man heute zumeist von *billigem Ermessen*. Es findet seine Anwendung bei der Teilung von Ausschließungsrechten, welche in Zusammenstoß geraten sind, wie bei dem Austragen von Schuldverhältnissen (§ 155), aber auch bei dem Bestimmen einer Schadloshaltung aus billiger Erwägung (§ 156) [2].

---

[11] Eine Schwierigkeit entstand der kanonischen Lehre und jeder Doktrin, die ein *ius naturale* mit absolutem Inhalte annahm (§§ 14 f.). S. die Rechtfertigung von Dispensationen und Privilegierungen bei Ivo von Chartres in der Vorrede zu dem *Decretum*.

[12] Z. B. BGB. 3—5 gegenüber 1734.

[13] *Die Art der Gnade weiß von keinem Zwang,* Shakespeare Kaufmann von Venedig IV 1. — Unzulässigkeit des Verzichtes auf die Folgen der Gnade: DJZ. 30, 1785.

154. [1] Dies führt auf Aristoteles zurück. S. § 10 N. 19; § 127. — Es ist nicht gut, zu sagen, daß dann *nach den Umständen* geurteilt werde (vgl. auch BGB. 254); sondern *die Umstände* sind gerade der Gegenstand der Beurteilung, die ihren Maßstab grundsätzlicher Erwägung entnimmt.

[2] Thöl (§ 18 N. 5) § 40. Beschorner Über die Billigkeit 1858. Windscheid § 28. Ubbelohde Über Recht und Billigkeit 1887. Oertmann Das

§ 155
Unbestimmtheit einer Leistung

Bleibt bei einem Streite unter zwei Nachbarn die streitige Grenze ganz *unsicher*, so ist die Grenze nach *Billigkeit* zu ziehen [1]. Das Gleiche gilt bei sonstigen Teilungen, für die keine positive Anordnung bestimmt vorliegt. Man hat in der Praxis zu allen Zeiten gerne nach dem Hilfsmittel gegriffen, daß dann der eine teilen, der andere unter den gemachten Teilen wählen solle; hat auch wohl dabei das Los verwertet [2]. Aber das wird nicht immer angängig sein. Und dann ist nach *billigem Ermessen* dahin vorzugehen, daß derjenige Obersatz als maßgeblich für die Teilung eingesetzt wird, der in seiner wesentlichen Bestimmung im Sinne der Grundsätze des richtigen Rechtes geleitet ist. Wir denken dabei die Streitenden als Glieder einer Sondergemeinschaft; wieviel jeder eingeschossen hat, bleibt unter den gegebenen Umständen nicht bestimmbar. So werden sie in dem Sinne auseinandergesetzt, daß auf jeden dem andern gegenüber volle Rücksicht als auf einen Gemeinschafter genommen wird. Es handelt sich um den zweiten Grundsatz des Teilnehmens (§ 95), da jeder der beiden teilweise ausgeschlossen werden soll; und es hat jeder das Seinige so zu erhalten, daß er bei der Teilung sich der Nächste bleibt und nicht Objekt des einseitigen Begehrens des Gegners werde.

Die entsprechende Aufgabe erhebt sich mehrfach bei Schuldverhältnissen; besonders da, wo eine Leistung von den Beteiligten bei der Begründung der Schuld *unbestimmt* gelassen worden ist [3]. Die alsdann objektiv einzusetzende Höhe der Leistung, namentlich in Gestalt einer festen Geldsumme, kann Schwierigkeiten bereiten [4]. Sie braucht aber nicht unmöglich zu sein [5]. Es kommt überall auf die Aufgabe an, sich in Sinn

---

Billigkeitsprinzip im BGB., das Recht 4. Jahrg. 1900 Nr. 1 und 2. Schmölder Die Billigkeit als Grundlage des bürgerlichen Rechts 1907. Brie Billigkeit und Recht, ArchRPhilos. 3, 526 ff.; Reichel ebda. 534 ff.; Kiss ebda. 536 ff. Gillis Die Billigkeit 1914. Rümelin Die Billigkeit im Rechte, Rede, 1921. Der dort S. 1 angeführte Spruch *Billigkeit muß das Recht meistern* steht bei Luther in der Schrift: Ob Kriegsleute auch in seligem Stande sein können 1526 (§ 13 N. 8), Braunschweig. Ausg. 7, 397. — Hein Billiges Ermessen im Wohnrecht. Ein Beitrag zur Lehre von dem richtigen Rechte, Preuß. VerwBl. 47, 203 ff. (1926).

[1] BGB. 920; — entsprechend 1024; 1060; vgl. EG. 184. — D. VII 1, 13, 3. § 155.

[2] 1. Mos. 13, 9—14; Sachsenspiegel III 29, 2; X. III 29, 1; Gaill Pract. Observ. 1578 II 116, 14. Vgl. ALR. II 11, 895. — Interessant war in dieser Hinsicht der sog. Meeraugenprozeß, der die Feststellung der Grenze zwischen Galizien und Ungarn im Tatragebirge betraf und durch Spruch des Schiedsgerichtes v. 13. IX. 1902 erledigt wurde. — Vgl. oben § 95.

[3] BGB. 315—319; 2048; 2155 f. Andere Fälle: 660; 745 u. 752, sowie 1246; sodann 253 mit 847 u. 1300, ferner 1579; 971; auch 343.

[4] Beispiele aus dem röm. Recht: D. XL 5, 41, 4; XXX 66; XXI 1, 42; — XIII 7, 25; — cf. XLVI 3, 1.

[5] Dies behauptet Kant Rechtslehre, Einl. Anh. Er meint, daß bei unbestimmt gelassenen Anteilen der Mitglieder einer Erwerbsgesellschaft eine feste rich-

und Bedeutung des idealen Grundgedankens der reinen Gemeinschaft zu versetzen. Je energischer jemand diesem nachdenkt und ihn sich zum Führer wählt, um so sicherer wird ihm die begründete Entscheidung eines einschlagenden Streitfalles vor Augen stehen [6].

§ 156

Schadloshaltung aus Billigkeit

Unter dem Einflusse des römischen Rechtes besteht in den heute geltenden Gesetzgebungen meistens der Satz, daß ein Schaden, den jemand einem andern, mit dem er nicht in Rechtsbeziehung stand, zugefügt hat, von dem Schädiger nur dann zu ersetzen ist, wenn ihn eine Schuld trifft. Und es ist die Tragung des Schadens regelmäßig in einer sich gegenseitig ausschließenden Weise bestimmt, so daß der eine entweder vollen Ersatz bekommt oder gar nichts [1].

In beiderlei Hinsicht hat die moderne Rechtsbildung weiter gedrängt. Es trat das Streben auf, daß bei einer unverschuldeten Schädigung jemand den von ihm verursachten Schaden gleichwohl insoweit zu ersetzen habe, als die Billigkeit eine Schadloshaltung erfordere [2]. In dem deutschen Bürgerlichen Gesetzbuche ist das schließlich nur für Schädigungen durch Unzurechnungsfähige aufgenommen worden [3].

Damit setzt das Recht die am Schaden aktiv und passiv Beteiligten für die Ersatzfrage in eine Sondergemeinschaft. Verlust und etwaiger Vorteil aus der Abwälzung auf den Beschädigten werden von beiden Seiten eingeschossen; und wieder erhalten wir eine richtende Ableitung in dem

---

terliche Entscheidung überhaupt nicht möglich sei. Das widerlegt sich durch die Lösung der römischen Juristen; s. D. XVII 2, 6; 76—80; cf. 29. Die letztere wird in der Regel sachlich richtiger sein, als die Vorschrift von BGB. 722 über diese Frage.

[6] RR. (2) S. 242 ff. Aus der neueren Praxis: DJZ. 9, 554; JW. 1908, 711; Recht 1910 Nr. 12, Spruchbeil. Ziff. 2173; RG. 69, 167 ff.; 87, 261 ff.

§ 156. [1] Abweichende Einzelbestrebungen in der *lex Rhodia de iactu* und den ihr folgenden Sätzen des neueren Schiffahrtsrechtes. Windscheid § 403. — Allgemein im Falle gegenseitigen Verschuldens. Heutiges Recht: BGB. 254. Rümelin Die Gründe der Schadenszurechnung und die Stellung des BGB. zur objektiven Schadensersatzpflicht 1896. Ders. Das Verschulden in Straf- und Zivilrecht, Rede 1909. Ders. Schadensersatz ohne Verschulden, Rede 1910. Mauczka Der Rechtsgrund des Schadensersatzes außerhalb bestehender Schuldverhältnisse 1904.

[2] Entwurf I des BGB. 752. In späteren Anträgen, die dann die Unterlage der jetzt geltenden Regelung abgaben, hieß es: *soweit die Verweigerung der Ersatzleistung gegen die guten Sitten verstoßen würde.*

[3] BGB. 829. — Schwartz Das Billigkeitsurteil nach § 829 des BGB. 1904. Daselbst näher über die Frage, ob die Ersatzpflicht nachträglich entstehen kann, wenn die Vermögensverhältnisse sich verschoben haben, und die Möglichkeit des Ersatzes auf der Seite des Unzurechnungsfähigen erst später eintritt.

Gedanken der Ausführung und Auseinandersetzung im Sinne des sozialen Ideales, nach dem der entscheidende Obersatz dann auszuwählen ist [4].

III. Grundsätzlich richtige Rechte und Pflichten

§ 157

Allgemeine Bürgerpflichten

Mit diesem Ausdrucke bezeichnen wir meistens Obliegenheiten, die einem jeden Staatsbürger ohne Ausnahme zukommen. Genauer bedacht sind es die allgemeinen Rechtsverhältnisse, in denen ein jeder Rechtsunterstellte zu allen ihm rechtlich Verbundenen steht, gegenüber den besonderen. Hierüber ist das folgende zu bemerken:

1. Die genannte Unterscheidung geht auf die verschiedene Art zurück, in der sich der Begriff des Rechtsgrundes mit dem des Rechtsverhältnisses verknüpft (vgl. § 111). Es kann nämlich das Bestimmtsein eines Willensinhaltes durch einen andern, das dem Gedanken des Rechtsverhältnisses entspricht, bloß auf Grund der rechtlichen Verbindung als solcher auftreten oder erst nach einem bedingt angegebenen Umstande einsetzen, den man eine *juristische Tatsache* zu nennen pflegt (§ 124). Jenes sind die allgemeinen, dieses die besonderen Rechtsverhältnisse.

2. Der Inhalt der allgemeinen Rechtsverhältnisse wird nach den Anordnungen einer einzelnen Rechtsordnung gegeben. In ziemlicher Übereinstimmung mit den übrigen ausgebildeten Rechten gibt das deutsche Gesetz hierfür an: a) Die Unversehrtheit der Rechtsangehörigen, wie des Rechtsganzen [1]. b) Das grundsätzlich richtige Verhalten der rechtlich Verbundenen gegeneinander (Nr. 4 und 5).

3. Die praktische Durchführung der allgemeinen Rechtsverhältnisse, gegenüber den besonderen, zeigt sich zuvörderst darin, daß sie nicht im Wege der Feststellungsklage geltend gemacht werden können; da es sich bei ihnen um Rechtsbeziehungen handelt, die unter allen rechtlich Verbundenen bereits an und für sich bestehen, so ist für einen besonderen Feststellungsprozeß kein Anlaß und Raum [2]. Ihre Verwirklichung geschieht durch vorbeugendes Eingreifen öffentlicher Gewalten [3] und durch Versagen des Mißbrauches besonderer Rechte durch die Rechtssubjekte, denen sie an sich zugewiesen waren [4].

---

[4] Danach erledigte Rechtsfragen und methodische Kasuistik in RR. (2) S. 292 ff. Die neuere Rechtsprechung bietet über diese Frage auffallend wenig. Vgl. RG. 94, 220 ff. Ges. u. R. 27, 87 f.

[1] BGB. 823 in Verbindung mit 847. § 157.

[2] ZPO. 256. Hellwig System des deutschen Zivilprozeßrechts 1912 §§ 107 ff. Stein Grundriß des Zivilprozeßrechts 1920 § 7.

[3] ALR. II 17, 10. Joh. Biermann Privatrecht und Polizei in Preußen 1897.

[4] BGB. 226. SchweizZGB. 2, 2. RR. (2) S. 218 f.; 236 ff. Blümner Die

4. Vor allem findet sich in Ausführung grundlegender Gedanken des römischen Rechtes in den neueren Gesetzgebungen der Satz, daß vorsätzliche Schädigung *gegen die guten Sitten* zum Schadenersatze verpflichtet [5].

5. Endlich kennt das hier interessierende Recht den Satz, daß eine Bereicherung herausgegeben werden muß, durch deren Empfang einer gegen *die guten Sitten* verstoßen hat [6].

In allen diesen Fällen ist aber der Obersatz auszuwählen, bei dessen maßgeblichem Einsetzen im gegebenen Falle es vermieden wird, daß der Fordernde in einseitiger Begehrlichkeit den andern ausschließlich in Nachteil setzt, ihn als bloßes Mittel zu seinem subjektiven Erstreben behandelte, so daß der Gedanke reiner Gemeinschaft unbeachtet gelassen und nicht zum Führer erkoren würde.

§ 158

Sittliche Pflichten im Sinne des Rechtes

Es gibt seit alter Zeit rechtliche Schuldverhältnisse, die nicht im Klagewege geltend gemacht werden können. Solche unvollkommenen Rechtsverbindlichkeiten (*obligationes naturales*) kamen im römischen Sklavenwesen auf; hier betraf diese Einrichtung die Obligationen der *servi*. Sie wurden dann aber auch im neueren Rechte für manche Fragen im Interesse sachlich richtiger Regelung beibehalten [1]. Es handelt sich dabei also nicht um bloß konventionale Anforderungen (§ 37), sondern um rechtlich bindende Beziehungen, die aber klaglos sind [2].

Dabei findet sich die Verweisung des Gesetzgebers auf die Beachtung einer *sittlichen Pflicht*. Der Ausdruck leidet von vornherein unter der Mehrdeutigkeit des Wortes *sittlich* (§ 33) [3]. Es ist natürlich nicht eine gute Gesinnung in rechter Beherrschung des Innenlebens gemeint, sondern ein Befolgen richtigen Rechtes [4]. Die hier aufgestellte Pflicht

---

Lehre vom böswilligen Rechtsmißbrauch (Chikane) 1900. Ramdohr Rechtsmißbrauch, GruchotsBeitr. 46, 577 ff.; 806 ff. K. Huber Über den Rechtsmißbrauch 1910. SeuffArch. 10 Nr. 222; RG. JuWochSchr. 1900 S. 639; RG. 72, 61. — Unten § 163 zu N. 1; § 165.

[5] BGB. 826. RR. (2) S. 294 ff. Hein Die Verleitung zum Vertragsbruch 1906. — RG. 46, 75. RR. (2) S. 181.

[6] BGB. 817. RR. (2) S. 303 ff. Oertmann Kommentar z. BGB. II. Bd. (3 u. 4) 1910, zu § 817. Reichel Rechtskraft und ungerechtfertigte Bereicherung 1913.

§ 158. [1] BGB. 222 f.; 656; 762 ff.; 1297; 1624. KO. 193.

[2] Welche Rechtsfolgen sich positiv damit verknüpfen, ist in den einzelnen Fällen vom Gesetze verschieden geordnet. So schon im römischen Recht: Windscheid § 288.

[3] D. XXXXVI 3, 95, 4: *vinculum aequitatis*. BGB. 534; 814; 1446; 1641; 1804; 2113; 2205; 2330.

[4] So ist z. B. die Voraussetzung vom BGB. 534 erfüllt, auch wenn einer aus

fordert, die Art des Zusammenlebens in einer allgemeingültigen Art zu führen und nicht den andern ein bloßes Mittel für das eigene subjektive Begehren sein zu lassen [5].

Diese *sittlichen Pflichten* treten daher neben solche des geformten Rechtes (§ 127) und werden durch bloße Berufung auf dieses letztere gerade nicht erfüllt. Danach kann eine solche *sittliche Pflicht* nach praktischer Erfahrung zweimal vorkommen:

1. Pflicht zur Leistung, die man nach technisch geformtem Rechte hätte verweigern können, wenn durch die Weigerung dieses besondere Rechtsverhältnis in einer nur einseitig begünstigenden Weise geregelt, und der Gegner zum Gegenstande der Willkür des Weigernden werden würde.

2. Pflicht zur Leistung an einen nahe Verbundenen, der keine einklagbare Forderung hat, ohne dieses aber vereinzelt dem Kampfe um das Dasein preisgegeben würde [6].

§ 159

Eine auf den Anstand zu nehmende Rücksicht

Damit sind konventionale Regeln gemeint. Das Gesetz nimmt ihr Bestehen wahr und knüpft rechtliche Folgen an sie [1].

Die laxe Sprechweise, die das Wort *anständig* zuweilen in der gleichen Bedeutung, wie *sittlich gut* gebraucht, bleibt hier beiseite [2]. Vielmehr hat in der besonderen Aufgabe, die der Gesetzgeber mit der jetzt besprochenen Verweisung auf den *Anstand* gestellt hat, der Urteiler nur zu prüfen, ob ein solcher Gebrauch, wie der von dem einen Streitteile angeführte, in dem dortigen Kreise tatsächlich besteht. Nur ist zuzusehen, daß er nicht gegen die Grundsätze des richtigen Rechtes (§ 95) verstößt.

Im besonderen sind sonach die Schenkungen, bei denen das geltende bürgerliche Recht auf die jetzige Frage namentlich eingeht, folgendermaßen in der hier interessierenden Richtung der Gedanken zu unterscheiden: Solche, die durch richtiges Recht a) geboten sind — *sittliche Pflicht* (§ 158);

---

niedriger und selbstsüchtiger Absicht seinen bedürftigen Brüdern eine Schenkung gemacht hat. RG. 54, 155 gebraucht nebeneinander in gleichem Sinne *sittlich* und *jede vernünftige Rechtsordnung*. Bedenklich ist dagegen die Wendung vom *vornehmen Denken*, RG. 55, 372, oder von *Gesinnungsgemeinheit*, RG. 58, 220. S. auch § 146 N. 2.

[5] Jacobi Die sittliche Pflicht im BGB. 1900. — Hess. Rsprech. 20, 177. S. auch Bovensiepen Zur Bedeutung des § 825 der ZPO. Zugleich ein Beitrag zur Anwendbarkeit der Lehre vom richtigen Recht im Zwangsvollstreckungsverfahren, ZRPhilos. 1, 389 ff.

[6] Aus der Praxis: RR. (2) S. 280 ff.

[1] §§ 37 ff., insbes. § 42 N. 1. S. auch § 150. § 159.

[2] Vgl. § 146 N. 2.

b) nicht verboten sind — und dann entweder dem *Anstande* entsprechen oder ganz freistehen [3].

IV. Die Grenzen der Vertragsfreiheit

§ 160

Die Vertragsfreiheit

Alle Rechtsordnungen, die für die heutigen Zustände von Interesse sind, kennen die Einrichtung der Vertragsfreiheit [1]. Sie rechtfertigt sich grundsätzlich durch die Erwägung, daß bei der sozialwirtschaftlichen Art der freien Beiträge (§ 57) die Verantwortlichkeit eines jeden gesteigert und die Ausbildung der eigenen Persönlichkeit, gegenüber einem bloßen Gegenstande unmittelbaren, zentralisierten Zwanges, begünstigt wird [2].

Andererseits birgt ein zu scharfes Festhalten eines Versprechenden oder Verfügenden die Gefahr des Mißbrauches in sich. Die Rechtsordnung sucht deshalb den Einzelnen vor seinem eigenen rechtlichen Binden zu schützen. Sie stellt Grenzen der Vertragsfreiheit auf [3].

Dazu bieten sich wieder (§ 127) zwei Mittel und Wege dar:

1. Technisch geformte Paragraphen, durch die der Tatbestand der nicht gestatteten Rechtsgeschäfte angegeben wird (§ 161).

2. Das allgemeine Verbot der grundsätzlich verwerflichen Rechtsgeschäfte. Im Anschlusse an die Ausdrucksweise der römischen Juristen spricht die heutige Gesetzgebung und Rechtslehre alsdann von Rechtsgeschäften *gegen die guten Sitten* (§ 162) [4].

---

[3] Die im heutigen bürgerlichen Recht so zu behandelnden Fälle sind in den Paragraphen aufgeführt, die von Leistungen und Schenkungen aus *sittlicher Pflicht* sprechen, und mit den letzteren äußerlich verbunden. Zitate oben § 158 N. 3. RR. (2) S. 288 ff.

§ 160. [1] Sie gehört mit dem Institut des Privateigentums und dem der privaten Bewerbung zu den Grundlagen der heutigen Gesellschaftsordnung in deren güterrechtlicher Hinsicht. S. § 114. — Gut ausgedrückt in den zwölf Tafeln: *Uti lingua nuncupassit, ita ius esto,* tab. VI 1, V 3. Die späteren Gesetzbücher haben den Satz oft nicht allgemein aufgestellt, sondern nur in einzelnen Anwendungen wiedergegeben. So BGB. 1937—41; vgl. 1432; auch 305. Jetzt neue Reichsverf. 152. S. auch Verf. d. Ver. Staaten von Amerika Art. I Sect. X. Schweiz. OblR. v. 1911 Art. 19. — Daß dabei der freie Abschluß von Rechtsgeschäften überhaupt, auch von einseitigen Willenserklärungen gemeint ist, versteht sich von selbst.

[2] Vgl. hierzu § 99; — § 57 N. 6; § 173 N. 9.

[3] Dabei treten Schwierigkeiten dann auf, wenn nur ein Teil der geschäftlichen Willenserklärungen diese Grenze überschreitet. BGB. 139. Eine theoretisch befriedigende Erledigung dieser Frage steht noch aus.

[4] Eine zusammenfassende Monographie der Lehre von der Vertragsfreiheit und ihren Grenzen fehlt. Windscheid § 81. Stammler Vertrag und Vertragsfreiheit, Handw. d. Staatsw. VIII 339 ff. RphAbh. 1, 331 ff. RR. III 2 (2)

§ 161

Rechtsgeschäfte gegen ein gesetzliches Verbot

Bei den in technischer Begrenztheit aufgestellten Verboten bestimmter Rechtsgeschäfte haben sich in hauptsächlicher Verschiedenheit drei Arten des Vorgehens gezeigt:

1. Unmittelbare kasuistische Weise der Feststellung von mißbilligten Voraussetzungen (vgl. § 128)[1]. Diese betreffen dann meist das Rechtsgeschäft in dem Ganzen seines Auftretens, bezeichnen aber zuweilen auch nur einzelne besondere Klauseln, die nach dem Gesetze als ungültig zu streichen sind, während die sonstigen Bestimmungen des Geschäftes in Kraft bleiben[2]. In allen diesen Fällen der ersten Art ist es eine begründete Meinung, daß ein derartiges Verbotsgesetz nicht ohne Not zu eng und buchstäblich aufgefaßt und ausgelegt werden darf; geschieht es doch, so wird eine in jener Weise absichtlich eingesetzte Umgehung von dem fraglichen Verbote natürlich gleichfalls getroffen[3].

2. Die strafrechtliche Androhung für die Vornahme bestimmter Rechtsgeschäfte läßt diese regelmäßig nichtig erscheinen. Doch ist solches nicht durchgreifend und für jedes einzelne Gesetz im besonderen zu entscheiden[4]. In jenem Regelfalle können vorkommen: a) Verträge auf Herbeiführung strafbarer Handlungen durch Versprechen von Vorteilen oder von Bewahren vor Nachteilen, abgegeben an den Verbrecher[5]; b) Vereinigung zu einer gemeinsam zu begehenden strafbaren Handlung[6].

3. Aufstellen von allgemeinen Rechtseinrichtungen (§ 126) zwingenden Charakters (§ 143). Rechtsgeschäfte von Privatpersonen, die jener allgemeinen Art widersprechen, sind damit mittelbar für unzulässig erklärt.

S. 250 ff. Siber Die schuldrechtliche Vertragsfreiheit, JheringsJ. 70, 223 ff. Oser im Kommentar zum Schweizerischen Obligationenrecht 1915 zu Art. 19 ff.

[1] BGB. 248, 310 und 312; 399 ff.; 1229; 1714; 2302; u. v. a. m. Eine besondere Regelung haben die gesetzlichen, gerichtlichen und geschäftlichen Veräußerungsverbote nach BGB. 135—137, im wesentlichen im Anschlusse an das römische Recht, erfahren. § 161.

[2] So BGB. 925; 1433; 2263.

[3] D. I 3, 29; 30. C. 1 5, 5. Pfaff Zur Lehre vom sogenannten *in fraudem legis agere* 1892. Vetsch Die Umgehung des Gesetzes (in fraudem legis agere) Theorie, Rechtsprechung und Gesetzgebung. Ein Beitrag zur allgemeinen Rechtslehre 1917. Fuchs, Ernst Umgehung des Gesetzes 1918. Prot. z. BGB. 1, 123. Die Kommentare zum BGB. 134 von Planck Nr. 5; von Oertmann Nr. 8. —: SeuffertsArch. 22 Nr. 12; 40 Nr. 190; 46 Nr. 1 u. 2. RG. 6, 186; 13, 203; 26, 180; 61, 299. Ges. u. R. 21, 477.

[4] Beispiele: Geschäfte gegen die Sonntagsruhe, gegen StGB. 288, gegen das Börsengesetz v. 22. 6. 96 und 30. 5. 08 §§ 75—78. Ges. u. R. 22, 330: Gültigkeit von Rechtsgeschäften, bei denen eine Steuerhinterziehung bezweckt wird. Vgl. Mot. z. BGB. 1, 210. RG. 60, 276.

[5] S. die Unterscheidung von ALR. I, 4 § 146.

[6] So RG. 14, 84; 18, 79; 268. SeuffertsArch. 52 Nr. 9. Eigentümliche Rechtslage bei RG. 42, 295.

Dahin gehören alle Folgerungen aus dem bestimmenden Gedanken der monogamischen Ehe [7], sowie aus der Gesamtauffassung der elterlichen Gewalt [8]; aus dem Treuverhältnis des Vormundes [9] oder des öffentlichen Beamten [9]; aber auch aus allgemeinen Regeln des Handels und Wandels, wie beispielsweise die Gewerbefreiheit eine ist [10].

§ 162

Rechtsgeschäfte gegen die guten Sitten

Der Ausdruck stammt aus dem römischen Recht [1]. Es ist ein zweifelloser Verlegenheitsausdruck. Sachlich kann er gar nichts anderes besagen wollen, als daß eine Willenserklärung eines Rechtsunterstellten nicht mit dem Grundgedanken alles Rechtes in Widerspruch stehen und doch eine Anerkennung des dortigen Rechtes fordern darf. Die Verweisung auf ein sittliches Gefühl bleibt ungeklärt; die Bezugnahme auf die *Sittlichkeit* übersieht in elementarer Weise, daß das Wort *sittlich* mehrere Bedeutungen hat (§ 33). Es kann hier aber nicht in seiner eigentlichen und logisch abgeteilten Gegensätzlichkeit zu dem sozialen Leben stehen, denn es dreht sich ja in unserer Frage gerade um ein soziales Wollen. Also heißt bei dem Einsetzen des Wortes *sittlich* an dieser Stelle dieses so viel, wie grundsätzlich richtig. Es soll das fragliche rechtliche Wollen, das zur Beurteilung steht, in dieser seiner besonderen Lage objektiv gerechtfertigt, soll ein richtiges rechtliches Wollen sein [2].

---

7 Unzulässig sind Verträge auf Ehescheidung durch falsche Angaben; Verlöbnisse eines Ehegatten während des Bestehens seiner Ehe; Abfindung eines Verhältnisses aus wilder Ehe (a. M. RG. nach Ges. u. R. 21, 272). — SeuffertsArch. 12 Nr. 311; Ges. u. R. 21, 199; 388. — S. auch § 114 N. 6.

8 Streitig die Möglichkeit von *Erziehungsverträgen* unter geschiedenen oder getrennt lebenden Eltern. RG. 60, 266 ff. André Verträge zwischen Eltern über die Erziehung ihrer Kinder 1905.

9 Ungültig das Versprechen an einen Vormund, damit dieser Veräußerung von Mündelgut betreibe, — oder an einen Vereinsvorstand, damit dieser eine bestimmte Person als Nachfolger empfehle; vgl. Ges. u. R. 14, 235. RR. S. 408 f. — Bei sogenannten Schweigegeldern wird zu unterscheiden sein, ob das Gesetz von jedermann öffentliche Anzeige verlangt (StGB. 139; 346) oder nicht; im letzten Falle, ob das Recht des Strafantrages jemandem in der Erwartung objektiver Ausübung verliehen wird (z. B. StGB. 162) oder nach persönlichem Belieben (z. B. StGB. 194), so daß auch eine zivilrechtliche Verfügung über die Ausübung dieses Rechtes zulässig erscheint.

10 Z. B. RG. 63, 333 ff.; 390 ff. 78, 14 ff.; 78 ff.

§ 162. 1 S. ob. § 7 N. 1 f. C. VIII 38, 4. Er ist offenbar aus dem Griechischen übernommen, vgl. 1. Kor. 15, 33: ἤθη χρηστά. Mot. z. BGB. 1, 210: *Unerlaubte Rechtsgeschäfte*. Prot. z. BGB. 1, 123 f.

2 Es stehen nicht zwei Gesetzbücher nebeneinander: ein rechtliches und ein sittliches, wie etwa das StGB. und das BGB., so daß in BGB. 138 die Verweisung auf die Paragraphen jenes rätselhaften Kodex der *Sittlichkeit* gelegen wäre. Hier kann nicht eher Klarheit eintreten, bis man die doppelte Bedeutung

Ein Rechtsgeschäft ist dann grundsätzlich verwerflich, wenn ihm zufolge der eine Teil dem willkürlichen Belieben des anderen Teils überliefert wird. Denn alsdann wird er als bloßes Mittel zu dem subjektiven Begehren des andern behandelt, ohne im Sinne des bedingenden Gedankens reiner Gemeinschaft, als der notwendigen idealen Einheit alles Rechtes, in jeder Sonderverbindung noch als Selbstzweck zu bestehen (§ 92).

Nach dieser leitenden Idee des Rechtes ist unter den verschiedenen einander widerstreitenden Möglichkeiten die zutreffende Rechtsbestimmung als Obersatz des dann zu fällenden Urteils auszuwählen (§ 141). Es darf nicht in der gedachten Sondergemeinschaft zweier Parteien der eine Teil bloß Rechte, der andere ausschließlich Pflichten auferlegt erhalten (§ 95). Die Erwägung aber, ob das vorliegt oder zu verneinen ist, hat auch in den hier fraglichen Streitfällen stets von Neuem nach unbedingt begründeter Methode einzusetzen; die Anlehnung an andere konkrete Entscheidungen und präjudiziell eingesetzte Lehren setzt ja voraus, daß das so eingeführte Muster als prinzipiell richtig angenommen werde, hat somit den geforderten Gang der kritischen Erwägung im Grunde schon zurückgelegt.

Da es aber bei der rechtsphilosophischen Lehre darauf ankommt, die allgemeingültigen Gedankengänge, im Sprachgebrauche der Schule: die reinen Formen, klarzulegen, in denen wir alle je möglichen, einzelnen Vorkommnisse des rechtlich bestimmten sozialen Lebens ordnen, so ist jede zu sehr ausgeführte Sammlung von Beispielen und wirklichen Streitfragen vorerst gefährlich[3]. Nur mit diesem Vorbehalte wird als Anweisung zur Praxis folgende Beobachtung von verhältnismäßiger Allgemeinheit gegeben.

Die Unzulässigkeit eines Rechtsgeschäfts kann sich aus einer Verpflichtung zu einem Tun oder einem Unterlassen ergeben. Bei jedem ist es möglich, daß der Gebundene mißbraucht wird in seiner Person oder in denen, die seiner rechtlichen Fürsorge unterstehen oder in seinem Ver-

---

des Wortes *sittlich* beachtet und die notwendigen Folgerungen daraus gezogen hat. S. auch § 144 N. 1. — Daß eine Verweisung auf ein dunkles *Gefühl* nicht genügt, darüber § 146, bes. N. 2. Daß es sich in unserer Frage um besonders geartetes Recht handelt, darüber § 94, bes. N. 3. — Lotmar Der unmoralische Vertrag 1896. Steinbach Die Moral als Schranke des Rechtserwerbs und der Rechtsausübung 1898. Joerges, ZRPhilos. 1, 208 ff.; 2, 261 ff. Meyer, Herbert Sittenwidrige Verlagsverträge 1926.

[3] Dabei wird hiermit ausdrücklich gewarnt, daß nicht in den Fehler verfallen werde, die Begründetheit der Lehre vom sozialen Ideal an besonderen Entscheidungen zu messen, während man doch die grundsätzliche Rechtfertigung jeder der letzteren nur von einem feststehenden Grundgedanken her behaupten kann. Andernfalls liegt nur technische Beschränktheit vor, mit der charakteristischen Eigenart, daß der dort Urteilende über sein eigenes Geistesleben nicht in methodischer Weise mittels kritischer Selbstbesinnung aufgeklärt ist. Vgl. auch § 5 und § 148.

mögen. Beispiele für jenes ergeben sich bei Geschäften über Körper und Geist jemandes, besonders in religiöser Hinsicht; über Kinder und Kranke; in der Ausbeutung und dem Wucher. In der zweiten Richtung: der Verzicht auf Vorbeugung oder Heilung von Krankheiten für sich oder seine Angehörigen; mißbrauchendes Konkurrenzverbot; freiwilliges Einstellen unter Bevormundung jemandes durch Rechtsgeschäft; bedingungslose Unterwerfung unter die Anordnung des einen Teils ohne Rechtsweg oder Schiedsgericht [4].

V. Richtiges Ausführen von Rechtsverhältnissen

§ 163

Ausübung der Ausschließungsrechte

Unter der Ausübung eines Rechtes kann zweierlei verstanden werden:

1. Es ist das Betätigen in Frage, im Unterschiede von einem bloßen Urteilen über gewisse Befugnisse und Pflichten.

2. Es ist ein Verfahren eines Berechtigten, das vom Gesetze vorläufig als zulässig zugebilligt wird, bei dem aber dann noch geprüft werden soll, ob es sich nach grundsätzlich richtiger Erwägung endgültig halten läßt. Hierdurch wird ein Problem aus der Praxis des richtigen Rechtes aufgeworfen [1].

Die Gesetzgebung ist auch hier zuweilen mit technisch geformten Paragraphen vorgegangen, die eine vorläufig zugebilligte Berechtigung dann in der zulässigen Ausübung einschränken. So aus Gründen des Nachbarrechtes oder wegen der Not eines andern [2]. Vielfach schwankt sie noch und hat sich nicht überall entschließen können, ein grundsätzlich richtiges Ausüben dinglicher Rechte, insbesondere des Eigentums, zu fordern [3].

---

[4] Nur *ad colorandum* einige Beispiele aus der neueren Gerichtspraxis und Gesetzgebung: ALR. I 4 § 9; RG. 57, 250 ff. (§ 108 N. 2). RG. 60, 266 (§ 161 N. 8). SeuffertsArch. 58 Nr. 83; 73 Nr. 214; Lehmann Wucher und Wucherbekämpfung im Krieg und Frieden 1917. RG. 68, 317 ff., 80, 219 ff. 97, 253 ff.; ReichsG. v. 10. 6. 14; BekM. v. 23. 7. 15; 24. 6. 16. GO. 152, 2. S. auch den Rechtsfall in ArchRPhilos. 5, 174 ff. — RR. (2) S. 268 ff.; 274 ff. Sturm Recht auf Frieden (§ 179 N. 1) S. 85.

§ 163. [1] S. oben § 157 N. 4.

[2] BGB. 906 ff.; 904.

[3] Auch das BGB. kennt hier nur Einzelheiten in 1020; 1024; 1060. Im übrigen erlaubt allgemein 226 die unrichtige Ausübung eines positiv verliehenen Rechtes, sobald der Berechtigte irgend einen eigensüchtigen Vorteil und bloß subjektiv begründeten Zweck hat, und verbietet sie nur für den Fall, daß kein anderes Interesse für jenen ersichtlich ist, als die Befriedigung der Schadenfreude. (Anders Schweiz. ZGB. 2.) Mit jener Einschränkung gilt die Regel: *Qui iure suo utitur, nemini facit iniuriam*, D. L. 17, 55; 151; 155, 1. Dahin gehört auch die Erörterung, die an den

Soweit aber ein besonderer Streit nach einem prinzipiell begründeten Rechtssatze zu schlichten ist, so ist derjenige Satz auszuwählen, bei dessen Eingreifen die Richtlinie reiner Gemeinschaft beibehalten wird. Die Streitteile sind trotz ihres Streitens im Sinne des Verbundenseins in einer Sondergemeinschaft zu denken (§ 141). Durch die wechselseitige Rücksichtnahme, die damit geboten wird, entsteht in unvermeidlicher Weise ein Nachteil, — dem einen durch das Unterlassen der Ausübung; oder dem andern durch ihr Dulden. Dieser Nachteil darf nach dem Gedanken des sozialen Ideales nicht einseitig bloß dem einen Teile aufgebürdet werden. Er ist im rechten Verhältnisse zu den dort gegebenen, von einem jeden der Streitteile eingeworfenen Gütern zu tragen, so daß dem solches angebenden Obersatze nun gefolgt wird [4].

§ 164
Leistung nach Treu und Glauben

Im Anschlusse und in guter Weiterbildung des römischen Rechtes (§ 11) hat unsere heutige Gesetzgebung den in der Überschrift genannten Gedanken zur grundlegenden Norm des Rechtes der Schuldverhältnisse genommen [1].

Unter *Treu und Glauben* verstehen wir einen Rechtssatz, der in einer besonderen Lage, die geschichtlich gegeben wird und eine schlichtende Entscheidung verlangt, die grundsätzlich richtige Angabe macht [2].

---

berühmten Prozeß des Müllers Arnold unter Friedrich dem Großen sich anschließt. Sonnenschmidt Geschichte des preußischen Obertribunals 1879 S. 99 N. 24. Stölzel Brandenburg-Preußens Rechtsverwaltung und Rechtsverfassung 1888, 2. Bd. S. 272 ff. Ders. Fünfzehn Vorträge aus der Brandenburgisch-Preußischen Staats- und Rechtsgeschichte 1889 S. 175 ff. Dickel Friedrich der Große und die Prozesse des Müllers Arnold 1891. Holtze Geschichte des Kammergerichts 3. Bd. 1901 S. 296 ff. DJZ. 15, 575. OTrib. 81 Nr. 18. DRL. 1, 411 ff. SeuffertsArch. 33 Nr. 2; 64 Nr. 110; RG. 8, 134 ff. Pr. Wassergesetz v. 7. 4. 13 §§ 42; 87—90. — S. oben § 43 N. 2.

[4] Eine Kasuistik, die dieser allgemeingültigen methodischen Anweisung in empirisch schematischer Übersicht folgt, s. in RR. (2) S. 215 ff.

[1] BGB. 242; ferner 162; 320; 815; vgl. 157 (oben § 129). — Savigny System des heutigen römischen Rechts 1840, 5. Bd. Beil. 14. Windscheid §§ 28; 371, 2. Code civil Art. 1134 f. Sächs. BGB. § 858. Schweiz ZGB. 2, 1. — Stammler Schuldverhältnisse (§ 93 N. 4) S. 36 ff.; vgl. Ders. § 141 N. 4. — Stammler zur Lehre von der ungerechtfertigten Bereicherung, in Festg. f. Fitting 1902 S. 131 ff. Koester Der Begriff der ungerechtfertigten Bereicherung mit bes. Rücksicht auf Stammlers Rechtsphilosophie, Greifsw. Diss. 1917. § 164.

[2] Die Literatur über diese ungemein wichtige Frage für alle heutige Rechtspraxis ist nicht ausgedehnt. Die notwendige Frage: Was ist eigentlich *Treu und Glauben*? — findet sich selten aufgeworfen. Vgl. symptomatisch: Hagen die Usance und Treu und Glauben im Verkehre (§ 150 N. 5). Steinbach Treu und Glauben im Verkehr 1900. Schneider Treu und Glauben im Recht der Schuldverhältnisse des BGB. 1902. RphAbh. 1, 185 ff. Danz Die Grundsätze von Treu und Glauben und ihre Anwendung auf die Rechtsverhältnisse des Bankverkehrs 1909. Wellbauer

Grundsätzliche Richtigkeit liegt dann als formale Eigenschaft eines stofflich bedingten Rechtssatzes vor, wenn die ihn wesentlich leitende Gedankenrichtung dem idealen Blickpunkte reiner Gemeinschaft zugewandt ist. Darum darf nach *Treu und Glauben* keiner bloß als Mittel für den andern nach dessen einseitigem Begehren behandelt werden; jeder kann bei der Auseinandersetzung die mögliche Rücksicht auch auf sein Fordern ausgleichend erwarten.

Die Leistungen eines Schuldners können in einem Tun und in einem Unterlassen bestehen. Bei der begründeten Auswahl des dort prinzipiell zutreffenden Rechtssatzes können sonach jeweils die Gedankenrichtungen in dem Grundsatze des Achtens oder in dem des Teilnehmens (§ 95) ihren Dienst tun; wobei es sich in der jetzt eingesetzten Aufgabe um deren Abzielen auf das Ausführen von Rechtsverhältnissen handelt.

Schematisch aber ergibt sich auch hier die Möglichkeit einer Sammlung von Beispielen nach den Leistungen mit seiner Person, mit anvertrauten Menschen, mit seinem Vermögen (vgl. § 162 zu N. 4); in der letzten Hinsicht aber nach Ort, Zeit, Art, Maß der Leistung [3].

§ 165

Vermeidung des Mißbrauches bei Familienrechten

Die Frage der Ehe ist keine *sittliche* Frage im genauen Sinne des Wortes, sondern eine solche nach richtigem Rechte. Es handelt sich bei ihr, in ihrer wesentlichen Eigenart, nicht um ein gutes Innenleben, abgeschlossen für sich in Läuterung wünschender Gedanken, sondern um den rechten Inhalt der Regeln, die das Verhalten der beiden Geschlechter zueinander bestimmen [1].

Die innere Berechtigung der bei uns ausgebildeten Rechtsbestimmungen liegt darin, daß nur durch sie es ausgeschlossen wird: daß der

---

Die ergänzenden Leistungspflichten nach Treu und Glauben 1922. — S. ob. §§ 7 N. 3; 94 N. 5; 146 N. 2. Auch § 143 N. 7.

[3] Praktische Ausführung in RR. (2) S. 220 ff. Bovensiepen Die Einrede des Zurückbehaltungsrechts gegenüber unpfändbaren Forderungen, insonderheit Lohnforderungen vom Standpunkt der Lehre des richtigen Rechts betrachtet, ZRPhilos. 1, 201 ff.

§ 165. [1] Hier tritt die Doppeldeutigkeit des Wortes *sittlich*, die so häufig irre geführt hat, besonders einflußreich hervor (§ 33). Wenn man die Verpflichtungen aus der Ehe und die ganze Einrichtung der letzteren eine *sittliche* Frage genannt hat, so kann das gar nichts anderes bedeuten, als die Erwägung von grundsätzlicher Richtigkeit. Das trifft freilich zu. Dem begrifflichen Erwägen nach handelt es sich aber selbstredend doch immer um eine Frage des Zusammenlebens, und nicht ausschließlich um eine solche des Innenlebens, bei dem der Einzelne für sich die Einheit des Ordnens bildet (§ 32). Sofern also die sittliche Betrachtung von der rechtlichen Betrachtung sich begrifflich scheidet, so gehört das Institut der Ehe und der Familie zu dem rechtlichen Wollen, freilich zu einem solchen, wiederholen wir, das grundsätzlich richtig sein soll. — Joerges Die eheliche Lebensgemeinschaft 1912.

eine Mensch, statt als Vernunftwesen und Selbstzweck geachtet zu werden, ein bloßes Mittel für das subjektive Belieben eines andern werden würde. Bloß durch vollständiges gegenseitiges Gewinnen in lebenslänglich gewollter Verbindung wird ein solcher verwerflicher Mißbrauch grundsätzlich vermieden [2].

Und nun kann ein Mißbrauch sich bei der Ausführung einer geschlossenen Ehe, bei dem Verlangen auf Herstellung der ehelichen Lebensgemeinschaft im besonderen Falle einstellen. Ein solcher liegt dann vor, wenn in jenem Verlangen der Ausfluß einer subjektiven Willkür liegt, die den andern Teil ohne alle Rücksicht auf ihn bloß als Mittel für des Verlangenden Zwecke gebrauchen würde. Der an sich Berechtigte fordert also dabei die einseitige Aufopferung des einen Teils, ohne daß dieser, nach dem Grundgedanken richtig geführter Ehe, selbst wieder entsprechend zurück empfängt [3]. Ob der Fordernde das zu leisten tatsächlich nicht imstande ist, oder ob er nicht gewillt ist, seine Treupflicht hingebend zu erfüllen, ist dafür ohne Belang [4].

Entsprechend ist ein Mißbrauch der elterlichen Gewalt überall gegeben, wo der Vater die ihm zugefallene eigenartige Vormundschaft bloß in seinem eigenen und nicht in dem Interesse des Kindes versieht, seine Lage also dazu benutzt, um jenes als bloßes Mittel zu seinen, des Vaters, Zwecken zu gebrauchen [5].

VI. Begründetes Ende von Rechtsverhältnissen

§ 166

Notwendiger Verlust des Eigentums

Auch bei der Rechtseinrichtung des **Eigentums** ist die Feststellung seines **Begriffes** zu trennen von der Betrachtung seiner **inneren Berechtigung**, die unter der **Idee** des Rechtes steht.

---

[2] S. § 114 N. 6 in Verbindung mit § 92.

[3] BGB. 1353 f. Beispiele hierfür RR. (2) S. 236 ff. Schmidt Kommentar zum BGB., Familienrecht 1907 S. 149 ff.; 793 f.

[4] Geht dieser Mißbrauch aus dem Stande des Verlangens zur Tat über, so vermag er als **schuldhafte Zerrüttung** des ehelichen Verhältnisses nach BGB. 1568 ein Scheidungsgrund zu werden. Die Entscheidung bemißt sich nach der Möglichkeit, das grundsätzliche Ziel der Ehe, die vollendete Gemeinschaft des Lebens, weiterhin zu erreichen, ohne daß der unschuldige Teil zum Gegenstand der Willkür des andern gemacht würde. — Auch hier ist zu fordern, daß die Frage nach der Anwendbarkeit von § 1568 in jedem einzelnen Falle neu erwogen und im Sinne der wiederholt angegebenen einheitlichen Gedankenrichtung beurteilt werde. Äußerlich schematische Paragraphierungen sind dann nicht mehr am Platze. RR. (2) S. 347 ff. Und nur das läßt sich allgemein sagen, daß das genannte gesetzliche Erfordernis der **schuldhaften Zerrüttung** einer Ehe sich von dem **wichtigen Grund** zur Lösung eines Verlöbnisses (BGB. 1298 f.) dadurch unterscheidet, daß es im letzteren Falle nicht nötig ist, daß schon tatsächliche Unterlagen in *ehrlosem oder unsittlichem* Verhalten vor-

1. Der Begriff des Eigentums besagt nur eine Frage. Denn von allgemeingültiger Bedeutung kann nur das Bedenken sein: Wer nach einem besonderen Rechte das letzte Wort der Verfügung über ein Objekt habe[1]. Dagegen ist die Antwort darauf überall geschichtlich bedingt und kann wegen der grundsätzlichen Unmöglichkeit eines idealen Rechtsinhaltes, der einen bedingten Stoff mit unbedingter Bedeutung böte, niemals in einer absoluten Weise erteilt werden[2].

2. Die bedingte Antwort, die eine bestimmte rechtliche Ordnung auf jene allgemeingültige Frage nach dem letzten Wort der Verfügung erteilt, unterliegt wiederum dem kritischen Urteil: ob unter den dort gegebenen besonderen Verhältnissen bei der fraglichen, besonders erteilten Antwort der Richtpunkt der Idee des Rechtes im Auge behalten ist. Es gibt keine besondere *Idee des Eigentumes*. Es kann beispielsweise das Privateigentum weder *a priori* begründet, noch auch verworfen werden[3]. Es sind dabei die allgemeinen Sätze über eine methodisch gesicherte Kritik von Rechtsregeln anzuwenden[4].

Das ist insbesondere praktisch zu bewähren, sobald die Entziehung von Eigentum in Frage steht, das nach positiver Rechtsordnung (§ 49) sicher begründet ist. Gegen die grundsätzliche Berechtigung einer solchen Entziehung spricht die Vermutung. Denn es ist mit dem Wegnehmen oder Beschränken einer erworbenen Rechtsstellung ein Eingriff in die Stetigkeit des rechtlichen Wollens gegeben, welche Stetigkeit als bedingte Einzelfolge aus der Unverletzbarkeit des Rechtes (§ 47) sich meistens als wünschenswert ergibt. Und da die Gewißheit wissenschaftlicher

---

liegen. Es genügt hierfür eine begründete Besorgnis, daß das Ziel der ehelichen Lebensgemeinschaft demnächst nicht erreicht werden kann.

5 BGB. 1666. RR. (2) S. 238 f.

§ 166. 1 Dabei ist es für die rechtswissenschaftliche Betrachtung selbstverständlich, daß das Wort *Eigentum* mehrere Bedeutungen hat. Der Laie gebraucht es leicht identisch mit subjektivem Recht (§ 133 Nr. 3) oder doch mit subjektivem Vermögensrecht und der (dinglichen oder nur schuldrechtlichen) Befugnis über Rechtsobjekte überhaupt (§ 111). Das bleibt zu unbestimmt. Es ist nötig, den Begriff des Eigentums in dem im Texte wiederholten Sinne der Frage nach dem letzten Wort hervorzuheben, wodurch er sich nicht nur von den Schuldverhältnissen, sondern auch von allen anderen dinglichen Rechten an einem Objekte heraushebt. Alsdann ist er der einzige dieser Rechtsbegriffe, der ihnen gegenüber als eine Grundfrage des Rechtes (§ 114) von einer allgemeingültigen Bedeutung ist, während alle jenen anderen Begriffe beschränkender dinglicher Rechte zu den bedingten Rechtsbegriffen (§ 115) zählen. Gerade dadurch erst wird die Erwägung des Eigentumsbegriffes zu einem Problem der Rechtsphilosophie.

2 S. § 114 N. 8. Ferner §§ 4; 15.

3 Eine Übersicht so unternommener Versuche im Handw. d. Staatsw. (3) III 617 ff. Über den unbegründeten Ausgangspunkt des Marxismus in dieser Frage Stammler (§ 17 N. 3 a. E.). Vgl. §§ 57 N. 6; 169 N. 10.

4 Vgl. § 142 N. 2. Daß dabei eine gewisse Zurückhaltung mit der Behauptung von wissenschaftlich erbrachtem Beweise veranlaßt sein kann, darüber s. § 172 N. 1.

Beweisführung in den gestellten Aufgaben nicht immer gewährleistet ist, so ist es im Zweifel bedenklich, nehmend und zerstörend einzuwirken, weil die Gefahr der Willkür (§ 48) oder mindestens eines subjektivistisch geleiteten Rechtes (§ 97) dann überaus nahe liegt [5].

Sachlich begründet ist aber das Ende eines besonderen Eigentumes auch gegen den Widerspruch des Eigentümers, wenn dieser Widerspruch nur Ausfluß subjektiven Beliebens ist. Eine derartige willkürliche Laune liegt im besonderen dann vor, wenn es feststeht, daß der Eigentümer niemals wieder die Möglichkeit einer wirklichen Verfügung über die fragliche Sache erlangen kann; alsdann hat es keinen Sinn, falls er bei eigenem unbedingten Ausgeschlossensein doch darauf bestehen wollte, daß die von einem andern erfolgende Einwirkung eine rechtswidrige Verletzung des imaginär gewordenen Eigentumsrechtes wäre [6].

Grundsätzlich gerechtfertigt wird das Zurückdrängen eines besonderen Eigentums im Falle der Not eines anderen, die den Eingriff erforderlich macht [7]. Hier gilt der Grundsatz, daß niemand vereinzelt dem Kampfe um das Dasein überlassen werden darf [8]. Anders liegt es für das prinzipielle Bedenken auch nicht in jeglichem Falle einer Enteignung im technischen Sinne. Auch bei ihr steht nur ein bedingtes Mittel in einer besonders gegebenen Lage zur Erwägung. Ob es innerlich begründet ist, läßt sich in praktisch greifbarer Weise nicht ein für allemal angeben. Allgemeingültig ist nur der formale Gedanke des sozialen Ideales (§ 92). Mit der Wendung von dem Wohle *des Ganzen* gegenüber dem Interesse *des Einzelnen* ist es freilich nicht gut wiedergegeben. Denn *das Ganze* hat überhaupt als ein besonderes Wesen kein empfindbar festzulegendes Lustgefühl (§ 100). Soweit aber damit ein subjektives Wohlergehen und äußere Annehmlichkeit einer irgendwelchen Zahl und Art der Rechtsangehörigen gemeint ist, so ist die Berufung auf solchen sozialen Eudämonismus in sich verfehlt [9]. Es kann sich also nur darum handeln, daß ein bestimmtes Zusammenwirken durch den Widerspruch eines Einzelnen dann nicht unmöglich gemacht werden darf, wenn dieser Widerspruch in seinem letzten Ende sich nur auf subjektiv gültige Ziele und Begehrungen stützt und nicht etwa in einem anderen Plane objektiver Förderung des dortigen sozialen Daseins begründet liegt.

---

[5] Das hat die Geschichte nur zu oft und stark gezeigt. Es ist diese Gefahr, die mit gutem Grunde die Unverletzlichkeit des Eigentums (dann wohl in allgemeinerem Sinne, s. ob. N. 1) hat betonen lassen. Déclaration des droits de l'homme et du citoyen 1789 Art. 17. Preuß. Verf. v. 31. I. 50 Art. 9. Neue Reichsverf. v. 11. VIII. 19 Art. 153.

[6] D. XLI 1, 44. RR. (2) S. 336 ff.

[7] BGB. 904 in Verbindung mit 228 und StGB. 54.

[8] S. oben § 95 unter Nr. 2 a.

[9] Die Begründung hierfür s. in § 93 Nr. 2, wobei namentlich das dort zu N. 3 Gesagte hier eingreifen mag.

§ 167
Lösung dauernder Vertragspflichten

Es kann sich herausstellen, daß der technisch zweifelsfreie Inhalt eines Vertrages vordem auch sachlich außer Bedenken war [1], nunmehr aber, bei veränderten Umständen, sachlich unrichtig erscheint. Das mag zum Verlangen nach einer Änderung des Vertragsinhaltes, vielleicht auch nach einer gänzlichen Lösung dauernder Vertragspflichten führen. Wie ist alsdann rechtlich zu verfahren?

Bei der Erwägung, die hier angezeigt ist, sind zwei Fragen genau zu unterscheiden:

1. Hat nach einer besonderen geschichtlichen Rechtsordnung das Gericht oder eine andere staatliche Behörde die Befugnis, in laufende Vertragsverhältnisse einzugreifen und deren Inhalt anders, als im Vertrage selbst vorgesehen, nunmehr festzusetzen oder sogar diesen Vertrag gänzlich aufzulösen, obgleich er nach seiner eigenen Bestimmung noch weiter dauern würde [2].

2. In welcher allgemeingültigen Methode ist festzustellen und zu beweisen, daß das unentwegte Festhalten an einer gerade vorliegenden, besonderen Vertragsangabe ein grundsätzlich unrichtiges rechtliches Ergebnis liefern würde?

Die zuerst genannte Frage ist eine solche der technischen Jurisprudenz, die zweite Erwägung gehört zur Rechtsphilosophie.

Die ersterwähnte Erörterung setzt die andere Betrachtung voraus. Denn wenn man nicht mit einiger Beweiskraft darlegen kann, daß unter gegebenen Umständen ein rechtliches Anfordern grundsätzlich unrichtig ist, so hat es auch keinen Sinn, danach zu fragen, ob ein Gesetz es will, daß der Richter oder sonstige Urteiler auf eine sonst bestehende sachliche Unrichtigkeit Rücksicht nehme.

Andererseits folgt aus der logisch grundlegenden und notwendig vorausgesetzten rechtsphilosophischen Betrachtung eine Antwort auf die daneben stehende technische Frage auch nicht im geringsten. Das Bedenken der *Richtermacht* gegenüber feststehender Vertragsbestimmung ist lediglich eine Frage nach dem Inhalte einer bestimmt gegebenen Rechtsordnung. Alle Erörterungen über dieses Thema, die

---

§ 167. [1] Festzustellen durch Beobachtung der Grenzen der Vertragsfreiheit, §§ 160 ff. Vorausgesetzt ist dabei natürlich, daß auch die Weise der Entstehung des fraglichen Vertrages zu keiner Beanstandung Anlaß gibt.

[2] Ob das durch konstitutives Urteil geschieht, oder ob staatlicherseits nur festgestellt wird, daß wegen der veränderten Umstände ein Rücktritt der einen Vertragspartei berechtigter Weise stattgefunden hat, ist für die grundlegende Bedeutung der ersten Frage des Textes ohne Belang. Hierfür ist nur von Interesse, daß es sich um die getreue Wiedergabe des positiven Inhaltes einer ganz bestimmten, einzelnen Rechtsordnung handelt und nicht um eine Betrachtung von unbedingt allgemeingültigem Charakter, die für alles jemals denkbare Recht Geltung hätte.

sich auf die Berechtigung des Gerichtes zu bestimmten Eingriffen beschränken, betreffen nur die Wiedergabe von Besonderheiten dieser oder jener gesetzlichen Regelung. Welches Ergebnis aber eine dahin angestellte Untersuchung haben mag, das kann niemals im voraus und ein für allemal bestimmt werden.

Und es ist die Wiedergabe des Inhaltes jener Rechtsordnung zunächst als solche vorzunehmen. Sie ist in sicherem Festhalten ausschließlich darauf zu richten: was dieses oder jenes einzelne Gesetz oder auch eine besondere Rechtsordnung im ganzen wirklich will. Entspricht es der tatsächlichen Absicht des Gesetzgebers, daß an einem bestimmten Vertragsinhalt zwingend festgehalten werde, auch wenn dabei wegen veränderter Umstände ein grundsätzlich unrichtiges Ergebnis erzielt wird?

Das ist im Grunde die Frage, die in der technischen Jurisprudenz viele interessante Ausführungen hervorgerufen hat [3].

Ganz unabhängig davon ist die rechtsphilosophische Frage des Gedankens von der *grundsätzlichen Richtigkeit* [4].

Sie kommt in unserer Aufgabe in zweifacher Richtung vor: a) Was heißt es überhaupt, daß eine bestimmte Sachlage, die sich aus einer Vertragserfüllung ergibt, grundsätzlich unrichtig ist? b) Ist es von

---

[3] Man nennt es die Lehre von der *Clausula rebus sic stantibus*. Nachweise bei STAMMLER Schuldverhältnisse (§ 93 N. 4) § 28 S. 88 ff. BRUNO SCHMIDT Die völkerrechtliche clausula rebus sic stantibus (§ 138 N. 2). KAUFMANN Das Wesen des Völkerrechts (ebda.). FLEISCHMANN Tarifabreden in Straßenbenutzungsverträgen 1917 S. 49 ff. KRÜCKMANN Clausula rebus sic stantibus, Kriegsklausel, Streikklausel, ArchZivPrax. 116, 157 ff. BOVENSIEPEN in DJZ. 23, 497 f. BÖCKEL Wirkungen des Kriegs auf Elektrizitäts- und Gaswerke 1918 (vgl. VO. v. 1. II. 19). LEETZ Die clausula rebus sic stantibus bei Lieferungsverträgen 1919. OERTMANN Veränderte Umstände, Ges. u. R. 22, 101 ff. TITZE Richtermacht und Vertragsinhalt, Vortrag 1921. STAMMLER Änderung laufender Verträge, Zeitschr. d. Bern. JurV. 58, 1 ff. RphAbh. 2, 319 ff. HEINSHEIMER Lieferungsverweigerung wegen veränderter wirtschaftlicher Lage, DJZ. 25, 669; vgl. das. 713, sowie 27, 245; 31, 576 (Vortrag von REICHEL). — Aus der Praxis: JW. 1905 S. 168; 1920 S. 961 1 ff.; 1921 S. 23 f.; 86, 397 ff.; 99, 258 ff., vgl. 115 ff.; RG. 100, 129 ff.; 134 ff. 102, 98 und 272; 106, 7 und 11; 107 und 108 in einer Anzahl von Fällen; 111, 156; dann werden Entscheidungen hierüber seltener. DJZ. 23, 637; 705. SeuffArch. 73 Nr. 154, 67 Nr. 154; 77 Nr. 154. HessRspr. 17, 239; 20, 123; 24, 42. PLUM Der Einfluß des Krieges und der Revolution auf schwebende Lieferungsverträge im Lichte der Rechtsprechung 1919. STAMPE Geht unsere Klausula-Praxis den richtigen Weg?, in Tag B 1921 Nr. 110. Ges. u. R. 22, 327 ff.; 24, 73 u. 240. — Schweiz. OblR. 373, 2.

[4] Man mag diese Frage beiseite schieben und sie unbeachtet lassen (§ 18 i. A.; vgl. 97), aber es ist nichts zu hoffen, sie ohne methodische Überlegung lösen zu können (s. auch § 169 zu N. 11). Ihre Beantwortung einem dunklen *Gefühle* zu überlassen, heißt: sie einem zufälligen Meinen von bloß-persönlichem Werte überantworten (§ 146). Das Urteil, daß ein gegebenes Verlangen prinzipiell begründet sei, oder daß solches fehle, setzt den Begriff *der grundsätzlichen Richtigkeit* voraus, — und dieser Begriff will in kritischem Nachdenken nach seinem bleibend bedingenden Merkmal einheitlich bestimmt sein. S. §§ 79 ff.

seiten der Gesetzgebung grundsätzlich gerechtfertigt, etwa ein solches Ergebnis doch als zwingend maßgeblich stehen zu lassen, weil es mit Rücksicht auf das Ganze vorzuziehen ist, lieber einmal einen einzelnen Fall leiden zu lassen?

Die an zweiter Stelle angeführte Frage führt auf die zwei Mittel zurück, die der Gesetzgebung für ihre Ziele zur Verfügung stehen: technisch geformte Satzungen mit zwingendem Festhalten an ihnen einerseits und Verweisen auf das im besonderen Falle als richtig auszuwählende Recht andererseits [5]. Im jetzigen Zusammenhange ist auf die bleibende Methode hinzuweisen, in der ein begründetes Urteil über ein richtiges Ändern und Endigen laufender Vertragspflichten gefällt werden kann.

Im Sprachgebrauche der heutigen Gesetzgebung tritt die genannte methodische Frage besonders als Bezugnahme auf einen *wichtigen Grund*, sowie ähnliche und entsprechende Ausdrücke auf [6].

---

[5] S. § 127 und bes. § 143. — Die Berücksichtigung der *veränderten Umstände* durch Endigen oder sogar Ändern bestehender Verträge kann im Ganzen durch die Erwägung nahe gelegt werden: daß alle besonderen Verträge nur Mittel zur Erreichung eines gedeihlichen und innerlich begründeten Zusammenlebens sein sollen; — andererseits wieder im besonderen Auftreten deshalb unbeachtlich sein, weil sonst die Sicherheit und Stetigkeit des geschäftlichen Verkehrs durch immer erneutes Bezweifeln der Begründetheit eingegangener Verpflichtungen allzu stark leiden würde. So konnte es kommen, daß die Fürsten, die Heinrich VI. eidlich gelobt hatten, seinen Sohn Friedrich als demnächstigen König anzuerkennen, ihre Zusage brachen und von späteren Juristen mit der *clausula rebus sic stantibus* in Schutz genommen wurden. Leyser Meditationes ad pandectas 1717 ff. spec. 520 § 4. Dieser hervorragende Vertreter des *Usus modernus pandectarum* war zwar ein Anhänger der allgemeinen Anwendbarkeit jener Klausel, mit Rücksicht auf das *si in eodem statu maneat* des Africanus in D. XLVI 3, 38 pr., verwahrte sich aber scharf dagegen, daß jede Vertragstreue dabei schwinden sollte. S. auch den Rechtsstreit der Stadt Durazzo mit der Union albanischer Städte bei Leyser l. c. § 5; ferner spec. 40 § 4. DRL. 1, 303 ff. (Alban. Städte vor d. Helmstedter JurFak.). Nach mancherlei Erfahrungen begreift es sich, daß die allgemeine Einsetzung der *clausula rebus sic stantibus* (N. 3) gegenwärtig starkes Bedenken erregt. Der Mittelweg, den das heutige Recht durch Befolgen wichtiger Veränderungen im einzelnen, besonders ausgezeichneten Vertragsarten einschlägt (N. 6), dürfte im Wesentlichen den jetzt gegebenen und weiter dauernden Verhältnissen entsprechen. Daß die Klausel nicht allgemein als Auslegung von Verträgen eingesetzt werden darf, darüber s. § 129 N. 2. Eine genaue allgemeine Grenze für die vom Gesetze nicht erwähnten und geregelten Fragen (N. 6) wird zweifellos nur durch das Festhalten des Gedankens grundsätzlicher Richtigkeit für den Inhalt durchzuführender Verträge gegeben, wie es in der Rücksichtnahme auf die *guten Sitten* oder den *wichtigen Grund* u. dgl. (§ 7 N. 1) sachlich zum Ausdrucke kommt. RR. (2) S. 339 ff.

[6] BGB. 626. GO. 124 a; 133 b; HGB. 70—72; 77; 92. Vgl. Betriebsrätegesetz v. 4. II. 20 § 84, 1: 4). Dazu Oppenheimer in Gew. u. Kaufm. Ger. 1921 Nr. 5 Sp. 113. — Ferner: a) BGB. 627; 671; 712; 723; — 2226. b) BGB. 696. c) BGB. 723; HGB. 339. — BGB. 749; vgl. 2042; 2044. — HGB. 133; vgl. 161. d) BGB. 27; — BGB. 712; 715; HGB. 117; 127; — BGB. 1889; — 2227. e) BGB. 1289 f. (§ 165 N. 4). — Außerdem kommt der genannte Ausdruck in anderer Richtung rechtlicher Erwägung

Ein *wichtiger Grund* ist ein Umstand, bei dem die Fortsetzung des dortigen besonderen Zusammenwirkens ohne Mißbrauch des einen Teiles nicht mehr möglich ist. Es kann das von jener Sonderverbindung gewollte Ziel unter Festhaltung der Grundsätze eines richtigen Rechtes (§ 95) nicht mehr erreicht werden [7]. Das zeigt sich praktisch in doppelter Hinsicht: a) Es tritt ein die Sachlage so verändernder Umstand ein, daß nun der Inhalt des Wollens eines der Verbundenen der Willkür des andern anheimfällt. Das ist der Fall, wenn ausschließlich das subjektive Belieben der einen Seite in der fraglichen Sonderverbindung den Ausschlag gibt, ohne Rücksichtnahme auf den notwendigen Untergrund des gemeinschaftlichen Wollens [8]. b) Die Veränderung erschafft einen Tatbestand, in dem einer nach Willkür eines andern vom sozialen Zusammenleben ausgeschlossen ist. Das liegt vor, sobald auf die Not und die dringende Gefahr des Pflichtigen oder der ihm rechtlich anvertrauten Personen sonst keine Rücksicht genommen, sondern bloß das einseitige Begehren des Gegners maßgeblich wird [9].

---

vor in BGB. 843, 549; 811. — Über die weitere Berücksichtigung der veränderten Umstände in der neueren deutschen Gesetzgebung s. die in N. 3 angegebene Literatur. Dazu: Schweiz. OblR. v. 1911 Art. 83; — 316; — 269; 291; 352; 476; 545.

[7] D. XLV 1, 98 pr. i. f.: *Etiam ea, quae recte constiterunt, resolvi putant, cum in eum casum reciderunt a quo non potuissent consistere.* So, wenn Krankheit und andere Bedrängnis die Hilfe des Dienstverpflichteten bei den Seinen zu Hause unerläßlich machen. Freilich darf auch dabei wieder nicht einseitig vorgegangen und nur auf wichtige Wünsche des einen Teiles gesehen werden (Beispiel DJZ. 5, 363 Nr. 12), vielmehr muß das Ganze der fest begründeten Sonderverbindung durchschlagend erwogen werden. Das führt in der Praxis geldwerter Schuldverhältnisse leicht zu Zweifeln im Einzelfall. Dem mag das Schwanken geschuldet sein, das in den oben (N. 3) angeführten Entscheidungen der neuesten Zeit sich zeigt. RR. (2) S. 346 f. — Vgl. auch § 155 N. 5.

[8] Praktische Rechtsfragen: RR. (2) S. 342 ff. — RG. 78, 19 ff.; 82, 293; 87, 349 ff.; 88, 127 ff.; 93, 209 ff.; 94, 166 ff.; 94, 234 ff. SeuffArch. 59 Nr. 91. — Pr. GesindO. v. 8. XI. 1810 § 138. GO. 124, 3; 127 b.

[9] RR. (2) S. 345 ff. — Der Einfluß der Not wird rechtlich besonders bei Verletzung der Person oder des Eigentums erwogen (§ 166 N. 7). Hier kommt der Vertragsbruch in Betracht. Das Problem des Notstandes rückt damit in die Betrachtung der *veränderten Umstände*. Nur ein besonderer Einzelfall von ihm ist die viel erörterte Frage nach der Berechtigung der Notlüge. Kant Über ein vermeintliches Recht, aus Menschenliebe zu lügen 1797 (Hartenstein V 467 ff.). Eisenhart Grundsätze der deutschen Rechte in Sprichwörtern (3) 1823 S. 337 f. Für alle diese Fälle ist es ein methodischer Fehler, nach einer absolut gültigen Lösung zu suchen (wie auch ich in meiner Erstlingsschrift über den Notstand 1878 getan). Auch darf dabei nicht endgültig vom Standpunkte des einzelnen Beteiligten ausgegangen werden, sondern von dem verbindenden rechtlichen Wollen, nach dem zu fragen ist: ob eine bestimmte Aufopferung als objektiv richtig behauptet werden kann (vgl. § 81 N. 5). Bei der alsdann sich zuweilen bis zur konkreten Unmöglichkeit steigernden Unsicherheit sind positive Durchschnittsbestimmungen nicht zu entbehren. Eine hier einschlagende ganz hervorragende Schrift ist die Jenaer Dissertation des leider im Kriege gefallenen Gerhard Goepel Über Stammlers Rechtsphilosophie und das Problem der Aufopferung 1915.

§ 168

Die Begründung des Erbrechtes

Die Beerbung des heutigen Rechtes ist eine solche durch Privatpersonen [1]. Diesen Zustand, der regelmäßig auch den übrigen neueren Gesetzgebungen zu eigen ist, hat man seit längerem zum Gegenstande kritischer Betrachtung gemacht [2].

Die älteren Naturrechtslehrer nahmen das überkommene Erbrecht als notwendige Folge des Privateigentumes, dessen Begründung von ihnen in verschiedener Weise versucht wurde [3]. Das Zusammenleben auf der Grundlage des Privateigentums könne aber nur dann nach den Anforderungen der menschlichen Natur gestaltet werden, wenn der Eigentümer frei darüber verfügen könne, auch über die Zeit nach seinem Tode. Die *successio ab intestato* indessen habe ihren natürlichen Grund in einer Vermutung des Willens eines jetzt Verstorbenen [4].

Schärfer suchte späterhin KANT die Testamente zu begründen. Der eingesetzte Erbe erlange bei dem Tode des Erblassers unvermeidlich und stillschweigend das Recht, die Erbschaft anzunehmen oder auszuschlagen; denn der Widerruf des über sein Eigentum Verfügenden sei nun ja nicht mehr möglich. Die Verfügung des Eigentümers und sein Recht gegen einen jeden Besitzer einer Sache sei aber durch die vereinigte Willkür aller in einem Gesamtbesitze begründet und aus diesem notwendig hergeleitet. Also seien Testamente nach dem Naturrechte gültig [5].

Im 19. Jahrhundert wurde das Erbrecht in erster Linie mit der Ordnung der Familie zusammengehalten und aus dieser her zu begründen unternommen [6].

---

§ 168. [1] Über ihre Stellung neben Privateigentum und Vertragsfreiheit s. §§ 160 N. 1; 166 N. 2. — Nun kann es sein, daß jemand ohne letzten Willen, ohne Ehegatten und irgendwelche Verwandte mit Tod abgeht; oder auch, daß keiner von denen, die durch Testament oder Erbvertrag oder Gesetz zur Erbschaft berufen wären, sie haben will, ein jeder sie vielmehr ausschlägt. In diesem Falle hat der Fiskus den Nachlaß zu übernehmen. WINDSCHEID §§ 570; 622. BGB. 1936; 1964 ff.; 1942, 2.

[2] BARON Angriffe auf das Erbrecht 1877.

[3] S. § 14, sowie § 166 zu N. 3.

[4] Es kommen hier wohl alle in § 14 angeführten Vertreter des Naturrechtes in Betracht, die in ihren Werken regelmäßig unsere Frage mehr oder weniger ausführlich erörtern.

[5] KANT Rechtslehre (§ 15 N. 8) § 34.

[6] SAVIGNY System des heutigen röm. R. (1840) I §§ 53 f. S. 341; 349; 382 ob. wies auf die notwendige Ergänzung der Individualität eines jeden hin; durch das vergängliche Leben des Einzelnen sei eine Ergänzung in der Fortpflanzung und in der durch die Blutsverwandtschaft begründeten Fortsetzung der Individualität von Bedeutung. HEGEL Rechtsphilosophie (§ 15 N. 20) §§ 178 f. sagt kurz, daß die natürliche Auflösung der Familie durch den Tod der Eltern, insbesondere des Mannes, die Erbschaft in Ansehung des Vermögens zur Folge habe; mit den entfernteren Graden der Verwandtschaft werde das um so unbestimmter, als die Gesinnung der Einheit sich

Diesen Begründungsversuchen stehen allgemein verwerfende Urteile gegenüber. Sie treten teils zusammen mit der Verneinung des Privateigentums auf [7], teils als Bestrebungen, die nur das Erbrecht als solches ablehnen [8]. Neuere Erörterungen über diese Frage haben in steigendem Maße einen Mittelweg eingeschlagen; sie befürworten eine Einschränkung des gesetzlichen Erbrechtes [9].

Zur wissenschaftlich gesicherten Würdigung der hier aufgeworfenen Frage muß erneut auf die Notwendigkeit der kritischen Methode hingewiesen werden.

Eine positive Rechtseinrichtung, wie die einer bestimmten Beerbung läßt sich als unbedingt gültig weder begründen noch verwerfen [10]. Sie kann in verschiedenen Lagen berechtigt oder unrichtig sein; und ist dann auch im ersten Falle nur objektiv richtig und keineswegs absolut feststehend (§ 81). Es kommt darauf an, ob die gleichmäßigen Massenerscheinungen, die sich unter ihr bilden, mit der Idee reiner Gemeinschaft sich vertragen oder nicht (§ 92). In unseren Verhältnissen kann die besondere Fürsorge für die Seinigen, herausgehoben aus der Allgemeinheit der Rechtsgenossen, nicht für unberechtigt erachtet werden. Wir leben in konzentrischen Kreisen mit den Verwandten und Familienangehörigen. Erst wenn der innere Zusammenhang sich durchaus verliert, ist ein Eintreten *lachender Erben* nicht mehr am Platze [11].

Die grundsätzliche Berechtigung der Testamente dagegen läßt sich nur dann beurteilen, wenn man die gleichheitliche Art und Weise fest-

---

mehr verliert, und als jede Ehe das Aufgeben des vorigen Familienverhältnisses und die Stiftung einer neuen selbständigen Familie werde. Durch dieses Auseinanderfallen entstehe die Freiheit für die testamentarische Willkür der Individuen. Stahl II §§ 90 ff., bes. S. 501 ff. geht von der Sukzession der Kinder als einer notwendigen Folge des Familienbandes aus; das elterliche Vermögen habe die innere Bestimmung, den Kindern hinterlassen zu werden. Das Erben der übrigen Verwandten sei nur eine Analogie, das beliebige Testament, das nach eigenem Willen künstliche Erbbande bilde, stelle bloß ein Surrogat der natürlich notwendigen Erbfolge dar.

[7] S. § 57 N. 6; § 173 N. 9. Vgl. § 17.

[8] Hier ist vor allem die Schule der Saint-Simonisten zu nennen. Unter ihnen kommt wieder Bazard (1791—1832) besonders in Betracht. Auf Grund der These, daß alle *Privilegien* abzuschaffen seien, behauptet er weiter, daß das Eigentum jemandes nur dann sachlich gerechtfertigt sei, wenn er es erarbeitet habe (§§ 166 N. 3; 169 N. 10). Damit vertrage sich das Erbrecht nicht. Stein (§ 14 N. 10) II S. 268 ff. Muckle Henri de Saint-Simon 1908 S. 305 ff. Handw. d. Staatsw. (3) II 732.

[9] Nachweise bei Dernburg Lehrbuch des Preußischen Privatrechts (4) 1896 III §§ 90 ff. Blume Umbau und Ausbau des deutschen Erbrechts 1913. Ders. Handw. d. Staatsw. (3) III 1018 ff. Bernhöft ebda. 1023 ff.

[10] S. § 4: Unzulässigkeit eines Idealrechtes. Vgl. § 15; auch § 1066 zu N. 3.

[11] Mot. z. BGB. V 366 f. Danach BGB. 1929. Gesetzentwürfe von 1907 und 1913, die sehr eng nur noch die zweite Ordnung in der gesetzlichen Erbfolge zulassen wollten, sind nicht zur Verabschiedung gelangt. Schweiz. ZGB. 460.

stellt, in der in einer bestimmten Lage von ihnen Gebrauch gemacht wird [12]. Diese Beobachtung führt für die sozialen Erscheinungen unserer Tage zu keinen ungünstigen Ergebnissen, gemessen daran, ob die Anerkennung der letztwilligen Verfügungen zu Folgen im Sinne des formalen Gemeinschaftsgedankens führt. Mag sich auch zuweilen in einem letzten Willen ein Ausfluß einer subjektiven Laune ausprägen, so läßt sich dem durch Erklärung der Nichtigkeit im einzelnen Falle ausreichend begegnen [13]. Im ganzen aber stellen die letztwilligen Verfügungen besondere Ausführungen des berechtigten Grundgedankens des gesetzlichen Erbrechtes dar; oder sie bringen Wünsche eines Scheidenden zum Ausdrucke, deren Ausführung über das Grab hinaus sich wohltätig und ersprießlich ausnimmt. Sie können auch in anderer Hinsicht, als für das Schicksal des hinterlassenen Vermögens, für die Hinterbliebenen in guter Art sorgen: in Anordnung einer Vormundschaft und mit Bestimmungen über ein sonstiges förderndes Eingreifen [14].

Vierter Abschnitt

Politik

I. Die Richtlinien der Politik

§ 169

Das politische Endziel

Politik ist die Tätigkeit, die auf das Bewirken guter sozialer Zustände gerichtet ist.

Soziale Zustände sind geregelte Beziehungen unter Menschen. Darum kommt es bei der Aufgabe der Politik auf die sachliche Begründetheit des rechtlichen Verbindens an, unter dessen Bedingung bestimmte gesellschaftliche Verhältnisse logischerweise stehen. Das Ziel der Politik ist also, genauer genommen, die richtige Art des rechtlich verbindenden Wollens [1]. Und der Politiker hat es sowohl mit der Frage der Verände-

---

[12] Es ist nicht veranlaßt, das gesetzliche Erbrecht als vermuteten letzten Willen aufzubauen, aber auch nicht erforderlich, dem Testamente bloß eine Ersatzrolle zuzubilligen. Hier war vielmehr der oben (N. 5) besprochene Gedanke Kants begründet: daß es auf eine Verfügung des Eigentümers hinauslaufe. Eine solche ist aber innerlich begründet, wenn sie im Sinne des Gemeinschaftsgedankens (§ 92) vorgeht und sich bewährt.

[13] Vgl. oben § 160. — BGB. 134—138 und 2171.

[14] Ob sich für die Einrichtung der Erbverträge, mit ihrer festen endgültigen Bindung der Beteiligten, das gleiche Ergebnis, wie für Testamente behaupten läßt, bleibt dem Zweifel ausgesetzt. Darstellungen jenes Institutes bei Kipp Lehrbuch des Erbrechts (11/13.) 1921 §§ 30 ff.

§ 169. [1] Es ist die Erreichung objektiv richtiger, aber nicht absolut richtiger Zustände, § 81. Vgl. § 94.

rung von bestehendem Rechte zu tun, als auch mit seinem Festhalten und seinem Bewähren in besonderer Lage [2].

Dabei wird das Gebiet der Politik durch die Rücksicht auf die Schicksale eines Rechtsganzen angegeben, die für eine verhältnismäßige Dauer zu bestimmen sind, während das gerichtliche Verfahren jeweils mit einer abgegrenzten Besonderheit sich befaßt (vgl. § 151). Ob es sich dann um *äußere* oder *innere* Politik handelt, macht keinen Unterschied, sofern wir den Blick auf das maßgebliche Ordnen der hier sich einstellenden Gedanken lenken [3].

Hierfür ist nun nachstehende Betrachtung von nöten.

Alle politischen Aufgaben treten als Einzelfragen auf. Der Politiker hat dann die Mittel auszusuchen, die am besten zur Erreichung des gerade aufgegebenen, besonderen Zweckes geeignet sind. Aber gibt es dabei nichts, als einen Wirrwar von Einzelheiten? Hängt die Mannigfaltigkeit der zahllosen politischen Bestrebungen in keinem maßgeblichen Grundgedanken einheitlich zusammen?

Man hat die Politik als eine *Kunst* bezeichnet. Es trifft zu, daß die Fähigkeit zu guter Führung politischer Aufgaben bei den einzelnen Menschen und Völkern nach Anlage, Erziehung und Überlieferung verschieden ist. Auch spielt die Geschicklichkeit in praktischer Psychologie hierbei eine große Rolle. Aber damit ist das letzte Wort in dem hier behandelten Problem nicht gesprochen, denn es fehlt noch die Einsicht in eine feste Richtlinie bei dem politischen Handeln. Und wenn dieses als eine Kunst zu handhaben ist, so sollte es doch eine solche auf wissenschaftlicher Grundlage sein [4].

---

[2] Mohl 3, 341 ff. — Dahlmann Die Politik, auf den Grund und das Maß der gegebenen Zustände zurückgeführt 1835 (3) 1847. Fries (§ 20 N. 1) Politik oder philosophische Staatslehre, hrsg. v. Apelt 1848. Treitschke Politik, nach d. Tode d. Verf. hrsg. 2 Bde. 1897/98. Rich. Schmidt Wege und Ziele der Politik, ZPolit. 1, 1 ff. Ders. Politik, Wörterb. d. Staatsw. (2) 3, 83 ff. Rosenthal Der Wandel der Staatsaufgaben in der letzten Geschichtsperiode, Rede 1913. Sidwick The elements of politics (4), London 1920. Günther, Ad. Theorie der Sozialpolitik 1922. Calker Recht und Weltanschauung 1924. Ders. Bismarcks Verfassungspolitik, Rede, 1924. Ders. Das Problem der richtigen Politik, StFestg. 1926 S. 71 ff. Triepel Staatsrecht und Politik, Berl. Rede 1926. Calker Einführung in die Politik 1927. — Handbuch der Politik (3) 1920.

[3] Wohl gebraucht man den Ausdruck der *Politik* zuweilen auch im Privatleben, in Vereinsangelegenheiten und ähnlichen Verhältnissen. Aber das ist dann von den Aufgaben und Zielen der im Texte genannten Art nur übertragen. — § 138 N. 8.

[4] Stammler Mandevilles Bienenfabel. (§ 96 N. 2); vgl. Kultur der Gegenwart (§ 141 N. 2) S. 59. RphAbh. 1, 438. WR. Anm. 232. — Vocke Die Abgaben, Auflagen und die Steuer vom Standpunkte der Geschichte und der Sittlichkeit 1887. (Handw. d. Staatsw. (3) VIII·384). Oertmann Rechtswissenschaft und Rechtspolitik, PreußJ. 88, 191 ff. Calker Politik als Wissenschaft 1898. Fovel Scienza politica e scienza dell' amministrazione, Bologna 1906. Fleiner Politik als Wissenschaft 1907. Friedrich Kolonialpolitik als Wissenschaft 1909. Roeseler Politik und Wissenschaft, Grenzboten 77, 229 ff. Piloty Politik als Wissenschaft, ArchRPhilos. 13,

Nicht selten zeigt sich ein Rückzug dahin, daß es sich hier um Fragen der *Weltanschauung* handle, die sich der wissenschaftlichen Erörterung entzögen. Allein jede Vorstellung von einer *Weltanschauung* ist ja der Gedanke eines einheitlichen Verfahrens, das ein für allemal feststeht, und nach dem sein Besitzer seine ihm vorkommenden Erlebnisse gleichmäßig richtet. Wenn aber jemand eine solche einheitliche Art und Weise wirklich hat und ausübt — und das ist in der Tat bei jedem denkenden Menschen der Fall — so muß sich doch angeben lassen, worin sie denn eigentlich besteht, wie sie zu beschreiben ist und als ordnende Weise überall eingesehen werden kann [5].

Die Lösung dieses Problems geschieht wiederum (§ 5) durch kritische Besinnung auf die Möglichkeit der Vereinheitlichung überhaupt. Sie lehrt für die soziale Frage, und hier für die Aufgaben der Politik, daß keine Sätze noch Methoden der naturwissenschaftlichen Forschung hier eine Wegeleitung abzugeben vermögen. Denn in der rechtlichen Erörterung und in aller Betrachtung von gesellschaftlichen Verhältnissen handelt es sich um menschliches Wollen. Wir haben es dabei nicht mit der wissenschaftlichen Erkenntnis der Körperwelt zu tun, sondern mit dem Ordnen von Willensinhalten, mit den bestimmenden Gedanken von Zwecken und Mitteln [6].

Nun gibt es aber als Bedingung einer möglichen Harmonie unter allen jemals möglichen menschlichen Bestrebungen nur die Idee der Willensreinheit (§ 80), die in ihrer Anwendung auf das verbindende Wollen den Gedanken der reinen Gemeinschaft besagt (§ 92). Folglich kann es auch für die praktischen Erwägungen der Politik keinen anderen einheitlich richtenden Blickpunkt, als jenen Gedanken geben [7].

Die wissenschaftliche Leitung der Politik besteht sonach da-

---

97 f. LINDAHL Die Gerechtigkeit der Bestimmung. Eine Analyse der Steuerprinzipien auf Grundlage der Grenznutzentheorie.

5 Vielleicht schwebt manchem vor, daß man die sogenannte *Weltanschauung* von der Betrachtung sozialer Fragen trennen sollte. Jene würde alsdann etwas anderes sein, als die philosophische Grundrichtung des politischen Denkens. In der Tat kann aber eine *Weltanschauung*, die über die philosophische Grundrichtung hinausgeht, nur in der Religion liegen, wie an anderer Stelle (§ 180) darzulegen ist. Davon abgesehen muß sie entweder mit jener Grundrichtung zusammenfallen oder aber eine bedingte Einzelforderung abgeben. Was sollte neben dieser zweifachen Möglichkeit noch als ein drittes, — eine *weltanschauungsmäßige* Richtung — herausspringen? — Manchmal scheint es sogar, als ob man mit *Weltanschauung* eine Ansicht bezeichnen wolle, die bloß subjektive Gültigkeit habe; über die sich nichts objektiv ausmachen lasse. Hierüber s. § 97.

6 § 35 N. 8; auch § 53 N. 5. — RATZENHOFER Wesen und Zweck der Politik. Als Teil der Soziologie und Grundlage der Staatswissenschaften, 3 Bde. 1893. Dazu RICH. SCHMIDT Soziologische und metaphysische Staatslehre, ArchRPhilos. 2, 449 ff. — Ferner: § 147 N. 1; sowie §§ 17; 174.

7 STAMMLER Sozialismus und Christentum (§ 15 N. 13) S. 125 ff. S. auch oben § 98.

rin, daß die Materie des sozialen Lebens in ihren gleichheitlichen Massenerscheinungen beobachtet und dahin beurteilt wird, ob sie in ihrer bestimmenden Richtlinie noch nach dem Blickpunkte des sozialen Ideales gelenkt sind, oder ob der Gedanke des Subjektivismus in ihnen den letzten Ausschlag gibt [8]. Sofern sich das letztere als unausweichlich erweist, so ist unter den möglichen Abänderungen diejenige Regelung zu wählen, die — wieder nach der dortigen Sachlage — in der dann kommenden Zeit eine Besserung jener Zustände im Sinne reiner Gemeinschaft mit möglichster Sicherheit erweist [9].

Es ist also die Frage nach der grundsätzlichen Berechtigung einer politischen Maßnahme in jedem besonderen Fall neu aufzurollen und nach dem Endziel jeder Politik überlegt zu beantworten. Dagegen geht es nicht an, etwa ein Lehrgebäude mit ausgeführtem Inhalt zu errichten [10]. Es kommt allgemeingültig nur in Frage, welches das

---

[8] Es mag gestattet sein, auch an dieser Stelle nochmals davor zu warnen, als wenn der richtende Gedanke reiner Gemeinschaft irgendeine Vorstellung von einer stofflich bedingten Art des Zusammenlebens wiedergäbe. Er ist vielmehr der Ausdruck dafür, daß als das höchste Gesetz des Richtens jeweils bedingt gegebener Bestrebungen das Abtun des Subjektivismus ist. Es darf nicht dasjenige Verbinden von verschiedenen, geschichtlich gegebenen Möglichkeiten gewählt werden, das als oberste Richtschnur bloß das einseitig subjektive Begehren des einen Teiles der Verbundenen kennt. Welche besondere Art des bedingten Zusammenlebens das aber sein mag, läßt sich schlechterdings nicht mit unbedingter Allgemeingültigkeit sagen. Diese letztere Eigenschaft hat nur der formal richtende Gedanke einer reinen Gemeinschaft, wie er eben erneut beschrieben wurde. — Hieraus zeigt sich auch, daß es kein klar gedachter Gegensatz ist, wenn versucht würde, dem formalen Gedanken der reinen Gemeinschaft das Stichwort der *Volksgemeinschaft* gegenüberzustellen. Denn die dabei vorschwebende Meinung ist doch die: daß das bedingt gegebene Leben der in einem *Volke* Verbundenen sachlich in objektiv richtiger Weise, also im Sinne reiner Gemeinschaft geführt werden solle. Und es bringt mit sich eine Gegnerschaft gegen alle die, welche jenes *völkische* Leben nicht in dieser objektiv gerechtfertigten Weise führen. Es ist also der Ausdruck der *Volksgemeinschaft* nicht eine durchgreifende Kennzeichnung des absolut feststehenden Blockpunktes für grundsätzlich richtiges Zusammenleben, sondern bereits eine praktische Anwendung des sozialen Grundgesetzes auf geschichtlich vorliegende Verhältnisse. Vgl. auch § 100 N. 2; sowie § 138 N. 5.

[9] Schneider Bilanz der deutschen Politik und Erziehung, Volksgesundung durch Erziehung, Monatshefte, 1911 S. 193 ff. S. dens. in § 172 N. 4.

[10] Man würde gegen den Gedanken einer wissenschaftlich geleiteten Politik wohl kaum etwas eingewendet haben, wenn nicht manchem ein falsches Bild von dem damit einsetzenden Plane vorgeschwebt hätte. Es sind aber hier nicht sogenannte *Theorien* aufzustellen, die im Sinne von stofflich bedingten Paragraphen und Programmen jemanden unterweisen wollten, wie man imstande sei, gute Politik zu machen. Ein solcher Codex von stofflich bedingten Lehrsätzen, als angeblich unbedingt gültiger Normen, ist freilich ebenso unmöglich, wie jedes Entwerfen eines Idealrechtes, das schließlich auf einem Widerspruch im Beisatze beruht (§ 4). Ein derartiges Lehrgebäude kann auch in den Fragen der Politik für bestimmte Rechtseinrichtungen nicht aufgeführt werden. Man hat versucht, das Privateigentum in einer besonderen Ausgestaltung entweder als grundsätzlich berechtigt

Verfahren sei, das jedesmal beobachtet wird, sobald jemand behauptet, daß ein bestimmtes politisches Streben prinzipiell richtig oder verwerflich ist. Der praktische Wert ist nur der, daß dann, wenn man jenes einheitlich bedingende Verfahren des Urteilens bewußt überschaut, seine Befolgung in kommenden Fällen gesicherter ist.

Man darf nicht hoffen, daß die bedingende Art einer objektiven Begründung von politischen Meinungen und Forderungen sich, so zu sagen, *von selbst* schon einstellen werde. Die einfachste Erfahrung lehrt das Gegenteil. Nur zu leicht tritt ein Appell an eigensüchtige und jedenfalls bloß subjektiv durchschlagende Interessen und Begehrungen hervor, in der Weise, daß solche persönliche Triebfedern nicht sowohl den Stoff der kritischen Beurteilung und Beherrschung bilden, sondern das höchste Gesetz für die gerade erforderte Entschließung abgeben [11]. Um das zu vermeiden, genügt es aber wieder nicht, einfach auf die *Ethik* zu verweisen und das Verhältnis von *Politik und Moral* so in das Auge

---

oder in gegnerischer Weise als verwerflich darzutun; und hat für beides es mit verschiedenen, angeblich absolut gültigen Deduktionen versucht. Aber beides ist verfehlt. Der Begriff des Eigentums ist allgemeingültig nur im Sinne einer Frage, nämlich der Frage nach dem jeweilig letzten Wort der Verfügung über ein Objekt. Welche Antwort darauf gegeben wird, ist allezeit offen und kann gar nicht in absolut durchgreifendem Sinne gesagt werden (§ 114). S. über diese verfehlten Versuche STAMMLER Eigentum und Besitz, Handw. d. Staatsw. (3) III 617 ff. Im besonderen nehmen Anhänger des Marxismus ohne Weiteres an, daß derjenige, der ein Objekt durch Arbeit herstellt, ein natürliches Recht auf das Eigentum an jenem habe. Vgl. ENGELS (§ 17) Entwicklung des Sozialismus von der Utopie zur Wissenschaft S. 31 ff. (cf. Gai II 79; — GOETHE Prometheus, dramatisches Fragment 1773, Cotta 7, 242 f.). Dafür liegt an und für sich kein Grund vor. Die wissenschaftliche Erwägung der Frage, wem das letzte Wort der Verfügung über ein Objekt begründetermaßen zukommt, läßt sich nur für geschichtlich bedingte Verhältnisse und nur so entscheiden, daß man prüft: welche der verschiedenen Möglichkeiten, die sich dabei auftun, in der gegebenen Lage von dem Gedanken des sozialen Ideales (§ 92) geleitet sind. Dabei ist das Ganze der dortigen Zustände, mit all ihren Überlieferungen und Verwicklungen in das Auge zu fassen; und es muß zugesehen werden, wie weit bei der einen oder der andern Entscheidung ein objektiv richtiges Zusammenwirken im Ganzen dieses sozialen Lebens erwartet werden darf. Über das etwaige Ermangeln dieser ehern feststehenden Methode möglicher Wissenschaft im Sonderfall s. § 173, sowie § 142 N. 1 und 2. — RUCK Basel als Rechtsstaat, S.-A. aus Festg. z. SchweizJurT. 1920 S. 31 ff.

[11] KANT gibt in seiner Schrift zum ewigen Frieden (§ 179 N. 1) im Anhang II als Kennzeichen einer begründeten Politik die *Publizität* an. Alle auf das Recht anderer Menschen bezogenen Handlungen, deren Maxime die Öffentlichkeit scheuen müsse, seien unrecht, alle die, die ihrer bedürfen, seien begründet. Aber dies gibt kein eigenes Merkmal des Gedankens von der Richtigkeit rechtlichen Wollens an, so wenig wie der Satz des Widerspruches für die Wahrheit (§ 79 N. 7) oder die Verweisung auf das Gewissen für das Gute (§ 88). Es kann also eine praktische Probe darauf, daß man das *richtige* Ziel politisch vor Augen habe, darin gelegen sein, daß die Darlegung des letzteren die Öffentlichkeit nicht zu scheuen brauchte; aber der bedingende Gedanke der *Richtigkeit* jenes Strebens will in seinem Wesen (§ 22 i. A.) für sich erwogen und klargestellt sein. Vgl. § 90 N. 2.

zu fassen, als ob das zwei klar abgegrenzte Gegenstände wären, sondern es ist nötig, das politische Streben in methodisch gesicherter Weise dem Ganzen unseres Bewußtseins harmonisch einzureihen [12].

Aus diesen Erwägungen folgt, daß das Endziel jeder Politik begründetermaßen nur sein kann: Recht und Gerechtigkeit! [13]

Sonach werden wir nunmehr zuvörderst die allgemeingültigen Richtlinien einer jeden Politik dadurch deutlich herausarbeiten, daß Irrwege beschrieben werden, die hier nicht selten eingeschlagen worden sind. Die zweite Abteilung dieses Abschnittes hat dann die Schilderung der wissenschaftlich geleiteten Praxis der Politik zu geben.

§ 170

Mehrheit und Richtigkeit

Die beiden in der Überschrift genannten Begriffe haben an und für sich nichts miteinander zu tun. Die Frage der Mehrheit geht auf die Kategorie der Quantität zurück, die der Richtigkeit betrifft eine Erwägung der Qualität. Bloß deshalb, weil ihrer viele etwas aufstellen

---

[12] Staudinger Ethik und Politik 1899. Tönnies Politik und Moral 1901. Traub Politik und Sittlichkeit, Patria 1901 S. 149 ff. Ders. Ethik und Kapitalismus. Grundzüge einer Sozialethik 1904. Sidgwick Die Methoden der Ethik, übers. v. Bauer 1909. Deploige Le conflit de la morale et de la sociologie, Löwen 1911. Dazu eine frühere Korrespondenz über dieses Thema in Revue Néo-Scolastique 1907 Nr. 4. Baumgarten Politik und Moral 1916. Franz Politik und Moral 1917. Seeberg Politik und Moral, Berl. Rede 1918, auch in: Wir heißen euch hoffen 1919 S. 7 ff. Wichmann Philosophie und Politik, Rede 1920. Tarantino La politica e la Morale, Pisa 1920.

[13] Macht man sich klar, daß schlechterdings alles äußere Verhalten und alles Zusammenwirken der Menschen miteinander in rechtlich bestimmte Beziehungen sich auflöst, in der inneren, wie in der äußeren Politik, und daß diese gut, d. h.: nach der Idee der Gerechtigkeit gerichtet sein sollen, so gibt es auch hier keineswegs noch ein weiteres und anders geartetes Endziel der politischen Tätigkeit, als Recht und Gerechtigkeit. Vgl. auch § 149. Dann sucht man wohl nach dem Manne, der solches verwirklicht und in das Leben führt, nach dem Führer, der ein besonderes Geschick für die Durchsetzung von also gearteten Zuständen besitzen und bewähren mag, — aber der Grundgedanke, der sein Schaffen und Tun in letzter Linie zu leiten hat, kann kein anderer sein, als jenes, eben wiederholte, Endziel der Politik überhaupt (§ 96). Daß zu der Durchsetzung des Rechtes es nötig ist, daß eine Macht hinter ihm steht, sollte ebenso selbstverständlich sein (§ 71), wie, daß zur Bewährung der Gerechtigkeit die Hingebung an das Richtige, die Liebe, unentbehrlich ist (§ 93 Nr. 2). So muß die politische Tätigkeit auf das Schaffen einer das Recht stützenden Macht bedacht sein (§ 78) und die Erziehung zum Richtigen, die im tiefsten Grunde bloß durch Religion geschieht, möglichst fördern und unterstützen (§ 172; vgl. § 180). — Dem Verfolgen der Entwicklung des Rechtsstaates in Deutschland — sich herauslösend von dem alten Patrimonialstaat, vor allem aber im steten Kampfe gegen willkürliche Gewalt von außen und im Innern — ist das Werk *Deutsches Rechtsleben im alten Reich* 1928, mit seiner Darstellung geschichtlich erlebter praktischer Rechtsfälle gewidmet. S. auch RphAbh. 2, 203 ff. — Lobe Der Untergang des Rechtsstaates, DJZ. 30, 15.

und erstreben, braucht es noch keineswegs gut zu sein. Es ist immer eine offene Frage, ob die Mehrheit, die in einem besonderen Falle erscheint, auch die Richtigkeit der von ihr vertretenen Ansicht für sich hat [1].

Das zeigt sich mit besonderer Stärke in der rechtsphilosophischen Erwägung. Das bloße Zusammenzählen subjektiver Meinungen ist ohne grundsätzliche Bedeutung sowohl für das Einsetzen des Begriffes, wie der Idee des Rechtes.

1. Das rechtliche Wollen besteht in einem bleibenden Verbinden. Es ist das Gegenteil eines Vereinigens von Fall zu Fall nach subjektivem Belieben. Das Recht steht selbstherrlich über den ihm unterstellten Menschen und ist etwas anderes, als eine Summe von jeweiligen Unterwerfungen nach persönlichem Meinen der Verbundenen [2].

2. Es ist handgreiflich, daß auf die Frage: wie der Gedanke der Gerechtigkeit sachlich zu beschreiben sei, nicht mit der Auskunft geantwortet werden kann: es ist das Begehren einer gewissen zahlenmäßigen Mehrheit [3].

Aber es ist auch noch nicht einmal richtig, daß einfach auf das äußere Wohlergehen einer zu besonderer Zeit gerade vorhandenen Mehrheit hingewiesen werden könnte. Das würde schon durch die Ablehnung des sozialen Eudämonismus als angeblicher Idee des Rechtes sich erledigen (§ 93 Nr. 1). Es übersieht aber auch, daß die Allgemeingültigkeit, die nach der Idee des Rechtes gefordert wird, nicht durch einen quantitativ bestimmten Maßstab erfüllt wird, wie es bei der Begrenzung auf eine besondere Zeitspanne unvermeidlich sein müßte. Der qualitativ bestimmte Blickpunkt des sozialen Ideales (§ 92) kann sehr wohl fordern, daß das äußere Behagen einer größeren Zahl der gerade vorhandenen Rechtsgenossen zurückgestellt wird, um einen guten Fortschritt im Erkennen und Wollen für das Ganze der Menschheit vorzubereiten und durchzuführen [4].

Wohl ist es Aufgabe jeder guten Politik, die Voraussetzungen zu geben,

---

§ 170. [1] STURM Die Bedeutung der Mehrheit in der Rechtsgebung und in der Rechtsprechung 1908. HAYMANN Die Mehrheitsentscheidung, ihr Sinn und ihre Schranke, in StFestg. S. 393 ff.

[2] S. hierzu §§ 41; 84 Nr. 2; 106 f. — Das heute öfter genannte *Selbstbestimmungsrecht* kann als Merkmal *des Rechtes* nur dahin verstanden und gehalten werden, als damit der notwendige Ausschluß von willkürlicher Gewalt, besonders durch fremde Völker und Staaten, angegeben ist. Vgl. § 48. HUBER (§ 6 N. 1) S. 277 ff.

[3] *Nie gelingt es der Menge, für sich zu wollen; wir wissens': Doch wer versteht, für uns alle zu wollen; er zeig's . . . Große gingen zugrunde: doch wer beschützte die Menge gegen die Menge? Da war Menge der Menge Tyrann.* GOETHE Epigramme Nr. 52; 54 (Cotta 1, 285 f.).

[4] Auch ROUSSEAU unterschied genau *la volonté générale*, als einen besonders gearteten Willen, nämlich den, der auf das Glück aller je denkbaren Menschen gerichtet ist, und *la volonté de tous*, als einer Summe von Einzelwillen, die in ihrem besonderen Begehren selbst bei dortiger Einstimmigkeit möglicherweise irre geleitet und unrechtmäßig sind. Contrat social bes. I 7; II 3; 4; IV 2 (§ 15 N. 6). — RSt. § 15.

auf Grund deren sich ein jeder zu einer freien Persönlichkeit zu bilden vermag (§ 99). Aber wie diese besonderen Voraussetzungen in einer gegebenen Lage getroffen werden sollten, darüber kann wieder nicht bloß die größere Zahl dortiger Menschen nach einer Summe subjektiver Auffassungen und Begehrungen entscheiden, sondern die vernunftgemäße Erwägung dessen, was in dieser geschichtlich bedingten Aufgabe im Sinne reiner Gemeinschaft die rechte Einzelmaßnahme sei [5].

Seit alter Zeit pflegt man hier von einem Gegensatz des demokratischen und des aristokratischen Prinzips zu sprechen. Dabei ist genau darauf acht zu haben, daß es sich bei diesem Unterschied um einen Gegensatz in der Fassung des Prinzips handelt. *Prinzip* heißt aber alsdann die Angabe dessen, was einer als Idee des Rechtes nimmt. Es steht nunmehr zur Erwägung, worin der höchste Blickpunkt für das Gemeinschaftsleben gefunden werden kann: entweder in der zahlenmäßigen Menge bestimmter Entschließungen oder in der sachlichen Güte eines politischen Wollens. Nennt man das maßgebliche Streben nach dem Besten im Staatsleben *Aristokratie*, so ist allein der aristokratische Gedanke wissenschaftlich berechtigt [6].

Die Berufung auf die Mehrheit, als entscheidende Instanz in einer besonderen Rechtsordnung, kann stets nur ein bedingtes Mittel sein, um das Beste in einer gerade gestellten Aufgabe zu erzielen. Die demokratische Abstimmung tritt also in den Dienst des aristokratischen Gedankens und muß sich allemal das kritische Bedenken gefallen lassen, ob sie in der zur Erwägung stehenden Frage und in der dortigen sozialen Ordnung nach deren bedingter Beschaffenheit (§ 172) wirklich das rechte Mittel zu gutem Ende ist, — oder ob nicht andere geschichtlich überkommene Einrichtungen in den gerade vorliegenden Verhältnissen den Vorzug verdienen. Die Erledigung dieses Bedenkens kann sehr verschieden nach den Besonderheiten der einzelnen Völker und Zustände ausfallen: unabänderlich fest und allgemeingültig bleibt nur der qualitativ zu klärende und zu bewährende ideale Blickpunkt des Gedankens reiner Gemeinschaft (§ 92).

---

[5] *Was ist die Mehrheit? Mehrheit ist der Unsinn; Verstand ist stets bei Wen'gen nur gewesen . . . Der Staat muß untergehn, früh oder spät, Wo Mehrheit siegt und Unverstand entscheidet.* SCHILLER Demetrius I, Sapieha.

[6] HASBACH Die moderne Demokratie 1912, (2) 1921. SLOANE Die Parteiherrschaft in den Vereinigten Staaten von Amerika 1913. WIESE Liberalismus und Demokratismus, ZPol. 9, 409 ff. (1916). KELSEN Vom Wesen und Wert der Demokratie, ArchSozW. 47, 50 ff. Dagegen PLATON *Politikos*, bes. 36. u. 41. Kap. (§ 10 N. 8 ff.) in APELTS Übers. *Vom Staatsmann* 1914 S. 92 u. 99 ff. Vgl. MENZEL Protagoras (§ 10 N. 2). — MÜGEL Die Volksbegehren zur Aufwertung, DJZ. 31, 694.

§ 171

Gleichheit und Gerechtigkeit

Einer der verhängnisvollsten Irrtümer, besonders in der neueren Zeit, ist die Verwechslung der Idee der Gerechtigkeit mit der Forderung äußerer Gleichheit.

Hierüber ist das Folgende zu bemerken:

1. Es versteht sich von selbst, daß die Menschen, wenn man sie als Einzelwesen betrachtet, recht ungleich geartet sind. Die Behauptung einer *natürlichen Gleichheit* kann von vornherein nicht sowohl als eine auszumessende Gleichheit, also im Sinne der Einerleiheit einer Größe mit einer anderen, gemeint sein. Sie zielt auf die übereinstimmende Beschaffenheit von Gliedern derselben Gattung. Gerade in dieser Beziehung bestehen jedoch der Materie nach die größten Verschiedenheiten unter den Menschen. Sie unterscheiden sich in natürlicher Weise nach Alter, Geschlecht, Gesundheit und vor allem nach ihren geistigen Anlagen zur Richtigkeit im Erkennen und im Wollen.

Das wiederholt sich in stärkster Weise bei jeder sozialwissenschaftlichen Betrachtung[1]. In dem gesellschaftlichen Zusammenwirken handelt es sich um das Verbinden menschlicher Zwecke als Mittel füreinander (§ 35). Folglich kommt es bei der Frage nach sozialer Gleichheit auf die Tauglichkeit dieser Mittel im Ganzen des Zusammenlebens an, und es läge in der Behauptung jener Gleichheit geradezu die Aufstellung, daß alle Willensinhalte und alle Menschen, als einheitliche Träger von ihnen, von dem gleichen Werte für das Ganze der fraglichen Gesellschaft seien, — ein Satz der töricht und unhaltbar sein würde[2]. Die Bedingtheit alles menschlichen Strebens, die Abhängigkeit von den jeweils besonderen Einflüssen der Überlieferung aus anderen Zeiten und Zuständen her kann sich nie restlos auflösen lassen. Jene Einflüsse werden höchstens anderen Gründen für eine vielleicht neue und geänderte Ungleichheit Platz machen[3].

2. Die soziale Ungleichheit ist in technischer Hinsicht von wohltätiger Bedeutung. Sie ist ein immerwährender Ansporn für einen jeden, seine bedingten Pflichten gut zu erfüllen und sein Bestes im Zusammenwirken zu liefern. Das bezieht sich schließlich auf alle, gleichviel, wie die Verschiedenheit der einzelnen Persönlichkeiten sich gestaltet.

---

§ 171. [1] SAVIGNY sagte in der § 16 zu N. 2 genannten Schrift (3) S. 157, daß die klassischen Juristen der Römer *fungible Größen* gewesen seien, — sicherlich zu Unrecht. Dagegen BEKKER Das Recht des Besitzes bei den Römern 1880 S. 4.

[2] Stark betont von ARISTOTELES (§ 10 N. 15 ff.). Dazu LOTMAR (§ 92 N. 1). — THÖL (§ 18 N. 5) § 37. — Eine etwas kuriöse praktische Anwendung: DJZ. 25, 715 f. — In ironischer Weise behandelt hübsch die Gleichheitsschwärmer der Roman von MARRYAT Midshipman Easy.

[3] S. § 172: Die Bedingtheit politischer Maßnahmen.

Dagegen würde jener Antrieb nach dem Phantasiebilde einer vollkommenen und quantitativen Gleichheit wegfallen. Es gibt aber in aller empfindbaren Wirklichkeit ausschließlich ein bedingtes Wollen. Darum ist das Einstellen jenes Mittels der ungleichen Lage für den Inhalt des verbindenden Wollens gar nicht zu entbehren und ist keineswegs abzulehnen. Soweit dem Politiker das besondere Ziel vor Augen steht, Eifer und Fleiß und Tüchtigkeit der Rechtsangehörigen nach ihren immer bedingten Triebfedern und Strebungen zu heben und zu fördern, kann er auf jenes Mittel der Ungleichheit nicht verzichten, ohne seine jeweils gestellten Aufgaben schlecht zu erfüllen [4].

3. Es ist aber die Forderung der äußeren Gleichheit in sich theoretisch falsch. Sollte sie begründet sein, so müßte der Gedanke der Gerechtigkeit durch den der Gleichheit geradezu ersetzt werden, oder — was im Grunde dasselbe ist — es wäre darzutun, daß der Inhalt der Idee reiner Gemeinschaft die Forderung einer quantitativen Gleichheit ergebe. Das ist in keiner Hinsicht begründetermaßen der Fall.

Eine quantitativ gemeinte Gleichheit denkt an eine *gleiche* Verteilung von Annehmlichkeiten. Dieses scheitert an der Unhaltbarkeit jeder Glückseligkeitslehre als philosophischen Prinzips (§ 93 Nr. 2). Es ist ein unklarer Plan, *das Glück* in gleichen Anteilen den einzelnen Menschen zuzuweisen; und es besteht mit nichten das höchste Gesetz für menschliches Wollen in dem Streben nach möglichst hoher persönlicher Lust [5]. Andernfalls ginge man notgedrungen in einem bloß subjektiven dieses oder jenes bedingten Menschen unter und verfiele dem inneren Widerspruche, daß begrenzte Ziele für bestimmte Menschen oder Gruppen das unbedingt gültige Merkmal für ein grundsätzlich richtiges Wollen wären [6].

---

[4] Es ist eine leere und unbeweisende Redensart, daß es doch schön wäre, wenn die Menschen aus *idealen* Gründen sich anstrengten und wirkten, — denn das übersieht, daß die unbeschwerte Wage zum Wiegen nicht tauglich ist. Bedingte Ziele erfordern bedingte Mittel. S. §§ 110 N. 4; 173 N. 5. Über die wahre Bedeutung der Idee des Richtigen: § 83 bes. zu N. 2 und 4 f.

[5] Sofern man auf das höchste Gesetz für das Wollen der Menschen den Blick richtet, gibt es keinen schärferen und geradezu tödlichen Gegensatz, als den von Kommunismus und von Christentum. Jener hat als Schlußgedanken die gleiche äußere Lust, die Sucht nach quantitativ gleichen Annehmlichkeiten, dieses geht in dem Streben nach dem Guten auf und erfüllt sich in der qualitativ ausgezeichneten Hingabe an das Richtige, ohne Rücksicht darauf, ob ein anderer sich dem gleichen Gebote unterstellt oder nicht. S. hierzu HAUCK Der Kommunismus in christlichem Gewande 1891. SCHUBERT Christentum und Kommunismus 1919. Hirtenschreiben der holländischen Bischöfe v. 10. 12. 1918; vgl. FIEBIG Christentum und Kommunismus, Beil. z. Tägl. Rundsch. 1919 Nr. 145. HOLL Christentum und Sozialismus, Grenzboten 1919 Nr. 21. PLENGE (§ 57 N. 8). MESSERT Sozialistische Ethik, Kommunismus, Christentum 1919. STAMMLER Sozialismus und Christentum (§ 15 N. 13). SCHUBERT Der Kommunismus der Wiedertäufer in Münster und seine Quellen 1919.

[6] Interessante Einzelbeispiele haben sich gerade in der neuzeitlichen sozial-

Statt dessen lehrt die Besinnung auf die Idee der Gerechtigkeit, daß die Art des Zusammenlebens nur dann grundsätzlich richtig geführt werden kann, wenn in den bedingt gestellten Aufgaben ihrer sozialen Beziehungen keiner dem bloß subjektiven Belieben des andern unterliegt. In diesem Rahmen und unter Festhalten solchen idealen Blickpunktes der Vermeidung von jeglichem Subjektivismus ist freilich das Wohlergehen der einzelnen Rechtsangehörigen tunlichst zu fördern. Immer aber so, daß damit der Stoff des politischen Tuns geliefert wird, aber keineswegs darin sein Gesetz liegen soll, wie das Begehren nach quantitativer Gleichheit es unbegründeterweise behaupten müßte [7].

4. Darum sind Gerechtigkeit und Gleichheit zwei verschiedene Vorstellungen [8].

Die Gerechtigkeit, welche die Idee des Rechtes ist (§ 91 f.), steht als sicherer Leitstern durch alle Zeiten hindurch fest. Sie folgt aus der Idee der Willensreinheit in deren Anwendung auf das soziale Leben und ist in ihrem Inhalte als der Gedanke einer unbedingten Harmonie

wirtschaftlichen Bewegung ergeben. So erfuhren bei dem Brechen eines Tarifvertrages durch einen Teil der beteiligten Arbeitnehmer die übrigen, die nicht damit einverstanden waren, eine Schädigung, da bei Sperrung des Betriebes auch sie des Verdienstes verlustig gingen. Das entsprach der Gleichheit, aber nicht der Gerechtigkeit, da nun auch sie Objekt der subjektiven Willkür der Vertragsbrüchigen wurden. Hier also ganz abgesehen davon, daß eine gleiche Entlohnung ungleicher Leistungen von vornherein qualitativ unrichtig war. Dies hat selbst bei den auf Zwangswirtschaft (Sozialismus, s. § 57 N. 3) eingesetzten Betrebungen dazu geführt, daß in ihrer literarischen Vertretung die Gleichheit, als leitender Gedanke, abgelehnt und nur eine *wirtschaftliche Gleichberechtigung* gefordert wird; Neue Zeit 38, 2, 589.

7 Es ist also selbstverständlich ein Unterschied dahin zu machen: a) ob man die Gleichheit in äußeren Annehmlichkeiten zum Prinzip erhebt und in ihrer Verfolgung das höchste Gesetz des Menschenlebens erblickt, wie es der Kommunismus und der ideologische Sozialismus tun (§§ 17; 57 N. 6); b) oder ob man aus der Idee der Gerechtigkeit, als der Anwendung der Willensreinheit auf das soziale Wollen, in bestimmter und besonderer Lage zu der Einzelfolgerung einer relativ gleichen Entlohnung und Entschädigung gelangt.

8 Die unzulässige Verwechslung und Vermengung der beiden Vorstellungen: Gleichheit und Gerechtigkeit, im Sinne prinzipieller Richtlinien des rechtlich verbindenden Wollens, führt, soweit sich sehen läßt, auf Pufendorf (§ 14) zurück; cf. De officio hominis et civis 1673 I 7, 1 sqq.: *homo homini naturaliter aequalis.* Daher hat es wahrscheinlich Christian Wolff (§ 15 N. 4), s. dessen Institutiones iuris naturae et gentium 1750 I 3 §§ 46; 70; 95. Rousseau nahm die Vorstellung gleichberechtigter Gesellschafter in seine Lehre auf, wenngleich nicht in kommunistischer Weise (§ 15 N. 6). Schwankend und nicht ganz deutlich ist Fries (§ 20 N. 1) Philosophische Rechtslehre, Vorwort p. XVI; § 9 S. 33 f. — Hugo Naturrecht (4) S. 78; 147; 190. Rotteck Staatslexikon (2) VI 43 ff. Brentano, Schmollers J. 7, 750; 754. Hertling Naturrecht und Sozialpolitik (§ 15 N. 21) S. 68 ff. Haussmann Der Rechtsgrundsatz der Gleichmäßigkeit im preußischen Kommunalabgabenrechte (152 N. 6). Rümelin (§ 83 N. 2) S. 14 ff. Diehl Diktatur des Proletariats (§ 48 N. 3) S. 94. His Geschichte des neueren Schweizerischen Staatsrechts 1. Bd. 1920 S. 321. — Hasse Der kommunistische Gedanke 1919. Hamann Die kommunistische Gesellschaft 1919. — Ladendorf Historisches Schlagwörterbuch 1906 S. 93 f.

im Zusammenleben im Sinne der idealen Richtlinie einer Gemeinschaft frei wollender Menschen klarzustellen und praktisch zu bewähren [9].

Das Begehren einer Gleichheit versagt von vornherein bei der Wegeleitung für grundsätzlich ausgeführte Praxis in rechtlichen Streitigkeiten. In den Fragen der Gesetzgebung aber bleibt jene Bezugnahme — auch wenn sie sich nicht schon durch ihren eudämonistischen Charakter widerlegt — durchgängig vag und unbestimmt. Meint man z. B., daß jeder *das gleiche Recht* auf Ausbildung habe, so ist das in Wahrheit nichtssagend. Die damit geforderten Einrichtungen und Maßnahmen können nicht unabhängig von den Besonderheiten historisch gegebener Zustände getroffen werden und müssen sich, wenn sie grundsätzlich berechtigt sein sollen, in das Ganze einer bestimmten Gesellschaftsordnung einfügen (§ 172). So gibt es kein *natürliches Recht*, das in seinem stofflich ausgeführten Inhalte von geschichtlichen Bedingtheiten losgelöst bestände [10].

5. Die Allgemeingültigkeit, auf die schließlich auch die Forderung der Gleichheit abzielt, kann sonach nicht persönliche Einzelheiten und besondere Rechte betreffen. Es fußt jene Forderung doch auf der Vorstellung, daß ein einheitlich richtender Gedanke allen Zweckinhalten zu eigen ist. Es ist ihnen aber nichts anderes gemeinsam, als die Menschenwürde im Sinne des Selbstzweckes, als die Eigenschaft von Wesen, die ihr Streben unter der Idee der Willensreinheit richten sollen.

So verbleibt allen Menschen übereinstimmend die Aufgabe zum guten inneren Wollen, zum begründeten Richten ihrer wünschenden Gedanken. Und in dieser Aufgabe sind sie alle einander gleich. Einem jeden verbleibt solche Aufgabe, ohne Rücksicht auf ihre Verfolgung und Lösung bei einem anderen Menschen, — jeder hat innerlich gut zu sein, gleichviel, wie sein Nebenmann es damit hält.

Und vor Gott sind alle Menschen gleich. Hier steht der Einzelne für sich dem absoluten Gedanken gegenüber. Seine Unvollkommenheit mag sich in recht verschiedener Weise darstellen, — für diese Frage kommt es nur auf die überall gleiche Unzulänglichkeit jedes Menschen gegenüber der göttlichen Heiligkeit an.

So kann auch in der sozialen Frage die gesuchte *Gleichheit* aller Menschen nur das Vorhaben bedeuten, überall den Rechtsgedanken festzuhalten und ihm nach seinem Begriffe und nach seiner Idee *gleichmäßig* zu folgen. Es soll Willkür vermieden werden, und ein jeder im Zusammenwirken verschiedenster Art als Selbstzweck stehen bleiben. In diesem Sinne, aber auch nur in ihm, ist der Ausdruck von der *Gleichheit aller vor dem Gesetze* in neueren programmatischen Aufstellungen von

---

[9] *Keiner sei gleich dem andern, doch gleich sei jeder dem Höchsten! Wie das zu machen? Es sei jeder vollendet in sich.* SCHILLER Votivtafeln, Aufgabe.

[10] S. § 4: Unzulässigkeit eines Idealrechtes. Vgl. § 15. HUBER Realien (§ 53 N. 5). DERS. Recht und Rechtsverwirklichung (§ 6 N. 1) S. 56 ff.

Grundrechten in einer Verfassung von sachlichem Sinne und begründeter Bedeutung [11].

6. Endlich ist zu bemerken, daß der allgemeine Ausdruck einer *Gleichheit vor dem Gesetze* als politischer Ruf in technisch begrenzten Rechtsfragen erhoben worden ist. Es geschieht gegenüber der Einteilung einer rechtlichen Gesamtheit in mehrere Stände nach technisch geformtem Rechte. Das Zerlegen eines Volksganzen in verschiedene Gruppen und Klassen ist an und für sich nichts Verwerfliches. Es ist schier unvermeidlich, daß sich engere Kreise aus gemeinsamer Arbeit und sonstigen Bedingungen ihres Daseins her zusammenfinden, und nur natürlich, daß sich dabei Unterschiede von relativer Bedeutung in der Kulturgeschichte ergeben. Die Frage geht bloß dahin, ob die begründete Zerlegung einer Gesellschaft in verschiedene Stände und Klassen durch rechtliche Satzung oder durch konventionale Regel geschehen soll. Jenes legt einen schärferen Druck auf und behindert die freie Bewegung und Ausbildung, so daß die Verfassungsartikel der Neuzeit, die eine juristische Klasseneinteilung der Angehörigen einer und derselben Rechtsordnung verbieten, wohl zumeist ihre verhältnismäßige Richtigkeit haben werden [12].

Es versteht sich aber von selbst, daß in dieser *Gleichheit vor dem Gesetze* nur eine praktische Bewährung der Idee der Gerechtigkeit unter besonderen geschichtlichen Verhältnissen gelegen ist, dagegen nicht etwa ein Ausdruck für diese Idee selbst [13].

II. Praktische Politik

§ 172

Die Bedingtheit politischer Maßnahmen

Alle politische Tätigkeit fußt auf geschichtlich bedingten Zuständen und hat von diesen auszugehen. Sie empfängt den Stoff für ihre

---

[11] Déclaration des droits de l'homme et du citoyen 1789 1789 Art. 1: *Les hommes naissent et demeurent libres et egaux en droits.* JELLINEK Die Erklärung der Menschen- und Bürgerrechte (§ 95 N. 6). — ALR. Einl. §§ 22; 80; II 13 § 17 f.; 14 § 77. PrVerf. v. 31. 1. 50 Art. 4. Schweiz. Verf. Art. 4. Neue Reichsverf. v. 11. 8. 19 Art. 109. — ALDAG Die Gleichheit vor dem Gesetze in der Reichverfassung 1925. LEIBHOLZ Die Gleichheit vor dem Gesetze 1925. DERS. im ArchÖR. 51, 1 ff. (1927). FRIEDRICHS Gleichheit vor dem Gesetze, JW. 56 Bd. 6. H. 1927. — Über Gleichheit der Völker s. DICKINSON The equality of states in international law, Cambridge 1920. — Weitere Literatur und Praxis s. § 152.

[12] TATARIN-TARNHEYDEN Die Berufsstände, ihre Stellung im Staatsrecht und die deutsche Wirtschaftsverfassung 1922 (§ 59, 3).

[13] *Das Größte will man nicht erreichen, Man beneidet nur seinesgleichen; Der schlimmste Neidhart ist in der Welt, Der jeden für seinesgleichen hält.* GOETHE Epigrammatisch, Égalité (Cotta 2, 255). S. auch *Die natürliche Tochter* I 5 König (Cotta 13, 245). — HEBBEL *Maiestas hominis* in Epigrammen und Verwandtes (Werke bei Hesse 2, 195): *Je geringer der Mann, je größer sein Stolz, daß er Mensch ist, Aber je größer der Mann, um so geringer der Stolz.*

Arbeit aus gegebener Lage und hat es nur mit der Besserung dieser letzteren in einzelnen Punkten zu tun. Dabei treten ihr verschiedene praktische Möglichkeiten entgegen, die aus den seitherigen besonderen Erlebnissen erwachsen sind. Sie soll sich bei dem Auswählen unter diesen Möglichkeiten nach der Idee eines gemeinschaftlichen Wollens im reinen Sinne richten und der Bestrebung den Vorzug geben, die nach diesem idealen Blickpunkt gelenkt ist. Aber die Idee reiner Gemeinschaft ist selbst nicht schöpferisch. Es ist nicht möglich, aus ihr irgendwelche guten Einrichtungen und erstrebenswerten Zustände herzuleiten. Wie sie selbst gar nicht als begrenztes Ding in der empfindbaren Wirklichkeit erscheint, so kann sie auch nicht einen besonderen Gegenstand des Strebens dem Stoffe nach hervorbringen (§ 83).

Für die praktische Politik folgt daraus, daß es nach wissenschaftlichem Bedenken unmöglich ist, von den geschichtlich gegebenen Bedingtheiten eines Zusammenlebens sich zu entfernen. — Wer glaubt, dieses tun zu können, jagt einer angeblich frei erschaffenen Utopie nach, die in Wahrheit doch auch wieder nur in geschichtlich bedingter Weise als Gegensatz zu bisherigen Erlebnissen aufgekommen ist [1]. Der Gesetzgeber aber vermag gar nichts anderes, als auf Grund überlieferter Tatbestände einiges zu berichtigen und zu verbessern. Er ist darauf angewiesen, den ihm überlieferten Stoff auswählend zu bearbeiten, er bleibt vor allem an die Beschaffenheit der Menschen seines Kreises, wie sie gerade sind, als Gegenstand seines jetzigen Eingreifens gebunden, an ihre Überlieferungen und die ihnen entspringenden Ziele und Triebfedern. Daher denn auch die, fast experimentell belehrende, Beobachtung, daß krampfhafte Versuche relativ durchdringender Umwälzungen nach gemessener Zeit zerschellen und zur gleichartigen Fortführung der von ihnen angefeindeten Zustände zurückbringen [2].

Wenn sonach eine unweigerliche Abhängigkeit des praktischen Politikers von den geschichtlich gewordenen Zuständen vorliegt, so sind andererseits diese einem ständigen Wechsel unterworfen. Das bezieht sich ebensowohl auf die Bedingungen des äußeren Lebens, auf die technologischen Möglichkeiten und Fertigkeiten, wie auch auf die Art des Daseins unter anderen Menschen und Völkern. Vor allem aber wechseln im Zu-

---

[1] S. § 53 N. 3. — Je schärfer und radikaler einer denkt, je stärker er Klarheit über den Inhalt unseres Geisteslebens sich erworben hat, um so zurückhaltender wird er mit praktischen Entwürfen sein, desto vorsichtiger muß er manchem windigen Einfall und leicht geschürzten Vorschlage entgegentreten (s. auch § 173 N. 7 f.). Entsprechend läßt sich regelmäßig das Umgekehrte beobachten. Umstürzende Weltverbesserer und Verneiner geschichtlich gewordener Verhältnisse und Bedingtheiten sind fast immer unfertige Denker, wenn nicht gar verworrene Köpfe. § 172.

[2] S. hierzu §§ 16; 53. Huber (§ 171 N. 10) Realien S. 39 ff.; Rechtsverwirklichung S. 325 ff. Stammler Sozialismus und Christentum (§ 15 N. 13) S. 130 ff. Liebert (§ 144 N. 5) S. 59 ff., bes. 67; 72. — Cunow in Neue Zeit 40, 1, 68: Besprechung von Bernstein Wie eine Revolution zugrunde ging.

sammenhange mit dem eben Gesagten die Eigenschaften und Bestrebungen der Menschen, deren politische Führung gerade in Frage steht. Auch die Berufung auf die Eigentümlichkeiten fest geschiedener Rassen dürfte hiervon keine Ausnahme bewirken [3].

Darum ist es auch ein wesentlicher Teil der politischen Aufgabe überhaupt: auf die Weiterbildung dieser geistigen Beschaffenheiten, die dann den bedingten Stoff künftigen Eingreifens abgeben werden, systematisch bedacht zu sein und Fürsorge zu treffen. Zu dem Gebiete der Politik gehört die Sozialpädagogik. Sie ist hier soweit zu berücksichtigen, als es sich um ihre methodische Eingliederung in das Ganze des sozialen Dasein handelt [4]. Das zeigt sich nach zwei Seiten hin: in der Betrachtung der stofflichen Bedingtheiten, wie nach den formalen Richtlinien ihres begründeten Vorgehens.

1. Die Frage der Erziehung und Ausbildung darf nicht isoliert werden. Sie hängt untrennbar mit dem Ganzen eines bestimmten Gemeinwesens zusammen und ist von dessen geschichtlich gegebener Eigenart abhängig. Gerade weil es sich dabei um die Aufgabe handelt, bedingte Zustände in ihrem Wechsel in geeignete Bahnen zu lenken, kann von den gegebenen Bedingtheiten bei der Einrichtung des Unterrichtes in seinen Anstalten und inneren Zielen nicht abgesehen werden [5].

2. Die Richtlinien, in denen eine Sozialpädagogik, die sich in das Ganze gegebener geschichtlicher Bedingtheiten einfügt, all-

---

[3] KANT Von den verschiedenen Rassen der Menschen 1775. DERS. Bestimmung des Begriffes einer Menschenrasse 1785. DERS. Über den Gebrauch teleologischer Prinzipien in der Philosophie 1788. DERS. Anthropologie in pragmatischer Hinsicht 1798 S. 320 f.; 331. HUGO §§ 51; 58; 169. PESCHEL Völkerkunde 1874 (oft aufgelegt). CHAMBERLAIN Die Grundlagen des 19. Jahrhunderts 1899 (8) 1907. Verh. des deutschen Soziologentages 1910 S. 111 ff., 1912 S. 98 ff. KUHLENBECK Rasse und Volkstum. Politische Ergebnisse der Rassenforschung 1905. SCHALLMEYER Rassenprobleme, ZPolit. 7, 412 ff. GÜNTHER Rassenkunde des deutschen Volks (10) 1926. PRINZ ZUR LIPPE Vom Rassenstil zur Staatsgestalt, Rasse und Politik 1927. — Vgl. auch § 14.

[4] K. FISCHER Grundzüge einer Sozialpädagogik und Sozialpolitik 1892. NATORP Sozialpädagogik. Theorie der Willenserziehung auf der Grundlage der Gemeinschaft 1899 (4) 1920. DERS. Gesammelte Abhandlungen zur Sozialpädagogik 1907. SCHUBERT-SOLDERN Die menschliche Erziehung. Versuch einer theoretischen Grundlegung der Pädagogik 1905. SCHNEIDER Volksbildung und Sozialwissenschaft, ZStaatsW. 1905 S. 111 f. DERS. Literatur zur Volksbildungsfrage, ArchSozW. 21, 706 ff. GÖRLAND (§ 32 N. 1).

[5] Wer anders verfährt und ein Programm des Unterrichtswesens aufstellt, als wenn er eine Schachpartie neu zu beginnen hätte, wird zwar auch von den Einflüssen geschichtlich gewordener Einfälle und Überlieferungen nicht frei werden und keineswegs davon unabhängig vorgehen können — denn das ist überhaupt ein für allemal unmöglich, — aber da er das Ganze der zu bearbeitenden Lage unbeachtet läßt und nur eine Einzelfrage politischer Tätigkeit im Auge hat, so wird er mit seinen persönlichen Einfällen und Plänen nichts als Verwirrung stiften und doch überall auf nichts, denn auf Widerstand und Hindernisse stoßen.

gemeingültig vorzugehen hat, können selbstredend keine anderen sein, als die einer wissenschaftlich geleiteten Politik überhaupt. Das zeigt sich nach dem Begriffe und nach der Idee des Rechtes hin.

a) Wenn es gilt, die Menschen zu innerlich freien Persönlichkeiten zu erziehen, so kann das niemals heißen, daß sie nicht äußerlich voneinander abhängig sein müßten. Denn alle Einrichtungen, die hier zu treffen sind, stehen unter der Bedingung des Rechtes, und dieses ist in sich allgemeingültig begründet (§ 107). Es ist aber sinnlos, einer rechtlichen Verfassung nachzustreben, bei der nicht eine Abhängigkeit des einen Menschen von dem andern, und umgekehrt, vorläge (§ 84 Nr. 2). Der bloße Druck des einen auf den andern ist noch kein Grund, einen sozialen Zustand für grundsätzlich unberechtigt zu erachten. Das ist erst dann veranlaßt, wenn er in seiner wesentlichen Eigenart von den Richtlinien des sozialen Ideals abweicht.

b) Es gibt keine besondere *sozialpädagogische* Idee. Als letzter Richtpunkt besteht auch für die Erziehungsfrage nur die Idee der Willensreinheit (§ 80), die auf das Gemeinschaftsleben anzuwenden ist (§ 85). Das zeigt sich einmal bei der Behandlung des einzelnen Schülers und Lehrlings; er ist zunächst in technischer Hinsicht zu beurteilen und zu fördern, sodann aber in Allgemeinheit dahin zu richten und zu leiten, daß er im Sinne der Fähigkeit zu eigenem richtigen Wollen vervollkommnet wird [6]. Zum andern aber können dann erst die Anstalten und die Zuweisung an sie ausgeführt werden, indem in Anlehnung an den geschichtlichen Stoff (oben Nr. 1) zugesehen wird, wie das Ganze des dortigen sozialen Lebens in seinen Mitgliedern stetig mehr den formalen Charakter grundsätzlicher Richtigkeit erhalten kann.

§ 173
Die Mittel der Politik

Das Herbeiführen guter sozialer Zustände (§ 169) kann nur dadurch geschehen, daß die in Frage stehenden Menschen in ihrem Wollen richtig bestimmt werden. Die Mittel der Politik bestehen also in einem Einwirken auf die rechtlich verbundenen Menschen, das im Sinne des sozialen Ideales jeweils geleitet ist [1]. Wenn gelehrt worden ist, daß statt

---

[6] Der Lehrer fragt wohl: Wonach soll ich darüber urteilen, ob ein Schüler in eine höhere Klasse zu versetzen ist? Die Antwort ergibt sich aus den beiden Erwägungen des Textes, der technischen und der idealen. Erst im Zusammenhalten dieser beiden Erwägungen erhält man den Begriff *des Tüchtigen*, von dem gelegentlich geredet wird. Er darf mit seinem Fordern von *freier Bahn* nicht bloß ein technisch *Tüchtiger* sein, also einer, der sich gerade auf begrenzte Aufgaben gut versteht: Es kommt auf das Ganze seiner Persönlichkeit an (§ 99 N. 3).

[1] Man kann zwar nicht wohl sagen: Politik ist Macht, wohl aber: Politik § 173.
braucht Macht. Dies ist nötig, um das Recht, nach innen und außen für das fragliche Gemeinwesen, durchzuführen. §§ 71; 93 Nr. 2; 169 N. 13.

dieses Einwirkens auf Menschen eine Verwaltung von Sachen und eine Leitung von Produktionsprozessen treten sollte [2], so ist das nicht genau bedacht; denn diese letzteren Tätigkeiten sind im sozialen Leben ja gar nicht anders möglich, als dadurch, daß rechtlich verbundene Menschen in ihrem Wollen bestimmt werden [3].

Über die sich also ergebenden Mittel einer praktischen Politik ist des Näheren zu bemerken:

1. Die Einwirkung zu einer richtigen Art des Zusammenwirkens kann einmal durch geeignete Lehre und dann durch besondere verbindende Maßnahmen geschehen. Jenes erste ist nicht die eigentliche Aufgabe des politischen Gesetzgebers. Er kann das Auftreten rechter Lehre nur begünstigen. Sein eigenes Eingreifen besteht in dem Setzen eines Anreizes und eines Druckes auf die rechtlich Verbundenen. Damit hat er sie zu bewegen, daß jeder sein Bestes im sozialen Leben gebe; denn nur alsdann wird das wechselseitige Verbinden der Zwecke im Sinne reiner Gemeinschaft geleitet [4].

Hierbei ist es selbstverständlich, daß er es nur mit bedingt gearteten Menschen und bloß mit begrenzten Bestrebungen zu tun hat. Die von ihm anzuwendenden Mittel können darum auch nur von bedingter Beschaffenheit sein, mögen Vorteile in Aussicht stellen und Nachteile androhen, wenn der Appell an das richtige Wollen der einzelnen Verbundenen nicht genügt, um das Ganze des verbindenden Wollens in grundsätzlich richtiger Weise zu führen [5].

2. Es ist sonach ein Einsetzen praktischer Psychologie als Mittel der Politik von nöten. Diese aber steht nur unter ungefähren Klugheitsregeln von verhältnismäßiger Gültigkeit und Bedeutung, ohne daß sie sich als ein System von Sätzen mit exakt wissenschaftlichem Charakter darbieten würde.

Durch Erörterungen über Massenpsychologie kann dem nicht grundlegend abgeholfen werden. Die stoffliche Unterlage vieler sozialer Betrachtungen ist zu verwickelt. Bei dem Blick in die Zukunft, der hier notwendig ist, fehlen die mathematische Berechnung und ein experimentelles Vorgehen, wie es dem Naturforscher zu Gebote steht. Es ver-

---

[2] ENGELS V. d. Utopie zur Wissenschaft (§ 17 N. 2) S. 43. Wiederholt bei CUNOW, Neue Zeit 37, 1, 217 ff. ELLINGER ebda., 7, 2, 243 ff.

[3] STAMMLER Sozialismus und Christentum (§ 15 N. 13) S. 67 ff.; 141 ff.

[4] Für die Praxis des Lebens erscheint einem jeden das Problem, wie er den Frieden seines Innenlebens vereine mit dem Gemeinschaftsgedanken. Aber jenen kann nur der Einzelne sich selbst erringen. Die Gesetzgebung mag das ungeschickt erschweren, kann aber weder es hindern noch auch es beschaffen; und für eine günstige Lösung kann sie nur äußere Vorbedingungen erschaffen. Alle Überschätzung der *Organisation* ist hier übel angebracht.

[5] Auf das Beste zum ersten Male ausgeführt bei HUBER Recht und Rechtsverwirklichung (§ 6 N. 1) S. 359 ff. Vgl. oben § 171 N. 4.

bleibt nur eine Art prophetischen Blickes dafür, wie sich gewisse vorgeschlagene Maßnahmen in ihren Folgen voraussichtlich ausnehmen werden [6].

3. Bei dieser Unsicherheit muß in vielen Fällen ehrlich zugegeben werden, daß es sich dort nur um gut gemeinte subjektive Strebungen und Strömungen handelt, aber nicht um objektiv begründete und als solche wissenschaftlich bewiesene Forderungen [7]. Hierin liegt das theoretische Recht der erhaltenden und bewahrenden Politik gegenüber leicht hingeworfenen Vorschlägen und Entwürfen (§ 172 N. 1). Denn die Beweislast trägt natürlich derjenige, der eine Abänderung der überkommenen Lage anstrebt [8].

Zur Erfüllung des dann nötigen Beweises sollte es niemals genügen, auf das Unvollkommene oder sogar auf das Unrichtige des bestehenden Rechtszustandes hinzuweisen. Jenes ist selbstverständlich und unter keinen Umständen völlig zu streichen, dieses aber kann in bedingten Verhältnissen unvermeidlich sein. Wenn dem gegenüber eine besondere Bewegung wissenschaftlich begründet sein will, so muß sie auch positiv dartun, wie unter den erstrebten Maßnahmen eine Besserung im Sinne reiner Gemeinschaft in den zur Aufgabe gestellten Verhältnissen genügend gesichert erscheint.

4. Die mannigfachen Möglichkeiten, die dem praktischen Politiker als Mittel zur Verfügung stehen, lassen sich in ihrer einzelnen Ausgestaltung nicht allgemeingültig beschreiben. Nur in relativer Weise ist die

---

[6] S. § 74 bes. N. 5 und § 75; sodann §§ 62 ff.

[7] Alsdann ist der Nutzen der erkenntniskritischen Erwägung anscheinend bloß negativ, denn sie tut dann dar, daß etwas in wissenschaftlicher Art gerade nicht bewiesen ist. Aber das kann vor manchem verhängnisvollen Irrtum bewahren. Man wird an den Vergleich erinnert, der in einer entsprechenden Weise von KANT in der Vorrede zur Kritik der reinen Vernunft (2) p. XXV gebraucht wird: *Diesem Dienste der Kritik einen positiven Nutzen abzusprechen, wäre ebensoviel, als sagen, daß Polizei keinen positiven Nutzen schaffe, weil ihr Hauptgeschäft doch nur ist, der Gewalttätigkeit, welche Bürger von Bürgern zu besorgen haben, einen Riegel vorzuschieben, damit jeder seine Angelegenheit ruhig und sicher treiben könne.* (§ 142 N. 1.)

[8] Es stehen sich nicht einfach zwei lehrende Ansichten gegenüber, die an und für sich gleich berechtigt wären, und von denen die eine, bloß deshalb weil sie älter ist, noch keinen entscheidenden Vorzug vor der andern verdiente. Es handelt sich in der jetzigen Frage um die Änderung eines geltenden Rechtes (§ 67). Sobald aber ein rechtlich verbindendes Wollen in Geltung steht, so ist seine Änderung unvermeidlich mit gewissen Schädigungen und Zerstörungen verbunden. Es werden Rechtsbeziehungen bestimmter Art aufgehoben oder umgewandelt und dadurch im Rechtsleben Verluste und Nachteile geschaffen. Im besonderen erweist es sich notwendig, daß im sozialen Dasein keinem etwas an Berechtigungen zugewiesen werden kann, ohne es einem andern zu nehmen. Bei dem Ändern von zwei Lehren, wie es eingangs erwähnt wurde, ist das nicht der Fall. Hier wird bei der Bekämpfung der seitherigen Lehre keinem ein Schaden zugefügt, es steht bloß die Möglichkeit eines Gewinnes zur Erwägung. Das ist der Grund, weshalb bei dem Streben nach einer rechtlichen Änderung derjenige, der sie fordert, die Beweislast trägt, die Beweislast dafür, daß der Nachteil, den er dem bestehenden Zustande zufügt, in wissenschaftlicher Erwägung methodisch wohl begründet sei.

Unmittelbarkeit eines Druckes oder einer mittelbaren Weise des Bestimmens zu trennen; und die freie Betätigung des Einzelnen kann innerhalb des sozialen Lebens immer bloß von verhältnismäßiger Ausdehnung sein. Darum ist es eine Einzelfrage, ob in einer geschichtlich gegebenen Lage lieber das Mittel einer ausgedehnten wirtschaftlichen Freiheit oder das eines direkten Druckes auf die Rechtsangehörigen vorzuziehen sei. Das Streben nach freier Bestimmung seiner selbst hat dabei einen selbstverständlichen Vorrang vor dem unmittelbar eingreifenden Zwang seitens der rechtlichen Zentralgewalt. Daß die Ausschließlichkeit einer planmäßig zentralisierten Zwangswirtschaft, die man seit längerem *Sozialismus* nennt, unter allen Umständen ein geeignetes Mittel sei, um gute soziale Zustände zu erzielen, ist eine unbewiesene und unbeweisbare Aufstellung [9].

§ 174

Die politischen Parteien

Eine Partei ist eine Vereinigung von Angehörigen eines Rechtsganzen, um Angelegenheiten des letzteren zu betreiben. Das Ziel einer Partei ist sonach auf Fragen gerichtet, die das dortige Ganze angehen. Auf die Art der Organisation kommt es für diese Bestimmung des Begriffes *Partei* nicht weiter an. Auch ist es gleichgültig, ob der Beitritt jedem unter gewissen allgemeinen Voraussetzungen offensteht, und ob

---

9 Bis jetzt ist unter den Zuständen, die die heutige Zeit und ihre materialen Unterlagen betreffen, sogar der Beweis des Gegenteils bis zu gewissem Grade schon erbracht worden. Es hat sich herausgestellt, daß die möglichst durchgreifende Zwangswirtschaft, die in ausschließlicher Planmäßigkeit drückend einwirkt, die guten Eigenschaften in den Menschen nicht weckt und nicht fördert, sondern dem zuwider ist. Neben technischer Unzweckmäßigkeit wurde die *Moral* im weitesten Sinne gemindert. Das Innenleben des Einzelnen wurde nicht reicher und besser, die objektive Rücksichtnahme und das richtige Verhalten im Zusammenleben und Zusammenwirken machten nicht Fortschritte, sondern gingen zurück. So erwies sich der Sozialismus, als planmäßige Zwangswirtschaft, als ein ungeeignetes Mittel. Daß er überhaupt nur ein bedingtes Mittel sein kann, und nicht etwa ein Ausdruck für die Gesetzmäßigkeit des sozialen Lebens, wurde oben § 57 N. 6 schon ausgeführt. Daß es unmöglich ist, ihn auf einen wissenschaftlich unbefriedigenden Materialismus zu gründen, darüber s. auch § 17. Wenn aber neuere Sozialisten den Versuch machen, eine *ethische* Begründung ihrer begrenzten sozialwirtschaftlichen Bestrebungen zu erhalten, so kommen sie mit der Forderung quantitativer Gleichheit unweigerlich auf die Lustlehre zurück. Ob in dem Betriebe einer Fabrik oder eines sonstigen Unternehmens diese und jene Leitung und Beteiligung daran einzurichten sei, ist keine rechtsphilosophische Frage und ohne prinzipielle Bedeutung. Sobald man aber die äußere Gleichheit im Sinne des Sozialismus und Kommunismus als Prinzip aufstellt — und nicht bloß als eine etwaige Einzelforderung in technischem Sinne und mit relativer und zufälliger Bedeutung — so gerät man unrettbar in das Lager des Eudämonismus hinein. S. hierüber ausführlich oben § 57 bes. N. 6; und vorhin § 171: Gleichheit und Gerechtigkeit.

ein Ausschluß auch gegen den Willen des Auszuschließenden rechtlich möglich ist.

Das Rechtsganze, auf dessen Angelegenheiten die Bemühungen einer Partei gerichtet sind, kann Rechtshoheit besitzen oder selbst wieder einem höheren Rechte unterstellt sein. Im ersten Falle haben wir es mit *politischen* Parteien im engeren Sinne zu tun [1]. Im Inhalte werden die Parteibestrebungen sich regelmäßig darin gegenüberstehen, daß sie um das Abändern oder umgekehrt um das Beibehalten der bestehenden Rechtsordnung kämpfen; es ist jedoch auch möglich, daß sie die Art und Weise des Ausführens von geltendem Rechte in das Auge fassen und darüber verschiedener Meinung sind.

Von allgemeinem Interesse ist die Frage nach den Grundgedanken der politischen Parteien. Da sie im Kerne ihres Wesens auf die Ausgestaltung einer Rechtsordnung im ganzen gerichtet sind, so müssen sie eine grundsätzliche Rechtfertigung ihrer Bestrebungen aus der Auffassung herleiten, die sie über die Bestimmung des Rechtes im allgemeinen hegen. Sie bedürfen einer rechtsphilosophischen Begründung. Denn jedes begrenzte Ziel, das eine Partei als das bedingende Merkmal für die Einigung ihrer Anhänger aufstellt, führt bei dem Versuche, es als berechtigt zu beweisen, auf allgemeingültige Grundgedanken zurück, die für das Recht überhaupt gelten. So kann es so viele politische Parteien geben, als in grundlegendem Sinne Rechtstheorien unternommen werden mögen [2].

Scheidet man hiernach die anarchistischen Richtungen aus, die die Berechtigung des Rechtes überhaupt leugnen (§ 103), so zerfallen alle denkbaren politischen Parteien in die zwei Klassen der materialistischen und der idealistischen Rechtsauffassung. Jene kennt als letztlich bestimmende Erwägung nichts als die kausale Betrachtung des Werdens rechtlicher Bestrebungen; sie vermeint, die Berechtigung einer aus solchen Bestrebungen bestehenden *Bewegung* daraus abzuleiten, daß sie in einem naturnotwendigen Prozesse ent-

---

[1] Dies wird regelmäßig auch der Sinn des Wortes *politisch* und *sozialpolitisch* in den neuzeitlichen Gesetzen sein. So BGB. 43; 61. Neue Verf. 124. W. Calker Der Begriff des politischen Vereins im Sinne des RVereinsG. v. 19. 4. 08, ZPolit. 3, 284 ff. Über den Begriff der *Klasse* s. § 63 N. 3 f. § 174.

[2] Stahl Die gegenwärtigen Parteien in Staat und Kirche. 29 akademische Vorlesungen 1863. Sohm Die Gegensätze unserer Zeit 1883. Lagarde Programm für die konservative Partei Preußens 1884. Stillich Die politischen Parteien in Deutschland 1908. Lederer Das ökonomische Element und die politische Idee im modernen Parteiwesen, ZPolit. 5, 535 ff. v. d. Pfordten Zur Philosophie der politischen Parteien, ArchRPhilos. 8, 159 ff.; 383 ff. Sevin Die Elemente der Parteibildungen in Vergangenheit, Gegenwart und Zukunft 1920. Brunstäd Die Staatsideen der politischen Parteien (2) 1920. Sulzbach Die Grundlagen der politischen Parteibildung 1921. Triepel Die Staatsverfassung und die politischen Parteien, Berl. Rekt.-Rede 1927.

standen und ausgebildet sind (§ 17). Die anderen gehen über die bloß genetische Betrachtung hinaus und nehmen eine systematische Würdigung des rechtlichen Wollens vor, das im natürlichen Werdegang innerhalb eines gegebenen sozialen Lebens zutage tritt.

Prüft man nun den richtenden Grundgedanken, der den letztgenannten Parteibildungen maßgeblich eignet, so zeigt sich, daß es ein und derselbe sein muß, sobald folgerichtig ausgedacht wird. Sie meinen im letzten Grunde alle den gleichen idealen Gesichtspunkt einer reinen Gemeinschaft. Das ergibt sich aus der kritischen Analyse, durch welche die Idee des Rechtes ihre wissenschaftliche Begründung erhält (§ 92) [3].

Hieraus ergibt sich, daß die sachlichen Meinungsverschiedenheiten dieser letzteren politischen Parteien sich nur um bedingte Mittel drehen, die in einer bestimmten geschichtlichen Lage im Dienste der Rechtsidee einzusetzen sind. Es handelt sich nun nicht um Parteien, die durch den Gegensatz im höchsten Blickpunkt getrennt sind, sondern um Unterabteilungen einer und derselben Richtung. Sie haben den Grundgedanken des sozialen Ideales gemeinsam — wenngleich vielleicht versteckter maßen und ihnen selbst nicht deutlich — und unterscheiden sich durch eine verschiedene Verwendung jenes Grundgedankens in besonders gegebenen Verhältnissen.

Als Hilfsmittel bedienen sich die politischen Parteien der *Programme*. Es sind paragraphierte Forderungen, deren Verfolgung nach Ansicht der Partei in der kommenden Zeit angezeigt ist. Sie teilen das Schicksal aller Paragraphen: sie sind in ihrem stofflich bedingten Inhalte unvollkommen, unterliegen dem Wandel der Zeiten und hören nach gewisser Frist auf, berechtigt sein zu können. Sie bieten den Vorteil, daß bei neu auftauchenden Aufgaben der Beurteiler einen schnelleren vorläufigen Halt an allgemein geformten Sätzen bekommen mag, — sie sind gefährlich, weil sie Neigung haben, sich als unbedingt höchste Instanz zu geben, während sie doch selbst allezeit dem richtenden Urteil im Sinne der Idee des Rechtes sich unterwerfen müssen.

---

[3] Es ergibt sich sonach folgendes Schema:

A. Materialismus — nichts als ursächliches Werden in der Materie und ihrer Bewegung (§ 58 N. 2 und 3).

B. Wissenschaftliche Erwägung der Zwecke
  1. Empirismus — nichts als Einzelzwecke (§ 18).
  2. Einheitlicher Grundgedanke der Zwecke.
    a) Subjektivismus — das empirische Ich als höchstes Gesetz (§ 97), besonders ausgestaltet als Eudämonismus — das Streben nach Lust und Annehmlichkeit als höchstes Gesetz (§ 93 Nr. 2).
    b) Objektivität — Streben nach grundsätzlicher Richtigkeit, zu verfolgen im Ordnen der Besonderheiten nach unbedingt einheitlicher Art, dem Blickpunkte der Idee vollkommener Harmonie unter allen denkbaren Erlebnissen: Idealismus (§§ 79 ff.).

Fünfter Abschnitt

Der geschichtliche Fortschritt

I. Die Geschichte

§ 175

Die Art der geschichtlichen Forschung

Das soziale Leben der Menschen ist seinem Stoffe nach einer unaufhörlichen Veränderung unterworfen. Es steht dabei immer unter der logischen Bedingung von bestimmtem Rechte und zeigt dessen wechselnde Ausführung und sich wandelnden Inhalt. Dadurch entsteht die Aufgabe nach einer allgemeingültigen Lehre der geschichtlichen Veränderung. Diese ist es, die nun, für sich genommen, einen eigenartigen Gegenstand kritischer Erwägung abgibt. Es sind darum die bedingenden Methoden klarzustellen, nach denen eine einheitliche Betrachtung dieses genannten Gegenstandes der geschichtlichen Veränderung möglich ist [1].

Diese allgemeinen Methoden, deren sich der Historiker bei seiner Forschung bedient, bieten sich in zweierlei Richtung dar. Zunächst gilt es, den reichhaltigen Stoff des stetig fließenden sozialen Geschehens in seinen Besonderheiten methodisch zu ordnen und zu beherrschen. Sodann fragt es sich, wie das Ganze der methodisch genau bestimmten Einzelheiten der Geschichte sich zu einer Einheit zusammenfügt.

Die wissenschaftlichen Methoden der geschichtlichen Einzelforschung werden durch eine dreifache Eigenart bestimmt:

1. Die teleologische Eigenart der sozialen Geschichte.

Die letztere steht, wie eben wiederholt wurde, unter der logischen Bedingung des Rechtes (§ 35). Das Recht ist eine Art des menschlichen Wollens (§ 30). Jedes Ereignis der Rechtsgeschichte ist seinem Inhalte nach notwendigerweise ein Wollen, das ein Ziel war für vorausgegangene Forderungen, das ein Mittel ist für weitere Zwecke, denen es dienen soll.

Sobald nun ein menschliches Streben mit dem bedingenden Gedanken des rechtlichen Wollens in der empfindbaren Wirklichkeit auftritt, kann für seine stoffliche Unterlage auch einmal nach dem

---

[1] Pflugk-Hartung Geschichtsforschung und -schreibung, Beil. z. AllgZ. 1888 Nr. 295. Barth Fragen der Geschichtswissenschaft, VJahrsSchr. f. wiss. Philos. 23, 323 ff.; 24, 69 ff. Bernheim Lehrbuch der historischen Methode (5 und 6) 1908. Ed. Meyer Zur Theorie und Methodik der Geschichte 1902. Sternberg Zur Logik der Geschichtswissenschaft. Philos. Vort. d. Kant-Ges. Nr. 7, 1914. Braun Geschichtliche Bildung und ethische Werte 1921. Häring Hauptprobleme der Geschichtsphilosophie 1925. Jung Das »Gesetz« der Geschichte 1925. Rothenbücher Über das Wesen des Geschichtlichen und die gesellschaftlichen Gebilde 1926; dazu Reichel ArchRWPhilos. 21, 458 ff. § 175.

Ordnen von Ursachen und Wirkungen gefragt werden. Aber das könnte bei dem Feststellen sozialgeschichtlicher Ereignisse höchstens die physiologischen Gründe für das Handeln bestimmter Menschen in Erörterung ziehen (§ 28): solches will man jedoch in der historischen Untersuchung gerade nicht wissen [2].

So bleibt es dabei, daß die soziale Geschichte eine Geschichte von Zwecken und Mitteln ist. Sie geht darin auf, eine Folge menschlicher Bestrebungen zu sein [3].

2. Die analytische Eigenart der sozialen Geschichte.

Es gibt keine Geschichte schlechthin, sondern nur eine *Geschichte* von etwas. Denn die geschichtliche Erörterung betrifft das Werden von Dingen, deren Bestand als solcher dabei vorausgesetzt wird. Spricht man von *Geschichte* ohne Zusatz, so ist regelmäßig die soziale Geschichte gemeint. Und auf der granitnen Grundlage des rechtlich bestimmten gesellschaftlichen Daseins ist ja erst alle menschliche Kultur, als ein Streben nach richtigem Erkennen und Wollen (§ 93 Nr. 4) möglich [4].

Gegenstand der Rechtsgeschichte sind die Besonderheiten von gesetztem Rechte. Dagegen sind die allgemeingültigen Formen des juristischen Denkens und Urteilens in ihrem Geltungswerte stet und unveränderlich gemeint und ihrem eigenen Sinne nach einem geschichtlichen Wechsel nicht unterworfen.

Aber auch jede einzelne Besonderheit ist in ihrem geschichtlichen Werden an einen systematisch feststehenden Gegenstand angeheftet, dessen geschichtliche Schicksale verfolgt werden sollen (§ 22).

Sonach ist alle geschichtliche Betrachtung die Auflösung einer systematischen Betrachtung nach rückwärts in der Zeit. Die systematische Betrachtung ist die logische Voraussetzung für die analytische Tätigkeit der historischen Forschung, durch die sie selbst ergänzt und vielleicht erst recht deutlich in das Licht gesetzt wird (§ 176).

---

[2] Gottl Die Grenzen der Geschichte 1904. Jaeger Die Entdeckung naturgesetzlicher Bestimmtheiten in der Geschichte des Menschengeschlechts, Internat. Wochenschr. 3, 1145 ff.; 1185 ff. Baesch Über historische Kausalität, Kant-Studien 13, 18 ff. Troeltsch Die Dynamik der Geschichte nach der Geschichtsschreibung des Positivismus, Erg.-Hefte der Kant-Studien Nr. 23, 1919.

[3] Vgl. Ed. Meyer (N. 1) S. 40 Anm. 1. TR. IX 3 (2) S. 460 ff.

[4] Das Wort *Geschichte* bedeutet zweierlei: 1. Eine Betrachtungsweise des Werdens von Gegenständen. Es werden deren unwesentliche Veränderungen im Laufe der Zeit, in analytischer Methode, erwogen. In diesem Sinne gilt es *Geschichte* vor allem und jedem. Vgl. hierzu für den Unterschied der systematischen und der genetischen Betrachtung §§ 22 zu N. 5; 55 N. 3. — 2. Einen eigenen Gegenstand der Erwägung: die Geschichte der Menschheit (§ 177). Hier braucht man einen gemeinsamen Boden für alle Einzeläußerungen, auch in Naturerkenntnis, Kunst, Religion so gut, wie in der Zwecksetzung in *ethischer* Betrachtung. Dieser gemeinsame Boden ist das Zusammenwirken; und insofern ist allerdings die Geschichte der Menschheit, als eigener Gegenstand, die soziale Geschichte. TR. IX 4 (2) S. 464 ff.

3. Die experimentelle Eigenart der sozialen Geschichte.

Alle historische Betrachtung besteht unvermeidlich in einem Vergleichen. Es kommt ihr auf den geschichtlichen Zusammenhang an, in den sich ein bestimmtes Streben und ihm folgendes Geschehen einreiht; und damit ist von selbst gegeben, daß die verschiedenen einzelnen Betrachtungen, die gerade in Frage stehen, in Beziehung zueinander gesetzt werden.

Der öfter geführte Streit, ob es mehr die Aufgabe des Historikers sei, Einzelheiten festzustellen oder Typen zu beschreiben, ist hier nicht von grundlegender Bedeutung. Die Grenze zwischen vereinzelten Geschehnissen und zwischen Massenerscheinungen ist flüssig. Ein völlig isoliertes Auftreten von Personen und Ereignissen steht ja natürlich überhaupt nicht in Frage; andererseits kann es nicht bloß auf eine quantitativ interessierende Betrachtung ankommen, und es ist vor allem nicht einzusehen, weshalb ein der Art nach bedeutsames Erlebnis, vor allem das Auftreten einer bestimmten machtvollen Persönlichkeit aus der Geschichte der sozialen Zwecksetzung ausgeschieden werden soll [5].

Dagegen greift die Methode der geschichtlichen Untersuchung die Frage durch: in welchem gedanklichen Prozesse die quellenmäßige Erforschung der Vergangenheit sich überall vollzieht. Was tut eigentlich der die Quellen prüfende Historiker: schreitet er ohne weitere Voraussetzung von diesen einzelnen Quellen her zum Aufbau eines gewissen Gesamtbildes, von dem früher noch gar nichts da war, oder aber geht er von einem solchen Bilde aus und prüft es an der Hand quellenmäßiger Nachweisungen? Es kann keinem Zweifel unterliegen, daß allein die zweite Alternative das methodische Verfahren des historischen Forschers zutreffend kennzeichnet.

Dabei handelt es sich wieder nicht um eine *Forderung*, die von ihm erst zu erfüllen wäre, sondern um eine kritische Aufklärung dessen, was er — vielleicht unbewußt — wirklich vornimmt und ausführt. Er kann gar nicht anders, als ein ungefähres Bild von dem ganzen Zustande einer gewissen Zeit sich vorzuhalten. Das ist lediglich der allgemeinen Überlieferung zu entnehmen. Alsdann ist es kritisch zu prüfen an der Hand von ursprünglichen Schriften und anderen Quellen. Auch ein einzelner

---

5 Lamprecht Die geschichtswissenschaftlichen Probleme der Gegenwart, Zukunft v. 7. und 14. Nov. 1896. Ders. Die historische Methode des Herrn von Below. 1899. Ders. Moderne Geschichtswissenschaft. 5 Vorträge 1905. Below Die neue historische Methode HistorZ. 81, 193 ff. Ders. Die Entstehung des modernen Kapitalismus, HistorZ. 91, 432 ff. Ders. Zur Würdigung der historischen Schule in der Nationalökonomie, ZSozialW. 7, 145 ff. Ders. Die deutsche Geschichtsschreibung von den Befreiungskriegen bis zu unseren Tagen 1916. Ders. Probleme der Wirtschaftsgeschichte 1920. Ed. Meyer (N. 1) S. 5 ff. Ders. Rede zur Gedächtnisfeier des Stifters der Berliner Universität, 1920.

Schriftsteller der Vergangenheit könnte ja gar nicht richtig seinem eigenen Sinne nach verstanden werden, ohne sich mit ihm in das Gesamtgetriebe jener Tage hineinzuversetzen. Und wie schließlich das naturwissenschaftliche Forschen an der Hand des Experimentes geschieht, und dieses doch nicht ein Probieren in das Blaue hinein sein darf: so ist auch bei der geschichtlichen Forschung erst ein Plan von nöten, um dann in kunstvollem Überlegen zuzusehen, ob er sich bewähren und begründen läßt [6].

§ 176

Die Geschichte als Lehrmeisterin

Wert und Bedeutung der geschichtlichen Forschung kann nicht damit wiedergegeben werden, daß sie einen *Endzweck* für sich darstelle. Denn der Gedanke des Endzweckes kann — wenn anders er scharf und klar aufgenommen wird — selbstredend überhaupt nur ein einziges Mal auftreten. Jede besondere Beschäftigung aber, und das ist auch die Bearbeitung sozialer Geschichte, muß sich in die Einheit eines grundlegend geordneten Gedankenreiches überhaupt einfügen [1].

Andererseits liegt kein Grund vor, die Beschäftigung mit vergangenen Zeiten lediglich als einen *edlen Luxus* zu erachten. Vielmehr kommt ihr die Bedeutung zu, daß jene uns hilft, die Besonderheiten eines späteren Zustandes besser zu verstehen, als das ohne ihr Einsetzen möglich wäre. Das zeigt sich in doppelter Hinsicht: Einmal kann die geschichtliche Betrachtung dazu dienen, den Sinn späterer Rechtseinrichtungen und sozialer Zustände zuverlässiger begreifen zu können; sodann soll sie helfen, in zweifelhafter Lage aus der Erfahrung früherer Erlebnisse her, einen guten Rat und zweckmäßige Wegeleitung zu geben.

1. Frühere Untersuchungen haben gelehrt, daß der stofflich bedingte Inhalt des Begehrens, und so des rechtlichen Wollens, und damit aller sozialen Zustände, in seinem Entstehen auf Gründe zurückführt, die in der Geschichte vor ihm gelegen sind. Darum ist es außer Zweifel, daß der bedingte Inhalt einer bestimmten Rechtsordnung nur durch das Beobachten seiner geschichtlichen Herkunft gerade in seiner Besonderheit zutreffend erkannt und wiedergegeben werden kann (§§ 51 ff.).

Freilich vermag dieses immer nur eine genauere Erkenntnis dessen zu liefern, was vordem wirklich gewollt worden ist. Ob dieses Er-

---

[6] S. TR. IX 5 (2) S. 466 ff. Eine besonders treffliche Ausführung solchen Planes bei Ed. Meyer Geschichte des Altertums 5 Bde. 1884 ff., 1. Bd. (2) 1907 und 1909 (vgl. § 10 N. 3).

§ 176. [1] Der im Texte genannte Ausdruck *Endzweck* besagt ja dasselbe, wie Gesetzmäßigkeit. Und da es bloß eine einzige Gesetzmäßigkeit des Wollens, als unbedingt einheitliche Art und Weise des Ordnens beliebiger Zweckinhalte geben kann, so vermag es auch keineswegs verschiedene *Endzwecke*, im scharf ausgedachten Sinne, zu geben.

gebnis aber damals grundsätzlich berechtigt war, oder gar, ob es bei geänderten Begleitumständen noch prinzipiell gerechtfertigt ist, das kann durch eine geschichtliche Untersuchung niemals ausgemacht werden. Dazu ist ein Eingehen auf die Idee des Rechtes und ein Richten des fraglichen Rechtsinhaltes nach ihr unerläßlich.

2. Es ist häufig unternommen worden, aus der geschichtlichen Erfahrung gute Lehren für die Gegenwart und die Zukunft zu ziehen [2]. Freilich kehrt genau die gleiche Lage und Frage weder für den einzelnen Menschen, noch für ein Volk wieder; es kann sich immer nur um gewisse Ähnlichkeiten handeln. Bei diesen aber wird allerdings das geschichtliche Wissen in mittelbarer Weise von Nutzen sein können. Durch lange Erfahrung stählt sich die Fähigkeit zu praktischer Psychologie, sowohl für den einzelnen Menschen, wie für die Behandlung von Massen. Die psychologische Betätigung ist sogar auf die überlegene Beobachtung wirklichen Geschehens und auf deren kunstvolle Verwertung angewiesen. Nur die gereifte Erfahrung und das durch sie abgeklärte Urteil gewährt in den stetig neu aufrollenden Aufgaben eine erfolgreiche Führung [3].

Auch hier wiederholt es sich jedoch, daß wir es nur mit Ergebnissen von technisch begrenzter Bedeutung zu tun haben. Wenn man dagegen wissen will, ob das Erlangen dieses oder jenes Erfolges auch grundsätzlich berechtigt ist, und nicht nur ein bloß subjektiv gültiges Begehren darstellt, so muß auch der früher einmal erlangte Vorteil, der jetzt als Vorbild dienen soll, nach allgemeingültigem Maßstabe geprüft werden.

§ 177
Die Einheit der Geschichte

Durch die Eigenart der geschichtlichen Forschung entsteht ein neues Problem kritischer Überlegung. Es ist die Frage nach dem Begriffe der sozialen Geschichte. Unter welchen Bedingungen ist es möglich, die unübersehbare und unabgeschlossene Menge sozialer Ereignisse einheitlich aufzufassen? Wie können wir die Einheit *der Geschichte* mit einem wesentlichen Merkmal beschreiben und bestimmen?

In dieser Frage wird *die Geschichte* als ein Ganzes genommen. Es genügt nicht, lauter Einzelheiten des historischen Geschehens zu

---

[2] Dies ist vor allem von MACHIAVELLI ein- und durchgeführt worden, sowohl in seinem Buch vom Fürsten, wie in den Erörterungen zu den ersten zehn Büchern des Livius. S. über ihn MOHL 3, 521 ff. RSt. § 2. RICH. SCHMIDT Machiavelli und Michelangelo ZRPhilos. 2, 101 ff. MEINECKE Die Idee der Staatsräson in der neueren Geschichte 1924.

[3] S. hierzu noch SOMMERLAD Wirtschaftsgeschichte und Gegenwart 1911. STERN Volkskraft und Staatsmacht im Altertum 1916 S. 5 f.

sammeln. Sie sind in einem einheitlichen Grundgedanken zu verbinden. Ohne ihn bliebe alle geschichtliche Betrachtung ein Chaos, ein Wirrsal ungeordneter Erlebnisse.

Um dem zu entgehen, hat man oft nach *historischen Gesetzen* und ihrer Möglichkeit gefragt [1]. Aber es ist klar, daß jede einzelne Betrachtung, die man als *gesetzmäßig* behauptet, den allgemeinen Gedanken der Gesetzmäßigkeit der Geschichte voraussetzt. So verbleibt die Aufgabe, die Möglichkeit und den Sinn dieser unbedingt einheitlichen Betrachtungsweise, welche Gesetzmäßigkeit der Geschichte heißen kann, genau festzustellen und kund zu geben.

Das erste Drängen auf dieser Bahn zeigt sich in den Versuchen, größere Zeiträume in einer übereinstimmenden Kennzeichnung herauszuheben [2]. Es werden längere Perioden in ihrer Eigentümlichkeit gegenüber anderen Epochen der Weltgeschichte beschreibend geschildert. Aber solche Charakterisierungen geschichtlichen Stoffes können immer nur in relativer Abgrenzung erfolgen. Zu dem absoluten Gedanken eines unbedingt geltenden Blickpunktes für alles denkbare historische Geschehen gelangt man damit niemals. Es ist nicht möglich, weil man dabei immer an den Bedingtheiten besonderer Ereignisse kleben bleibt und diese nur unter verhältnismäßig allgemeinem Gesichtspunkte vorführt, welcher letztere selbst wieder bedingt und begrenzt ist und bleiben muß [3].

---

§ 177. [1] S. die zu § 175 angegebene Literatur.

[2] So MONTESQUIEU (§ 6 N. 3). Ferner CARLYLE (1795—1881) Sartor resartus 1835; Helden und Heldenverehrung 1841, Deutsch (3) 1897. — S. auch § 47 N. 2.

[3] Dem entgeht man nicht durch den Versuch, die Weltgeschichte in verschiedene *Kulturen* zu zerlegen, die in scharfer Abgrenzung gegeneinander im Laufe der Zeiten sich ablösen sollen. Über HEGEL s. unt. N. 4. Neuerdings SPENGLER Der Untergang des Abendlandes 1918. Das Buch gehört nur zum Teil hierher, soweit es nämlich allgemeingültige Lehren über das soziale Leben unternimmt. Es läßt die Frage offen, was eigentlich eine *Kultur* ist, und wodurch sich die eine *Kultur* von einer anderen unterscheidet. (Vgl. auch § 93 Nr. 4.) S. 80 wird sogar nach dem Satze, daß Geschichte *die Verwirklichung möglicher Kultur* sei, ausdrücklich vorgeschützt, daß solche grundlegenden Bestimmungen *zum großen Teile* (?) nicht mehr im Bereiche *der Mitteilbarkeit* lägen; S. 81 fügt dem hinzu, daß *ein Werden nur erlebt, mit tiefem, wortlosem* (!) *Verstehen gefühlt* werden könne. Dieses Ausweichen hat keinen sachlichen Sinn und Wert. Wie denkt sich der Verfasser den Beweis dieser kurzerhand hingestellten Sätze? Die Bezugnahme auf die *Morphologie* — das seien *alle Arten, die Welt zu begreifen* —, die er S. 144 f. versucht, genügt nicht. Vgl. noch SCHOLZ Zum Untergang des Abendlandes (2) 1920. ALBERS Der Untergang des Abendlandes und der Christ 1920. SCHIKOWSKI Eine neue Geschichtsphilosophie, Neue Zeit 38, 2, 322 ff. KRANOLD Der Untergang des Abendlandes, Neue Zeit 39, 1, 158 ff. SEEBERG Die geistigen Strömungen im Zeitalter Wilhelms II., in *Wissen und Wehr* 1920 S. 1 ff. STAMMLER Die materialistische Geschichtsauffassung, Studien des apol. Sem. (§ 17 N. 3) S. 84 ff. Logos IX. Jahrg. 2. (Spengler-)Heft 1921. HAERING Die Struktur der Weltgeschichte 1921. STANGE „Der Untergang des Abendlandes" von O. Spengler 1921.

Auch bieten solche angeblichen Gesetze der Weltgeschichte notgedrungen nicht mehr, als gewisse Regelmäßigkeiten, die sich auf psychologische Beobachtungen stützen. Sie teilen die mangelnde Exaktheit mit allen derartigen Beobachtungen, die als Klugheitsregeln von beschränkter Bedeutung angehen mögen, die hier gestellte Aufgabe einer unbedingt einheitlichen Auffassung der Menschengeschichte aber von sich aus zu lösen nicht imstande sind.

Geht man dieser Aufgabe nach, so ist als Grundlage festzuhalten, daß die Geschichte der Menschheit die zeitliche Folge ihres Wollens bedeutet. Sonach ist zu prüfen, wie wir allen je denkbaren Inhalt des menschlichen Strebens, der geschichtlich auftreten mag, als ein Ganzes nehmen und unter dem Gedanken einer durchgreifenden Harmonie in einheitlicher Weise ordnen können. Das kann nicht dahin geschehen, solange die Grundart des geschichtlichen Seins in irgendeinem natürlich verlaufenden Prozesse gesucht würde. Diese Methode könnte höchstens bei den einzelnen Taten einmal eingesetzt werden (§ 175 Nr. 1), aber das einheitliche Ganze der Geschichte kann nicht wie ein körperlicher Zustand genommen werden, der durch eine einflußreiche Ursache als eine besondere Wirkung gesetzt würde. Vielmehr kann auch im Erwägen der zeitlichen Folge von Zwecken als Gesetzmäßigkeit des Ganzen dieser Reihe nur das Richten nach dem ihnen, den Zweckinhalten, allein eignenden Grundgedanken zum Durchbruch kommen. Die Gesetzmäßigkeit der Geschichte besteht daher in dem gleichmäßigen Richten aller Bestrebungen nach dem idealen Gedanken einer Gemeinschaft frei wollender Menschen. Im Hinblick auf diese grundsätzliche Richtlinie kann schlechterdings jedes soziale Geschehen in unbedingt gleicher Weise mit allen übrigen beurteilt werden. In solcher Weise schließen sich alle denkbaren historischen Ereignisse in einer obersten Einheit zusammen, — die für alle Gültigkeit hat und in dieser ihrer Eigenart allein von allen bestimmenden Gedanken für solche Allgemeingültigkeit geeignet ist[4].

---

[4] Das Problem von der Einheit der Geschichte ist noch nicht sehr alt. 1764 versuchte es der Baseler Ratschreiber Iselin (1729—1782) mit dem Werke *Geschichte der Menschheit*, dem er 1778 ff. ergänzend die *Ephemeriden der Menschheit* anschloß. S. auch sein Tagebuch einer 1752 nach Paris unternommenen Reise, hrsg. 1919. Aber das war mehr eine Sammlung geistreich behandelter Einzelfragen, als Herausarbeiten des Einheitsgedankens alles geschichtlichen Erlebens der Menschen. Schärfer faßte Herder das in seinen *Ideen zur Philosophie der Geschichte der Menschheit* 1785. Darüber Kant in Jen. LitZ. 1785. Das Werk sollte die geistige Natur der menschlichen Seele, ihre Beharrlichkeit und Fortschritte in der Vollkommenheit, aus der Analogie mit den Naturbildungen der Materie, vornehmlich in ihrer Organisation beweisen. Herder nahm um eine geschlossene Stufenleiter im Vorschreiten der Geschichte zu erhalten, zu der Hypothese unsichtbarer die Organisation bewirkender Kräfte seine Zuflucht und gelangte so zu keinem klaren Prinzip. Im ausgezeichneten Gegensatz hierzu steht Kants eigene Abhandlung *Idee zu einer allgemeinen Geschichte*

Bei der Durchführung dieser Methode bleiben noch zwei Bedenken zu erledigen.

Einmal fragt es sich, wie das Verhältnis der bedingenden Art des sozialen Lebens, mit deren zeitlichem Fortgang und Wechsel die Geschichte es zu tun hat, zu der Geschichte der weiteren Äußerungen des Bewußtseins sich ausnimmt, — zu der moralischen Beurteilung im Sinne innerer Lauterkeit und zu der Betätigung von Wissenschaft und Kunst in ihren sonstigen verschiedenen Möglichkeiten. Zweifellos kann von jedem Gegenstande unseres geistigen Besitztums eine Geschichte seiner Besonderheiten in mehr oder weniger ausgeführter Weise gegeben werden. Aber dann besteht die Gefahr, daß man in der Vereinzelung einer, systematisch notwendig abgetrennten, Beschäftigung stecken bleibt: Soll das Ganze der Menschengeschichte in seinem bedingenden Wesen erfaßt werden, so bedürfen wir einer gemeinsamen Unterlage. Sie kann aber in nichts anderem, als in dem Zusammenwirken der Menschen bestehen, auf dessen Boden erst die geschichtliche Ausbildung aller für sich zu erörternden menschlichen Fähigkeiten möglich erscheint.

Das letzte Bedenken an dieser Stelle betrifft die praktische Ar-

---

in weltbürgerlicher Absicht 1784. Es ist ein Entwurf in großen Zügen, der als Grundgedanke der menschlichen Entwicklung das Fortschreiten zu einer *allgemein das Recht verwaltenden bürgerlichen Gesellschaft* ausspricht. SCHILLERS akademische Antrittsrede: Was heißt und zu welchem Ende studiert man Universalgeschichte? 1789 (Cotta 10, 356 ff.) ging auf etwas anderes als auf das hier in das Auge gefaßte Problem. S. aber seinen Aufsatz: Über das Erhabene 1801 (Cotta 12, 281 ff., bes. 295 Abs. 2). Darauf erschien HEGELS Philosophie der Geschichte nach dem Tode des Philosophen nach seinen Vorlesungen hrsg. 1837, (2) 1840, (3) 1848. S. RSt. § 15 II. Vgl. oben § 15 N. 20. Über die sich daran anschließende materialistische Geschichtsauffassung s. § 17. — Weitere Literatur: APELT Epochen der Geschichte der Menschheit 1845. BUCKLE Geschichte der Zivilisation in England 1857, dtsch. v. RUGE (7) 1900; von RITTER (2) 1900. ROCHOLL Die Philosophie der Geschichte 1. Bd. 1878, 2. Bd. 1892. HINNEBERG Die philosophischen Grundlagen der Geschichtswissenschaft, Hall. Diss. 1888. TÖNNIES Neuere Philosophie der Geschichte: Hegel, Marx Comte, Arch. f. Gesch. d. Philos. 7, 486 ff. BARTH Philosophie der Geschichte als Soziologie 1897 (3/4) 1922. Dazu LIEBERT Aus der Geschichtsphilosophie der Gegenwart Kant-Studien 22, 329 ff. LAWROW Historische Briefe 1870, deutsch 1901. RICKERT Geschichtsphilosophie in Festschr. f. K. Fischer, Die Philosophie in Beginn des 20. Jahrh. 1904 f., (2) 1907. Dazu FRISCHEISEN-KÖHLER Philos. WochSchr. 8, 394 ff. SPRANGER Die Grundlagen der Geschichtswissenschaft 1905. BREISSIG Der Stufenbau und die Gesetze der Weltgeschichte 1905. DITTRICH Die Grenzen der Geschichte 1905. HERZBERG-FRÄNKEL Moderne Geschichtsauffassung 1906. SIMMEL Die Probleme der Geschichtsphilosophie (3) 1907. MUCKLE Henri de Saint-Simon 1908 bes. S. 321 ff. und passim. LINDNER Geschichtsphilosophie (3) 1912. DERS. Beharrung und Veränderung als geschichtliche Kräfte, VJahrsSchr. f. wiss. Philos. 24, 313 ff. SEEBERG Vom Sinn der Weltgeschichte, Berl. Rede 1913. ROHRBACH Die Geschichte der Menschheit 1914. GÖRLAND Ethik als Kritik der Weltgeschichte, 19. Bd. v. Wiss. u. Hypothese 1914. MEHLIS Lehrbuch der Geschichtsphilosophie 1915. FRANCÉ Der Sinn der Weltgeschichte, Bergstadt 8, 380.. NATORP Die Weltalter des Geistes 1918. SCHRIDDE Der Aufstieg des ewig Deutschen 1919.

beit des Historikers und die Bedeutung der hier aufgenommenen Einheit der Geschichte für sie. Hier ist im Auge zu behalten, daß als grundlegende Methode des geschichtlichen Forschens zunächst nur die drei Lehrarten des teleologischen, analytischen, experimentellen Untersuchens einzusetzen haben (§ 175). Nach ihnen sind die abgegrenzten Besonderheiten im zeitlichen Laufe des Geschehens herauszuschälen und darzulegen. Erst wenn wir nach dem einigenden Bande fragen, das alles geschichtliche Erleben der Menschen in unbedingter Einheit zu umfassen vermag, stoßen wir auf den bedingenden Gedanken des gemeinschaftlichen Wollens, auf die Idee reiner Gemeinschaft.

So liegt die Einheit der Geschichte gerade nicht in einer einheitlichen Weise des wirklichen Geschehens, sondern in der einheitlichen Weise des Ordnens und Richtens auf der Seite dessen, der jenes beschaut und geistig beherrscht.

II. Der Fortschritt

§ 178

Der Begriff des Fortschritts

Die gesetzmäßige Betrachtung der Geschichte besagt an sich nur eine formale Möglichkeit, das Mannigfaltige historischen Geschehens einheitlich zu *richten*, also nach dem Gesichtspunkte des sozialen Ideales zu beurteilen. Läßt sich nun noch etwas über den sachlichen Gang des menschlichen Strebens und Tuns im Wechsel der Zeiten ausmachen, so daß die Menschheit nach jener Gesetzmäßigkeit in Wahrheit *sich richten* und von ihr durchgreifenden Gebrauch machen wird? Darf man in dieser Hinsicht ein Fortschreiten zum Besseren erwarten oder ein stetes Verschlechtern oder auch einen im ganzen währenden Stillstand mit abwechselndem Auf- und Abgehen[1]?

Um dieser oft erwogenen Frage näher zu kommen, wird es nötig sein, zuerst zu überlegen, was unter einem Fortschritt des Menschengeschlechtes in klarem Vorstellen zu verstehen ist, um dann (§ 179) zu prüfen, wieweit man auf sein Eintreffen vertrauen dürfe.

Solange man sich auf einzelne abgegrenzte Gegenstände der Betrachtung beschränkt, läßt sich jedesmal im besonderen Fall die eben gestellte Frage beantworten, wenigstens, soweit man die seitherige Geschichte überblicken kann. Alsdann mißt man den technischen Stand früherer Zeiten an dem späterer und fällt nun ein Urteil über beide, indem man

[1] Kant Der Streit der Fakultäten in drei Abschnitten 1798: Zweiter Abschnitt. Der Streit der philosophischen Fakultät mit der juristischen. Erneute Frage: Ob das menschliche Geschlecht im beständigen Fortschreiten zum Bessern sei. Menzer Kants Lehre von der Entwicklung in Natur und Geschichte 1911. Kullmann Immanuel Kant, Worin besteht das Fortschreiten zum Bessern im Menschengeschlecht? Ein bisher ungedruckter unbekannter Aufsatz Kants. 1914. § 178.

sie nach der, beiden gemeinsamen, Zweckbestimmung in der Tauglichkeit der jeweils erreichten und angewandten Mittel vergleicht [2]. Aber der Gedanke des Fortschrittes des Menschengeschlechtes überhaupt wird durch eine Summierung von technischen Vervollkommnungen in Einzelzielen nicht erfüllt. Er bedeutet anderes und mehr, als eine Steigerung der Möglichkeit äußerer Annehmlichkeiten und Genüsse. Es liegt in seinem Wesen die Aufgabe einer gesteigerten Vervollkommnung im Sinne des richtigen Wollens.

Dieser Sinn ist in allen hierüber angestellten Betrachtungen unweigerlich enthalten. Wenn man ihm nachgeht, so soll nichts stofflich Neues erfunden, noch auch irgendeine *moralische* Forderung aufgestellt werden. Der Beruf der theoretischen Lehre geht auch an dieser Stelle darin auf: über den Inhalt der tatsächlich vorhandenen Gedanken in kritischer Besinnung aufzuklären.

Die Gefahr, daß dieses nicht geschieht, sondern hinter einem Schlagworte sich verschanzt wird, ist in der hier angezeigten Untersuchung oft bedenklich nahe. Man ist dabei häufig mit dem Ausdrucke der *Entwicklung*, als angeblicher Wiedergabe des gesuchten obersten Grundsatzes zufrieden gewesen [3].

Es hat aber das Wort *Entwicklung* zwei Bedeutungen: 1. das Werden eines Gegenstandes, z. B. die *Entwicklung* des römischen Reiches, des neuzeitlichen Hypothekenrechtes, des englischen Handels. 2. Die Anpassung an einen Zweckgedanken. Jenes erste betrachtet nur die zeitliche Folge bestimmter Veränderungen, das letztere begreift die Veränderungen, als ein Aufsteigen von einem niederen zu einem höheren Zustande. Zu dieser letzteren Erwägung gehört die Frage nach dem geschichtlichen Fortschritt. Sie richtet ihren Blick auf das Ganze der Menschengeschichte in dem oben (§ 177) bestimmten Sinne.

Hieraus ergibt sich, daß die Verweisung auf die historische Entwicklung eben nur die Aufgabe bezeichnet, die hier gestellt wird, selbst

---

[2] Mitscherlich Der wirtschaftliche Fortschritt 1910. Del Vecchio Der Fortschritt im Recht, dtsch. v. Sternberg ArchRPhilos. 6. Bd. 3. Heft. 1913. Wundt (§ 9 N. 3) S. 463 ff.

[3] Spencer Die Prinzipien der Soziologie 1876 deutsch von Vetter 1887. Ders. Einleitung in das Studium der Soziologie übers. von Marquardsen Internat. wiss. Bibl. Bd. 14 und 15, 1875. Busse Herbart Spencers Philosophie der Geschichte, Hall. Diss. 1894. Hesse (§ 35 N. 8). Salvadori L'Etica evoluzionista. Studio sulla filosofia morale di Herbert Spencer, Turin 1903. Dazu Del Vecchio, Rivista Ital. di Sociologia VI fasc. V. Wiese (§ 35 N. 1). Menzel Über Spencers Staatslehre 1921. Überweg IV S. 573 ff., bes. 578. — Weisengrün Die Entwicklungsgesetze der Menschheit 1888. Goldscheid Entwicklungswerttheorie, Entwicklungsökonomie, Menschenökonomie 1908. Liszt ZStW. 26 553 ff. Aslanian Les principes de l'évolution sociale (2), Paris 1909. Müller-Lyer Die Entwicklungsstufen der Menschheit. Eine Gesellschaftslehre in Überblicken und Einzeldarstellungen 1910 f. Salomon (§ 18 N. 13) S. 65 ff. — Bergson L'évolution creatrice (22) Paris 1921 dtsch. v. Gertr. Kantorowicz 1921.

aber noch keine Lösung gibt. Es ist nötig, für den Begriff des *Fortschritts* in der Geschichte auf den Grundgedanken zurückzugehen, nach dem sich alles historische Geschehen einheitlich richten läßt, um die größere oder geringere Anpassung der einzelnen Vorkommnisse an den gemeinsam bedingenden Zielpunkt der Gedanken feststellen zu können.

Nun besteht dieser einheitliche Grundgedanke der Geschichte in dem Richten nach der Idee reiner Gemeinschaft. In seiner stetig stärkeren Bewährung liegt sonach die Möglichkeit dessen, was befugtermaßen ein Fortschritt des Menschengeschlechtes heißen kann.

Die Anlehnung an ein Parteiprogramm kann hier selbstredend nicht helfen (§ 174). Es ist aber auch vor allem der Irrtum zu vermeiden, als ob das Endziel der Entwicklung in der äußeren Gleichstellung der Rechtsangehörigen bestände. Es ist vielmehr nachdrücklich zu wiederholen, daß Gerechtigkeit und Gleichheit nicht ein und dasselbe sind (§ 171; vgl. § 93 Nr. 3).

Das Ziel der Gerechtigkeit aber ist die Anwendung der Aufgabe des richtigen Wollens auf das soziale Leben der Menschen (§ 91). Der Fortschritt der Menschheit kann also nur darin bestehen, daß die Richtigkeit ihres Wollens immer häufiger und immer gesicherter zum Ausdrucke und zur Durckführung gelangt. Wie für den einzelnen Menschen ein wahrer Fortschritt nur in seiner Vervollkommnung im richtigen Erkennen und Wollen gelegen ist, so besteht der gleiche Gedanke für das menschliche Zusammenleben in der stets bewußten Führung der geschichtlich überlieferten Bedingtheiten nach der Idee reiner Gemeinschaft[4].

§ 179

Der Sieg des Richtigen

Verschieden von der Frage, worin der Begriff des *Fortschrittes* des Menschengeschlechtes bestehe, ist die ihr folgende Erwägung: Welche Gewähr liegt vor, daß jenem Gedanken auch wirklich Folge geleistet werde?

Die erste Voraussetzung hierfür besteht darin, daß ein Zustand des Rechtes überall durchgeführt ist. Denn die rechtliche Art des die Menschen verbindenden Wollens ist die Bedingung zu möglicher sozialer Gesetzmäßigkeit (§ 107). Eine bloß konventionale Weise des Zusammenlebens genügt nicht, und die willkürliche Gewalt widerspricht jenem

[4] Der Fortschritt besteht nicht darin, daß man sich der Idee des Rechtes etwas *nähere*; denn in den sinnlich empfindbaren Bedingtheiten bleibt die Menschheit allezeit notwendig befangen, und sie können sich niemals *ideal* gestalten, weder ganz, noch teilweise. Der Fortschritt würde darin bestehen, daß die Wahl zwischen empirisch gegebenen Möglichkeiten immer mehr und stärker und gesicherter in der Weise geschehe, daß das objektiv Richtige gewählt wird. Es fängt aber die Aufgabe immer wieder von Neuem an; und an ein Aufhören der Aufgabe ist nicht zu denken. Vgl. § 92 Abs. 7: Jetzige Fassung einer Definition des Begriffes *Soziales Ideal*.

Ziele; beide bleiben in dem Banne eines nur subjektiv beliebenden Begehrens und sind untauglich, eine objektiv bleibende Ordnung zu erlangen, in deren rechtem Ausbau sich der Gedanke des Fortschrittes erst verwirklichen läßt.

Dabei ist hier der Blick auf die Gesamtheit des Menschendaseins zu richten. Es genügt nicht, eine Anzahl von Rechtsordnungen geschieden nebeneinander zu stellen. Sie sind selbst wieder unter dem Rechtsgedanken zu verbinden, denn dieser trägt das Merkmal der Unbegrenztheit in sich und greift als Aufgabe überall ein, wo Menschen zusammentreffen (§ 138).

An die Möglichkeit, überall den Begriff des Rechtes bewähren zu können, hat man die Hoffnung eines ewigen Friedens geknüpft [1]. Es ist jedoch von vornherein klar, daß auch bei voller Durchsetzung des Rechtsgedankens ein wirklicher Zustand äußerer Ruhe keineswegs unbedingt gewährleistet ist. Das vermag das rechtliche Wollen, bloß in seiner Eigenschaft als besondere Klasse des menschlichen Wollens erwogen, von sich aus überhaupt nicht. Mit ihm ist vielmehr der Gedanke möglicher Rechtswidrigkeit zugleich gesetzt (§ 111). Und in der Bedingtheit des menschlichen Daseins kann er niemals vollständig außer Anwendung kommen; er werden sich immer wieder rechtswidrige Strebungen und Taten zeigen. Dann muß versucht werden, dem Rechte, das sie nicht haben will, Geltung zu verschaffen. Wieder zeigt sich, gerade auch bei weitester Ausdehnung des Rechtsgedankens, daß zu seiner Verwirklichung die Macht nötig ist (§ 70).

Gesetzt nun, daß es einem besonderen Weltrechte (§ 138) gelingt, sich machtvoll durchzusetzen, so ist eine Gewähr für den Fortschritt des Menschengeschlechtes damit allein noch nicht gegeben. Es kann auch unrichtiges Recht sein, das beispielsweise durch einen positiv ausgestalteten Völkerbund gepflegt und ausgeführt wird. So gibt der bloße Umstand, daß ein sozialer Zustand dem Begriffe *des Rechtes* entspricht, noch nicht eine Sicherheit dafür, daß er nach der Idee *des Rechtes* geleitet

---

§ 179. [1] In Deutlichkeit trat die Frage während des dreißigjährigen Krieges hervor. Vgl. auch LEIBNIZ Mars Christianissimus 1683, übers. v. RITTER (Reclam). Eine feste Gestalt erhielt das durch den Abbé SAINT-PIERRE Projet de la paix perpetuelle 1712. Im 18. Jahrh. wurde es oft beachtet und behandelt, besonders in der Schrift von KANT zum ewigen Frieden 1795, dann wieder in der neuesten Zeit (vgl. § 138 N. 6). LUDW. STEIN Das Ideal des „ewigen Friedens" und die soziale Frage 1896. STEINBACH Zur Friedensbewegung 1899. DEL VECCHIO Il fenomeno della guerra e l'idea della pace (2) 1911, dtsch. v. PUBANZ 1913. VORLÄNDER Immanuel Kant Zum ewigen Frieden. Mit Ergänzungen aus Kants übrigen Schriften und einer ausführlichen Einleitung über die Entwicklung des Friedensgedankens (2) 1919. NATORP Krieg und Friede. Drei Reden 1915. PRUTZ Die Friedensidee, ihr Ursprung anfänglicher Sinn und allmählicher Wandel 1917. STAMMLER Recht und Macht (§ 70 N. 1) S. 20 ff. RphAbh. 2 137 ff. STURM Das Recht auf Frieden. DERS. Das Kriegsrecht, das Recht des Krieges und das Recht der Völker auf Frieden 1919. GOEDECKEMEYER Die Idee vom ewigen Frieden 1920. KRAUSE (§ 15 N. 16) Entwurf eines europäischen Staatenbundes (1814), neu hrsg. u. eingel. v. REICHEL 1920.

ist [2]. Dürfen wir darauf vertrauen, daß dieses letztere im Laufe der Geschichte fortlaufend sich verwirkliche?

Ein wissenschaftlicher Beweis, mit dem die eben gestellte Frage bejaht würde, läßt sich nicht erbringen. Und es knüpfen sich hieran die verschiedenen Mutmaßungen des Optimismus und des Pessimismus. Jener ist der Glaube an den Sieg des Richtigen in der Geschichte, der andere ist sein Gegenteil. Manchmal findet sich auch die Meinung, daß es aufwärts und dann wieder zurück geht und im Ganzen alles auf dem alten Fleck bleibt.

Es liegt aber kein Grund vor, aus dem man an dem schließlichen Aufstieg zu immer häufigerem und stetig gesicherterem richtigen Wollen der Menschen zu verzweifeln brauchte. Denn alle Beobachtung zeigt, daß nun einmal der Zug nach dem Richtigen als eine allgemeine Erscheinung sich wiederholend überall hervortritt. Es will ein jeder doch vor sich selbst gerechtfertigt sein, er müht sich, gegenüber der Stimme des Gewissens sich in Schutz zu nehmen, sich zu reinigen vor den eigenen Gedanken, die sich entschuldigen und anklagen (§ 88). Und es möchte schließlich jedermann nach außen hin recht haben im Sinne prinzipieller Begründetheit. Ja, falls er solches gegen besseres Wissen erheuchelt, so beugt er sich in der Tat am tiefsten vor dem Erfordernis grundsätzlicher Richtigkeit, das dem menschlichen Begehren als Blickpunkt vorgestellt ist.

So spricht für einen gesamten Zug nach richtigem Ergebnis die Vermutung. Er braucht nicht erst aus besonderen Taten einer einzelnen Person gezogen zu werden oder in abgegrenzten Ereignissen der Geschichte zu erscheinen, sondern bietet sich als überwiegendes Drängen im Ganzen des Menschenlebens dar.

Wenn danach aber ein wahrer und gesicherter Fortschritt nun werden soll, so kann er nur geschehen in Bereinigung der Gedanken und nach festem und immerwährendem Wollen. Es ist nötig die rückhaltlose Hingebung an das Richtige.

Hier wiederholt sich nun im Großen und für die Einheit der Geschichte die Feststellung, daß alle wissenschaftliche Aufklärung immer nur die Möglichkeit des Richtigen zeigt, — daß man dem folgen müsse, das vermag die Wissenschaft nicht zu beweisen. Für jene Hingebung und ihre Durchführung entsteht eine neue Aufgabe, deren Verfolgung und Lösung dem religiösen Empfinden anheimfällt.

Das führt abschließend zu einem weiteren nötigen Ausblick.

---

[2] Vgl. § 48 Nr. 5: Der Krieg eine Rechtseinrichtung. § 71: Schwaches Recht. — § 91: Recht und Gerechtigkeit. § 94: Die Richtigkeit eines Rechtes. — Hirsch Deutschlands Schicksal. Staat, Volk und Menschheit im Lichte einer ethischen Geschichtsansicht 1920 (vgl. § 180 N. 3). — Althaus Die letzten Dinge Stud. d. Apol. Sem. 9. H. (3) 1926.

§ 180

Das Suchen nach dem vollkommenen Abschlusse

Die Stellung der Religion zur sozialen Frage erschöpft sich nicht mit ihrem Eingreifen, als Lehre von der Liebe, zur Verwirklichung dessen, was gerade objektiv richtig in einem besonderen Zusammenwirken ist [1]. Die Religion ist anderes und mehr, als nur ein Hilfsmittel zur Bewährung des rechten Verhaltens zum Nebenmenschen. Sie steht in ihrem Berufe eigenartig da und fordert darum eine genauere Betrachtung ihres Verhältnisses zu der Rechtsphilosophie, als dem Grunde aller sozialen Wissenschaft.

Dabei sind zwei Mängel und Irrtümer zu vermeiden. Manche wollen alle Sätze für das soziale Dasein der Menschen aus dem religiösen Erleben hernehmen; sie bestreiten der Rechtsphilosophie ihre selbständige Bedeutung. Andere möchten nur eine soziale Theorie kennen und auf die Frage der Religion ganz verzichten.

1. Die Religion wendet sich in ihrer wesentlichen Eigenart an den einzelnen Menschen. Sie geht auf sein Verhältnis zu dem Vollkommenen und Heiligen, auf Fremdheit oder Gemeinschaft mit Gott. Die soziale Frage dagegen hat es mit dem Verbinden der bedingten Zwecke verschiedener Menschen zu tun und betrifft eine eigene Art des Wollens, auf welches verbindende Wollen die Aufgabe grundsätzlicher Richtigkeit anzuwenden ist. Wenn also jemand ausschließlich an sein religiöses Erleben denkt, so gelangt er zu der Vorstellung des sozialen Daseins der Menschen überhaupt nicht [2].

Der Begriff des sozialen Daseins ist aber ein notwendiger Gedanke. Er ist unvermeidlich mit der Tatsache gesetzt, daß mehrere Men-

---

§ 180. [1] Über Gerechtigkeit und Liebe s. § 93 Nr. 2.

[2] So kam es, daß starke Weltverbesserer, die sich doch an religiös gegebene Lehren zunächst anlehnen wollten, es einfach unternahmen, diese letzteren erst umzudeuten, um sie zur Stütze ihrer besonderen Bestrebungen zu machen. So SAINT-SIMON Le nouveau christianisme. 1825. WEITLING Das Evangelium eines armen Sünders 1845. Jener nennt als Grundsatz: daß die Menschen sich gegenseitig als Brüder betrachten sollen. Das aber ist von christlicher Seite niemals geleugnet worden, daß die Liebe des Gesetzes Erfüllung sei (§ 93 N. 5). Neu war bei SAINT-SIMON nur, daß sich die christliche Religion auf die Bruderliebe zu beschränken habe. Dagegen faßt der Kommunist WEITLING die Worte von Jesus überall so auf, daß es bei ihnen auf eine Besserung der sozialen Zustände abgesehen sei, nicht als eine Folgeerscheinung, sondern als der höchste Gedanke der christlichen Lehre. Ihm erging es, wie manchem andern, der bloß und ausschließlich an Einrichtungen und Beziehungen von bedingter Bedeutung denkt. So auch GUYOT et LACROIX Etude sur les doctrines sociales du christianisme, Paris 1873, dtsch. 1876. Daß die Sprüche der Bergpredigt nicht paragraphierte Anordnungen sind, sondern Richtlinien der Gedanken bleibt dann verschlossen. Die Warnung aber, bedingte Güter als höchstes Ziel zu nehmen, sollte davor bewahren, andere bedingte Begehrungen, z. B. gewissen äußeren Lebensgenuß an jene oberste Stelle zu bringen, statt des Blickpunktes der Vollkommenheit (Matth. 5, 48).

schen nebeneinander bestehen. Dann ist es nicht zu umgehen, daß ihre Zwecke und die von ihnen ergriffenen Mittel in Beziehung zueinander gesetzt werden. Das ist notwendig, weil sonst in den gegebenen Fragen nicht ausgedacht ist (§ 34). Damit ist der Begriff des verbindenden Wollens als unerläßlich eingeführt (§ 31).

Wenn zuweilen gemeint worden ist, daß der Mensch aus Liebe handeln könne und solle, ohne alle *Organisation*, so kann das verständlicherweise nur heißen, daß eine Hingebung im Sinne der Nächstenliebe stattfinden solle aus freiem Gehorsam gegen göttliches Gebot, ohne Druck und Zwang durch andere Menschen oder gar in Gemäßheit technisch geformter Paragraphen und äußerer Satzungen. Dagegen liegt jedesmal, da jemand in liebevoller Gesinnung dem Nebenmenschen Hilfe leistet (§ 93 Nr. 2), die Eigenart des verbindenden oder sozialen Wollens vor.

Da wir also dieser Richtung der Gedanken gar nicht ausweichen können, so ist es auch Pflicht, sich über ihre Eigenart klar zu werden und das für sie maßgebliche Grundgesetz richtigen sozialen Wollens kritisch zu erwägen [3].

2. Die Wissenschaft vom sozialen Leben geht auf die Einheit verbundener Bestrebungen und zielt auf deren inhaltliche Harmonie ab. Sie steht neben der Wissenschaft von der Natur, als der einheitlichen Erfassung der in Raum und Zeit uns werdenden Erscheinungen. Gemeinsam ist ihnen der Zug nach Einheit. Wie immer jedoch jedes von ihnen der Einheit energisch zustrebt, so bleiben die beiden voneinander getrennt. Die Forschung mag in jedem von ihnen dem *Warum* nachgehen, aber stets deckt dieses Wort die zwei verschiedenen Fragen nach dem *Wodurch* und nach dem *Wozu* (§ 25). Das Sehnen und Drängen nach der vollkommenen Einheit, welches der Urgrund aller Wissenschaft

---

3 Vgl. § 13 N. 9 f. — Zu beachten ist hier der christliche Sozialismus in England nach Maurice, Kingsley, Ludlow. Darüber Brentano Schmollers J. 7, 737 ff. — Todt, Der radikale deutsche Sozialismus und die christliche Gesellschaft (2) 1878. Dazu Stammler Sozialismus und Christentum (§ 15 N. 13) S. 88 f. — Aus der neuesten Zeit gehören hierher die Vertreter der sogenannten *religiös-sozialen* Richtung. Darüber Holl Luthers Anschauung über das Evangelium, Krieg und Aufgabe der Kirche im Lichte des Weltkrieges, Flugschriften des deutschen Evangelischen Gemeindetages Nr. 7 S. 14 ff. Althaus Religiöser Sozialismus. Grundfragen der christlichen Sozialethik 1921. Gerda Soecknick Religiöser Sozialismus der neueren Zeit 1926. — Von Interesse ist ferner Hirsch Die Reich-Gottes-Begriffe des neueren europäischen Denkens. Ein Versuch zur Geschichte der Staats- und Gesellschaftsphilosophie 1921 (vgl. § 179 N. 2). Der Verfasser nennt als sein Ziel eine geschichtliche Analyse der ethisch-religiösen Gemeinschaftsideale, von denen die typischen Staats- und Gesellschaftsauffassungen des neueren europäischen Denkens bedingt sind. Seine Grundauffassung stimmt mit der hier gebotenen Darlegung zusammen. Denn der Gedanke von dem Reiche Gottes besagt gerade die Befolgung der Idee reiner Gemeinschaft, betätigt in der Liebe zum Nächsten, die dem Gottesglauben entspringt. Hirsch Die idealistische Philosophie und das Christentum, Stud. d. Apol. Sem. 14. H. 1926. Althaus Staatsgedanke und Reich Gottes 1926 (§ 48 N. 9).

ist, bleibt bei dem Beharren der Forschung nur in dem einen der beiden Gebiete ungestillt [4].

Und doch kann keines von ihnen für sich abgeschlossen das All des menschlichen Betrachtens und Suchens ausfüllen. Alle Erörterung von Zwecken sieht sich nach Mitteln um; und das Mittel ist eine auszuwählende Ursache. So geht eine vollendete Nichtachtung der Kausalitätsfrage keineswegs an. Falls aber einer sich nicht nur in notgedrungener Arbeitsteilung, sondern nach dem Grundsatze seines ganzen Wesens auf die Frage der ursächlichen Veränderungen in den Erscheinungen beschränken möchte, so ist doch der Wille zur Wahrheit von nöten; und mit dem eingeführten Gedankengange des menschlichen Wollens beginnt sofort die Aufgabe, über die Möglichkeit des Wollens und über die Gesetzmäßigkeit seines Inhaltes nachzudenken [5].

Ja, auch das Abschließen der zwei getrennten Teile, einen jeden für sich genommen, vermag im Grunde nur Unvollkommenes zu liefern. Keine noch so exakte Naturforforschung löst das Rätsel des *Woher* und *Wohin* für den Menschen; — alle genaue wissenschaftliche Erörterung möglicher Gesetzmäßigkeit der Zwecke und Mittel verstummt vor der bangen Frage nach dem Ganzen des *Wozu*, das in dem Unglück und Leid oder auch bei ungerechtfertigter Lust anderer sich einstellt. Wem hier das Vertrauen auf ein vollkommenes Setzen und Lenken und Richten der Welt nach göttlichem Ratschlusse fehlt dessen Zug nach vollkommener Einheit seines Lebens und Seins bleibt zerrissen und gänzlich unbefriedigt [6].

---

[4] Die Beschränktheit der materialistischen Grundmeinung, die schon in der sozialen Betrachtung als solcher zu nichts, als zu Widersprüchen und Inkonsequenzen führt, vollendet sich in dieser selben Weise auch gegenüber dem religiösen Problem. Vgl. § 58 N. 2 f.

[5] Es würde andernfalls eine vollendete Trennung der sozialen und der religiösen Frage behauptet sein. Für eine solche Behauptung können aus der Literatur wissenschaftlich beachtenswerte Äußerungen nicht angeführt werden, sofern man von den bloßen Behauptungen des Materialismus (N. 4) absieht. Dem letzteren entstammen die Programme, daß Religion *Privatsache* sein solle. Vgl. dazu auch § 108. Wenn sich außerdem zuweilen die vulgäre Meinung findet, daß Politik und Religion nichts miteinander zu tun hätten, so ist das, wie die Ausführungen des Textes ergeben, nicht konsequent durchdacht. Denn diese beiden Richtungen des geistigen Tuns stehen nicht als zwei Größen nebeneinander, die jeweils absolut abgeschlossen für sich bleiben könnten, sondern es führt jeder in dem einen angeschlagenen Gedankengang unvermeidlich zu dem andern hinüber, wobei sie in dem Verhältnis der Unter- und Überordnung stehen, welche letztere in dem hier behandelten Suchen nach dem vollkommenen Abschlusse besteht. — Das Gegenteil jener vulgären Meinung vertritt die § 15 N. 21 genannte Richtung. Ferner NATHUSIUS die Mitarbeit der Kirche an der Lösung der sozialen Frage 1893 und 1895. Eigenartig: EBELING Kirchenpolitik, Sozialismus, Staatspolitik im Lichte der Bibel 1899.

[6] FROEHLICH Der Wille zur höheren Einheit 1905. Darüber JOERGES Kant-Studien 13, 337 ff. SCHOLZ Paul Deußen, Kant-Studien 24, 312 ff.

Oder will er als ein bloßes Objekt begrenzter Gewalten sich fühlen, sich hin und her schleudern lassen, ohne den Versuch zu machen, sie zu meistern und zu beherrschen? Allein in dem ersten Teile eines derartigen Vorsatzes ist schon ein innerer Widerspruch in sich enthalten, da gleichzeitig das Wollen und das bloße Werden genannt sind. Und da in Wahrheit niemand auf ein Zielen und ein Streben irgendwelcher Art verzichten mag: wie kann bei dem Wollen, das einer hat, ein Vollbringen gefunden werden [7]?

Aus dieser Zwiespältigkeit rettet keine wissenschaftliche Erwägung menschlicher Eindrücke und Strebungen. Die bloße Formel *Du kannst, denn du sollst*, oder auch ihre Umkehrung, löst den Zweifel nicht: sie wiederholt, genau genommen, nur die quälende Frage, ohne sie zu beantworten.

Wenn sonach die Geschichte den Menschen dahin gebracht hat, daß er von der Materie seines Bestehens den wissenschaftlichen Ausgang nimmt, dann aber zu der Aufgabe gelangt, den Inhalt seines Wollens für sich und im rechtlich bestimmten sozialen Leben gesetzmäßig zu gestalten, so kann er bei ernstem und folgerichtigem Nachdenken nicht dabei stehen bleiben.

Je schärfer auch einer bemüht war, von allen Überlieferungen gläubigen Sinnes an geschichtliche Offenbarung sich frei zu machen, um so stärker wird er einsehen müssen, daß die dargelegte Wurzel der Religion, als der Hingabe an eine vollkommene Fügung über den Geschicken der Menschen niemals auszurotten ist. Denn nur sie ist imstande, in der ihr eigenen Überlegung die bedingungslose Einheit zu gewähren, die zu gewinnen er seinerzeit auszog [8].

Zu solchem Suchen nach dem vollkommenen Abschlusse leitet darum auch die rechtsphilosophische Lehre hin. Die ihr selbst zugefallene Aufgabe ist damit zu Ende gebracht.

---

[7] Vgl. §§ 26 N. 2; 86.

[8] KANT (§ 15 N. 8) Kritik der reinen Vernunft (2) S. 839 ff.; Kritik der praktischen Vernunft I, II, 2, 5 S. 233 f.

Register

Die größeren Ziffern bezeichnen die Paragraphen, die kleineren die Anmerkungen. Die Angaben des Inhaltsverzeichnisses (S. VII ff.) sind in das nachstehende Register nicht aufgenommen.

FSC
www.fsc.org
MIX
Papier | Fördert
gute Waldnutzung
FSC® C083411

Kolibri 360 GmbH
Ferdinand-Jühlke-Straße 7
99095 Erfurt, Deutschland
produktsicherheit@kolibri360.de